淮安区年鉴 2021

HUAI AN QU YEARBOOK

淮安市淮安区区志编纂委员会办公室　编

东南大学出版社
SOUTHEAST UNIVERSITY PRESS

图书在版编目（CIP）数据

淮安区年鉴．2021 / 淮安市淮安区区志编纂委员会办公室编．—南京：东南大学出版社，2021.12
ISBN 978-7-5641-9992-0

Ⅰ．①淮… Ⅱ．①淮… Ⅲ．①区（城市）–淮安–2021–年鉴 Ⅳ．① Z525. 34

中国版本图书馆 CIP 数据核字 (2021) 第 273864 号

责任编辑 宋华莉 **责任校对** 韩小亮 **装帧设计** 德玺文化 **责任印制** 周荣虎

淮安区年鉴2021 Huaian Qu Nianjian 2021

编　　者	淮安市淮安区区志编纂委员会办公室
出版发行	东南大学出版社
社　　址	南京市四牌楼2号
邮　　编	210096
电　　话	025-83793330
网　　址	http://www.seupress.com
电子邮件	press@seupress.com
经　　销	全国各地新华书店
印　　刷	南京凯德印刷有限公司
开　　本	889毫米 × 1194毫米　1/16
印　　张	22
字　　数	590千字
版　　次	2021年12月第1版
印　　次	2021年12月第1次印刷
书　　号	ISBN 978-7-5641-9992-0
定　　价	300.00元

本社图书若有印装质量问题，请直接与营销部联系。电话（传真）：025-83791830

《淮安区年鉴（2021）》编纂委员会

编辑说明

一、《淮安区年鉴（2021）》坚持以马克思列宁主义、毛泽东思想、邓小平理论、“三个代表”重要思想、科学发展观、习近平新时代中国特色社会主义思想为指导，坚持辩证唯物主义和历史唯物主义的立场、观点和方法，实事求是地记载淮安区上一年度经济建设、政治建设、文化建设、社会建设、生态文明建设等方面的发展情况。

二、《淮安区年鉴（2021）》是由淮安区人民政府主办、淮安区区志编纂委员会办公室编纂的年度资料性文献。编纂《淮安区年鉴（2021）》的宗旨是为国内外各界人士及时提供全面、准确的淮安区地情信息；为全区各级领导科学决策提供可靠依据；为续修地方志书保存历史资料。

三、《淮安区年鉴（2021）》资料由区各有关部门、单位、镇（街道）人民政府（办事处）和省、市驻淮安区相关单位指定专人撰稿并经主要领导审核后提供，具有准确性、权威性。

四、《淮安区年鉴（2021）》主要记载2020年1月1日至12月31日淮安区各行各业发展情况以及自然环境面貌。体例为条目式，分类目、分目、条目三个层次，以条目为基本记述单元。设特载、伟人故里、经济发展、基础设施、公共服务、公共管理、法治·军事、地方组织机构、街道·镇·农场、领导干部名录、附录等11个部分。

五、本年鉴中的有关数据均以供稿单位提供的数据为依据，“特载”中的有关数据均保持原貌。由于统计的来源、口径、方式、方法或时间的不同，书中相关数据可能有差异，请读者引用时注意以淮安区统计局提供的统计资料为准。

习近平给江苏省淮安市新安小学少先队员的回信

淮安市新安小学五（8）中队的少先队员们：

你们好！收到你们的来信很高兴。你们学校是“新安旅行团”的母校，你们在信中表达了对学校红色历史的自豪之情，也说到了你们学习党史的收获。

当年，在党的关怀和领导下，“新安旅行团”不怕艰苦，足迹遍及大半个中国，以文艺为武器，唤起民众抗日救亡，宣传党的主张，展现了爱国奋进的精神风貌。希望你们结合自身成长实际学好党史，以英雄模范人物为榜样，从小坚定听党话、跟党走的决心，刻苦学习，树立理想，砥砺品格，增长本领，努力实现德智体美劳全面发展。

“六一”国际儿童节就要到了，我祝你们、祝全国小朋友们节日快乐！

习近平

2021 年 5 月 30 日

2021年5月31日，江苏省委常委会召开会议，传达学习习近平总书记给淮安市新安小学五（8）中队少先队员的重要回信精神
（区融媒体中心　供图）

2021年5月31日，市委常委会召开扩大会议，学习贯彻习近平总书记给新安小学少先队员的重要回信精神
（区融媒体中心　供图）

2021年5月31日，区委书记张笑主持召开区委常委会扩大会议，学习贯彻习近平总书记给新安小学少先队员的重要回信精神
（区融媒体中心　供图）

2021年6月1日晚上7点，新安小学少先队员们齐聚小好汉剧场，共同收看中央电视台《新闻联播》关于习近平总书记给新安小学少先队员回信的新闻报道 （区融媒体中心 供图）

2021年6月1日，区领导陪同新安小学少先队员们一起学习习近平总书记的回信精神，庆祝六一儿童节 （区融媒体中心 供图）

2021年7月7日上午，江苏省少先队“回信记心间 争做好队员”学习实践活动在新安小学小好汉剧场举行 （区融媒体中心 供图）

2021年6月1日，新安小学少先队员们表演情景剧《燃烧的信念》《一群小好汉》，再现新旅成员宣传抗日的烽火岁月 （区融媒体中心 供图）

区委书记张笑致全区人民的一封信

各位父老乡亲、在外的各位贤达、来区创业的各位新淮安人：

天仪再始，岁律更新。在新一年元宵佳节来临之际，我很荣幸地加入了淮安区这个120万人口的大家庭，成为了一名地地道道的新淮安人。泪目当下，华夏处惊，不论您现在是静守家中还是客居他乡，不论您是老淮安人还是新淮安人，作为新任区委书记，我代表区委、区政府，向大家真诚地送上一份迟到的祝福：衷心地祝愿您及家人新年吉祥、平安健康！

淮安区是一片血色忠魂的热土，是一座英雄的城市。巾帼英雄梁红玉，带领军民奋勇抗金48天，爱国忠烈，流芳百世；民族英雄关天培，在孤立无援的境遇下，与外敌血战虎门，壮烈殉国，"忠节"之名威震华夷；车桥战役，全区数万军民同仇敌忾，英勇战斗，解放了淮安、宝应以东纵横西百里地区，揭开了苏中战略反攻的序幕。每当国家处于水深火热之中，淮安人民表现出的惊天地、泣鬼神的英雄壮举，无不感动炎黄子孙。在重大疫情灾害面前，淮安区人民依然表现出众志成城、舍生忘死的英雄气概。乾隆五十八年（1793年）京都大疫流行，无数病人因治疗不当而死亡，仁医吴鞠通冒死战瘟疫、妙手几回春，抢救了无数的生命，杏林圣手的美誉载入了淮安历史。1960年庚子之始，三年灾害给人民带来严重灾难，周恩来总理呕心沥血、殚精竭虑、力挽狂澜，为淮安人民树立了历史丰碑。

再逢庚子，一场突然袭来的新冠病毒疫情改变了中华民族的传统"年味"，牵动着每个中华儿女的心。每天听到的消息、看到的新闻，一幕幕的抗疫战斗和生离死别，无时无刻不在武汉、黄冈、温州等地发生，然而淮安这边尚好。您可知否，岁月静好，是有人为你负重前行。疫情就是命令，抗击就是责任。疫情发生以来，我们全区各级干部、广大医务人员、公安干警、社区志愿者和社会各界人士，数以万计人员从除夕开始就夜以继日、忘我工作，连续奋战在疫情防控一线，有效地阻击了疫魔的发展和扩散。他们中累倒的、病倒的、带病坚守岗位的……无不令人动容、令人流泪。

然而，当前疫情防控形势仍然严峻，战胜疫魔倍加需要全区人民万众一心、步调一致、共同抗击，再显英雄之区淮安人民的血色风采：

如果您去过武汉、去过"浅深"，恳请您勇敢说出来，而不隐瞒不报、不随便乱跑、不危害别人，那么您就是英雄！

如果您蛰伏在家生厌了、倦怠了，恳请您再坚持一下，多陪父母说说话，多陪儿女看看书，做个好儿女、好父母，那么您就是英雄！

如果您是患者或者患者亲属，恳请您不要恐慌、不要焦虑，相信政府、积极配合，那么您就是英雄！

如果您是沿街的业主，恳请您主动关上门、停业几天，而不随便开业，不给自己和别人都带来隐患，那么您就是英雄！

如果您发热咳嗽、感觉不适，恳请您主动联系社区，不再随便串门、随便就医，服从统一安排，那么您就是英雄！

如果您是在外贤达，恳请您伸出援助之手，为家乡尽点绵薄之力，哪怕献上一只口罩，那么您就是英雄！

……

红军不怕远征难，万水千山只等闲。华夏儿女在前行的道路上没有跨不过的坎，没有战胜不了的困难。只要全区上下众志成城、同舟共济、共克时艰，我坚信我们英雄的淮安区人民一定会战胜疫魔，早日摘下口罩，绽放灿烂的笑容！

一切终会过去，静候春暖花开。让我们一起祈福：万物常新、淮安平安！

张笑于2020年2月8日凌晨三时

楚州中医院第三批隔离病房医护人员合影　　　　（楚州中医院　供图）

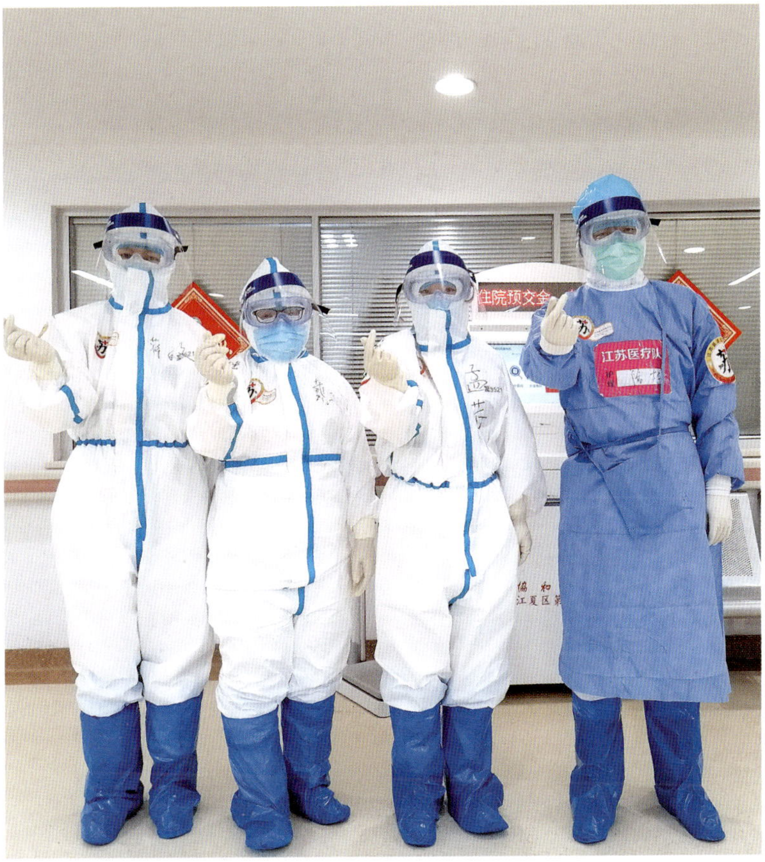

淮安市肿瘤医院四名医护人员支援武汉“战疫”合影（从左到右：蒋敏、戴莹、孟芹、陈超）　　（淮安市肿瘤医院　供图）

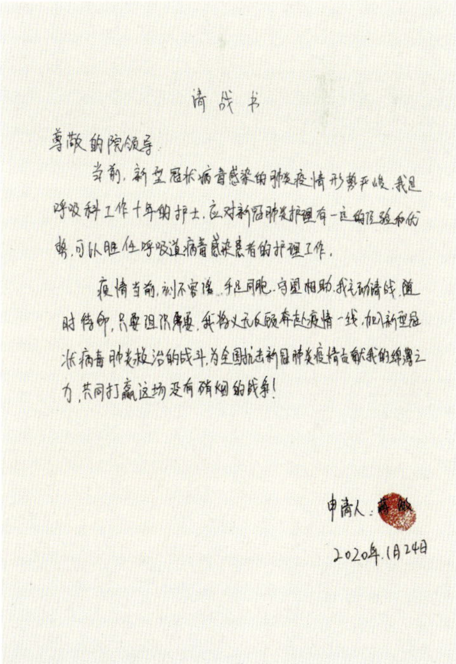

请战书

尊敬的院领导：

当前，新型冠状病毒感染的肺炎疫情形势严峻，我是呼吸科工作十年的护士，应对新冠肺炎护理有一定的经验和优势，可以胜任呼吸道病毒感染患者的护理工作。

疫情当前，刻不容缓，手足同胞，守望相助，我主动请战，随时待命，只要组织需要，我将义无反顾奔赴疫情一线，加入新型冠状病毒肺炎救治的战斗，为全国抗击新冠肺炎疫情贡献我的绵薄之力，共同打赢这场没有硝烟的战争！

申请人：蒋敏

2020年1月24日

2020年2月，区疾控中心专业人员深夜分析病例个案　　（区融媒体中心　供图）

2020年2月，交警在京沪高速淮安东出口处劝返外来人员　　（纪星名　摄）

2月8日，在博里镇与盐城市阜宁县搭界处检查点，工作人员正在为来淮司机测量体温，登记信息　　（纪星名　摄）

2月3日，漕运镇采用“视频一网”的方式召开全镇党员干部疫情防控工作推进会　（漕运镇　供图）

2月19日，淮安区市场监管局石塘镇分局检查药店发热、止咳类药品下架自行封存情况　　（石塘镇　供图）

2月4日，淮安区召开农产品产销对接会　　（区农业农村局　供图）

2月21日，淮安区“菜篮子”保供运输车队正式成立

附件

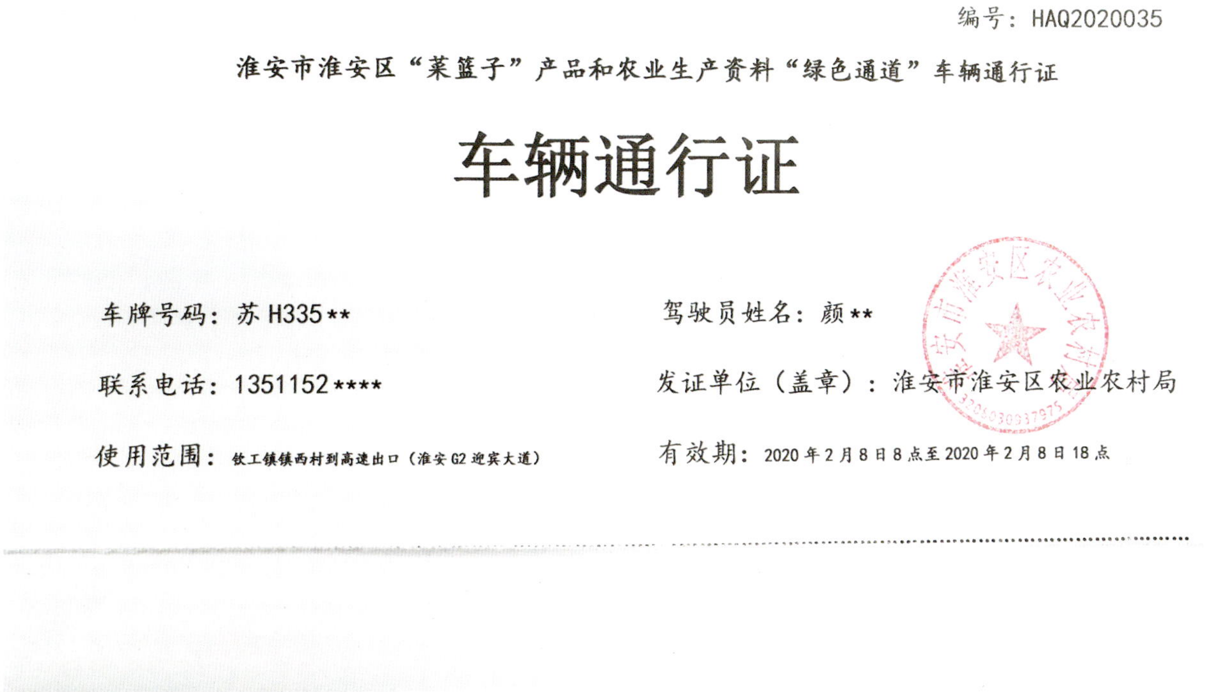
编号：HAQ2020035

淮安市淮安区“菜篮子”产品和农业生产资料“绿色通道”车辆通行证

车辆通行证

车牌号码：苏 H335**

驾驶员姓名：颜**

联系电话：1351152****

发证单位（盖章）：淮安市淮安区农业农村局

使用范围：钦工镇镇西村到高速出口（淮安 G2 迎宾大道）

有效期：2020 年 2 月 8 日 8 点至 2020 年 2 月 8 日 18 点

疫情期间“菜篮子”产品和农业生产资料“绿色通道”车辆通行证　　（区农业农村局　供图）

（区农业农村局　供图）

3月16日，农资经营户向区农业农村局赠送锦旗　　（区农业农村局　供图）

2月24日，文旅开发公司慰问奋战抗击疫情一线的河下社区工作人员　　（区文旅中心　供图）

3月4日，区总工会志愿者为开发区企业赠送《防疫心理关爱手册》和《疫情防控常用法律知识50问》

（区总工会　供图）

3月24日，周恩来纪念馆工作人员为重新开馆做准备工作 （纪星名 摄）

以笔作枪，以艺战“疫”

2020年春，博里农民画家们为助力抗疫，全面打赢疫情防控阻击战，以饱满的创作热情和真情实感的作品为抗疫宣传做贡献

(博里镇 供图)

田夕海《村头防疫岗》

朱立权《防疫时期》

于培干《送亲人去打工》

于怀金《防疫生产两不误》

朱建华《居家封路保平安》

刘长华《防疫不误育新秧》

实施乡村振兴战略 推进乡村全面振兴

（纪星名 摄）

（纪星名　摄）

（纪星名　摄）

漕运镇小李庄社区 （纪星名　摄）

石塘镇张兴社区 （纪星名　摄）

施河镇路和社区 （纪星名　摄）

顺河镇滨河花苑 （纪星名 摄）

朱桥镇康居雅苑 (纪星名 摄)

平桥镇上河社区 （纪星名 摄)

1月4日上午，淮安区城乡公交一体化淮施线正式开通运营　　（区融媒体中心　供图）

漕运镇柏庄村桑葚产业基地　　（区融媒体中心　供图）

漕运镇渔光互补项目 （纪星名 摄）

车桥镇风力发电项目 （纪星名 摄）

山阳街道国家农村产业融合发展示范园

（区融媒体中心　供图）

真甜，苏嘴小西瓜！　（纪星名　摄）

车桥镇农民正在收采芡实　（纪星名　摄）

博里镇恩赐山庄　　（纪星名　摄）

麦穗飘香，机声隆隆　　（纪星名　摄）

勺湖公园　　（纪星名　摄）

古城墙遗址公园　　（纪星名　摄）

水上立交　　　　（纪星名　摄）

魁星门　　　　（纪星名　摄）

文通塔　　　　（纪星名　摄）

吴承恩故居

（纪星名　摄）

（纪星名　摄）

（纪星名　摄）

勺湖草堂 （纪星名 摄）

夕阳中的状元阁 （纪星名 摄）

新城夜景　　（纪星名　摄）

镇淮楼　　（纪星名　摄）

周恩来纪念馆内海棠盛开　　（纪星名　摄）

周恩来纪念馆　　（纪星名　摄）

沈坤状元府　　（纪星名　摄）

东岳庙　　（纪星名　摄）

2020年3月，348省道跨京沪高速公路大桥主体完工　　　　（纪星名　摄）

2020年7月，348省道淮安区段开启沥青铺设工作

7月27日，路面上工人师傅们正在进行立柱和波形防护栏安装　　（纪星名　摄）

（纪星名　摄）

2020年9月，348省道（车桥至洪泽）淮安区段进行绿化栽植（纪星名　摄）

烈日下的建设者　　　　（纪星名　摄）

11月15日，348省道（车桥至洪泽）淮安区段顺利通车　　（纪星名　摄）

通车后的348省道（车桥至洪泽）淮安区段　　（纪星名　摄）

淮安区
中国历史文化名城
全国文明城市
中国优秀旅游城市
国家卫生城市
国家园林城市
国家环保模范城市
国家生态示范区
全国双拥模范城市
全国科技进步先进县（区）
中国书法之乡
全国诗词之乡
中国民间文化艺术(杂技)之乡
中国民间文化艺术(农民画)之乡
江苏省民歌之乡
省级全域旅游示范区

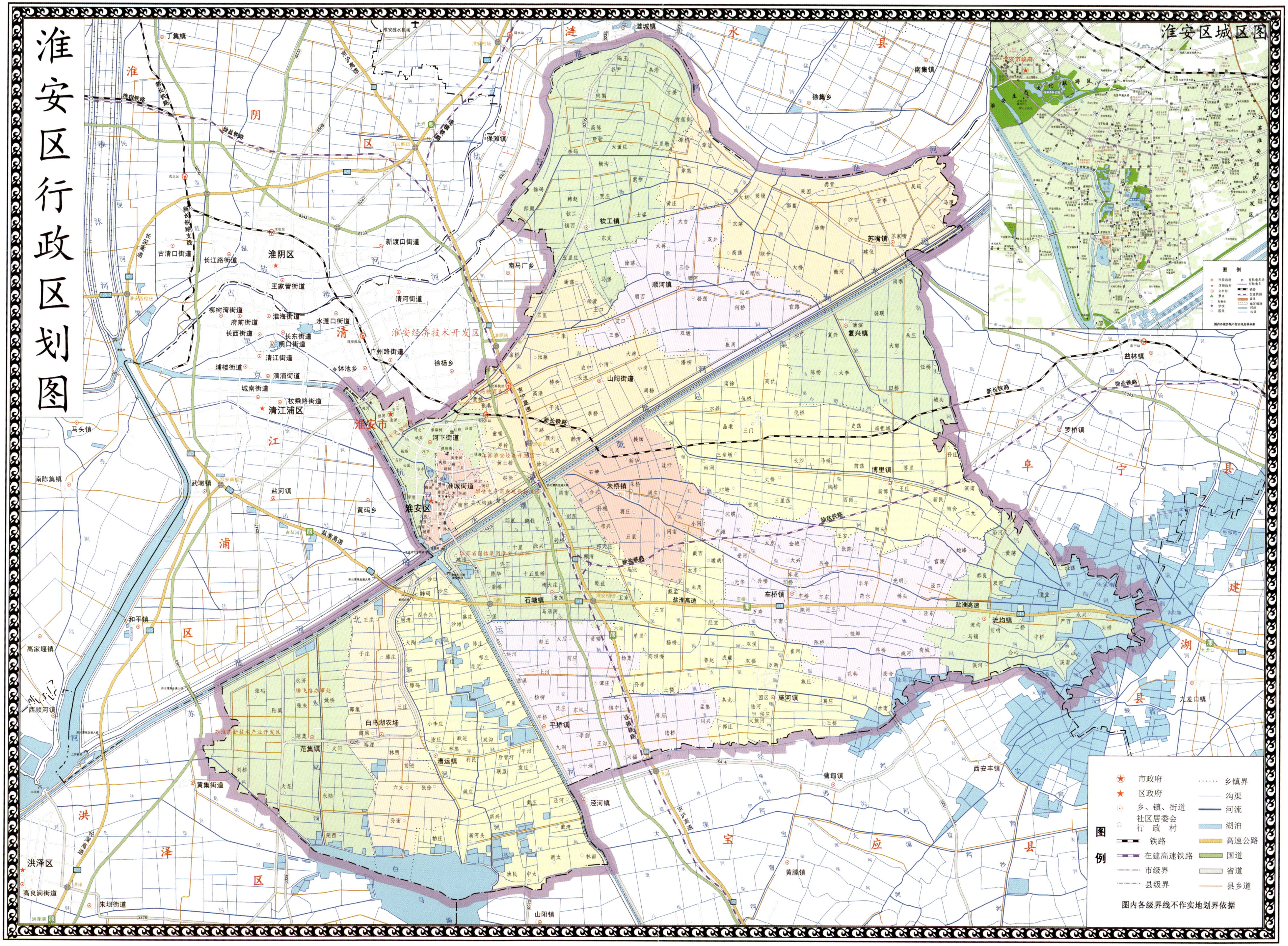

淮安市淮阴区测绘院 编制 淮安市淮安区民政局 监制

比例尺 1:80000

地图审图号：淮H(2018) 06号 编制日期 2018年8月

目 录

特 载

谋划新蓝图　开启新征程
在新发展格局中实现淮安区更高质量发展
——在区委十二届九次全体（扩大）会议上的讲话 …… 2
政府工作报告
——2021年1月11日在淮安市淮安区第十七届人民代表大会第五次会议上 …… 10
全国文明城市创建 …… 20
脱贫致富奔小康工程 …… 22

伟人故里

位置面积 …… 26
建置沿革 …… 26
区划人口 …… 26
　概况 …… 26
　民族 …… 26
自然资源 …… 26
气　候 …… 26
旅游资源 …… 27
　概况 …… 27
　周恩来故里旅游景区 …… 27
　淮安府署 …… 28
　漕运博物馆 …… 28
　吴承恩故居 …… 28
　镇淮楼 …… 28
　勺湖 …… 28
　萧湖 …… 29
　月湖 …… 29
　古拈花寺 …… 29
　新安旅行团历史纪念馆 …… 29
　沈坤状元府 …… 29
传统美食 …… 29
　概况 …… 29
　平桥豆腐 …… 29
　朱桥甲鱼羹 …… 30
　软兜长鱼 …… 30
　钦工肉圆 …… 30
　文楼汤包 …… 30
　车桥馄饨 …… 30
　淮安阳春面 …… 30
　淮安茶馓 …… 30
地方特产 …… 30
　淮安芡实 …… 30
　淮安荷藕 …… 31
　淮安菱角 …… 31
　淮安慈姑 …… 31
　淮安茭白 …… 31
　淮安莼菜 …… 31
　淮安荸荠 …… 31
　苏嘴西瓜 …… 31
　淮安水芹 …… 31
　淮安青萝卜 …… 31
　淮安蚕豆粉丝 …… 32
　车桥朝牌 …… 32
　淮安茶干 …… 32
　顺河百页 …… 32
　淮安皮肚 …… 32
　淮安猪头肉 …… 32
　淮安虎头鲨 …… 32

地方经济和社会发展…… 33
概况…… 33
农林牧渔业…… 33
工业和建筑业…… 33
固定资产投资…… 33
国内贸易和开放型经济…… 33
交通运输…… 34
旅游业…… 34
财政及金融…… 34
社会事业…… 34
人民生活…… 35
社会保障…… 35
环境保护…… 35
大事记…… 35
1月 …… 35
2月 …… 36
3月 …… 36
4月 …… 37
5月 …… 37
6月 …… 38
7月 …… 38
8月 …… 39
9月 …… 40
10月 …… 40
11月 …… 41
12月 …… 42

经济发展

农　业…… 44
综　述…… 44
概况…… 44
农业现代化…… 44
农产品质量监管…… 44
农业招商项目…… 44
农田基础设施建设…… 44
种植业…… 44
概况…… 44
粮食生产…… 45
蔬菜生产…… 45
优良品种推广…… 45
绿色增产技术推广…… 45
畜牧业…… 45
概况…… 45
动物疫病防控…… 45
畜牧养殖监管…… 46
病死畜禽无害化收集…… 46
畜牧养殖污染专项整治…… 46
渔　业…… 46
概况…… 46
水生动物疫病防控…… 46
高效绿色技术推广…… 46
稻田综合种养…… 46
生态健康养殖…… 47
新型农业经营…… 47
概况…… 47
农村一事一议奖补项目…… 47
农业示范主体培育…… 47
农村三资管理…… 47
农村土地确权登记颁证成果运用…… 47
农村产权交易…… 47
农村集体产权制度改革…… 47
农村改革试点…… 47
农业保险创新机制…… 48
农业机械…… 48
概况…… 48
农机技术示范推广…… 48
农机管理服务…… 48
农业机械安全生产…… 48
农业机械购置补贴…… 48
工业　建筑业…… 50
综　述…… 50
概况…… 50
产业发展…… 50
项目建设…… 50
产业政策…… 50
工业企业高质量发展…… 50
绿色建材产业…… 51
概况…… 51
盐化工产业…… 51
概况…… 51
机械电子产业…… 51
概况…… 51
教体装备产业…… 51

概况…………………………………………… 51
食品加工产业………………………………… 51
概况…………………………………………… 51
羽绒纺织产业………………………………… 51
概况…………………………………………… 51
建筑业………………………………………… 52
概况…………………………………………… 52
外埠市场发展………………………………… 52
建筑业协会…………………………………… 52
建筑产业现代化……………………………… 52
建筑市场管理………………………………… 52
旅游业……………………………………… 52
综　述………………………………………… 52
概况…………………………………………… 52
旅游开发……………………………………… 52
旅游规划……………………………………… 52
景区提升……………………………………… 53
乡村旅游……………………………………… 53
旅游管理……………………………………… 53
文旅推介……………………………………… 53
基础设施建设………………………………… 53
·周恩来故居·……………………………… 53
概况…………………………………………… 53
安全工作……………………………………… 53
宣教工作……………………………………… 54
纪念活动……………………………………… 54
项目编制……………………………………… 54
·周恩来纪念馆·…………………………… 54
概况…………………………………………… 54
宣研工作……………………………………… 54
服务质量提升………………………………… 55
疫情防控……………………………………… 55
商贸流通…………………………………… 55
供销合作……………………………………… 55
基层社建设改造……………………………… 55
农业全程化服务中心建设…………………… 55
电子商务发展………………………………… 55
资产管理……………………………………… 56
安全生产……………………………………… 56
粮食流通……………………………………… 57
概况…………………………………………… 57
粮食购销……………………………………… 57
应急保供……………………………………… 57
稻米基地建设………………………………… 57
粮食产业发展………………………………… 57
烟草专营……………………………………… 57
概况…………………………………………… 57
经营管理……………………………………… 57
市场监管……………………………………… 58
现代终端建设………………………………… 58
食盐专营……………………………………… 59
概况…………………………………………… 59
食盐市场监管………………………………… 59
食盐营销……………………………………… 59
财政　税务………………………………… 59
财　政………………………………………… 59
概况…………………………………………… 59
财政征收……………………………………… 59
财政支出……………………………………… 59
民生保障……………………………………… 60
财政管理……………………………………… 60
财政改革……………………………………… 61
税　务………………………………………… 61
概况…………………………………………… 61
依法治税……………………………………… 61
征管质效……………………………………… 61
税收营商环境………………………………… 62
银行业……………………………………… 62
综　述………………………………………… 62
概况…………………………………………… 62
疫情防控……………………………………… 62
六稳六保……………………………………… 62
金融服务……………………………………… 63
金融监管……………………………………… 63
银企合作……………………………………… 63
外汇服务……………………………………… 63
中国工商银行股份有限公司
淮安楚州支行………………………………… 64
概况…………………………………………… 64
客户拓展……………………………………… 64
内部管理……………………………………… 64
队伍建设……………………………………… 64
中国农业银行股份有限公司
淮安楚州支行………………………………… 64

概况……64
贷款业务……65
优化服务……65
风险管控……65
中国农业发展银行淮安市淮安区支行……65
概况……65
疫情防控……66
信贷业务……66
经营管理……66
中国建设银行股份有限公司
淮安楚州支行……67
概况……67
资产业务……67
战略业务……67
风险合规……67
中国银行股份有限公司淮安楚州支行……67
概况……67
存款业务……67
服务营销……67
资产业务……68
中国邮政储蓄银行股份有限公司淮安市
淮安区支行……68
概况……68
优化资源配置……68
风险管控……68
江苏淮安光大村镇银行股份有限公司……68
概况……68
保险业……68
中国人民财产保险股份有限公司淮安市
淮安支公司……68
概况……68
服务举措……69
民生保障……69
承保京沪高速建工险……69
中国人寿保险股份有限公司淮安市
淮安区支公司……69
概况……69
服务举措……69
风险管理……70
服务民生……70
开放与合作……70
招商引资……70
概况……70
招商方式……70
招商氛围……70
平台招商……71
外经外贸……71
概况……71
签订海关合作备忘录……71
开发园区……71
江苏淮安经济开发区……71
概况……71
项目建设……71
基础设施建设……71
管理服务……72
项目签约……73
江苏省国信集团淮安工业园……73
概况……73
园区建设……73
项目招引……73
淮安施河现代教育装备产业园……73
概况……73
项目建设……73
产业建设……73
一二三产融合特色产业……73
淮安新材料产业园……74
概况……74
项目建设……74
园区建设……74
民生工程……74

基础设施

城乡建设……76
综　述……76
概况……76
质量监督……76
重点工程……76
建筑业管理……76
墙改与绿色建筑……76
安全管理……76
散装水泥管理……77
人民防空……77
交通路网建设……77

城市建设……………………………… 78
市政工程……………………………… 78
污水处理……………………………… 78
征收安置……………………………… 78
园林绿化……………………………… 78
老旧小区改造………………………… 79
管网普查……………………………… 79
燃气管理……………………………… 79
村镇建设……………………………… 79
农村危房改造………………………… 79
特色田园乡村建设…………………… 79
美丽宜居乡村建设…………………… 79
城市管理……………………………… 80
概况…………………………………… 80
市容秩序管理………………………… 80
垃圾分类管理………………………… 81
城市违法建设整治…………………… 81
城区环境卫生管理…………………… 81
城区农贸市场管理…………………… 82
渣土运输管理………………………… 82
民生实事项目………………………… 82
公用事业……………………………… 82
供　电………………………………… 82
概况…………………………………… 82
电网建设……………………………… 82
营销业务……………………………… 83
农房工程……………………………… 84
杆线迁移……………………………… 84
保供电工作…………………………… 84
优质服务……………………………… 84
供　气………………………………… 84
概况…………………………………… 84
供　水………………………………… 85
概况…………………………………… 85
漏损排查……………………………… 85
管网维修……………………………… 85
水表管理……………………………… 85
优质服务……………………………… 85
安全管理……………………………… 85
水　利………………………………… 86
综　述………………………………… 86
河长制工作…………………………… 86
水资源管理…………………………… 86
重大活动……………………………… 86
城乡水利……………………………… 86
城乡水利建设………………………… 86
农村水资源管理……………………… 87
防汛防旱……………………………… 87
防汛防旱……………………………… 87
江苏省灌溉总渠管理处　江苏省淮河入海
水道工程管理处……………………… 88
概述…………………………………… 88
工程管理……………………………… 88
防汛防旱……………………………… 88
综合经营……………………………… 88
水政水资源…………………………… 88
基础建设……………………………… 89
人才培养……………………………… 89
党建及精神文明建设………………… 89
水文化建设…………………………… 89
邮政　通讯…………………………… 91
中国邮政集团有限公司淮安市淮安区
分公司………………………………… 91
概况…………………………………… 91
渠道平台……………………………… 91
文化传媒……………………………… 91
寄递业务……………………………… 91
服务质量管理………………………… 91
疫情防控……………………………… 91
安全生产……………………………… 91
中国电信股份有限公司淮安市淮安区
分公司………………………………… 92
概况…………………………………… 92
能力建设……………………………… 92
经营发展……………………………… 92
服务工作……………………………… 92
基础管理……………………………… 92
中国移动通信集团江苏有限公司淮安区
分公司………………………………… 93
概况…………………………………… 93
网络保障……………………………… 93
信息化服务…………………………… 93
中国联合网络通信有限公司淮安市淮安区
分公司………………………………… 94

概况……94
业务发展……94
交通　运输……94
综　述……94
概况……94
疫情防控……94
招商引资……94
交通运输保障……94
安全稳定……95
公　路……95
交通治理……95
基础设施建设……95
航道　港口……95
航道管理……95

公共服务

科学技术……98
综　述……98
概况……98
争取资金……98
政策宣传……98
制度创新……98
工业科技……98
精准服务……98
平台建设……98
高企培育……98
产学研合作……98
科技拥军……98
农业科技……99
科技扶贫……99
气象服务……99
灾害防御……99
气象服务……99
防雷安全……99
教育　体育……99
综　述……99
概况……99
主题教育活动……100
培育工程……100
优质均衡……100
素质教育……100
校园安全……100
教育宣传……100
重要活动……100
学前教育……102
概况……102
义务教育……102
概况……102
新安教育集团……102
淮安外国语学校……104
高中教育……106
概况……106
江苏省淮安中学……106
淮安市楚州中学……106
职业教育……107
概况……107
淮安区开放大学　江苏省淮安工业中等专业学校……107
淮安生物工程高等职业学校……108
社会教育……109
淮安区老年大学……109
体　育……109
概况……109
体教融合……109
群众体育……110
体育竞赛……110
体育产业……110
文　化……110
综　述……110
概况……110
招商引资……110
群众文化……111
文化惠民活动……111
文化惠民工程……111
演艺进景区……111
文化遗产保护……111
概况……111
文化市场监管……111
概况……111
融媒体中心……112
概况……112
融媒宣传……112
民生服务……112

阵地建设…………………………… 113
人才培养…………………………… 113
经营创收…………………………… 113
档　案……………………………… 113
概况……………………………… 113
档案资源建设…………………… 113
档案数字化……………………… 113
档案宣传………………………… 114
档案安全建设…………………… 114
档案展览………………………… 114
档案服务………………………… 114
档案建设………………………… 114
档案指导………………………… 114
档案试点………………………… 114
地方志……………………………… 114
概况……………………………… 114
年鉴编纂………………………… 114
方志编修………………………… 114
卫生　计生………………………… 115
综述……………………………… 115
概况……………………………… 115
健康扶贫………………………… 115
新冠肺炎疫情防控……………… 115
医药卫生体制…………………… 115
医疗卫生服务…………………… 115
公共卫生服务…………………… 115
妇幼健康服务…………………… 115
中医药特色服务………………… 116
信息化建设……………………… 116
老龄健康管理…………………… 116
党建工作………………………… 116
招商引资………………………… 116
计生服务………………………… 116
概况……………………………… 116
爱国卫生运动…………………… 117
概况……………………………… 117
农村改厕………………………… 117
健康教育………………………… 118
病媒生物防制…………………… 118
控烟工作………………………… 118
卫生监督………………………… 118
概况……………………………… 118
疾病预防控制…………………… 118
概况……………………………… 118
医疗机构………………………… 118
概况……………………………… 118
淮安市淮安医院………………… 119
楚州中医院……………………… 120
淮安区妇幼保健院……………… 122
淮安区皮肤病防治院…………… 122
社会保障…………………………… 123
综　述…………………………… 123
概况……………………………… 123
劳动就业………………………… 124
就业创业工作…………………… 124
人事人才服务…………………… 124
劳动关系处理…………………… 124
社会保险………………………… 124
社会保障工作…………………… 124
医疗保障………………………… 125
概况……………………………… 125
惠企政策………………………… 125
体制创新………………………… 125
医疗保障………………………… 125
价格管理………………………… 125
扶贫救助………………………… 125
基金监管………………………… 125
颜色预警机制…………………… 125
重点研判制度…………………… 125
稽核巡查制度…………………… 125
异地就医简化…………………… 126
助力医药企业…………………… 126
医邮e贷 ………………………… 126
住房公积金……………………… 126
概况……………………………… 126
公积金归集增长………………… 126
公积金增人扩面………………… 126
公积金发放管理………………… 126
服务模式………………………… 126
营商环境优化…………………… 126
住房保障………………………… 127
概况……………………………… 127
安居工程………………………… 127
阳光扶贫………………………… 127

概况……127
组织创新……127
改革创新……127
产业带动……128
政策兜底……128
社会帮扶……128

公共管理

经济事务管理……130
经济发展改革……130
概况……130
疫情防控……130
经济发展……130
项目建设……130
转型升级……130
优化营商环境……130
民生发展……130
粮食安全……131
城市资产管理……131
概况……131
国资经营……131
城市经营……131
招商引资……131
工程建设……131
国企改革……132
重大项目……132
重要活动……132
国有资产监督管理……132
概况……132
国有企业资产监管……132
行政事业单位管理……133
市场监督管理……133
概况……133
食品安全监管……133
药品药械监管……134
特种设备安全监管……134
质量计量监管……134
市场监管执法……134
消费者权益保护……135
营商环境优化……135
冷链食品监管……135
文明创建工作……136
价格管理……136
价格监测……136
价格调控……136
收费管理……136
价格认定……136
统　计……137
概况……137
全国第七次人口普查……137
高质量发展统计监测……137
统计数据质量……137
小康社会统计监测……137
列统企业申报……137
统计报表……137
专项调查……137
审　计……138
概况……138
财政同级审……138
经济责任审计……138
政府投资评审……138
审计服务……138
审计信息……138
创建帮扶……138
思想建设……138
队伍建设……139
金融监督管理……139
概况……139
营商环境优化……139
企业上市……140
银企对接……140
金融机构引进……140
脱贫攻坚……140
文明城市创建……140
疫情防控工作……140
金融机构监管……140
金融宣传……141
金融风险处置……141
社会事务管理……141
民政工作……141
概况……141
城乡低保……141
社会救助……141

养老服务……………………………………142
五保供养……………………………………142
尊老金发放…………………………………142
重残补贴……………………………………142
留守儿童关爱………………………………142
社会组织管理………………………………142
区划地名……………………………………142
婚姻登记……………………………………142
殡葬改革……………………………………142
招商引资……………………………………142
宗教民族事务管理…………………………142
概况…………………………………………142
疫情防控……………………………………143
场所安全整治………………………………143
宗教专项治理………………………………143
宗教场所……………………………………143
团体建设……………………………………143
民族团结……………………………………143
生态环境管理………………………………144
土地资源管理………………………………144
规划管理工作………………………………144
项目用地用林………………………………144
节约集约用地………………………………144
耕地保护……………………………………144
绿化造林工作………………………………144
生态修复工作………………………………144
自然资源执法………………………………144
法治国土建设………………………………144
脱贫攻坚……………………………………144
不动产统一登记……………………………144
资源调查监测………………………………145
环境保护……………………………………145
概况…………………………………………145
污染防治……………………………………145
执法监管……………………………………145
服务发展……………………………………145
环境宣传……………………………………146
园林绿化……………………………………146
概况…………………………………………146
城市绿化……………………………………146
绿化养护……………………………………146
文明城市……………………………………146
应急管理……………………………………146
安全生产监督管理…………………………146
概况…………………………………………146
安全责任……………………………………146
专项整治……………………………………146
交办问题……………………………………147
监管效能……………………………………147
保障防灾减灾救灾…………………………147
防震减灾……………………………………147
概况…………………………………………147
地震监测预报………………………………147
防震减灾宣传………………………………147
消防救援……………………………………147
概况…………………………………………147
监督执法……………………………………147
消防宣传……………………………………147
岗位练兵……………………………………148
战勤保障……………………………………148

法治　军事

法　治………………………………………150
政法综治……………………………………150
概况…………………………………………150
政法服务发展………………………………150
平安建设……………………………………150
社会治理……………………………………150
扫黑除恶专项斗争…………………………150
法治惠民服务………………………………150
政法队伍建设………………………………150
公　安………………………………………151
概况…………………………………………151
维护稳定……………………………………151
疫情防控……………………………………151
打击犯罪……………………………………151
化解风险……………………………………151
公安改革……………………………………152
交通专项整治………………………………152
交通秩序规范………………………………152
交通基础设施建设…………………………153
检　察………………………………………155
概况…………………………………………155

刑事检察…………………………… 155
民事检察…………………………… 155
行政公益诉讼检察………………… 155
诉讼监督…………………………… 155
未成年人保护……………………… 156
检察队伍建设……………………… 156
检务公开…………………………… 156
法　院……………………………… 157
概况………………………………… 157
服务大局…………………………… 157
扫黑除恶工作……………………… 157
刑事审判…………………………… 157
民事审判…………………………… 158
执行工作…………………………… 158
司法为民…………………………… 158
司法改革…………………………… 159
队伍建设…………………………… 159
司法行政…………………………… 160
概况………………………………… 160
法治建设…………………………… 160
法治宣传教育……………………… 160
疫情防控…………………………… 160
服务脱贫攻坚……………………… 160
服务生态文明建设………………… 161
公共法律服务……………………… 161
援法议事…………………………… 161
公证工作…………………………… 161
法律援助…………………………… 161
人民调解…………………………… 161
社区矫正…………………………… 162
安置帮教…………………………… 162
队伍建设…………………………… 163
军　事…………………………… **163**
淮安区人民武装部………………… 163
概况………………………………… 163
思想政治建设……………………… 163
基层武装阵地建设………………… 163
民兵队伍建设……………………… 164
民兵调整改革……………………… 164
征兵宣传…………………………… 164
军民融合发展……………………… 164
武警淮安支队执勤二中队………… 164
概况………………………………… 164
思想政治建设……………………… 165
业余生活…………………………… 165
武警队伍建设……………………… 165
后勤建设…………………………… 165
退役军人事务局…………………… 165
概况………………………………… 165
服务体系…………………………… 165
拥军褒扬…………………………… 166
打造品牌…………………………… 166

地方组织机构

中共淮安市淮安区委员会………… **168**
重要会议…………………………… 168
区委“不忘初心、牢记使命”主题教育总结大会…………………………… 168
全区党风廉政建设暨党员干部警示教育大会………………………… 168
全区党的建设工作会议…………… 168
全区重特大项目建设推进会……… 169
中共淮安市淮安区委十二届八次全体（扩大）会议召开 ………………… 170
区委常委（扩大）会议暨全区村（社区）“两委”换届工作领导小组会议…………………………………… 172
全区全国文明城市创建表彰暨常态长效管理工作推进大会………………… 172
中共淮安市淮安区委十二届九次全体（扩大）会议 ……………………… 174
重要活动…………………………… 175
连续13年举办元旦慈善捐赠活动 …… 175
“云签约”全市首个总投资5000万美元的台资项目………………………… 175
举行农民群众住房条件改善项目集中开工仪式…………………………… 176
举行首期党政企“亲清双月谈”座谈会…………………………… 176
举行“我助妇儿康·儿童伤残救助项目”启动仪式 …………………… 177
举行运河之都——魅力河下夜市嘉年华活动启动仪式………………… 177

"万企联万村　共走振兴路"淮安区—
浦口区企村推介签约会……………… 178
组织工作………………………………… 178
概况………………………………… 178
基层党组织………………………… 179
区管干部…………………………… 179
干部队伍建设……………………… 179
人才工作…………………………… 179
目标考核管理……………………… 179
重特大产业项目建设……………… 180
巡察工作………………………………… 180
概况………………………………… 180
责任落实…………………………… 180
"人民满意巡察"创建 ……………… 181
联动监督…………………………… 181
队伍建设…………………………… 181
信息宣传…………………………… 181
宣传工作………………………………… 181
概况………………………………… 181
中心组学习………………………… 181
理论宣讲…………………………… 182
意识形态…………………………… 182
新闻宣传…………………………… 182
舆情引导…………………………… 182
主题宣传教育……………………… 183
群众文化活动……………………… 183
文化事业产业……………………… 183
新闻出版…………………………… 183
统战工作………………………………… 183
概况………………………………… 183
思想政治引领……………………… 184
疫情防控…………………………… 184
多党合作制度……………………… 184
民营经济统战工作………………… 184
民族宗教领域统战………………… 184
新的社会阶层人士统战…………… 185
港澳台及海外统战工作…………… 185
机构编制………………………………… 185
权责清单调整……………………… 185
"三整合"改革推进 ……………… 185
安全生产机构建设………………… 185
镇街卫生机构调整………………… 185
事业单位编制调整………………… 185
机关党建………………………………… 186
党员思想教育……………………… 186
基层组织建设……………………… 186
服务大局…………………………… 186
正风肃纪…………………………… 186
党建活动…………………………… 186
党校工作………………………………… 187
干部培训…………………………… 187
理论科研…………………………… 187
党史工作………………………………… 187
党史编研…………………………… 187
党史宣传…………………………… 187
老干部工作……………………………… 187
老干部工作会议…………………… 187
生活保障…………………………… 187
老干部活动………………………… 187
关心下一代工作………………………… 188
"爱党爱国　立德立行"主题教育活动…… 188
疫情防控…………………………… 188
青少年帮扶帮教…………………… 188
育人阵地建设……………………… 188
关爱弱势群体……………………… 188
"党建带关建"工作 ………………… 188
营商环境优化…………………………… 189
概况………………………………… 189
营商环境建设……………………… 189
作风效能建设……………………… 189
督查督办工作……………………… 190
精神文明建设…………………………… 190
全国文明城市创建………………… 190
道德典型培育……………………… 190
新时代文明实践…………………… 190
淮安市淮安区人民代表大会……………… 191
综　述…………………………………… 191
概况………………………………… 191
主要工作…………………………… 191
重要会议………………………………… 191
淮安区第十七届人大常委第二十二次
会议…………………………… 191
淮安区第十七届人大常委第二十三次
会议…………………………… 191

淮安区第十七届人大常委第二十四次会议…………………………………191
淮安区第十七届人大常委第二十五次会议…………………………………192
淮安区第十七届人大常委第二十六次会议…………………………………192
淮安区第十七届人大常委第二十七次会议…………………………………192
淮安区第十七届人大常委第二十八次会议…………………………………193
淮安区第十七届人大常委第二十九次会议…………………………………193
重要活动……………………………………193
视察法院“两个一站式”建设工作…………………………………193
视察文明城市创建工作…………………193
视察工业大项目建设……………………194
视察城市重点项目建设工作…………194
视察农村饮用水安全工作……………194
视察农房改善工作………………………195
视察交通重点工程建设…………………195
视察区政府2020年度为民办实事工作…………………………………195
视察区疾病预防控制工作……………196
突出环境问题清单整改落实情况专题询问会…………………………………196
视察检察院检察工作……………………196
代表工作……………………………………197
交流宣传……………………………………197
代表队伍建设……………………………197
代表作用发挥……………………………197
代表建议办理……………………………197
基层指导联动……………………………197
淮安市淮安区人民政府………………………**197**
重要会议……………………………………197
区政府十七届三十四次常务会议……197
区政府十七届三十五次常务会议……198
区政府十七届三十六次常务会议……198
区政府十七届三十七次常务会议……199
区政府十七届三十八次常务会议……200
区政府十七届三十九次常务会议……200
区政府十七届四十次常务会议………201
区政府十七届四十一次常务会议……202
区政府十七届四十二次常务会议……202
重要活动……………………………………203
推进新冠肺炎疫情防控工作…………203
推进疫情防控和医疗救治工作………203
推进环境整治工作………………………204
推进水利重点工程建设和“两违三乱”专项整治工作…………………………204
推进大运河文化带和大运河国家文化公园建设工作…………………………204
推进大气污染防治工作…………………204
推进全国文明城市创建工作…………205
推进农房改善工作………………………205
推进计划开竣工重特大产业项目……205
推进交通重点工程建设…………………206
行政审批……………………………………206
全面提升行政审批效能…………………206
公共资源交易“电子化” ……………206
区镇村政务服务一体化建设…………206
“12345”政府热线平台 ……………207
投资建设项目代办服务…………………207
信访工作……………………………………207
概况…………………………………………207
阳光信访……………………………………207
网上信访……………………………………207
“大信访”格局 …………………………207
源头预防……………………………………207
优化窗口服务……………………………207
领导接访……………………………………208
积案化解……………………………………208
信访基层建设……………………………208
信访督查督办……………………………208
信访宣传……………………………………208
政协淮安市淮安区委员会……………………**208**
综　述……………………………………208
概况…………………………………………208
重要会议……………………………………208
淮安区政协十四届四次全体会议……208
淮安区政协十四届二十二至二十四次常委会议…………………………………209
淮安区政协十四届常委会第二十五次会议…………………………………209

淮安区政协十四届常委会第二十六次会议…… 209
淮安区政协十四届常委会第二十七次会议…… 209
淮安区政协十四届常委会第二十八次会议…… 209
重要活动…… 209
全力抗击疫情…… 209
助推复工复产…… 209
招商引资…… 209
服务民营企业…… 210
委员队伍建设…… 210
文明城市创建…… 210
文史资政育人…… 210
助力脱贫攻坚…… 210
参政议政…… 210
建言献策…… 210
社情民意…… 210
民主监督…… 211
协商议事…… 211
良言开发计划…… 211
中共淮安市淮安区纪律检查委员会
淮安区纪委监察委员会…… 211
概况…… 211
政治监督…… 211
作风建设…… 212
日常监督…… 212
巡察利剑…… 212
审查调查…… 212
队伍建设…… 212
民主党派　工商联…… 213
中国国民党革命委员会淮安市淮安区总支部委员会…… 213
概况…… 213
参政议政…… 213
党派活动…… 213
中国民主同盟淮安市淮安区基层委员会…… 213
概况…… 213
参政议政…… 213
党派活动…… 213
疫情防控…… 214
中国民主建国会淮安市淮安区委员会…… 214
概况…… 214
参政议政…… 214
抗疫活动…… 214
社会宣传…… 214
社会活动…… 214
考察调研…… 215
中国民主促进会淮安市淮安区委员会…… 215
概况…… 215
参政议政…… 215
社会服务…… 215
中国农工民主党淮安市淮安区基层委员会…… 216
概况…… 216
参政议政…… 216
党派活动…… 216
疫情防控…… 216
中国致公党淮安市总支委员会淮安区支部…… 216
参政议政…… 216
社会服务…… 216
九三学社淮安区委员会…… 216
概况…… 216
参政议政…… 216
学习活动…… 217
社会服务…… 217
淮安区工商业联合会…… 217
概况…… 217
商会组织建设…… 217
民营经济代表人士队伍建设…… 217
民营经济服务…… 217
亲清双月谈…… 217
万企联万村行动…… 218
异地商会对接…… 218
参政议政…… 218
公益活动…… 218
群众团体…… 218
淮安区总工会…… 218
概况…… 218
工会组织建设…… 218
建设改革…… 219
工会干部培训…… 219

劳动技能竞赛…………………………219
文化体育活动…………………………219
扶贫帮困救助…………………………219
保障职工权益…………………………219
劳模工作………………………………220
爱心驿站建设…………………………220
女职工工作……………………………220
财务经审………………………………220
共青团淮安市淮安区委员会……………221
概况……………………………………221
基层组织建设…………………………221
关爱帮扶慰问…………………………221
青年思想引领…………………………221
志愿服务行动…………………………222
淮安区妇女联合会………………………222
概况……………………………………222
妇女思想引领…………………………222
服务发展大局…………………………222
维护妇儿权益…………………………222
文明城市创建…………………………223
妇儿民生实事…………………………223
妇联组织建设…………………………223
淮安区科学技术协会……………………223
概况……………………………………223
疫情防控………………………………223
慰问科技工作者………………………223
优秀学术论文评选……………………223
科普宣传………………………………224
青少年科普活动………………………224
科技兴农………………………………224
科普设施建设…………………………224
科协组织建设…………………………224
项目帮办服务…………………………225
淮安区残疾人联合会……………………225
社区康复示范点………………………225
残疾人居家服务项目…………………225
残疾人之家……………………………225
“精准康复”服务 ……………………225
残疾人家庭无障碍改造………………225
残疾人文体事业………………………225
系统组织和队伍建设…………………225
淮安区归国华侨联合会…………………226
概况……………………………………226
疫情防控………………………………226
品牌建设………………………………226
侨情调查………………………………226
组织建设………………………………226
淮安区文联………………………………226
文艺活动………………………………226
文艺抗“疫” …………………………227
淮安区红十字会…………………………227
疫情联防联控…………………………227
社会救助………………………………227
应急救护培训…………………………227
“三献”工作 …………………………227
红十字宣传……………………………227
志愿者服务……………………………227
应急救援………………………………227
博爱家园建设…………………………228
淮安区老区开发促进会…………………228
概况……………………………………228
《淮安区革命老区发展史》编纂发行……228
宣传工作………………………………228
调查研究………………………………228
扶贫工作………………………………228
疫情捐赠………………………………228

街道 镇 农场

淮城街道…………………………………230
概况……………………………………230
疫情防控………………………………230
工业经济………………………………230
全国文明城市创建……………………230
城市建设………………………………231
社会治理………………………………231
党建工作………………………………231
河下街道…………………………………232
概况……………………………………232
招商引资………………………………233
文化建设………………………………233
城市建设………………………………233
社会事业………………………………233
社会治理………………………………234

党建工作…………………………… 234
山阳街道…………………………… 235
概况…………………………… 235
项目建设…………………………… 235
农业农村…………………………… 235
农房改善…………………………… 235
环境治理…………………………… 235
疫情防控…………………………… 236
党建工作…………………………… 236
平桥镇…………………………… 237
概况…………………………… 237
疫情防控…………………………… 237
项目建设…………………………… 237
农业农村…………………………… 238
人居环境整治…………………………… 238
社会事业…………………………… 238
镇村建设…………………………… 238
党建工作…………………………… 238
石塘镇…………………………… 238
概况…………………………… 238
项目建设…………………………… 238
农业经济…………………………… 238
镇村建设…………………………… 239
农房改善…………………………… 239
环境整治…………………………… 240
社会事业…………………………… 240
社会治理…………………………… 240
疫情防控…………………………… 240
朱桥镇…………………………… 240
概况…………………………… 240
工业经济…………………………… 240
项目建设…………………………… 241
农业农村…………………………… 241
农村人居环境整治…………………………… 241
农房改善…………………………… 241
城镇建设…………………………… 241
脱贫攻坚…………………………… 242
民生保障…………………………… 242
党建工作…………………………… 242
施河镇…………………………… 242
概况…………………………… 242
疫情防控…………………………… 243
项目建设…………………………… 243
民生实事…………………………… 243
农房改善…………………………… 243
特色小镇…………………………… 243
一二三产融合发展…………………………… 244
党建工作…………………………… 244
车桥镇…………………………… 244
概况…………………………… 244
项目建设…………………………… 245
农业农村…………………………… 245
民生事业…………………………… 246
基层“三整合”改革 …………………………… 246
党建工作…………………………… 247
流均镇…………………………… 247
概况…………………………… 247
项目建设…………………………… 247
工业经济…………………………… 248
镇村建设…………………………… 248
民生事业…………………………… 248
全国文明城市创建…………………………… 248
党建工作…………………………… 248
博里镇…………………………… 248
概况…………………………… 248
项目建设…………………………… 249
农业农村…………………………… 249
镇村建设…………………………… 249
社会事业…………………………… 250
党建工作…………………………… 250
复兴镇…………………………… 250
概况…………………………… 250
工业经济…………………………… 250
农业农村…………………………… 250
脱贫攻坚…………………………… 250
镇村建设…………………………… 250
社会事业…………………………… 251
科技环保…………………………… 251
社会治理…………………………… 251
党建工作…………………………… 251
苏嘴镇…………………………… 252
概况…………………………… 252
工业经济…………………………… 252
现代农业…………………………… 252

镇村建设…………………………… 252
民生事业…………………………… 252
党建工作…………………………… 253
钦工镇……………………………… 254
概况………………………………… 254
项目建设…………………………… 254
农业农村…………………………… 255
重点工作…………………………… 255
民生事业…………………………… 255
脱贫攻坚…………………………… 255
三大攻坚…………………………… 255
顺河镇……………………………… 256
概况………………………………… 256
项目建设…………………………… 256
农业农村…………………………… 256
民生工程…………………………… 256
扶贫工作…………………………… 257
全国文明城市创建………………… 257
社会事业…………………………… 257
党建工作…………………………… 257
漕运镇……………………………… 258
概况………………………………… 258
疫情防控…………………………… 258
全国文明城市创建………………… 258
高效农业…………………………… 259
民生工程…………………………… 259
农房改善…………………………… 259
脱贫攻坚…………………………… 259
综合治理…………………………… 259
党建工作…………………………… 259
范集镇……………………………… 259
概况………………………………… 259
招商引资…………………………… 260
三农工作…………………………… 260
民生保障…………………………… 260
社会事业…………………………… 260
文明城市创建……………………… 260
党建工作…………………………… 261
白马湖农场………………………… 261
概况………………………………… 261
农业生产…………………………… 261
林业养殖业………………………… 261
环境整治…………………………… 261
社区管理…………………………… 262
民生工作…………………………… 262
党建工作…………………………… 262

领导干部名录

中共淮安区委员会工作部门及
直属单位…………………………… 263
区人大常委会工作机构…………… 264
区人民政府工作部门及直属单位…… 265
区政协工作机构…………………… 268
中共淮安市淮安区纪律检查委员会
淮安市淮安区监察委员会………… 269
区人民法院………………………… 269
区人民检察院……………………… 269
中国人民解放军淮安区人民
武装部……………………………… 269
武警淮安支队执勤二中队………… 270
淮安市淮安区消防救援大队……… 270
群团组织…………………………… 270
省、市垂管驻淮单位 ……………… 270
医院学校…………………………… 272
街道、镇、园区 …………………… 273

附　录

2020年淮安区社会经济主要指标…… 276
2020年淮安区户籍人口及其变动
情况统计年报表…………………… 278
2020年淮安区全体居民家庭基本情况
一览表……………………………… 278
2020年淮安区全体居民家庭收入情况
一览表……………………………… 280
2020年淮安区全体居民家庭支出情况
一览表……………………………… 280
2020年淮安区全体居民家庭人均
食品消费量一览表………………… 281

索　引

A~Z ……………………………… 283

特　载

谋划新蓝图　开启新征程

　在新发展格局中实现淮安区更高质量发展

政府工作报告

文明城市创建

脱贫致富奔小康工程

谋划新蓝图　开启新征程
在新发展格局中实现淮安区
更高质量发展

——在区委十二届九次全体(扩大)会议上的讲话

张　笑

2020年12月31日

同志们:

这次区委全会的主要任务是,以习近平新时代中国特色社会主义思想为指导,深入贯彻党的十九大和十九届二中、三中、四中、五中全会以及习近平总书记视察江苏重要讲话指示精神,认真落实中央和省市委决策部署,总结分析"十三五"以来的全区工作,全面把握新发展阶段的新任务新要求,明确我区"十四五"时期发展目标思路、2035年远景目标,部署2021年重点工作,动员全区上下进一步解放思想、振奋精神、团结奋斗,开启淮安区全面建设社会主义现代化新征程。

下面,我根据区委常委会会议讨论的精神,讲四点意见:

一、万众一心矢志奋斗,有力应对前所未有风险挑战,决胜高水平全面建成小康社会取得决定性成就

"十三五"时期是淮安区发展史上具有里程碑意义的五年,是我们高水平全面建成小康社会、实现第一个百年目标的决战阶段。五年来,全区上下在以习近平同志为核心的党中央坚强领导下,深入学习贯彻习近平新时代中国特色社会主义思想,时刻牢记习近平总书记对淮安的嘱托要求,全面落实中央和省市委决策部署,开拓创新、锐意进取,决胜高水平全面建成小康社会取得决定性成就。五年奋斗,综合实力明显增强。始终突出抓招商上项目,共落户10亿元以上重大工业项目8个,实施亿元以上工业项目108个,新竣工86个,新增规模以上工业企业205家。GDP实现五年翻番,公共财政预算收入质态有效提升,开票销售超亿元工业企业达38家,列统工业总产值连续四年增幅高于13%。先后获评"全国综合实力百强区""淮安市高质量跨越发展优秀县区"称号。五年奋斗,发展活力日趋显现。成立全省唯一县区级营商环境优化办公室,先后获评"中国营商环境百强县区""中国营商环境百佳示范县市"。企业科技创新和转型升级步伐不断加快,全区高新技术制造业投资占工业投资比重达19%。五年奋斗,城乡形态不断优化。累计投入522亿元,实施336项城建重点工程,城市建成区面积扩大到45平方公里,形成了"三竖一横"功能布局,"城水相依、组团相间、生态相连"的城市形态初具雏形。城乡基础设施、公共服务等"六个一体化"加快推进,城市与农村互动发展的联动效应初步显现,城乡变得更高更靓更具特色。先后荣获"中国魅力文化旅游名区""长三角最具网红特质旅游城市""长三角最佳文旅融合城市"称号。五年奋斗,人民生活显著改善。牢固树立民生是发展终极目标的理念,高质量完成"十三五"脱贫攻坚各项目标任务。加大民生投入,办好民生实事,教育、文化、卫生等社会事业协调发展,基本社会保险制度实现全覆盖,信访稳定、安全生产、扫黑除恶成效显著。

即将过去的2020年,是全区经济社会发展史上极不平凡的一年。面对突如其来的新冠肺炎疫情严重冲击、宏观环境复杂多变、经济下行压力持续加大的严峻形势,我们认真学习贯彻习近平总书记系列重要讲话精神,勇于担当、攻坚克难,各项工作取得超于预期的好成绩,疫情防控和经济社会发展取得"双胜利"。

非常之年,我们始终以人民生命安全为根本立场,疫情阻击战取得全面胜利。面对复杂局面,科学研判、快速反应,第一时间启动重大突发公共卫生事件"一级响应"。充分运用"大数据+网格化+铁脚板"模式,全面落实"四包一"隔离管理措施,严格管控好"五门",迅速有效遏制了疫情传播扩散态势;对全区120万居民组织健康大体检,彻底隔离出人群中隐藏的"传染源",有效构建起联防联控、群防群治的"铜墙铁壁"。在全市率先提出"分层分级分类"管理,落实"四早"要求,提前对所有密切接触人员进行胸片检查和核酸检测。按照"四集中"救治原则,第一时间建成拥有80张床位的标准化救治医院,并争取市医疗专家提前进驻指导,组建医疗救治组,保障每一位患者得到有效及时救助,44名确诊患者全部康复出院,仅用一个月时间,打赢了这场史无前例的疫情阻击战,实现了"患者零死亡、医务人员零感染、病例零续发",聚焦打好打赢常态化防控持久战,坚持外防输入不松劲、内防反弹不懈怠,加快完善重大疫情防控救治体系和公共卫生体系，全面加强应急预案准备和防控物资储备，构筑起坚固的安全屏障，有力保障了人民群众的身体健康、社会大局的和谐稳定。

非常之年，我们始终以高质量发展为工作导向，产业发展实现提质增效。在疫情防控形势平稳向好后，我们及时调整工作着力点和应对措施，分区分级精准推动复工复产复学，第一时间出台支持企业发展、促进企业正常生产等一揽子政策，加大“六稳”和“六保”工作力度，有效应对了经济下行压力，规上工业企业和服务业企业3月底全部复工。创新开展网上洽谈、视频会议、在线签约等招商方式，全年新签约亿元以上项目60个，总投资106亿元的盐穴储气、超过5000万美元的南宝碳纤维项目以及淮昆智创园等一批投资体量大、带动效应好的重特大项目成功签约落户。全年预计新开工亿元以上项目49个，其中10亿元以上项目6个；新竣工亿元以上项目33个，其中10亿元以上项目4个。市重大项目累计完成投资156.9亿元，完成率达130%。三大主导产业和三大特色产业开票销售占全区规模以上工业的比重分别达58%和32%。成功入选2020年消费品工业“三品”战略示范城市，苏盐井神荣获省长质量奖，双环齿轮获国家增强制造业核心竞争力专项资金支持，惠民交通入选国家工信部专精特新“小巨人”企业。现代农业加快推进，新增高标准农田8万亩、食味稻米3.5万亩、稻虾综合种养2.6万亩，全年粮食总产量96.7万吨，创成粮食生产全程机械化省级示范区，粮食安全责任制获省通报激励。创建国家级水产健康养殖示范场12家、省级示范家庭农场7个、省级合作社示范社6个，适度规模经营比重达70.05%，综合机械化水平达88.69%；创成国家级农村产业融合发展示范园、江苏省农村电商示范县。积极发展优势特色服务业，淮安电商园创成省级生产性服务业集聚区，苏盐井神、康乃馨织造成功申报生产性服务业领军企业。全区经济运行积极因素不断显现，预计全年实现地区生产总值603亿元（可比价），同比增长2.5%；一般公共预算收入26.6亿元，同比增长5.6%；实现全体居民人均可支配收入27180元，同比增长4.3%，均高于全省、全市平均水平。

非常之年，我们始终以深化改革为重要推动力，发展活力得到最大释放。坚持开放发展战略，全力打造“台资高地”重要增长极，淮昆台资合作产业园加快建设，南宝碳纤维成为淮昆合作第一家落户淮安的台资企业，实现当年签约、当年投产。全年新增3000万美元以上台资项目3个，预计完成实际利用外资1.4亿美元，开工项目利用外资9000万美元；对外直接投资1250万美元，全市第一。稳住外贸基本盘，预计全年外贸进出口总额达3.5亿美元，有进出口实绩企业数达135家，较上年增加20家，新兴市场和“一带一路”沿线市场进出口额占比达35%。重点领域改革持续深化，“3550”改革提速增效，常态化实现“1120”，基层“三整合”改革成效明显，“双随机、一公开”监管实现全覆盖。全省市辖区首例工业项目“拿地即开工”成功试点。全市率先建成“不见面交易”大厅，“不见面交易”数量位居全市县区之首，再次获评“中国营商环境百佳示范县市”。“党建引领、集成振兴”综合改革试点扩面增效，实现镇街全覆盖，连续4年荣获全省农村产权交易先进集体称号，完成农村社区股份合作制改革，324个村（居）全部组建农村集体股份经济合作社。共创草坪成为全市首家主板上市民营企业。组建了以淮安医院、楚州中医院为龙头的两大医共体，公立医院综合改革受到省政府激励。创新活力有效释放，预计全社会研发支出占比1.9%，高新技术产业产值占规上工业总产值比重达14.5%，获批国家高新技术企业27家、省市级工程技术研究中心4家。成功组建第十三批科技镇长团，获批省科技副总3人、省“双创计划”创新人才1人，引进名校优生46人。

非常之年，我们始终以品质颜值为追求目标，城乡发展彰显崭新面貌。聚焦中心城市核心区建设，加快提升城市基础配套水平，348省道淮安区段竣工通车，建成镇淮楼东路等6条市政道路，改造农路121.5公里、桥梁29座，行政村通双车道四级公路覆盖率达100%，“四好农村路”达标县区建设通过省级验收。完成萧湖北侧等9个地块、32万平方米棚户区改造，续建、新建安置小区14个，交付安置房6075套，完成月湖花园等8个老旧小区综合整治及窦娥巷等18条后街背巷改造任务。完成黄码大桥等亮化工程，建成华西路市民广场等15个城市游园，提升改造新世纪广场，建成区绿化覆盖率达41.1%。大力实施乡村振兴战略，加快推进美丽乡村建设三年行动计划，全面完成乡村建设规划编制，全面提升农房改善项目规划建设水平，“两带三圈”格局初步形成，超额完成省定农房改善目标，石塘镇张兴社区等5个项目入选省市级示范项目。高质量推进

"万企联万村、共走振兴路"行动,联建项目、联建村居均居全市第一,综合排名全省先进。车桥镇卢滩村、山阳街道南湾村乡村治理入选全国乡村治理示范村镇典型,流均镇都梁村成为省级特色田园乡村。区域供水白马湖水厂获评"全国首批农村供水规范化水厂",百万农村居民饮水安全得到根本保障。扎实推进"三清一治一改",农村人居环境长效管护行政村达100%,无害化户厕改造和改建农村公厕任务完成率100%,镇村形象面貌明显改善。大力开展"深化殡葬改革、整治散埋乱葬"专项行动,平拆坟墓14.48万座,人居环境有效提升。坚持生态优先原则,18条黑臭水体通过省级验收,建成污水处理厂三期,打造西汪塘等3条示范河道。河湖长制有效落实,水利部暗访交办问题、省交办问题整改全面完成,京杭运河绿色现代航运示范区创建扎实推进,沿线环境污染问题得到有效解决,坚决打好蓝天碧水净土三大保卫战,空气质量持续改善,国省考断面全面消除劣V类水质。

非常之年,我们始终以改善民生为根本出发点,群众生活幸福安康。对照高水平全面小康建设目标,更加聚焦民生需求,加快补齐民生短板,全力提升民生幸福指数。坚持把稳就业作为重中之重,切实落实创就业贷款贴息、稳岗补贴等政策,深化"互联网+就业"机制,引导支持本地企业吸纳群众就业,新增城镇就业6000人。全力巩固脱贫攻坚成果,探索"扶贫资金+普惠金融资金"融合发展模式,健全"阳光扶贫"监管机制,建档立卡低收入农户医保个人缴费部分由财政兜底实现全覆盖,累计发放扶贫救助资金2.78亿元。在财政压力加大的情况下,解决了全区在职和离退休人员的同城待遇问题,城乡低保全面提标,应保尽保。投入13.39亿元,对2013年以来被征地农民社会保障进行全覆盖兜底。普惠性幼儿园覆盖率达100%,义务教育优质均衡比例达75%,学生资助工作连续三年获得全省各县区第一,创成3所教育部国防教育特色学校。车桥中心卫生院创成全省首批农村区域医疗中心,薄弱村卫生室改造任务全面完成。连续8届被评为"省级双拥模范城",区人武部被省军区表彰为"军事训练先进单位"。网格化社会治理工作绩效监测评价全市第一,群众安全感达98.85%,高标准建成公安大数据指挥服务中心,生产安全事故起数和死亡人数分别下降69%和51.9%,未发生较大及以上生产安全事故,信访工作态势良好,获批全省法治政府建设示范区。

非常之年,我们始终以党的全面领导为根本保障,全区上下展现强大动力。疾风知劲草,烈火见真金。疫情之下,全区党员干部勇于担当作为,知重负重、知难克难,全区2404个基层党组织、243个党员突击队、82个临时党组织,冲在联防联控、群防群治、复工复产前沿,牢牢守护人民群众生命安全和身体健康,让党旗高高飘扬在战"疫"一线,汇聚起磅礴的"红色力量",展现出周总理家乡党员干部的政治本色和崇高境界,一批先进集体和个人获得中央和省市表彰。面对前所未有的发展压力和异常繁重的工作任务,广大党员干部紧扣区委部署要求,牢记责任、坚定信心,以"八大攻坚行动"为抓手,超前谋划、精准施策,创新推行经济网格化管理、探索建立"亲清双月谈"长效机制等举措,帮助企业解决资金、用工、物流等方面困难,加快项目建设力度,推动经济发展企稳回升。面对创建全国文明城市"背水一战",我区作为全市创建全国文明城市的"主战场""主力军",全区干群勇挑重担、不辱使命,全面落实全国文明城市创建"3688"行动,全面打响"十大专项战役","大拆违、大清除、大扫尾""大执法带动大长效"等专项行动成果显著,为全市"高分高位夺牌"作出重要贡献。在历史性的大战大考面前,全区党员干部经受住了重大考验、积累了丰富经验、淬炼了能力斗志、收获了自信担当。在疫情防控、加快发展、全国文明城市创建工作中展现出来过硬的政治品质,让我们更有信心战胜一切困难和挑战。我们要把伟大的抗疫精神和文明城市创建精神所激发出来的"迎难而上、英勇顽强"的斗志、"争当先进、争创一流"的追求、"担当奉献、创新实干"的作风,作为引领全区人民乘势而上、干事创业的强大动力和宝贵财富,在奋进新征程的道路上争当表率、争做示范、走在前列。

这一年,我们在不平坦的道路上,创造了不平凡的业绩。成绩来之不易,经验弥足珍贵。回首奋斗历程,我们深深感到:只要我们坚决听从习近平总书记和党中央号令,以新思想定向领航,树牢"四个意识",坚定"四个自信",做到"两个维护",确保中央和省市委决策部署不折不扣落实到位,就一定能战胜前进道路上的困难和挑战,夺取一个又一个胜利;只要我们坚持系统思维,全面贯彻新发展理念,抢抓机遇,埋头苦干,奋力争先跨越,就一定能应对各种复杂局面,化危为机，增创优势，破解难题；只要我们坚持人民至上，贯彻以人民为中心的发展思想，心里装着人民，把人民利益放在最高位置，就能做出正确决策，确定最优路径，凝聚发展合力，推动淮安区经济社会各项事业高质量发展。

二、深刻把握复杂变化，积极探索开启现代化建设新征程，奋力在新的发展阶段中育新机开新局

惟其艰难，方显勇毅；惟其磨砺，始得玉成。展望2021年，我们面临的困难和风险挑战更加复杂多变。放眼全局，我们面临的挑战前所未有，不容退缩。当今世界正经历百年未有之大变局，新冠肺炎疫情全球大流行，世界进入动荡变革期，经济格局不确定性因素增多。我国经济运行虽逐步恢复常态，但发展不平衡不充分问题仍然突出，经济增长的下行压力持续加大，这给经济基础还不够稳固、转型升级任务繁重的淮安区带来了更为严峻的考验。此外，新发展阶段，各地必将掀起新一轮大发展热潮，千帆竞发、争相赶超的态势将更加激烈，淮安区面临“不进则退、慢进也是退”的竞争压力将更加明显。我们要牢牢把握新发展阶段的新使命，更加自觉地把新发展理念作为指挥棒、红绿灯，勇于逆势而上、善于转危为机，准确识变、科学应变、主动求变，善于在危机中育先机、于变局中开新局。纵观大势，我们面临的机遇千载难逢，不容错失。我国经济已由高速增长阶段转向高质量发展阶段，经济长期向好，市场空间广阔，发展韧性强大，社会大局稳定，正在加速构建“以国内大循环为主体、国内国际双循环相互促进”的新发展格局。我市正处于空铁枢纽地位加快提升期，确立长三角北部重要中心城市地位的发力期，随着大运河文化带、淮河生态经济带、南京都市圈建设全面加速，淮安枢纽建设、宁淮挂钩合作、淮昆协同发展成果的不断涌现，将为我们加快高质量发展积蓄更多动力。我们要按照省委娄书记对淮安提出的“要拿出壮丽东南第一州的眼界和气度，抓住区域条件显著改善的机遇，把周总理家乡建设得更美更好”的最新指示，抢抓众多战略叠加机遇，找准淮安区在新发展格局中的比较优势，围绕“1+5”发展格局，在提供高质量供给、培育新型消费上下功夫，在统筹推进产业布局、城镇布局和现代流通体系上做文章，更好地融入“双循环”，保持我区经济平稳健康发展，以“两争一前列”的昂首姿态，昂扬向上，昂头迈进。

今后一段时期工作的总体思路：深入学习贯彻习近平新时代中国特色社会主义思想和习近平总书记视察江苏重要讲话指示精神，全面贯彻落实中央和省市委决策部署，认真践行新发展理念，坚持稳中求进工作总基调，聚焦“绿色高地、枢纽新城”发展定位，以高质量发展为主题，以深化供给侧结构性改革为主线，以“四个淮安”建设为抓手，围绕“1+5”发展格局，全面落实市委蔡书记“高起点、高标准、高质量”指示精神，扎实做好“六稳”“六保”工作，全力推动高质量发展全市走前列、全省争进位，努力以优异成绩庆祝建党100周年，充分展示建好周总理家乡的象征意义。要全力打造中心城市核心区。积极策应长三角北部重要中心城市建设，以拓展空间、完善功能、优化布局、提升能级为重点，围绕“东扩西拓、南进北延”的发展方向，构建以老城区为“核”，南部“新城”和北部“商务商贸区”为“翼”，各镇多“极”支撑的区域发展新格局，进一步提升城乡建设质量和水平。加快完善基础设施、功能设施和配套设施，切实承载重要中心城市核心服务功能，力争成为长三角北部重要中心城市建设的主阵地、淮安市带动苏北腹地发展的战略支点。要全力打造江淮发展先行区。立足现有产业基础，把握转型升级趋势，以先进制造业为主体，在打造机械电子、盐化工、绿色建材“三大百亿级主导产业集群”上下功夫，做好“建链、强链、补链”工程。以现代服务业和现代农业为两翼，加快形成具有核心竞争力的现代产业体系，着力建设产业强区、经济强区。要全力打造枢纽经济承载区。围绕市委提出的“枢纽新城”发展定位，依托高铁枢纽发展枢纽经济，变交通优势为产业发展优势，集聚新要素、完善新功能、培育新产业，带动城市能级的跃升。以高端商务商贸、电商物流等为重点，大力发展总部经济、服务外包、特色旅游康养、现代物流、金融服务和会议会展等现代服务业，加速建成承南启北、贯通东西的区域性交通枢纽和高铁商务商贸圈。要全力打造全域旅游示范区。深入实施“水懂我心、自然淮安”全域旅游战略，抢抓大运河文化带建设重大机遇，充分发挥全国历史文化名城优势，深入挖掘以周恩来故里为代表的红色文化、以漕运遗存为代表的运河文化、以淮扬菜为代表的美食文化等独特文化资源，促进产城融合。坚持“+旅游”的工作思路，在产业发展、生态保护、设施配套等各项工作推进中，把服务全域旅游作为重要的出发点和立足点，进一步扩大旅游产业规模，建成国内知名的历史文化传承和文化旅游目的地。要全力打造宜居宜业幸福区。顺应广大人民群众对美好生活的期盼，围绕我市"幸福淮安"新定位新追求，认真贯彻共享发展理念，坚守底线、办好实事、完善制度、引导预期，全力推进美丽乡村建设，全面提升公共服务供给能力和水平，着力健全城乡社会保障体系，持续巩固脱贫攻坚成果，加强平安法治建设，全面筑牢民生根本，使全区人民在共建共享中有更多的幸福感、获得感和归属感。

三、坚定践行新发展理念，加快构建新发展格局新路径，全力以赴开拓淮安区高质量发展新境界

明年是中国共产党成立100周年，也是"十四五"开局之年，更是迈向第二个百年奋斗目标、进入建设社会主义现代化国家新征程的起步之年。做好明年各项工作，对于开好头、起好步意义重大，影响深远。全区上下要做到"强力开局起步，狠抓重点突破，加快跨越赶超，确保首战必胜"。强力开局起步，就是以时不我待的紧迫感从当前抓起，从现在做起，紧张快干，强势推进，全面掀起大发展、大投入、大建设的热潮，为"十四五"开好头、起好步。狠抓重点突破，就是突出事关全局的重大事项、重点工程和重要产业，努力在全面深化改革、重大产业项目、城市承载能级等方面实现新突破。加快跨越赶超，就是牢固树立争先进位的目标追求，以事事争先进、人人创一流的精神状态，形成百舸争流、竞相发展的态势，把各项工作推上跨越赶超的快车道。确保首战必胜，就是坚定勇于担当、敢打必胜的信念，以砥砺前行的勇气攻坚克难，以开拓创新的思维成就事业，以求真务实的作风争先创优，确保部署的重点工作加快推进，既定的目标任务超额完成，奋力夺取首战之年的全面胜利。明年全区工作主要目标为：地区生产总值增长7%左右，一般公共预算收入增长4%左右，规上固定资产投资增长7%左右，规上工业增加值增长7.5%左右，全体居民人均可支配收入增长8%左右。

*一要加快培育现代产业新体系。*产业是经济发展的命脉，要全力推动产业发展迈向中高端，加快构建特色鲜明、自主可控、具有更强竞争力的现代产业体系。要夯实集群发展这个"地基"。要按照产业高端化、特色化、规模化、绿色化发展思路，聚合力量发展"3+3"主导产业和特色产业，逐个绘制"产业链图谱"，打造具有淮安区特色的产业新高地。盐化工产业要加速实施百亿元的盐穴储气及配套项目，推进企业由盐资源加工向能源储备、新品开发转变。机械电子产业要加快捷群电子、文盛电子、鸿富瀚科技等新项目建设，推动双环齿轮、施塔德电梯等企业产能释放，促进机械电子产业向高端装备、智能装备转型升级。绿色建材产业要全力推进海螺新材料、建华钢棒等技改项目加快建设，加快沃联新材料等项目实施，积极推进建华、安能集团区域总部落户。羽绒纺织产业要发挥康乃馨织造、杰翔羽绒等龙头企业的作用，推动羽绒纺织产业高端化品牌化发展。绿色食品产业要聚焦百斯特鲜食一二三产融合和苏食肉品深加工两条主线，提升产品附加值。教体装备产业要引导新起点、奇乐娃、喜洋洋教具等企业实施自动化生产改造和新品开发，提升设备和产品的数字化、智能化水平。力争全年列统工业应税开票销售增长11%，全部工业入库税金增长10%，新增规模以上工业企业25户，新增开票销售超亿元企业5户；制造业设备投入5.5亿元，规上工业投资增长7.5%。要强化平台支撑这个"骨架"。加快形成以经济开发区为龙头、多个特色园区为支撑的"1+N"全新格局。经济开发区要加快推进淮昆台资合作产业园和智能装备制造产业园创建步伐，集聚发展智能装备制造、电子信息等产业。绿色建造产业园要加快创建省级建筑产业现代化示范园，做强装配式建筑产业链、绿色建材产业链；南部新城要加快大数据中心建设，积极布局智慧电力、新能源汽车、数据信息服务等领域产业，吸引更多高成长性高科技项目落地；施河现代教育装备产业园要在教体装备的基础上，拓展发展智慧教育和智能体育健身集成服务；羽绒纺织产业园要加快规划建设进度，以产业高端化和产业链现代化为发展方向，积极推动羽绒制品、纺织制品向下游服装、高端纺织和家纺领域延伸布局。要提升核心竞争力这个"内核"。建立"专精特新""小巨人"和"小升规"培育库，积极培育"独角兽"和"瞪羚"企业。推进施塔德电梯智能工厂建设，引导捷群电子、海螺水泥等更多企业加快智能装备应用步伐，提升智能制造水平。搭建科技研发、展示、交流平台，启动规划建设科技园区和翔宇国际科技广场。确保国家高新技术企业累计数达70家，高新技术产品出口额1500万美元，规上工业企业中有研发活动企业数占比达56%，投入强度占比达

2.5%，研发投入占地区生产总值的比重达1.9%。推动“5G+工业互联网”创新应用，力争全年创成市级工业互联网示范试点企业5家，星级上云企业10家。同时，启动“百企千才”计划，围绕100家规上重点企业开展人才招引、技术对接服务，引进培育1000名产业人才。

二要加速释放深化改革新红利。聚焦重点环节和关键领域，着力破除影响高质量发展的深层次问题和体制机制障碍，充分激发发展新动能、厚植发展新优势。要在激发发展活力上出实招。深化投融资体制改革，加大金融支持实体经济、民营经济力度，打造集企业融资需求、银行信贷产品、企业征信、扶持政策一体的金融服务体系。鼓励金融机构积极参与乡村振兴、万企联万村、镇村扶贫等相关工作，多渠道筹措发展建设资金。出台政策吸引合作，力争广发银行、交通银行明年试营业，积极争取南京银行来淮发展业务。继续开展网上银企对接活动，发挥好综合金融服务平台作用，提升小微企业金融服务保障。完善“政银保”合作机制，建立银行发展普惠金融的有效激励机制，鼓励金融机构向基层增设机构网点，积极缓解企业“融资难、融资贵”问题。要在优化营商环境上下深功。持续放大“中国营商环境百佳示范县市”品牌效应，深入推进经济网格化服务管理，进一步加大援企政策实施力度，千方百计帮助企业实现更大发展。全力推动社会信用体系建设，加大“守信联合激励、失信联合惩戒”力度，持续开展企业信用管理贯标和示范创建活动，健全信用修复机制。深化“容缺审批”“不见面审批”，提升“互联网+政务”服务水平。要在推进综合改革上求突破。进一步优化经济开发园区管理体制机制系统改革，激发园区的干事活力和创新动力，促进园区职能回归经济发展本源。深化新型城镇化综合配套改革，积极推进“多规合一”、产城融合、土地制度改革等各项试点落地见效，加快施河智教乐享小镇探索开展集成改革试点，进一步增强镇街发展动能。深化农业农村综合改革，加大“党建引领、集成振兴”改革力度，通过跨村联营、全镇流转土地、全域布局产业，力争培植3~5个“万亩社”，确保明年创建市级以上示范农场、示范社20个以上，放大淮安区农业农村集成改革品牌效应。扎实推进镇街整合审批服务综合执法力量改革和市场监管、文化旅游、交通运输、农业农村等领域综合行政执法体制改革，深化国有平台公司改革，推进旅游景点景区管理体制改革等，更深层次释放发展活力。

三要全力增创开放发展新优势。开放是活力之源。坚持开放思维、前瞻理念、国际视野，主动适应新阶段，准确把握“双循环”的深刻内涵，进一步扩大对内对外开放，全力开拓发展空间，积极推动淮安区在参与构建新发展格局中展现新作为。要高水平加强区域合作。更加积极主动地对接和融入重大战略，积极承接与我区产业契合度高的项目，建立利益分享机制，打造“飞地经济”样板区。深化淮昆协作机制，把握淮昆台资经济协同发展“窗口期”，学习借鉴昆山等地外资招商经验做法，加强功能衔接，优化资源配置，主攻台湾岛内和台资密集区招商，积极承接昆山电子信息、智能装备等台资优势产业转移扩张，持续推动台资集聚高地建设，打造更加开放的经济体系。力争全年新引进台资项目5个以上，新引进总投资超3000万美元先进制造业项目3个以上，注册外资实际到账1.25亿美元。要高标准引进重大项目。以打造产业集群为导向，以产业链招商为抓手，细排缺链关键节点，聚焦先进制造业，主攻“科技含量高、投资规模大、知名企业多、外资业态新”的项目，开展专项攻坚，有针对性地招引一批好项目大项目，力争新招引亿元以上项目62个，其中，10亿~50亿元项目8个以上，50亿元以上项目1~2个，力争招引1个百亿元以上项目。同时，进一步整合全区招商政策、招商网络等资源，探索招商引资新方式、新机制，坚持高质量开展招商活动，全面捕捉项目信息，力求招商力量更为集中、招商方向更加精准、招商活动更有成效。要高效益推进外经外贸。以共创人造草坪、康乃馨织造等重点外贸企业为支撑，引导展阳展示器材等新培育的外贸企业“走出去”，积极开拓新兴市场、寻找新机遇，进一步扩大进出口规模。推动百斯特食品、南宝碳纤维等拟进口设备企业自营进口。力争全年外贸进出口总额3.65亿美元，高新技术产品出口额1500万美元。以淮安市获批跨境电商综合试验区为契机，推动我区电商产业转型升级，开展品牌建设，引导跨境电子商务全面发展。引导境内外跨境电商龙头企业在淮安区设立营销中心、物流中心等区域性、功能性机构，引进一批跨境电商龙头企业、供应链企业、平台企业，形成跨境电商经营主体的集群集聚。高点定位国家级电商物流产业示范园建设，全力打造苏北物流仓储集散中心，力争全年实现园区开票销售突破20亿元、入库税收达1.2亿元。加快规划建设高铁商务区板块，重点发展总部经济、服务外包、现代物流、金融服务和国际社区等现代服务业，真正做到“黄金地段出黄金”。

*四要精致塑造城乡发展新形态。*城乡融合发展是城乡建设的必然要求，也是解决社会主要矛盾的重要路径。要围绕长三角北部重要中心城市核心区建设定位，加快推进乡村振兴、城乡一体化，促进城乡要素的自由流动，促进农村成为新的生产中心与消费中心，推动城乡形成多层次交换循环，进一步提升城乡建设质量和水平。要增强城市能级。系统谋划推进现代综合交通运输体系建设，注重发挥高铁、港口等枢纽辐射带动作用。抢抓“轨道上的江苏”建设机遇，实现我区高铁出行“321”目标，成为全省重要的高铁枢纽和全国高铁路网重要节点。推动有轨电车二期、快速路二期等项目尽快列入市级项目库，加快启动实施343国道、233国道、235省道和428省道等项目前期工作。主动衔接高铁开通，发挥道路客运的优势，大力发展中短途定制客运，力争提前实现全域公交。加快构建“畅通、高效、安全、绿色”的现代化内河水运体系，加速淮河入海水道二期建设，推进干线航道建设，提升航道通达和区域带动能力，推动上河作业区一期码头全面建设，努力实现“通江达海、江海联运”目标。要提升城市品质。充分发挥全国历史文化名城优势，以历史文化名城保护和开发为抓手，依托淮安古城区基础框架，逐步将老城区的人口适度外迁、功能适度外移，配套建设与景区相适应的设施。以文渠为纽带，有机贯连城区水系，突出“三湖”融会贯通。建设文渠沿线慢行系统、荷湖湿地公园，开展城市雨污管网普查、修复。围绕新城更加现代，加快主次干道扩容改建，重点推进滨河大道、华西路改造及景观提升等4项重点工程，确保边寿民路、经十六路等市政道路年底通车。实施9个老旧小区提标改造工程，整治10条后街背巷。连片开发运河梦都、河西公园社区等高档景观住宅，彰显河西宜居宜业新魅力。要彰显乡村美丽。围绕“八美”目标，全力打造全市美丽乡村建设先行区、示范区。按照“一镇一品一万亩”目标，在每个镇谋划布局1~2个特色产业，确保全区新增高效设施农业1.2万亩、优质食味稻米1万亩、稻虾综合种养3万亩。加快“一村一品一店”建设，建立农业品牌目录制度，力争打造1~2个特色鲜明的区域公用品牌。深入推进美丽农房、美丽水体、美丽公路、美丽围墙、美丽管线等基础性工作，推动城镇基础设施和公共服务设施向新型农村社区延伸，深入推进“四好农村路”建设工作，助力乡村振兴发展。落实“三清一治一改”五大任务和“五好村庄”建设目标，持续聚焦农村“厕所革命”、河湖“两违三乱清四乱”专项整治、生活污水治理、坟头墓地乱象治理等重点领域，全面提升乡村规划建设水平。深入实施美丽宜居乡村建设工程，加快特色小镇建设，稳步推进农民住房条件改善，依托明年15个农房改善项目，快速形成一批既有“颜值”又有“内涵”的典型示范。力争实现特色田园乡村、美丽乡村、绿化示范村等各类特色乡村达30个，建设20个市级农村新型社区。

*五要着力寻求民生改善新突破。*始终坚持民生为先第一方略，努力让全区老百姓的日子越来越好、心情越来越美。重点实施“1233”民生事业发展计划。即“一个体系”，就是完善城乡低保、城乡医保、城乡养老等社会保障体系，全面落实困难残疾人生活补贴和重度残疾人护理补贴制度，加快推进社区居家养老服务中心建设，健全退役军人服务保障体系，织密织牢社会保障网。“两大工程”，就是深入实施全民创业和脱贫成果巩固提升工程，针对受疫情影响的特殊阶段，坚持减负、稳岗、扩就业并举，健全就业促进机制。落实社会保险补贴、以工代训补贴、贷款允许延期等新举措。持续开展职业技能提升行动，多渠道促进高校毕业生就业创业，对就业困难人员托底帮扶，确保城镇“零就业家庭”动态清零。全面推进就业创业扶持政策延伸至农村、覆盖到农民，形成城乡一体的就业创业政策体系，力争实现农村劳动力转移就业率达93%。着力健全动态防返贫监测预警机制，将城镇贫困和农村贫困统一纳入经济社会发展和防返贫工作中。探寻脱贫攻坚与乡村振兴有效衔接实现路径，全面巩固提升脱贫攻坚成果。“三优化”，就是不断优化教育、卫生和文化供给水平。聚力建设现代化教育强区，持续改善办学条件，确保楚州中学新校区等工程如期投入使用。大力实施“三名培育工程”和“学生良好习惯养成教育”活动，全面深化教学改革，深化教体融合发展。进一步提高淮安工业中专办学质量，争取设立江苏联合职业技术学院淮安区分院。加快完善公共

卫生服务体系建设，全力抓好国家紧密型县域医共体试点建设，更大力度推进分级诊疗制度。淮安医院新院全面投入使用，楚州中医院通过二级甲等中医院复评审，创建省社区医院1个、省农村区域医疗卫生中心1个、省市特色科室8个，不断提升医疗卫生服务能力。繁荣文化体育事业和文化产业，创作一批庆祝建党100周年、展现淮安区建设成就的文艺佳作。常态化推进全国文明城市建设，大力弘扬社会主义核心价值观，开展道德模范、淮安区好人、"新时代好少年"推选及学习宣传、"传承红色基因"系列教育、学雷锋志愿服务等活动。开展全民阅读活动，启动江苏省书香示范区创建工作。全面备战第二十届省运会，确保年度人均体育场地面积达1.963平方米。优化社区"10分钟体育健身圈"服务功能，开展系列全民健身赛事活动。"三保障"，就是巩固民主法治、生态环境和安全生产保障。坚持和加强党的领导，强化人大对"一府一委两院"的监督，推动"有事好商量"协商机制融入基层治理体系，巩固发展新时期爱国统一战线，支持工青妇等群团组织创造性地开展工作，持续推进军民融合深度发展，全力打造军民共建的淮安区品牌、淮安区样本。扎实推进"品质政法"建设，开展平安共创工程，深入推进网格化社会治理，深化"网格+警格"联动机制，大力实施"三治融合示范点"工程，结合升级版技防城建设、新一代雪亮技防工程建设开展系列平安创建，强化"精神育警"，全面开展政法队伍教育整顿，持续深化"枫桥式公安派出所"创建和"两校一园"风险预警平台推广应用，进一步提升公众安全感。持续推进防范处置非法集资等非法金融活动攻坚战专项行动，巩固深化互联网金融风险专项整治成果。深入开展信访矛盾化解，坚决依法打击违法信访行为，巩固扫黑除恶专项斗争成果，维护社会大局和谐稳定。紧盯PM2.5浓度、空气质量优良天数比率等指标，强化重点区域微环境精细化治理。加快实施入海水道北泓片区环境综合整治，推动断水质持续改善。有序开展季桥化工区土壤修复工作。巩固国务院督导江苏"一年小灶"整治成果，做好专项整治"三年大灶"有效衔接，持续推进全区安全生产专项整治"三年行动"，确保存量问题隐患高标准清零销号。深化安全生产行政执法，严格落实工业企业安全风险报告制度，强化应急管理体系建设，提升专业化应急救援能力。

四、不忘初心牢记使命，以自我革命精神纵深推进全面从严治党，更好担负起加快发展的时代重任

实现新的奋斗目标，关键在党，关键在各级干部。全区各级党组织和广大党员干部要认真贯彻新时代党的建设总要求，以庆祝建党100周年为契机，持续提高党的建设质量，为淮安区现代化建设提供强有力的政治保障。

*一要保持定力铸魂补钙，培育有理想讲政治的党员先锋。*省委娄书记多次强调："知其然、知其所以然、知其所以必然"是江苏广大干部学习贯彻习近平新时代中国特色社会主义思想的根本遵循，是干好各项工作的根本支撑。全区广大党员干部要持续深入学习贯彻习近平新时代中国特色社会主义思想和党的十九届五中全会精神，在入脑入心的基础上更加坚定地遵照执行，在融会贯通的基础上更加自觉地贯彻落实，在把握规律的基础上更富创造性地开展工作。要开展"学习新思想、开启新征程"系列学习教育活动，优化提升理论宣讲"三支队伍"和"宣讲菜单"，不断增强学习贯彻新思想的自觉性坚定性。围绕庆祝建党100周年，讲好"初心"故事、开设"百年记忆"系列主题展和主题党课，让党员在重温历史中提升理想信念。充分利用好周恩来纪念馆、周恩来故居等宝贵的"周恩来精神"教育资源，引导广大党员干部对标"六个杰出楷模"，学恩来践初心，始终坚守对理想信念的执着追求，持续创新打造"翔宇论坛"，创成全省乃至全国党员干部终身学习品牌。强化党对意识形态工作的领导，抓好宗教、互联网、扫黄打非等阵地的建设管理，全力防范意识形态领域各类风险隐患，牢牢把握意识形态工作领导权、话语权和主动权。

*二要夯实基础固本聚才，打造有力量功能强的基层堡垒。*党的力量来自组织，组织建设是党的建设的重要基础。突出抓好村（社区）"两委"换届工作，确保环节不少、程序不乱、规范有序。全方位做好村（社区）"两委"换届后半篇文章，围绕推进村（社区）干部"双专"目标，组织开展"大学习、大调研、大讨论、大洗礼、大作为"等系列活动，完善考核评价体系，拓宽村（社区）书记常态化进入镇领导班子和事业编制路径，锻造一支本领过硬、勇于担当的"领头雁"队伍。实施党建促进乡村建设、党建引领社区治理、党建助力企业发展"三大行动"，总结推广恩来社区建设经验，全面推行基层党组织网络与社会治理网格、

经济服务管理网格“三网”融合，扩大各领域党的组织和党的工作“两个覆盖”，把党的政治优势、组织优势转化为高质量发展、高效能治理优势。深化机关党建阵地标准化建设，培育机关党员“红吾星”学习品牌，持续开展机关党员进社区等志愿服务活动。在商务楼宇、景区服务等新兴领域，探索灵活多样、务实管用的党组织组建模式，做到应建必建、应建快建。深化非公企业党建“双建双争”行动，协调解决企业在政策、资金、人才等方面遇到的实际问题，更好形成企业家支持党建工作、党组织支持企业发展的良好氛围。

三要严字当头管好干部，建设敢担当素质高的创业队伍。开启新征程、实现新跨越，关键在干部，根本靠担当。要以“八大攻坚行动”为总抓手和重要载体，牢记责任、保持信心，冲锋在前、奋发作为，进一步增强全区上下担当精神和实干劲头。要以市、县、乡换届为契机，统筹加强“一把手”队伍建设，强化各级领导班子整体功能，打造高素质专业化干部队伍。要突出源头储备，制定编排年轻干部指导性培训计划。实施“党性精神培育”“专业能力提升”“实战实训锤炼”三大工程，有计划地安排干部到一线岗位历练。注重将考核实绩与“三项机制”相结合，在评先评优、选拔任用和监督管理上充分运用考核结果，以更加及时有效的激励推动担当尽责，充分释放职务与职级并行制度的政策“红利”，把干事作为职级晋升的重要标准，进一步畅通职级晋升通道。加大干部关心关爱力度，加大正向激励力度，营造鼓励担当作为、崇尚苦干实干的良好氛围。强化干部日常管理，落实谈心谈话等制度，结合干部考察、年度考核、巡视巡察、审计监督等途径，动态掌握干部德才表现、重要情况和群众口碑，及时调整不称职、不胜任现职的干部。

四要从严治党树好形象，涵养有正气风气清的政治生态。党风政风事关人心向背、事业兴衰。要严格落实“两个责任”，把“全面从严”贯穿到党风廉政建设和反腐败工作全过程，保持“越往后执纪越严”的高压态势，一体推进“三不”机制建设，加快建设“廉洁淮安示范区”。深化统筹衔接“四项监督”，立足大监督工作格局，推动纪律监督、监察监督、派驻监督、巡察监督的统筹衔接，健全完善智慧巡察信息管理平台。加大对区委“八大攻坚行动”落实情况的监督检查力度，严肃查处不作为、慢作为、假作为、乱作为等问题。严格执行中央八项规定精神，深化“两为”整治。加快建设里运河廉政主题公园，常态化开设“廉政课堂”，筑牢思想防线，推动队伍作风持续向上向好。深入贯彻新修订的《中国共产党问责条例》，从严精准有效用好问责利器，严格按照“三个区分开来”的要求，深入落实容错纠错、澄清正名、教育回访三项机制，充分激发党员干部内生动力。以“人民满意巡察”理念为统领，通过推动立行立改、做实巡察反馈、书记专题会专题汇报、呈送专题报告等形式，着实解决群众的烦心事、揪心事，为推动高质量发展提供有力保障。

同志们，现代化征程鼓舞人心，美好前景催人奋进。我们正站在一个新的发展起点上，抓住历史新机遇，谱写发展新篇章，是时代的要求、人民的期盼，更是我们的神圣使命。让我们更加紧密地团结在以习近平同志为核心的党中央周围，同心同德，励精图治，埋头实干，奋发作为，为早日实现社会主义现代化目标，奋力谱写“两争一前列”淮安区精彩篇章而不懈奋斗！

政府工作报告

——2021年1月11日在淮安市淮安区第十七届人民代表大会第五次会议上

颜 复

各位代表：

现在，我代表区人民政府向大会作工作报告，请予审议，并请各位政协委员和其他列席人员提出意见。

“十三五”发展成就和2020年工作回顾

“十三五”期间，面对严峻复杂的宏观环境和艰巨繁重的发展任务，全区上下坚持以习近平新时代中国特色社会主义思想为指引，在上级党委政府和区委的坚强领导下，牢记习总书记“把周总理的家乡建设好，很有象征意义”的殷切嘱托，深入践行新发展理念，全力推动高质量发展，顺利完成了“十三五”主要目标任务，高水平全面建成小康社会。

一是综合实力显著增强。“十三五”末，预计全市首家县区GDP突破600亿元；二、三产业占GDP比重达86.7%，比“十二五”末提高1.7个百分点；完成规上固定资产投资245亿元；社会消费品零售总额达226亿元，是“十二五”末的1.47倍；城乡居民人均可支配收入分别达3.49万元、1.97万元，是“十二五”末的1.45倍、1.48倍。2018年、2019年连续两年荣获全市高质量跨越发展考核第一等次。2018年全市首家入选全国综合实力百强区。

二是转型升级步伐加快。重大项目不断突破，累计开工、竣工超亿元产业项目192个、145个，分别比“十二五”期间增加64个、58个。工业经济提速增效，规上工业开票销售、全部入库税金分别是“十二五”末的1.3倍、1.2倍，亩均开票销售超320万元、亩均入库税金超15万元企业分别达65家、25家，新增省级企业技术中心2家、服务型制造示范企业4家，苏盐井神实现市长、省长、全国质量奖“大满贯”。施河教育装备产业园创成国家火炬特色产业基地。现代服务业特色发展，淮安电商园创成省电子商务与快递物流协同发展示范基地，淮安区获评长三角最具魅力旅游度假名城。现代农业优质发展，创成省农村电商示范县，获评省农产品质量安全县区，创成国家农村产业融合发展示范园。

三是城乡面貌明显改善。累计投入522亿元，实施城建重点项目336个，建成区面积拓展到45平方公里，城镇化率达55.1%，较“十二五”末增长5.5个百分点。实施棚户区改造142万平方米，建成安置房391.1万平方米、交付24 950套，改造老旧小区59个、后街背巷92条，建成恩来干部学院、建筑总部经济产业园、万达广场等一批城市标志性建筑。交通出行更加便捷，54条城市道路竣工通车，新增一级公路56.3公里，徐宿淮盐、连淮扬镇铁路建成通车，淮安区迈入高铁新时代。镇村建设不断加强，市级卫生镇实现全覆盖，创成省级卫生镇4个，施河镇创成苏北首家国家卫生镇，建成省美丽乡村20个。生态环境更加优美，按照“关、退、转”整治原则，全省率先彻底解决化工园区问题；黑臭水体治理全市领先、被市委市政府授予二等功，全市唯一创成全国国土资源节约集约模范区，建成国家生态区。

四是各项改革齐头并进。机构改革顺利完成，相对集中行政许可权改革稳步实施，“放管服”改革全面提速，获评“中国营商环境百强县区”。全市县区设立首家省信用担保公司分支机构、首家构建“四方合作”风险分担模式，新增银行、证券等15家金融机构设点运营。镇街行政管理体制改革持续深化，乡镇布局优化调整顺利完成，形成“13+3”镇街布局。“党建引领、集成振兴”农村综合改革扩面增效，获批新一轮省农村改革试验区。

五是民生福祉不断提升。11.65万名建档立卡低收入人口脱贫、37个省市定经济薄弱村达标出列，减贫工作获省通报激励，扶贫开发重点县区顺利“摘帽”。全市率先实现区域供水全覆盖，白马湖水厂全市唯一获评全国农村供水规范化水厂。在不含征地拆迁成本的情况下，累计投入13.96亿元，实施周恩来红军中学东西校区等11项教育重点工程，创成省级以上特色、优质学校129所。成功入选国家县域医共体建设试点县区，公立医院综合改革获省通报激励。先后获评省现代民政示范区、省文物安全综合管理实验区、省法治创建先进县区。

各位代表，通过五年的努力，我区经济社会高质量跨越发展在全市走前列，为开启基本现代化新征程奠定了坚实基础。特别是刚刚过去的2020年，是“十三五”规划收官之年，面对突如其来的新冠肺炎疫情，全区上下按照中央和省市的决策部署，坚持疫情防控、经济社会发展“两手抓、两不误”，聚焦区委“1+5”发展格局，全力推进“八大攻坚”行动，较好地完成了全年目标任务。

一、坚持精准调度，疫情防控成效明显

由于我区武汉返淮人员较多，且在武汉农贸市场从事海鲜、活禽经营和销售人员较多，导致我区疫情较重，产生了多起输入性和点源性传染病例，针对严峻的疫情形势，我区果断采取“严把五关、紧盯五门”等防控策略，第一时间关闭人员密集公共场所，在来淮通道设立疫情检测点，全市第一家实施居民居家休息、出门戴口罩、严禁“三聚”等防控措施，成功阻断疫情传播途径，实现了“确诊患者全治愈、医务人员零感染”目标。这场战“疫”的重大胜利，归功于上级党委政府和区委的正确领导、统一指挥，归功于全区医务工作者和党员干部、基层同志冲锋在前、日夜奋战，归功于全区百万群众和各类市场主体自觉配合、守望相助。在此，我代表区人民政府，向所有关心、参与、支持、配合我区抗疫的全体市民、所有同志、各界朋友，表示衷心的感谢并致以崇高的敬意！

二、坚持项目带动，经济运行企稳回升

重大项目推进有力。持续开展招商引资“百

日竞赛”系列活动，全年新签约亿元以上项目60个，其中10亿元以上项目9个。全市全年两次重大项目集中开工仪式都在我区举行，28个重大项目完成投资156.9亿元，完成率达130%。新开工亿元以上项目49个，其中10亿元以上项目6个，总投资106亿元的井神盐穴储气项目开工建设，实现百亿元项目“零”的突破。新竣工亿元以上项目33个，利群冷链物流、建筑总部经济产业园等4个10亿元以上项目竣工投产。工业经济持续回暖。全市首家开展金融助企复工复产线上银企对接活动、授信7.25亿元，预计减税降费9亿元，发放稳岗返还资金4056万元，“一企一策”提升企业产能，预计规上工业应税开票销售、全部入库税金分别达265亿元、11.52亿元；获批高新技术企业27家、创历史新高，新增省级服务型制造示范企业2家、“两化融合”贯标企业13家、星级上云企业38家，鸿富翰科技获评省示范智能车间，苏盐井神获评省级工业互联网标杆工厂，共创草坪成为全市首家主板上市民营企业，惠民交通入选国家专精特新“小巨人”企业，淮安区入选2020年全省唯一的国家级“三品”战略示范城市。消费潜能加速释放。落实市“促消费20条”，开展“致敬时代英雄”暨复产兴市系列周活动，制定服务业列统培育鼓励政策，新增个转企183个、申报小升规87个，数量全市领先。淮安电商园创成省级生产性服务业集聚区，获批省级数字商务企业、生产性服务业领军企业各2家。成功举办“运河之都—魅力河下夜市嘉年华”系列活动，城河街入选省级夜间文旅消费集聚区。粮食安全责任制落实工作获省通报激励，创成省级粮食生产全程机械化示范区，完成市定生猪存栏、出栏任务，苏嘴镇全市唯一获评全国乡村特色产业十亿元镇。

三、坚持统筹协调，城乡一体同步推进

城市品质明显提升。全面启动国土空间规划编制，扎实推进高铁新城、淮昆台资合作产业园等片区规划设计，完成17批次控规调整。投入125亿元，实施城建重点项目113个，河西公园社区开工建设，完成萧湖东入口等9个棚户区改造，交付安置房6075套，数量创历史之最。镇淮楼东路等6条道路顺利通车，新增微型停车场（点）30个、微型绿化游园15个，城市绿化覆盖率达41.11%。尚庐书院、吴鞠通中医馆改造全面实施，文楼早茶店主体建成，汇行广场、左岸花园等7项工程进展顺利，京杭运河绿色现代航运示范区先导段成为全市样板。全市率先打响“大拆违、大清除、大扫尾”攻坚战，持续实施“大执法带动大长效”行动，文明城市创建全市领先。美丽乡村成效明显。全力推进24个农房改善项目，竣工交付农房5957套，超额完成省市目标任务，石塘镇张兴社区等5个项目入选省市示范项目创建名录；山阳街道小岗村、平桥镇李前村创成市级特色田园乡村，流均镇都梁村成为全区首家省级特色田园乡村，车桥镇入选省美丽宜居小城镇试点。开展农村人居环境整治，行政村农村生活污水处理设施覆盖率达60%，新改建农村卫生户厕1.47万座，博里镇、朱桥镇创成省级卫生镇。淮安港上河作业区开工建设，327省道进展顺利，348省道竣工通车，新改建农路121.5公里、桥梁29座，创成“四好农村路”达标区。生态环境持续向好。整治重点区域大气污染问题232个，PM2.5浓度从去年7月份由升转降，年底达41微克/米^3，优良天数比率达80%，完成市定目标。黑臭水体整治提质增效，新改建雨污管网28公里，污水处理厂三期投入试运营，疏浚整治农村河道66条，打造示范河道11条，整治销号“两违三乱清四乱”问题869件、水利部暗访问题4件，里运河三堡水源地达标建设通过省级验收，国省考断面优Ⅲ比例达100%。长江流域重点水域禁捕退捕工作全市领先。创成国家级绿色矿业发展示范区。

四、坚持改革开放，发展活力不断增强

审批改革提速增效。财政奖补集成服务“一窗受理”，利企惠民政策直达基层。全省市辖区首例工业项目“拿地即开工”成功试点，一天内实现“五证齐拿”。创新制定对重点制造业项目慎用“立案权”的柔性执法检查机制，对因政府土地供应不及时造成未批先建、未验先用的重点制造业项目，采取第三方评估、容缺审批等措施，从机制上解决了不动产权证办理历史遗留问题。重点改革扎实推进。国有平台公司改革蹄疾步稳，整合16处景点景区资产资源，组建楚韵文旅集团并实体化运营。基层“三整合”改革顺利完成，实现一支队伍管执法、一个部门管审批、一个中心管指挥。经济开发区体制改革稳步推进，山阳街道15个村居划归园区管理。农村房地一体不动产登记顺利启动，农村社区股份合作制改革实现涉农村居全覆盖。对外开放更加务实。全市首家“云签约”总投资5000万美元南宝新材料，实现当年开工、当年竣工、当年投产，全年新

增3000万美元以上台资项目3个，实际利用外资1.4亿美元。位居全市前列；大力发展跨境电商，与海关签订合作备忘录，预计实现外贸进出口总额达3.5亿美元。

五、坚持民生导向，发展成果全民共享

脱贫成果更加坚实。低收入农户脱贫巩固率、省市定经济薄弱村达标巩固率达100%，“万企联万村、共走振兴路”和阳光扶贫活动扎实开展，全市率先试点阳光扶贫贷，发放小额贷款1.91亿元、总额全市第一。保障体系不断完善。城镇新增就业6000人，城镇登记失业率控制在1.78%以内，城乡居民基本医疗保险覆盖率98%以上，基本社会养老保险覆盖面达99.25%。遵循直面问题、敢于担当、以民为本的发展思想，投入13.39亿元，彻底解决了省政府93号令实施以来涉及近3万名被征地农民社会保障的重大民生问题。投入6600万元，更换95辆新能源公交车并正式运营，城乡公交一体化取得历史性突破。困难救助更加精准，城乡低保标准提高到每人每月645元、累计发放低保金1.6亿元，向9515名低收入群体发放临时救助补贴725万元。慈善总会获评省“最具影响力慈善组织”。创成省级残疾人社区康复示范点2个。退役军人服务站实现镇街全覆盖，创成全国示范型服务中心（站）11家。社会事业全面进步。教体质量不断提升，楚州中学新校区主体封顶，治理城镇小区配套幼儿园8家，普惠性幼儿园覆盖率达100%，学生资助工作连续三年全省县区第一，获评教育部“国防教育特色学校”3所。卫健水平持续提升，淮安医院新院部分投入使用，创成省社区医院3个，车桥卫生院建成省农村区域医疗卫生中心。成功编撰发行《淮安区革命老区发展史》，车桥战役烈士陵园入选国家级抗战纪念设施，获评省楹联文化区。社会治理持续加强。升级版技防城扎实推进，公安大数据指挥服务中心建成使用，“七五”普法通过省级评估验收，获评省法治政府建设示范区。纵深推进扫黑除恶专项斗争，启动市域社会治理现代化建设试点，下关等3个社区成功复制恩来社区治理新模式，入选全国乡村治理示范村2家，鱼市社区获评全国最美志愿服务社区。统筹落实安全生产“一年小灶、三年大灶”任务，扎实开展康马路纺织园、校车等专项整治，完成上级督导交办问题整改任务。食品药品安全保障不断加强，餐饮场所全部安装燃气预警系统，应急广播终端实现行政村全覆盖。开展“根治欠薪”专项行动，投诉案件结案率达100%。开展“一线三包”专项治理，有效防范化解问题楼盘等各类风险。第四次经济普查荣获国家级先进集体，圆满完成全国第七次人口普查现场登记工作。

此外，国防动员、双拥共建成效显著，连续三年无一例责任退兵，得到省市表扬。供电、供水、供气、供热、通信等基础设施不断完善，人防、气象、供销、邮政、民宗、融媒体等工作富有成效，区志、文史、工会、老龄、青少年、妇女儿童、机关事务、外事侨务等工作均取得了新的进步。

一年来，我们按照“谁分管、谁决策，谁会办、谁落实”原则，区政府领导班子带头研究、会办、调度重大项目和重点指标，《2020年区政府工作报告》重点任务顺利完成。严格落实党风廉政建设主体责任，健全财政支出、政府投资、重大资金公开规范的审批制度，三公经费压减10%以上；难能可贵的是，我们多措并举增收节支，通过总部经济招引和城市有效经营，克服了疫情和减税降费带来的不利影响，完成年度化债任务，财政平稳有序运行，全年实现一般公共预算收入26.66亿元、同比增长5.83%，超额完成人代会目标。严格落实重大行政决策、规范性文件合法性审查机制，行政诉讼案件行政机关负责人出庭应诉率100%。高质量办结人大代表建议228件、政协委员提案153件，满意率（含基本满意）均为100%。

各位代表，过去的一年，过程充满艰辛，成绩来之不易，这是上级党委政府和区委坚强领导的结果，是区人大、区政协和社会各界监督支持的结果，是全区上下凝聚共识、团结奋斗的结果。在此，我谨代表区人民政府，向全区广大干部群众、离退休老同志，向各民主党派、工商联、无党派人士和各人民团体，向驻区部队、省市驻区单位，向所有关心、支持和参与淮安区建设与发展的同志们、朋友们，表示衷心的感谢并致以崇高的敬意！

过去的一年，面对新冠肺炎疫情的考验，让我们更加清醒地认识到，工作中仍存在一些困难和问题：重特大产业项目偏少，上体量的新增长点还不多；产业集聚程度不高，科技创新能力还不足；城市经营意识还不强，城市产出效益还较低；中心城市部分重大功能项目进展较慢，城市能级还需进一步提升；民生事业发展与群众期待仍有差距，公共卫生应急管理体系还需不断完善。对此，我们一定高度重视，采取有效措施，认真加以解决。

“十四五”经济社会发展目标和主要任务

“十四五”时期是迈向“第二个百年奋斗目标”的首个五年，也是淮安区高质量跨越发展迈上新台阶的关键五年。根据《中共淮安区委关于制定淮安区国民经济和社会发展第十四个五年规划和二〇三五年远景目标的建议》，区政府制定了《淮安区国民经济和社会发展第十四个五年规划和二〇三五年远景目标纲要(草案)》，一并提请本次大会审议。

“十四五”时期全区经济社会发展的指导思想是：以习近平新时代中国特色社会主义思想为指导，全面贯彻党的十九大、十九届五中全会精神和习近平总书记视察江苏时提出的“两争一前列”的重要指示精神，按照市委“绿色高地、枢纽新城”的总体要求，落实区委“1+5”的发展格局，以践行新发展理念、推动高质量发展为根本主题，以改革创新为根本动力，以满足人民日益增长的美好生活需要为根本目的，推动各项工作全市走前列、全省争进位、全国创特色，努力把周总理家乡建设得更加美好。

“十四五”时期经济社会发展主要目标是：综合实力再上新台阶，GDP、一般公共预算收入年均增长6%、3%，规上固定资产投资、社会消费品零售总额年均增长7%、8%。创新能力实现新提升，到2025年，每万家企业法人数中高新技术企业数达140家，研发经费支出占GDP比重达2%以上。城乡建设展现新面貌，区域空间布局更加合理，中心城市能级和美丽乡村品质显著提升，美丽宜居乡村建成率100%。生态环境彰显新优势，绿色发展、资源利用效率进一步提升，空气质量、地表水优Ⅲ比例持续达标，创成国家级生态文明建设示范区。民生福祉实现新改善，居民人均可支配收入年均增长6.7%，城镇调查失业率控制在4%以内，教育、医疗、住房等公共服务能力明显提高。落实“十四五”规划目标，将重点抓好五个方面：

一是坚持规划引领，全力打造中心城市核心区。按照“东扩西拓、南进北延”片区特色化发展思路，统筹城市产业、居住和生态布局，因地制宜、提优补缺，打造功能更完备、产城相融合、精致有价值的中心城市核心区。东部片区，持续实施景观提升、环境治理等系列工程，推进商业设施、公共服务布局升级，构建新城区域中心；西部片区，围绕彰显运河文化，建设滨河生态廊道，加大城市更新力度，建成宜居水韵家园；南部片区，跨过入海水道，推动城市总规整体覆盖，打造南部新城；北部片区，全面融入高铁商务区，依托高铁东站衔接内外交通的优势，高标准打造“新枢纽、新地标、新业态、新商圈”的高铁新城。

二是坚持绿色创新，全力打造江淮发展先行区。积极策应江淮生态经济区建设，全面推动绿色转型升级，积极实施“1+N”园区循环化改造，构建以“亩均效益”为导向的资源能源节约集约利用评价体系，培育壮大盐化工、机械电子、绿色建材三大主导产业和羽绒纺织、教体装备、绿色食品三大特色产业，打造具有核心竞争力的“3+3”制造业产业集群，力争“十四五”末规上工业应税开票销售达500亿元；做大做强文化旅游、电商物流两大优势现代服务业，做优做精优质粮食、绿色蔬菜、生态畜禽、健康水产、休闲农业五大特色现代农业，构建绿色产业新支撑。深化“三线一单”生态环境分区管控，持续开展“蓝天、碧水、净土”行动，改善生态环境质量，筑牢生态安全屏障。坚持集成改革创新，在绿色创新、重大改革、集成服务等领域探索更多先行先试、可复制推广的成功经验，厚植绿色发展新优势。

三是坚持交通先行，全力打造枢纽经济承载区。在连淮扬镇、徐宿淮盐铁路通车的基础上，保障宁淮城际铁路建成通车，完成京沪高速公路扩建，实施5条国省干线公路，构建以高速铁路为骨干、国省干线公路为支撑、内河航运为特色的综合大交通格局。抢抓淮河入海水道二期建设机遇，完成大运河上河作业区和灌溉总渠港口及作业区建设，全力推进季桥高铁物流港，谋划头溪河港口产业园，大力发展内河集装箱多式联运的港口枢纽经济。积极策应淮安高铁快运物流基地建设，推动快递物流电商产业链向生态链、价值链集聚，建成跨境电商样板区，打造全省先进物流枢纽城市。

四是坚持文旅兴区，全力打造全域旅游示范区。策应大运河文化带建设，紧扣“总理精神”红色主题，做强“千年古城、魅力运河、淮扬美食”三大品牌，在推进文旅融合上彰显新优势。以创成国家全域旅游示范区为引领，努力把淮安区打造成全国最具魅力、令人向往的旅游目的地城市。深化旅游体制机制改革，坚持实体化、企业化、市场化运营，持续提升旅游经营效益。

2025年末，接待游客1990万人次，实现旅游综合收入220亿元。

*五是坚持共建共享，全力打造宜居宜业幸福区。*围绕市委提出的“幸福淮安”建设，持续实施民生实事工程，让群众生活一年更比一年好。致力富民增收，健全覆盖城乡、服务均等的就业创业体系，实现城乡居民收入与发展水平同步提高。致力民生保障，健全全民参保、养老服务、兜底救助机制，扎实推进城市更新改造和农房改善，建设一批美丽宜居特色田园乡村。致力公共服务优质均衡发展，优化城乡教育布局，全面提升“学在淮安、首选淮安区”的品牌；深化综合医改，加强基层医疗机构规范管理，加快建设“健康淮安区”。致力构建共建共治共享的社会治理格局，推进市域社会治理现代化建设，健全社会治安防控体系，加强重点领域风险防范，提升本质安全水平，保持社会和谐稳定。

全力抓好2021年　开创“十四五”发展新局面

今年是“十四五”规划的开局之年，也是开启现代化建设新征程的起始之年，还是建党100周年，做好今年工作意义十分重大。我们将认真贯彻落实中央和省市有关会议精神，按照区委十二届九次全体（扩大）会议部署，围绕区委提出“强势开局起步，狠抓重点突破，加快跨越赶超，确保首战必胜”的要求，坚持稳中求进工作总基调，全面落实“六稳”“六保”任务，确保“十四五”开好局、起好步。主要预期目标是：GDP、一般公共预算收入分别增长7%、4%左右，规上固定资产投资、社会消费品零售总额分别增长7%、7.5%左右，规上工业应税开票销售、全部入库税金分别增长11%、10%，城乡居民人均可支配收入增幅均为8%左右，完成省市定节能减排任务。重点抓好六个方面工作：

一、高质量抓好项目招引，构筑壮大发展新引擎

牢固树立抓发展必须抓项目、抓项目必须抓招商的理念，以高质量投入推动高质量发展。

*强力推进招商引资。*招商考核上，强化目标管理，严督严促、重奖评优。招商方向上，坚持国资、民资、外资“三资”齐抓，以企业技改、淮商回归、市外客商为投资主要来源，重点招引10亿元以上重特大项目、产业制造类项目、有财税贡献实体项目。招商方式上，突出一把手招商总牵引，强化专业招商、以商引商、委托招商，开展商会对接、行业恳谈、小型推介等多层次招商活动。招商质效上，提高前置把关意识，充分考察评估每个项目的投资与产出效益，科技与设备层次，产业及产业链关联度。全年招引超亿元项目58个以上，其中超10亿元项目8个以上；招引超3000万美元台资项目3个以上，完成外资实际到账1.25亿美元，外贸进出口总额3.65亿美元。

*强化载体平台建设。*经济开发区对标更高标准，聚力在全省考核位次显著前移、体制机制改革创新、重特大制造业项目上下苦功夫、求突破。淮昆台资合作产业园强化与昆山合作，积极承载昆山机械、电子等产业项目转移，推进昆淮智创园、飞特尔电子、高德电子等项目开工，确保旭正机械、施塔德电梯二期等项目竣工投产；加快园区国土空间规划工作，力争将席顺路以南、经二十三路以西、入海水道以北纳入城市边界，完善园区路网，做好污水排放扩量申报工作。绿色建造产业园坚持港口先行，启动灌溉总渠港口及作业区建设，围绕“新型建材、建安、建筑”三建融合，严格执行非“三建”项目不得入园这条红线，支持建华建材、海螺水泥、中核中原等现有企业技改，加强企业之间产业链互补，力争上下游产业链产值占比8%以上。电商园大力推进快递快运、智能仓储、电子商务一体化发展，加快中通四期、高铁快运开工建设，力争顺丰快递、德邦快递签约并开工，确保圆通三期、松松快递二期竣工投产，力争在跨境电商海外仓和保税分仓商检区建设上取得突破，全年实现开票销售、入库税金分别达20亿元、1.2亿元。车桥羽绒纺织产业园首要任务是完成区域环评和排污口报批，启动污水处理厂建设，做好国土空间规划调整、房屋征收等工作，同时加强与浙江商会、区内民营企业对接，承接更多优质羽绒纺织项目尽快落户。

*全力以赴向上争取。*主动对接市级重大项目建设，力争启动有轨电车二期、内环高架二期市区联动项目。抢抓国家战略计划，力争入海水道二期全面开工，同步推进水上立交风景区环境提升。结合新一轮国土空间规划编制，积极向上争取国土空间，争取城镇建设规模达120平方公里，其中城市规模达67.3平方公里、集镇规模达52.7平方公里，为未来五年乃至更长远发展解决空间问题。紧密对接省市新一轮财政体制调整，力争财权、事权划分补助比例按照上一轮体制执行。抓

住中央预算内投资、政府专项债券发行的政策“机遇期”,争取新增债券及再融资债券15亿元以上、非政策性项目资金增长20%以上。

二、高效益推动转型升级,增强工业经济新动能

围绕扩增量、优存量、提质量,做大产业规模,做强实体经济,打造制造业新增长极。

加速先进制造业发展。围绕打造百亿级先进制造业集群,按照“3+3”产业总体布局,精准编制产业图谱,加快形成建链、补链、强链的产业链条。政策引领产业培育,分产业出台差别化扶持政策,坚持抓龙头、强链条、促集聚,推动盐化工、机械电子、绿色建材三大主导产业集群化、规模化发展,应税开票销售分别增长11.1%、12%、10%;更大力度推动羽绒纺织、教体装备、绿色食品三大特色产业扩量提质,应税开票销售分别增长28%、12.2%、11.8%,尤为施河教体装备产业,今年区政府继续安排1500万元产业扶持资金,专项用于人才引进、科技研发、高端设备购置的奖补,同时要提高企业研发水平和本土产品对全国市场的供给率,做到产研销相匹配,打造一批龙头企业。定期收集、会办企业在融资、燃气、产权证办理等方面的问题,助力企业发展,新增规模以上企业25家,应税开票销售超亿元企业5家、入库税金超千万元企业2家。实施“互联网+先进制造业”融合发展,新增省级服务型制造示范企业1家、星级上云企业10家。

重抓重特大项目建设。对今年计划实施的重大制造业项目,排定季度推进计划,优化审批、供地等前期手续办理流程,推动项目早开工、早投产、早达效。重点推进总投资20亿元的百斯特智慧创享产业园、4500万欧元的铭远轨道高铁刹车片等重特大项目尽快开工,加快总投资106亿元的井神盐穴储气项目部分投产,确保沃联新材料、长特锻造等续建项目竣工达效,全年新开工超亿元工业项目25个以上,其中超10亿元项目2个以上;新竣工超亿元工业项目18个以上,其中超10亿元项目1个以上。分季度排定工业项目技改计划,支持鸿富翰科技、海螺水泥等企业技术改造和设备升级,以履行合同为准则,强力推进欣明染整、康乃馨纺织、飞翔高新包装、威特日用品等一批重点企业用足环保容量和土地资源,新建厂房、增加设备、提高产能,全年实施技改项目88个、完成投资30亿元。

优化高质量要素供给。坚持土地要素向优质项目倾斜,新上项目亩均投入、开票、税收必须做到合同有明确,执行有制约。深化排污权有偿交易改革,科学调配使用环境容量,重点解决制造类重大产业项目排污总量不足问题,引导企业绿色发展。以地方政府可以主导的调控手段,采取实实在在的金融帮扶措施,扩大国有平台公司过桥资金的规模,发挥政府誉信担保公司为实体制造业企业担保的主导作用,进一步提升“政银企担”合作的深度和广度,切实解决一批有市场潜力的企业融资问题。

着力增强科技创新能力。突出企业主体地位,加大创新创业人才引培力度,以西安工程大学、淮阴工学院等高等院校为载体,推动中小企业对接开展产学研合作,获批省市工程技术研究中心3家,新增高新技术企业20家,规上工业企业中有研发活动企业数占比达56%。加强企业质量品牌建设,鼓励支持龙头骨干企业争创省长质量奖、全国质量奖。

三、高品质提升城市能级,彰显宜居宜业新魅力

坚持精致建设、精细治理,致力追求品质、提升能级,建设宜居宜业、更具魅力的中心城市核心区。

精心抓好城市经营。强化规划空间拓展,尽快完成新一轮国土空间规划编制报批,力争城区建设用地由原来的7.62万亩拓展至10.1万亩,为城市经营发展储备空间。强化历史古城保护,有序推进城市更新,扎实做好土地储备。加快恩来干部学院二期北侧、河西片区等7个地块更新改造,新增土地储备2200亩以上。坚持以需定供,今年有序出让经营性用地500亩左右,保证房地产市场供需平衡、持续健康发展,实现城市价值和能级逐步提升。精心做好高铁新城、南部新城、河西片区等重点板块的谋划和规划,先行启动布局一批学校、体育设施、生态游园等功能项目。强化政策引导,确保在星级宾馆酒店、商务宾馆招引上有重大突破,弥补城市发展尤为旅游城市的重大短板。

精美抓好城市建设。投入96.2亿元,实施城建重点项目75个。完善城市路网体系,加快承恩大道、滨河大道等10条道路改造和建设,完成淮安东、石塘等高速出入口和华西路景观提升工程,精美展示淮安区的对外窗口。优化提升人居环境,以开发理念建设定向商品房,妥善解决城市建设财力可承受问题,启动清华苑西侧等6个

定向商品房小区建设，加快站前新村等10个在建定向商品房小区进度，交付定向商品房5000套以上，完成9个老旧小区、10条后街背巷改造。强化城市水系治理，完成樱桃园路、卫生大厦、经济开发区东部等城市易涝重点片区整治，提升防汛排涝能力。营造精美城市环境，实施城市“提绿补绿增绿”春季攻坚行动，对现有公园绿地提优补差，对城市边角地、空旷废弃地有效利用，使城市不见裸土、放眼皆绿，新增城市微型绿化游园15个、微型停车场（点）10个以上；以海棠（树、花）作为周总理家乡淮安区的城市绿色标识，启动“区树”“区花”评选活动，建成一批具有地方特色的海棠景观大道和公园绿地，展现“海棠成荫花满城”的城市美景。

精准抓好产城融合。积极推动服务业与制造业深度融合，制定出台制造业企业主辅业分离的激励政策，对新设立具有独立法人的科技研发、工业设计、检验检测、第三方物流企业，给予一定的政策奖励，全年培育独立核算的主辅业分离企业5家以上。加快打造华西路总部经济走廊，力争再新建一批总部经济大楼，同时以建筑总部经济产业园为平台，引导行业相近、类型相似的企业集群发展，新增税收超1000万元总部经济企业3家以上。规范批零住餐等服务业企业运营，政策引导、精准培育个转企、小升规各50家。认真研究土地挂牌条件，探索把城市业态导入和产出质效作为地块出让的条件，使每一个地产项目不仅成为人们宜居的家园，更成为生产、生活、生态一体化宜业的乐园，真正实现产城融合发展。

精细抓好城市治理。巩固文明城市创建成果，大力倡导依法管理、自主管理的理念，推动城市治理法治化、常态化，按照“严管严罚、疏堵结合、全民参与”的原则，依法开展学校周边交通秩序、马路市场等环境综合整治，严禁城镇主干道设立楼顶户外广告，取缔城区零散活禽宰杀场所，实行定点集中宰杀，营造整洁、有序、安全的城市环境，确保通过国家卫生城市复审。健全市政公用设施维护管理机制，严格履行道路开挖审批管理。今年开始，无论是市场开发商品房，还是政府自建定向商品房，严禁安装外挂式防盗窗和伸缩式晾晒杆，从工程设计、购房协议、物业管理进行源头管控，提升城市空间品味。强化小区物业属地自治，充分赋予社区管理权限，让社区在物业管理中有更多的话语权。系统谋划城乡餐厨垃圾、建筑垃圾市场化处置，建立财政奖补、社会企业独立运作机制，启动区餐厨垃圾、建筑垃圾处理项目建设，从根本上解决问题。

四、高起点实施文旅融合，厚植全域旅游新优势

坚持规划引领，突出项目推动，创新体制机制，争创国家全域旅游示范区。

打造精品文旅项目。全面盘点区域历史遗存、文物古迹底数，科学编制专项规划，分类制定保护、开发、管理实施意见。围绕城市发展规划和文物抢救性保护，编制三年考古计划，列出一批年度考古项目和地块，今后具体地块考古工作要早于项目实施一年前开展，从制度上解决文物保护与项目建设的矛盾；同时，考古工作要建立专业化队伍、常态化开展，经费纳入财政预算保障。围绕大运河文化带建设，全面启动大运河浅铺河工文化传承交流中心，精心打造施耐庵—罗贯中著书处，建成南宋水工遗址地下博物馆，确保尚庐书院、吴鞠通中医馆、周恩来防震减灾科普馆完成布展并对外开放，文楼早茶店正式运营。围绕“湖嘴大街—竹巷街—城河街—估衣街”循环线路，全力推进湖嘴大街规划设计、功能分区和业态布局，克服一切困难，建设河下古镇北入口旅游大型停车场，提升河下古镇整体活力。

增强旅游服务功能。对标国家全域旅游示范区创建要求，启动规划建设旅游集散中心、换乘系统、旅游公厕等一批补短板项目。强化旅游要素配套，围绕萧湖度假区建设，规划布局一批酒店、住宿、美食等旅游功能设施；同时，对现有饭店、宾馆的硬件设施、服务水平进行提标，实行星级等级分类评比。提升旅游服务质量，优化智慧旅游集成服务，推进旅游服务标准化建设，加强旅游从业人员技能培训，健全旅游市场执法监管，提升“游在淮安区、印象淮安区”的美誉度。

提高旅游经营效益。深化体制机制改革，进一步加快楚韵文旅集团实体化、市场化改革步伐，提高企业经营效益。创新营销宣传机制，围绕“千年古城、魅力运河、淮扬美食”等特色名片，加强与抖音、网络直播等新兴媒体合作，精心策划一批“网红打卡地”，打响千年古城的旅游名气。深度开发游客资源，强化与国旅等知名旅行社的合作，策划推广“1~3日游”精品游线，让游客玩得好、留得住，激活旅游市场，推动消费升级。

五、高水平推进乡村振兴，展现美丽乡村新颜值

持续实施乡村振兴战略，抓重点、补短板、强弱项,努力打造环境靓丽的美丽乡村。

大力发展现代农业。突出重大项目引领,以施河百斯特中央厨房为龙头,拓展做优生态农业园建成区,推广优质稻米和蔬菜规模化种植,打造一二三产深度融合的示范板块;聚焦亿元以上农业深加工、农产品供应链和一二三产融合项目,加大招引和建设力度,新开工亿元以上农业加工项目6个、新竣工4个。突出一镇一品,坚持养殖、种植一体化绿色循环发展,新增食味稻米3万亩、稻田综合种养1万亩、高效设施农业1.2万亩,特色水产养殖达6万亩,推动"苏嘴西瓜""车桥芡实"争创国家农产品地理标志,争创生猪调出大县。落实粮食安全生产责任制,巩固提升粮食生产能力。突出经营主体培育,提高农业适度规模经营水平,新培育家庭农场50个、农民合作社50家、市级以上龙头企业3家。

聚力打造美丽乡村。坚持规划引领,强化统筹调度,扎实推进岔溪社区、红庄社区等15个农房改善项目建设,完成6015户住房条件改善,建成省市级示范项目、特色田园乡村各6个,沿233国道、348省道两条主轴线打造路域环境整治示范带。加强农村人居环境整治,规范农村污水处理设施达标运营,新增农村生活污水处理设施18座、垃圾中转站4座,创成省级卫生镇1个、卫生村10个。加速实施交通重点工程,保障京沪高速扩建、宁淮城际铁路顺利建设,确保264省道全面开工,327省道建成通车,新改建农村公路11公里、桥梁6座,完成县道234苏钦线、309施马线大修。

全力保护生态环境。持续抓好环保督察反馈问题整改及长效机制落实。统筹实施大气污染综合治理,压实企业主体责任、部门监管责任和属地网格责任,以放开渣土全天候运输改革为动力,建立建筑工地渣土运输前置申报和开工环保验收制度,按月对所有建筑工地实行"红橙黄"考核评价,强化源头管控,依法严管重罚,确保PM2.5浓度、空气优良天数比率稳定达标。狠抓水污染防治,全面落实河湖长制,巩固"两违三乱清四乱"整治成果,提升生态河湖质效;深入实施黑臭水体整治提质增效行动,加快主城区控源截污和雨污分流,加大入海水道北泓整治力度,推进明通污水处理厂扩容,确保污水处理厂三期全面运营,争取经济开发区工业企业污水和主城区生活污水100%接管入网、100%进厂处理,确保国省考断面水质稳定达标。加大湿地保护、土壤修复、绿化造林力度,有序推进季桥化工区土壤修复,新增成片造林1.5万亩。持续推进农村乱占耕地建房专项治理,坚决遏制耕地"非农化",防止"非粮化",加大耕地保护和城乡挂钩力度,做到耕地占补平衡。

六、高标准改善民生事业,共享幸福平安新生活

以群众满意为标准,扎实办好民生实事,让发展更有温度、幸福更有质感。

构建更加牢固的保障体系。精准促进高校毕业生、农民工、退役军人等群体创业就业,全年新增城镇就业5500人,城镇调查失业率控制在4%以内。深化"党建引领、集成振兴"综合改革,加快达康产业园扶贫厂房项目招引,多措并举增加群众收入。积极实施全民参保计划,推进基本养老保险省级统筹,健全完善医保体系,努力实现应保尽保。想方设法筹措资金,逐步解决未破产改制国有企业退休职工垫缴养老金问题,并根据城市经营、财力状况,启动部分国有企业破产改制工作。创新完善社会救助体系,精准救助困难群体,落实城乡居民低保自然增长机制,加强残疾人康复、托养服务,新改建15家社区居家养老服务中心。

发展更广覆盖的社会事业。按照新一轮城市规划调整和城市空间拓展,谋划、规划、启动一批新建学校,以学校先行惠及重大民生;加快新安小学河西分校等7项重点工程建设,楚州中学新校区投入使用,完成5所学校装备提升;新建公共体育设施3处,全面备战第二十届省运会。加快健康淮安区建设,统筹优化乡镇卫生院布点和功能定位,逐步形成以城区医院为龙头,区域性重点镇医疗卫生中心为支撑,其余以社区保健、防疫、诊所为依托的一体化格局,做到医疗资源有效集中,分级诊疗机制更加健全;进一步规范基层卫生院医务人员和财务管理,一律不得再聘用临时人员、不得再举债建设;启动名医名科培育工程,政府设立专项基金,对重点专科、优秀医学博士、高级主任医师给予专项补贴,确保优秀人才引得进、留得住;淮安医院新院投入使用,争创三级综合医院,努力打造覆盖更大范围内群众看病就医的知名医院,提高医院绩效水平。大力开展全民阅读,全面启动省书香示范区创建。做好淮剧传承工作,强化人才接续培养,抓好淮剧艺品创作、演出,使淮剧这一优秀传统文化得以延续和发扬。

构建更高标准的防风险体系。巩固“一年小灶”成果，落实“三年大灶”要求，严格落实企业安全生产主体责任和风险年度报告制度，深入开展危化品、建筑施工等重点领域专项整治，扎实做好农村房屋安全隐患排查整改；加强食品药品质量监管，持续提升本质安全水平。常态化做好疫情防控，建成区级方舱医院，完善公共卫生应急管理体系。深化国有平台公司改革，以建立现代企业制度为方向，健全国有平台公司绩效管理制度，支持国有平台公司市场化、实体化、企业化运作，做强主营业务，扩大经营收入，严格厘清政府与平台公司的职责边界和债权债务，有效防范和化解隐性债务风险。加强政府投资项目财力可承受能力论证，凡没有明确资金来源的项目一律不得建设，严控政府债务增加，政府债务实行终身责任制。坚持系统谋划，突出机制激励、财源培育，积极解决镇、街道基层政府财力不足、运转困难问题。

营造更加和谐的社会环境。深化平安淮安区建设，加快新一代雪亮技防工程建设，高标准建成执法办案管理中心，完善立体化治安防控体系。加快市域社会治理现代化试点，推进区镇村三级综治中心规范化建设，提升网格化治理水平。巩固扫黑除恶专项斗争成果，健全常态长效机制。落实拥军褒扬措施，创成新一轮省双拥模范城。依法、规范推进重复信访、非正常上访治理，持续加大信访积案化解力度，确保社会大局和谐稳定。

全面加强政府自身建设

各位代表，面对新阶段、新形势、新任务，我们将把政府自身建设摆在更加突出位置，坚持以担当实干为导向，以执行落实为重点，以规范廉洁为底线，努力提升政府现代化治理能力。

真抓实干，增强担当能力。强化政治担当，坚定理想信念，站稳政治立场，区行政系统干部在增强“四个意识”、坚定“四个自信”、做到“两个维护”上要争当表率、争做示范。始终把推动高质量发展作为一种责任和使命，自觉对标习近平总书记视察江苏提出的“两争一前列”要求，坚持与高手比、与强者争，在真抓实干中补齐短板，在创新实干中积聚优势，在建好周总理家乡中展现政府担当。强化大局观念，在其位、尽其职，要利用组织给予的舞台，发挥个人的聪明才智，做更多有利于发展、有益于群众的事情，特别是面对项目建设、城市经营、房屋征收、生态保护、民生实事等一系列重大发展任务，部门分内的工作必须不折不扣、保质保量完成，对需要多个部门协作联动的工作，严格执行谁牵头、谁负责，谁参与、谁落实，自己的任务自己领，自己的事情自己做，共同推动高质量发展全市走前列、全省争进位。

狠抓落实，提升执行效能。始终把抓落实、抓执行作为政府工作的生命线，坚决落实上级党委政府和区委的决策部署，所有重大项目、重点事项、重点改革，特别是区委的各项决策和政府工作报告的各项任务，均要细化到项目、明确到部门，排定推进计划，压实时间节点，做到常态跟踪、动态推进、确保完成，年底向区人大专题报告完成情况。每一项工作都要坚持亲力亲为，一线工作，一抓到底，不见成效，绝不罢休。今年区政府将按季开展工作，落实成效评估。

尊崇法治，依法科学决策。加强法治政府建设，坚持依法行政，加大“八五”普法宣传力度，规范公正文明执法，行政机关负责人出庭应诉率保持100%。严格执行重大行政决策程序，贯彻“三重一大”集体决策机制，完善政府法律顾问制度，强化规范性文件合法性审查和定期清理。强化政务公开，提高政民沟通实效，“12345”热线响应率达100%、办结率98%以上。认真执行区人大及其常委会决议决定，自觉接受人大法律监督、政协民主监督，高质量办好人大代表建议和政协委员提案。同时，区政府各项涉及决策的事项，一律由分管区长先行提出具体的意见，方可上会研究，发挥大家的智慧，广开言路，形成合力，推动各项工作更好地开展。

严守纪律，做到清正廉明。廉政建设无小事，坚决不能逾越这根“底线”，谁逾越了就会一切归零，最终遗憾终生。严格执行全面从严治党要求，认真履行党风廉政建设“一岗双责”，深入落实中央八项规定及其实施细则精神和省市区委各项规定，规范权力运行，筑牢思想防线，做到自律、自省、自警。厉行勤俭节约，严禁铺张浪费，强化预算刚性约束和绩效管理，“三公”经费、一般性支出分别下降10%、5%。严肃查处政府工程领域转包分包、违规发包等违纪违法行为，加强土地征迁、政府投资、国有企业等重点领域审计监督，实现干部清正、政府清廉、政务清明。

各位代表，新蓝图引领新征程，新作为谱写

新篇章！让我们更加紧密地团结在以习近平同志为核心的党中央周围，在上级党委政府和区委的坚强领导下，齐心协力、真抓实干、奋勇争先，为谱写“两争一前列”淮安区新篇章努力奋斗！

全国文明城市创建

2020年是淮安市创建全国文明城市的决战决胜之年，淮安区助力淮安市荣获“第六届全国文明城市”荣誉称号。3月初，区委区政府召开创建全国文明城市工作推进会电视电话会议，制定出台年度创建工作行动计划（简称“3688”行动）作为全区创建工作的行动指南。“全城动员、全民参与、人人动手、共建共享”的创建局面逐渐形成，城市基础设施建设和公共服务水平有效改善，市民文明素质和城市文明程度明显提升，常态长效管理工作进一步强化。

“十大专项战役” 2020年，根据全市统一部署，淮安区开展农贸市场（车站）及其周边整治、建筑外立面整治、拆违清非整治、户外商业广告、广告设施和店招店牌整治等十大专项战役。经过各责任单位协同合作，各项工程在8月底完成。其中，建筑外立面整治战中对翔宇大道等城区重要主干道两侧建筑物外立面42个点位治“旧”出“新”，面积约6.5万平方米。拆除各类广告380余处，面积约36 861.5平方米；户外商业广告、广告设施和店招店牌整治战中拆除店牌店招858余处，面积约16 920平方米。

殡葬专项整治 2020年，淮安区高铁、铁路沿线两侧共整治散坟7047座，完成率100%；高速沿线两侧共整治散坟10393座，完成率100%；国道、省道沿线两侧共整治散坟3721座，完成率100%；县（区）道沿线两侧散坟整治散坟9248座，完成率100%；完成村居主干道沿线两侧散坟整治41 877座；完成京杭大运河、苏北灌溉总渠、淮河入海水道等主要河流堆堤两侧散坟整治2651座；完成老坟场散坟、豪华墓整治6.99万座。全区共计平迁坟墓14.48万座，建立卧式碑9.52万座。完成年度排查计划的占比为97.14%。区财政共计投入1153万元对各镇街散坟整治工作进行以奖代补，相关镇街累计投入2200万元用于散坟整治工作。

结对共建 2020年，淮安区组织全区82家区直单位与29个城市社区（村居）结对共建全国文明城市工作，投入资金、物资及基建项目达300余万元。

农村人居环境整治 2020年，淮安区累计新增垃圾桶600个、清理河塘沟渠7930处、新改建农村公路323千米、拆除长期闲置圈舍和破败房屋4228处、粉刷墙面61万平方米，全区农村人居环境得到明显改善。推进农村厕所革命，完成无害化户厕改造10437座、完成率71%，新改建农村公厕94座、完成率74%，开工建设50个污水处理设施。完成改厕接水3127户、清理粪污1.64万户。围绕全区重点河湖，先后投资2600万元，对城区15条、12千米的河道进行整治。同时做好重要点位河湖岸坡的复绿工作，维护创建效果。

基础设施建设 2020年，淮安区对东长街、府前路、康马路等12条道路的人行道累计完成改造面积6.6万平方米。对樱桃园路、沈坤路中段、城西南路、康马路北段安装共4000余米交通护栏，施划路口标志线及部分停车泊位。完成西长街与南巽路、南门大街与南巽路等5处交通信号灯安装。另对全区市政管养的主次干道路面进行维修改造约6.0139万平方米；人行道面包砖及彩砖修补3.3万平方米，路牙修补计5282米；更换各类窨井盖计593块；在城区园林绿化方面，共完成承恩大道沿线2、3、4节点环境整治工程、新世纪广场改造提升工程等17项工程，合计增加绿化面积15.2万平方米，其中新建6个游园、改建2个游园广场。在农村公路建设方面，2020年度省批准淮安区农村公路项目42个计121.525千米、桥梁29座计5700平方米，项目总投资约1.5亿元，项目建成后，全区行政村通双车道四级公路覆盖率100%。

创建宣传 2020年，淮安区深化公益广告宣传。城区16块电子大屏公益广告播放比例超过50%，100多个便民遮阳棚全部设置公益广告，主要路段落地灯箱的公益广告比例超过60%，景观式公益广告共设置148个。加大新媒体宣传力度，推出《与文明通行》《创建全国文明城市应知应会常识》《疫情防控文明创建志愿同行》《圆梦志愿者助力文明创建》等短视频、H5、微信图文、报纸电子特刊等各类新媒体产品40多个。打造“文明淮安区”抖音官方号短视频平台。与专业抖音运维公司合作，利用短视频作品的传播特性宣传、提升创建工作的知晓率和满意度。推进“不文明行为大家拍”活动平台建设和推广，形成全体市民都做文明创建的监督者，让不文明行为无处藏身的良好氛围。根据市创建办统一要求，从11月20日中午中央召开表彰大会后，在全区室内外电子屏、各类营业厅、景区景点、商场超市、医院学校等点位，将“热烈祝贺淮安以优异成绩获评第六届全国文明城市”“答好常态长效新考卷，建设更高水平文明城市”等内容进行全覆盖式宣传。同时创建办和区委营商办对落实情况开展专项巡查，将公益广告宣传任务落到实处。督促全区各单位开展评先评优活动。根据市创建办要求，区创建办组织全区各镇街、各部门、各单位进行初审推荐，经区委、区政府同意，并征求相关部门意见，推荐淮安区城管局等11家单位及邱跃中等48名同志予以表彰，并进行公示。

创建支持率提升　2020年，淮安区在提升市民素质方面，加强道德典型选树培育工作。蒋大为成功当选2~7月“中国好人”，6人当选“江苏好人”，15人当选第一批“新时代淮安好人”，1人当选省级“新时代好少年”，4人当选市级“新时代好少年”，1个好人视频、2篇地方经验和1篇《好人365》文章被中国文明网刊登。开展首届“楼道好人”评选，表彰123名“楼道好人”。举办先进模范事迹宣讲会13场、道德模范与身边好人专题展览4场、道德模范与身边好人故事汇巡演2场。在规范行业文明素养方面，举办窗口行业人员文明礼仪水平培训班，规范服务礼仪和行为，提升工作人员的服务态度和服务水平。选取新区花园小区打造新时代文明实践中心阵地，作为“为民办十件实事”的重要项目。全区建成1个新时代文明实践中心、16个新时代文明实践所、338个新时代文明实践站和833个新时代文明实践点，实现全域覆盖。利用全区新时代文明实践中心、所、站、点四级组织体系，依托文明实践阵地，立足实际广泛开展新时代文明实践活动，增强精神力量。开展校园“小手拉大手 助创文明城”活动、“创建进万家·文明大走访”等活动，利用多种形式提高全民素质，提升全区创建文明城市的知晓率和支持率。

考评督查活动开展　2020年，淮安区创建办牵头组织文明创建促疫情防控专项督查、月度考评集中巡查、重点点位专项督查、两次国测点位模拟验收、省级年度测评等督查活动。组织开展月度考评。根据《淮安区创建全国文明城市工作考评办法》，将市月度考评结果与区月度考评结果进行综合折算出月度综合考核成绩，依据成绩高低进行全区范围内的通报，并进行奖惩。其中，在3~7月份月度综合考评中奖励先进镇街和单位19家，共计33.5万元；处罚20家落后镇街和单位。8~9月份月度综合考评中奖励先进镇街和单位11家，共计14.5万元；处罚4家落后镇街和单位。同时组织综合考核先进单位和落后单位分别在融媒体做先进经验介绍和表态发言，巩固文明城市创建成果。

常态长效管理　2020年，淮安区召集重点部门和3个街道围绕常态长效管理工作召开专题会议，与城管、公安等10个部门进行调研交流。对包括市政园林基础设施整治提升、交通秩序整治提升、市容环卫整治提升、市民文明素质提升以及宣传引导、巡查督办、考评奖惩等在内的13项重点工作进行任务分解，明确责任主体，并结合工作实际，细化创建工作举措，形成常态长效管理实施细则。

老旧小区改造　2020年，淮安区投入2500万元对月湖花园、丽都花园、皇冠国际、新城小区、新淮小区、邮电小区、广电小区、人武部宿舍等8个小区进行改造。改造工作在全市率先部署、率先开工、率先竣工。全市首场老旧小区改造现场会在淮安区召开，淮安区获得首批奖补资金500万元。副省长费高云到淮安调研，改造过的河下小区作为全市唯一一个老旧小区点位接受调

运河之星及沿街居民楼拆除现场　　（区城管局　供图）

研，改造成果受到省领导高度肯定。

“大执法带动大长效”行动　截至2020年12月2日，淮安区累计执法案件202 370起，处罚当事人（法人）171 338人次，查扣物品26 948件，罚款金额9 431 834.2元。在全区面上形成严管重罚的创建氛围，推动常态长效管理强行入轨。

“大拆违、大清除、大扫尾”行动　2020年，淮安区出动执法人员2000余人，共拆除房屋545处，面积71 465.5平方米；对翔宇大道、楚州大道、府前路等重点区域沿街违规设置的大型楼顶字、高空广告牌实施拆除，累计拆除各类违规广告697处，约24 326.86平方米；对里运河河面游船、北门大街、府前路、经五路等重点区域违章建筑实施拆除，其中拆除河道大船3个共计6800平方米，拆除围挡共计12 951米。

不文明养犬行为整治　2020年，淮安区累计发放文明养犬宣传资料18 000余份，办理犬证420余张；每周开展两到三次的捕捉流浪犬行动，共计捕捉流浪犬840余条，处置不文明养犬行为700余起。

脱贫致富奔小康工程

淮安区是“十三五”时期省重点帮扶县区，户籍人口114.24万人，下辖13个镇、3个街道。“十三五”期间，全区共有省市定经济薄弱村37个、建档立卡低收入农户3.81万户、11.65万人。近年来，淮安区认真贯彻落实中央和省市委脱贫攻坚战略部署，将低收入人口如期脱贫、经济薄弱村全部出列、解决好重点片区贫困问题作为高水平全面小康的底线任务。通过聚焦精准帮扶，突出产业带动，抓好阳光扶贫，脱贫攻坚工作不断取得新成效。截至2019年底，全区11.65万建档立卡低收入人口全部脱贫，37个省市定经济薄弱村集体年经营性收入达18万元以上并达到新“八有”标准，高质量完成省、市下达的“十三五”脱贫致富奔小康工程各项目标任务，扶贫开发重点县（区）顺利“摘帽”退出。截至2020年10月底，全区3.81万户建档立卡低收入农户脱贫巩固率和37个省市定经济薄弱村达标巩固率均达100%，151个低收入村集体年经营性收入达18万元以上。

聚焦脱贫攻坚　淮安区始终把思想脱贫贯穿脱贫攻坚工作全过程，突出扶贫工作地位，增强基层组织力量，凝聚全区上下聚焦扶贫事业的思想共识。深入学习贯彻中央和省、市扶贫开发工作会议精神，始终把脱贫攻坚摆在重要位置，定期召开区委常委会、区政府常务会、区长办公会专题研究脱贫攻坚工作；坚持每月脱贫攻坚联席会议制度，对全区脱贫攻坚工作进展情况，做到月过堂、月推进、月通报；强化“五级书记”抓扶贫的政治意识、大局意识和责任意识，积极营造全社会共同关注、支持和参与脱贫攻坚的良好氛围。优选21名乡科级后备干部担任镇（街道）“扶贫专干”，37名大学生村官和新入职的90后公务员担任省市定经济薄弱村“扶贫书记（主任）”，帮助经济薄弱村建强组织、理清思路、选好产业，增强基层党组织带领群众增收致富的引领力。坚持把脱贫攻坚与实施乡村振兴战略紧密结合起来，与农村改革、农业产业发展、人居环境整治、农业园区建设、农民集中居住等统筹起来，做到系统谋划、一体推进。同时，把扶贫开发工作纳入全区高质量跨越发展考核和重点工作督查范围，强势推动各项工作开展。

产业项目扶贫　淮安区始终把产业扶贫项目收益，作为经济薄弱村增加积累、低收入人口增加收入的主渠道。坚持把项目作为精准扶贫的第一抓手，持续增强项目带动致富的能力。对“十二五”以来建成的159个产业增收项目进行“回头看”，开展规范管理提质增效专项行动，按A、B、C、D四档进行分类管理，通过招商引资、协商谈判、“腾笼换凤”等途径，强化项目运营监管，全面提升扶贫资产运营质效，扶贫资产收益率由2017年的3.62%提高到2020年的6.69%。统筹整合帮扶资金4280.87万元，分别在苏嘴、漕运两镇实施现代生猪养殖基地项目，年收益406.68万元，年收益率9.5%。统筹整合财政专项资金7110万元，在区智能装备产业园实施3.2万平方米达康厂房项目，该项目年租金450万元，年收益率6.33%，带动山阳、石塘、车桥等13个镇（街道）13个省市定经济薄弱村、51个低收入村和7178户建档立卡低收入户增收受益。统筹整合省财政成效考核奖励资金和脱贫攻坚成果巩固暨防返贫补助资金2100万元，购置淮安市星兴生态农业发展有限公司6733平方米玻璃钢架大棚，年收益126万元，年收益率6%，收益资金全部用于易返贫户和边缘户防返贫补助和壮大低收入村集体经济。

产业富民　淮安区突出富民产业引领，以百斯特公司作为重点培育主体，按照“公司+基地+

农户”的模式，着力打造一二三产业融合发展的重点龙头企业，初步形成了从种子到筷子的全产业链。为放大产业富民资金效能，进一步拉长产业链、补强接点，淮安区围绕该公司运营实际需求，投资1200万元实施百斯特农业蔬菜冷贮生产及初加工项目，支撑和带动发展有机稻米3万亩，高效蔬菜1万亩，辐射周边乡村近300户低收入农户实现增收。立足芡实产业发展，在车桥镇卢滩村实施芡实冷贮及加工项目，该项目可带动周边芡实产业6.6万亩，近4000户农民从事芡实种植，亩均增收2000多元，实现1200多户低收入农户脱贫致富。同时，积极整合产业发展资金2440多万元，在国家农村产业融合发展示范园新建10个连栋大棚，并与省农垦合作实施园艺种植示范基地产业引导项目，带动全区种植西甜瓜1.5万亩，包菜1.2万亩，红椒0.8万亩，实现900多户低收入农户增收脱贫，户均增收5600多元。

政策扶贫　淮安区积极落实各项扶贫政策，大力实施“兜底救助”“医疗救助”“学困资助”等帮扶举措，通过政策兜底脱贫33 972人，开发式脱贫82 575人。全面落实农村低保、特困人员供养、临时救助、残疾人“两项补贴”、农村留守儿童和困境儿童救助等政策，充分发挥低保“补差”“兜底”作用，建立兜底保障增长机制，农村低保标准从“十三五”初每人每月400元增至2020年7月每人每月645元，年低保标准超过省定脱贫线1740元，全区18 988户、33 972名建档立卡低收入人口纳入农村低保、特困人员供养，有2130名建档立卡贫困户中靠家庭供养且无法单独立户的重度残疾人、重病患者等农村特殊困难群体，参照“单人户”纳入农村低保，全面实现“应保尽保、应兜尽兜”；完善急难救助机制，发放救助资金618.2461万元，救助8340人次；规范完善备案制度，将符合残疾人两项补贴政策的对象及时纳入补贴范围，截至2020年底，全区有残疾人生活补贴对象9544人，残疾人护理补贴对象7209人；对全区7275名农村留守儿童落实托管责任人，631名困境儿童进行分类保障，发放养育金453.79万元；对全区1659户、5672名“易返贫户”“边缘户”进行动态监测，及时落实兜底保障等帮扶措施，“两类人员”实现稳定脱贫。建档立卡低收入农户医保个人缴费部分由财政全额补助，实现补充合作医疗保险全覆盖，落实大病保险政策，对建档立卡低收入农户给予保险资助，将全区11.65万名建档立卡低收入人口全部纳入家庭医生签约服务免费范围，为每个建档立卡户确定1名签约家庭医生，区内各级医疗机构建立低收入人口“先诊疗后付费”政策绿色通道，实行“一站式”结算，落实医保待遇“两升两降”政策、30种大病专项救治政策、住院医疗个人自付费用不超过总费用10%的上限控制政策，率先在全市开设公立医疗机构扶贫病房，为建档立卡低收入患者住院提供一个舒适、温馨的治疗环境。2016年以后，淮安区全面落实国家、省、市各项资助政策，做到资助政策宣传精准、资助对象数据库建立精准、资助资金发放精准、资助成效发挥精准，全区无1名学生因贫失学辍学，学生资助管理工作连续9年在省绩效考评中得优，连续3年排名在县区之首。累计发放各类资助金24 233.001万元，资助贫困学生达222 039人次。其中发放学前资助金1545.25万元，受惠学生30 881人次；发放义务教育资助金7053.9万元，受惠学生107 198人次；发放高中助学金2308.99万元，免除学费880.32万元，受惠学生34971人次；发放中职助学金503.2万元，免除学费 3710.52万元，受惠学生38 764人次；发放育才兴教资助金338.2万元，资助贫困大学新生1158人次；发放助学贷款7892.621万元，资助学生9067人次。推进乡村小规模学校和寄宿制学校标准化建设，改造乡镇寄宿制学校25所，小规模学校1所，农村义务教育学校基本达到办学标准；开展控辍保学活动，明确控辍保学责任，全区16岁以下青少年义务教育阶段无辍学现象。2016年以后，淮安区建立住房保障动态监测机制，结合农民群众住房条件改善和农村人居环境整治等工作，采取压实责任、层层推进等措施，确保贫困群众住上安全房。全区共实施农村“四类人员”危房改造1471户，其中：2016年改造380户，2017年改造216户，2018年改造309户，2019年以来改造566户。淮安区投资11.4亿元实施城乡区域供水工程，在全市率先实现农民群众喝上城乡同源、同网、同质、同服务的“四同水”，百万农民生产条件、生活质量得到大幅提升。

建立长效机制防返贫　淮安区高度重视解决相对贫困长效机制的建设。2020年制定出台《淮安区关于巩固提升脱贫攻坚工作的实施意见》《淮安区关于建立解决相对贫困长效机制的实施意见》《淮安区防返贫动态监测机制实施方案》《淮安区防返贫救助资金实施方案》等系列文件，从制度层面上建立完善防返贫监测机制，重点瞄准处于贫困边缘的农村低收入户和人均收入不高不稳的脱贫户两类易返贫重点人群，在“阳光扶贫”系统新增防贫返贫预警板块，对“家庭人均年收入低于7740元、患有大病重病的农户个人支出超6000元和发生意外事故造成死亡或伤残的农户”及时预警提示，最大限度减少贫困增量。以省现行农村扶贫标准6000元的1.5倍为限，设置防返贫保障线，低于“防返贫保障线”纳入防返贫范围。在健全完善政策性救助和社会救助基础上，2020年区财政拿出700万元资金，按每人每年80元标准为全区“临贫易贫”人群建立防返贫基金（大致为全区乡村户籍人口的10%，约8.71万人左右），从源头上筑起防止返贫的“截流闸”和“拦水坝”。坚持扶志扶智“双同步”，全面摸清低收入农户就业需求，开展精准技术技能培训，2016年以后，淮安区累计为2.85万名有就业意愿和就业能力的建档立卡低收入农户劳动力实现转移就业；落实扶贫车间5个，吸纳低收入农户劳动力78人；开发公益性岗位800多个，其中各镇（街道）安排公益性岗位700多个，实现培训一人、就业一人、致富一户、带动一片的目标。

试点打造　淮安区以“党建引领、集成振兴”为突破口，紧紧围绕“脱贫、富民、壮村”目标，整合5个涉农改革项目，推动多个项目在同一个试点上布局、各类资金在同一个试点上使用、示范典型在同一个试点上打造。2019年，15个试点村（居）集体经济总收入达1282万元，带动595户低收入农户增收，吸纳低收入农户541人在合作社务工，人均年增收4000元。该做法先后被中央政策研究室《学习与研究》以及《新华日报》《江苏改革简报》等刊载推介。在第一年试点探路、第二年扩面提质的基础上，2020年全区又遴选15个村（居），做到改革试点镇（街道）全覆盖，带动村集体和建档立卡低收入人口双增收。

平台监管　淮安区充分发挥“阳光扶贫”系统先行先试的平台优势，着力于扶贫工作的精准识别、过程监管。按照“两公告两比对四公示”“五签字五确认”工作程序和要求，借助“阳光扶贫”平台系统，对建档立卡低收入农户家庭信息进行逐一核对甄别，做到精准识别。及时将符合建档立卡条件的贫困户纳入国扶网系统，实现了应纳尽纳、应帮尽帮。建立完善区级“阳光扶贫”咨询中心、15个镇级“阳光扶贫”服务窗口和37个经济薄弱村阳光扶贫工作站，配备了自助查询终端，实现办事、监督一体化。坚持线上监督和线下检查相结合，全面压实帮扶责任。充分发挥系统大数据功能，确保脱贫过程真实可控。依托“阳光扶贫”系统平台，规范资金使用，提高资金效益，推动作风转变，全区9459名党员干部结对帮扶33287户低收入农户，做到帮扶对象、帮扶责任人和帮扶措施“三精准”。建立了经济薄弱村联动帮扶组和项目帮扶组，32名区四套班子成员、37个区直部门主要负责同志和15个镇（街道）三套班子成员，联合挂钩帮扶37个经济薄弱村，对有劳动能力的低收入人口给予技术和资金支持。

普惠金融　“十三五”期间，淮安区多措并举，持续推进扶贫小额信贷发放工作，为巩固提升脱贫攻坚成果保驾护航。截至2020年11月底，全区累计发放扶贫小额信贷7.17亿元，涉及受益低收入农户3.89万户，其中，2020年发放扶贫小额信贷1.69亿元，涉及受益低收入农户6383户，发放额度位居全市第一，实现应贷尽贷，促进扶贫产业发展。突出金融普惠助力脱贫攻坚，引导商业性金融机构加大对扶贫开发的金融支持，与江苏银行淮安分行签署“阳光扶贫贷”战略合作协议，利用低利率的“阳光扶贫贷”产品，精准支持区经济薄弱村、低收入村和低收入农户增收，助推全面打赢脱贫攻坚战，截至2020年末，共为10个低收入村累计发放授信贷款550万元。

伟人故里

位置面积
建置沿革
区划人口
自然资源
气　候
旅游资源
传统美食
地方特产
地方经济和社会发展
大事记

位置面积

淮安区位于淮安市东南部,地跨北纬33°16′~33°45′、东经118°59′~119°37′之间。淮安是苏北重要的交通枢纽,京沪、宁连、徐宿淮盐等3条高速公路在境内交会新长铁路、京杭大运河、苏北灌溉总渠等穿境而过。全区总面积1452.30平方千米,其中水面面积(不含滩涂)318.0375平方千米,耕地面积862.035平方千米。

建置沿革

淮安区境内地域,春秋时先属吴国,后属越国,战国时属楚国。西汉元狩六年(公元前117年)建射阳县,东晋义熙七年(411年)设山阳县,南北朝齐永明七年(489年)设淮安县,隋开皇三年(583年)置楚州,辖淮阴、山阳等郡县。南宋绍定元年(1228年),李全火烧楚州城。楚州废,升山阳县为淮安军,隶宝应州。元朝设置淮安路,县复称山阳。明初,设淮安府,治山阳,直至清末未变。民国元年(1912年),淮安府裁撤。民国三年(1914年),因与陕西省山阳县同名,县名复称淮安。抗日战争时期,境内分属两个抗日民主政府,运西地区属淮宝县抗日民主政府,运东地区属淮安县抗日民主政府。1947年2月,淮安县政府治所淮城划出为苏皖第五行政区直辖市,9月复并入淮安县。1987年12月,经国务院批准,淮安县撤销,建立县级淮安市。1988年2月2日,淮安召开撤县建市大会。2001年2月10日,撤市设淮安市楚州区。2012年2月23日,淮安市楚州区更名为淮安市淮安区。

区划人口

【概况】 截至2020年12月31日,淮安区有13个镇,3个街道,338个村(居)。年末全区户籍总人口113.18万人,比上年末减少1.06万人,下降0.9%;常住人口中,城镇人口43.65万人,农村人口36.05万人。

【民族】 2020年,淮安区共有34个少数民族,分布在全区16个镇(街道)。其中城市少数民族人口以回族居多。少数民族有回族、苗族、彝族、壮族、哈尼族、布依族、侗族、傣族、满族、白族、傈僳族、土家族、拉祜族、朝鲜族、水族、瑶族、黎族、佤族、维吾尔族、蒙古族、怒族、藏族、纳西族、畲族、高山族、普米族、德昂族、哈萨克族、景颇族、仫佬族、布朗族、阿昌族、独龙族、土族。

自然资源

淮安区自然资源主要有岩盐、矿泉水、泥炭、天然气、砖瓦黏土等。岩盐资源特别丰富,分布在东起朱桥镇、西至清浦区、南抵上河镇、北达季桥镇约247平方千米范围内,岩盐矿石储量达2500亿吨,折合氯化钠1.15亿吨。深部砂层矿泉水质优良,锶含量0.38毫克每升,偏硅酸含量54.44毫克每升,同时含有锂、溴、碘、锌等对人体有益的微量元素,埋深为85.24~136.14米。泥炭(又称草炭、泥煤)总储量为332.01万吨,平均厚度0.3~0.35米,主要分布在车桥镇、流均镇、漕运镇、施河镇、复兴镇和白马湖农场境内。

气　候

2020年淮安区气候特点是:气温偏高,降水量偏多。年降水量为1077.7毫米,比常年偏多1.4成。其中夏季(6~8月)降水偏多,比常年偏多四成;汛期入梅偏早,出梅偏晚,梅期偏长,梅雨量显著偏多,强降水过程频繁。秋季降水偏少。受低涡切变影响,6月16~18日出现暴雨到大暴雨;受冷涡南调和西南急流共同影响,6月27日夜间至29日出现暴雨到大暴雨过程。

2020年平均气温16.1摄氏度,比常年偏高1.6摄氏度。6~8月共出现35.0摄氏度及以上的高温天气日数为11天。年极端最高气温:37.2摄氏度,出现在6月4日;极端最低气温为-9.2摄氏度,出现在12月31日;一日最大降水量为110.6毫米,出现在6月29日;最长连续降水日数为6天,降水量209.3毫米,出现时间为6月28日~7月3日;最长连续无降水日数为30天,出现时间在10月18日~11月16日。

表1　2020年淮安区主要气象要素统计表

项目	1月	2月	3月	4月	5月	6月	7月	8月	9月	10月	11月	12月	全年合计或平均
平均气温（摄氏度）	4.5	6.5	10.9	14.3	21.6	25.5	25.3	29.0	23.8	16.8	11.7	2.7	16.1
降水量（毫米）	82.7	36.9	38.7	16.1	46.8	299.0	213.1	238.8	20.5	26.2	43.9	15.0	1077.7
日照时数（小时）	92.5	151.7	204.7	260.1	220.6	166.7	143.4	226.7	223.0	176.9	156.9	178.4	2201.6

旅游资源

【概况】 淮安区是国务院批准的国家历史文化名城，是中国优秀旅游城市，是中国民间文化艺术之乡、中国杂技之乡、中国书法之乡、江苏省文化先进县、江苏省文物保护工作先进集体、江苏省非遗保护工作先进集体。淮安区旅游资源非常丰富，境内共有27处旅游景区（点），包括周恩来纪念馆、周恩来故居、周恩来祖茔地、中国漕运博物馆、总督漕运部院遗址公园、淮安府署、吴承恩故居、河下古镇、里运河文化长廊、镇淮楼、韩侯祠、关天培祠、梁红玉祠、刘鹗故居、新安旅行团革命历史纪念馆、中共中央华中分局旧址、勺湖园、吴鞠通中医博物馆、闻思寺、东岳庙、古城墙遗址公园、龙光阁、拈花寺、革命烈士陵园、茭陵大胡庄战斗纪念园、车桥战役纪念园、横沟暴动历史纪念馆、水利枢纽等景区。

【周恩来故里旅游景区】 由周恩来纪念馆、周恩来故居、河下古镇三个景点组成。2015年，以周恩来纪念馆为创建主体的周恩来故里旅游景区创成苏北首批国家AAAAA级旅游景区。

周恩来纪念馆　位于淮安区北门外桃花垠，1992年1月6日落成，邓小平题写馆名。馆区由两组纪念性建筑群、一个纪念岛、三个人工湖和环湖四周的绿地所组成，占地总面积40万平方米，其中70%为水面，建筑面积2.5万平方米。在馆区南北800米长的中轴线上，依次建有瞻台、主馆、周恩来生平业绩陈列馆、周恩来铜像广场和仿中南海西花厅、西花苑碑园等纪念性建筑，整体建筑造型庄严肃穆，形式朴实典雅。馆区还有岚山诗碑、五龙亭、怀恩亭、情归厅等景点。周恩来纪念馆是全国首批爱国主义教育示范基地和国家国防教育示范基地。2018年，周恩来纪念馆被评为国家二级博物馆。

周恩来故居　位于淮安区驸马巷内，由东西相连的两个宅院组成。1979年3月5日正式对外开放。1984年12月11日，邓小平题写“周恩来故居”匾额。1988年1月，被国务院公布为全国重点文物保护单位。1996年，被国家教委、民政部、文化部、文物局、共青团中央、解放军总政治部命名为“全国中小学爱国主义教育基地”。2005年，被列入全国百家红色旅游景点景区。

河下古镇　位于淮安区西北侧，紧傍古运河和萧湖，总面积约2平方千米，形成于春秋末期吴王夫差开凿邗沟之时，有2500多年历史。历史上的河下古镇是京杭大运河上的漕盐要

周恩来故居　（纪星名　摄）

津,漕运盐粮必经之地,明清时期达到鼎盛,经济发达、文化繁荣,明清两代出了55名进士、110多名举人。汉赋鼻祖枚乘、《西游记》作者吴承恩、宋朝巾帼英雄梁红玉、明代抗倭状元沈坤、清代大医学家吴鞠通、道光帝师宰相汪廷珍等都是河下人,河下还是淮扬菜和淮医的主要发源地。河下古镇仍完整保留着布局井然的明清街巷格局,湖嘴大街、花巷等街道民居和古石板路仍基本保持着明清风貌,是苏北地区保存最完好的历史街区。河下是淮安历史文化名城核心历史街区之一,被国家建设部、文化部确定为全国重点保护历史街区、全国重点文物保护单位。

【淮安府署】 始建于明朝洪武三年(1370年)一直沿用至清末,有640余年历史。淮安府署在明朝时管辖区域为赣榆、海州(今连云港)、邳州、沭阳、宿迁、睢宁、桃源(今泗阳)、清河、安东(今涟水)、盐城、山阳(今淮安区)等九县两州,是江苏辖区面积最大的府署。淮安府署是全国仅存的两座府署之一,占地5万多平方米,署内原有房屋50余幢,600余间。淮安府署正堂高10米,面积500余平方米,气势宏大,威严壮观,为全国衙署正堂之最。清咸丰十年(1860年)正堂毁于大火,署理淮安府事的陶金冶于当年修复,在淮安府署正堂中脊梁上还可见到陶金冶修复正堂时留下的墨宝。

淮安府中路前段为办公建筑,中路后段主要是知府及知府家人生活居住场所。东路为迎宾、宴客场所。首先是祭祀、招待来宾娱乐之所——古戏台、酂侯祠;后为宝翰堂,是知府用来和来宾交流诗、书、画的专门场所。西路为军捕厅署,设有仪门、待质所、熬审房、法鉴堂、二堂、三堂、东西厢房、腰斩台、皮场庙、库房、水龙局等建筑。淮安府署是世界文化遗产、全国重点文物保护单位、国家AAAA级旅游景区。

【漕运博物馆】 漕运景区坐落于淮安区漕运广场,主要由总督漕运公署遗址和中国漕运博物馆组成,2012年被国家旅游局公布为国家AAAA级旅游景区。

总督漕运公署为明清两代管理漕运事务的最高机构(清代称为总督漕运部院),公署的主要职能就是督察催促漕运事宜,管理南粮北调的筹运工作。总督漕运公署遗址在2002年8月旧城改造中被发现,同年被江苏省人民政府公布为省级文物保护单位,2006年作为京杭大运河沿线上一个重要的文物点被国务院公布为全国重点文物保护单位。

中国漕运博物馆建筑采用明清时期江淮流域建筑的主流风格,典雅凝重、古朴大方,总建筑面积约8680平方米。地上两层,面积约1200平方米,包括门厅及游客中心等;负一层展区面积约6000平方米。它打破了传统陈列式博物馆模式,通过史料、文物、图版、多媒体互动等形式全面地展示了千年漕运的历史潮汐。《漕水转谷·千年载运》展览分为5个展区,包括序厅、漕运渊源(历史)厅、千年载运(运河)厅、漕政咽喉(淮安)厅与漕运遗韵(文物)厅。

漕运景区融知识性、趣味性于一体,既是全国漕运历史研究的平台,也是珍贵文物的展示场所,更是文化旅游的重要景区。

【吴承恩故居】 位于淮安区河下古镇打铜巷内,由故居本体、吴承恩生平陈列厅、玄奘纪念堂、美猴王世家艺术馆、六小龄童工作室五个部分组成,是国内唯一综合展示西游记文化和纪念吴承恩的场所。故居占地面积1.5万平方米,建筑面积3800平方米,为明代风格的古典园林建筑群。是全球首部立体电视剧《吴承恩与西游记》的拍摄基地。吴承恩故居景区是国家AAAA级景区,江苏省重点文物保护单位。

【镇淮楼】 位于淮安古城中心,是省级文物保护单位,是历史文化名城淮安的象征性建筑之一。始建于宋代宝庆二年(1226年),有800多年历史。1957年,镇淮楼成为"省级文物保护单位"。1958年,镇淮楼进行了一次大修,将楼基楼身放大增高,变木结构为砖木结构,变花墙为实墙,变砖梯为直角条石阶梯,四周皆可登楼。镇淮楼上现辟有"淮安历史文物陈列室"。楼的四周有银色栅栏,南北有门,内为城中心花园,广植蜡梅、金桂、广玉兰、侧柏、龙柏、黄杨等各式花木,日本前首相田中角荣赠送给周恩来故乡的樱花亦有部分植于园中。楼洞里竖有石碑一块,正面镌刻魏碑体"镇淮楼"三个大字。

【勺湖】 位于淮安区城西北隅,古运河堤东侧,拥有水面114亩,陆地40亩。因湖较小,古人以一勺之湖形容而得名。在历史上,勺湖周围先后设立的庵观寺院有:法华禅院、文通寺、龙兴寺、千佛寺、老君殿等。1981年前后，淮安县（今淮安区）人民政府对勺湖景观加以修缮，辟为勺湖公园；1988年3月25日被江苏省人民政府公布为“江苏省文物保护单位”。

【萧湖】 又名萧家湖、珠湖、东湖和学士湖，与勺湖、月湖并称为“淮上三湖”。位于古城淮安西北隅，东近周恩来纪念馆，北依河下古镇，南连勺湖，西接古运河。总占地80公顷。

萧湖以莲花街为界，分南、北两区。南区为中国古代军事家韩信的纪念建筑群，设有漂母祠、韩侯钓台、乾隆御碑，另有状元阁、帆影楼、润州会馆等遗存；北区为明清时盐商私家园林群，有荻庄、带柳园、曲江园和恢台园等。湖中现有“秋水蒹葭、新安旧址、角楼雪霁、荻庄通幽、漂母芳祠、钓台夕照、双枚同辉、步生莲花、登瀛抚霞和东湖烟舟”十大胜景。

【月湖】 位于淮安区淮城西南，一池碧水，形如半月，因而得名。天妃宫位于月湖中间，南边以长堤，北边以长桥与陆地相连。月湖天妃宫的蒲菜为著名的淮安特产。月湖是淮安区规划中的三湖一垠风景区之一。

【古拈花寺】 始建于明代，占地1600多平方米。坐落于淮安区淮城街道莲花巷11号，其“拈花”二字是由佛教的典故“拈花微笑”而来。古拈花寺是淮安区开展佛教活动、佛教教育和学术研究的重要场所。

【新安旅行团历史纪念馆】 位于古运河风光带和月湖交汇点上。新安旅行团（简称“新旅”）历史陈列始于1979年，为纪念新安小学建校50周年，布置了新旅史迹展览室。1985年，为迎接新旅建团50周年，由江苏省、原淮阴市、淮安县三级政府拨款，兴建“新安旅行团历史陈列馆”。1987年该馆被原淮阴市人民政府确定为淮阴市文物保护单位。2005年重建新馆，更名为“新安旅行团历史纪念馆”，于当年10月10日（新旅建团七十周年纪念日），正式对外开放。

新安旅行团历史纪念馆展馆内景　　（新旅纪念馆　供图）

2010年10月对展厅进行升级改造，2011年6月重新对外开放。新旅历史纪念馆展陈约1400平方米，展厅共分五个部分，有240余幅图片、150余件实物。开馆三十余年，共接待包括党和国家领导人和国际友人，港、澳、台同胞及广大青少年参观者约200万人次。新旅纪念馆先后被确定和表彰为“全国百家红色旅游经典景区”，江苏省优秀学校德育基地，江苏省优秀爱国主义教育基地，江苏省红领巾实践体验基地，淮安市和淮安区青少年校外教育基地。

【沈坤状元府】 沈坤是淮安历史上的第一个状元，也是一位著名的抗倭英雄，与《西游记》作者吴承恩是同窗好友。沈坤状元府位于国家AAAAA级景区河下古镇，建筑面积4500平方米。为缅怀和纪念抗倭状元沈坤，淮安区历时4年，在河下原址上恢复重建了沈坤状元府。沈坤状元府景区由明朝嘉靖年间淮安河下状元沈坤的老宅和寓园两部分组成，整个景区分状元楼、老宅区、习武区、向学区、园林区和纪念区六大部分。于2017年9月30日正式对外开放。

传统美食

【概况】 淮安区是中国四大传统菜系淮扬菜的重要发源地，淮扬菜名菜名点1300余种。其中软兜长鱼、平桥豆腐、钦工肉圆、开洋蒲菜、文楼汤包、朱桥甲鱼等是淮扬菜的经典代表。淮扬菜口味清淡、注重养生，被誉为“东南第一佳味，天下之至美”。新中国成立时开国第一宴，用的就是周恩来总理家乡的淮扬菜。

【平桥豆腐】 相传乾隆皇帝下江南之时，乘龙舟路经淮安平桥，当时有位名叫林百万的大财主，张灯结彩，把皇帝接到家里。命家厨用鲫鱼脑加老母鸡原汁烩制豆腐,鲜美异常,乾隆品尝之后,誉其为“天下第一菜”。平桥豆腐就此得名,成为淮扬菜系的传统名菜。平桥豆腐含有丰富的营养,具有补五脏、疗虚损的功效,在夏季食用功效更显著。

【朱桥甲鱼羹】 以其肉质鲜香、汤汁稠浓,备受中外宾客赞誉。取甲鱼一只,以甲盖青色为佳,用开水去皮、洗净、剖腹、去内脏、入锅汤、拆骨、切成肉块,再下锅油炒,拌以姜葱、酱醋,然后取出,放入鸡汤,煮沸后放入淀粉勾芡,装碗时放入皮蛋、胡椒即好。此菜营养丰富,肉质细嫩、味道鲜美,实为筵席之珍品。此菜的鲜美,关键在于原料——朱桥甲鱼。正宗的朱桥甲鱼羹所用的甲鱼应当是朱桥马塘野生甲鱼。马塘是朱桥镇的一个村,地处幽静之处,甲鱼的习性是喜静怕惊,喜阳怕风,喜洁怕脏,马塘甲鱼个个长得洁净肥美。朱桥甲鱼除了做甲鱼羹,还可清蒸、清炖、红烧,风味各异。

【软兜长鱼】 淮安区盛产长鱼(黄鳝),以小暑前后一个月内上市为佳,民谚有“小暑长鱼赛人参”的说法。古法是将活长鱼用纱布包扎,放入带有葱、姜、盐、醋的沸水锅内至鱼身卷曲、鱼口张开捞出,取其脊背烹制,成菜鲜嫩醇香。

【钦工肉圆】 由钦工镇厨师陈友奎创制,此项技艺在钦工镇流传逾百年。钦工肉圆的特点是有弹性,又圆又光,细嫩鲜美。选用猪后腿精肉,剔去筋膜杂质,用铁棍捶打成糊,在肉糊中加入佐料制作而成。

【文楼汤包】 由河下古镇文楼而得名,始于清道光年间。汤包馅心以鸡丁、肉皮、肉丁、蟹黄、虾米、竹笋等20多种原料配制而成,加温成液体,再冷却凝固,纳入包中用笼蒸,出笼后将汤包撮入小碟内,加以香醋、姜末、香菜佐食。汤包选料严谨,工艺独特,包大皮薄,透明而不破,口感鲜美爽滑。

【车桥馄饨】 又名淮饺、炒米馄饨,是淮安传统的地方名点。车桥馄饨的制作,首先要选用好的面粉和面,纯手工擀面皮,面皮擀得越薄越好,以皮薄如纸,点火即燃为最佳。其次是做馅料,必须要选用上等的新鲜猪腿肉,去皮去肥去筋,纯手工用刀背或铁棒慢慢捶打,直至瘦肉全部成糊状,然后加入笋和葱、姜、蒜等佐料,这样包出来的馄饨入口爽滑,味道鲜美。

【淮安阳春面】 阳春面最初叫光面、清汤面,后因民间习惯将阴历十月称之为小阳春,逐渐隐以十为阳春,而最初光面的售价又是每碗十文钱,故渐渐的人们改称这种面为阳春面。和面时要加少许食用碱水,使面条薄而有劲道。下面前,在碗中放入熟猪油、酱油、味精、蒜蓉及滚烫的猪骨头汤,面条下沸水锅中一滚而已,过凉水,去碱味,放入已兑好热汤的碗中,洒上黑胡椒粉,放上少许芫荽末,淋上几滴麻油即可。

【淮安茶馓】 淮安茶馓是用上等精白面,拉出像麻线一样的细丝,绕成扇子形、梳子形、菊花形等网状图案,放入麻油锅中炸制而成,口感酥脆香美。

地方特产

【淮安芡实】 芡实素有“水中人参”之称,俗称鸡头米、鸡头苞。种植历史可追溯至明朝,有400多年历史,淮安区气候温和、四季分明,处于京杭大运河和苏北灌溉总渠交汇处,水资源非常丰富,水质土壤优良,非常适于芡实种植。淮安区建成万亩芡实种植基地,芡实产品销往广东、福建等地,出口日本、韩国以及东南亚等国家和地区。

淮安区芡实种植基地一角　　（纪星名　摄）

【淮安荷藕】 荷藕又名莲藕，简称藕，属睡莲科植物，微甜而脆，它的根、叶、花、须、果实均可入药。荷藕在我国南北朝时期就已有种植，在淮安区也有多年种植历史，是淮安区的传统水生蔬菜，现在已是淮安区的特色农业产业，种植规模达4万多亩。

【淮安菱角】 菱角，又称芰、风菱、乌菱、菱角、水栗、菱实、芰实等，为菱科菱属，一年生水生草本植物。淮安区种植菱角已有百年历史。菱角果肉可食，含有丰富的淀粉、蛋白质、葡萄糖、不饱和脂肪酸、多种维生素、胡萝卜素以及钙、磷、铁等微量元素。

【淮安慈姑】 慈姑，也称茨菰、燕尾草、剪刀草、茨菰等，泽泻科慈姑属，果实可食，味涩。为多年生浅水草本植物，适应性强，在陆地上各种水面的浅水区均能种植。淮安慈姑是一种低脂肪、高碳水化合物蔬菜，营养价值丰富，主要成分为淀粉、蛋白质和多种维生素，富含铁、锌、硼等多种微量元素。中医认为慈姑性味甘平，具有解毒利尿、行血通淋、化痰止咳的功效，是一种很好的药食两用的保健型蔬菜。

【淮安茭白】 茭白，又名高瓜、菰笋、菰手、茭笋、高笋、茭瓜，是禾本科菰属多年生宿根草本植物。茭白属喜温性植物，不耐寒冷和高温干旱，根系发达，需水量多，而淮安区与茭白所需的生长环境非常吻合。茭白主要含蛋白质、脂肪、糖类、维生素B_1、维生素B_2、维生素E、微量胡萝卜素和矿物质，不仅具有较高的营养价值和药用价值，其花期恰逢春夏之交花的淡季，茭白花色鲜艳，还是配置花坛、花境，点缀岩石园林的好材料，还可作切花和盆栽。

【淮安莼菜】 莼菜，又名蓴菜、马蹄菜、湖菜等，是国家一级重点保护野生植物，多年生水生宿根草本植物，为睡莲科莼属，性喜温暖，其嫩叶可供食用，含有丰富的胶质蛋白、碳水化合物、脂肪、多种维生素和矿物质，营养价值极高。莼菜性寒，有清热解毒作用，用莼菜煮汤可清火除痱疖。把莼菜茎叶捣烂外敷，可治一切痈疽疔疮。莼菜所含的多糖能通过人体中介作用，强化机体的免疫系统，增强免疫功能。《本草纲目》有记载：莼菜可以消渴热痹，和鲫鱼作羹时下气止呕，补大小肠虚气，治热疸，厚肠胃，安下焦，逐水解毒。

【淮安荸荠】 荸荠，又名马蹄、地栗、乌芋、菩荠等，属单子叶莎草科，为多年生宿根性草本植物。淮安荸荠皮色紫黑，肉质洁白，味甜多汁，清脆可口，既可做水果生吃，又可作蔬菜食用。含有蛋白质、脂肪、粗纤维、胡萝卜素、维生素B、维生素C、铁、钙和碳水化合物等。荸荠中的磷含量是根茎蔬菜中最高的，磷能促进人体生长发育和维持生理功能，对牙齿骨骼的发育有好处，同时可促进体内的糖、脂肪、蛋白质三大物质的代谢，调节酸碱平衡。它具有凉血解毒、利尿通便、化湿祛痰、消食除胀等功效。我国清代著名的温病学家吴鞠通治疗热病伤津口渴的名方“五汁饮”，就是用荸荠、梨、藕、芦根和麦冬榨汁配合而成的。

【苏嘴西瓜】 主产于淮安区苏嘴镇。苏嘴镇气候温和、常年无霜期240天左右，土壤为沙壤土，pH值6.5~6.8，有机质含量20%，含钾量高，适宜种植西瓜。苏嘴西瓜主要种植的品种有2个，分别是苏嘴牌小西瓜苏梦6号和苏嘴西瓜早佳8424。苏嘴西瓜采用春提早早熟和秋延后栽培，亩施有机肥1吨，在生产过程中主要采用物理防治和生物防治措施预防病虫害，尽量减少农药使用。成熟度控制在九至十成，方可采收，按照规格分级包装，4月中旬至10月上旬上市销售。

【淮安水芹】 水芹是伞形科水芹属的多年生草本植物，其嫩茎和叶柄可炒食，味道鲜美。一般12月开始上市，并可延续到翌年4月中旬，正好弥补冬季蔬菜短缺。每100克水芹可食用部分含蛋白质1.8克、碳水化合物1.6克、粗纤维1克、脂肪0.24克、钙160毫克、磷61毫克、铁8.5毫克等，除此之外，各种维生素和矿物质含量也都较高。水芹是典型的高钾低钠蔬菜，每100克中含有钾元素212毫克而钠元素仅有40毫克，十分适合高血压患者食用，有良好降血压功效；且水芹中还含有水芹素、芸香苷和槲皮素，这些物质都有很好的降血压功效。

【淮安青萝卜】 淮安区地域气候温和，土壤肥沃，是传统的蔬菜之乡。淮安青萝卜属根菜类蔬菜，主要食用部分为肉质根部，是当地冬、春季供应的主要蔬菜之一，极耐贮藏。淮安青萝卜外形细长，皮翠绿色，尾端玉白色，整个萝卜上部甘甜少辣味，至尾部辣味渐增。淮安青萝卜既可以生食,也能做汤、干腌、盐渍和制作泡菜等。青萝卜所含热量较少,纤维素较多,吃后易产生饱胀感,这些都有助于减肥。青萝卜中的芥子油和精纤维可促进胃肠蠕动,有助于体内废物的排出。

【淮安蚕豆粉丝】 蚕豆粉丝,始于清代,距今已有几百年的历史,因其制作方式独特,别具风味,而久负盛名。淮安蚕豆粉丝,得益于淮安的独特环境和天然气候,出产的蚕豆肥大,淀粉含量丰富,再通过当地的传统工艺制作而成蚕豆粉丝,便具有了耐煮、耐炒、不糊不断的独特品质。淮安石塘蚕豆粉丝是纯天然、不含色素,色泽晶莹、口感韧滑的健康食品。

【车桥朝牌】 主产于淮安区车桥镇。朝牌的得名缘于其形状酷似古代官员上朝时手中持的朝圣牌子。朝牌和烧饼类似,但不同的是烧饼里面有酥,而朝牌里面只是简单地刷一层油,但朝牌吃起来比烧饼更有嚼头。车桥朝牌的制作程序相对比较简单,首先是将发好的面碾成薄片,抹上素油和芝麻,然后贴在专门的烤炉内用炭火烤制,最后当烤到脆硬的状态时,一个外酥里绵,香味扑鼻的朝牌便做好了。朝牌有淡朝牌和咸朝牌之分。其中淡朝牌又分两种:一种是涂糖浆、撒芝麻的,烤成后,色呈橘黄,有黄桥烧饼的风味;一种是白薄朝牌,薄如锅巴,色如锦帛,毫无糊斑,酥脆可口,保留了面粉自身的香甜味。而咸朝牌也有多种,除了有加入葱花油盐等制作的,还有加入豆腐渣或虾皮屑等做成"千层饼"式的,更易引发人的食欲。

【淮安茶干】 淮安茶干是淮安区传统豆制品之一,同时也是一种高端豆制品,形状基本呈正方形,但四个角是圆的,因为是手工制作,所以不是特别的圆或是特别的方正。茶干古名"菽乳干",因其近似茶色,又是名茶配食的佳品,故取名茶干。制作茶干首先要制作豆腐干,以优质精良的大豆为原材料制作成豆干,再配以八角、桂皮、甘草、丁香、茴香、白糖等佐料进行熬煮,最后精制而成的茶干具有色泽酱红、细嚼味长、回味持久、韧性十足、对折不断等特色。淮安茶干不仅含有丰富的植物蛋白,还含有钙、镁、钼、锰、硒、锶、铜等十几种微量元素,色香味俱佳,老少皆宜。

【顺河百页】 主产于淮安区顺河镇。百页也叫千张,老淮安人也会叫它"千层",它是一种豆制品,经加工可以制作成五香豆腐丝、素肠、素鸡等各式副食品。百页的质量主要取决于制作的主原料——大豆的品质和制作的工艺。顺河百页优选当地精良的大豆,浸泡数小时后,用专用豆浆机将其打磨成豆浆,然后将其煮熟(煮的火候非常关键),待其成豆腐脑时,再绞碎洒在白布上,经过千斤顶挤干水,最后可以一张一张剥下来,这就是顺河百页。顺河百叶采用盐卤作为凝固剂,所以其成品豆香味比较浓厚,口感也很细腻。顺河百页是一种具有高蛋白营养的健康食品,在淮安历年农产品展销会上均是最受欢迎的农产品之一。

【淮安皮肚】 又叫淮安肉皮,因其颜色和形状与黄麻袋相似,又被当地人戏称为"麻丁袋"。主产于淮安区河下街道,是淮扬菜中的传统菜品,历来以应用广泛、美味可口著称。淮安区河下街道的皮肚加工量大质优,声名远扬,是国内最大的皮肚生产区、集散地之一。皮肚的加工方式多以工厂化流水线为主,经营模式也以精加工、多品种、品牌销售为主。皮肚有干肉皮、油发肉皮、水发肉皮、膨化肉皮等近十多个品种,产品包装上也越来越精美。淮安皮肚在做菜时炒、炖、烩、炸、拌均可,操作起来便利、简单,肉皮酥柔适度、润滑可口、味道鲜美。

【淮安猪头肉】 淮安区下关一直是淮安的主要副食品基地,是苏北有名的猪头肉输出基地,淮安猪头肉的加工历史,可以追溯到明洪武三年(公元1370年)。淮安猪头肉取料于淮河流域养殖的皮薄肉嫩的淮黑猪,精选个体重量在10斤以上的平头(皱纹比较少的毛猪头),褪毛后,用刀和斧头分割为猪头带骨肉、猪耳朵、猪舌头、猪脑,将各部分别清洗干净后,放入有香辛料的老卤腌制翻缸入味,并按照易熟程度分先后顺序放入大木蒸子(一种铁锅,上口用木板加高的传统煮器)里的老汤中,加盐、糖渍上色,期间翻锅蒸煮。下关猪头肉皮面红润似琥珀、肥肉晶莹剔透、瘦肉丝丝相连,通体色泽红润,香气浓郁,肥而不腻,入口即化。据不完全统计,下关几乎每天平均加工猪头2000个,出肉量10吨左右。高峰时,年加工猪头甚至达100万个,出肉量近万吨。淮安猪头肉近销徐州、连云港、盐城、扬州等市,远销安徽、山东等省。

【淮安虎头鲨】 淮安虎头鲨,学名沙塘鳢,在淮安地区俗称虎头鲨、虎头呆，是射阳湖绿草荡天然野生的一种淡水小型食肉鱼。淮安虎头鲨历来被归在高档水产品行列，市场上的虎头鲨大部分捕于绿草荡自然水域，人工养殖的比例非常低，产量难以保证。清明前后，淮安虎头鲨体肥籽满，是长三角地区餐桌上独特的佳肴。其含肉多、少刺、味道鲜美、营养丰富，人体必需氨基酸和鲜味氨基酸含量均高于一般鱼类，与螺肉、河虾、竹笋、春韭共称为江南五大春菜名鲜。

地方经济和社会发展

【概况】 2020年，淮安区实现地区生产总值616.10亿元，比上年增长3.4%，为全市首家迈入600亿元县区。其中，第一产业实现增加值83.14亿元，同比增长2.0%；第二产业实现增加值252.40亿元，同比增长3.2%；第三产业实现增加值280.56亿元，同比增长4.1%。实现人均地区生产总值64 996元。产业结构加快调整，三次产业比重调整为13.5∶41.0∶45.5。服务业加速发展，第三产业增加值占GDP比重较上年提升1.4个百分点。年末区市监部门登记的私营企业达16 648户，注册资本共计850.3亿元；个体工商户53 725户，实有资金数额75.3亿元。全年实现个转企183家，新增列统企业（不含投资）134家。

【农林牧渔业】 2020年，淮安区粮食作物播种面积196.54万亩，比上年增加2.2万亩，增长1.2%。全年粮食总产量共计96.72万吨，比上年增加0.7万吨，增长0.8%。其中小麦总产36.78万吨，同比增长0.55%；水稻总产达到57.87万吨，同比增长0.96%。分季看，夏粮播种面积94.55万亩，增长0.2%；夏粮总产36.85万吨，增长0.5%。秋粮播种面积101.99万亩，增长2.1%；秋粮总产59.87万吨，增长0.9%。全年粮食平均亩产492公斤，比上年减产2公斤，同比下降0.38%。截至年末，城市绿化覆盖率提升至41.11%。全年生猪出存栏26.5万头，增长174.61%；出栏45.01万头，上涨70.17%；猪牛羊禽肉产量4.23万吨，增长39.3%；禽蛋总产量1.794万吨，增长1.36%；水产品总产量达4.30万吨，其中淡水养殖达3.87万吨，淡水捕捞0.42万吨。

【工业和建筑业】 2020年，淮安区规模以上工业总产值同比增长5.3%。其中轻工业下降4.2%、重工业增长18.4%。分经济类型看，集体工业下降45.4%，股份制工业增长9.8%，外商港澳台投资工业增长1.5%。民营企业增长4.8%，其中私营工业下降3.7%。全年规模以上工业实现增加值同比增长3.5%。全年新增规模以上工业企业27家。国家电网中全部工业用电量13.18亿千瓦时，同比增长10.4%。工业竞争力不断提升。“两化融合”贯标企业13家、星级上云企业38家，鸿富翰科技获评省示范智能车间，苏盐井神获评省级工业互联网标杆工厂，共创草坪成为全市首家主板上市民营企业，惠民交通入选国家专精特新“小巨人”企业，淮安区入选2020年全省唯一的国家级“三品”战略示范城市。全年规模以上工业企业实现主营业务收入262.83亿元，比上年下降2.5%；利润总额9.67亿元，下降31.6%。年末亏损企业38家，亏损面为16.3%。2020年完成规上工业应税开票销售267.66亿元、入库税金11.52亿元。

2020年，淮安区实现建筑业总产值318.8亿元，比上年增长14.2%；竣工产值273.6亿元，下降38%；竣工率达85.8%；全区建筑企业实现利润总额12.1亿元，增长7.6%；建筑业劳动生产率为14.9万元/人，下降7.8%；建筑业企业房屋建筑施工面积2756万平方米，下降5.7%；其中新开工面积848.9万平方米，下降15.6%；竣工面积906.2万平方米，上升33.7%，其中住宅竣工面积642.9万平方米，上升4.6%。

【固定资产投资】 2020年，淮安区规模以上固定资产投资下降17.2%。其中，民间投资下降21.3%，占固定资产投资比重达76.3%。工业技改投资同比下降63.2%，占全部工业投资比重22.2%。高技术产业投资占比8.2%。分类型看，项目投资下降25.1%，工业投资下降45.8%；房地产开发投资增长47.9%。全年商品房销售面积129.1万平方米，比上年增长29.8%。其中，住宅销售面积120万平方米，比上年增长47.7%。新签约亿元以上产业项目60个；新开工亿元以上产业项目49个，实施10亿元以上项目6个，新竣工亿元以上产业项目33个，其中包括利群冷链物流、建筑总部经济产业园等4个10亿元以上项目。

【国内贸易和开放型经济】 2020年，淮安区实现社会消费品零售总额232.99亿元，比上年下降

3.6%。其中限额以上社会消费品零售总额为18.00亿元，同比下降5.7%。限额以上批发、零售业回暖态势快于住宿、餐饮业。限上批发业实现销售额41.08亿元，同比增长27.0%；限上零售业实现销售额13.99亿元，同比增长10%；限上住宿业实现营业额0.70亿元，同比增长7.9%；限上餐饮业实现营业额4.02亿元，同比增长4.5%。

2020年，淮安区外贸进出口总额为3.53亿美元，比上年下降9.6%，其中出口额为3.38亿美元，同比下降9.9%。全年协议注册外资额90 158万美元，同比增长192.3%；注册外资实际到账12841万美元，同比增长2.7%。

【交通运输】 2020年，淮安区完成公路客运量315万人次，客运周转量9450万人公里，同比分别下降31.5%和31.5%。完成公路货运量633万吨，同比增长1.8%；货运周转量11.95亿吨公里，同比增长0.3%。完成水路货运量1132万吨，同比下降2.2%；货运周转量30.96亿吨公里，同比增长0.09%。完成港口吞吐量1398万吨，同比增长0.57%。全区现有公路总里程2277公里，其中等级公路2277公里，高速公路里程81公里，一级公路147公里。拥有公共汽(电)车562辆，客运量315万人次。

【旅游业】 2020年，淮安区推进文化旅游提升活动，大运河文化带建设有序推进，河下非遗特色小镇入围省级特色小镇创建名单，河下古镇城河街入选省级夜间文旅消费集聚区建设单位，淮安区荣获“长三角最佳文旅融合城市”称号。

【财政及金融】 2020年，淮安区实现财政总收入40.88亿元，同比增长0.2%。完成一般公共预算收入26.66亿元，比上年增长5.8%；其中，税收收入22.47亿元，增长2.5%；税收占一般公共预算收入比重达84.3%。增值税仍是一般公共预算收入的主要构成，占一般公共预算收入的38.2%；全年上划中央四税14.21亿元，下降8.9%。全年全区财政总支出114.33亿元，同比增长24.4%。一般公共预算支出合计85.72亿元，同比增长7.3%；主要支出中，教育支出14.83亿元，增长3.9%；社会保障和就业支出14.48亿元，增长23.7%；农林水支出10.21亿元，增长23.3%。

截至年末，全区人民币存款余额601.53亿元，同比增长15.7%，比年初增加81.49亿元，增速较去年提升5.6个百分点。其中居民储蓄存款余额370.61亿元，增长13.7%，比年初增加44.78亿元，增速较去年提升2.4个百分点。人民币贷款余额为491.18亿元，同比增长15.4%，比年初增加65.67亿元，增速较去年回落0.7个百分点。

【社会事业】 2020年，淮安区专利申请量为1647件，其中发明专利申请151件；专利授权量为1378件，其中发明专利授权16件；万人有效发明专利拥有量3.43件。国家高新技术企业累计达58家。

截至年末，拥有各类学校176所(不含体校)，其中普通中学36所，小学54所，幼儿园83所，中等职业学校2所，特殊教育学校1所。各类学校专任教师10 902人，其中普通中学教师4456人，小学教师3978人，幼儿园教师1926人，职业教育学校教师517人，特殊教育教师25人；另聘请校外教师44人。各类学校在校学生128 822人，比上年减少9502人，其中高中生18 100人，增加1576人；初中生28 374人，减少1502人；小学生58 051人，增加200人；幼儿24 113人，减少9798人；特殊教育学生184人，增加22人。各类学校招收新生31 443人，其中高中生6680人，增加548人；初中生8473人，减少1306人；小学生8848人，减少726人；幼儿7400人，减少3520人；特殊教育学生42人，增加14人。各类学校毕业生36 525人，其中高中生4943人，减少109人；初中生10 206人，增加464人；小学生8642人，减少835人；幼儿12 670人，减少185人；特殊教育学生64人，增加28人。义务教育阶段学生巩固率100%，初中毕业生升学率98.44%，学生体质健康及格率达98.48%、优秀率14.48%。

2020年，淮安区实现村级文化服务中心实现全覆盖；全面推进图书馆“总分馆”制建设，完成10个乡镇图书分馆、3个村级图书分馆的建设，建成恩来社区党群服务中心海棠书舍，建成蝴蝶厅遂园书舍。开展常态化演艺进景区活动，累计开展103场演出，累计受众达10万人。文物保护工作顺利进行，完成120件馆藏破损字画的修复，完成博物馆数字化工程升级改造。

截至年末，淮安区共有各类卫生机构36个(不含诊所)，其中医院7个、卫生院25个、妇幼卫生保健机构1个；共有病床4638张，共有卫生技术人员5303人，其中执业医师1463人、执业助理医师520人，注册护士

2352人。新改建农村卫生户厕1.47万座，博里镇、朱桥镇创成省级卫生镇。

【人民生活】根据城乡一体化住户抽样调查，2020年淮安区居民人均可支配收入27 395元，较上年增加1338元，增长5.1%。按常住地分，城镇居民人均可支配收入34 889元，较上年增加1212元，增长3.6%；农村居民人均可支配收入20 025元，较上年增加1169元，增长6.2%。按收入构成看，工资性收入17 069元为主要收入，占全部收入的62.3%；转移净收入增长最快，增幅为8.5%。全区居民人均消费支出15 478元，比上年下降1.8%。其中，居住类增速第一，增长6.5%；食品消费支出比重略有上涨，恩格尔系数为31.6%。

2020年，淮安区城镇新增就业7000人，城镇失业人员再就业10 676人，其中城镇困难群体再就业7783人。城镇登记失业率在1.78%以内，保持在较低水平；新增农村劳动力转移6576人，城乡劳动者就业技能培训8918人。

【社会保障】2020年，淮安区城镇职工基本养老保险参保人数10.31万人，城乡居民基本医疗保险覆盖率98%以上，基本社会养老保险覆盖面达99.25%。民生保障不断提升，城乡低保每人每月统一提高到645元，累计发放低保金1.6亿元，向9515名低收入群体发放临时救助补贴725万元。慈善捐助扩面增效，慈善总会获评省“最具影响力慈善组织”。

【环境保护】2020年，淮安区空气质量优良天数比率达80%，完成考核目标。PM2.5浓度从7月份由升转降，年末为41微克/米^3。黑臭水体整治提质增效，疏浚整治农村河道66条，打造示范河道11条，行政村农村生活污水处理设施覆盖率达60%，国省考断面优Ⅲ比例达100%。

大事记

1月

1日，淮安区在新安小学小好汉剧场举行2020年“送温暖献爱心”慈善现场捐赠暨“感动淮安·慈善典型”表彰活动。现场收到社会各界慈善捐款2689.6万元。

4~6日，政协淮安市淮安区第十四届委员会第四次会议召开。区政协主席关晓卫代表区政协十四届常委会向大会作工作报告，区政协副主席张强向大会作提案工作情况报告。10位委员建言献策。

5~7日，淮安市淮安区第十七届人民代表大会第四次会议召开。代区长颜复代表区政府向大会作政府工作报告。大会补选颜复为淮安区人民政府区长。大会通过关于淮安区人民政府工作报告的决议；通过关于淮安区2019年国民经济和社会发展计划执行情况与2020年国民经济和社会发展计划的报告决议等。

9日，淮安区召开2019年度见义勇为表彰大会，表彰一批见义勇为先进个人和先进群体。

14日，淮安区召开“不忘初心、牢记使命”主题教育总结大会，深入学习贯彻习近平总书记重要讲话和省委市委会议精神，全面总结淮安区主题教育取得的成效经验，全力巩固主题教育成果，切实抓好全面从严治党各项任务。市委主题教育第二指导组组长朱坚到会指导。区领导颜复、王锐、刘震生、吴洪刚、杨广、夏开封、韩仰超、仇庆国、彭凯、葛明、刘宏彬参加会议。

22日，市委书记蔡丽新到淮安区看望慰问基层困难群众，向基层困难群众致以新春的问候和祝福。市领导唐道伦、王红红、刘学军，区领导颜复参加活动。

27日，淮安市淮安医院举行护理团队支援湖北抗击新冠肺炎疫情出征仪式。

1月4日，中国人民政治协商会议淮安市淮安区第十四届委员会第四次会议在淮安宾馆开幕　（区融媒体中心　供图）

2月

3日，淮安市淮安区召开领导干部会议，宣布省委市委关于淮安区委主要负责同志调整的决定：张笑同志任中共淮安市淮安区委书记；免去徐子佳同志中共淮安市淮安区委书记职务。市委书记蔡丽新出席会议并讲话，市委常委、组织部部长张长金主持会议，市委组织部副部长、市委非公企业和社会组织工委书记李松宣读了有关任免文件。区委书记张笑、区长颜复分别作表态发言。区四套班子领导干部，法院院长、检察院检察长，全区副处级以上在职干部参加会议。

△ 市委书记蔡丽新到淮安区对新冠肺炎疫情防控工作进行调研检查。市委秘书长李森，区委书记张笑，区委常委、常务副区长王锐陪同调研。

△ 淮安区召开新冠肺炎疫情防控推进会，听取全区疫情防控工作开展情况汇报，针对当前疫情防控存在的问题进行专题研究，进一步部署全区疫情防控工作。区领导张笑、颜复、崔步银、宋建国、王锐、刘震生、谈效艳、彭凯、杨宏、李晓旭、汪磊参加会议。

9日，区委书记张笑实地调研企业疫情防控和复工复产工作。区领导崔步银、吴洪刚、汪磊参加活动。

10日，区委书记张笑看望慰问淮安区驰援武汉医护人员家属，向驰援武汉的医护人员及其家属致以崇高的敬意。区领导王锐、杨广参加慰问。

13日，区委书记张笑主持召开新冠肺炎疫情形势研判会，听取省、市医疗防疫专家对进一步做好全区疫情防控工作的意见建议，对下一步工作进行安排部署。省疾控中心副主任陆伟，省疾控中心性病艾滋病防制所所长傅更锋，市卫健委主任孙邦贵，市疾控中心主任何南江，区领导杨广、夏开封、彭凯参加会议。

17日，市委书记、市新冠肺炎疫情联防联控工作指挥部指挥长蔡丽新到淮安区调研督查疫情防控工作。市领导李森、王红红，区领导张笑、颜复、王锐、夏开封、彭凯参加调研。

27日，区长颜复调研企业复工复产工作，要求在做好疫情防控工作的前提下，及时协调解决企业复工复产中的困难和问题，加快推进企业复工，恢复正常生产。区委常委、经济开发区党工委书记吴洪刚，副区长汪磊参加调研。

3月

2日，淮安区召开农房改善工作推进会。区委书记张笑强调，要回归初衷，系统谋划，高标推进，全面提升农房改善工作的质效和进度。副区长李晓旭参加会议。

3日，区委书记张笑到溪河卫生院、施河卫生院、淮安医院康复中心，看望慰问坚守在抗疫一线的医护人员。区领导崔步银、仇庆国、彭凯参加慰问活动。

5日，市委、市政府采取市、县(区)联动方式，举行重大项目集中开工现场推进会。淮安区在电动环卫车辆项目现场设立淮安区会场，同步举行13个重大项目集中开工活动。市领导蔡丽新、陈之常、张国梁、李森，区领导张笑、颜复、蒋必海、关晓卫等出席开工仪式。

9日，淮安区召开全区“严防输入”疫情防控视频调度会，对疫情防控“严防输入”工作进行具体部署要求。区委副书记、政法委书记、卫健委党委书记崔步银，副区长李晓旭参加会议。

17日，省安全生产第八督导组组长、省政协经济委员会副主任张卫东带队到淮安区，实地督查康马路针纺织园消防安全隐患整改情况。市委常委、常务副市长张国梁，区长颜复，区委常委、常务副区长王锐参加活动。

18日，由省委驻淮安区帮扶工作队队长王元武带队的新一届省委驻淮帮扶工作队正式进驻淮安区，开展新一轮帮扶工作。区领导张笑、颜复、蒋必海、崔步银、杨广、谈效艳等参加欢迎仪式。

20日，省政府扶贫办副主任刘文俊一行到淮安区调研“阳光扶贫贷”工作。区委书记张笑、副区长谈效艳参加调研。

24日，区委、区政府召开全区高质量跨越发展考核兑现大会，回顾总结2019年度全区高质量跨越发展目标完成情况，部署安排2020年度重点工作任务。

27日，市政协主席戚寿余到淮安区调研推进千年淮盐项目建设工作。区委书记张笑、区长颜复、区政协主席关晓卫参加活动。

28日，淮安区举行2020年上半年农民群众住房条件改善项目集中开工仪式。区领导张笑、蒋必海、关晓卫、崔步银、王锐、谈效艳、李晓旭参加活动。

31日，区委书记张笑主持召开统筹抓好疫情防控和经济社会发展研判会，听取近期疫情防控和经济社会发展工作汇报，就下一步工作进行安排部署。区领导崔步银、王锐、刘震生、夏开封、谈效艳、彭凯、李晓旭、汪磊、王成伟参加会议。

4月

1日，淮安区开展“防疫有我，爱卫同行”爱国卫生月党员志愿服务活动。区委书记张笑，区委常委、宣传部部长刘震生，副区长彭凯以志愿者身份与全区广大志愿者一同参加活动。

△ 省委常委、省委统战部部长杨岳到淮安区调研民营经济统战工作。市领导陈之常、李森，区领导王锐、夏开封、仇庆国参加调研活动。

△ 市长陈之常带领市相关部门负责人到淮安区流均镇、车桥镇，实地调研推进乡村振兴工作。区领导张笑、颜复、王锐、谈效艳参加活动。

7日，淮安区举行首期党政企“亲清双月谈”座谈会。区委书记张笑与民营企业家代表面对面座谈，倾听企业心声，汇聚发展力量。区领导王锐、夏开封参加座谈。

9日，淮安区召开扫黑除恶专项斗争重点攻坚工作会议。区领导张笑、崔步银、王成伟参加会议。

14日，省政府扶贫办主任朱国兵一行到淮安区调研脱贫攻坚工作。副市长肖进方，区委书记张笑，省委驻淮安区帮扶工作队队长王元武，副区长谈效艳参加调研。

15日，市委书记蔡丽新到淮安区调研中通三期项目，研究解决有关问题，加快推进项目建设。市委常委、秘书长李森，区委书记张笑，区委常委、常务副区长王锐参加调研。

4月28日，淮安区召开“五一”表彰暨职工职业技能竞赛启动大会
（区总工会　供图）

16日，省人大常委会副主任曲福田到淮安区调研经济社会发展情况。市领导蔡丽新、唐道伦、徐利华，区领导张笑、蒋必海、王锐、汪磊陪同调研。

△ 省台办主任练月琴一行到淮安区调研台资企业项目推进和企业生产情况。区领导张笑、王锐、夏开封陪同调研。

19日，市长陈之常带领市相关部门负责人，调研淮安区中心城市建设品质提升工作。副市长赵权，区委书记张笑，区长颜复陪同调研。

21日，十二届区委第十轮巡察工作动员部署会召开。区领导张笑、宋建国、杨广参加会议。

△ 淮安军分区战备拉动观摩会在淮安区举行。市委常委、淮安军分区司令员徐建松，区委书记、区人武部党委第一书记张笑，区委常委、人武部政委许国忠，各县区人武部负责人参加活动。

28日，全市老旧小区整治工作现场推进会在淮安区召开。市委常委、政法委书记赵洪权，区委书记张笑，区委副书记、政法委书记崔步银参加会议。

△ 淮安区召开2020年“五一”表彰暨职工职业技能竞赛启动大会。区委常委、组织部部长、区总工会主席杨广参加活动。

5月

3日，市委书记蔡丽新到淮安区调研推进大运河文化带项目建设，要求系统谋划、发掘内涵、加快推进大运河文化带文旅项目，丰富旅游资源、提升城市品质，吸引更多的游客走进淮安，让在淮安生活的人更加幸福。市领导李森、周毅，区领导张笑、王锐、刘震生参加调研。

4日，淮安区举行纪念五四运动101周年青年座谈会暨“十大杰出青年”颁奖典礼。区领导张笑、颜复、蒋必海、关晓卫、杨广、彭凯等参加会议。

11日，淮安区“五方挂钩”帮扶协调小组会议在南京召开。会议贯彻落实省委省政府关于脱贫攻坚工作部署要求，回顾总结淮安区2019年脱贫攻坚和“五方挂钩”工作情况，研究部署淮安区下一步脱贫攻坚工作。省委副秘书长、省委办公厅主任杨根平，省政府扶贫办党组成员、副主任刘文俊，市委副书记张国梁，区委书记张笑，区委副书记、政法委书记崔步银，区委副书记、省委驻淮安区帮扶工作队队长王元武，“五方挂钩”协调小组成员单位负责人及省委驻淮安区帮扶工作队全体队员参加会议。

12日，国务院江苏安全生产专项整治督导组副组长、常驻现场组组长王浩水带队到淮安区督导安全生产工作。市领导蔡丽新、顾坤，区领导张笑、颜复、王锐、吴洪刚、李晓旭等参加活动。

18日，淮安区召开“淮上乡贤之家”数据库建设部署推进会。区委常委、统战部部长夏开封参加会议。

22日，淮安区在萧湖公园举行《大运河口述史》第二季开机仪式。区委常委、宣传部部长刘震生参加活动。

26日，省人大代表淮安一组到淮安区开展企业复工复产专题视察。市人大常委会常务副主任唐道伦、副主任周茂萱，区委书记张笑、区人大常委会主任蒋必海、副区长汪磊参加活动。

△ 车桥镇丰年村登丰土地股份合作社召开分红大会，326户农户喜领分红款。省农业农村厅政策与改革处处长杜海蓉，区委书记张笑，区委常委、组织部部长杨广，副区长杨宏参加活动。

27日，副省长费高云到淮安区调研老旧小区改造工作。市领导陈之常、张国梁、赵权，区领导张笑、李晓旭参加活动。

6月

1日，市委书记蔡丽新到淮安区新安小学、新安幼儿园开展“六一”慰问活动。市委常委、常务副市长顾坤，区委书记张笑，副区长彭凯参加活动。

2日，无锡市政协主席周敏炜带队到淮安区开展红色主题教育。市政协主席戚寿余、副主席吉子俊，区委书记张笑，区政协主席关晓卫、副主席葛明参加活动。

3日，淮安区召开中国儿基会淮安爱心家园项目工作会议，加快推进项目进程。中国儿童少年基金会主任李剑平、春蕾（淮安）置业发展有限公司董事长孟庆杰、市妇联主席李顺英，区领导张笑、王锐、杨广参加会议。

△ 新疆生产建设兵团第七师125团党委书记、政委杨振华带队来淮，就做好新一轮对口援疆工作和两地合作发展进行考察交流。区委书记张笑，区委常委、组织部部长杨广，副区长黄沛江参加活动。

12日，区公安分局召开淮安区警察协会成立大会。市公安局副局长、市警察协会会长崔健，副区长、区公安分局局长王成伟参加成立揭牌仪式。

17日，省妇联副主席陈丽艳一行到淮安区调研妇联工作。市妇联主席李顺英，区委常委、组织部部长杨广参加调研活动。

19日，由市委组织部和淮安区联合招引的林安（淮安）物流项目正式签约仪式在“云端”成功举行。林安物流集团董事长李金平、市委书记蔡丽新分别致辞，市委常委、组织部部长张长金主持“云签约”仪式，区领导张笑、颜复、王锐、杨广参加活动。

22日，市委常委、宣传部部长周毅，市人大常委会副主任周茂萱带领市直代表小组到淮安区开展“走进网格　今天我是志愿者”活动。区领导蒋必海、刘震生、韩仰超等参加活动。

29日，由省民政厅、省妇女联合会、省残疾人联合会、省妇女儿童福利基金会主办，区委、区政府承办的“我助妇儿康·儿童伤残救助项目”（淮安区）启动仪式举行。省妇儿基金会理事长赵鹏，省妇儿基金会常务副理事长柏志英，省民政厅副厅长周恒信、省残联副理事长胡乃亮，市委副书记张国梁，区领导张笑、蒋必海、彭凯出席活动。

7月

1日，市委书记蔡丽新到钦工镇青莲岗村与基层党员群众一同以“过党日”形式，纪念和庆祝党的生日。市委常委、市委秘书长李森，区委书记张笑，区委常委、组织部部长杨广参加活动。

5日，以省水利厅二级巡视员张春松为组长的省防汛防旱指挥部检查组到淮安区督查指导防汛工作。区委书记张笑，区委常委、常务副区长王锐，副区长杨宏等参加活动。

6日，副市长孙虎带领市相关部门负责人到淮安区调研指导周恩来故里5A级旅游景区评定性复核工作。区长颜复、副区长李晓旭参加活动。

14日，由区委、市退役军人局、市委党校主办，区委组织部、区退役军人局承办的淮安区“强兵兴业”退役军人培训班正式开班。区委书记张笑在开班仪式上发表讲话。市退役军人局局长陈继业、市委党校党委副书记纪明珠，副区长谈效艳出席仪式。区委常委、组织部部长杨广主持仪式。

△ 淮安区2020年第一届职工职业技能大赛在新安小学新区分校举行。区委常委、常务副区长王锐参加开幕式。

15日，由市委宣传部和市文联主办，区委宣传部、区文联、区文明办承办的主题为“决胜全面小康　决战脱贫攻坚”书法美术作品展在吴承恩书画艺术馆举行。区人大常委会副主任韩仰超、区政协副主席马世良参加活动。

△ 全市重特大项目集中观摩活动走进淮安区，市委书记蔡丽新带队深入施塔德电梯智能制造项目现场，观摩项目进展情况。市领导戚寿余、张国梁、周凤琴、张长金、徐建松、梁三元、李冰、刘华、徐利华、王红红、王向红、范更生、吉子俊、陶光辉，区领导张笑、王锐参加活动。

17~18日，省农业农村厅副厅长许善平一行到淮安区调研低收入村集体经济发展工作。区长颜复，区委副书记、政法委书记崔步银、副区长杨宏参加活动。

18日，首届南钢·江苏报告文学奖在南京揭晓，淮安区作家于兆文、余滔创作的长篇报告文学《天路淮军》获得江苏报告文学奖金奖。

23日，省“最美基层共产党员”蒋大为先进事迹发布会在市广播电视台举行。区领导颜复、刘震生、王成伟参加发布会。发布会以主持人讲述、视屏录播、现场访谈等形式再现江苏“最美基层共产党员”蒋大为勇于担当，坚守抗疫一线，服务群众，践行初心使命的感人故事。

28日，外交部前部长、中国人民外交学会名誉会长、全国红军小学建设工程理事会名誉理事长李肇星一行到周恩来红军小学，为荣获各级“周恩来班”称号的班集体授牌。副市长王向红，区长颜复，区委常委、宣传部部长刘震生参加活动。

29日，区政府举办为民办实事情况新闻发布会，通报2020年区政府为民办实事工作推进情况。区领导颜复、王锐、彭凯、杨宏、李晓旭参加会议。

30日，省委农办副主任杨天水率调查组，就“三农”政策落实情况，到淮安区开展专题调研。区委副书记、政法委书记崔步银参加活动。

8月

5日，省人大常委会副主任、省工商联主席许仲梓率队到淮安区调研民营企业发展情况。市政协副主席、工商联主席范更生，区领导张笑、蒋必海、夏开封、仇庆国陪同调研。

8日，淮安区重特大项目集中签约仪式在淮安宾馆中华厅举行。现场签约淮安健康科技城及智能制造产业园、淮安恒大运河梦都、琦威汽车配件等4个重特大项目，计划总投资额达320亿元。健康科技城及智能制造产业园和恒大淮安运河梦都两个项目投资分别超100亿元，实现了淮安区百亿元项目零的突破。

10日，市委书记蔡丽新督办市政协重点提案“突出大项目支撑推动高质量跨越—关于重特大项目攻坚突破的建议”，到淮安区实地查看华东区供应链及现代物流总部项目建设现场，听取办理情况汇报，共同研究推进举措。市政协主席戚寿余，市委常委、市委秘书长李森，区长颜复参加活动。

12日，省委副书记任振鹤到淮安区慰问省委驻淮安区帮扶工作队和调研脱贫攻坚工作。市委副书记张国梁，区领导张笑、崔步银、王元武、夏开封、仇庆国、杨宏参加调研。

13日，两岸企业家峰会中心企业合作及青年创业推进小组副召集人张卫国率调研组到淮安区就台资企业在淮发展情况开展调研。省台办副主任孙继兵，市委常委、市委秘书长李森，市台办主任龚晓琴，区领导张笑、吴洪刚、夏开封参加活动。

15日，中共淮安市淮安区委十二届八次全体（扩大）会议召开。区委书记张笑代表区委常委会作题为《打赢小康决胜战　矢志奋斗铸辉煌　奋力谱写淮安区高质量发展新篇章》报告。

17日，省生态环境厅大气专项督查组正式进驻淮安区开展为期一个月的大气专项督查。省生态环境厅第三专员办主任顾晓彬，区长颜复，副区长谈效艳、汪磊参加专项督查动员部署会。

18日，淮安区举行《淮安市淮安区革命老区发展史》首发式。省扶贫“三会”理事长丁解民，副理事长张益新，市老促会会长魏玉龙应邀出席，区领导颜复、蒋必海、关晓卫、杨广、彭凯参加首发式。

20日，全市政协“有事好商量”协商议事工作推进会召开，市政协主席戚寿余带队到淮安区观摩“有事好商量”协商议事室建设。市政协领导吉子俊、孙晓阳、陶光辉、王莉莉、邱华康、殷强，区领导关晓卫、夏开封、李晓旭、葛明、陈祖敏、张强参加活动。

23日，运河之都—魅力河下夜市嘉年华活动在千年古镇河下正式启动。市领导周毅、孙虎、王向红，区领导张笑、颜复、蒋必海、关晓卫、王锐、刘震生、夏开封、李晓旭参加启动仪式。

24日，区长颜复主持召开区政府十七届三十九次常务会议，听取区政府工作报告任务落实、全区安全生产工作、全区大气污染防治工作等情况汇报，集中学习有关文件精神，研究关于全区2020年农村生活污水处理设施建设等有关事项，讨论并通过《淮安市淮安区国民经济和社会发展“十四五”规划总体思路研究》等方案。区政府领导王锐、谈效艳、彭凯、杨宏、李晓旭、汪磊、王成伟参加会议。区人大常委会副主任仇庆国、区政协副主席陈祖敏列席会议。

28日，关天培小学举行民族英雄关天培塑像揭幕仪式。区领导关晓卫、彭凯参加活动。

9月

3日，全市农村人居环境整治现场推进会在淮安区召开。副区长杨宏参加推进会。

△ 国务院公布第三批80处国家级抗战纪念设施、遗址名录。淮安区车桥战役烈士陵园名列其中。

△ 省政协副主席姚晓东率队来淮调研“加快大运河国家文化公园（江苏段）建设”工作。市政协主席戚寿余，市委常委、宣传部部长周毅，区领导关晓卫、崔步银、夏开封、马世良陪同调研。

6日，淮安区举办首届“最美退役军人”发布仪式。区领导崔步银、刘震生、韩仰超、谈效艳、陈祖敏为10名“最美退役军人”和10名提名奖获得者颁奖。

9日，市委常委、组织部部长孙虎到淮安区看望慰问全国抗击新冠肺炎疫情先进个人、全国优秀共产党员蒋大为。区领导张笑、夏开封、王成伟参加活动。

△ 全市县区地方金融重点工作现场推进会在淮安区召开。市地方金融监管局局长吴振华，区领导王锐、汪磊参加活动。

10日，淮安区举行庆祝第36个教师节暨教育工作大会。区委书记张笑出席大会并作教育工作专题报告。区领导关晓卫、王元武、宋建国、王锐、刘震生、吴洪刚、夏开封、彭凯、戴向峰、韩仰超等参加会议，并为受表彰的先进集体、优秀教师和优秀教育工作者代表颁奖。

9月10日，淮安区举行庆祝第36个教师节暨教育工作大会

（区教体局　供图）

17日，淮安建筑业改革与发展大会在淮安区召开。副区长李晓旭参加大会。

20日，淮安区召开创建国家全域旅游示范区工作推进大会。区领导张笑、颜复、蒋必海、关晓卫、崔步银、王锐、刘震生、夏开封、彭凯、戴向峰等参加会议。

21日，“走向我们的小康生活”系列主题发布之淮安区专题新闻发布会召开。区委书记张笑代表区委、区政府作“奋力推动‘三农’高质量发展走前列”专题发布。区领导王元武、刘震生、杨宏参加发布会。市委新闻发言人、市委宣传部副部长张建闯主持会议。

29日，全市农房改善月度观摩推进会在淮安区召开。市委副书记张国粱带队现场观摩区农房改善项目。区委副书记崔步银、副区长杨宏参加活动。

10月

5日，市委书记蔡丽新带领相关部门负责人到淮安区督促落实河湖长制并专题调研禁捕退捕工作。区委书记张笑、副区长杨宏参加活动。

9日，全区村（社区）“两委”换届工作部署会召开。区领导张笑、崔步银、夏开封、彭凯参加会议。

16日，新疆生产建设兵团第七师125团党委副书记、团长高磊带队来淮，就做好新一轮对口援疆工作和两地合作发展进行考察交流。区委常委、常务副区长王锐，区委常委、组织部部长夏开封参加活动。

19日，淮安区在福建省厦门市举行农业招商恳谈暨项目签约会。区领导崔步银、王元武、颜廷飞参加活动。

20日，淮安区政府与淮安海关举行合作备忘录签约仪式。区委书记张笑，淮安海关党委书记、关长黄毅在仪式上分别致辞，区委常委、常委副区长王锐主持签约仪式，副区长汪磊、淮安海关副关长金涛代表双方签署合作备忘录。

△ 区老龄协会第二次大会召开，会议选举产生区老龄协会第二届理事会理事、常务理事和会长、副会长及秘书长。区委常委、组织部部长夏开封，区人大常委会副主任韩仰超参加会议。

22日，纪念红军长征胜利84周年暨全国美好教育联盟校长峰会在淮安周恩来红军小学举行。中国社会科学院原副院长、中国国史学会会长朱佳木，第十二届全国人大代表、原南京军区联勤部部长杨建华少将，市教育局局长张元贵，区委书记张笑，全国红军小学建设工程理事会副理事长兼秘书长方强等参加会议。区委常委、统战部部长彭凯主持会议。

28日，淮安市重点打造的党性教育培训品牌工程—翔宇文化交流中心项目开工建设。市委书记蔡丽新宣布项目开工。市委副书记张国梁主持开工仪式。副市长赵权，同济大学建筑设计研究院（集团）有限公司总裁王健，区委书记张笑，区委常委、常务副区长王锐参加活动。

30日，淮安市2020年第二次重大产业项目集中开工活动在淮安区施河镇现代食品工业园项目（一期）开工现场举行。市委书记蔡丽新致辞并宣布项目开工。市长陈之常主持活动。市领导戚寿余、张国梁、周凤琴、李森、周毅、顾坤、孙虎、唐道伦、赵权等参加活动。区领导张笑、蒋必海、关晓卫、王锐、袁安宝、吴洪刚、夏开封、彭凯、戴向峰等参加活动。

31日，全区第一期“翔宇论坛”在淮安宾馆中华厅开讲，清华大学继续教育学院副院长李森林应邀作《终身学习与大学之道》主题讲座。

11月

1日，第七次全国人口普查正式开启。市委常委、常务副市长顾坤带领市相关部门负责人，到淮安区调研指导第七次全国人口普查工作。区长颜复，区委常委、常务副区长王锐参加活动。

3日，淮安区举行纪法宣讲“千百万”行动专题党课，区委书记张笑围绕“以全面从严治党新成效引领区域治理现代化”主题主讲。区领导关晓卫、崔步银、王锐、袁安宝、刘震生、吴洪刚、夏开封、彭凯、戴向峰、毛善德等参加活动。

6日，“智汇淮河·擘画未来”院士专家淮河行调研组到淮安区考察调研。水利部淮委主任肖幼，市委副书记张国梁，区委副书记崔步银参加调研。

8日，淮安区举行“致敬老兵”专场观影活动暨“寻访抗美援朝老兵”全媒体新闻行动启动仪式。区委常委、宣传部部长刘震生参加活动并为“抗美援朝老兵”寻访小分队授旗。

18~19日，淮安区分别在昆山、杭州举行产业招商推介暨项目签约会。区委书记张笑出席会议并致辞。区委常委、常务副区长王锐主持会议。区领导夏开封、戴向峰、汪磊参加活动。

23日，淮安区—浦口区“万企联万村　共走振兴路”行动企村推介签约会在宁举行。南京市40家企业与淮安区40个村居签订联建合作协议，总投资近4亿元。区领导张笑、崔步银、王元武、陈祖敏，浦口区副区长王礼文参加签约会。

25日，省委宣讲团党的十九届五中全会精神宣讲报告会在淮安宾馆中华厅举行。省委宣讲团成员、省社科院党委书记、院长夏锦文作宣讲报告。区委书记张笑主持报告会。区领导颜复、蒋必海、关晓卫、王锐、袁安宝、

11月25日上午，省委宣讲团党的十九届五中全会精神宣讲报告会在淮安宾馆中华厅举行　（区融媒体中心　供图）

刘震生、吴洪刚、夏开封、彭凯、戴向峰、毛善德等参加会议。

29日，淮安区与中国移动淮安分公司签署共同推进淮安区5G网络建设及产业发展战略合作协议。区委常委、常务副区长王锐，副区长汪磊，中国移动淮安分公司总经理罗一民参加签约仪式。

12月

1日，省人大常委会常务副主任、党组副书记李小敏到淮安区调研，走访人大代表听取意见建议，详细了解淮安区经济社会发展情况。市领导蔡丽新、唐道伦、周茂萱，区领导张笑、蒋必海、崔步银、王锐、夏开封、彭凯、韩仰超及部分在淮人大代表参加调研。

3日，省民政厅副厅长戚锡生率检查组到淮进行脱贫致富奔小康工程完成情况省级重点抽查，并在淮安区召开脱贫致富奔小康工程任务完成情况汇报会。市、区领导肖进方、张笑、崔步银、王元武、戴海龙参加会议。

4日，全国人大代表、市委书记、市人大常委会主任蔡丽新，市人大代表、市委常委、市委秘书长李森，市人大常委会副主任周茂萱一行到淮安区河下街道开展“人大代表接待群众日”活动。区领导颜复、蒋必海参加活动。

7日，省交通厅公路事业发展中心副主任戈权民带领省调研考评组到淮安区开展“四好农村路”建设省级调研评估工作。区领导颜复、印祺参加活动。

10日，由市发改委（粮食和物资储备局）、区人民政府联合举办的“淮安大米”昆明推介会暨产销衔接招商会在昆明举行。副区长陈祖敏参加活动。

11日，淮昆合作第一家落户台资企业—南宝新材料（淮安）有限公司正式建成投产。海协会会长张志军，省政协副主席姚晓东，全国台企联会长李政宏，省台办副主任孙继兵，市委书记蔡丽新，区委书记张笑，南宝新材料（淮安）有限公司董事长孙德聪等出席投产仪式并为企业投产揭幕。区领导夏开封、彭凯、戴向峰等参加仪式。

13日，江苏省楹联研究会第六次代表大会在淮安区召开。区委书记张笑到会祝贺并致辞。原中共江苏省委副书记、省纪委书记冯敏刚，中国楹联学会会长李培隽，中国楹联学会驻会名誉会长蒋有泉，江苏省楹联研究会名誉会长言恭达，区委常委、宣传部部长刘震生等出席会议。

14日，区委书记张笑会见来淮考察的中铁建设投资集团央企联合指挥长李巍巍一行，双方就淮安区高铁新城片区投资开发建设项目合作事宜进行初步洽谈会商。区领导王锐、李晓旭参加会议。

18日，由淮安区人民政府、中国科学院国家授时中心、上海沐成文化传播有限公司共同合作建设的淮安时间科学馆项目在淮安宾馆中华厅举行签约仪式。区领导张笑、王锐、夏开封、戴向峰、汪磊，中国科学院国家授时中心党委书记窦忠等参加活动。

24日，国家发改委副主任兼国家统计局党组书记、局长宁吉喆到淮安区考察。江苏省统计局党组书记、局长王汉春，市领导蔡丽新、陈之常、顾坤，区领导张笑、王锐陪同考察。

29日，淮安区召开“十四五”规划党外人士座谈会，就“十四五”规划纲要征求意见和建议。区领导张笑、关晓卫、崔步银、夏开封、彭凯参加会议。

30日，昆淮智创园项目签约仪式在淮安金陵国际酒店举行。市政府副秘书长顾强，市台办主任龚晓琴，区长颜复，区委常委、经济开发区党工委书记戴向峰，江苏昆淮创投发展有限公司总经理朱建等出席签约仪式。

31日，中共淮安市淮安区委十二届九次全体（扩大）会议召开。区委书记张笑代表区委常委会作题为《谋划新蓝图　开启新征程　在新发展格局中实现淮安区更高质量发展》的工作报告。

12月29日，淮安区召开“十四五”规划党外人士座谈会

（区融媒体中心　供图）

经济发展

农业

工业　建筑业

旅游业

商贸流通

财政　税务

银行业

保险业

开放与合作

开发园区

农 业

综 述

【概况】2020年，淮安区统筹抓好新冠肺炎疫情防控和农业农村各项工作，强化农业生产技术指导，推进农业项目建设。全年粮食总产96.72万吨，比上年增长0.77%；生猪大中规模养殖比重达73%，生态健康养殖比重达86%，农业综合机械化水平达88.68%。淮安区获评全省农产品质量安全县、全省粮食生产全程机械化示范县，在全省乡村振兴实绩考核中获得县级年度重点工作完成第一等次、综合排名第二等次，在全市乡村振兴实绩考核中获得第一等次。

【农业现代化】2020年，淮安区新增优质食味稻米3.5万亩、高效园艺1.7万亩、稻田综合种养2.6万亩。特色水产养殖面积6.8万亩，水产健康养殖面积占比69.2%。新增省认定省级绿色优质农产品基地27.98万亩。新创建国家级水产健康养殖示范场3家、省级畜牧生态健康养殖示范场6家、省主题创意农园2家。新增省市级农业龙头企业7家、省市级示范家庭农场28家、示范合作社26家。区农村产业融合发展示范园获批第二批国家农村产业融合发展示范园，苏嘴镇获评全国乡村特色产业十亿元镇，施河镇获批省级农村一二三产业融合发展先导区建设单位，山阳街道获评全省“味稻小镇”。

【农产品质量监管】2020年，淮安区抓好农产品质量安全监管工作，蔬菜产品、畜产品、水产品抽检合格率近100%。针对农产品种植养殖过程中质量安全管控不规范、违法使用禁用药物和非法添加物、农药兽药残留超标等问题，开展农产品质量安全专项整治“利剑1号”“利剑2号”“利剑3号”行动。推进试行以食用农产品合格证制度为主线的质量追溯管理，指导帮助企业出具电子合格证（证码合一）4万余份。全区未发生重大农产品质量安全事件。

【农业招商项目】2020年，淮安区3000万~1亿元农业项目新开工20个、新竣工19个，分别完成目标任务的167%和317%。其中，亿元以上农业项目新开工6个、新竣工3个。

【农田基础设施建设】2020年，淮安区高标准农田建设项目计划总投资13 450万元，建设任务7.3万亩，涉及博里、石塘、平桥、漕运、苏嘴、车桥、钦工、朱桥等8个镇28个行政村。项目实施后，灌溉保证率提高到95%。预计新增和改善灌溉达标面积5.65万亩，新增和改善排水达标面积4万亩；新增节水灌溉面积3.08万亩，高效节水灌溉面积0.9万亩，年节约水量625.29万立方米，灌溉水利用率提高10%；增加农田防护网面积1.55万亩，道路通达度90%以上；新增粮食生产能力1145.29万公斤，新增种植业总产值2290万元；项目区直接受益农民纯收入增加总额2916.06万元。

种植业

【概况】2020年，淮安区粮食作物种植面积196.54万亩，单产493千克/亩，比上年减少0.38%，总产96.72万吨，比上年增长0.77%。其中水稻种植面积95.87万亩，亩产604千克、总产57.87万吨；小麦种植面积94.3万亩，亩产390千克、总产36.78万吨；豆类种植面积2.55万亩，亩产217千克、总产0.55万吨；玉米种植面积3.45万亩，亩产400千克、总产1.38万吨；油菜种植面积2.91万亩，亩产177.7千克、总产0.517万吨。

表2　**2020年淮安区粮食播种面积与产量情况分析表**

项目名称	粮食播种面积/万亩		亩产/公斤		总产/吨	
	2020年	2019年	2020年	2019年	2020年	2019年
夏收粮食	94.55	94.40	389	388	368 498	366 692
秋收粮食	101.99	99.91	587	594	598 723	593 176
合计	196.54	194.31	492	494	967 221	959 868

2020年4月，淮安区调集各类农机手和高效植保机械，集中开展统防统治工作。图为无人机手正在调试无人机

（区融媒体中心　供图）

【粮食生产】 2020年，淮安区粮食生产总体保持稳定，粮食作物种植面积196.54万亩，较2019年增加2.23万亩，增幅1.15%。其中夏粮面积94.55万亩，较2019年增加0.15万亩，增幅0.16%；秋粮面积101.99万亩，较2019年增加2.08万亩，增幅2.08%。全年粮食亩产492千克，较2019年减少2千克，减幅0.38%。其中夏粮亩产389千克，较2019年增加1千克，增幅0.26%；秋粮亩产587千克，较2019年减少7千克，减幅1.12%。全年实现粮食总产96.72万吨，较2019年增加0.73万吨，增幅0.77%。其中夏粮总产36.85万吨，比2019年增加0.18万吨，增幅0.49%；秋粮总产59.87万吨，较2019年增加0.55万吨，增幅0.94%。

【蔬菜生产】 2020年，淮安区蔬菜瓜果播种面积14.65万亩，其中蔬菜播种面积13.92万亩；蔬菜瓜果总产量45.02万吨，其中蔬菜总产量42.75万吨。全区形成渠北片以设施蔬菜、特色西甜瓜为主，渠南片以水生蔬菜芡实、荷藕种植为主的蔬菜产业格局。

2020年9月，朱桥镇周庄村新藤家庭农场葡萄喜获丰收

（区融媒体中心　供图）

【优良品种推广】 2020年，淮安区水稻主要推广品种有淮稻5号以及食味稻米南粳9108、南粳2728、南粳5718、苏秀867号等抗病品种，良种覆盖率95%以上；小麦主要推广淮麦系列、宁麦13、镇麦12等优质抗病品种，良种覆盖面积稳定在90%以上。

【绿色增产技术推广】 2020年，淮安区水稻种植方面重点推广水稻规模化集中育秧技术、水稻机械化插秧技术、测土配方施肥技术、稻麦绿色防控技术；小麦种植方面重点推广小麦机械条（匀）播高产栽培技术，稻草全量还田小麦全苗壮苗技术、稻田套播小麦技术、优质专用小麦品质调优栽培技术。

畜牧业

【概况】 2020年，淮安区生猪存栏量达26.5万头，年出栏商品猪45.01万头，其中大中规模养殖比重达73%；家禽存栏量达322.7万头，年出栏活禽614.63万羽，其中规模养殖比重达91%；2020年畜禽生态健康养殖比重达86%；畜禽粪污综合利用率达97.5%。

【动物疫病防控】 2020年，淮安区组织实施春季集中免疫、夏季集中补免及消毒灭源和秋季集中免疫等三大防疫行动。对散养户畜禽实行重大动物疫病集中免疫，月月补防；对规模畜禽场实行程序免疫。全区高致病性禽流感、牲畜口蹄疫、小反刍兽疫、高致病性猪蓝耳病、猪瘟等重大动物疫病群体免疫密度达到95.6%，应免畜禽免疫密度100%，免疫畜禽群体平均免疫抗体合格率90.1%。全面开展动物流行病学调查、疫情监测和预警工作，及时消除疫情隐患。按照全区重大动物疫病监测方案的要求，以常规监测、飞行监测、专项监测和月月抽检相结合的方式，实现规模场监测全年全覆盖，及时掌握疫情动态和免疫效果情况。

【畜牧养殖监管】 2020年，淮安区对所有养殖场的生产记录、免疫情况每季度巡查一次，做到一户不漏，进行认真检查。对兽药、饲料使用情况以及兽药、饲料的假劣情况进行认真核查。对出售的畜禽做好检疫工作，按规定做好"瘦肉精"检测工作。对病死畜禽做好无害化处理工作。

【病死畜禽无害化收集】 2020年，淮安区共有病死猪无害化收集点6个，分别为复兴、苏嘴、石塘、顺河、漕运、车桥，已全部运行。全年共收集病死猪51803头。

【畜牧养殖污染专项整治】 2020年，淮安区畜禽粪污综合利用率97.5%；规模养殖场粪污治理率100%，规模养殖场粪污治理设施装备配套率100%。

渔　业

【概况】 2020年，淮安区水产养殖放养面积7.4万亩，水产品总产量4.29万吨，渔业产值13亿元。完成池塘生态化改造1.06万亩，其中达标排放试点示范面积0.3万亩；新增稻田综合种养2.6万亩，藕田养虾4万亩，特色水产规模比重达83%；创成国家级水产健康养殖示范场3家，累计创成12家，水产健康养殖面积占比69.2%。完成部省水产品产地抽检样品54个，合格率100%。获评江苏省水生动物疫病监控工作二等奖，淮安市第二届水产技术推广职业技能竞赛团体二等奖。

【水生动物疫病防控】 2020年，淮安区设立水生动物疫病监测点13个，监测面积1.32万亩。重点测报鱼类、甲壳类等4个品种，监测病害种类7种，发布疫病预报信息8期，完成水生动物疫病送采样42份。坚持保障渔业安全，促进产业持续发展的总体思路，强化水生动物疫病风险预警和防控，重抓水生动物疫病防控体系能力建设，以重大疫病专项监测、水产用药减量行动、规范用药科普宣传、病害防控专题培训、病害诊断防治服务为关键措施，推动水产养殖业绿色高质量发展。

【高效绿色技术推广】 2020年，淮安区以实施渔业科技入户，提高示范户能力建设为抓手，在9个镇(街、场)108个村(居)，培育渔业科技示范户450户，示范推广池塘河蟹高效生态健康养殖、微生物制剂应用、池塘微孔增氧应用、水产养殖病害预防控制、复合型水草栽培及管护等高效绿色技术，建立高效示范养殖面积3.14万亩。组织农技人员进村入户开展病害防治、水质调控、质量安全、生物制剂使用、信息服务、市场销售等服务，举办科技培训班11期，受训达540人次。全年印发《水产用药技术明白纸》《农家致富》及主推技术手册等技术资料3000余份，先进实用技术入户率和到位率90%。

【稻田综合种养】 2020年，淮安区投入财政资金458万元，建设百亩连片以上稻虾综合种养高标准示范基地7个，累计发展稻虾综合种养近6万亩，年产小龙虾5000吨，亩效益3000元。开展线上线下融合服务，组织专家巡回开展技术培训和现场指导30多场次。新冠疫情防控期

漕运镇泾河村土地股份合作社工人察看插秧前小龙虾生长情况
（区融媒体中心　供图）

间，因生产流通受阻，为养殖户协调办理绿色通行证73张，调运水产品240吨，保证疫情期间稻虾产业生产稳定。

【生态健康养殖】2020年，淮安区投入财政资金近200万元，在漕运镇渔业精品园实施池塘生态化改造试点3000亩，建设“三池两坝”生态化综合治理模式，促进高效渔业和生态环境和谐发展。通过试点示范，动员广大养殖户因地制宜，采取池塘原位净化和异位净化生态化改造模式，全区共计完成生态化改造1.06万亩，创建国家级水产健康养殖示范场3家，累计12家，全区水产健康养殖面积占比69.2%。

新型农业经营

【概况】2020年，淮安区按照“党建引领、合股联营、村社一体、融合共建”的改革思路，进一步盘活土地资源，扩大试点范围，优化运作机制，探索发展高效特色种植，放大“党建引领、集成振兴”改革示范带动效应，促进集体和农民增收。

【农村一事一议奖补项目】2020年，淮安区共实施村级公益事业一事一议财政奖补项目86个，惠及13个镇（街道），受益人口达14.85万人，项目总预算1844.91万元（其中争取省补资金1381万元），铺设村组道路59条，长度37.356公里，投资1595.74万元；路灯项目27个共1864盏，投资249.17万元。

【农业示范主体培育】2020年，淮安区加大新型农业经营主体培育力度，促进新型农业经营主体高质量发展。全年新认定家庭农场59个，创建省级示范家庭农场7个，市级示范家庭农场21个，区级示范家庭农场42个。73个农业专业合作社进入江苏省优先扶持合作社名录，全年注册成立土地股份专业合作社21个，创建省级合作社示范社6个，市级合作社示范社20个，区级合作社示范社40个。全区合作社工商年报率90.4%。实施家庭农场扶持项目15个，扶持资金148.75万元，投入30万元用于农民合作社质量提升。

【农村三资管理】2020年，淮安区为强化农村集体“三资”监督管理，促进集体“三资”保值增值，维护农村集体经济组织和农民群众的合法权益，从平台和季度检查两个方面入手，全面提升“三资”监督管理水平。年初，淮安区级“三资”平台数据汇入市级“三资”平台，实现市、区、镇（街）三级联通。4月份，在市级“三资”平台上完成324个村居的账套新建，并全面推动第三方将账务录入平台。5月份，对各镇街的第三方会计和业务负责人进行新“三资”平台、会计二级科目专题培训，保证各镇街的账务能够高效地录入平台。全年，淮安区开展4次农村“三资”季度专项检查，检查主要分为镇村自查、区级检查、总结整改三个阶段。

【农村土地确权登记颁证成果运用】2020年，淮安区在总体完成农村承包土地确权登记颁证工作的基础上，注重确权登记颁证成果运用，深化拓展农村土地经营权抵押融资试点，试点面扩大至全区7个镇街。全年共为18个新型农业经营主体发放土地经营权抵押贷款1144万元，有效扩大了农业经营主体便捷融资渠道，解决融资难、融资贵的问题。

【农村产权交易】2020年，淮安区当年新增农村集体产权交易3050笔，成交额3.56亿元，溢价862.02万元，其中农村土地承包经营权成交260笔，成交额2.67亿元，溢价61.69万元。在省农村交易信息平台全年农村产权交易年度之星评比榜上，淮安区项目成交数列全省年度之星第20名；全年农村产权线上交易年度之星评比榜上，淮安区线上交易项目成交数、成交金额分别列全省年度之星第23名、第22名。在全省农村产权交易市场建设排名中位列第25名。

【农村集体产权制度改革】2020年，淮安区不断推进农村集体产权制度改革。按照集体资产管理要求，对2018、2019年度资产依次开展常态化清查，稳步推进社区股份制改革。2020年初，逐一核对各镇街上报的赋码资料，并将赋码信息录入系统。5月份，完成324个村居的农村集体经济组织登记证打印工作，并发放至各村居。7月份，完成股份成员的管理环节，完成全区324个村96.02万的成员数据录入、登记、提交审核工作。11月底，对全区近80位操作员进行专项培训。12月份，完成重复成员剔除工作。

【农村改革试点】2020年，淮安区按照“探索路径、扩面提质、集成振兴”三年改革思路，在原有15个试点村居基础上，再新增试点村居15个。累计投入8300万元，共有入股农户6862户，流转入股土地面积2.97万亩，带动低收入农户901户。合作社参加季节性务工1639人，人均年增收4200元。实现了改革全覆盖，有效促进了农民和村集体双增收、基层党组织战斗力和凝聚力双增强，改革做法被《新华日报》《中国改革年鉴》、江苏全面深化改革案例汇编等报刊刊载推介。

【农业保险创新机制】 2020年，淮安区通过公开招标流程择优选择保险经办机构，确定5家共保公司组成的共保体，承接全区2020至2022年政策性农业保险经办业务。2020年，全区农业保险总保费8406.15万元，其中农业保险主要种植业承保面94.57%，承保面积177.53万亩，其中，小麦84.72万亩，水稻90.71万亩，玉米2.1万亩，总保费收入5905.4万元；发展高效设施农业，开办能繁母猪、育肥猪、设施大棚（棚架、膜、棚内植物）、淡水蟹、淡水鱼、蛋鸡、肉鸡、肉鸭、蛋鸭、肉用仔鹅、荷藕、露天旱生蔬菜、芡实、桃、罗氏沼虾、仔猪、商业中药材、收获期火灾、商业芡实、商业能繁母猪、商业育肥猪、商业螃蟹、商业种鸽、商业小龙虾、农机等27个险种，总保费收入为2500.75万元。

农业机械

【概况】 2020年，淮安区获得省级"全省粮食生产全程机械化示范县"称号。区农机推广中心被省农机推广站表彰为"推广工作先进集体""信息宣传先进集体""农机科技志愿服务优秀服务队"，淮安区农机科技志愿者服务工作作为典型在江苏省农机推广系统年终会议上交流推广。

【农机技术示范推广】 2020年，淮安区全年推广插秧机232台（高速插秧机210台），新建15家2240平方米的联栋大棚育秧工厂；新增高地隙植保机53台、植保小飞机191台，新建服务能力6000亩以上高效植保服务队共33家；新增烘干中心10家，新增烘干机43台，全区烘干总吨位14800吨；全年建设综合农事服务中心15个，努力探索综合农事服务"1（全程机械化）+4（社会化服务、产业化富民、股份制合作、村集体经济）"新模式，打造"全程机械化+综合农事"升级版。夏季基本实现秸秆机械化还田全覆盖，全年使用秸秆机械化还田补助资金2691.44万元。

【农机管理服务】 截至2020年末，淮安区共有注册农机合作社176家，合作社社员7520多人，拥有各类农机具4870多台套，资产总额约2.794亿元，农机合作社服务农户9万多户。"十三五"期间全区创建全国示范农机合作社1家，省级示范农机合作社13家。全区农业综合机械化水平达92%，农机合作社从开始的单项作业服务逐渐向提供耕、种、收及机植保综合性作业服务转变；从单纯的作业服务向水稻烘干及初加工服务转变；从以订单作业为主向以土地流转为主的规模经营转变；从功率小、性能低的农机具向高性能的大中型农机具转变。

【农业机械安全生产】 2020年，淮安区新发拖拉机号牌241个、新发联合收割机号牌164个，新办联合收割机、拖拉机驾驶证共90本；年检拖拉机519台、收割机596台，完成跨区作业证发放730份，农机政策性投保1560台。全年共出动农机执法人员267人次，与公安、安监联合执法4次，全年检查各类机具923台，检查农机维修网点、农机合作社近102家，查处农机违章68起，发现并整改农机安全隐患34起，全年未发生较大以上农机事故。

【农业机械购置补贴】 2020年，淮安区使用补贴资金3900余万元，新增机具1852台，其中插秧机232台（高速乘坐式210台）、拖拉机397台、旋耕机500台、联合收割机162台、喷杆喷雾机53台、植保无人机50台、谷物烘干机22台、其他机具436台。

表3　2020年淮安区农业农村局获市级以上表彰一览表

单位（姓名）	表彰内容	表彰单位
淮安区水产技术推广站	2020年度水生动物病害测报工作考核二等奖	江苏省渔业技术推广中心
淮安区农机化推广中心	农机推广工作先进单位	江苏省农业机械技术推广站、 江苏省农机具开发应用中心、 江苏省现代农业装备科技示范中心

续表3

单位（姓名）	表彰内容	表彰单位
淮安区农机化推广中心	农机推广信息宣传先进集体	江苏省农业机械技术推广站
淮安区农机化推广中心	江苏省农机科技志愿服务优秀服务队	江苏省农业机械技术推广站
淮安区水产技术推广站	第二届淮安市水产技术推广职业技能竞赛“团体二等奖”	淮安市农业农村局
殷宏阳	全国农村承包地确权登记颁证工作先进个人	农业农村部
杨卫新	农机推广信息宣传先进个人	江苏省农业机械技术推广站
魏　斌	农机推广信息宣传先进个人	江苏省农业机械技术推广站
杨卫新	江苏省农机科技志愿服务优秀志愿者	江苏省农业机械技术推广站
王　翔	全省农机职业技能培训课件评比二等奖	江苏省农机化服务站
杨卫新	全省农机职业技能培训课件评比二等奖	江苏省农机化服务站
耿友玲	全省农机职业技能培训课件评比三等奖	江苏省农机化服务站
马洪青	淮安市“五一创新能手”	淮安市总工会
韩　露	2020年度淮安市“书香三八”征文二等奖	淮安市总工会
王强云	第二届淮安市水产技术推广职业技能竞赛“选手二等奖”	淮安市农业农村局

表4　淮安区农业农村局基层单位名录

单位名称	基层单位名称
淮安区农业农村局	淮安市淮安区农业技术推广中心
	淮安市淮安区植保植检站
	淮安市淮安区农村能源服务站
	淮安市淮安区农业执法大队
	淮安市淮安区农村合作经济服务站
	淮安市淮安区农村财产交易中心
	淮安市淮安区动物卫生监督所
	淮安市淮安区水产技术推广站
	淮安市淮安区渔政监督大队
	淮安市淮安区农机化推广中心
	淮安市淮安区蚕桑技术指导站
	淮安市淮安区泽江动物药品厂
	淮安市淮安区种猪场

工业　建筑业

综　述

【概况】 2020年,淮安区规模以上工业实现应税开票销售267.66亿元,实现全部工业入库税金11.52亿元,制造业企业设备投入突破6.8亿元,位居全市第二;实现工业用电量13.17亿千瓦时,工业总产值同比增长5.3%,工业增加值同比增长3.5%,规上工业投资总量119.18亿元;高技术制造业投资占高技术产业投资90.77%。开票销售超亿元、入库税金超千万元企业分别达40家、14家,亩均开票销售超320万元、亩均入库税金超15万元企业分别达66家、24家。淮安区入选2020年全国消费品工业"三品"战略示范城市;江苏惠民交通设备有限公司获评国家专精特新小巨人企业;江苏康乃馨织造有限公司入选2020年国家重点跟踪培育纺织服装品牌企业名单。

【产业发展】 2020年,淮安区三大主导产业和三大特色产业开票和税收占列统企业比重分别达91.17%和87.62%,其中盐化工、绿色建材、机械电子产业开票销售分别达到56.33亿、60.44亿、39.58亿元,羽绒纺织、教体装备和绿色食品产业开票销售分别为34.67亿、20.02亿和31.52亿元。

【项目建设】 2020年,淮安区新开工亿元以上工业项目25个,其中10亿元以上项目2个;新竣工亿元以上工业项目23个,其中百斯特年产5.5万吨高铁航空餐及连锁餐饮等智能化生产线项目等5个项目实现当年开工竣工;MLCC片式电容项目等13个重大项目通过评审,计划总投资43亿元。

【产业政策】 2020年,淮安区有35户企业36个项目申报市级产业发展引导资金,4户企业申报省级产业发展引导资金。上半年,施塔德电梯"年产直梯2万台、扶梯5000台"新建项目获批400万省服务化改造升级奖补资金,是苏北唯一一家获批企业。全年共为苏盐井神、康乃馨织造、中兴医药等39户企业争取中央及省市级资金共计2523.86万元。2020年,共创草坪成为全市首家主板上市民营企业;惠民交通设备获评国家专精特新小巨人企业,康乃馨织造获评省级小巨人企业;鸿富瀚科技获评省级示范智能车间;金三角钢结构入选第二十四批省重点推广应用的新技术新产品目录;康乃馨织造、百斯特鲜食获批省级服务型制造示范企业。

【工业企业高质量发展】 2020年,淮安区共有鸿富瀚科技、康乃馨驿之家、润发食品和建华建材等14个企业通过两化融合贯标,并拿到贯标证书。新增星级上云企业38户,其中三星级上云企业30个,四星级上云企业7个,五星级上云企业1个。共有150户企业参加两化融合自评估工作。鸿富瀚科技获评省级示范智能车间;金三角钢结构入选第二十四批省重点推广应用的新技术新产品目录。江苏惠民交通设备有限公司被评为国家级专精特新小巨人企业。

表5　2020年度淮安区工业经济发展功臣名单

姓　名	企业名称
吴旭峰	江苏苏盐井神股份有限公司
邵文蓬	江苏国信淮安燃气发电有限责任公司
蒋亦卿	江苏双环齿轮有限公司
刘先国	汤始建华建材(淮安)有限公司
吴志勇	淮安楚州海螺水泥有限责任公司
周观林	江苏康乃馨纺织集团
陈金桂	江苏共创人造草坪股份有限公司

12月30日,淮安区召开"十四五"信息化发展规划第四次座谈会　　(管天恒　摄)

绿色建材产业

【概况】2020年，淮安区绿色建材产业有规上企业27户，全年合计实现开票销售60.44亿元，增幅超20%；实现入库税金2.05亿元，增幅2.75%；实现产值70.14亿元，增幅超30%。产业开票、税收和产值占全区比重均排在各产业之首，分别为22.72%、25.55%和23.52%。

重点企业支撑作用明显，建华建材全年开票约18亿元，增幅5.67%；税收5517万元，增幅5.12%。海螺水泥开票约11亿元，同比持平；税收6501万元，降幅17%。建华科技作为新增长点，全年开票近12亿元、税收1842万元，拉动建材产业开票和税收增幅分别提升24和9个百分点。

盐化工产业

【概况】2020年，淮安区盐化工产业有列统企业10户，全年合计实现开票56.33亿元，占全区列统开票的21.17%，占比仅次于绿色建材产业。行业自二季度以后逐步回暖，开票全年降幅较三季度收窄3.42个百分点；盐化工产业全年累计实现入库税金1.24亿元，降幅30.49%，占比15.45%；累计实现产值40.81亿元，增幅12.76%，占比13.69%。龙头企业井神盐化全年开票49.55亿元，占整个产业开票的88%，同比下降8729万元，降幅1.73%；全年税收9950万元，占整个产业税收的80%，同比下降约5000万元，降幅33.3%。

机械电子产业

【概况】2020年，淮安区机械电子产业有列统企业47户，累计实现开票39.58亿元，占列统工业开票的14.88%，与同期持平，全年降幅较三季度收窄2.57个百分点；税收于9月份转正，累计实现税收1.3亿元，同比增幅27.81%，占比16.25%；累计实现产值50.75亿元，同比增幅10.98%，占比17.02%。重点企业惠民交通累计开票1.8亿元，降幅24%，税收893万元，降幅26%；施塔德开票2.74亿元，增幅5.76%，税收905万元，降幅4%；双环发展态势良好，实现开票、税收双增长，累计开票9.1亿元，增幅22.82%，累计税收299万元，增幅32.64%。

教体装备产业

【概况】2020年，淮安区教体装备产业有列统企业16户，全年累计实现开票销售20.02亿元，占列统企业总开票销售的7.52%，降幅10.54%，16户企业中超半数企业同比下降，福乐、欧玛、奇乐娃和润晨4户企业开票降幅超30%。全年累计实现入库税金1.45亿元，同比增幅21.29%，占比18.16%；累计实现产值24.48亿元，同比增幅12.58%，占比8.21%。龙头企业共创全年开票12.24亿元，占整个产业开票的61%；全年实现税收1.18亿元，占整个产业税收的81%，税收增量2884万元，拉动产业税收增幅约24个百分点；全年实现产值14.52亿元，占比59%，产值增量1.04亿元，拉动产业税收增幅约4.79个百分点。

食品加工产业

【概况】2020年，淮安区食品加工产业有列统企业27户，全年累计实现开票销售31.52亿元，同比增幅1.1%，占比11.85%；累计实现入库税金0.15亿元，同比增幅5.66%，占比1.85%；累计实现产值42.54亿元，同比增幅11.31%，占比14.27%。苏食肉品支撑作用明显，企业全年实现开票销售21.93亿元，同比增长超1个亿，拉动食品加工产业开票增幅提高3.33个百分点；实现税收347万元，增幅24%，同比增长67万元，拉动产业税收增幅提高4.8个百分点。

羽绒纺织产业

【概况】2020年，淮安区有纺织服装产业44户、羽绒制品产业31户，合计占列统企业总数的32.33%。受新冠肺炎疫情影响，产业开票、税收和产值等指标均为负增长。纺织服装产业全年累计实现开票销售22.21亿元，同比增幅-18.84%；税收0.58亿元，同比增幅-8.21%；产值26.42亿元，同比增幅-14.65%。其中，龙头企业康乃馨织造全年开票4.7亿元，降幅25%；税收1191万元，降幅约15%。羽绒制品产业累计实现开票销售12.46亿元，入库税金0.25亿元，降幅均超30%；累计实现产值16.25亿元，降幅超40%。受原材料成本上涨、外贸订单大幅减少等因素影响，杰翔羽绒全年开票仅1.5亿元，同比减少近50%；税收513万元，降幅超40%。

建筑业

【概况】 2020年,淮安区共有218家建筑企业,其中特级总承包企业1家、一级总承包企业8家、二级总承包企业22家、一级专业承包企业11家。2020年,淮安区建筑业龙头企业镇淮集团建筑业产值达80.6亿元;建航公司建筑业产值49.2亿元,中标数量排江苏省第十二名。截至年末,全区完成建筑业总产值350亿元;新增规上企业10家,规上企业完成建筑业总产值318亿元,全市排名第一。

【外埠市场发展】 2020年,淮安区建筑企业在建筑市场形势严峻的情况下,逆势而上开拓市场。在国内外埠市场,镇淮公司的南通市洪重机械项目造价10亿元,欧昊集团总部大楼西塔项目高度246米、造价7亿元;鹏达公司作为牵头人与贵州建工集团联合中标昆明市宜良古城文旅小镇项目,合同价35亿元;建星公司在泗阳中标新城学府项目合同价4.1亿元;金锦顺公司承接的厂房项目单跨超过30米。在海外市场以EPC独立承包、与央企、国企联合承包等方式承接一批重大项目。镇淮集团在塞内加尔、孟加拉国两国新签约10亿元项目;坤龙公司阿尔及利亚分公司在建项目合同总价超20亿元。全年国外产值约25亿元,国内外埠市场产值180亿元,合计205亿元。

【建筑业协会】 2020年,淮安区建筑业协会吸纳会员超100家,本地建筑企业入会率达90%以上,会员企业产值占全区建筑业总产值超90%。建筑业协会通过财务、法务、施工管理、质量安全等培训提高企业的综合经营管理能力,引导企业规范经营,降低企业经营风险。通过与住建、人社、招投标等部门协调对接,拓宽企业与各主管部门之间沟通渠道,降低企业办事成本,提高企业办事效率。疫情期间,区建筑业协会在企业复工复产前,共为区内建筑业企业订购发放口罩9万余只,消毒液3000斤,并组织会员企业捐赠15万元人民币及相关物资。

【建筑产业现代化】 2020年,淮安区规划装配式建筑面积约166.78万平方米,新开工装配式建筑面积约58.96万平方米,占全区开工建筑面积31.6%;新开工装配化装修面积4.9万平方米;凡之晟远大实训基地进行装配式人才培训约300人次。全面推进建筑产业现代化产业园建设,在原有凡之晟、中兴、汇能等产业现代化生产企业大力发展的基础上,中核公司在建材产业园投资10亿元新建集研发、生产于一体的建筑产业现代化新材料产业园,初步形成建筑产业现代化装配式生产的产业集群,承载苏北多市装配式人才培训。

【建筑市场管理】 2020年,淮安区强化建筑市场管理。全年对在建项目部进行市场行为专项检查2次,抽查10次,多部门联合检查8次。全区共计在建项目56个,涉及建设单位38家,施工单位48家,检查因无施工许可证下发停工通知书15份,整改通知书26份,检查形成通报,对没有及时整改到位的项目作为一次不良记录录入信用平台。在建工程申请办理实名制考勤系统率100%,农民工工资专户率100%,办理施工许可证的项目实行民工工资卡制度97%,工人银行卡覆盖率98%,在建工地代发率100%。截至年末,全区项目信息录入率100%。2020年,淮安区无赴省、进京上访,无赴市群访、无极端恶性讨薪事件发生,全区案件投诉率呈下降趋势。截至年末,共计接待案件投诉160起,处理率98%。

旅游业

综　述

【概况】 2020年,淮安区共有27处旅游景区(点),其中收费景点7个;A级景区7个,其中国家AAAAA级旅游景区1个,AAAA级旅游景区3个,国家AA级旅游景区3个;入选全国百家红色旅游经典景区3个,入选省级星级乡村旅游点2家,星级宾馆3家;境内旅行社及门市部16家,持证导游300余名,涉及旅游从业人员近6万人。2020年,淮安区旅游接待人数达950万人次,综合收入达105亿元。2020年,淮安区获得“长三角最佳文旅融合城市”称号。

旅游开发

【旅游规划】 2020年,淮安区围绕“历史古城、文化名城、生态水城、宜居新城”的形象定位和“文物精品展示区、文化旅游特色区、文旅产业发展新型区”的目标定位,邀请中国城规院专家,启动编制覆盖老城区7平方公里的旅游产业专项规划,加快文化旅游发展规划与国土、交通、农业等规划的“多规融合”，初步形成科学完善的旅游规划体系，进一步明晰文旅融合发展的方向。

【景区提升】2020年，淮安区按照“以水为脉、串点成线、连线成带”思路，重点突出“一渠两轴三湖五街区一古镇”区域。对河下古镇、淮安府署、吴承恩故居、漕运博物馆、状元府、萧湖等景区提档升级，串连成线。全面推进尚庐书院、吴鞠通中医馆改造项目，新建成吴承恩故居旅游广场，徐培晨艺术馆、淮安民间博物馆等一批文旅展陈项目完成布展并对外开放。修缮改造竹巷西街、茶巷，恢复道教养生园和茶文化街，河下非遗特色小镇入围省级特色小镇创建名单。

【乡村旅游】2020年，淮安区结合农房改善和特色小镇建设，发展观光农业、休闲农业。按照“社区变景区、田园变公园、农房变客房、产品变商品”思路，将地方特色、文化元素、旅游要素等融入农房项目建设，着力打造张兴社区等一批精品农房改善项目，山阳街道小岗村、平桥镇李前村创成市级特色田园乡村，流均镇都梁村成为全区首家省级特色田园乡村。

旅游管理

【文旅推介】2020年，淮安区加强文旅宣传推介，提炼旅游核心吸引物。公开征集淮安区旅游宣传口号，全方位推广“周恩来故里、西游记摇篮”核心旅游品牌。大力发展文旅消费“夜经济”，举办运河之都选美大赛暨河下夜市嘉年华活动，策划“机车联盟游淮安”等一系列文旅宣传活动，河下古镇城河街入选省级夜间文旅消费集聚区建设单位。淮安区获评“长三角最佳文旅融合城市”称号，优化旅游服务配套。

【基础设施建设】2020年，淮安区对照国家全域旅游示范区标准，紧扣文旅基础配套设施建设的短板和弱项，加快提升全域整体旅游环境。持续深化旅游“厕所革命”，全区56座旅游厕所经省市评估后，达到A级标准。规范旅游标识引导服务，在淮安机场、高铁东站新设置2块旅游交通指示牌，按照国家最新标准规范整改58块旅游交通指示牌。提升旅游住宿服务，高规格推进萧湖度假酒店项目，加快“老街客栈”等精品民宿建设，引进多家知名快捷酒店品牌，满足游客多元化的住宿需求。推进旅游集散体系建设，与市文旅部门共同推进，初步建成淮安高铁站一级旅游集散枢纽、汽车东站二级旅游集散中心，各景区景点游客服务中心、服务站、服务点的多层次、立体化旅游集散体系。

·周恩来故居·

【概况】2020年，周恩来故居管理处全年共接待瞻仰观众45万余人次，提供讲解服务1700余场次，举办全国巡展7场次，对外宣讲11场次，征集文物藏品4件。全年安全无事故，服务零投诉。获“江苏省三八红旗集体”等荣誉称号。

【安全工作】2020年，周恩来故居作为全国重点文保单位，除常态化做好安全管理值班、安全消防设施检查、24小时安全保卫巡查等工作外，进一步完善景点各项安全制度、安全应急预案和安全台账资料；代表江苏省接受国务院安委会第十三考核巡查组现场考核巡查，受到巡查组一致好评；接受省文旅厅消防安全专项整治“百日攻坚行动”督导工作，全年通过各级安全检查共计20余次。

7月20日，“周恩来家风图片展”在上海张闻天故居正式展出
（周恩来故居管理处 供图）

【宣教工作】 2020年，周恩来故居管理处坚持疫情防控与宣教送展相结合，创新宣教方式，通过线上沟通、广播宣讲、云展览等形式，宣传周恩来红色家风和崇高精神。全年在各地举办“周恩来家风图片展”7场次；走进淮安中学、新安小学等学校宣讲周恩来青少年时期学习的故事，走进淮安区弘瑞冠邸小区、河下街道宣讲周恩来家风故事等共计11场次。为延伸拓展“家风”宣教的影响力，打造“道是无情却深情——周恩来家风情景故事会”；以“系好人生第一扣”为题筹划“周恩来家风故事”专题宣教片，从感恩、自立、节俭三个方面，挖掘周恩来家风精神，引导教育广大观众学习周恩来人格风范，践行周恩来精神。

【纪念活动】 2020年，为纪念周恩来离开故乡去东北求学110周年。周恩来故居管理处与周恩来思想生平研究会、全国周恩来班网站联合，共同主办“为中华之崛起——周恩来爷爷的梦想”主题手抄报征集评选活动。活动共在全国征集156幅作品，评选出优秀作品，在线上线下展出。1月8日，在周恩来逝世44周年纪念日，“周恩来家风图片展”送展中央党史和文献研究院。5月20日，周恩来故居管理处与淮安区婚姻登记处联合策划推出小型展览“告别旧时代　婚姻法因时而变”，纪念《婚姻法》正式颁布实施70周年。7月14日，“周恩来家风图片展”走进北京朝阳运输管理分局。7月20日，由周恩来纪念地管理局、浦东新区文物保护管理所主办，周恩来故居管理处、张闻天故居管理所承办的“周恩来家风图片展”在上海张闻天故居正式展出，展期三个月。8月26日，由周恩来故居管理处、山西省大同市博物馆共同举办的“周恩来家风图片展”在大同红色记忆馆开展，展期两个月。10月26日，由周恩来故居管理处和陈云纪念馆联合主办的“周恩来家风图片展”在陈云纪念馆主馆B1层临时展厅A正式展出。

【项目编制】 2020年，周恩来故居管理处为维护环境设施，强化景点安全保障，启动编制《周恩来故居总体保护规划》《周恩来故居防雷项目方案》《周恩来故居馆藏革命文物预防性保护方案》等三类项目文本；切实加强本体建筑及文物的预防性保护，提高风险预控管理水平。

（汤芸芸）

表6　2020年周恩来故居管理处获市级以上表彰一览表

单位	表彰内容	表彰单位
周恩来故居管理处（邓颖超纪念园）	江苏省三八红旗集体荣誉称号	江苏省妇女联合会
周恩来故居管理处	全市单位内部安全保卫工作先进集体	淮安市公安局
周恩来故居管理处	2020年度诚信经营活动十佳旅游景区	淮安市旅游协会

·周恩来纪念馆·

【概况】 2020年，周恩来纪念馆接待游客近80万人次，讲解2600多场，接待重要团体38批次，接待全省纪检干部到馆开展教育100多批次，游客接待满意率100%。周恩来纪念馆顺利通过全国文明单位复核和国家级红色旅游服务业标准化试点项目考核验收，获评“长三角红色旅游研学示范基地”。周恩来纪念馆管理处获淮安市2020年红色故事宣讲大赛暨江苏省第三届红色故事宣讲大赛选拔赛团体一等奖。

【宣研工作】 2020年，周恩来纪念馆管理处编印出版《周恩来与文化名人图录》，做好《人民总理周恩来》《周恩来与南昌起义探微》出版前期准备工作。全年在《世纪风采》《领导文萃》等刊物发表文章20余篇。全年征集文物200余件，为陈列展览和资料研究提供更加充实的实物史料。精心打造《文物背后故事专题片》，完成60套110件等级文物的拍摄工作。策划举办《周恩来与民盟》《周恩来与人民防空》等专题展览；在厦门、江西、广东等多个省市举办《人民总理周恩来》《周恩来和文化名人》等专题巡展工作；引进《中国战斗抗日版画展》《周恩来与南京长江大桥图片展》等主题鲜明的专题展览。展览吸引全国50万余人次的参观，得到社会观众的广泛好评。在做好做实做精场馆实境教育的同时开展对外宣教活动，赴武警淮安支队、南京审计大学等单位开展宣讲活动16场，赴淮海路小学、淮安新城实小等多所学校开展

周恩来纪念馆西花厅前盛开的海棠花　　　　（纪星名　摄）

“感恩有你、传承有我”小小讲解员培训讲座等活动。为纪念中国人民志愿抗美援朝出国作战70周年，策划以国防教育为主题的第六届“共筑崛起梦—周恩来班精英学子修学团”活动，开展“红色熏陶、走进自然”第三届周恩来精神小小传承人研学活动。

【服务质量提升】2020年，周恩来纪念馆通过加强讲解员队伍建设，规范景区导游管理，实施景区无噪音讲解，推行义工服务机制等措施，优化景区接待服务水平。完成雪松大道环境提升、东湖景观栈道铺设、五龙亭文化休闲广场改造等工程项目，实施配电房、文物库房改扩建提升和碑园局部建筑外饰面油漆刷新等工程。推行销售网点承包经营试点，完成东南门形象店和铜像广场木屋提升项目，打造五亭苑休闲广场，增设简餐、咖啡服务，健全电子商务系统，与电商平台美团网合作，优化门禁设备和客流管理系统。加大高清监控的投入建设力度，实施景区高清监控提升工程，打造一流的景区微型消防站，开展安全生产专项整治行动和保安队伍“服务形象百日整顿活动”，完善安全管理制度和应急预案，为景区安全提供软硬件保障，积极为游客营造安全、便利、舒适、优美的游览环境。

【疫情防控】2020年年初，由于新冠肺炎疫情，周恩来纪念馆暂时闭馆。在闭馆期间，开通网上展馆，推出10个“精品展览”和20个“掌上故事”，填补未正常开放的空缺。复工复产后，制定景区恢复开放疫情防控工作方案和应急预案，严格按照要求，落实相关措施，对场馆进行消杀，完善参观预约、扫健康码、检测体温等程序，确保纪念馆开放工作安全、平稳、有序。

商贸流通

供销合作

【基层社建设改造】2020年，淮安区为发挥基层供销社服务三农的职能，不断推进基层供销社的建设改造。按照六有要求对三堡供销社进行改造，使其传统服务功能逐步恢复。推进“三体两强”示范社建设，年内，林集供销社“三体两强”示范社示范创建成功。对4个为农服务社进行升级改造，打造为农服务社升级版，放大为农服务社品牌效应。在仇桥供销社开展以农民为主体的综合服务社建设试点，农综社服务项目广，服务内容实，管理规范。牵头苏嘴、仇桥、林集三个供销社组建三个专业合作社联合社。推进基层社社员代表大会下的理事会、监事会制度建设。5月28日、10月28日，仇桥、顺河两个供销社第三次社员代表大会先后召开，选举产生新一届理事会、监事会。6月30日，区总社六届理、监事会第二次会议召开。

【农业全程化服务中心建设】2020年，苏嘴供销社入股组建的淮供鑫海农业全程服务有限公司，拥有烘干设备3台套、无人飞防机1台、土地深耕机器2台、旋耕机1台、运输车辆3台，粮食仓库2000平方米，库容2000吨。服务面积达3万亩，无人机飞防面积5000亩，土地流传面积1450亩。为农民提供生产、收购、加工、储存、烘干、育苗、病虫害防治等系列化、全程化、保姆式、订单式服务。截至年末，筹建中的总投资3300万元平桥淮供兴社农业社会化综合服务中心，完成总投资的50%，做到边建设、边生产。

【电子商务发展】2020年，淮安市供销资产经营有限公司参股的供销e家电商公司按照“一园两中心”的建设思路，新建扩建改造电商产业园、区级电商运营中心、优质农产品展示展销中心,新办供销e家商务酒店,食材均来自电商采购系统的绿色田园,实现由田头到餐桌的一站式配供,为旅客、食客舌尖上的安全提供了保证,发展村级电商服务站100个。与淮阴工学院联合,先后为经济薄弱村电商站从业人员举办3期电商专业知识培训,受训100多人次。

【资产管理】 2020年,淮安区供销系统将资产管理作为内部管理的突破口,将增收节支列为目标考核的重要内容,加大社有资产的监管力度,强化制度建设,印发全系统内部管理文件汇编,强行入轨,规范操作,对所属单位的公章实行集中保管。强化财务审计工作,对所属单位的财务基础工作逐一检查审计,监事会办公室全程介入,做到全覆盖,突出资产经营,向资产经营要效益。车桥供销便民超市已进入项目的招投标阶段,建成后每年可增加收入41万元。组织商超企业老板对流均、茭陵、复兴等供销社的闲置、低效资产进行实地考察,寻找共同开发的合作伙伴,提升供销社经营设施的使用价值。

【安全生产】 2020年,淮安区供销系统先后共举办消防安全知识专题培训3期,开展消防技能操作演练2次,开展各类安全生产专项检查4次,对检查中发现的隐患及时下发《整改通知书》,明确整改时限,明确责任人,限期整改到位。对特殊岗位的从业人员定期组织专业培训,实行持证上岗,对3个安全隐患大和环保不达标的生产企业予以关停。

(璩　金)

表7　淮安区供销系统基层单位名录

单位名称	基层单位名称
淮安区供销合作总社	上河供销合作社
	建淮供销合作社
	马甸供销合作社
	朱桥供销合作社
	溪河供销合作社
	泾口供销合作社
	流均供销合作社
	博里供销合作社
	仇桥供销合作社
	复兴供销合作社
	苏嘴供销合作社
	茭陵供销合作社
	钦工供销合作社
	宋集供销合作社
	顺河供销合作社
	季桥供销合作社
	城东供销合作社
	席桥供销合作社
	南马厂供销合作社
	徐杨供销合作社
	三堡供销合作社
	林集供销合作社
	南闸供销合作社
	白马湖供销合作社
	范集供销合作社
	淮安区农业生产资料总公司
	淮安区日用杂品公司
	淮安区物资回收利用总公司
	淮安区农副产品购销有限公司
	淮安区集体商业总公司
	淮安区供销职工学校
	淮安市供销资产经营有限公司

6月30日，淮安区供销合作总社召开第六届理事会、监事会第二次全体（扩大）会议　　（王书慧　摄）

粮食流通

【概况】2020年，淮安区深化国有粮企改革，探索粮食产业融合发展新模式，强力打造"淮安大米"金字招牌。拓展收购方式，延伸服务链条，完成省、市、区三级原粮储备和市、区两级成品粮储备任务。粮食安全责任制落实工作获省通报激励，粮食流通监督检查工作全市排名第一，粮食收购资格年度核查受到市通报表扬，粮食库存检查的做法受到市级复查组的充分肯定并在全市推广。

【粮食购销】2020年，淮安区全社会粮食购销总量174万吨，其中，全社会收购粮食99.1万吨（国有收购33.6万吨）；全社会销售粮食74.9万吨（国有销售34.8万吨）。国有粮食购销企业在库粮食40.2万吨，其中托市小麦34.4万吨。夏粮收购小麦21.7万吨，其中托市小麦8.55万吨；秋粮收购粳稻12.07万吨。

【应急保供】2020年，淮安区大米加工企业累计加工大米约17.5万吨。确定粮食应急供应网点38个、粮食应急加工骨干企业10个，粮食应急配送中心、粮食应急保障中心、应急储运企业各1个。

【稻米基地建设】2020年，淮安区开展宁淮优质稻米基地建设和产销衔接活动，5个镇（场）15个村组建设宁淮优质粮食基地13万亩，下达订单收购计划约7万吨。在市内建"淮安大米"直销店4个，在市外建直销店4个。其中淮安上洋米厂在南京市高淳区、秦淮区各新建1个直销店；江苏鼎丰米业有限公司在南京市栖霞区新建1个直销店；淮安市恒晟米业有限公司在南京市江宁区新建1个直销店。

【粮食产业发展】2020年，淮安区圣玉米业公司、兴隆米业公司等9家单位成为"淮安大米产业联盟"、中国驰名商标"淮安大米"的核心单位。粮食企业建立专业化的经营性粮食产后服务中心，为农民提供"代清理、代干燥、代储存、代加工、代销售"等"五代"服务。

烟草专营

【概况】2020年，淮安区烟草专卖局（分公司）卷烟销量26 454箱，较同期降低5.4%；实现销售收入83 823万元；实现税利26 776万元；实现毛利25 378万元；单箱税利10 122元，同比增幅4.9%；单条平均结构为145.05元，同比增幅4.0%。2020年，淮安区卷烟销量、税利、毛利、结构列全市县区第一，毛利率高于全市平均水平；年末零售户综合毛利率达到12.56%，同比上升0.68个百分点；真烟外流全市排名第6；"利剑5号"专项行动期间累计查获物流寄递环节案件228起，涉案卷烟58.38万支，案值61.57万元，"12·26"案件的破获受到国家烟草专卖局通报表彰。

2020年，淮安区烟草专卖局荣获"市行政执法规范化示范点""典型案例全市二等奖"，荣获"市第三届'践行周恩来精神模范团队'"荣誉称号。

【经营管理】2020年，淮安区烟草专卖局科学统筹疫情防控和经营管理工作。组织开展全员营销、全员专卖，组织营销人员开展全员市场走访，准确了解掌握客户经营、卷烟库存、零售价格等市场信息，加大对零售客户的服务和宣传力度，采取有效措施，把疫情造成的损失降到最低。引导小组活动线上、线下并行，累计指导开展活动2957次（个），1个小组被评为全省优秀诚信互助小组，丽都花园客户诚信互助小组的小组长荣获全省优秀小组长三等奖。通过与银行的协调，为224户客户提供8400万元的信用额度，解决部分客户资金短缺困难。开展"寻

5月27日，淮安区烟草专卖局开展“金叶护花蕊”行动

（淮安区烟草专卖局　供图）

找淮安最美终端”活动，为卷烟零售户及时更换价签，开展明码实价工作，推动普通终端形象提升。落实零售点合理布局规定，全年累计新办549户，不见面审批率保持100%；累计变更83份，延续226份，停业115份，恢复营业41份，歇业140份，注销26份，责令停业整顿22户，清理中小学周边零售店83户。

【市场监管】 2020年，淮安区烟草专卖局加大市场监管力度，以监管高压态势净化市场环境。全年查获涉烟案件634起、涉案卷烟855.39万支，案值643.21万元。其中，5万元以上案件33起，排名全市第一；上报国标网络、市标案件各1起，市局通令嘉奖2次，判刑2人，取保1人；查获1起淮安区近几年唯一案值超15万元的假冒卷烟案件。联合邮管部门落实“三联动一约谈”机制，物流寄递涉烟违法行为监管水平有新的提升，骆建国、杨勇受到省局专项表彰，稽查三中队及郭成云、陆荣、陈涌、张伟权、丁迎峰受到市局专项表彰。推进“大数据+网格化+铁脚板”的治理模式及“3+X”市场动态信息反馈处理机制，实时更新违法违规大户名录。全年共取缔3户违法违规大户、打掉隐形大户2户；没有“双30”以上卷烟外流案件。严格落实行政执法“三项制度”，实现执法全过程实时传输监控，集体讨论案件48起，案件审理准确率100%，无行政诉讼或行政复议败诉案件。全年累计处理内管预警6841条，收集处理动态信息反馈631条，向专卖、营销部门下达整改建议书10份，预警分析报告出具及时率100%；持续深化真品卷烟非法流通治理，深入开展外流卷烟入户调查工作，累计调查48户次，重点关注经营能力与销量不匹配的零售户；严格执行《真烟非法流出专项治理奖惩暂行规定》，累计考核315人次；加强“亲属店”监管，对干部职工及其亲属卷烟零售活动进行两轮排查，依法依规对27户亲属店进行公示，创新利用企业微信搭建“三位一体”经常性监管方式。

【现代终端建设】 2020年，淮安区烟草专卖局利用全省“金丝利”企业微信公众号“通·家·号”三大平台功能，推进“互联网+”营销模式。截至年末，共有28户客户投入运行应用“金丝利·通”智慧店铺系统。指导客户进行网上产品销售、形象展示和消费跟踪等活动；利用“金丝利·家”客户移动服务系统，为客户提供业务咨询、查询法律法规政策以及进行店铺管理、移动订货、经营分析。“金丝利·家”企业微信订货率达96%，客户活跃度62%；积极发展“金丝利·号”粉丝，扩大烟草影响力，已“吸粉”30 596个，推进速度全市第一。引导客户成立诚信互助小组，进行互学、互帮、互督，有效保持市场稳定，提升客户经营收益。截至年末，建成诚信互助小组315个，覆盖率100%。

（王国义）

表8　2020年淮安区烟草专卖局（分公司）获市级以上表彰一览表

单位	表彰内容	表彰单位
淮安区烟草专卖局	淮安市行政执法规范化示范点	淮安市全面推进依法行政工作领导小组
淮安区烟草专卖局“翔宇金叶”团队	淮安市第三届“践行周恩来精神模范团队”	淮安市精神文明建设指导委员会
淮安市烟草公司淮安分公司	淮安市“青年文明号”	共青团淮安市委员会、淮安市精神文明建设指导委员会

食盐专营

【概况】2020年，淮安区盐产品销售13 092吨，其中小包装食盐实现销售2902吨，完成全年计划3000吨的97％。品种盐销售986吨，结构达34%。全年实现销售收入1500万元，完成年计划的107%；实现净利润107.17万元，完成年计划140万元的76.55％。

【食盐市场监管】2020年，淮安区加强发改委、工信局、市监局协调、沟通，形成合力，共同维护食盐市场，将食盐质量监管工作纳入市监局年度效能考核内容。建立健全由派驻单位重点考核的双向考评机制，提高协管工作的出勤率针对性、实效性；推行“三个一”管理法，通过一张工作日报、盐政协管员例会和每月一次新盐政工作会议，促进新盐政协管工作质与效的同步提高。落实食盐质量安全约谈制度，将事后检查变事前提醒，全年共开展5场次约谈活动。2020年，淮安区为维护食盐市场秩序，打击违规经营行为，组织盐政协管人员巡查企业62次、巡查商超2150次、巡查食品加工企业（作坊）90次、巡查餐饮饭店2758次，巡查农贸市场117次。全年查处盐业违法案件33起（责令改通知书3起、实施扣押措施4起、现场销毁盐产品26起），没收盐产品18.069吨、罚款15万元。

【食盐营销】2020年，淮安区食盐经营不断规范，私自截留、加价销售等不良行为得到有效控制。淮安区盐业公司将盐产品统一直配到点，做到一户一单，票、证、质检报告随货同行。优化“访销一体”、直配直送等营销方式，采取访销分离的方式拓展客户队伍：市场有效终端数增加到1300个，净增加280个；年末，全区范围内有一定规模的B类商超80家，淮盐占有率100%，有8个以上品种，且都有单独陈列货架。开展淮盐品牌宣传活动，加大KA、BC的维护、导购，全年多次在人员密集场所、商超、居民小区、市民广场进行宣传、展示，提高“淮盐”的知名度和美誉度，引导“淮盐”消费。

财政　税务

财　政

【概况】2020年，淮安区实现财政总收入40.88亿元，同比增长0.2%。完成一般公共预算收入26.66亿元，比上年增长5.8%。全年全区财政总支出114.33亿元，同比增长24.4%。一般公共预算支出合计85.72亿元，同比增长7.3%。

【财政征收】2020年，淮安区全年完成一般公共预算收入26.66亿元，同比增长5.83%，占区十七届四次人代会目标任务的103.3%，占市下目标任务的101.08%，其中税收收入22.47亿元，同比增长2.48%，非税收入4.19亿元，同比增长28.3%，税收占比84.28%。在全市八县区中，淮安区收入完成进度第一，增幅第一，税占比第二，按淮安市公布的目标监测办法测算，区财政收入在全市县区高质量跨越发展综合考核中位列第二位。协调推动欠税清理征缴工作，全年累计清理耕地占用税、契税以及土地增值税超1.8亿元。坚持招商引资，着眼税收经济，突出招引工业生产、机械制造等实体性企业，开辟新兴税源。淮安区财政部门结合实际情况，考虑疫情影响，向上争取政策支持，全年争取资金20.71亿元，有效地保证淮安区“三保”支出需求，缓解财政资金压力。加大产业发展引导资金总量及扶持力度，支持智能装备制造产业、区域电商物流、建筑产业等加快发展。

【财政支出】2020年，新冠肺炎疫情期间，淮安区财政部门通过年初预算、预算追加、争取中央抗疫特别国债等方式，累计投入2.8亿元，新改建4个发热门诊、26个预检门诊和4家核酸检测实验室，购买CT机等疫情防控设备和物资，保障淮安区人民医院新院建设项目按序推进，强化突发公共卫生应急体系建设，补齐公共卫生短板。落实减税降费政策，坚持应减尽减、应退尽退。全年累计为企业减免各项税收2.54亿元，自2月份起对中小微企业的养老、失业、工伤保险单位缴费实行免征，2~6月份对大型企业三项社保单位缴费减半征收，为全区2829个符合减免条件的参保单位减免三项社保费2.54亿元。推进租金减免政策，全年落实减免对象613户，减免承租户房租501.88万元，其中行政事业单位房屋租金减免340户，共计205.53万元，国有企业房屋租金减免273户，共计296.35万元。落实追加2020年上半年1个月租金减免政策，减免对象613户，减免承租户房租253.12万元。通过企业“免填单、无申请”等措施，为1422家企业发放稳岗返还资金4064.56万元，其中，发放21户困难企业稳岗返还资金1314.52万元；发放276户企业应急稳岗返还资金1727.3万元；发放失业补助金461.92万元。协助区教育部门实施“育才兴教”工程，落实各项资助政策。全年累计发放各类资助资金3559.03万元，资助各学段贫困学生达46 946人次；安排义务教育生均公用经费6624万元；拨付校安工程项目资金7660万元。深入推广运用PPP模式，推进城乡建设。撬动社会资本77.87亿元，重点支持大数据产业园一期、老年人日间照料中心、城乡重点水利工程等，持续提升淮安区苏北重要中心城市核心区城市配套功能。投入10.56亿元推进农民群众住房条件改善，实施张兴社区等30个新型农村社区、集镇安置区，改善农民住房5815户；全年安排专项扶贫资金4654万元，实施达康智能装备产业园、融合发展示范园玻璃钢架大棚、朝阳干渠综合治理等脱贫攻坚项目工程。积极帮助企业向上争取普惠金融发展专项资金、疫情防控重点保障企业贷款省级贴息资金等，全年累计组织124户企业申报141个项目，年末到位省市以上扶持资金7913.23万元。全年牵头组织调研核实扶持项目45个，兑付区级产业发展引导资金共计1.22亿元。

【民生保障】 2020年，淮安区不断优化支出结构，严格控制和压缩一般性支出、“三公”经费支出，将财政资金进一步向民生事业倾斜。全年共安排城乡居民养老保险区级资金1.29亿元，基础养老金标准提高到每人每月160元，保障18.5万名老年人养老金按时足额发放。全年为5.07万名企业离退休人员发放养老金13.22亿元，实现基础养老金发放第“十五”连涨。全年安排居民医保区级补助资金1.61亿元，保障全区37万人共同享受城乡居民基本医疗保险。安排46名“三无”老人及5659名“五保”老人供养经费区级资金5562万元，城市“三无”供养标准提高到每人每年16 880元，农村“五保”分散供养和集中供养标准分别提高到每人每年9432元和10 236元。全年配套城乡最低生活保障资金1.17亿元，将全区15 197户、30 758名城乡低保对象补助标准统一提高到每人每月645元。全年安排医药补助资金及基本公共卫生经费1亿元，提升基层医疗机构服务能力，推进县域医共体建设，组建成立以淮安医院和楚州中医院为龙头的两大医共体，确保医共体建设试点有序推进。

【财政管理】 2020年，淮安区制定完善《淮安区财政资金定期存放银行综合考评办法(试行)》，在保障财政资金安全的前提下，提高资金存放的综合效益。通过涉农资金监管平台系统对各涉农部门资金使用和数据录入情况开展日常监督，强化涉农资金及扶贫资金监管。利用直达资金监控系统对6.97亿元资金的下达、分配、使用、效益进行全过程监管，确保数据真实、账目清晰、资金流向明确。预算管理。按《预算法》要求编制“全口径预算”，将“保工资、保运转、保基本民生”作为支出保障重点，并根据年度经济社会发展预期目标任务，支持重点领域建设。强化预决算公开。印发《淮安区区级财政预决算公开工作实施方案》，及时在区政府门户网站向社会公开2020年政府预决算，同时督促区各相关部门及时将2020年部门预决算及“三公经费”预算等情况在门户网站进行公开。建立健全政府性债务管理制度，规范政府举债融资行为。2020年全区隐性

表9　2020年淮安区财政局获市级以上表彰一览表

姓　名	表彰内容	表彰单位
邱　菊	全省财政系统先进工作者	江苏省人力资源和社会保障厅、江苏省财政厅

表10　淮安区财政系统基层单位名录

单位名称	基层单位名称
淮安区财政局	区财政国库支付中心
	区政府投融资管理服务中心
	区非税收入管理服务中心
	区财政信息中心
	中华会计函授淮安市淮安区函授站
	区财政绩效评价中心
	江苏润淮产业发展基金管理有限公司

债务总化债完成率106.5%，政府负债率指标13%，小于40%预警线。在淮安市高质量跨越发展考核中淮安区财政局承担的政府性债务率考核指标位列全市第二，2020年末债务率风险等级在全市率先进入绿色等级。强化国有资产监管制度，规范区属国有企业重大事项报告与管理行为。将所有行政事业单位、国有企业资产产权交易全部纳入区政府公共资源交易中心统一进行公开招租，全年公开出售、出租项目110个，成交总金额达到1559.92万元。

【财政改革】 2020年，淮安区推进政府采购电子化系统建设，提高服务效率，优化政府采购营商环境。升级非税收入征管系统，推进非税收入收缴一体化，有效缩短缴款人办事时间。推行医疗收费票据电子化改革，截至2020年末，三级医疗机构淮安医院完成信息系统改造并成功对接省平台，实现线上开具医疗收费电子票据；29家二级及以下医疗卫生机构通过区域全民健康信息平台完成与省平台对接上线工作。政府产业引导基金运作实现新突破，设立一支市场化子基金，合作推进一个基金直投项目和一个专项子基金项目。

（周梦月　黄雅婷）

税　务

【概况】 2020年，淮安区税收收入22.47亿元，增长2.48%；税收占一般公共预算收入比重达84.3%；增值税占一般公共预算收入的38.2%；全年上划中央四税14.21亿元，下降8.9%。税务系统为落实支持疫情防控和经济社会发展税费优惠政策，利用淮税通、电子税务局等方式向纳税人推送减税降费政策，累计推送各类宣传材料150余万户次。全年共减免税费28 686户次金额达6.32亿元，其中税收减免2.95亿元、社保费和非税收入减免3.37亿元。全年上报延期缴纳税款34户，涉及税款4728.55万元；核准318户企业延期申报。

【依法治税】 2020年，淮安区税务系统制定《全面推行“三项制度”工作落实方案》，上线行政执法公示平台，对17大类数据录入公示，编制权力和责任清单128项。全年开展2次内部风险事项排查，通过内控系统下发预警过错核查，发现问题87条。制定《2020年督察内审重点工作任务》，开展8个批次3853条异常数据核查整改工作；配合审计开展60条异常数据核查整改；对10人次进行执法责任追究。规范实施税费管理，发票智能审核系统上线，电子专票应用得到推广，成功开具首份增值税电子专票。落实小微、高新技术企业所得税优惠政策，企业所得税汇缴面达100%。个税汇缴5.98万人次，退税金额759.78万元。土地增值税清算完成10户，补税2273.06万元。强化与生态环境、自然资源和规划等部门协作，共同做好环保税、耕地占用税征管。顺利完成灵活就业人员社保费上线，建成两险“缴费服务站”334个。

【征管质效】 2020年，税务系统组织税收收入37.28亿元，同比增长-1.97%；入库淮安区财政一般公共预算收入22.47亿元，同比增长2.48%；组织社会保险费共计19.61亿元，同比增长0.82%。规范实施风险应对，开发推广4个BIEE产品，提升数据深度分析及运用能力。全年累计完成各类风险应对任务373户次，应对总成效1.246亿元，入库成效7450.51万元，有效堵塞税款流失漏洞。实施增值税发票风险防控专项行动，落实发票分类分级管理机制。针对成品油经销、交通运输等重点行业、领域开展多次专项核查。全年协助市局完成各类协查案

4月10日，淮安区税务局召开“减税费优服务　助复产促发展”座谈会，同时举行税收宣传月启动仪式　（张成　摄）

表11　　淮安区税务系统基层单位名录

单位名称	基层单位名称
国家税务总局淮安市淮安区税务局	第一税务分局
	第二税务分局
	淮安经济开发区税务分局
	河下税务所
	漕运税务分局
	车桥税务分局
	博里税务分局
	顺河税务分局

表12　　2020年国家税务总局淮安市淮安区税务局获市级以上表彰一览表

单位（姓名）	表彰内容	表彰单位
国家税务总局淮安市淮安区税务局	江苏省公共机构节能示范单位	江苏省机关事务管理局、江苏省工业和信息化厅、江苏省财政厅
高建军	省局减税降费专项工作嘉奖	国家税务总局江苏省税务局

件187件、检查案件42件。强化委托代征单位监管，对2户重点违规单位进行约谈提醒，要求办理退库近400万元。对标全省“市县局‘1+5’新征管体系建设示范点”要求，以55项创建要点为抓手，完成44个自评表项目，梳理、细化出78项创建标准，制定完善任务分解表。

【税收营商环境】 2020年，淮安区税务系统全面提高不见面办税水平。扩大发票领用和代开“网上申请、邮寄配送”覆盖面，发票“非接触式”领用比例100%。丰富纳税咨询线上平台，上线在线智能咨询平台。全年办理4142笔车购税线上缴纳业务。扩建24小时自助办税区，硬件环境进一步改善。通过岗位自学、交流实训、定期考试等方法，全面提升窗口人员业务水平和操作技能，严格落实首问责任制、延时服务、预约办税等制度。全年完成14 696户企业的纳税信用评价并对外发布，引导6户纳税人修复自身信用。向区信用平台上传2314条数据，向市场监管信息平台上传重大税收违法案件企业“黑名单”数据30条，为联合惩戒提供重要数据保障。

银行业

综　述

【概况】 2020年末，淮安区共有16家银行，各项存款余额共计601.53亿元，比年初增加81.49亿元，同比增长15.67%。全区各项贷款余额491.18亿元，比年初增加65.67亿元，同比增长15.43%。其中制造业贷款余额55.38亿元，比年初增加5.17亿元，同比增长10.29%。

【疫情防控】 2020年，中国人民银行淮安支行针对疫情防控和稳企业保就业等各项工作，联合相关部门出台《关于切实做好新型冠状病毒感染肺炎疫情防控和企业复工复产金融服务的通知》，要求各银行机构加强对ATM等自助设备的运维保障和现金补充，确保自助取现服务不中断，重点消毒部分单位回笼的现金。鼓励银行机构通过短信、微信公众号等方式，宣传、提醒广大市民采用手机银行、微信银行、网上银行等线上服务方式，减少疫情传播风险。要求银行机构对因疫情延长假期而不能按时还款的客户，合理延后还款期限，延迟征信报送。联合开展疫情防控检查工作，帮助金融机构恢复对外营业。联合相关部门，办理生产抗疫产品企业的贷款贴息22.24万元，减轻企业负担。

【六稳六保】 2020年，中国人民银行淮安支行召开区金融助力“六稳”“六保”工作会议、金融支持稳企业保就业工作推进会，将党中央、国务院及省（区）市以及淮安区相关文件转达。发放支小再贷款，以低利率资金帮助企业恢复生产。督促各银行机构开展“双拜访”等活动，帮助企业解决融资难题或提出针对性的融资建议。开辟金融绿色通道，要求各银行机构对企业需求在1个工作日内予以关注和对接，符合条件的需求在5个工作日内完成放贷，不得随意抽贷、断贷受疫情影响的企业，对受疫情影响造成资金困难的中小微企业利率下浮10%以上。引导银行机构利用“小微e贷”“小微e贴”等创新货币政策工具在综合金融服务平台上开展业务，做大业务规模。深化“政银担”四方合作模式，协调政府增加2000万元过桥资金，方便企业转贷款；协调省再担保公司增加再担保额度，疫情期间新增4500万元担保贷款。落实普惠小微信用贷款、普惠小微贷款延期还本“两项政策工具”。建立《中国人民银行淮安支行金融支持稳企业保就业工作督导制度》，不定期召开“两项直达工具”阶段性落实情况督办会，定期通报银行机构“两项直达工具”推进落实情况，指出两项政策执行中存在的问题及下阶段工作要求。截至年末，全区银行机构普惠小微贷款新增占比47.01%，普惠小微贷款延期率78.25%，在全市均居前列。

12月16日，淮安区民营和小微企业续贷受理中心在中国人民银行淮安支行成立 （张凯进　摄）

【金融服务】 2020年，中国人民银行淮安支行开展移动支付场景建设和农村金融服务站点提质增效工作，指导辖内银行机构加强移动支付便民服务场景建设和“云闪付”用户拓展。全年推进创建12家普惠金融综合服务点、53家普惠金融支付点，引导主办银行实施分类管理。购置1台个人征信自助查询机放置在营业大厅，方便广大群众快速、高效查询个人信用报告。联合推动农村信用体系建设，制定淮安区农村信用体系建设工作推进方案，联合印发《淮安区“信用村（居）、城市示范户”评价办法（试行）》的通知，深化社会信用体系建设，营造风清气正的社会信用环境。

【金融监管】 2020年，中国人民银行淮安支行开展央行金融机构评级工作，加强宏观审慎评估结果的运用，强化事前引导和事后约束，加大对法人机构支持“三农”、小微企业等信贷投向评估，按季开展央行金融机构评级工作并及时“一对一”反馈评级结果，督促法人金融机构审慎、稳健经营。做好存款保险风险评级、费率管理、保费征收工作。召开金融稳定工作协调小组联席会议，及时了解辖区金融风险状况。截至年末，全区不良贷款率0.60%，比年初降低0.05个百分点。组织开展2020年度金融生态县创建评审和综合评估工作，2019年度在全省金融生态环境综合评估排名第29名，比上年提升15名。

【银企合作】 2020年，中国人民银行淮安支行聚焦民营、小微等制造业实体经济的融资难题，牵头组织开展多层次、分类别的融资对接活动。在金融助力“六稳”“六保”工作会议上，组织16家银行与受疫情影响、快速复工复产的32家企业代表签订融资协议。召开“百亿信贷资金助力淮安区高质量发展”专项银政企签约对接会，牵头区经济开发区、淮安农商行进行专项对接，签订战略合作协议。召开全区外贸企业金融帮扶专项行动推进会，指导银行机构因企施策，帮助企业渡过难关。开展线上金融对接服务，通过政府平台微信公众号、报社和电视台向社会公开发布《淮安区金融纾困解危助企复工复产线上银企对接活动公告》，利用省综合金融服务平台，网上受理企业融资需求，推动各金融机构应贷尽贷，无法达成意向的要求说明原因，确保每笔需求均有对接、有落实、有反馈。

【外汇服务】 2020年，中国人民银行淮安支行简化外汇服务流程和手续，提高业务效率、缩短行政审批时间。全年办理企业名录登记共32笔，其中网上办理16笔。名录登记业务由平均30分钟缩短至15分钟，全年共为企业节省时间480分钟。强化货物贸易数据质量，实现名录登记工作数据质量全覆盖核验。加大非现场和现场核查力度，紧扣“五重一大”和“四特”业务，加强资金流向把控，加大对异常企业的监管力度。2020年共开展149家企业非现场监测、6家企业现场核查，3家企业降

表13　2020年中国人民银行淮安支行获市级以上表彰一览表

单位（姓名）	表彰内容	表彰单位
中国人民银行淮安支行	五星级党支部	中国人民银行南京分行
张　颖	国家外汇管理局江苏省分局重点研究课题二等奖	国家外汇管理局江苏省分局
张劲松	江苏省发行库管理制度知识和业务技能竞赛总成绩二等奖	中国人民银行南京分行

为B类，1家企业注销名录。推进“放管服”改革各项措施落地，在风险可控基础上推出的各项互联网+在线服务和审批。开展“外汇服务银企行”活动，大力宣传支持政策，帮助企业解决实际问题，为涉外经济发展营造良好的市场环境。抓好国际收支间接申报核查，确保数据质量。全年核查7649笔外汇业务，涉及金额38 859万美元。

（张凯进）

中国工商银行股份有限公司淮安楚州支行

【概况】 2020年末，中国工商银行股份有限公司淮安楚州支行各项存款余额 51.16亿元，比年初增长6.08亿元，比同期增长2.14亿元，其中储蓄存款年末余额31.74亿元，比年初增加4.31亿元，比同期增长1.85亿元；公司存款余额9.58亿元，比年初增加0.62亿元，比同期下降0.74亿元（2019年公司存款较年初增1.35亿元）；机构存款余额8.89亿元，比年初增长0.99亿元，连同企业养老金返还0.84亿，比年初增加1.84亿元，比同期净增1.97亿元。外币存款余额1402万美元，较年初增加289万美元，增幅25.96%，日均较上年增加584万美元。贷款余额28.35亿元，比年初减少0.14亿元，其中公司贷款余额9.77亿元，比年初下降0.52亿元，个人贷款18.58亿元，比年初增加0.38亿元。普惠贷款银监口径全年新增6252万元，计划完成率104%（任务6000万元），市行排名第三，人行口径全年新增6806万元，计划完成率113%（任务6000万元），市行排名第二。2020年末，楚州支行拨备前利润12 194.17万元，中间业务收入1722.49万元，剪刀差629万元，超额完成市行660万元任务。

【客户拓展】 2020年，工行楚州支行新开对公结算账户1447户，计划完成率118.8%，居市行第一，存量有效结算账户占比达63.44%，较年初提升11.23个百分点，市行排名第四。新开有效结算户986户，占比68.14%，市行平均占比55.65%，高出12.49个百分点。累计新增个人客户 10807户，全量个人客户达到252038万户，占淮安区常住人口的25.75 %，有效客户新增5243户，有效客户总量达192043万户，个人日均金融资产5万元以上客户较年初新增1044户，私人银行客户比年初增加7户，总量达11户。在产品营销方面，惠积存、如意金积存、到账伴侣、融e联、工银e支付、融e行等对公重点产品；代发工资、商户拓展、e分期交易额、期交保险、信用卡发卡、三方绑卡等个金重点产品任务完成率、绝对数均列系统内前茅。

【内部管理】 2020年，工行楚州支行制定业务及规章制度学习培训计划，全行核算质量不断提高，可控风险事件不断减少，全年共发生三类风险事件4笔，比上年减少6笔，无一、二类风险事件发生。网点运营风险分级水平稳步提升，四季度支行6个网点中A类网点1个，B类网点2个，C类网点3个，全年无D、E类高风险网点。

【队伍建设】 2020年，工行楚州支行制定人才培养计划和中层管理人员季度绩效合约考核体系，形成良好的人才培养机制，对新进行员工的业务、服务、规章制度等进行系列学习培训；制定“猎鹰计划”，鼓励员工跨专业、跨岗位学习；并计划在全行公开招聘二级支行行长助理，为人才储备奠定基础。

中国农业银行股份有限公司淮安楚州支行

【概况】 2020年，中国农业银行股份有限公司淮安楚州支行（以下简称“农行淮安楚州支行”）共设置13个营业网点、5个部门。在平桥、朱桥、施河、车桥、流均、博里、范集、山阳等镇街及中心城区均设有二级支行和分理处。支行本部5个部门分别为公司金融部、个人金融部、普惠金融部、风控与信用管理部和综合营运部。年末，辖属18个基层党支部，其中营业网点党支部12个，机关党支部按部门设置5个，同时设立老干部党支部。年末，全行在岗员工共162名，党员总数204名，其中在职员工党员99名。

年末各项存款余额80.02亿元，较年初增加8.64亿元，增长12.11%，迈上80亿元台阶。各项贷款余额47.56亿元，较年初增加12.68亿元，列同业首位；增长36.35%，是全市农行平均增速的近2倍，被区委区政府评选为2020年度营商环境“十佳单位”、金融支持高质量发展优秀单位。

【贷款业务】 2020年，农行淮安楚州支行服务和支持地方经济社会高质量发展，推进普惠金融、重大项目、乡村振兴、制造业、民生和消费等重点领域信贷投放成效显著。贯彻落实“六稳”“六保”工作，加快普惠金融领域信贷投放，服务地方实体经济，支持小微企业、民营企业、个体工商户、农户经营等普惠实体发展。克服新冠肺炎疫情等困难，全年累计投放普惠贷款11.5亿元，年末普惠余额达13.01亿元，较年初净增5.33亿元，增长69.4%，总量、增量均列全市农行第二位。区域内交通基础设施、黑臭水体综合整治、风电、物流、保障房等已获批项目全年累计投放贷款6.65亿元。年末涉农贷款增量达5.68亿元，其中农户贷款余额4.29亿元，较年初增加2.02亿元，增长89.21%，总量、增量均继续保持全市第一位。其中投放惠农e贷信用贷款近1亿元，有效助力乡村振兴战略。截至2020年末，农行淮安楚州支行本外币各项贷款余额达47.56亿元，较年初增加12.68亿元，列同业首位；增长36.35%，是全市农行平均增速的近2倍。

表14　2020年中国农业银行股份有限公司淮安楚州支行获得市级以上表彰一览表

单位（姓名）	表彰内容	表彰单位
淮安朱桥支行	先进集体	中国农业银行股份有限公司江苏省分行
王楚宜	先进个人	中国农业银行股份有限公司江苏省分行

【优化服务】 2020年，农行淮安楚州支行在淮安区渠北片和运西片分别设置二级支行，即山阳分理处、范集支行，当年分别实现贷款投放1亿元、0.42亿元。为延伸和扩展金融服务，有效助力区域经济社会发展，实现营业服务南部新城建设和镇域经济社会发展，石塘支行已上报审批。推进网点机构经营转型，加快提升网点信贷业务经营能力，网点普惠信贷业务实现全落地、全覆盖，进一步延伸普惠金融服务阵地。

【风险管控】 2020年，农行淮安楚州支行强化信用风险源头治理，规范信贷业务流程，加大不良资产清收与管控，确保不良占比控制在“笼子内”。开展信贷“三化三无”、运营“三化三铁”、安全保卫“三化三达标”创建工作。持续深化案防风控“六大体系”建设。推进合规文化建设，根植合规理念，推进《员工行为守则》和禁止性规定学习教育活动。严格安全运营管理，防范意识形态、声誉风险、失密泄密、消保投诉等领域的重大风险事件。规范产品销售行为，加强客户信息安全管理，严格防范各类安全生产风险隐患，保障安全运营。

中国农业发展银行淮安市淮安区支行

【概况】 2020年，中国农业发展银行淮安市淮安区支行（以下简称“农发行淮安区支行”）各项存款余额19.11亿元，日均存款余额达19.67亿元。各项贷款余额46.69亿元，比年初增加6.89亿元，增长17.31%。按照贷款性质和种类划分，政策指令性贷款共6227.68万元，占贷款总额的1.33%，其中粮食政策性财务挂账贷款2299.58万元、省级储备粮贷款3768.6万元、市级储备粮贷款159.5万元；政策指导性贷款共46.07亿元，占贷款总额的98.67%，其中，粮油政策指导性贷款1.23亿元，改善农村人居环境建设贷款8.87亿元，棚户区改造贷款29.78亿元，土地流转贷款4.28亿元，水利流贷1.8亿元，农业小企业贷款500万元，龙头加工企业粮油收购贷款600万元。年末，实现账面利润达8882万元，国际业务收入665万美元，中间业务收入10万元，代理保险收入10万元。全年，未发生各类风险事故和案件，未出现不良贷款。

2020年，农发行淮安区支行先后获区金融支持高质量发展三等奖，区内部治安保卫先进

2020年11月，农发行淮安区支行金融服务小分队前往企业宣传 （叶秋玮 摄）

集体、省分行业务贡献行及市行先进单位等荣誉称号。

【疫情防控】2020年，农发行淮安区支行围绕疫情防控、复工复产两大任务，不断完善措施，把疫情防控工作做细做实。加大政策性支农力度，启动信贷应急通道，采取急事急办、先办后补、减费让利、差异授信等方式，72小时内精准完成4000万元应急专项贷款申报工作，支持企业复工复产贷款9.8亿元，有效服务"六稳""六保"。围绕客户经营困难，对接信贷优惠政策，实行优惠利率政策，平均利率下降100基点，对受疫情影响的客户让利金额达10万元。

【信贷业务】2020年，农发行淮安区支行围绕业务经营发展，加快高质量发展，保障粮食安全。夏秋两季会同地方粮食收购、中储粮等单位，支持托市小麦收购10万吨，比上年同期增长17%。适应市场化改革，延伸信贷资金链条，转换服务方式，支持地方储备粮1.46万吨轮换，支持粮食部门与加工企业联营，累计放款14 891万元，同比增长121%。结合地方资源、产业特色，补齐地方农业农村基础设施短板，做好乡村振兴战略实施，改善人民群众生产生活环境。累计投放农房改造项目5个，贷款金额6.80亿元，推进城乡一体化发展。做好金融普惠政策落实，支持贵州省锦屏县固本乡中药材种植，带动辖区内贫困户脱贫致富，共实现建档立卡9户脱贫。服务民营小微企业发展，重点领域创新支持模式，对接民营小微企业3户，贷款金额1500万元。围绕生猪全产业链，投放润发食品生猪贷款900万元，按期完成小微企业支持目标任务。

【经营管理】2020年，农发行淮安区支行注重存款结构优化，防范各类风险，提升自身经营绩效。坚持"存款立行、存款增效"，注重资金头寸管理，跟踪排查重点客户和账户资金支付情况。发挥新一代核心系统功能，在疫情防控期间，向客户宣传电子支付替代传统柜台业务，推广网银业务发展。年末，网银累计签约52户，网银电子对账累计签约52户，累计电子替代率98.07%。树立合规意识，按照"穿透原则"，注重项目准入、调查评估、贷款发放和督促支付、贷后监测管理、本息收回等工作，实现办贷全流程合规操作与精细管理。抓牢风险防控，坚持全覆盖、抓重点、守底线，针对重点领域风险分类施策、精准防控，定期实地察看贷款抵押品现状。

（叶秋玮）

表15 2020年中国农业发展银行淮安市淮安区支行获市级以上表彰一览表

单位（姓名）	表彰内容	表彰单位
农发行淮安区支行	业务贡献行	中国农业发展银行江苏省分行
农发行淮安区支行	先进单位	中国农业发展银行淮安市分行
农发行淮安区支行办公室	先进集体	中国农业发展银行淮安市分行
农发行淮安区支行会计结算部	先进集体	中国农业发展银行淮安市分行
唐立军（作品《为官应如斯》）	十佳廉政故事	中国农业发展银行江苏省分行

中国建设银行股份有限公司淮安楚州支行

【概况】2020年,中国建设银行股份有限公司淮安楚州支行(以下简称"建行楚州支行公司")各项存款余额39.56亿元,其中对公存款余额16.38亿元,个人存款余额23.18亿元,日均存款较年初新增0.67亿元。截至年末,各项贷款余额47.44亿元,较年初新增6.15亿元,其中公司贷款余额13.56亿元;个人贷款余额33.88亿元,较年初新增3.34亿元。全年实现主营业务收入1.58亿元,中间业务收入2306万元。

【资产业务】2020年,建行楚州支行公司类贷款投放3.77亿元、余额13.56亿元,均居地方同业第二。疫情期间,为助力企业复工复产,对公团队先后完成了井神、康乃馨抗疫贷款以及民生项目"交建淮安348省道"的贷款投放工作。在做好信贷投放工作的同时,服务地方建设改善民生,做好交建淮安基础设施有限公司淮安264省道10.75亿元项目贷款投放准备工作。与宏信国投合作,解决其综合授信问题,最终获批宏信综合授信11.67亿元,综授包括农房和高标准农田两大项目,农房平东社区1.9亿元和农房石塘3.1亿元两个项目已通过审批。

【战略业务】2020年,建行楚州支行推进"三大战略"建设。在普惠金融方面,先后推出抵押快贷、云税贷、手机快贷等产品,通过线上线下相结合的方式,服务实体经济,服务小微企业。在住房租赁方面,通过与房管部门、学校和企业合作,加强平台建设,积极组织房源,通过金融手段解决社会痛点。在金融科技方面,坚持科技驱动创新发展,先后为区法院上线政融支付平台,为拈花寺上线电子功德箱,为6个幼儿园上线缴费云平台,使得线上缴费达万人次,科技赋能的同时,方便企业和客户,促进全行业务转型发展。

【风险合规】2020年,建行楚州支行通过构建全方位立体化的员工行为网格化管理体系,提升员工行为管理的科学化、规范化水平。开展"不越监管底线、不踩规章红线、不碰违规违法高压线"专题教育活动,要求员工在日常工作中坚持合规经营,确保全年全行无违规违纪情况发生。在淮安区人民银行组织的2020年度外汇业务合规与审慎经营评估中,建行楚州支行位居同业第一,被评级为A类。

中国银行股份有限公司淮安楚州支行

【概况】2020年,中国银行淮安楚州支行实现拨备前利润14 289万元,同比增幅10.84%,实现营业净收入19 038万元,完成年度预算目标进度的100.56%,实现中间业务净收入4364万元,全辖第一。本外币一般性存款余额45.37亿元,较年初新增7.66亿元,增幅位列四大行第一;本外币各项贷款余额44.43亿元,较年初新增5.45亿元,增幅位列四大行第二。年末,全行不良贷款清收200万元,余额2807万元,不良率0.64%。

【存款业务】2020年,中国银行淮安楚州支行把存款发展作为第一要务贯穿全年。拓宽核心存款来源,聚焦财政收入、住建物业维修资金及开发商监管户资金,持续拓展中小存款客户群,以期增大其占有份额,减少大户存款大进大出影响。在做优客户服务、做细理财类客户管理的基础上,紧盯棚户区改造、建工代发、退役军人补助等源头资金,加大批量化营销和公私联动营销,提升基本户代发覆盖率和代发资金留存率,同时寻找新的存款增长点以此带动全量金融资产发展。截至年末,存款较年初新增5.92亿元,个金存款较年初新增1.74亿元,个金全量金融资产日均新增量及余额排名均为全辖第二。

【服务营销】2020年,中国银行淮安楚州支行开展走进企业、走进市场、走进乡镇的"三走进"活动,推动网点由以往的等客上门向外拓批量拓客转变。加强存量客户的维护,获取更多项目合作机会。加强与金融监管局、科技局、农业局、环保局等与当地企业有密切接触的政府帮办单位的合作,通过源头获客,寻找有价值、有潜力的客户,从而实现账户新开,继而逐步转化为基础客户和有效客户。建立以资产配置为核心的客户服务模式,开展各层级潜力客户晋级计划,通过产品宣传与各渠道的联动营销方式,提高存量客户的产品覆盖率,实现价值再创造。实施常态化走出去营销,以专业化、集中化的服务输出和结构性存款、云缴费、代发薪等产品针对的不同客群,实现批量营销,抢抓源头客户,夯实客户基础。截至年末,对公客户基础排名全辖第二，对私客户基础排名全辖前三，大众与中高端客户贡献度排名均为全辖第二。

【资产业务】 2020年，中国银行淮安楚州支行从以往的平台、房地产领域走向更需要专业知识的生产制造业领域。加强普惠金融的推动力度，制定普惠金融考核激励与约束方案，对普惠金融业务指标进行刚性约束，同时，加强储备与放款客户的名单化、过程化管理，通过优势产品和比股份制银行更有优势的贷款定价去争取更多的普惠客户。个人贷款方面，坚持住房贷款主导地位，促进个人贷款客户和规模快速增长，继续丰富产品体系，优化产品结构，加快贷款拓展力度。截至年末，贷款余额较年初新增1.37亿，零售贷款余额较年初新增4.08亿，个贷净新增额四大行第二，并有望于年末跃升为第一，普惠金融考核综合排名全辖第一。

中国邮政储蓄银行股份有限公司淮安市淮安区支行

【概况】 2020年，中国邮政储蓄银行股份有限公司淮安市淮安区支行（以下简称“邮储淮安区支行”）累计实现自营收入8624.07万元，计划完成率100.36%，县区排名第三；实现利润5469.03万元，计划完成率86.95%。自营储蓄存款日均余额5.31亿元，时点余额5.59亿元，县区排名第五，较2019年6月末增长1.14亿元，增长率25.59%。公司存款日均余额7.26亿元，计划完成率216%，县区排名第一，时点余额6.88亿元，较2019年6月末增加0.57亿元。截至年末，邮储淮安区支行贷款余额30.99亿元，较2019年6月末增长6.42亿元。其中个贷余额25.50亿元，较2019年6月末净增3.47亿元。不良贷款2069万元，不良贷款率0.63%，整体资产质量可控。小企业贷款余额3.27亿元，较2019年6月末增加0.88亿元;票据余额2.21亿元，计划完成率436.90%，较2019年6月末增加2.07亿元。

【优化资源配置】 2020年，邮储淮安区支行优化人员结构，落实扁平化管理，减少和盘活后台员工，充实壮大营销人员队伍，提高营销岗位员工在全行的占比。加大辅助性、企业非核心环节岗位人员外包力度，降低企业用工成本，全行累计外包人员12名。

【风险管控】 2020年，邮储淮安区支行在业务发展各环节、各岗位明确岗位职责，划清各岗位风险底线，强化履职监督，加强履职考核。强化细化贷后管理，突出流程管控，严守风险红线。强化员工行为管理与监督，及时移交不良贷款，强化清收保全精细管理。

（王　辉）

江苏淮安光大村镇银行股份有限公司

【概况】 江苏淮安光大村镇银行股份有限公司（以下简称“淮安光大村镇银行”）是中国光大银行在全国设立的第二家村镇银行。2020年，全行一般性存款10.20亿元，较年初增加1.63亿元，增幅19.02%，其中对公存款5.88亿元，储蓄存款4.32亿元；全行各项贷款余额9亿元，较年初增加1.53亿元。其中，对公贷款余额5.44亿元，比年初增加1.26亿元；个人贷款余额3.56亿元，比年初增加0.27亿元。

（姚　琨）

保险业

中国人民财产保险股份有限公司淮安市淮安支公司

【概况】 2020年，中国人民财产保险股份有限公司淮安市淮安支公司（以下简称“人保财险淮安支公司”）实现保费收入1.68亿元，同比增长17.40%，全险种占淮安区市场份额42.58%，同比增长1.3%。全年人保财产淮安支公司在淮安区车险市场份额41.42%，同比增加2.72%。非车险市场份额44.7%，同比增加1.46%。全年受理理赔案件23 846件，案件处理率和结案率100%，全年共支付赔款1.16亿元，其中未支付金额3074万元，同比减少14.45%。公司产品涵盖车险、政策性农险、社会治安综合险、短期健康险、小微经营户安全综合保险、雇主责任险等多个种类。与政府开展合作，承保社会治安综合险、政策性农业

表16　2020年淮安光大村镇银行获市级以上表彰一览表

单位	表彰内容	表彰单位
淮安光大村镇银行	省健康单位	江苏省健康委员会
淮安光大村镇银行	全国百强村镇银行	中国村镇银行发展论坛组委会

表17　2020年中国人民财产保险股份有限公司淮安市淮安支公司获市级以上表彰一览表

单位	表彰内容	表彰单位
中国人民财产保险股份有限公司淮安市淮安支公司	2019—2020年度淮安市放心消费创建先进单位	淮安市放心消费创建活动办公室
中国人民财产保险股份有限公司淮安市淮安支公司	2020年度江苏省放心消费创建先进单位	江苏省放心消费创建活动办公室

保险、残疾人意外伤害险等淮安区民生项目的保险工作。

【服务举措】 2020年，人保财险淮安支公司秉持“做有温度的人民保险”“人民保险服务人民”的理念向客户提供多样化快捷服务。95518服务专线电话提供24小时服务；微信公众号提供一键续保、微信理赔、微信救援等服务，让客户一键解决从投保到理赔问题，让服务过程透明可视；人保e通和营销管理系统等多种组合出单满足客户对于不同险种的搭配需求；专门安排人伤调解员解决客户理赔难题，让客户不多跑一趟路，不多花一分钱，给客户高效、优质的服务。

【民生保障】 2020年，人保财险淮安支公司在做好防疫的基础上加深政企互动。与政府合作，承保淮安区社会治安综合险、淮安区政策性农业保险、淮安区残疾人联合会轻度残疾人意外伤害保险、淮安区防返贫救助资金承保等民生项目，累计承保金额超过20亿元，保险受众超20万人。保险对象涵盖农户农业活动、残疾人意外伤害、乡村返贫边缘人口、易返贫边缘户等多个领域；提供包括自然灾害、牧畜疾病、意外伤害、意外医疗、意外住院津贴、重大疾病医疗、重疾住院津贴、返贫风险等多个风险保障。

【承保京沪高速建工险】 2020年11月17日，人保财险淮安支公司成功签单京沪高速公路淮安至江都段改扩建工程主体施工项目JHK-HA5标段的建工意外险。总保费达到32万元，为此项目建筑施工人员每人提供身故残疾保额50万元以及医疗费用保额5万元。

京沪高速公路淮安至江都段改扩建工程是全省重大交通项目，该工程主体施工项目标段造价近5.4亿元，人保财险淮安支公司自工程完成审批并正式立项后便开展密切联动，与承建单位中交一公局第二工程有限公司及时对接沟通，历经三年时间跟进，制定并不断完善符合施工人员需求的保险方案，最终实现成功签单。

中国人寿保险股份有限公司淮安市淮安区支公司

【概况】 中国人寿保险股份有限公司淮安市淮安区支公司（以下简称“中国人寿淮安区支公司”）是中国人寿保险股份有限公司淮安分公司在淮安区的分支机构，有5个区部、17个职场，9个营销服务部。2020年，中国人寿淮安区支公司推行“机制引才、制度用才、培训育才、环境留才”的人才强司战略，拥有寿险管理、核保核赔、保险精算等领域经验丰富的专家团队，为客户提供全面保障及服务。截至2020年末，淮安区支公司总保费4.07亿元，同比增长5.59%，保险金额70亿元，税收193万元。全年共受理案件7371件，支付赔款2636.6万元，最大单笔赔案金额高达50万元，理赔结案时效1.14 天，结案率98.16%。中国人寿淮安区支公司在业务拓展和服务创新方面始终走在市场的前列，依托先进IT技术培育公司一流的经营管理能力、风险管控能力和客户服务能力。2020年，中国人寿淮安区支公司获得中共淮安市淮安区委、淮安市淮安区人民政府颁发的“扶贫贡献奖”。

【服务举措】 2020年，中国人寿淮安区支公司秉承中国人寿“成己为人 成人达己”的企业文化理念和“用专业和真诚赢得感动”的服务理念，为客户提供多样的服务举措。95519 客户服务专线电话实行 24 小时服务；VIP 客户俱乐部为高端客户持续提供个性化服务；结合牵手系列客户服务活动推出了“国寿1＋N ”服务品牌；开通工行、农行、中行、建行、招行、邮储银行、江苏银行等银行的转账代扣代付业务；出台“一站式服务”“转账绿色通道”“理赔绿色通道”“医保通”“短信通”“送赔款上门”等措施，让客户享受到热忱、规范和高效的服务。公司产品涵盖普通寿险、分红保险、健康保险、意外伤害保险、养老保险等多个种类,计200个险种,能为客户提供全方位的人身保险保障服务。其中专为满足客户健康保障要求设计开发的康悦百万医疗、国寿保短期以及老年人保险、女性安康等政府惠民保险产品,具有保费低廉、保障适度、除外责任少、核保理赔手续简便等特点。

【风险管理】 2020年,中国人寿淮安区支公司为防范风险,切实保障客户利益,公司的业务、财务部门在投保、核保、出单、保全、理赔等各个环节全部采用电脑管理。在2004年通过ISO9001:2000质量体系认证,且每年接受普华永道两次关于公司内部控制方面的审计,完全符合美国对上市公司在内控合规方面的各项要求。

【服务民生】 中国人寿淮安区支公司受区政府委托承接辖区内居民大病医疗第三方监管与服务工作。至2020年末累计给付大病医疗保险金2.85亿元,共计14.63万人次。2020年7月,中国人寿淮安区支公司中标基本医疗经办,中国人寿通过建立并完善政保一体的管理体系、总额预算基础上多元复合结算体系以及"智能+"医疗费用管控体系等三大体系,将建设深度融入基本医保共管联办、高度参与医保基金监管,为大病保险制度可持续健康发展保驾护航。重阳节,中国人寿淮安区支公司在漕运广场开展"养老、敬老、爱老"宣传活动,利用敬老月,联合钦工、宋集、流均等乡镇卫生院开展多场老年人保险宣传活动及义诊。11月17日,中国人寿淮安区支公司联合区老年大学、区卫健委,共同举办第九届"中国人寿"杯老年春晚海选活动。疫情期间合计捐赠四次物资,慰问一线干警、一线护士、一线女英雄(恩来社区、站前新村党群服务中心)。全年组织5次"国寿大讲堂"活动,普及医疗保健知识,为老百姓送健康。组织21次客户免费健康体检活动,为广大参保客户提供健康保障。

开放与合作

招商引资

【概况】 2020年,淮安区新签约亿元以上项目60个,其中工业项目31个,服务业(经营性三产)项目19个,农业项目10个。总投资10亿元以上项目6个,其中总投资106亿元的"井神盐生产及综合利用"项目、总投资30亿元的"淮安健康科技城及淮安智能制造产业园"项目等一批重特大项目成功签约。新开工亿元以上产业项目47个,其中10亿元以上项目5个。新竣工亿元以上项目40个,其中总投资10亿元以上的华润新能源(淮安)有限公司华润淮安区99兆瓦风电项目、淮安中恒新能源有限公司淮安中恒99兆瓦风电项目投产达效。

【招商方式】 2020年疫情期间,淮安区开展网上招商、云招商,总投资20亿元的林安物流、5000万美元的台资碳纤维项目先后通过远程视频方式成功签约。开展以商引商,建立项目长制和50强企业领导挂钩机制,做好服务企业工作,调动企业支持招商、参与招商积极性。年内,投资1亿元生产5G滤波器的飞特尔项目通过捷群电子项目被介绍到淮安区考察对接。聚焦产业招商,围绕机械电子、食品等产业,招引上下游配套企业,引进文盛电子贴片电缆生产线、长特汽车零部件生产、维嘉益双极板等电子机械类产业链项目。

【招商氛围】 2020年,淮安区加大考核激励力度,新增招商引资特等奖、招商功臣奖,对当年有50亿元、10亿元以上开工项目的单位,直接进入高质量跨越发展一、二等奖,对引进10亿元以上重特大项目或引进亿元以上符合新兴高端产业项目的第一引进人授予"招商功臣奖"。深化活动招商,二季度开展招商引资"百日竞赛"活动,活动期间,全区共新签约亿元以上项目(含3000万元以上农业项目)36个,其中10亿元以上项目1个。8月份开展集中签约活动,总投资200亿元的恒大运河梦都、总投资100亿元的健康科技城及智能制造产业园、总投资10亿元的琦威汽车配件和昆淮智创园等4个重特大项目实现集中签约。10月中旬起,在全区开展制造业项目冬季招商竞赛活动,四季度还在厦门、昆山和杭州等地组织三场招商推介签约活动。严格规范涉企行政执法检查行为,依法保护市场主体权益,不断优化营商环境。在部分企业试点"拿地即开工",探索"策划先行、并联协同、容缺受理、交地发证、拿地开工"的工业项目审批模式,确保企业拿地后能快速转换正式手续,提高审批效率,稳定企业投资信心。

【平台招商】2020年，淮安区坚持把“一区多园”作为招商引资的重要载体，明确各园区的产业定位。淮昆台资合作产业园基础设施不断完善，项目承载不断提升，重点承载高端装备、智能制造、新一代信息技术等产业，形成电子、电容、电感齐全的电子产业；新材料产业园已形成PC装配式建筑、ALC墙板、管桩、水泥等全产业链园区，承接新材料项目；国信工业园围绕新能源汽车产业基地，招引以新能源汽车及电机、电控、电池为主导的新能源汽车产业。

（孟晓燕）

表18　2020年淮安区商务局获市级以上表彰一览表

姓名	表彰内容	表彰单位
潘永伟	淮安市创建全国文明城市工作先进个人（嘉奖）	中国共产党淮安市委员会、淮安市人民政府

表19　淮安区商务局系统基层单位名录

单位名称	基层单位名称
淮安区商务局	淮安区商务综合执法大队
	淮安市对外贸易公司
	江苏省畜产进出口（集团）公司淮安地毯总厂

外经外贸

【概况】2020年，淮安区全年新增3000万美元以上台资企业3个，完成利用外资1.49亿美元，开工项目利用外资9000万美元，位居全市前列；对外直接投资1250万美元，位居全市第一；外贸降幅逐步收窄，全年外贸进出口总额3.53亿美元，有实绩企业数135家，较上年新增20家，新兴市场和“一带一路”沿线市场出口额占比达35%；社会消费品零售总额达226亿元，是“十二五”末的1.4倍，年均增幅7%。推进老字号企业发展，新培植市级老字号企业2家；利用食博会平台，打造淮扬美食文化品牌，其中3家企业获得“淮安十碗面”称号，15名淮扬菜大师获得淮扬菜大师邀请赛金奖。4月26日，淮安区获得“2020年江苏省农村电商县”称号；11月9日，江苏康乃馨织造有限公司和江苏寒舟乐器批发有限公司被评选为省级数字商务企业。

【签订海关合作备忘录】2020年，淮安区为适应以国内大循环为主体、国际国内双循环相互促进的新发展格局，抢抓“一带一路”、长江经济带、长三角区域一体化发展等机遇，围绕“绿色高地、枢纽新城”发展目标，淮安区人民政府和淮安海关签订《淮安海关 淮安区人民政府关于促进淮安区高水平开放高质量发展合作备忘录》，建立合作机制，明确相互支持重点，为海关监管服务和建设发展提供优质保障，共同促进淮安区高水平开放高质量发展。

（陈子璇）

开发园区

江苏淮安经济开发区

【概况】2020年，江苏淮安经济开发区全年实现应税开票销售180亿元，完成入库税收5.5亿元。规模以上工业总产值116亿元，同比增长1.8%，全年新增规模以上工业企业6家，新增上市企业1家，新批高新技术企业15家，外资到账3500万美元，外贸进出口2.2亿美元。10月，原山阳街道15个行政村纳入开发区管辖，成立综合服务中心。

【项目建设】2020年，经济开发区坚持“项目为王”理念，按照“建链、补链、强链、延链”的思路谋划项目，以打造产业集群为导向，以产业链招商为抓手，细排缺链关键节点，有针对性地招引一批好项目大项目。全年共签约落户10个亿元以上项目（3个外资项目），总投资30.85亿元，其中昆淮智创园项目投资10亿元。全年新招引的项目有南宝碳纤维、旭正机械、琦威汽车配件、福森药业、长特锻造、苏纬纺织、双环齿轮技改、乐享通房车等8个项目通过亿元项目开工认可。双极板一期、施塔德电梯一期、南宝碳纤维3个项目通过竣工验收，其中南宝碳纤维项目实现当年签约、当年开工、当年投产。

【基础设施建设】2020年，经济开发区加快推进基础设施建设。新区花园四期安置小区竣工交付；实施工业污水管网及提升泵站工程；完成黑臭水体整治配套工程；实施并完成边寿民路、经十九路等20余段（处）道路优化及维修工程，实施服务企业配套工程：实施置信、同创高分子、必胜电池等项目自来水外线铺设工程。编制开发区形象提升工程实施方案，分3年实施，启动一期山阳大道和经十九路提升工程。加快智能装备产业园配套工程实施进度，启动经十八路建设。

【管理服务】 2020年，经济开发区践行“101%”服务理念，从项目签约落地到竣工投产等各环节提供全流程精准化“店小二”服务，优化帮办流程，推行“一个项目、一个领导、一套班子、一套方法”提高帮办成效，推进项目快速建设，投产达效。2020年，经济开发区帮助南宝碳纤维项目办理公司注册、立项、环评、结汇等手续，并通过市亿元项目开工认可；帮助旭正机械办理土地挂牌、用地规划许可证、平面审批等手续，并通过亿元项目开工验收；帮助维诚金属项目办理土地挂牌手续，方案审批；帮助宝阳物流装备项目办理挂牌手续，推进二期项目开工建设；帮助润发食品办理剩余10亩土地挂牌手续；帮助韵达快递办理不动产证；协调旭正机械征地拆迁、施工便道、临时水电等问题；帮助维嘉益双极板项目办理红线、设计要点、用地预审手续；协调施塔德电梯项目验收、与光巨围墙之间矛盾、两侧便道及人行道安全出行等问题，已通过竣工验收；帮助协调双环齿轮110千伏变电站围挡与线路之间矛盾；协调扶贫厂房污水管网与力傲包装围墙之间矛盾；协调全稳饲料水系改造问题；协调富春物流项目电线杆迁移问题。2月2日，辖区内江苏康乃馨织造有限公司受国药控股委托为雷神山医院提供医疗纺织物，紧急启动复工24小时内完成订单任务。

表20　2020年江苏淮安经济开发区概况一览表

村（居）委会名称	村组数（组）	户数（户）	人口（人）	耕地面积（公顷）
楚东村	13	1409	6400	173
赵徐村	10	1114	4501	71.5
徐刘村	10	1016	4537	156.4
颜刘村	10	454	1881	134.7
干沟村	7	720	3008	233
车路村	8	576	2688	118.7
罗伶村	9	1237	4910	20
黄土桥村	9	1108	4505	41.5
童嘴村	8	975	3964	0
张巷村	8	926	4155	66.8
高港村	6	687	3063	120
椿树村	9	745	3319	232
长流村	7	730	2690	207.5
丁朱村	9	448	1898	118.5
张蔡村	5	430	1554	85

注：表中数据截至2020年12月31日

表21　2020年江苏淮安经济开发区获市级以上表彰一览表

姓名	表彰内容	表彰单位
马建芳	淮安市创建全国文明城市工作先进个人（嘉奖）	中国共产党淮安市委员会、淮安市人民政府

表22　江苏淮安经济开发区基层单位名录

单位名称	基层单位名称
江苏淮安经济开发区管理委员会	党政办公室
	财经局
	经济发展局
	规划建设局
	综合行政执法局
	党群工作部
	淮安区外资招商服务中心
	项目服务中心
	电商物流发展服务中心

【项目签约】 2020年2月，总投资5000万美元的台湾南宝碳纤维项目远程视频签约；3月，投资1.1亿元的元和包装材料生产项目签约；5月，投资1亿元的硕创电子项目签约；6月，投资1亿元的飞特尔低温陶瓷共烧LTCC器件项目签约；8月，区委区政府举行重特大项目集中签约仪式，开发区招引的昆淮智创园项目参加签约；9月，投资2.5亿元的弘鼎机械项目签约；10月，投资3亿元的宏阳织造项目签约。

（杨　静）

江苏省国信集团淮安工业园

【概况】 江苏省国信集团淮安工业园（以下简称“国信园区”）于2011年挂牌成立，是江苏省内第一家由省属大型国有企业和地方政府合作共建的综合型工业国信园区。国信园区总规划面积10平方千米，启动区规划面积2.6平方千米。2020年10月，江苏省苏北发展协调小组办公室会同省商务厅等部门组成评估组，对共建国信园区2019年度建设发展情况进行考核。国信园区在全省南北共建国信园区考核中排名第十，获1200万元奖励资金，连续八年获得全省南北共建先进国信园区称号。

【园区建设】 2020年，水岸新城安置小区二期工程总建筑面积18万平方米，可提供安置房源1394套。一标段为11#～13#、17#~21#共计8栋建筑，可提供安置房源907套，于2020年底竣工交付；二标段为14#~16#、22#、23#共计5栋建筑，可提供安置房源487套，其中3栋建筑主体于2020年封顶。

【项目招引】 2020年，国信园区注册外资到账200万美元。全年国信园区管理服务中心招引在建项目1个，新签约项目2个。总投资11.3亿元的天好大数据中心一期项目总建筑面积约7万平方米，计划建设1栋4层未来中心、1栋15层孵化楼、4栋4层数据机房，数据机房安装3600个标准机柜、36 000台机架式服务器，新建建筑正在进行装饰装修，设备逐步进场。

（曹根旗）

淮安施河现代教育装备产业园

【概况】 2020年，淮安施河现代教育装备产业园（以下简称“施河产业园”）拥有各类生产型企业128家，其中列统企业14家。拥有两个大类的产业群：区域传统产业教育装备产业和一二三产融合产业，包括电教装备、实验室装备、动漫课件、数字化校园、人造草坪、儿童游乐设施、高铁航空餐、连锁餐饮供应等11大类2000多种产品，从业人员2.6万名，其中近5000名供销员遍布全国各地。形成以江苏共创、新起点等为龙头的体育装备产业集群，以快易典、乾坤科教等为龙头的智能教学装备产业集群，以奇乐娃、喜洋洋等为龙头的幼教装备产业集群，以百斯特集团为龙头的一二三产融合产业集群，产业集聚度达90%以上。

2020年，施河产业园区教育装备产业实现开票19.96亿元，税金1.43亿元，同比增长20.3%；区入库税金50强企业占7家。园区培育高新技术企业9家，企业研发投入7000余万元，技术合同成交额超8000万元。共创公司9月30日在上海证券交易所主板成功首发上市，成为淮安市第一家主板上市民营企业。

【项目建设】 2020年，施河产业园重点推进9个项目，总投资14亿元，新签约项目4个，新开工项目6个，新竣工项目2个，农房改善项目1个。投资1.2亿元的文体综合服务中心、1.1亿元的孵化中心项目11月已开工建设，投资5亿元的中餐工业标准化生产项目作为现代食品工业园先行启动区，12月底开工建设。投资5亿元的高铁航空餐项目12月份已经投入生产，实现百斯特食品产能倍增，产品链进一步实现多元化。10月30日，产业园作为主会场举办淮安市2020年第二次产业项目集中开工典礼。

【产业建设】 2020年，施河产业园共拨付产业扶持资金478.44万元，对企业的项目投资建设、参加国家专业展会、开票税收双增长进行补贴和奖励。帮助企业克服疫情带来的不利影响，引导教体装备企业加大智能教育、智慧校园等新品研发力度。施河产业园把建设成先进制造业和高新技术产业的集聚区、创新驱动和集约发展的示范区作为发展目标。

【一二三产融合特色产业】 2020年，施河产业园全力推进35亿元的百斯特系列项目快竣工、快投产。规划建设1.23平方公里的现代食品产业园，按照“两廊六片多节点”打造仓储冷鲜、生产加工、科研服务、生态体验等片区，实现现代食品上下游产业链集约融通。规划22平方公里的现代农业产业园，以食品产业园为辐射，配套建设现代农业生产基地、美丽乡村乐享区。以农产品精深加工为核心，以规模化种植、养殖为抓手，以美丽乡村乐享体验为亮点，构建以二产为主导的一二三产业联动发展的生态圈，绘成一幅园区农业提质增效、农民安居乐享的美丽蓝图，实现“十百千万亿”高质量跨越发展新追求。

（梁乾洲）

淮安新材料产业园

【概况】 淮安新材料产业园带于2015年成立，园区总规划面积21.09平方公里，下辖永济、张朱、姚桥三个行政村，常住人口约1万人。截至2020年末，竣工投产企业14家，在建项目6个。2020年，新材料产业园共完成列统工业开票销售46.38亿元，同比增长31.65%，净增11.15亿元，完成全年目标116.01%，新增10亿元开票企业1家，新增税收超千万元企业1家；列统工业入库税金1.57亿元，同比增长4.02%，净增607.58万元，完成全年目标87.36%；实现一般公共预算收入1.162亿元，完成全年任务的112%，同比增长14.64%，净增1484万元；上划数7374万元，完成全年任务的111%；同比增长13.45%，净增874万元；工业列统企业培植2家，分别是建华科技和中核中原；全年完成科技研发费用9765.3万元；完成千万元设备开票1.17亿元；完成固定资产投资额1.41亿元，其中规上工业投资额1.37亿元；累计工业总产值5.24亿元；规上工业增加值能耗同期下降，下降率21%。

【项目建设】 2020年，新材料产业园共签约亿元以上项目4个，其中5亿元以上项目2个，分别是总投资6.8亿元的沃联新材料项目和总投资6.2亿元的建华ALC新型板材及钢棒项目；亿元以上项目2个，分别为总投资2.3亿元的铭基科技饲料项目和总投资1.2亿元的建华PC钢棒、构件项目。新建亿元项目4个，分别为沃联新材料、铭基科技饲料、海螺水泥新材料和建华PC钢棒、构件项目。续建项目2个，为中核中原和苏纬纺织项目。竣工亿元以上项目1个，为总投资1.2亿元的华磊建材项目。

【园区建设】 2020年，新材料产业园为服务企业，满足项目落户需求。建成“两纵三横”路网：“两纵”为淮金路、腾飞路；“三横”为实联大道、民乐路、北环路，完成民乐路搭接247省道设计工作；完善主干道雨污水管网，1、2、3号沉井已全部完工，顶管工程正加紧实施；推进总长826米范集港公共岸线码头建设；完成园区主干道绿化和亮化工程。

【民生工程】 2020年，安置小区“温馨花园”一期6栋安置房全部封顶，启动商业街建设，二期征地工作完成，农房建设进入招标环节。拆除农村长期闲置畜禽舍、破败空心房屋和违建乱建35处，恢复绿化面积280平方米，完成2066座散坟的整改工作。姚桥村农房搬迁项目进行扫尾工作，实施6个组别地块土地复垦，通过国土局初步验收。

（赵健飞）

表23 2020年淮安新材料产业园概况一览表

村（居）委会名称	村组数/组	户数/户	人口/人	耕地面积/公顷
永济村	29	835	3940	570.93
姚桥村	23	620	2530	500.00
张朱村	11	399	1731	259.53

注：表中数据截至2020年12月31日

表24 2020年淮安新材料产业园获市级以上表彰一览表

单位	表彰内容	表彰单位
江苏省淮安新材料产业园管理服务中心工会	全国“安康杯”竞赛活动荣获优秀组织奖	中华全国总工会、中华人民共和国应急管理部、中华人民共和国国家卫生健康委员会

基础设施

城乡建设
公用事业
水利
邮政　通讯
交通　运输

城乡建设

综 述

【概况】 2020年，淮安区住建系统推进建筑工地等重要单元达标创建，深入开展“大拆违、大清除、大扫尾”专项整治行动，共拆除各类建筑2300平方米，查处违规占用绿地、毁绿等案件377起，处罚225起，罚金6.2万元。在全系统持续推进招商引资及大项目建设攻坚年三年行动计划，新开工项目5个，结转续建项目5个，新签约项目6个，完成外资到位954万美元。

淮安区住建局向上争取黑臭水体、保障性安居工程等专项补助资金2.44亿元。开展住房保障标准提标扩面，扎实做好福利院成年孤儿周转保障用房。强化维修资金收缴拨付规范，推广实施棚式集中智能充电桩系统。对楚州实验中学等3个应急避难场所组织验收，加快推进楚州新校区应急固定避难场所开工建设。保障性安居工程新开工、基本建成、租赁补贴超序时进度。持续做好城建档案整理，做好查档服务工作。通过等级分类、重点防范等一系列措施，对所管辖867间、10 892.37平方米的直管公房进行房屋等级安全鉴定，确保直管住宅房屋的监管全覆盖和使用安全；白蚁防治面积41万平方米，灭治面积1700平方米。

【质量监督】 2020年，淮安区共有受监工程33项，248个单位工程，建筑面积199.67万平方米；累计在建844个单位工程，建筑面积667.63万平方米；竣工60个单位工程，面积48.31万平方米。工程竣工验收合格率100%，工程质量监督覆盖率98%以上，监理覆盖率98%以上，分户验收覆盖率100%，投诉处理完结率98%。签订项目负责人终身质量责任承诺书50余份，签订率100%。全年共抽查工程411次，抽测工程237次，处理一般质量问题121起，签发质量问题抽检通知单5份，质量问题整改通知书30份，局部停工通知书1份，处理住宅工程质量投诉48起。

【重点工程】 2020年，淮安区紧扣城市建设发展，完成6个地块、42.7万平方米、3024户大运河绿色航道建设、恩来干部学院二期、萧湖东入口等地块的房屋征收。加快杜康桥路一、二期，佳和名苑一期等安置房建设进度。加快“华西路—长安路—莲花街—城河街”东西路网循环，新华路、新荣路等10项新续建市政道路工程按序完成建设；实施15.2万平方米的承恩大道沿线、城西干道两侧等绿化整治工程。完善城市亮化智能控制系统，实施梁红玉路220盏LED路灯绿色照明节能改造以及完成城西干道南延、杜康桥的458盏杆路亮化工程。全面实施整治河道景观提升工程，西汪塘、清安圩泵站引河等沿河景观绿化达26万平方米；污水处理厂三期正在设备安装和厂区内部管网施工；完成北门大街（名人亭—府市口）、新华路东段道路改造，基本完成镇淮楼东路管网改造，逐步实施世纪佳苑、金陵名府小区以及部分市政道路管网混错节点改造，新增城镇污水管网14.5千米，累计完成城区主次干道管网普查测绘800.1千米，完成清淤255千米。完成2553户的安置结算以及新实施项目现场房屋选择确认；实施8个老旧小区综合整治及18条后街背巷改造。

【建筑业管理】 2020年，淮安区新开工商品房41.68万平方米，竣工103.12万平方米，销售85.32万平方米；完成建筑业产值370亿元，建筑业总部经济产业园正在外部装饰，新墙材、绿色建筑竣工面积分别达89.66万平方米，完成居住既有建筑节能改造1.05万平方米。城区建筑工地质量安全和扬尘监控系统投入使用，完成建筑业产值400亿元，入库税收4.5亿元。强化建筑市场半成品原材料保障，为全区在建工程提供散装水泥260万吨、预拌砼150万立方米、预拌砂浆10万吨，近89万立方米的蒸压砼板材、构件、砌块，投放市场保证供应。

【墙改与绿色建筑】 2020年，淮安区共完成墙材总量约5.1亿块（折标砖），其中蒸压混凝土板材约36万立方米、装配式混凝土构件约28万立方米、蒸压混凝土砌块约35万立方米，其他混凝土砌块（砖）约6000万块（折标砖）。新建绿色建筑面积约86.28万平方米，同比增长32.74%；其中居住建筑面积约81.88万平方米，公共建筑面积约4.4万平方米。获得绿色建筑标识项目5个，其中公共建筑1个，面积为4.38万平方米；居住建筑4个，建筑面积为75.62万平方米。绿色建筑处罚1起，30万元。

【安全管理】 2020年，淮安区住建局开展城区28家在建工地，城镇13家燃气企业、14个供应点，城市55条主干道地下管网及市政基础设施的安全生产专项整治行动及42座市政桥梁检测排查，狠抓问题隐患整改，构筑住建领域建筑施工、城镇燃气及城市地下管网等重点行业和各条块的安全生产态势平稳。参与全区26家危化品企业、养老院专项整治；开展全区预拌砼（砂浆）运输车辆超载治理工作，建成监督信息化系统。对全区在建单位工程开展商品砼质量专项检查、深基坑质量安全专项检查、建筑工程质量等巡查，工程质量监督覆盖率98%以上。

2020年，淮安区建设工程消防验收备案24个。加大建设工程消防处罚力度，消防处罚共计10起，21万元。结合全区危化品企业专项整治、全区养老院专项整治，检查项26个项目，12345热线受理30件。

9月16日，淮安区开展“淮防-2020”防空警报统一试鸣暨防空袭行动演练　　（田军　摄）

【散装水泥管理】 2020年，淮安区共完成散装水泥约260万吨，预拌混凝土约150万立方米，预拌砂浆约10万吨；召开全区预拌混凝土搅拌和预拌砂浆使用的车辆超载治理工作会议3次，成立局货物装载源头超限超载工作领导小组，并与责任单位签订目标责任状，每月开展专项检查不少于2次，下发停工停产2份，治超巡查记录36份；抽测建筑用砂氯离子含量检测26个批次。

【人民防空】 2020年，淮安区人防指挥通信执行军事化，利用大数据、网络融合等技术，实现指挥通信系统信息共享、资源整合。抓好军事战备演习演练，适时调整区人防指挥组织架构；开展人防重要经济目标单位防护训练、完成全区人防专业队（志愿者）点验实训；开展“5·12”防灾减灾活动及社区居民紧急疏散模拟演习；完成江苏省“国动-2020A”人防系统警报器试鸣活动；完成“9·18”全省人防警报器试鸣暨防突袭演练活动。利用多媒体显示屏、《淮安人网》滚动式宣传人防科普知识，“5·12”活动期间《淮安区报》《淮安日报》专版宣传，举办“周恩来与中国人民防空”七十周年主题征文活动。优化审批流程，缩短审批时限，人防工程立项审批缩短至1天，特殊情况开辟绿色通道加班加点半天内办结，今年新审批1个结建人防工程。做到“纪委牵头、部门联动”约谈和人防办清欠小分队上门催缴相结合，人防易地建设费清欠和平战结合费清欠同步，有序高效推动清欠征收工作。竣工交付人防工程实行“网格化”管理。坚持专业巡查和人防自我巡查相结合，一方面，聘请具有专业资质的淮海地下空间资产管理公司定期对全区所有建成的小区人防工程质量安全开展巡查工作；同时，对全区所有竣工交付人防工程实行网格化管理，责任任务分工到人防办每个工作人员，要求每个点位每周巡查不少于一次，每个月过堂汇报，汛期、高温、重大节庆等特殊时期坚持巡查不间断，确保人防工程巡查无死角。明晰人防工程“三权”进社区。根据区政府办《淮安区“小区人防工程进社区”突击月行动实施方案》（淮政办发〔2018〕173号）文件，推动“小区人防工程进社区”工作，明确人防工程产权为区人防办，开发企业在项目验收后第一时间移交人防工程产权；明确人防工程管理权移交给属地街道；由属地街道选聘物管公司或相关单位行使使用权，并同步做好人防工程平战使用证发放和平战费收缴工作。已完成街道辖区人防工程进社区整体移交，28个小区人防工程正式实施进社区管理，有效推动了非战时人防工程优先缓解小区停车难问题。

【交通路网建设】 2020年，淮安区建设国省干线，连淮扬镇铁路全线通车，宁淮城际铁路、京沪高速公路扩容改造沿线房屋拆迁工程基本完成；348省道淮安区段建成通车；新长铁路山阳大道平改立工程完成，仇博路道口完成主体建设；“四好农村路”建设按期完成交通帮扶任务，通过省级调研评估，全年新改建农村公路121.5千米、桥梁29座、建设生命防护工程169千米；完成博里画苑至348省道连接线、苏车线、青莲岗村至235省道连接线等农房改善项目配套道路；完成233国道16.69千米大修，实施启动328省道西段三堡大桥至总渠管理处段集中维修工程，完成交通运输部“十三五”干线公路管养国评工作；城市道路快速便捷。竣工交付镇淮楼东路、北门大街改造工程等6条道路。

城市建设

【市政工程】 2020年，淮安区对府前路、南巽路等14条城区主次干道的人行道进行整治，共计改造面积约6.6万平方米，维修人行道面包砖及彩砖约3.3万平方米，维修快慢车道约6.02万平方米，路牙更换维修约5282米，更换各类窨井盖593套（块），清理各类大小雨水井3000多座，完成各类交办单60份，数字城管交办95份，群众满意度98%，完成人大、政协代表提案2份，满意度100%。共完成立面维修与出新约8万平方米。完成规划一路工程建设任务，造价约361万元，2020年9月2日竣工通车。对太清观街、珠市街巷等13条城区后街背巷进行整治改造，总造价约510万元，9月20日全部完成。9月20日完成耳洞桥、三思桥及迎薰门桥3座危桥维修工程改造工作，总造价约270万元。完成城西干道南延、杜康桥路（边寿民路—G233）路灯架设，新华路（经二路—城西北路）、新荣路(纬六路—里运北路)、规划一路（经八路—梁红玉路）、经八路（盛世名城—楚荚公路）新架路灯共155杆，计236盏；完成梁红玉路绿色照明节能改造，更换LED路灯110杆，计220盏。常态化的开展路灯设施故障排查和检修工作，全年累计对全区范围内主次干道维修路灯987盏；处理路灯电缆故障61起；杜康桥路、漕运广场楼体反光灯、里运河风光带等道路拆灯126盏，始终保持城区道路亮灯率、设备完好率在98%以上。

【污水处理】 2020年，淮安区处理城市生活污水1606.37万吨，新建城市污水管网5.423千米；乡镇污水处理厂处理乡镇生活污水169万吨，新建乡镇污水管网9.1千米。经统计，2020年1~9月份全区城镇污水处理率为89.42%。区18条黑臭水体经过整治，已基本消除，沿线景观绿化工程基本完成；新建三号污水提升泵站，污水处理厂三期正在进行设备安装及厂区管网施工；完成北门大街（名人亭—府市口）、新华路东段道路改造，基本完成镇淮楼东路管网改造；正在实施世纪佳苑、金陵名府小区及部分市政道路管网混错节点改造。完成在线监测仪表系统平台项目，系统包含淮安区乡镇污水厂21套废水COD在线分析仪、氨氮在线分析仪、明渠流量计的数据接入。在线监控系统是集在线仪器的数据采集、传输、存储、展示、统计及管理应用的综合业务平台，可提高环境监管工作的信息化水平，提高对污染事件的快速反应能力。建设出水在线监控设备联网改造项目，在总厂远程监控中心实现淮安区21家乡镇污水处理厂远程监控，系统采用可编程序控制器（PLC）实现设备远程开机、关机及报警等功能。出水口在线检测仪表数据实现远程采集及集中分析功能。建设乡镇视频监控系统联网项目，在总厂部署集中式存储设备接入分厂的视频流，可以远程通过电脑网络、移动客户端随时随地查看各厂区的视频监控录像。

【征收安置】 2020年，淮安区实施大运河绿色航道建设、恩来干部学院二期、高端智能装备产业园（先期道路）及二期项目、清华苑西侧、施耐庵著书处、黑臭水体整治工程（酒厂周边）、萧湖东入口、易郡龙腾北侧、黑臭水体整治工程（运西支渠）等9个项目，房屋征收（收购）总面积23.52万平方米，征收（收购）总户数999户。完成诚品小区、富丽瑞景苑二期、新城市广场等小区2553户的安置结算以及新实施项目现场房屋选择确认工作。配合区农房办对全区各镇、产业园的农房改善工作，协助指导石塘、漕运、平桥、施河等乡镇完成3793户的农房改善搬迁工作。配合做好农房搬迁政策的业务培训、成本测算、拆除招投标管理、房屋拆除、垃圾清运等工作。

【园林绿化】 2020年，淮安区完成承恩大道沿线2、3、4节点环境整治工程、看守所周边环境整治工程、城西干道两侧（一品梅路至南巽路段）环境整治工程、丽枫酒店门前环境整治工程、世纪佳苑南侧游园建设工程、红军中学西校区北侧零星绿化工程、城西干道、华西路、友谊路等沿线零星环境提升工程、里运河码头整治工程、阳光现代城周边环境整治工程、经十路沿线(华西路至永怀东路段)绿化提升工程、承恩大道北侧(紫藤园至楚州大道段)沿河环境整治工程、文府佳苑北侧环境整治工程、华西路市民广场工程、海天路游园建设工程、新世纪广场改造提升工程等17处工程的建设，合计增加绿化面积15.2万平方米，其中新建6个游园、改建2个游园广场。至2020年底，城区新增绿化面积40万平方米，公园绿地服务半径覆盖率80%。排查城区主次干道行道树枯死、游园绿化缺失、小品游园步道毁坏等问题，消除绿化养护盲区，实现绿化监管全覆盖。强化病虫害防治、行道树修剪清理、公园水体漂浮物打捞、绿地垃圾常态化清理等工作，确保绿化美化效果。同时对城区各主要道路绿化带和景观绿地内枯死缺株的苗木进行全方位绿化补栽，松土、补植、浇水、卫生清理等。城区循环养护除草、修剪绿篱约2400万平方米，行道树补植约400株，绿化地被补植约5000平方米，抗旱浇水、绿化冲洗约80万平方米。

【老旧小区改造】 2020年，淮安区整治老旧小区实际总投资3962万元，总改造面积61.87万平方米，惠及4978户，改造道路约1.67万平方米，(其中沥青道路约1万平方米)，路灯297盏，监控392个，绿化提升4.61万平方米，雨、污管网1.15万米，面包砖8160平方米，健身广场1400平方米，停车位333个，外墙出新5.7万平方米，充电桩15处，道闸1处等。连续三年获得全市老旧小区改造工作排名第一。

【管网普查】 2020年，淮安区累计完成市政主次干道管网普查测绘458.5千米，完成小区管网普查测绘341.6千米，并开展市政管网清淤检测工作，完成清淤检测255千米。

【燃气管理】 2020年，淮安区开展全区城镇燃气安全生产专项整治工作，重点围绕开展城镇燃气企业站点安全隐患排查整治，打击燃气企业违规经营和“黑气点”、燃气气瓶充装及灶具等燃气产品质量专项整治及餐饮场所燃气安全专项整治等方面开展工作。全年共对全区燃气经营企业检查50余次，下达隐患整改通知书42份，提出整改意见83条，并已整改到位，并配合市第三方专业机构对全区燃气企业开展排查和风险隐患整治。全区城镇燃气安全生产专项整治工作正在按序时进度向前推进，通过开展燃气安全专项整治工作，规范全区燃气安全管理工作，提升全区燃气安全管理工作整体水平。围绕改善农房工作，加快推进全区农房改善工作在用气方面基础设施配套，确保在全区农房改善工作全面完成时，农房改善项目的广大用户均能用上方便的管道天然气。

村镇建设

【农村危房改造】 2020年，淮安区为贯彻落实国家农村危房改造政策，帮助农村特困群众解决住房问题，保障农村特困群众生命财产安全，对全区四类人员农村住房安全进行两次大排查，结合改善农村住房条件工作，加强部门联动，联合公安、扶贫、民政、残联、不动产、市监、人社、公积金等部门对排查出的“四类人员”危房就相关信息进行审核，委托区危房鉴定所逐户进行鉴定。完成2019年新增112户危房改造区级验收，2020年农村危房改造“回头看”“大排查大整改”排查的69户和2020年新增28户四类人员危房已经完成改造并进行区级验收。完成全区“四类对象”农村危房改造工作，并联合扶贫、民政等部门建立动态监测机制，确保贫困群众住房有保障。

【特色田园乡村建设】 2020年，淮安区围绕镇村美民富目标，充分挖掘利用自然资源禀赋、人文环境优势，注重植入绿色、生态、田园、乡愁、文化等元素，统筹推进乡村经济、政治、文化、社会和生态文明建设，启动6个村庄整治提升工程，组织申报车桥镇卢滩村、平桥镇李前村、钦工镇东支村、苏嘴镇大胡村创建市级特色田园乡村试点，流均都梁被命名为省级特色田园乡村。平桥镇李前村、山阳街道小岗村创成市级特色田园乡村。

【美丽宜居乡村建设】 2020年，淮安区整合资源，聚力达标。联合生态环境局、人居办等部门集中优势，聚焦打造，确保美丽宜居乡村建成率稳步提升。累计完成290个规划发展村庄的美丽宜居村庄创建，美丽宜居乡村建成率80%，车桥镇成功申报成为美丽宜居小城镇建设试点乡镇。

（田　军）

表25　　2020年淮安区住建局获市级以上表彰一览表

单位(姓名)	表彰内容	表彰单位
淮安区人民防空办公室	2019年度人防工作先进单位	江苏省人民防空办公室
淮安区住建局	2019年度安全生产工作先进单位	淮安市住房和城乡建设局
淮安区住建局	2020年度全市建筑业统计工作成绩突出单位	淮安市建筑业管理服务中心
陈龙、刘玉斌、田军	全省建设档案管理工作先进工作者	江苏省住房和城乡建设厅
王友胜、邱文彬、骆康平	创建全国文明城市工作先进个人	中国共产党淮安市委员会、淮安市人民政府
王友胜	2019年中心城市重大工程建设服务先进个人(二等功)	中国共产党淮安市委员会
朱士超	2019年中心城市重大工程建设服务先进个人(通报表扬)	中国共产党淮安市委员会
王建武、支中亚、成新军、朱士超、庄重、陈国涛、贺志宏	2019年度全市住建系统先进个人	淮安市住房和城乡建设局
陈龙、王建武	2019年度安全生产工作先进个人	淮安市住房和城乡建设局
王卫东	市住建系统2020年“感动住建·感人故事”十佳奖	淮安市住房和城乡建设局
朱士超	市住建系统2020年“感动住建·感人故事”提名奖	淮安市住房和城乡建设局

表26　　淮安区住建系统基层单位名录

单位名称	基层单位名称
淮安区住房和城乡建设局	淮安市淮安区住房保障和房产管理中心
	淮安市淮安区房屋综合服务中心
	淮安市淮安区市政公用事业服务中心
	淮安市淮安区房屋征收服务中心
	淮安市淮安区园林绿化管理中心
	淮安市淮安区华光路灯管理有限公司
	淮安市淮安区建设工程质量检测中心
	淮安市淮安区清源排水有限公司
	淮安市名城资产经营有限公司
	淮安市淮安区经济适用房开发公司
	淮安楚州住房贷款担保有限公司

城市管理

【概况】 2020年,淮安区城管工作以全国文明城市创建工作为重心,以打造整洁优美、和谐有序的城市市容秩序和环境卫生为总揽,城管系统广大干部职工紧紧围绕年初下达的目标任务,扎实工作,敬业奉献,顺利推进各项工作。淮安区城管局被住房和城乡建设部表彰为全国住房和城乡建设系统抗击新冠肺炎疫情先进集体。

【市容秩序管理】 2020年,淮安区加强公益广告宣传,在楚州大道、翔宇大道、漕运广场等城区20条主次干道、3个公共广场各类公益广告设置宣传率达100%，在金地、大润发等13处LED电子大屏进行滚动宣传，营造宣传氛围。强化市容秩序管理，扎实开展“十大专项战役”，开展市容秩序、不文明养犬、“小广告”百日清零等各类专项整治。今年，城管局共查处商品外溢、流动摊点等占道经营行为17 530余处；规范非机动车乱停放18 280余辆，劝导违规停放当事人11 130人次，依法暂扣非机动车6070辆，捕捉流浪犬620余条，城区主次干道、商业大街“门前五包”责任书签订、责任牌悬挂率均达100%。推进城市公共基础设施建设，实施“创建六项工程”。实施城市公共基础设施提升工程。更新水果台75个、修理台16个，设置分类垃圾桶350只。实施城区公厕提升工程。投资70万元，升级改造公厕4座。实施城乡接合部环境提升工程。清运城乡生活垃圾113 400余吨。实施市民素质提升工程。为鱼市结对社区、环城挂钩社区低收入28户送去帮扶资金11 200元，实施未成年人成长环境提升工程。与区教体局配合，对校园周边流动摊点、占道经营等开展专项整治。

【垃圾分类管理】 2020年，淮安区制定出台《淮安区城乡生活垃圾分类和治理工作实施方案》《垃圾分类考核办法和细则》，将垃圾分类工作纳入城市长效管理考核，按月打分、按月通报。深入开展“垃圾分类，从我做起”主题宣讲活动，利用各种媒体定期广泛开展垃圾分类宣传，并在天恒王府等小区增设楼道感应垃圾宣传牌，印发倡议书、宣传画10 000份，宣传手册5000份，制作宣传展板50块，宣传横幅200余条，大幅度提升市民参与垃圾分类率。加大垃圾分类工作经费的投入，投资40余万元，在华谊星河小区试行智能化垃圾分类。全年新增垃圾分类小区16个，设立垃圾“四分类”试点小区2个，“两定一撤”小区2个，智能化垃圾分类小区1个。

【城市违法建设整治】 2020年，淮安区加大监管巡查力度，对于新生违建，第一时间发现，第一时间制止，第一时间拆除率要达到90%以上。对存量违建进行“回头看”，特别是涉及重大安全隐患的违法建设要求及时上报。健全防违治违管理体系，将管辖区域建立“三级网格化”管理体系，从4月13日开始，开展“大拆违、大清除、大扫尾”专项行动，按照“零增量、消存量”的要求，仅用一个月的时间就拆除违法建设39处，面积约17 575平方米；拆除楼顶字及高空广告牌77处，面积约8504.15平方米。

【城区环境卫生管理】 2020年，淮安区严格按照道路清扫作业流程，合理安排作业班次，并根据季节的变化适时进行调整。对主城区范围道路，做好机械化作业和人工清扫的人机协同，做到保洁员全天候巡回保洁，从凌晨三点半一直延续到晚上十点，不间断保洁。外围道路利用小型电动保洁车与机械化作业协同，保洁效率明显提高，确保道路清扫保洁工作始终达到国家卫生城市标准。按照“五无一净”标准加强106座直管公共厕所的管理，优化公厕管理标准及考核办法，突出对沿街公厕、景点公厕、居民密集区公厕、垃圾桶、果壳箱的管

经四路、经五路与府前路交叉口违章建筑拆除现场，拆除面积约3900平方米 （区城管局　供图）

金地广场周边违规广告牌拆除现场 （区城管局　供图）

表27　　2020年淮安区城市管理局获市级以上表彰一览表

单位(姓名)	表彰内容	表彰单位
淮安区城市管理局	全国住房和城乡建设系统抗击新冠肺炎疫情先进集体	住房和城乡建设部
淮安区城市管理局	淮安市创建全国文明城市工作先进集体(集体三等功)	中国共产党淮安市委员会、淮安市人民政府
何德飞	淮安市创建全国文明城市工作先进个人(个人二等功)	中国共产党淮安市委员会、淮安市人民政府
吴怀熊	淮安市创建全国文明城市工作先进个人(记功)	中国共产党淮安市委员会、淮安市人民政府

理力度，累计更换水箱72只、水龙头84只，修补损坏的地面、墙面瓷砖1240多平方米，更换坐便器19套，节能水箱127套，更换温馨提示牌260张，节水标志贴1000余张，另加装公厕导示牌55块，更换果壳箱580余个，垃圾桶500多个。

【城区农贸市场管理】 2020年，淮安区城管局组织惠民公司对创建重点点位中的梁红玉路、盛世豪庭、漕运、楚州大道四个市场的地面、墙体、摊位、消防等进行分项改造维修，严格对照测评标准，加大管理力度，加强保洁频率，开展各项环境卫生、经营秩序整治工作，保证市场地面、经营场所整洁，商品摆放整齐，无摊点外溢、占道经营现象，车辆停放有序。开展各式各样的诚信经营活动，规范从业人员文明经营，建立健全投诉处理机制，开展公平秤、服务台等便民服务。为解决农贸市场食品安全监管、市场管理混乱、经营户不诚信经营的问题，惠民公司率先在楚州大道市场安装集主体管理、摊位及商户管理、食品安全追溯、食品安全管理、信息发布系统、信用管理、智能监控管理、交易数据分析为一体的智慧农贸信息化平台。

【渣土运输管理】 2020年，淮安区严格实行市场准入制度，全面推进公司化运作。共审报10家运输企业(筱墅、泽通、永益、润鑫、龙资、中道、润宏、泽之卿、凯博、环美)，全区正规渣土企业名下共计新型环保密闭渣土车辆156辆，已全部安装车载GPS，纳入监管系统平台。实行工地源头监管，24小时值守，一旦发现有建筑垃圾渣土外运现象立即汇报并及时采取措施。对运输企业实行“四统一”制度，即统一处置审批、统一车辆标识、统一运输路线、统一运输时段。原则上，实行建筑垃圾渣土夜间运输，运输时段为每晚十点至次日凌晨五点。利用微信网络平台，实行信息共享，发现问题，及时解决问题。加大联合执法，整治违规现象，淮安区城管局牵头组织交警、住建等部门联合，全年共开展20余次执法行动，充分发挥部门联动效应，重点查处渣土运输过程中抛洒滴漏、车轮带泥、不密闭覆盖等违规现象，渣土运输市场渐趋规范。

【民生实事项目】 2020年，淮安区根据市区两级为民办实事要求，投资23万元，对涧河南街、拈花寺、小鱼市口西等公厕进行升级改造。投资150万元在城西南路和巽关路交叉口西北侧建设一座小型货车停车场，投资200万元在翔宇小区西侧新建一座二类标准公厕和小型车辆停车场，新增公共停车泊位2000个。投资400万元建设一座活禽集中宰杀临时疏导点。

公用事业

供　电

【概况】 2020年国网江苏省淮安供电公司淮安供电营业部(以下简称“淮安供电营业部”)网供最高负荷56.38万千瓦，同比增长5.94%；最高日供电量1101万千瓦时，同比增长21.66%。2020年累计完成供电量22.18亿千瓦时，同比增长5.18%；售电量21.12亿千瓦时，同比增长3.77%。2020年淮安区全社会用电量完成25.05亿千瓦时，同比增长5.67%。淮安区中压线路长度3757千米，低压线路长度6957千米。

【电网建设】 2020年，淮安供电营业部完成110千伏红桥输变电工程、七洞输变电工程建设，并于年内及时投运；为新能源并网提供配套线路建设，其中华润风电220千伏线路工程和润农风电一期、国信风电、中恒风电三条110千伏线路工程实现年内投运；上河—楚州—朱桥220千伏线路改造工程和七洞—楚州110千伏线路新建工程年内建成投运。总建设规模达到变电20万千伏、220千伏线路22公里、110千伏线路62公里，总投资19 358万元。110千伏文府输变电工程开工建设，预计2021年5月投运，总投资约1.41亿元，2020年内完成投资1.1亿元。

2020年，淮安区共下达配电网项目380个，总投资1.26亿元。农网项目共828个，总资金3710.75万元，维修低压电杆1281根、配电箱70台、电缆分支箱35台、架空线路67.479千米、电缆11.158千米、接户线12 208户。2020年建设投运557台自动化设备，完成无线专网覆盖区域20条全自动FA线路投运工作，投入分级保护线路45条。

【营销业务】 2020年，淮安供电营业部推广“网上国网”App，线上缴费、办电比例稳步提升，电子化缴费率达94.83%，电费回收率99.9%。完成省属白马湖农场两改工作，做好客户全面移交后的供电服务工作，合计完成低压用户接收改造6803户，高

表28　2020年淮安区全社会用电量情况

行业名称	用电量累计/万千瓦时	用电量上年累计/万千瓦时	累计同比/%
全社会用电总计	250 532	237 090	5.67
A.全行业用电合计	184 187	173 419	6.21
第一产业	2531	2185	15.84
第二产业	136 108	124 941	8.94
第三产业	45 548	46 293	−1.61
B.城乡居民生活用电合计	66 345	63 671	4.2
城镇居民	22 374	21 825	2.52
乡村居民	43 971	41 846	5.08
全行业用电分类	184 187	173 419	6.21
一、农、林、牧、渔业	6242	6401	−2.48
二、工业	131 817	119 416	10.38
（一）采矿业	8757	12046	−27.3
（二）制造业	89 505	83 460	7.24
（三）电力、热力、燃气及水生产和供应业	33 555	23 910	40.34
三、建筑业	4332	5557	−22.04
四、交通运输、仓储和邮政业	3132	2891	8.34
五、信息传输、软件和信息技术服务业	3441	3018	14.02
六、批发和零售业	9048	9309	−2.8
七、住宿和餐饮业	2540	2759	−7.94
八、金融业	522	742	−29.65
九、房地产业	5732	4516	26.93
十、租赁和商务服务业	2170	2269	−4.36
十一、公共服务及管理组织	15 211	16 541	−8.04

110千伏文府输变电工程安装现场　　（李扬东　摄）

压用户接收95户。优化线损考核细则，加强营销线损及在线线损的管控力度，2020年营销系统平均线损合格率98.3%，全市排名第三，2个供电所进入国网百强所。

【农房工程】 2020年，淮安区重点农房建设工程22个，涉及车桥、复兴、苏嘴、平桥、博里、漕运等11个乡镇。为确保进度，应区政府要求，淮安供电营业部协调安排施工单位，将漕运李庄新村小区主入口道路35根10千伏电杆及高低压线路全部入地，当天便完成全部拆除工作。2020全年完成农房工程项目5个。

【杆线迁移】 2020年全年，淮安区供电杆线迁移项目累计立项48项，造价约7900万元。其中政府环境整治类11项、道路修建类22项、水利改造类8项、其他用户业务类7项。累计完成淮安纬四路、边寿民路、河西社区、京沪高速公路生态文旅区段改扩建工程，宁淮高铁马甸段、高铁新区等26项杆线迁移项目，淮安供电营业部为地方经济建设发展提供支撑。

【保供电工作】 淮安供电营业部为2020年全市重大产业项目集中开工活动、万丰小吃节、区委十二届八次和九次全体会议、区委区政府重要工作会议、全国高等教育自学考试、高中考等活动，组织开展保电工作，均取得圆满成功，有力保障地方各项会议活动开展。

【优质服务】 淮安供电营业部打通供电公司内网与政府政务平台数据通道，实现企业用电“一网通办”。全面推广、实施业扩配套工程，将企业接电外线电气工程纳入业扩配套工程实施，切实降低用户接电成本。淮安供电营业部安排专职人员根据行政审批平台信息，主动与企业对接，协助其办理高压新装等用电业务，全面优化提升用户办电体验。2020年，淮安区高压用户平均接电时长为18个工作日，高压用户外线接入成本为零。2020年收到两面企业用户赠送的锦旗。

（仲　猛）

供　气

【概况】 2020年，淮安区共有液化石油气储配站8家，储存能力1010立方米。另外钦工镇液化气储配站220立方米（4×50+20）正在建设中，建成后全区液化气储配站数量达9家，储气规模达1230立方米，全区液化气供应点11家。

全区共签订特许经营协议的管道天然气企业共3家，分别是新奥燃气淮安区分公司、中石油昆仑淮安燃气有限公司以及中油（中泰）淮安新能源有限公司。新奥燃气淮安公司已在城区及镇共计铺设中低压燃气管道530公里，中压管道210公里，低压320公里。现有管道调压柜器数459个（调压柜200个，调压箱259个），阀门井数536个，现有管道燃气用户10.4万余户，其中远传表用户近5.2万户，年销售天然气用气量近4000万立方米；已设置安全警示标识的管道长520公里，标识完成率98%。全区建有LNG／CNG加气站（江苏绿能能源有限公司长途客运汽车站加气站）1座，规模为日供气量LNG1.5万立方米、CNG2万立方米，年销售气量36.48万立方米；建有CNG加气站（中石化江苏淮安石油分公司康马路汽车加气站）1座，规模为日供气量1万立方米，年销售气量10万立方米，目前已停止供气；建有宋集乡LPG加气站，加气规模为日供应22立方米，年销售气量

27吨；建有城东高速入口中石化L-CNG加气站1座，加气规模为日供气量LNG5吨、CNG2000立方米。

供　水

【概况】2020年，淮安区城区实现供水量2884.35万立方米，同比增长7.05%；售水量2349.41万立方米，产销差率为18.55%，管网压力综合合格率99.80%；水质综合合格率100%；维修管道2432处，维修及时率100%；铺设各类口径供水管道111.2公里，发展用户11 229户。

【漏损排查】2020年，淮安自来水有限公司楚州分公司为及时、准确掌握供水量变化，每天对供水流量、供水压力进行统计分析，进行管网漏损预警；进行城区小区DMA的规划组织、施工方案的制定，完成翡翠城小区DMA施工，并开展比对分析工作；对重点地段、重点区域实行装表计量，全年共对华谊星河、御景星城等小区60只考核总表安装远传系统，接入总公司的SCADA系统，通过对数据的采集和分析，及时对管网供水和用户水量进行对比，分析管网漏损情况，排查出重点漏损区域，对重点漏损区域有针对性地进行检查。全年测出暗漏点209处，明漏点52处；结合城区后街背巷整治改造工程，调整管网结构，制定老管道切除流程，及时切除老管道。全年共对东长街、城西北路、太清观街、窦娥巷等29处老化管网进行更新改造，改造管网总长14 763米。

【管网维修】2020年，淮安自来水有限公司楚州分公司为充分发挥供水“110”和维修人员的应急抢修作用，供水“110”纳入总公司客服系统，实行24小时值班制，全天候服务。要求供水“110”、维修人员要反应迅速保证质量，坚持特事特办、急事急办的原则，做到小漏不过夜、大漏及时修；同时在维修管理上实行部门考核和公司抽查考核相结合的方法，确保维修及时率。全年共维修管道2432处，维修及时率达100%。

【水表管理】2020年，淮安自来水有限公司楚州分公司坚持水表必查制度，每月线路必查，杜绝错抄、估抄和漏抄现象；对单位经营用户安装在室内的水表改造出户；对在线超声波流量仪和用水大户跟踪检查；加大对埋没、失灵、黑黄等故障水表的改装和周检工作。2020年共完成周检表拆装12 898只。加强拆迁工地水表管理，拆除文通巷、红桥村、公园村等38个拆迁工地水表1076只。加强新户上线及时率管理，确保新户上线及时率100%。

【优质服务】2020年，淮安自来水有限公司楚州分公司开展“三服务”流动红旗竞赛活动，着力打造楚州供水服务新形象。淮安自来水有限公司楚州分公司获得淮安区一季度和三季度“三服务”流动红旗。优化营商环境，缩短申请受理、勘察设计、编制预算及安装施工时间，确保在规定时间内通水。做好文明城市创建工作，供水营业厅内设有社会主义核心价值观、“讲文明树新风”公益广告，在韩信路沿街门面新增设安装LED电子显示屏，刊播供水服务信息、文明创建、营商环境等宣传标语。供水营业厅服务人员文明用语，规范热情服务。密切关注网络舆情，确保网络舆情工作的规范化、制度化，以群众满意作为网络舆情办理工作的第一追求，切实提高服务水平和服务质量。全年共办理12345政府公共服务平台交办件224件，办理总公司交办件242件，办理及时率达100%。

【安全管理】2020年，淮安自来水有限公司楚州分公司贯彻落实“安全第一，预防为主，综合治理”的方针，牢固树立安全发展理念，健全规章制度，安全生产工作目标任务层层分解，明确安全重点岗位职责。签订总经理与副总经理全责任状2份、部门安全责任状13份、班组安全责任状16份、职工安全承诺书147份、劳务承包安全管理协议7份；开展全方位、常态化教育培训，加强安全生产管理人员、所有岗位人员具备与岗位相适应的安全生产知识和安全操作技能，提高全员安全意识和专业技能。2020年开展各类培训7次计506人次参加，做到安全培训全员全覆盖。深入开展安全生产月活动，制订活动方案及详细的活动计划，举办安全培训，组织全体员工安全培训4次计170人次（含派遣工57人），采取安全知识、现场安全管理、员工上下班交通安全知识培训，观看《建筑安全生产典型事故案例》《重、特大典型事故案例警示片》《2020年安全生产月之“伤不起”》等形式开展教育。开展安全标准化建设，全面推进安全生产标准化建设，进一步规范企业安全生产行为，强化安全基础管理。加强重点环节、重点时段敏感节点的专项检查，在重大节日以及重大活动前，对淮安区城区重点区域的消防栓逐一进行检查维护，确保消防栓完好率、出水率达100%。对施工现场进行安全检查，重点检查疫情防控、施工围挡、安全标志、施工作业、机械设备、临时用电、安全帽等。全年组织各类安全检查45次，排查治理隐患4起。全年实现安全生产无事故。

（王长佳）

5月14日，淮安区召开河湖长制工作会议（区水利局　供图）

水　利

综　述

淮安区水利局是淮安区水行政主管部门，负责全区水行政执法、水资源管理与保护、节约用水、农业灌溉、水利工程管理、防汛防旱、城市水利和农村大中型灌排工程建设与改造等。水利局内设13个职能科室、14个镇（街道）水利站和下属16个直属单位。局党委所属1个党总支、17个党支部，现有党员367人，全系统共有干部职工723人。2020年，淮安区水利局全年重大项目到位资金1.1亿元，全年新增投入9200万元，白马湖水厂二期项目顺利通过市级考核验收。全年外资到账100万美元。

【河长制工作】 2020年，淮安区共计区级河长累计巡河95次，下达交办单71件，已全部整改到位。水利部暗访问题共3件，均通过验收销号。省交办问题13件，年度内完成12件；市级“两违”问题共738件，通过验收销号724件；市级交办河湖“三乱”问题共130件，验收销号127件。推动“两违三乱”专项整治，整治蓝洋科技园违规办公用房5天内完成拆除；里下河湖荡省交办“三乱”问题全部完成。推进京杭运河绿色航道建设，清除里运河餐饮趸船。

【水资源管理】 2020年，淮安区水利局严格落实水资源管理制度，对全区222家用水单位下达年度用水计划，实行超计划累进加价制度。全面完成地下水压采工作，封填深井305眼。统筹协调全区取水工程（设施）核查登记整改提升、地下水井专项整治执法行动和“两违三超”整治等多项工作。强化水政执法，累计出动管理执法800余人次，查处水事违法案件11起，拆除违建面积800余平方米、清除违章种植15 000余平方米。完成水资源费征收150余万元。节水宣传深入持久。开展饮用水水源地达标建设，里运河三堡水源地达标建设通过省级验收，白马湖南闸水源地取水口周边环境整治工作全面落实。推动水土保持，规范水土保持项目审批，全年完成25个项目审批。开展“十四五”水土保持规划、“十四五”农村生态河道规划、里下河退圩还湖专项规划、渠南灌区续建配套与现代化改造规划编制工作。

【重大活动】 4月9日，淮安区里运河三堡水源地达标建设通过省级验收。5月16日，淮安区水利物资防汛仓库开工建设。12月上旬，范集水利站划归为淮安区水利局下属单位。

城乡水利

【城乡水利建设】 2020年，淮安区城乡水利工程建设累计完成投资5.05亿元，疏浚河道66条、158千米，实施16项工程，包括区域供水二期工程、里下河洼地治理工程、2019年旱涝灾后应急治理工程、农村河道疏浚、农村黑臭水体整治、灌区信息化建设、朝阳干渠综合治理、城市水环境、水利物资仓库等。智慧水务系统正式投入运行，在监测水质安全、控制管网漏损、指挥应急处置、提升服务质量等方面成效显著，获市水利局“创新创优”项目。

【农村水资源管理】2020年，淮安区继续深化农业水价改革，完成全区农业水价测算核定、农业水权分配，完善计量设施配置，规范用水户协会管理。农村黑臭水体整治全面完成，治理成效全市靠前。加强涉河建设项目监管，推动茭陵抽水站创建国家级水利工程管理单位工作。强化农村供水管理，完成《水源地突发环境事件应急预案》和《农村供水突发事件应急预案》编制工作。白马湖水厂农村规范化水厂达标创建顺利通过水利部复核，全省仅四家。

防汛防旱

【防汛防旱】2020年，淮安区组织开展汛前检查，联合区营商办对全区防汛防旱准备情况全面复查。邀请区委区政府主要领导视察防汛情况，全面落实防汛防旱责任制，召开全区防汛防旱工作会议，修订完善预案制度，签订防汛防旱工作责任状。4月份，淮安区本地降雨少，在区防指统筹调度下，各镇街组织人力、机械全力抗旱。5月19日，在淮河入海水道十四中沟段临时机口开展防汛抢险应急机口架设演练。6月3日，区水利局同气象、农业等部门会商汛期气候，研判汛情和用水需求。入梅以来，淮安区降雨偏多，河湖水位上涨较快，部分河湖已超警戒水位，强降雨导致24.5万亩农田短时积水，茭陵抽水站、城区泵站等单位及时开机排涝。灌溉总渠行洪期间，部署近万人次参加巡堤查险工作。7月3日，受强降雨影响，里运河东堤城河街至漂母祠段堤防挡墙约15米坍塌，区水利局推进里运河东堤险工段施工，化解城河街至漂母祠段堤防挡墙坍塌隐患。7月21日至8月18日，灌溉总渠行洪，行洪流量807立方米每秒。7月21日上午9时，淮安区启动防汛Ⅳ级应急响应。7月23日上午8时，淮安区启动防汛Ⅲ级应急响应。

（周继红）

表29　　淮安区水利系统基层单位名录

单位名称	基层单位名称
淮安区水利局	水政监察大队
	茭陵抽水站
	城区泵站管理所
	河道湖泊管理所
	渠南水利管理所
	渠北水利管理所
	运西水利管理所
	运东电站管理所
	水利建筑工程公司
	二堡船闸管理所
	城市防洪排涝服务所
	农村供水公司
	节水服务中心
	水利物资仓库
	河下水利站
	山阳水利站
	平桥水利站
	石塘水利站
	朱桥水利站
	施河水利站
	车桥水利站
	流均水利站
	博里水利站
	复兴水利站
	苏嘴水利站
	钦工水利站
	顺河水利站
	漕运水利站
	范集水利站

江苏省灌溉总渠管理处
江苏省淮河入海水道工程管理处

【概述】 2020年，江苏省灌溉总渠管理处全面贯彻新时代治水方针和新时期全省水利工作基调，围绕年初制定的“一个统领、两项重点、三个目标”工作思路，完善体系，提升能力，开启水利现代化建设新境界。灌溉总渠、入海水道沿线工程全力行洪应对淮河流域性较大洪水取得胜利。全面推行精细化管理，高良涧闸创成省一级水管单位，淮安三站创成省二级水管单位；淮河入海水道工程管理处顺利通过国家级水管单位复核，淮安二站通过省一级复核。江苏省灌溉总渠管理处发挥行业管理职能，加强河湖监管能力建设，推动河湖长“有名”“有实”“有能”，改善河湖生态面貌。工程管理范围内“两违”“三乱”全部整治到位。全处累计实现经营收入3140万元。“节水护水、志愿先行”项目获省志愿服务大赛水利专项二等奖。

【工程管理】 2020年，江苏省灌溉总渠管理处扎实开展汛前工作。全面部署汛前等工程管理工作，围绕“细、实、全、新”汛前工作要求，扎实开展工程设备等检查维修保养，认真整改落实汛前检查、汛后检查发现的问题。抓好精细化管理工作，以淮河入海水道管理处、高良涧闸管理所和淮安抽水站变电所等单位为试点单位，扎实有序地推进精细化管理工作。管理处对照精细化评价办法及精细化指导书征求意见稿，通过细化分解精细化评价工作任务，组织开展试点单位精细化资料整编，完成了任务清单、工作流程图、作业指导书和规章制度等汇编工作。抓好达标创建工作，淮河入海水道顺利通过国家级水管单位复核验收，淮安二站通过省一级水管单位复核验收，高良涧闸、淮安三站管理所通过省级水管单位验收。抓好工程观测工作。完成2019年管理处观测资料成果的修订、整理、汇编和上报；完成近十年工程观测资料成果整理分析工作。推广GPS-RTK测量技术，应用于河道断面测量工作。

【防汛防旱】 2020年，灌溉总渠沿线降雨量1000毫米左右，比多年均值略多，主汛期雨势集中强劲，旱涝总体形势转变显著。管理处始终坚持安全至上，严格执行上级指令，合理制定调度方案，按照调度指令要求执行到位，发现问题后及时整改。全年收到省防指中心调度指令书面文件40多份，细化分解下达各站所执行指令420多条。工程运行中，加强工程安全检查和河道行洪情况观察，确保行洪工程安全。2020年，处管泵站累计抽水22.6亿立方米。其中淮安站安全运行134天，累计抽水15.3亿立方米；淮阴站安全运行63天，累计抽水7.26亿立方米。灌溉总渠渠首共泄水52亿立方米，六垛南闸泄洪11.44亿立方米，南、北运西闸共排涝14亿立方米，海口枢纽排涝超13亿立方米。

【综合经营】 2020年，江苏省灌溉总渠管理处注重抓好技术、抓好管理、抓好资源。继续抓牢委托管理市场，抓好水电船闸生产，同时持续拓展技术服务市场，注重锻炼职工队伍。在事业单位企业监管体制改革背景下，抓好资质维护，规范苏淮公司、江海公司运行管理，完成公司改革方案制定和资产清查；办理驻淮单位小水电业务税务登记，回归管理处结算，保障单位合理经济利益，做好迎接国有资产监管准备。2020年，全处累计实现经营收入约3140万元，经营净收入约1980万元。全处签订对外经营合同30余份，合同金额2610万元。优化南运西船闸通航服务，船闸通航量800余万吨，累计收入570万元；抓好水情和水电生产工作，水力发电260万千瓦时，收入100万元。

【水政水资源】 2020年，江苏省灌溉总渠管理处利用“世界水日”“中国水周”，围绕“坚持节水优先、建设幸福河湖”主题，悬挂横幅、张贴宣传画、设置宣传橱窗，组织收看水周宣传片。开展白马湖、宝应湖等河湖专项巡查和检查34次，日常巡查500余次。开展湖泊重点巡查、遥感监测变化点核查、涉湖建设项目督查。参与淮河下游联防检查。推进河长制，加强与淮安、盐城两市河长办联系沟通，与县区河道堤防管理单位对接，准确掌握两河的基本情况，配合做好省级河长巡河线路查看和专题片制作。督查和暗访盐城市河湖“两违”整治完成情况，对盐城市重点河湖库和饮用水水源地管理范围违建别墅进行暗访。开展“两违”“三乱”整治，拆除大运河立交管理范围内违章建设共计29处，约4300平方米，清理违规占用约2.1万平方米。清除腰闸、北运西闸及高良涧闸管理范围内3处违法建设。上报省厅3项“两违”项目，2项已完成、1项进入司法执行阶段。开展河湖监测与管理，委托省水科院对灌溉总渠、入海水道、废黄河、白马湖、宝应湖进行遥感监测，对白马湖、宝应湖开展水生态监测和流域化监测。推进两湖退圩还湖与建设项目监管，两湖退圩还湖专项规划全部获批，《金湖县宝应湖退圩还湖工程实施方案》通过省厅专家组审查，其余市县已全部获批。

【基础建设】 2020年，江苏省灌溉总渠管理处加快工程改造步伐，淮安三站改造工程顺利通过竣工验收。淮阴站加固改造工程累计完成投资2800万元，超额完成年度任务，占总投资的36%；阮桥闸拆除重建完成监理、施工招标。推进淮安一站、阜宁腰闸、南运西闸等工程加固改造前期工作，组织编报并深入研究阜宁腰闸可研报告，组织开展淮阴站挡洪闸、新河北闸、清安河地涵及淮扬公路旱闸等工程安全鉴定工作。做好病险工程管理工作，对全处大中型闸站基本情况进行梳理；开展全处病险工程安全检查，形成病险工程“五落实”情况总结报告，组织编报审查处三四类病险水利工程安全应急预案，强化工程应急维修，针对工程运行和汛前发现的问题，强化应急维修。

【人才培养】 2020年，江苏省灌溉总渠管理处统筹推进水利人才培养，开展师徒结对、“流动课堂”等活动，成立泵站和水闸2个学习实践小组，一人获全国泵站运行工技能竞赛第十名好成绩，两人被评为第十一届全国水利技能人才。加强选人用人，编制处《2021—2025年度人才发展规划》，加强干部队伍建设，选优配齐领导班子，注重青年干部的选拔和培养。发挥高技能人才传帮带作用，开展师徒结对活动，成功结对14对师徒。开设“流动课堂”到基层站所水利工程管理现场，成立泵站和水闸2个实践小组，按月开展学习和实践操作训练，参加全国泵站运行工技能竞赛，1人获得全国第十名成绩。做好科技项目管理工作，推进项目实施。组织对2019年度全处科技成果进行汇编。2020年发表论文28篇，取得专利21项，获得2项软件著作权，获得1个江苏省科学技术奖。

【党建及精神文明建设】 2020年，江苏省灌溉总渠管理处党委认真履行全面从严治党主体责任，压实压牢“两个责任”，提升政治站位，深入开展“忠诚核心、勇担使命”等主题实践活动。强化理论教育，开展“五个讲坛”活动，分片组建5个青年理论学习小组，7人进入“学用新思想”答题竞赛活动全省前300名。推进规范化建设，开展好“三会一课”、组织生活会，按照“六有”要求，强化党建与业务的深度融合，建立“五位一体”主题党日活动，实现全处“党员之家”标准化全覆盖。开展文明创建，通榆党支部与厅运管处党支部、维修养护党支部与省防指中心党支部、淮安一站党支部与省节水办的支部分别结对共建，管理处与城南社区结对帮扶。开展志愿服务，参加“打响爱国卫生运动攻坚战”、“德润淮安，志愿有我”庆五一志愿服务集中行动、“党员进社区”、“践行恩来精神、争创模范团队”、“传承五四精神、争当环保卫士”等志愿服务活动，志愿服务项目“节水护水、志愿先行”获江苏省志愿服务大赛水利专项二等奖。

【水文化建设】 2020年，江苏省灌溉总渠管理处建成大运河水立交文化展示区，编制《这里有座水工博物馆》水情读本，拍摄《安澜展示园》水情宣传片，创成国家水情教育基地、省水利行业节水机关，恩来教育基地被命名授牌，完成重点题材项目淮河入海水道报告文学《长淮东归记》的初稿。

（卞金彪）

水上立交　　（纪星名　摄）

表30 2020年江苏省灌溉总渠管理处、江苏省淮河入海水道工程管理处获市级以上表彰一览表

单位（姓名）	表彰内容	表彰单位
江苏省淮河入海水道工程管理处	国家级水管单位（复核）	水利部
淮安水利枢纽	国家水情教育基地	水利部
江苏省灌溉总渠管理处	江苏省五一劳动奖状	江苏省总工会
江苏省灌溉总渠管理处	江苏省水利行业节水机关	江苏省水利厅
江苏省灌溉总渠管理处	全省抗旱抗台抗洪工作先进集体	江苏省人力资源和社会保障厅、水利厅、应急管理厅
江苏省灌溉总渠管理处组织人事科	江苏省巾帼文明岗	江苏省妇女联合会、江苏省妇女“巾帼建功”、“双学双比”活动领导小组
高良涧闸党支部	服务高质量发展先锋队党支部	江苏省委省级机关工委
卞春兵（江苏省灌溉总渠管理处维修养护中心）	全国水利技能大奖	水利部
沈欣（江苏省淮安抽水站变电所）	全国水利技术能手	水利部
韩爱华（江苏省灌溉总渠管理处水文站）	全省抗旱抗台抗洪工作先进个人	江苏省人力资源和社会保障厅、江苏省水利厅、江苏省应急管理厅
朱淮明（江苏省淮安抽水一站管理所）	全省抗旱抗台抗洪工作先进个人	江苏省人力资源和社会保障厅、江苏省水利厅、江苏省应急管理厅

表31 江苏省灌溉总渠管理处、江苏省淮河入海水道工程管理处基层单位名录

单位名称	基层单位名称	单位名称	基层单位名称
江苏省灌溉总渠管理处	江苏省灌溉总渠管理处水文站	江苏省灌溉总渠管理处	江苏省阜宁腰闸管理所
	江苏省灌溉总渠管理处维修养护中心		江苏省通榆河总渠立交管理所
	江苏省淮安抽水站变电所管理所		江苏省六垛闸管理所
	江苏省淮安抽水一站管理所		江苏省南运西闸管理所
	江苏省淮安抽水二站管理所		江苏省北运西闸管理所
	江苏省淮安抽水三站管理所	江苏省淮河入海水道工程管理处	江苏省淮河入海水道二河新闸工程管理所
	江苏省运西分水闸管理所		江苏省淮河入海水道大运河立交工程管理所
	江苏省高良涧闸管理所		江苏省淮河入海水道淮阜控制工程管理所
	江苏省淮阴抽水站管理所		江苏省淮河入海水道滨海枢纽工程管理所
	江苏省运东闸管理所		江苏省淮河入海水道海口闸管理所

邮政　通讯

中国邮政集团有限公司淮安市淮安区分公司

【概况】2020年，中国邮政集团有限公司淮安市淮安区分公司（以下简称“淮安区邮政”）坚持对标立标达标，精准施策，聚力提升发展质效，推动各项业务高质量发展，实现邮政总收入1.57亿元。葛淮红被评为“淮安市劳动模范”；淮安区邮政获“江苏省文明单位”称号。

【渠道平台】2020年，淮安区邮政帮扶宋集惠实粮食专业合作社，实现“条沿翠冠梨”线上销售363笔，线上线下共销售近5000斤。帮扶博里镇青耕田农机专业合作社，将“鑫淮米”在“919”电商节活动中进行推广。抓住“919”活动契机，帮扶南闸领湖水产合作社线上推广销售391单，线下销售287单。整合邮政资源，实现“销售+寄递”一条龙服务，帮助疫情下的合作社解决产品推广销售困难等痛点，为农民的增产增收保驾护航。

【文化传媒】2020年，淮安区邮政为区举办的疫情表彰大会定制《最美逆行 淮上英雄》邮折2000枚。以“书香农家阅享小康”为主题，与区委宣传部合作，将有声农家书屋的形式深度融入全民阅读项目，为18家乡镇配备有声图书馆。承办吴承恩读书节暨第一届“萤火虫”换书大会，将购书、换书、捐书融为一体，打响邮政在全区的阅读品牌。为淮安府署开府650周年成功开发“淮安府署”专用邮资图，并统一制作淮安区专用邮资图明信片，宣传淮安府署的悠久历史，扩大淮安知名度，提升美誉度。

【寄递业务】2020年5月，淮安区邮政分公司推进邮运改革，市邮区中心局对农村乡镇邮件分拣模式作调整，由淮安区邮政承担乡镇邮件分拣和运输工作，部分乡镇快包直投。针对乡镇邮件分拣模式的调整，增添分拣设备，确保农村乡镇邮件分拣和运输平稳过渡，全年共处理进口邮件160万件，出口邮件90万件。优化投递段道组网模式，根据全区投递量的实际情况，对投递段道进行网络优化，增强投递能力。7月份，为整合投递资源，将城区、城东及速递部整合为一个综合揽投部，城区党政机关及所有订阅《人民日报》等订户已达到全部当日见到党报，保证邮件处理速度及妥投率。

【服务质量管理】2020年，淮安区邮政分公司持续开展“关爱邮路”创建活动，建成“爱心邮路”59条，关爱对象59名。全年编写视察报告书420份，缮发整改通知书11份。全年点均投诉率为0.16（全年投诉指标为点均0.5）。全年未发生被监管部门处罚事件，综合满意度得分为94.64%，机要通信保持34年全红。

【疫情防控】2020年，淮安区邮政分公司受疫情影响，全区31个金融网点关门35天，但服务从未暂停。疫情期间，累计配送“爱心蔬菜”5000多份，配送教材5963份；动员后台机关近60人参与寄递包裹分拣、投放环节，为疫情期间民生物资输送提供保障；疫情期间，组织向驰援武汉医务人员家属送去蔬菜等慰问品，为全区一线员工发放防疫、慰问物资，共计45万元。

【安全生产】2020年，淮安区邮政分公司层层签订安全责任状，进一步压实安全工作责任，认真做好全国“两会”等重大活动的

疫情期间，淮安区邮政快递保障生活物资。图为快递小哥装货现场
（淮安区邮政　供稿）

表32　2020年中国邮政集团有限公司淮安市淮安区分公司获市级以上表彰一览表

单位（姓名）	表彰内容	表彰单位
文化传媒部、河下支局、快包营销团队	疫情防控先进单位	中国邮政集团有限公司淮安市公司
张西安、杜栋莉	“创先争优”党员先锋岗	中国邮政集团有限公司江苏省公司
张西安	“创先争优”疫情防控先进个人	中国邮政集团有限公司江苏省公司
赵俊、杜栋慧	疫情防控先进个人	中国邮政集团有限公司淮安市公司

寄递渠道安全保障工作。全年对31个网点共开展安全管理检查32次，发现安全隐患87处，现场整改87处，现场下发整改通知书7份，考核违反安全管理83人次，考核资金0.84万元，用于落实隐患整改资金达9万元。全年对照银行营业场所、银行自助设备安全防范要求，新建、改建的网点和新增的自助设备、自助银行全面达标。按照《邮政业安全生产设备配置规范》要求，全年共增加25台主机、104只监控探头，共投入资金约38.9万元，基本实现邮政台席、投递室、网点门前信箱无盲区。今年与市利安消防技术有限公司签订建筑消防设施维修保养服务合同，投入费用7万元，确保达到监管部门要求。组织开展平安邮政创建活动，广泛开展安全生产宣传、教育、培训、演练活动，全年开展安全检查4次，组织消防培训2次，消防演练1次。2020年，全区邮政无重大事故、案件发生。

中国电信股份有限公司淮安市淮安区分公司

【概况】2020年，中国电信股份有限公司淮安市淮安区分公司（以下简称“电信淮安区分公司”）紧紧围绕“以习近平新时代中国特色社会主义思想为指引，坚持党建统领，贯彻新发展理念，以规模为基础，以价值为根本，坚持守正创新，推动融合升级，努力实现淮安区分公司可持续跨越发展”工作思路开展各项工作，圆满完成各项工作目标。

【能力建设】2020年，电信淮安区分公司通信能力建设投入3800万元，健全运维工作体系，加强过程管控。5G关键站址建成率100%，确保城区5G室外覆盖；4G网络TOP质差问题解决率100%；新建124个5G基站，68个4G基站，10个室分，有效解决网络覆盖问题，尤其快速高质量完成高铁沿线覆盖紧急任务。2020年度无线网建设竞赛获得全市一等奖；2020年移动网质量提升获得全市第一名。

【经营发展】2020年，电信淮安区分公司聚焦规模发展，抓住销售黄金期，开展春节、五一、中秋、国庆促销；坚持以网络安全、服务切入，结合千兆WiFi、摄像头、门铃等搭建智慧生活，围绕运营效益规模双提升开展系列活动，助力平安乡村建设。一季度，开展线上营销短程赛；二季度开展“5G闹春”活动，助力复工复产，大力发展天翼、宽带、政企专线、智慧家庭；三季度开展“燃爆5G”活动，加快政企双线、团购发展，聚焦规模；四季度开展“5G+智家”攻坚赛，进一步聚焦5G、智家发展。

【服务工作】2020年，电信淮安区分公司打造企业服务文化氛围，为提升客户感知，从2020年10月开始，每天晚上安排装维支撑人员值班，确保农村18点前、城区20点前障碍全清，22点前障碍全部真实响应。20点前障碍由装维人员自行响应，20~22点之间障碍由支撑人员集中响应。全年共发生有效申诉3件，控制在市公司核定指标范围内。

【基础管理】2020年，电信淮安区分公司加强对全面从严治党工作的部署、推进和检查，开展“强化纪律监督、保障制度执行”主题活动，以“减存遏增三年规划”为目标推进专项治理，全年检控类信访量为0。加强纪检队伍建设，建立纪检专员、纪检委员、纪检联络员、党建廉建指导员队伍。扶贫攻坚成效显著，公司对口帮扶的平桥镇杨柳村帮扶资金3万元；春节前，慰问河下街道穿运村贫困户30户。切实做好疫情防控工作，疫情期间为指挥中心紧急安装60余部固定电话，完成隔离点电路开通等紧急保障任务。注重安全教育培训工作，层层签订安全责任制；根据不同的季节、工种和人员情况，有针对性地开展交通安全、消防安全、通信机房安全、终端资金安全、网络安全及防火灾、

表33　中国电信股份有限公司淮安市淮安区分公司基层单位名录

单位名称	基层单位名称
中国电信股份有限公司淮安市淮安区分公司	中国电信股份有限公司淮安市淮安区平桥营业部
	中国电信股份有限公司淮安盐化新区范集营业部
	中国电信股份有限公司淮安市淮安区白马湖营业部
	中国电信股份有限公司淮安市淮安区仇桥营业部
	中国电信股份有限公司淮安市淮安区上河营业部
	中国电信股份有限公司淮安市淮安区林集营业部
	中国电信股份有限公司淮安市淮安区车桥营业部
	中国电信股份有限公司淮安市淮安区季桥营业部
	中国电信股份有限公司淮安市淮安区施河营业部
	中国电信股份有限公司淮安市淮安区博里营业部
	中国电信股份有限公司淮安市淮安区钦工营业部
	中国电信股份有限公司淮安市淮安区席桥营业部
	中国电信股份有限公司淮安市淮安区南闸营业部
	中国电信股份有限公司淮安市淮安区顺河营业部
	中国电信股份有限公司淮安市淮安区流均营业部
	中国电信股份有限公司淮安市淮安区马甸营业部
	中国电信股份有限公司淮安市淮安区三堡营业部
	中国电信股份有限公司淮安市淮安区泾口营业部
	中国电信股份有限公司淮安市淮安区朱桥营业部
	中国电信股份有限公司淮安市淮安区复兴营业部
	中国电信股份有限公司淮安市淮安区苏嘴营业部
	中国电信股份有限公司淮安市淮安区茭陵营业部
	中国电信股份有限公司淮安市淮安区溪河营业部
	中国电信股份有限公司淮安市淮安区宋集营业部
	中国电信股份有限公司淮安市淮安区建淮营业部
	中国电信股份有限公司淮安市淮安区城东营业部
	中国电信股份有限公司淮安市淮安区镇淮楼营业部

防雷电、防强电入侵、防中毒、防触电，防盗防抢、防灾害等自我防护教育，2020年开展安全专题教育9次，组织安全知识测试2次，组织24名特种作业人员进行持证上岗培训，25名管理人员取得安全管理持证上岗证书；整治通信线路隐患，进行日常综合巡查、撰写线务员巡查日志、部署班组隐患排查任务，全年共排查各类隐患7150处，并及时进行整改；开展“安全生产活动月”宣传教育活动，增强员工“我要安全、我会安全、我能安全”的意识。全年未发生通信盗窃案件、网络信息安全事故和安全生产事故。

（胡海波）

中国移动通信集团江苏有限公司淮安区分公司

【概况】 中国移动通信集团江苏有限公司淮安区分公司（以下简称“移动淮安区分公司”）负责中国移动在淮安区的电信综合基础网络设施建设，业务范围涵盖基础语音通信、政企、家庭互联网各类传输数据专线，行业及政企信息化、大数据、云计算、智慧城市、物联网等信息化服务。

【网络保障】 2020年，移动淮安区分公司在传输网络建设方面，共计完成7个管道任务，完成淮安区境内高铁、高速、省道等迁改配套任务，共计完成管道19.2公里。线路工程共计42个任务，完成淮安区境内徐宿淮盐、连淮扬镇81个站点的无线配套传输工程，5G二、三期配套传输工程。在无线基站建设方面，加大5G建设力度，相继开展了5G一期、5G二期一阶段、5G二期二阶段及5G三期等建设任务。全年开通5G站点193个，完成高铁沿线75个站点的开通工作，保障淮安区境内高铁沿线移动网络使用。

【信息化服务】 2020年，移动淮安区分公司签约信息化项目26个，涵盖大数据、云计算、监控系统、视频会议等各类智能服务，签约并实现政法委社会治理一体化平台及编办审批服务一体化平台两大平台的交付，与施河、平桥等5个镇街达成LED全彩显示屏项目合作。在公安行业，淮安市公安局淮安分局升级版技防城场所行业监控补盲、村村通工程、高点监控等项目，升级版技防城数据综合应用平台项目、大数据指挥服务中心显示大屏及可视化系统项目顺利通过省厅专家组的验收评估工作，把握老旧小区改造机遇，与公安合作智慧社区项目。在其他行业及单位，与淮安区人民检察院达成首次合作建设高仿真远程视频会商系统项目，实现公检法行业的深度拓展。与本地企业达成合作，先后与江苏施塔德电梯、江苏诚一两家单位实现签约，展开全方位信息化合作。

中国联合网络通信有限公司淮安市淮安区分公司

【概况】 2020年，中国联合网络通信有限公司淮安市淮安区分公司完成5G基站建设80座，于9月30日开通5G网络应用。年营业收入较2019年增长18%。中国联通响应国务院关于提速降费的号召，宽带网络城区达到千兆，资费同比下降20%以上。

【业务发展】 2020年，中国联合网络通信有限公司淮安市淮安区分公司在公众业务发展上采取线上、线下同时并举，实现了线上订单全部专员化、派送专员年轻化、专业化。确保订单24小时送达。订单转化率全市第一。政企业务以创新为主，利用5G网络优势，推动政企行业信息化，大数据、云数据、云计算，参与互联网等信息化服务。努力提升服务水平，提高用户满意度。2020年公司将原有的26000户2G用户全部转为4G网络用户，用户通话效果得到较大改善，大幅提升4G网速。2020年营业厅被省通信管理局授予“放心消费满意服务”示范营业厅。

交通　运输

综　述

【概况】 至2020年底，淮安区境内公路总里程2277公里，公路网密度达156公里每百平方公里。按技术等级分：高速公路81公里，一级公路147公里，二级公路222公里，三级公路141公里，四级公路1686公里。按行政等级分：国道105.3公里，省道117.3公里，县道397公里，乡道967.4公里，村道690公里。境内铁路总里程98.5公里。高速铁路2条，其中连淮扬镇高铁25.6公里、徐宿淮盐高铁40.4公里；普通铁路1条，即新长铁路32.5公里。拥有城市公交线路21条，车辆246辆全部为新能源公交车辆；设置城市公交站点280多个，线路总长320公里。拥有城乡公交线路10条、镇村公交线路51条、城乡客运班车160辆、镇村公交65辆，线路总长945公里。拥有长途客运班线46条，91辆中高级客运车辆，可直达省内各大城市及上海、杭州、青岛、宁波等城市。

【疫情防控】 2020年，淮安区交通运输部门着力做好长途客运、农村客运、镇村公交疫情防控，及时关停相关风险点，有效阻止疫情扩散蔓延。联合公安、卫健部门组成疫情联防联控队伍，先后在京沪高速淮安东、马甸、苏嘴等8个重点卡口开展联合检查，累计检查车辆3万余辆次、乘客近5万人次，检查重点地区车辆329辆次，劝返外市车辆2881辆次，未出现一起流入事件。开展线上运输服务，通过微信、运政在线等平台办理运输审批，发送应急物资通行证1030本，保证重点企业应急车辆和应急物资运输。

【招商引资】 2020年，淮安区交通运输部门洽谈亿元以上项目5个，上报有价值信息43条；签约、新开工亿元项目2个，分别为投资10亿元的中通快递四期项目和投资6.5亿元的欣明染整二期项目；部分竣工亿元项目1个，为中通快递项目三期；完成外资到账360万美元。列入质效考核的淮鑫棉纺织、中通快递、欣天地商业广场和欣明染整等4个项目生产运营正常，开票销售和入库税收同比均有所上升。

【交通运输保障】 2020年，淮安区交通运输部门保障公众出行，优化城市公交线路，主城区微循环全面形成，295辆城市公交车全部更换为新能源公交车。加快城乡客运一体化步伐，对淮安至施河、苏嘴、宋集等7条农村公交线路进行公司化改造，班次间隔缩短、票价降低三分之一，惠及沿线广大群众。倡导低碳绿色汽修，开展一、二类汽车维修企业废旧电池、VOCS治理专项整治，停业整改8家，全区汽修行业环保意识进一步提升。推进智慧驾培进程，推广“预约培训、先培后付”模式，416辆教练车全部安装了智能化人脸识别系统。顺利完成各项运输保障任务。中、高考期间累计抽调客运车辆218辆次承担考生运输保障工作，安全运送考生1.56万人；全面实现春运、端午、国庆中秋“双节”等重大节假日期间运输零事故与零滞留。

【安全稳定】2020年，淮安区交通运输部门实施道路运输、水上和码头专项整治以及“平安交通”三年行动，推进企业安全生产标准化和双防机制建设。加强事故案例警示教育，及时处置恶劣天气、公路水毁塌方等突发险情，开展客运企业人员疏散、港口码头危化品泄漏处置、消防灭火等演练活动，完成“两客一危”挂靠清理，全年未发生安全生产责任事故。切实开展矛盾纠纷排查化解，及时研判信访形势，重点抓好特殊时期的信访稳定，共办理各类信访件1036起，办结率100%。

公　路

【交通治理】2020年，淮安区交通运输部门加快推进交通综合执法体制改革，完成执法单位人员基本情况摸底和人员去向（书面）选择摸底等工作。开展超限运输联合整治行动，共查处超限违法车辆747辆、卸驳载1.26万吨，查处百吨以上车辆4辆，整改非法改装车辆50辆，干线公路超限率保持在省控指标以下。加强道路管理养护，完成交通运输部“十三五”干线公路管养国评工作；233国道16.69公里大修工程完工通车；实施328省道西段三堡大桥至总渠管理处段集中维修工程；348省道漕运服务区和工区建设完成项目选址意见书、规划红线图、项目环境稳定评估工作。全面净化运输市场，查处运输违法违规行为390起，处置非法营运车辆115辆次，取缔非法站台4处，外籍包车基本实现清零。抓好企业生产经营，努力克服疫情影响，交通运输系统企业共实现营收3501万元，其中客总公司完成营收2843万元、检测站完成营收569万元、港务处完成营收89万元。

【基础设施建设】2020年，348省道淮安区段建成通车，年度完成投资3亿元；项目获评市级品质工程，“箱梁调节支撑装置”专利收到国家知识产权局授权通知。264省道完成房屋征收和参建单位驻地建设，年度完成投资1.7亿元。327省道土地房屋征收完成，杆管线迁移基本完成。京杭运河绿色现代航运建设进展顺利，黄码大桥亮化，汇行广场、左岸花园和黄码大桥下游绿化景观提升工程全面完工；灯塔广场和黄码大桥下游堤顶道路进入扫尾阶段；新增黄码大桥桥下体育公园如期完工，黄码大桥北段绿化和运东电站周边环境提升工程基本完工。上河作业区建设项目实现开工建设，完成码头主体灌注桩480根，累计完成投资8360万元。京沪高速公路扩建工程完成房屋拆迁237户，进度达97%；杆管线迁移进度达80%以上。连淮扬镇铁路实现全线通车；宁淮城际铁路房屋搬迁签约160户，进度达66%；新长铁路山阳大道平改立工程建设完成，仇博路道口完成主体建设，综合管廊工程进入扫尾阶段。“四好农村路”建设顺利通过省级调研评估；全年新改建农村公路121.5公里、桥梁29座、建设生命防护工程169公里；完成博里画苑至348省道连接线、苏车线、青莲岗村至235省道连接线等农房改善项目配套道路；完成233国道16.69公里大修，实施启动328省道西段三堡大桥至总渠管理处段集中维修工程，圆满完成交通运输部“十三五”干线公路管养国评工作。城西公交停保场工程即将竣工。交通重点项目前期工作有序推进，343国道工可报告已报上级审查；233国道、235省道、428省道、350省道、328省道工可报告编制完成。

航道　港口

【航道管理】2020年，淮安区管辖航道502.21公里，其中等

区交通部门开展航道巡察　　（纪星名　摄）

级航道103.51公里、等外级航道398.7公里。等级航道中三级航道1条，即淮河航线15.21公里；五级航道1条，即苏北灌溉总渠34.58公里；七级航道2条，分别为溪河41.8公里、浔运西线11.92公里。境内另有苏北航务管理处管辖的二级航道京杭运河33公里。全区拥有码头8个、泊位39个。加大港航管理力度，对辖区49.8公里主要干线航道进行清障扫床；落实港口码头扬尘治理监管，安装完成10套港口粉尘在线监测系统；做好船舶污染防治工作，建成船舶垃圾箱20组，生活污水、油污水接收装置各10套。

（葛会渠　陈世杰）

表34　2020年淮安区交通运输局获市级以上表彰一览表

单位	表彰内容	表彰单位
淮安区交通运输局	淮安市第四次全国经济普查优秀集体	淮安市第四次全国经济普查领导小组

表35　淮安区交通运输系统基层单位名录

单位名称	基层单位名称
淮安区交通运输局	淮安区运输管理处（乡镇交通运输综合管理所）
	淮安区公路管理站
	淮安区航道管理站（港口管理局）
	淮安市客车运输总公司
	淮安区安保汽车综合性能检测站
	淮安区港务管理处
	淮安区船舶制造有限公司（停产）

348省道跨京杭运河特大桥　　（区交通局　供图）

公共服务

科学技术

教育　体育

文化

卫生　计生

社会保障

科学技术

综 述

【概况】 2020年，淮安区规上工业企业中有研发活动企业数占比全年完成53.9%，每万家企业法人中高新技术企业数全年完成115.1家，全社会研发支出占GDP比重全年完成1.11%，新增高新技术企业数量全年完成27家，科技型中小企业评价入库数全年完成128家，高新技术产业产值占规上工业产值比重全年完成14.61%，大中型工业企业和规上高新技术企业研发机构建有率网上统计数据为100%，科技政策落实率目标100%。

【争取资金】 2020年，淮安区共争取省、市科技项目到位资金1288.58万元，其中省级539.5万元，市级749.08万元。协助鹏润粮业、光明电器、琶春华信和亮谷光电申报“苏科贷”资金共计1450万元，组织海纳石油、鸿富瀚等2家企业报名参与“科技助企、金融赋能”融资对接活动。

【政策宣传】 2020年，淮安区加强政策宣传解读，注重将宣传与服务相结合，举办各类科技政策宣讲培训会，编印并发放《科技创新政策一本通》，以电子大屏形式在重要路段播放科技政策信息，大力营造科技创新浓郁氛围。

【制度创新】 2020年，淮安区加强建立健全科技创新制度，起草编制《淮安区科技创新“十四五”规划》，深入实施创新驱动发展战略，充分发挥科技对转变经济发展方式的支撑引领作用，加快建设国家创新型城市。

工业科技

【精准服务】 2020年，淮安区重点培育创新型企业，围绕龙头骨干企业，采取“一企一策”的方式，为企业逐个诊断，找出发展难题的解决方案和技术路径，实现企业“点菜制”服务。组织企业参与2020年度“鑫智力杯”创新型企业评选活动，中兴医药和鹏润粮业荣获“2020年度淮安市科技之星企业”奖项，南京银行提供最高500万元的优惠信贷支持。

【平台建设】 2020年，淮安区加强加快推动企业研发机构建设。淮安区共建立省级工程技术研究中心9个，市级工程技术研究中心66个。联合中科院国科创新智库共同打造“中科（淮安区）创新产业赋能平台”，以推动淮安区人才高地的打造及海内外科技成果的转移转化，结合淮安区产业基础与发展，培育创新产业链以及创新型领军企业。

【高企培育】 2020年，淮安区加强着力培育高新技术企业，加强“158”工程高新技术企业培育工作，优先扶持新材料、新能源、高端装备制造、生物医药、节能环保和新一代信息技术等高新技术产业，逐渐形成具有特色的高新技术产业群。

【产学研合作】 2020年，淮安区加强为企业与高校院所“牵线搭桥”，组织江苏金成机械科技有限公司、淮安康得乐食品有限公司、江苏双环齿轮有限公司与淮阴工学院博士对接，申报获批科技副总项目3项。

【科技拥军】 2020年，淮安区为帮助退役军人创办的企业更好发展，淮安区科技局多次到企业（其中包含退役军人创办的天顺高分子、瑞阜、倍特锻造三家企业）进行走访调研，为企业进行科技研发活动、高企申报及科技政策方面的讲解。并引荐企业和中科院深入咨询服务，挖掘企业潜力，帮助退役军人创办的企业开展科技创新活动。

12月18日上午，淮安时间科学馆项目在淮安宾馆中华厅举行签约仪式
（区科技局　供图）

表36　　2020年淮安区气象局获市级以上表彰一览表

单位（姓名）	表彰内容	表彰单位
淮安区气象局	2020年度淮安市气象学会工作优秀集体	淮安市气象学会
淮安区气象局	2020年度淮安市气象部门综合考评和创新工作评比优秀单位	淮安市气象局
王腾飞	2020年淮安市气象行业职业技能竞赛个人全能第二名	淮安市气象局、中共淮安市委市级机关工作委员会、淮安市总工会、淮安市人力资源和社会保障局
王腾飞	淮安市“五一创新能手”	淮安市总工会
王腾飞	淮安市“气象综合业务标兵”	淮安市气象局
王腾飞	“淮安区近年降水、气温分布特征与大田作物（水稻）产量相关分析”课题项目获得2020年淮安气象科学技术进步成果奖三等奖	淮安市气象学会
于　波	2020年度淮安市气象学会工作优秀会员	淮安市气象学会
纪以剑	2020年度防雷安全监管先进个人	淮安市气象局

农业科技

【科技扶贫】 2020年，淮安区苏北专项申报项目4项，均已获批且完成公示。追踪走访2018年即将验收的苏北专项项目，考查项目落实的进度，督促承担单位完善财务，及时准备验收材料。为解决全区农业科技需求、引进专业人才，组织8位专家申报省“三区”人才，助推淮安区农业科技创新发展。

（薛　源）

气象服务

【灾害防御】 2020年，淮安区按照“四有”的要求标准，持续推动镇（街道）及所辖建制村（社区）将气象灾害预警传播功能配置落到实处。修订完成《淮安市淮安区气象灾害应急预案》，编制淮安区“十四五”气象事业发展专项规划。强化部门合作，与白马湖农场、区融媒体中心、区应急局、区生态环境局签订合作协议。与应急管理及地震等部门联合完成淮安区全国综合减灾示范社区推荐工作，预警信息发布系统运维经费纳入地方财政常规预算。

【气象服务】 2020年，淮安区做好春运、汛期、中高考等重要时间节点气象保障服务，拓宽服务渠道。加强气象为农服务，面向新型农业经营主体的“直通式”气象服务并覆盖全区绝大部分新型农业经营主体。加强生态文明气象保障服务，结合淮安区实际需求和天气形势，开展空气污染防治人影作业2次。加强人才队伍建设，选派职工参加上级气象部门及地方组织的各类培训、交流和创新团队，申报2020年度市局课题项目2个。

【防雷安全】 2020年，淮安区强化防雷安全监管联动机制，区安委办转发区气象局制定的防雷安全生产专项整治实施方案、雷电防护重点单位和检测单位安全责任清单，压实压紧企业主体责任。对纳入2020年度监管名录库的共计54家重点企业和单位实现全覆盖检查。规范台账，对监管单位实行“一单位一档案”管理。严格执行气象行政执法全过程记录、法制审核和公示三项制度。

（乔前东）

教育　体育

综　述

【概况】 2020年，淮安区拥有各类学校176所，其中普通中学36所，小学54所，幼儿园83所，中等职业学校2所，特殊教育学校1所。各类学校专任教师10 902人，其中普通中学教师4456人，小学教师3978人，幼儿园教师1926人，职业教育学校教师517人，特殊教育教师25人；另聘请校外教师44人。各类学校在校学生128 822人，比上年减少9502人,其中高中生18 100人,增加1576人;初中生28 374人,减少1502人;小学生58 051人,增加200人;幼儿24 113人,减少9798人;特殊教育学生184人,增加22人。各类学校招收新生31 443人,其中高中生6680人,增加548人;初中生8473人,减少1306人;小学生8848人,减少726人;幼儿7400人,减少3520人;特殊教育学生42人,增加14人。各类学校毕业生36 525人,其中高中生4943人,减少109人;初中生10 206人,增加464人;小学生8642人,减少835人;幼儿12 670人,减少185人;特殊教育学生64人,增加28人。义务教育阶段学生巩固率100%,初中毕业生升学率98.44%,学生体质健康及格率达98.48%、优秀率14.48%。

【主题教育活动】 2020年,淮安区开展教体系统"政治坚定、绝对忠诚、师德高尚、业务精湛"主题教育活动,着力打好立规矩、树榜样、破难题、抓质量、强师能、精业务等一套"组合拳",聚焦开展吃空饷、兼职取酬、财经管理、违反课程设置、违规集访等专项治理,从根本上优化发展生态;推出"身边的榜样"专栏30期,宣传优秀教师教干典型150多人次;发放高层次人才和兼职教研员奖励金230多万元;出台全区教师职称推荐申报工作指导意见,制定教师职称"评而未聘"实施方案,推动职称评聘健康有序开展,激励全区广大教师始终不忘为党育人、为国育才的初心使命。

【培育工程】 2020年,淮安区设立名学校、名校长、名教师"三名培育工程"年度专项财政资金400万元,召开动员会、推进会,陆续开展新教师启航培训、校园长考察活动、省蓝天杯展评、省名师送培、名学校名校长联合发展论坛、学科名师培育站研训,遴选91所学校、83位校长、2294位教师参与首期"三名培育工程"。

【优质均衡】 2020年,淮安区出台中小学幼儿园"十四五"布局规划,在城区成立新安、红小、实小三个小学和三个幼儿教育集团,以及红军初级中学教育集团,在农村重点打造片区中心初中。重点实施楚州中学新校区等民生实事建设项目7个,完成学校装备水平提升项目5个、省定义务教育学校薄弱环节改善与能力提升项目11个。创建省优质园1所,治理小区配套园7所,义务教育学校标准化建设合格率达100%,参加义务教育交流教师965人、比例达20.4%。4所初中学校获市教育教学质量奖,2所高中学校获市教育教学工作特等奖。学生资助工作绩效考评获省九连优,连续3年排名位列全省各县区之首。全面落实"公民同招"政策,民办义务教育学校实行100%摇号招生。教育现代化监测得分达89.6分,53个指标达成度为100%。

【素质教育】 2020年,淮安区践行五育并举、融合育人理念,开齐开足课程,实施素质教育。成立新高考课程实施研究中心,加强兼职教研员队伍动态管理考核,推动教科研工作精准做好"教、学、考"三篇文章。开展中小学幼儿园教师"岗位大练兵·教学大比武"技能竞赛活动,把双语教学融入艺术教学,把文化、体育、美育、劳动教育融入教育教学全过程,并以学生为落脚点强化教学效果运用。深化教育研究,全区在研课题681个,其中省级19个、市级82个、区级580个,区域研学旅行活动、恩来精神涵育红军娃、课程游戏化项目等,均获评省内涵建设项目。

【校园安全】 2020年,淮安区教体局面对突如其来的新冠肺炎疫情,制定实施开学前"十个到位"、开学后"十个必须"、应急处置"十个及时"标准,严格执行教职员工疫情防控"十个一律"和教育学生养成好习惯、争做好学生"十条建议",被推荐为全市返校复学样板区,《返校复学,我们应该这样做》登上"学习强国"全国平台。扎实推进校园及周边环境治理,创成7所"市平安校园建设示范校",2次为全市"两校一园"风险评估预警系统提供现场会,"一书两联三区四岗"学生安全区域建设、"十有建设、六有管理"学校危险化学品安全管理经验均在全市推介。

【教育宣传】 2020年,淮安区突出党建引领作用,创新开展"恩来"党建活动室创建活动,荣获党建文化品牌建设项目省级2个、市级3个。全年在市级以上主流媒体发表新闻报道1100余篇,其中在央视新闻频道发表5次、《中国教育报》3次、《新华日报》4次、学习强国平台20余次。

【重要活动】 3月24日,淮安区教体系统2019年度工作总结表彰会暨2020年度春季开学工作部署会在周恩来红军小学红军娃剧场召开。4月15日，中央电视台13套《朝闻天下》播报淮安区中小学开展“4·15全民国家安全教育日”主题活动的新闻。6月19日上午，淮安区教育系统名学校、名校长、名教师“三名培育工程”动员部署大会在周恩来红军小学红军娃剧场召开。9月10日，淮安区举行庆祝第36个教师节暨教育工作大会。10月22日，纪念红军长征胜利84周年暨全国美好教育联盟校长峰会在周恩来红军小学举行。12月22日，淮安区教体系统高层次人才奖励大会在山阳小学召开，对“江苏省人民教育家培养工程培养对象”等133人进行表彰奖励。

表37　　2020年淮安区教育体育系统获市级以上表彰一览表

单位（姓名）	表彰内容	表彰单位
淮安区教育体育局	“新时代好少年”主题教育读书活动“美好生活 劳动创造”先进集体	教育部关心下一代工作委员会
淮安区教育体育局	“颂时代楷模、赞中国精神”老少同台讲好中国故事朗诵比赛先进单位	江苏省关心下一代工作委员会
淮安区教育体育局	学生资助工作绩效评价优秀	江苏省教育厅、江苏省财政厅
淮安区教育体育局	江苏省教育科研工作先进集体	江苏省教育科学研究院
淮安区教育体育局	青少年科技教育先进单位	江苏省教育厅、江苏省科学技术协会、江苏省精神文明建设指导委员会办公室、江苏省科学技术厅、江苏省中小学金钥匙科技竞赛组委会
淮安区教育体育局	空军招收飞行学员工作先进单位	江苏省高校招生委员会
淮安区教育体育局	全市信访工作先进集体	淮安市信访工作联席会议
淮安区青少年业余体校	在2020年全国“体校”杯总决赛中被评为精神文明参赛单位	国家体育总局青少司
淮安区体育总会	省体总重点工作督查考评第一等次	江苏省体育总会
淮安区跆拳道协会	先进单位	淮安市跆拳道协会
韩雨慧（淮安区青少年业余体校）	2020年全国体校杯总决赛最佳守门员称号	国家体育总局青少司
叶娟《关于进一步推进我市教育优质均衡发展的建议》	2020年度淮安市十佳市人大代表建议	淮安市人大常委会
王翼鹏、袁梦、邵雲龙（淮安区青少年业余体校）	2020年江苏省青少年篮球锦标赛（14～15岁组）体育道德风尚奖运动员	江苏省体育局
张海浩（淮安区青少年业余体校）	2020年江苏省青少年田径锦标赛体育道德风尚奖运动员	江苏省体育局
张梦婷（淮安区青少年业余体校）	2020年江苏省青少年精英联赛最佳门员称号	江苏省体育局
李志道	先进个人	淮安市跆拳道协会

学前教育

【概况】2020年，淮安区共有幼儿园83所，比上学年增加1所。增加为原苏淮高新区的淮安市范集中心幼儿园划回。其中幼儿园61所、乡镇中心幼儿园分园10所、乡镇中心幼儿园办班点12个；公办幼儿园75所、集体办1所、民办幼儿园7所。

义务教育

【概况】2020年，淮安区共有小学54所，比上学年增加1所，原苏淮高新区的淮安市范集中心小学划回。现有小学教学点25个，比上学年减少16个。减少为撤并平桥同心、上河徐甸等16个教学点。小学在校生58 051人，小学生新生8848人，小学毕业生8642人，小学教师3978人。初级中学29所（教育部门办27所，民办2所），九年一贯制学校1所（民办）。在校初中生28 374人，初中生新生8473人，初中生毕业生10 206人，义务教育阶段学生巩固率100%，初中毕业生升学率98.44%。

【新安教育集团】2020年，新安教育集团围绕“办‘习惯好、质量优、课堂新’的文化名校”这一办学愿景，聚焦“习惯养成、课堂改革、质量提升、队伍建设”，大力推进“三小”育人体系建设，全力打造“红色文化、绿色成长、金色童年”的校园文化特色。

课堂改革　2020年，新安教育集团加强省前瞻性项目“伙伴学习共同体”的研究，出台“小先生”“伙伴学习”课堂教学改革推进方案，理清“小先生”和“伙伴学习”的概念内涵和基本要求，认清项目意义，明确项目的实施路径。同时面向师生开展项目培训，举行“班班进、人人过”、小先生PK赛等实践推进活动，建立每月抽签听课制度，开展集团课堂教学改革督查评比，促进课堂教学改革向纵深推进。

习惯养成教育　2020年，新安教育集团制定集团习惯养成教育实施方案，提出习惯养成教育“十个结合”的实施策略，开设小主人课程，以此为突破口推进习惯养成教育，开展习惯养成专项训练，做到有督查有评比。同时出台集团习惯养成教育年段重点目标，让各年段习惯养成训练有层次、有抓手。期末举行集团习惯养成教育实施推进督查活动，督查有评价有结果。新安小学新区分校、玖珑湾幼儿园分别提供了为全区习惯养成教育现场会提供了观摩现场，新区分校的尚美文化课程、玖珑湾幼儿园的“一日生活课程”在观摩中受到广泛好评。

新安小学举行课堂“小先生”PK赛（新安教育集团　供稿）

活动课程　2020年，新安教育集团举办科技文化节、新旅文化节，开展体艺社团活动，举办一年级学生入学仪式、入队仪式，利用新旅团庆日举行“新旅好后代”表彰，将校园活动进行课程化整合，在丰富多样的课程体验中落实立德树人根本任务。幼教集团举办了“秋天里的故事”幼儿系列实践活动、“祖国妈妈我爱你”国庆实践活动、“我运动、我健康、我快乐”冬季运动月活动、“寻年俗、品年味、享年趣”迎新年主题活动等幼儿主题活动。

教育成果　2020年，新安教育集团有4个市级以上课题结题，17个区级课题结题，44篇论文在省级以上刊物发表，18人次在区级以上基本功比赛中获奖，38人次在区级以上优课竞赛中获奖，364人次在各级各类论文、教学设计评比中获奖。其中幼教集团在省级以上刊物发表论文12篇，论文获奖129篇，1个省级课题结题，3个市级课题开题。东北师大主办的学术刊物《中小学教师培训》刊登了我校的主课题研究论文《“三小”育人体系：提出、表达与课程实施》《江苏教育研究》刊登了我校的前瞻性项目研究论文《伙伴学习的内涵、范式和实践策略》，体现了权威学术机构对我校育人理念和课堂改革的认可。此外，集团教师顾军然撰写的《小学生语文思辨能力的培养》发表在《课程教材教学研究》；圣丙飞撰写的《“小先生制”在小学数学教学中的实施与思考》发表在《中小学数学》（小学版），刘瑾撰写的《三问促三思：让学生收获思维的麦穗》获省教海探航征文二等奖。

教师队伍建设 2020年，新安教育集团推进主题教育活动，通过三名工程校本研训、“小先生课堂”培训研讨、基本功培训考核、教学大比武等师能提升活动，将主题教育活动与教育教学工作有机结合，努力建设“思想素质好、有追求，知识功底厚、有潜力，业务能力强、有专长，科研基础实、有创见”的“四有”型新安教师队伍。

（周永飞）

表38 **2020年新安教育集团获市级以上表彰单位一览表**

单位（姓名）	表彰内容	表彰单位
新安教育集团	江苏省陶研工作先进集体	江苏省陶行知研究会
新安教育集团	江苏省陶研工作突出贡献奖	江苏省陶行知研究会
新安教育集团	江苏省中小学生诵读大赛优秀组织奖	江苏省少年先锋队工作委员会
新安教育集团	市教育信息化工作先进集体	淮安市教育局
新安教育集团	江苏省五四红旗团支部	中国共产主义青年团江苏省委员会
新安教育集团	市禁毒工作先进集体	淮安市教育局
新安教育集团	市“周恩来班”创建工作先进集体	中共淮安市委宣传部、淮安市教育局
新安教育集团	淮安市依法治校示范校	淮安市教育局
新安教育集团	2020年市平安校园建设示范校	淮安市委政法委、淮安市教育局
新安教育集团	2020年度全市单位内部安全保卫工作先进集体	淮安市公安局
新安教育集团	淮安市平安校园示范建设园	淮安市教育局
顾军然	省优秀青少年科技教育校长	江苏省教育厅、江苏省科技厅
邱贵霞	省优秀青少年科技教育辅导员	江苏省教育厅、江苏省科技厅
沙　萍	智慧教师	淮安市教育局
欧丽丽	优秀班主任	淮安市教育局
陈燕燕	禁毒工作先进个人	淮安市教育局
陈燕燕	优秀少先队辅导员	中国共产主义青年团淮安市委员会
杨德俊	区优秀少先队辅导员	淮安市教育局
杨德俊	市优秀班主任	淮安市教育局
吴刘婷	市优秀班主任	淮安市教育局
张红霞	市优秀少先队辅导员	淮安市教育局
孙伟明	淮安市优秀共青团干部	中国共产主义青年团淮安市委员会

表39 **新安教育集团基层单位名录**

单位名称	基层单位名称	单位名称	基层单位名称
新安教育集团	新安小学本部校区	新安教育集团	玖珑湾幼儿园
	新安小学河西分校		公园幼儿园
	新安小学新区分校		蓝惠幼儿园
	新安幼儿园		江淮景城幼儿园
	盛世豪庭幼儿园		河西幼儿园
	运东幼儿园		—

【淮安外国语学校】 2020年,淮安外国语学校(以下简称“淮外”)被江苏省教育厅评为2020年江苏省智慧校园示范学校。全校848人参加2020年中考,总均分709。淮外获评2019年度教体系统综合目标考评先进单位,被评为“江苏省教育学会初中教育专业委员会2020年教科研先进学校”,《过一种完整而幸福的教育生活》的案例在“2020年度江苏省初中学校评价案例征集”活动中被评为最佳案例,通过淮安区“三名工程”“名学校”验收。在“一师一优课、一课一名师”活动评比中,韩彩霞、刘杰获评部级优课,12位老师获评市级优课。雍玮玮老师获江苏省基础教育初中英语青年教师教学基本功大赛二等奖。在2020年第四届江苏省“五四杯”初中青年教师微课评选中,章芝、熊叶凡、胡芳等10位老师荣获省一等奖。袁子健老师荣获2020年江苏省少先队辅导员少先队活动辅导技能展示少先队工作基本理论测试项目个人二等奖及“制度自信”宣讲项目初中组特等奖。吴寿健、宗林林、高君三位老师主持的江苏省“十三五”科学规划课题顺利完成结题、开题。在2019年“领航杯”淮安市信息化教学能手大赛中,王亚茹老师荣获一等奖。杨成龑老师获评淮安市优秀班主任,夏培权、郑先明、邵灵珊三位老师获评“2019年淮安区中小学优秀班主任”。马强老师获评2020年度淮安市“功勋教师”。淮外在江苏省“守望春天,共同战‘疫’”主题征文活动中,获“优秀组织奖”,教师吴寿健、张诚、刘杰、李静、成静获优秀指导奖,蔡杭轩、刘佳瑞、高思萌等12位同学荣获一等奖。杜宣烨同学作为淮安区唯一初中学生代表参加淮安市中小学“致敬抗疫英雄,绽放多彩青春”红读演讲比赛,获特等奖第一名。

传承伟人精神 3月5日,淮外在线组织开展“走进总理回顾峥嵘岁月,致敬伟人争做优秀少年”主题活动。初一年级通过主题演讲、观看伟人影片、写影评心得等形式,开展“学周”活动。初三学子相聚CCtalk云平台参加“承恩来精神,宣豪迈誓言”主题教育活动。4月26日,淮外在阶梯教室举行纪念周恩来总理诞辰122周年暨感动淮外·2019年度人物颁奖典礼。6月1日,淮外“周恩来班”学生代表参加周恩来与民盟专题展开幕式暨周恩来与文化名人图录首发式。9月1日,淮外全体初一新生观看新派主旋律公益电影《我和我们——我在周恩来班的故事》。原初三(9)班和原初二(9)班被授予2019—2020学年度“全市周恩来班”荣誉称号。原初三(2)班和原初二(16)班被授予2019—2020学年度“淮安区周恩来班”荣誉称号。12月2日,淮安周恩来邓颖超研究会召开第四次会员代表大会,淮外入选会员单位,朱建文校长获聘淮安周恩来邓颖超研究会第四届理事会常务理事。

弘扬节日文化 元宵佳节,淮外初一级部组织“祝福的元宵”“加油淮安!加油武汉!加油中国!”“致敬逆行者”三个部分的主题实践活动。春分节气,淮外初一级部组织“春分立蛋”“用笔尖画出心中的春天”“沿着二十四节气的‘路线’绘制图谱”的“节气专题”活动。3月29日,淮外初一级部开展“忙趁东风放纸鸢”活动,组织学生在家通过网络搜索并展开合理的想象,学习制作风筝。初二级部组织同学们在清明当天进行了云祭扫、诗文缅怀、制作家规家训、整理家族故事等系列活动。4月4日,淮外初一全体学生参加线上降半旗志哀活动,共同缅怀先人,哀悼亡者,致敬烈士,感恩英雄。中秋节,淮外学生代表到淮安区华亭敬老院为老人们送上中秋的祝福。初三年级举行“中秋主题教育实践活动”,虔诚祝福,许下心愿,种苗点豆,播种希望。初二级部开展以“欢乐国庆,幸福中秋”为主题的系列活动。

课改教研 3月17~19日,淮外全体语文教师在线参加2020年春江苏省初中语文名师展示暨新教材教学研讨会。5月18~20日,杨秀华、胡一平、翟佩龙、耿康、赵密密等老师在淮安区2020年中考学科复习教学研讨会上开设讲座。8月底,刘杰、王亚如、王大欢等多位老师应邀参加淮安区学科培训并作交流分享。9月13日,吴寿健老师应邀走进淮安市“幸福树”家庭成长公益课堂,在线开设“学习慢慢来,父母莫心急”网络课。10月26日,苏科版初中物理教材建设研讨活动在淮外举行。11月20日,许露露、郑先明赴宿迁市苏州外国语学校参加主题为“构建生本高效课堂,探寻教师发展佳径”的第二届宿迁、淮安、苏州三市联盟校“同题演绎·联合教研”活动。11月19~21日,陈安琪、邵小八、黄磊等老师参加2020年省教育厅“名师送培”项目——初中英语学科培训活动。11月27日,朱适宜、翟佩龙参加省级领航名师培养工程“鞠九兵名师工作站”研修活动暨淮安区初中教研名

师送培活动。11月26~28日，高君、孙美丽、黄磊参加淮安市新时代“好教师”培训活动。12月23日，淮安区“三名培育工程”语文名师培育站启动仪式暨首次研训活动在淮外举行。

亲近名家大师　9月17日，著名学者、北京师范大学教授、博士生导师肖川先生为淮外全体教师做题为《教师的幸福人生与专业成长》的专题报告。9月25日，淮外初中部七、八年级学生通过网络，跟随文学大师余秋雨先生，漫游在中国灿烂的文化长河中。10月25日，淮外20名教师聆听清华大学附属小学党总支书记、校长窦桂梅讲座——《基于“十四五”规划下教师专业发展与集体人格重塑》。10月27日，江苏作家协会副主席，中国作家协会会员叶兆言先生，带领淮外学子们领略阅读之趣，探索创作之美。12月16日，著名出版家、作家、全民阅读发起人和领读人、阅读学专家聂震宁教授为师生们带来以“阅读力决定学习力”为主题的讲座。

爱国主义教育　4月15日，中央电视台13套《朝闻天下》播报了淮外开展的“4·15全民国家安全教育日”主题活动。5月4号，淮外初一级部各班级举行以“缅怀先辈荣光，弘扬爱国激情”为主题的班会活动，弘扬五四爱国主义精神，继承共青团优良传统。国庆节与中秋节，淮外初二级部开展以“欢乐国庆，幸福中秋”为主题的系列活动。9月18日，淮外以“勿忘国殇，奋勇担当；振兴中华，吾辈自强”为主题开展教育活动，纪念“九一八”并为初一新生英才奖学金获奖得者颁奖。10月15日，淮外团委会举办“最美中学生”竞选演讲活动，引导中学生按照习近平总书记提出的“爱国、励志、求真、力行”的要求健康成长。12月14日，淮外举行南京大屠杀遇难同胞八十三周年公祭仪式暨2020团员青年宣誓仪式和爱心慈善日捐赠活动。

校园活动　1月6日，初一、初二级部组织“悦读节”书签设计比赛。10月30日，初二级部举行以“诗歌”为主题的语文阅读竞赛。12月9日，初二全体参加2020年“悦读节”读书分享会活动。12月9~11日，淮安外国语学校2020年系列活动之书市淘宝、知行精品书展活动在铜像广场举行。6月24日，淮外举办第15届龙舟文化节。7月16日，淮外2018级师生齐聚运动场，举行“逐梦青春，扬帆起航”青春仪式主题教育活动。第十五届科技节开幕，9月20日，举办主题为“科技生活，发明创造，最炫科技”的科技知识讲座。第二阶段，鼓励同学们制作科技小发明，组装科技模型，绘制科幻画和科技小报。10月23日，淮外举办第二十一届体育与健康文化节秋季运动会。11月份，启动第二十一届英语节系列活动。初一级部组织英文书写大赛，初二级部组织英语趣味阅读大赛，初三组织英语作文大赛。12月3日和4日晚，淮外举办英语节课本剧表演活动。12月10日，淮外举办英语节汇演暨跨年大联欢主持人选拔赛。12月31日，淮外举办第二十一届英语节汇演暨跨年大联欢。

信息科技工作　刘启瑞同学荣获江苏省创客机器人大赛二等奖。在淮安市第十五届青少年科技创新大赛中，程子健同学的《智能燃气灶安全防护装置》（指导老师：李波、程伟）获得“青少年科技创新成果”一等奖。丁响晨同学的《未来家用潜水艇》（指导老师：李丹阳）获“青少年科学幻想画”一等奖。胡钦皓、贺晨宇、马祥哲获2020年“和教育杯”淮安市青少年网络信息安全应用能力竞赛特等奖第一名，龚成林老师获评优秀指导老师。在中国科学技术协会主办的全国青少年虚拟机器人在线大赛中，江苏省获得单项奖共22人，淮外共有7人，包揽江苏省前三名。

学子风采　在江苏省“扬子晚报杯”作文大赛中，初三（7）班韩宜璇（指导老师：宗林林）、初三（12）班胡晓瞒（指导老师：付娟）、初三（13）班孙晨芫（指导老师：史秀芹）、初一（14）班仲云志（指导老师：时柯梦）四位同学荣获一等奖。在江苏省第十九届七彩语文杯　“中学生与社会”作文大赛中，初三（14）班李明远（指导老师：杨成演）、初三（6）班许若涵（指导老师：刘杰）、初三（17）班张煊晗（指导老师：周春玉）、初三（10）班李佳怡（指导老师：张诚）获省一等奖。在“苏教国际杯”江苏省第二十届中学生作文大赛中，淮外获得两个特等奖，六个一等奖，四个二等奖并获评江苏省“优秀团体奖”。初二（8）班陶芃屹（指导老师：成静）获得中文组特等奖并获得最佳人气奖，初三（10）班周翰卿（指导老师：罗莉）获得英文组特等奖。在“领航杯”江苏省第十九届中学生英语口语电视大赛中，初三（9）班李梓彤（指导老师：葛生权）、初三（11）班杜宣烨（指导老师：罗莉）并列获得初中组第一名。初二（16）班王宇哲同学获市第五批淮安市“新时代好少年”称号。

学生个性　淮外开展为期

一周的未来领袖特训营，内容丰富，包括队形训练、家政劳作、文明礼仪、领袖素养等课程，这是新生入学的必修课。初三（11）班刘启瑞、黄靖翔、王庆奕等14名同学表演的《新空城计》在2020年淮安市中小学艺术展演活动中喜获戏剧比赛一等奖。在淮安市教育局、淮安市广播电视台共同举办的中小学生个人才艺大赛中，淮外取得优异的成绩，11人在不同项目上获得一等奖。

6月22日，楚州中学高二年级开展“走进高三”誓师大会
（宋妍妍　摄）

高中教育

【概况】 2020年，淮安区有完全中学3所（教育部门办2所，民办1所）、高级中学3所（教育部门办2所，民办1所）。在校高中生18 100人，增加1576人；高中新生6680人，增加548人；高中生毕业生4943人，减少109人。

【江苏省淮安中学】 2020年，江苏省淮安中学以“培优有体系、补差狠发力”为总目标，实施新课程，推进新高考，以教育改革为动力，狠抓精细管理，教育教学质量处于淮安市同类学校领先位置，获评教育部第三批国防教育特色学校。学校坚持“能者上，平者让，庸者下”，从年轻教师中挑选专业能力过硬、管理能力强的优秀教师，让其到部门或年级去担任管理职务。每年举行新秀杯、而立杯教师基本功大赛，旨在促进青年教师的专业成长。通过学习小组建设、整本书阅读、青年教师沙龙、试题命制比赛、阅读成果展示等活动，努力推进科研增效战略。

2020年高考，江苏省淮安中学一本达线总人数689人，二本以上达线总人数2107人。2名同学荣获“苏教国际杯”中学生阅读与写作大赛一等奖；多人获2020年全国高中数学联赛一等奖。

【淮安市楚州中学】 江苏省淮安市楚州中学始建于1957年，作为周恩来家乡淮安区唯一一所公办四星级普通高中，是市、区两级政府着力打造的优质公办高中。校园占地面积约285亩，总建筑面积约11万平方米，规划30轨90个班级，容纳学生4500人，分设教学区、生活区、体育运动区，功能完善，设施一流。

淮安市楚州中学以师德为先、能力为重、学生为本，2020年高考本科录取率、高二学业水平测试等均创历史新高。楚州中学先后获评教育部“‘新时代好少年’主题教育读书活动示范学校”“省田径比赛体育道德风尚奖”“省‘颂时代楷模、赞中国精神’朗诵比赛先进单位”“市普通高中教育教学质量一等奖”、“市第九届运动会中小学生组田径比赛团体第五名”。

办学理念　楚州中学坚持以生为本，慎思笃行。坚持挖掘和放大校内全国重点文保单位——华中分局旧址的德育功能，让红色德育形成品牌；全力聚焦习惯养成教育建设年，分解落实行动计划；大力推进“九戒九倡”的学生行为校本管理模式，引导学生不断完善自己；举办“青春之歌”“文化体育艺术节”等校内特色活动，提高学生综合素质。

表40　　2020年淮安中学获市级以上表彰一览表

单位	表彰内容	表彰单位
江苏省淮安中学	淮安市第二批创客教育实验学校	淮安市教学研究室
江苏省淮安中学	“淮安市中小学生环保征文大赛”优秀组织奖	淮安市教育局
江苏省淮安中学	淮安市五四红旗团支部	中国共产主义青年团淮安市委员会

表41　2020年淮安市楚州中学获市级以上表彰一览表

姓名	表彰内容	表彰单位
蔡元涛	江苏省高中优课竞赛二等奖	江苏省教育学会物理教学专业委员会
沙朝文	江苏省中小学优秀教研成果评比二等奖	江苏省中小学教育学会

教师队伍建设　在师资队伍建设上，淮安市楚州中学始终坚持“以德为先，锻铸师魂，以能为重，强基固本”。一方面，以“政治坚定、绝对忠诚、师德高尚、业务精湛”主题教育活动的扎实开展为工作统领，通过邀请专家讲座、召开作风建设会议、组织宣誓、签名承诺等多种形式，丰富教育内容，深化活动内涵；围绕贯彻落实十九届五中全会精神抓党建，强化师德考核力度，努力推动作风转变。组织教师岗位大练兵、教学大比武，扎实开展“一日一研”教学研讨活动，对先进教师集体或个人隆重表彰；举办市级“广教研”活动，与省内外6所名校开展“同课异构”，拓展教学研讨的广度与深度；先后邀请江苏省教研室叶兵、浙江省教研室缪水娟等专家来校培训指导，分析高考走向；全力推进“三名培育工程”。学校目前有正高级教师5人，特级教师3人，高级教师135人，省、市、区学科带头人、学科指导组成员70多人，硕士研究生90余人。有13位教师的课例获评国家级优课，22位教师的课例获评省级优课。

（赵　军）

职业教育

【概况】 2020年，淮安区有中等职业学校2所，职业教育学校教师517人。

【淮安区开放大学　江苏省淮安工业中等专业学校】 淮安区开放大学、江苏省淮安工业中等专业学校是首批国家级重点职业学校、省教育工作先进集体、省模范学校、省德育先进学校、省教学管理先进学校、省职业教育先进单位、省和谐学校、省平安校园、全国国防教育特色学校、省现代化示范性学校、省学生管理30强学校。学校全日制中专、大专招生1238人，开放本、专科招生681人；学校坚持“学校的成功在于学生的健康成长”的办学理念，秉承“自强、行正、学勤、技精”的校训，每年举办“四大节”，营造“五声”校园，打造六张德育“名片”；创建成江苏省智慧学校，建成省、市级职业体验中心各1个，购置实训设备430万元，增设3个专业，校企合作新增6家；获市教育局高质量发展考核优胜奖、特别贡献奖、市技能大赛优秀组织奖、市教学大赛团体优胜奖、“一带一路”技能大赛优秀组织奖、市首批教师发展示范基地；获教育部关工委表彰、省履行教育职责考评组好评。

教育质量　淮安区开放大学对口高考238人全部考取专科以上学校，其中6人考取本科；淮安区开放大学获2020“一带一路”暨金砖国家首届人工智能训练与应用技能大赛学生一等奖、教师二等奖，获省职业学校技能大赛1金3银9铜，省行业大赛2金2银，市状元大赛2金；5人获中等职业教育国家奖学金；培养高技能人才81人。

教学活动　淮安区开放大学构建“‘三正·四能·五位·六径’：培养堂堂正正的现代职教人”育人体系，开展“三禁三齐三规范”劳动礼仪周活动，强化心理健康教育、劳动教育，举办四大节。

其他工作　淮安区开放大学获得省各类创建专项资金

表42　2020年淮安区开放大学获市级以上表彰情况一览表

单位	表彰内容	表彰单位
江苏省淮安工业中等专业学校	“新时代好少年”主题教育活动“美好生活劳动创造”示范学校	教育部关心下一代工作委员会
江苏省淮安工业中等专业学校	2020“一带一路”暨金砖国家技能发展与技术创新大赛优秀组织奖（教师组）	“一带一路”暨金砖国家技能发展国际联盟及金砖国家发展与创新大赛组委会
江苏省淮安工业中等专业学校	2020“一带一路”暨金砖国家技能发展与技术创新大赛最佳组织奖（中职组）	“一带一路”暨金砖国家技能发展国际联盟及金砖国家发展与创新大赛组委会

1030万元；学习苑通过省终期评估；承办市教科研骨干教师暨教学成果奖孵化培训、市社会教育管理人员培训、省学业水平考试、区体育中考、过程性体育考试；与区政法委共建区网格学院。

（李忠民）

【淮安生物工程高等职业学校】 淮安生物工程高等职业学校（江苏联合职业技术学院淮安生物工程分院）是全国建校最早的农林学校之一，是淮宿连地区唯一一所农业类高等职业学校。2020年，淮安生物工程高等职业学校核定编制242名，实有在编人员234人，聘用人员51人，劳务派遣人员25人；市编办核定我校内设机构21个，另按有关章程设立工会、共青团组织，纪委副书记占一个职数。校领导班子核定职数为“1正6副”。学校设置动物工程系、植物工程系、经济贸易系、机电工程系、计算机工程系、汽车工程系和基础课部六系一部。开设中高职专业21个，与淮阴师范学院、淮阴工学院联合举办“3+4”中职本科分段培养专业2个。全校在校生4475人，其中新疆内职班404人。

教学成果　2020年，淮安生物工程高等职业学校创建汽车运用与维修技术专业省级现代化专业群、会计专业省级现代化实训基地，畜牧兽医专业现代学徒制试点工作顺利通过省级验收，成功申报2021年江苏省技能大赛蔬菜育苗、禽病综合诊断项目赛点，申报农业经济管理五年制高职专业、“3+4”本科分段培养项目会计电算化专业、新疆内职班中职会计电算化专业。申报第三方评价机构，获省人社厅批准。在全国行业职业技能大赛中，获得二等奖1个，三等奖2个；在全国宠物美容技能大赛中，获得二等奖3个。获第九届江苏省农业技术推广奖二等奖2个；在2020年省职业院校技能大赛中职组比赛中，获得一等奖4个、二等奖3个、三等奖4个，金牌数位居全市职业学校之首；在高职组技能大赛中，获得二等奖2个；在省职业院校教学大赛中获得三等奖1个。

科研建设　2020年，淮安生物工程高等职业学校获省级科研成果44个，市级奖项78个。获评2020年度江苏省教科研先进集体和江苏联合职业技术学院教科研先进集体，马力、刘明美2人获评江苏省教科研先进个人。2项江苏省教育科学“十三五”规划2020年度课题获得立项，其中1项为重点资助课题；4项联合学院课题和8项淮安市“十三五”规划课题获得立项，2项2020年度淮安市自然科学研究计划项目获得立项。2019—2020年度江苏省肉羊产业体系项目顺利通过验收，江苏省教育科学“十二五”规划课题结题1项，淮安市职业教育规划课题结题5项。淮安市规划课题6项、苏北专项课题1项顺利通过中期检查，淮安市职业教育规划课题3项、总院立项课题1项和校级教改课题7项结题。2020年市职业教育与社会教育优秀论文评比获奖30篇，其中一等奖12篇。公开发表论文118篇，其中中文核心期刊论文6篇。申请专利9项。主编教材1部，副主编教材3部，参编教材3部。组织编写晨读校本教材，即将由农业出版社编辑出版。

学生管理　2020年，淮安生物工程高等职业学校建立健全相关管理制度，相继制定《淮安生物工程高等职业学校走读生管理办法（试行）》《淮安生物工程高等职业学校学生证管理办法（试行）》《淮安生物工程高等职业学校学生违纪处分规定（试行）》三个管理规范。重视学生心理健康，出台《淮安生物工程高等职业学校特异体质学生管理办法》。拟定《淮安生物工程高等职业学校学生档案管理办法（试行）》，规范学生档案管理秩序和寄存期限。深入推

6月13日，淮安市开放大学、江苏省淮安工业中等专业学习召开第六届教职工代表大会第二次会议　　（李忠民　摄）

进资助育人，精准落实各项资助政策，建立“贫困学生动态管理库”，做好国家励志奖学金、国家助学金、困难学生学费减免、入伍学费补偿等资助工作。

招生就业　2020年，淮安生物工程高等职业学校新生实际报到数1375人，其中五年制高职学生730人（含新疆内职班30人）、三年制中职学生644人（含新疆内职班98人）。五年制高职生就业率保持稳定，总就业率为98.22%，超出联院年终平均就业率1.5个百分点。2017级“3+4”班学生37人参加转段考试，转段通过率91.89%。

服务“三农”　2020年，淮安生物工程高等职业学校共完成各类培训15期，培训学员2322人，获得项目培训资金509.45万元。其中，高素质农民培育项目400万元，基层农技推广人才培训项目93.45万元，涉农专业大学生创新创业培训项目16万元。继续推进农民学员中高职衔接教育，49名学员经全省统考后被江苏农牧科技职业学院录取并接受高职阶段教育。

社会教育

【淮安区老年大学】　淮安区老年大学共有128人获市级以上单项奖，其中国家级88个、省级18个、市级22个；校集体获市级以上奖项10个，其中国家级4个（首届国际老年大学线上艺术比赛“优秀组织奖”、中国老年大学协会《万人同唱一首歌》“优秀组织奖”、中国老年大学协会《幸福家·爸妈才艺大赛》“优秀组织奖”、中国老年大学协会《万人抗疫健步走》“优秀组织奖”）；省级3个（江苏省老年大学合唱节比赛“最佳编排奖”、上海市第三届运动会总决赛木兰拳一等奖、第四届长三角友好城市木兰拳线上邀请赛二等奖）；市级3个（淮安市第九届“中国人寿杯”老年春晚节目评选1个一等奖、2个三等奖）。

表43　**2020年淮安区老年大学获市级以上表彰一览表**

姓　名	表彰内容	表彰单位
朱国仁	全省离退休干部先进个人	江苏省委老干部局

老有所学　2020年，淮安区老年大学借助中国老年大学协会开设的“网上老年大学”专属学习平台和班级微信群，推广线上学习活动。充分发挥老师、班长、班级“两委”和学员骨干的传帮带作用，开展教学辅导和交流。引导学员因地制宜，以客厅为场地，以书房为课堂，坚持居家防疫学习“两不误”。电子琴班长夏凤珍、朗诵班长傅苏良，分别被“网上老年大学”授予“学习劳模”和“优秀班长”荣誉称号。

志愿服务　2020年，淮安区老年大学坚持把实施“银发生辉”工程、开展争当“银龄先锋”活动作为学员老有所为的实践方式。利用重大节日，组织进社区、下乡村、赴警营、到特校、去敬老院等单位，开展以送文艺、送诗词、送关爱、送春联、送民法典、送广场舞教学、送文明新风等为主要内容的志愿服务活动80余场次。志愿者活动受到社会各界的好评和多家媒体的报道，被市委老干部局表彰为“全市最美老干部志愿服务团队”。

银龄党建　2020年，淮安区老年大学坚持党建工作不断线，做到停课不停党的活动。紧密联系实际，把开展主题党日活动与防疫学习结合起来，创新活动形式，丰富活动内涵，增强党组织的凝聚力和党员学员的政治自觉、思想自觉、行动自觉，为助推疫情防控和经济社会发展“双胜利”贡献了智慧和力量。抗疫期间，许多学员主动投身社区疫情防控志愿者行动，全校师生共为抗疫捐款87 232元，以“艺”抗疫举办线上音乐会15场次，创作近百首（幅）抗疫诗词书画作品及30多篇抗疫报道，被中国老年大学协会官网、老年教育杂志、老年早报等媒体发表。《以党建为引领，激发学员老有所为传递正能量》的做法，入选“江苏省老年教育办学优秀案例”，是全市县区唯一获此殊荣的老年大学。校临时党委被市委组织部、市委老干部局表彰为“全市离退休干部先进集体”。

（王颍淮）

体　育

【概况】　2020年，淮安区共有综合体育协会5个，单项体育协会19个，体育类民资投入的俱乐部11个，体育类民办非企业8个。新增健身气功协会、风筝协会等体育社团4个。实现全区城乡体育社团组织全覆盖。全区目前万人拥有社会体育指导员37人，健身志愿者400人。

【体教融合】　2020年，淮安区打造体育特色学校。打造红军中学足球、红军小学乒乓球、开发区实验小学柔道、关天培小学手球、楚州实验中学龙舟等体育特色品牌。已建成体育特色学校23所。推进“足球进校园”。校园足球工作已步入抓普及、提竞技、促发展的良性发展轨道，全区各学校均已成立校足球队，按班级组建足球队，并且保证每日一小时以上运动量。培育优秀体育专业师资力量。坚持引进和培养并重，持续招录体育院校生的同时，招聘包括全国乒乓球冠军孙源在内的足球、乒乓球、手球等32名优秀体育技能人才担任学校体育教练员。举办一期体育老师足球裁判培训班，全面提升全区体育执教水平。健全培训机制。完善“课余自培、校内选培、区内精培、区外送培”的青少年体育技能培训机制。

【群众体育】 2020年，淮安区完善公共服务体系。增加体育健身设施有效供给，先后建成区级主题体育公园1个、镇健身园12个、社会足球场5个。15公里健身步道投入使用，晨晚练健身点累计建成794个，万人拥有晨晚练站(点)8.4个。里运河景区慢行系统正式对外开放。淮安区人均公共体育设施(场地)面积已达1.9平方米，农村公共体育设施达标率95%。持续加强体育社团及社会体育指导员队伍建设。开展全民健身活动。全年向7个体育社团购买服务17万元，举办500人以上健身活动6次，500人以下13次。为满足疫情期间体育需求，多次举办太极拳网络大赛等线上赛事，400多名爱好者参加。

【体育竞赛】 2020年，淮安区备战江苏省第二十届运动会，完成运动员注册157人，体校运动员有序返校复训。成功注册幼儿体适能项目运动员109名，全面普及幼儿体适能项目训练。加强后备人才培养，年均向市级以上输送后备体育人才30余名，其中运动员19名。举办青少年体育竞赛，举办“跆协杯”跆拳道等体育竞赛4次，淮安区获淮安市第一届大运河龙舟公开赛2项亚军、淮安市第36届中学生田径赛团体总分第一名。江苏省第二届少年柔道大赛勇夺19金13银8铜。

【体育产业】 2020年，淮安区体育产业企业健康发展。体育产业目前共有86家，年销售50多亿元，“体育健康特色小镇”施河镇体育产业企业达50余家，产业集聚已基本形成，涌现出江苏共创人造草坪有限公司等一大批国内外知名体育产业企业。体育产业重点工作有效推进。江苏省体育局对外公示的“江苏省体育产业基地(2020—2022年度)”共82家，其中淮安市4家，淮安区占3家。体育彩票销售完成计划任务。淮安区体育彩票连续四年销售超亿元，超额完成“保底7000万，力争8300万”的目标任务。

文 化

综 述

【概况】 2020年，淮安区文广旅游局贯彻落实区委、区政府决策部署和“六稳”“六保”工作要求，坚持新冠肺炎疫情防控与文旅发展工作“双线作战”，坚持“干在实处，走在前列”，文化和旅游发展呈现稳中向好的态势，为淮安区高质量跨越发展贡献文旅力量，各项工作取得较好的成效。

【招商引资】 2020年，淮安区文广旅游局重点抓招商引资工作。福美好农业机械项目一期工程竣工投产，现正修建第二期厂房及设备，预计2021年底全部竣工正式投产；尚庐精舍项目已被市里面认定为亿元开工服务性项目，计划于2021年底全部建成向社会开放；智能停车场项目，其中人民医院和勺湖停车场地块已建成。

2020年，淮安区文广旅游局开展“百姓天天乐 万丰看大戏”演出活动
(区文广旅游局 供图)

蝴蝶厅遂园书舍　　（区文广旅游局　供图）

群众文化

【文化惠民活动】 2020年，淮安区持续开展送戏、送电影、送图书、送展览下乡“四送”活动，确保“镇镇到”。推进部分文化家园、文化大院提档升级，修建总投资约50万元的蝴蝶厅特色书吧。常态化开展演艺进景区，打造“百姓天天乐万丰看大戏”主题活动品牌，为游客提供“白天看景、晚上看戏”的全天候文旅体验。创排的新编古装淮剧《舍妻救妹》在江苏省第八届淮剧艺术展演月的演出中备受好评。

【文化惠民工程】 2020年，淮安区330家村级文化服务中心实现全覆盖，提档升级50家；全面推进图书馆“总分馆”制建设，截至目前完成10个乡镇图书分馆、3个村级图书分馆的建设，建成恩来社区党群服务中心海棠书舍，建成蝴蝶厅遂园书舍。

【演艺进景区】 2020年，淮安区创排《斩窦娥》《吴承恩与西游记》《河下故事》《半副对联》《周恩来与故乡》等突出地域优势和特色主题、体现地方原生态的特殊文化符号的节目。在万丰文化街（古戏台）开展“百姓天天乐　万丰看大戏”演艺活动，有获“江苏省第八届淮剧展演月”优秀剧目《舍妻救妹》等古装淮剧、仇桥杂技、旗袍秀系列演艺活动。自2020年9月至2020年12月31日共计开展103场演出，累计受众达10万人。

文化遗产保护

【概况】 2020年，淮安区编制重点文物资源保护方案，实施淮安名人故居古民居抢救保护工程。推进漕运总督部院遗址的本体保护及展陈。对遗址进行测绘和病害勘察，对文物信息进行全面采集与三维建档。实施字画库房的改造与搬迁工程，完成120件馆藏破损字画的修复，完成博物馆数字化工程升级改造。

文化市场监管

【概况】 2020年，淮安区不断加大执法力度，持续开展“净网”“秋风”“护苗”“清源”“固边”等专项行动。先后联合公安、市监等部门开展文化市场综合执法检查、出版物和印刷企业复工复产安全生产联合执法检查，共检查文化市场107家次，共出动执法人员423人次，立案3起，规范全区文化旅游市场经营秩序。

（赵晓燕）

表44　2020年淮安区文广旅游局获市级以上表彰一览表

单位（姓名）	表彰内容	表彰单位
淮安区文化广电和旅游局	江苏省境外卫星电视传播秩序专项整治工作先进单位	江苏省广播电视局
淮安区文化广电和旅游局	全市宣传思想文化先进集体	中共淮安市委宣传部
淮安区文化广电和旅游局	淮安市行政执法规范化示范点	淮安市全面推进依法行政工作领导小组办公室
淮安区图书馆	淮安市红领巾读书征文比赛组织奖	淮安市文化广电和旅游局淮安市教育局

续表44

单位（姓名）	表彰内容	表彰单位
潘　宇	全国劳动模范	中共中央委员会、国务院
潘　宇	江苏工匠荣誉称号	江苏省人民政府
潘　宇	江苏省乡土人才“三带”名人	江苏省委组织部、江苏省人才工作领导小组办公室、江苏省发展和改革委员会、江苏省教育厅、江苏省工业和信息化厅、江苏省人力资源和社会保障厅、江苏省住房和城乡建设厅、江苏省农业农村厅、江苏省文化和旅游厅
潘　宇	江苏好人榜	中共江苏省委宣传部、江苏省精神文明建设指导委员会办公室
叶　飞	全省公共数字文化建设工作先进个人	江苏省公共数字文化建设中心
赵晓燕	优秀网评员	淮安市委网络安全和信息化委员会办公室
潘　宇	全市重点文艺作品创作三等奖	淮安市文学艺术界联合会
陈建斌	淮安市百姓文化艺术节二等奖	淮安市文化馆
倪树军	淮安市创建全国文明城市工作先进个人（嘉奖）	中国共产党淮安市委员会、淮安市人民政府
魏玉宝	淮安市文化科技卫生“三下乡”先进个人	中共淮安市委宣传部

表45　**淮安区文广旅游局基层单位名录**

单位名称	基层单位名称	单位名称	基层单位名称
淮安区文化广电和旅游局	淮安区文化馆	淮安区文化广电和旅游局	淮安市淮剧二团
	楚州博物馆		淮安区人民剧场
	淮安区图书馆		淮安区文化市场综合执法大队
	淮安区电影公司		—

融媒体中心

【概况】 2020年，淮安区融媒体中心在中央电视台用稿1条、省市级媒体用稿241条、学习强国平台用稿153条；《战“疫”进行时》《榜样》两个栏目被江苏省广播电视局评为2020年度最佳栏目奖；发布各类资讯1万余条，原创融媒产品600多个，多条单条点击量达10万+，最高单条浏览量近200万；举办河下夜市、直播带货等10多场主题直播活动，累计收看30余万人次；获得淮安市宣传思想文化工作先进集体。

【融媒宣传】 2020年，淮安区融媒体中心围绕党的十九届四中、五中全会精神、决胜全面小康、脱贫攻坚、全国文明城市创建、疫情防控和统筹经济社会发展等重大主题以及全区工作中心，策划推出《学习五中（四中）全会进行时》《聚焦八大攻坚战》等20多个专栏专题。特别是疫情防控期间，构筑起疫情防控融媒快速反应机制，及时推出主题报道及H5、短视频等融媒产品，凝聚起打赢疫情防控阻击战的强大正能量。蒋大为等宣传典型人物受到中央表彰。

【民生服务】 2020年，淮安区融媒体中心打造“直通12345”融媒民生服务平台，推出疫情防控知识问答、复工复产问答、“暖心蔬菜包，直达居民家”行动、“一网览尽‘职’等你来”等线上便民服务，推动解决问题130多个，回复民生诉求270多个。与区委营商办联合开办《聚焦政行风》节目，邀请相关部门、镇街负责人走进演播室接听、解答群众来电，积极回应群众诉求，反响良好。

【阵地建设】 淮安区融媒体中心荔枝云应用平台于2020年7月起建成使用，实现与省平台实时联系并常态化应用，采编人员进入平台操作使用。融媒体中心东院内两处老楼顺利拆除，实施消防池、围墙等系列配套工程，办公用房改造基本完成。投入40余万元的多功能演播室建成使用，完成电台设备更新升级，西院功能更加健全。东、西院网络实现互联互通。以周恩来总理生前最喜爱的海棠花命名App客户端，海棠融媒App于2020年8月开始运行，报台网微端融媒矩阵形成，上线80项162个子项的“政务服务+公共服务”功能，包括数据共享查询、镇村业务办理及各类咨询服务，多元传播效应初步彰显。对照县级融媒体中心建设省级验收六大类55项指标，专门成立省考核验收迎检工作领导小组，逐一分解任务，压紧压实责任，在11月13日省级验收中，验收组认为区融媒体中心建设有特色、有亮点，新闻“策采编发”流程图被央广专家推介。

【人才培养】 2020年，淮安区融媒体中心针对专业人才紧缺的现状，通过公开招录、“名校优生”引进，新招22名事业单位人员，新聘2名劳务派遣人员，10余名聘用人员自动离职，人才结构逐步改善。先后举办新闻写作、短视频、微信公众号运营、直播、微专题片、荔枝云平台使用等10多场学习培训，开展故事分享会等系列活动。组织采编人员深入项目现场，播刊发一线新闻400余条。淮安区践行“四力”做法被省、市“三项教育”专刊推介。专门成立规章制度起草工作组，制订实施新闻“三审”制度、绩效考核办法等20多项制度并汇编成册，树立“干得多有收获、干得好有舞台”的良好导向。

【经营创收】 2020年，淮安区融媒体中心打好经营创收主动仗，借助社会资本，实施和省广电惠民生活馆、增力商贸公司、格力电器等合作项目，探索多元化经营之路，取得一定经济效益。利用主流媒体优势，与各镇街、各部门开展宣传合作，增强宣传服务能力；提升专题宣传片摄制水平，增强主动合作意识，用好用足扶持政策，做大专题创收蛋糕。小记者活动自2019年11月开展以来，已招收1700多名小记者，成功举办线下活动近100场，线上活动50期。在2020年省报协小记者工作年会上，“恩来星”小记者团队获得三项殊荣，“‘恩来星’小记者—淮安区精心打造少年儿童社科普及第二课堂”获省社科联系统“工作创新案例”，小记者活动荣获全市宣传思想文化工作创新奖。全年完成各项收入900余万元，连续三年实现创收“逆增长”。

（朱　飞）

档　案

【概况】 2020年，淮安区档案馆内设机构5个，分别为办公室、业务指导股、保管利用股、宣教编研股、征集股，核定编制15人，在职13人。馆藏档案资料79.1万卷（册、件），其中档案176个全宗63.97万卷、13.07万件，资料2.06万册，排架总长度2238米，属国家县级一类综合档案馆。2020年，淮安区档案馆推进档案资源、档案利用、档案安全、档案制度“四个体系”建设，提升档案服务水平，拓展档案文化平台，为机关、团体、企事业单位及个人提供档案查阅服务。

【档案资源建设】 2020年，淮安区档案馆加大档案收集整理力度，特别是重大活动、重要事件、重大项目等档案的接收、征集。2020年接收机关、团体企事业单位档案共计38家，其中机关涉改单位档案进馆10家，涵盖文书档案、婚姻档案、退伍军人档案、实物档案等多种门类，共计6.98万卷、4.31万件，完成规范化整理以及数字化工作并办结进馆。重点开展新冠疫情档案的征集、指导、集中整理和进馆工作。共完成43家单位12927件抗击新冠肺炎疫情档案的接收进馆、规范整理。这项工作丰富馆藏资源，记录留存淮安区抗疫历史。推进红色档案的征集。响应省档案馆关于传承红色基因，征集红色档案的文件精神，到区红色基地开展档案信息摸底征集工作。与车桥战役纪念馆、新安旅行团、中共中央华中分局旧址、合心革命纪念塔、横沟暴动纪念馆、大胡庄八十二烈士纪念馆等红色纪念地联系，了解情况制订征集方案。配合市农房改善成就展，征集淮安区有关农房改善工作的图片资料540张，并制作视频资料。

【档案数字化】 2020年，淮安区档案馆完成12.43万（件）档案的规范化整理和数字化扫描工作，数字化副本1150 GB，截至2020年12月31日，“十三五”期间共计完成75.7万卷（件）档案的数字化，数字化副本8282 GB，馆藏档案数字化率达到98%。淮安区档案馆馆藏档案数字化是全省“十三五”档案工作的重点。淮安区档案馆把档案全文数据库建设作为全馆工作重点。

【档案宣传】2020年，淮安区档案馆开展“6·9”国际档案日宣传活动。围绕“档案见证小康路，聚焦扶贫决胜期”主题，先后进学校（周恩来红军中学）、进社区（闸北村）、进乡镇（车桥镇）、进基层（交通运输局），利用悬挂横幅、布置展板、发放海报传单、宣传资料以及现场答疑等方式，宣传普及档案法规、档案知识。活动期间，发放各类资料3000多份。利用电子屏幕滚动播出档案宣传片和视频，增强全民档案意识。

【档案安全建设】2020年，淮安区档案馆全面开展馆藏档案清点盘库工作，确保档案账物零误差。集中时间、集中力量，对库房档案、资料等进行全面梳理登记清查，对破损档案进行修复，对缺失目录进行补充，对老旧档案进行整理，对核查无误的档案进行装盒封签管理，确保实体档案的安全。运用温湿度自动控制、安防监控、电子门禁、消防设施等现代化智能手段，着力构建人防、物防、技防相结合的“三位一体”综合防范体系，定期联合维保公司共同检查。严格执行档案信息安全管理制度，建立档案信息安全备份，确保档案信息数据的安全。

【档案展览】2020年，淮安区档案馆利用现有馆藏借助不同载体开展专题展。筛选南京市作协会员、兴化博物馆名誉馆长王同宝、南京金陵书法院院长赵小平、江苏省摄影家协会会员花玉华、江苏省摄影家协会会员李正林四人作品布展。

【档案服务】2020年，淮安区档案馆利用馆藏档案资源，在查档接待大厅为机关、团体、企事业单位及个人提供查档利用服务；利用省档案局搭建的民生档案便民服务平台和微信、电话、机要通道等服务渠道，为在外群众做好异地查档服务。全年接待查档3199人次，其中接待异地查档36人次，提供利用档案、资料共计2.01万卷（件）次。

【档案建设】2020年，淮安区档案馆结合实际制定精准扶贫档案的分类方案、收集范围及保管期限表，开展精准扶贫档案的收集和整理的指导服务。联合农业农村局开展农民合作社示范社档案规范化建设工作，2020年重点对青耕田农机、连生土地股份专业合作社等9家二星级档案室创建进行了培育、指导。

【档案指导】2020年，淮安区档案馆推进淮安区重大项目档案的规范化管理，极大地推动了淮安区重大建设项目档案工作的健康发展。对接区项目考核办，开展业务培训，对重大项目声像档案的采集归档提出要求。重点对黑臭水体整治档案跟踪服务，召集项目建设方、施工方、监理方进行档案交办，深入项目现场进行业务指导。对站前新村、建筑总部产业园的项目档案管理开展监督检查。11月份，对全区开展项目档案的视频征集工作。

【档案试点】2020年，淮安区档案馆全力推进靖大庄村级档案室国家试点项目建设。初步建立村级档案工作机制，制定《靖大庄居委会文件材料归档范围和档案保管期限表》，对收集的档案资料开展规范化整理和数字化扫描，形成适合靖大庄档案工作实际的《村级档案目录清单》，并按照“对口分类法”明确村级档案收集范围，确保档案资料收集齐全、规范有序、管理科学。基本完成农户档案一户一档的信息采集和相关档案资料的收集工作。

地方志

【概况】2020年，淮安区地方志办公室搜集、整理地方志文献和资料，推动方志理论研究，开展地方综合年鉴编纂工作，推进镇村志编纂工作。12月份，《淮安区年鉴（2020）》出版发行。

【年鉴编纂】《淮安区年鉴（2020）》在内容上按篇章分工，11个篇章明确到人，实行“三审”制，初审由统稿人审稿，复审由副主编审稿，终审由主编审稿。在年鉴编纂工作中，由于受到疫情的影响，区志办延期开展年鉴征集稿件工作。11月，《淮安区年鉴（2020）》经过组稿、审稿等环节，签字付印。认真落实《江苏年鉴》《淮安年鉴》中淮安区有关内容的撰稿任务以及省、市志办交办的其他任务。

【方志编修】2020年，淮安区继续推进镇村志编纂工作，做好《江苏省援疆援藏志》及《淮扬菜志》资料征集的前期准备工作。与淮安区文史办会同完成《文渠志》《勺湖志》《万柳祠志》《漂母祠志》的出版发行。

卫生　计生

综述

【概况】 2020年，淮安区共有各类卫生机构36个（不含诊所），其中医院7个、卫生院25个、妇幼卫生保健机构1个；共有病床4638张，共有卫生技术人员5303人，其中执业医师1463人、执业助理医师520人，注册护士2352人。新改建农村卫生户厕1.47万座，博里镇、朱桥镇创成省级卫生镇。公立医院综合改革连续两年受到省政府办公厅的督查激励，淮安区卫健委先后获得全国死因登记工作先进集体和肿瘤登记工作杰出贡献奖。

【健康扶贫】 2020年，淮安区全面落实健康扶贫举措，全年共为7076人开展大病专项救治，有26 394人享有“先诊疗后付费”，投入519.35万元为11 010名贫困人口实施住院托底保障，减免各类医疗费用1468.65万元，11万余名低收入人口签约服务和年度免费体检。

【新冠肺炎疫情防控】 2020年，淮安区面对突然而来的新冠肺炎疫情，各医疗机构迅速建立预检分诊和发热门诊，对所有就诊患者进行预检筛查；加强进口冷链食品监管，落实“人”“物”同防举措；加强重点人员管控，累计开展核酸检测26.5万人次；有4名医护人员奔赴武汉支援，抽调30余名医务人员参与卡口值守、300余人次参与11个隔离点管理、3000余人参加“四包一”管理；及时建立2个集中收治点，从重症、呼吸等科室抽调业务骨干成立流动诊疗专家组、专家技术评估组、医疗救治专家组，全力做好诊疗救治工作。

【医药卫生体制】 2020年，淮安区全面启动县域医共体建设试点工作，淮安区作为国家试点县区，制定了实施方案和相关管理办法，召开医共体建设推进会，组建成立以淮安医院和楚州中医院为龙头的两大医共体，成立理事会，建立制度框架体系，制定医保等相关配套政策文件，确保医共体建设试点有序推进。深化公立医院综合改革，公立医院综合改革连续两年受到省政府督查激励，省体改办专题调研淮安区公立医院综合改革，省《医改动态》专门推介了淮安区公立医院综合改革经验。公立医院党的建设进一步加强，印发《加强公立医院党建工作评价办法》，区内二级以上医院全部完成章程制定。保障药品供应，健全完善药品耗材招标采购制度，严格落实药品带量采购政策；建立短缺药品信息报告制度，制定短缺药品清单，抓好短缺药品储备，保证及时有效供给，满足群众用药需求。

【医疗卫生服务】 2020年，淮安区总投资10亿元的淮安医院新院部分建成投入使用；总投资500余万元的实训基地完成装修；创成“省首批农村区域医疗中心”1个、省社区医院5家；有6家卫生院达到国家优质服务基层行“推荐标准”、3家达到“基本标准”，新改扩建村卫生室（家庭医生工作站）18个。医疗卫生服务能力不断增强。楚州中医院投资150万元新建了高标准的ICU病房，并选送5名医护人员到上级医院进修重症医学专业。淮安医院创成市级临床重点专科5个，有2个被列为市级重点专科建设科室，申报建设省级重点专科2个；楚州中医院创成市级中医临床重点专科3个。为车桥、淮城配备核磁共振，为林集、钦工、上河等3家卫生院配备CT机。医疗科研取得新的突破。卫技人才队伍建设力度进一步加大。引进博士2名，硕士10名，现有博士10名，硕士97名；公开招录事业编制人员77名；完成22名农村订单定向免费培养医学生协议签订。举办大型学术培训20余期，累计培训3000余人次。

【公共卫生服务】 2020年，淮安区全面落实基本公卫服务项目，人均基本公卫补助80元，代表淮安市迎接省基本公卫服务项目评价，取得全省第七名的好成绩，在全市历次评价中成绩最好。高血压、糖尿病等慢性病患者规范管理率达到省定要求。家庭医生签约服务总签约率38.52%，重点人群签约率67.73%，贫困、残疾等特殊人群应签尽签。开展20家尘毒危害专项治理和执法行动，完成850户职业病危害现状调查和931户职业病危害项目申报。健全完善卫生应急预案和专家队伍，做好物资储备；累计开展应急救护知识培训6000余人次。强化监测预警和风险评估，规范紧急医学救援基地建设和管理。

【妇幼健康服务】 2020年，淮安区妇幼保健院成功创建二级甲等妇幼保健院。完成5000对免费孕前优生健康检查任务；完成宫颈癌筛查27 422人、乳腺癌筛查27 890人;孕产妇住院分娩率,艾滋病、梅毒和乙肝检测率100%,无孕产妇死亡;托幼机构儿童视力检查率97.49%。4家二级以上医院与省妇幼健康服务平台对接。举行全区生殖健康服务人员技能竞赛,在市级竞赛中获得团队优秀奖、个人二等奖。

【中医药特色服务】 2020年,楚州中医院顺利通过二级甲等中医院复审,通过三级中医院初评;楚州中医院脾胃病科、肿瘤科、脑病科创成市级中医临床重点专科;先后建成乡镇卫生院中医馆26家,有21家通过省考核验收,建成村中医阁171个。全区所有社区卫生服务站、村卫生室能够提供4种以上中医服务。

【信息化建设】 2020年,淮安区全面建成区域健康信息平台,全区二级以上医院全部上线分时段预约挂号,做好家医签约、区域体检、区域LIS、手机App、合理用药和财务HRP等信息系统的建设,进一步推动医防融合,加强互联互通;实施银医通便民二期工程,在基层卫生院部署自助机近80台。

【老龄健康管理】 2020年,淮安区建成3所医养结合机构,25个基层医疗机构与29家养老机构按规范文本签订医疗合作协议;完成65岁以上老年人免费健康体检10 3545人;为5.5万名60岁以上老年人提供约9万次的居家养老医疗服务,为23 795名老年人办理意外伤害保险;完善老年病科建设,扎实开展安宁疗护建设试点,启动溪河卫生院康复养老服务试点;实施“老年人心理关爱项目”,组织医护人员在瞻岱、恩来社区开展项目调查和健康干预活动。

【党建工作】 2020年,淮安区卫健委开展“决胜小康奋斗有我”主题宣讲共8期;举办“最美逆行者”抗疫事迹报告会,组织受表彰的优秀党员走进刘老庄八十二烈士陵园,开展“传承红色基因”主题教育活动;抓牢意识形态工作主动权,建立分析研判、风险排查和定期督查制度,强化学术讲座论坛、微信公众号内容发布审核把关。按季度派发季度工单和“一岗双责”责任清单,严格落实党风廉政和作风建设各项规定,坚持“三重一大”事项集体研究决策;召开了作风建设大会,清退7名在编不在岗村医;开展督查50多次,问责13人,政纪处分13人,党纪处分1人。全年未发生一起越级上访事件和安全生产事故。

【招商引资】 2020年,投资2亿元的AG防眩光玻璃项目二期设备年底安装到位并竣工投产;总投资2亿元的淮安东南医院暨心脑血管专科医院正式开工建设;全年外资到账110万美元。

计生服务

【概况】 2020年,淮安区生育登记办理4894例,再生育审批218例,生育登记目标人群覆盖率居全市前列;全区出生政策符合率99.29%,生育登记服务满意率100%,奖扶政策兑现率100%,流动人口服务管理率98.2%,出生人口性别比105.22∶100。

2020年,全区在各类公共场所建成标准化母婴设施52处,建设面积620余平方米。区妇幼保健院顺利通过省级优生优育指导中心评估验收。推进3岁以下婴幼儿照护服务,规范开展机构登记备案;全面兑现计生奖扶政策,计生系列保险工作被省计生协评为一等奖;多形式推进关爱计生特殊困难家庭活动;在淮城街道恩来社区成功举办了全省首批“连心家园——家庭健康行动”项目点启动暨授牌仪式,河下街道和淮城街道“连心家园”分别被表彰为省、市优秀项目点。

表46　2020年淮安区卫生系统获市级以上表彰一览表

单位(姓名)	表彰内容	表彰单位
淮安区	2004—2019年中国死因登记工作先进集体奖	中国疾病预防控制中心
淮安区	公立医院综合改革受到省政府办公厅督查激励	江苏省政府办公厅
淮安区	2019年全省计生保险工作先进单位	江苏省计划生育协会
淮安区	江苏省第五届“万步有约”健走激励大赛“先进单位三等奖”	江苏省预防医学会
淮安区	淮安市健康促进与健康教育技能竞赛一等奖	淮安市爱国卫生运动委员会办公室

续表46

单位（姓名）	表彰内容	表彰单位
淮安区疾控中心	2019年肿瘤登记工作杰出贡献奖	国家癌症中心
车桥卫生院	首批农村区域性医疗卫生中心	江苏省卫生健康委员会
车桥、城东、苏嘴卫生院	江苏省社区医院	江苏省卫生健康委员会
孟　芹	江苏省第六批“岗位学雷锋标兵”	江苏省精神文明建设指导委员会办公室
陈建琳	2020年度江苏省五一巾帼奖	江苏总工会
张秋明	优秀共产党员	中国共产党淮安市委员会

表47　**淮安区卫生系统基层单位名录**

单位名称	基层单位名称	单位名称	基层单位名称
淮安区卫生系统	平桥卫生院	淮安区卫生系统	钦工中心卫生院
	上河卫生院		顺河卫生院
	建淮卫生院		季桥卫生院
	马甸卫生院		城东卫生院
	溪河中心卫生院		席桥中心卫生院
	施河卫生院		三堡卫生院
	朱桥卫生院		林集中心卫生院
	车桥中心卫生院		南闸卫生院
	泾口卫生院		淮城卫生院
	流均卫生院		淮安区卫生监督所
	博里卫生院		淮安区疾控中心
	仇桥卫生院		淮安市淮安医院
	复兴卫生院		楚州中医院
	苏嘴中心卫生院		淮安区皮肤病防治院
	茭陵卫生院		淮安区妇幼保健院
	宋集卫生院		淮安区爱卫服务中心

爱国卫生运动

【概况】 2020年，淮安区爱卫办扎实开展爱国卫生运动攻坚“百日行动”。以农村人居环境整治行动及文明城市创建为抓手，强化农村环境卫生综合治理，狠抓卫生镇村创建工作。2020年度全区成功建成省级卫生镇2个（朱桥镇、博里镇），省级卫生村44个，市级卫生村40个，建成省级健康村（社区）2个，漕运镇通过市级卫生镇复审。获全市健康促进与健康教育技能竞赛团体一等奖，个人业务知识竞赛、健康科普演讲第一名。

【农村改厕】 2020年，淮安区完成户厕改厕14 700座任务，完成率100%，截至2020年底，淮安区累计无害化卫生户厕覆盖率为99%，为全面建成全国文明城市和创建卫生镇、村打下了坚实的基础。10月30日代表淮安市接受江苏省农村改厕项目绩效评估，12月通过农村改厕省级销号验收。

【健康教育】 2020年,淮安区加大宣传力度,实现疫情防护知识全覆盖。组织印发《新型冠状病毒感染的肺炎公众预防指南》《淮安市淮安区人民政府关于人员出门必需佩戴口罩的通告》《预防冬春季呼吸道传染病》《口罩的正确佩戴方式》《七步洗手法》等宣传材料20万余份,在全区宣传栏等醒目位置张贴,利用户外LED电子屏、标语、横幅、流动宣传车等方式进行全覆盖、无缝隙宣传新型冠状病毒感染的肺炎预防知识。开展健康单位创建工作,建成2个省级健康村,建成1个省级健康企业。

【病媒生物防制】 2020年,淮安区根据《国家卫生城市标准》,巩固国家卫生城市创建成果,制定《淮安区2020年病媒生物防制工作方案》,确保病媒生物防制工作扎实有效地开展,将病媒生物防制与防控工作相结合,充分利用广播、标语、印发宣传材料等形式,宣传病媒生物防治工作的重要性、必要性。印发宣传资料5000多份;充分发挥舆论导向作用,发动全区人民人人动手,个个参与。最大限度调动广大人民群众参与除"四害"工作的积极性,在全区范围内营造良好的社会舆论氛围,形成除"四害"的社会整体合力。同时充分发挥社区(村)网络的作用,掀起群众性的病媒生物防治高潮,开展集中消杀,提高病媒生物防制效果。有效降低病媒生物密度,预防和减少了病媒传播疾病的发生和蔓延。

【控烟工作】 2020年,淮安区严格按照禁(控)烟工作总体要求,深入开展控烟工作。加强公共场所控烟工作的监督管理,努力控制医院、学校、会议室等公共场所的吸烟行为,养成良好的卫生习惯和健康、文明、科学的生活方式。同时重点围绕全国文明城市创建工作,加大督查力度,及时整改不足。目前全区基本达到公共场所及工作场所禁烟标识张贴到位,禁烟劝阻员设立到位,吸烟区管理规范。

卫生监督

【概况】 2020年,淮安区强化医疗质量监管。建立健全医疗质量院、科两级责任机制,强化医疗质量监管督查,落实18项医疗安全核心制度。全面落实医师、护士电子证照领取工作,稳步推进医师多机构备案制。定期开展抗菌药物、特殊药品、高值医用耗材等专项督导和消毒供应等明察暗访。落实院感防控行动计划,全面推动二级医院感染监测信息系统及各级医疗机构医疗废物管理信息系统安装。全区医疗责任险参保率100%。强化卫生监督执法。优化"不见面"全程审批流程,创新办证渠道,推进手机微信小程序、App、网络在线申领进程,全年公共场所卫生许可证发放468户,网络办证率75%以上。加强生活饮用水、消毒餐饮具等在线监测和监督。开展打击非法行医等专项整治行动,共立案查处71起,处罚金额28万余元。全年完成495户国家和省"双随机一公开"抽检任务,完成率100%。"杨某非医师行医案"获全省卫生行政执法优秀案例评比一等奖。强化信用体系建设。开展医疗卫生行业信用监管体系建设,参加省"信用+综合监管"和在线监督监测项目试点,建立"红黑榜"制度,完善"红白名单"数据库。

疾病预防控制

【概况】 2020年,淮安区继续巩固国家慢性病综合防控示范区复评审成果。全区无甲类传染病发生,法定传染病发病率低于省级要求,且同比下降39.08%;肺结核、艾滋病等重大传染病防控达到上级要求。为区疾控中心核定编制116名;投入2000余万元新改建5个发热门诊,投入180余万元新建24个预检分诊点;投入500余万元新建区疾控中心、楚州中医院和淮城卫生院等4家核酸检测实验室,日核酸检测能力达到3000人份。落实免疫规划要求,全区适龄儿童免疫规划疫苗接种率95%以上。

医疗机构

【概况】 2020年,淮安区共有36个医疗卫生单位,区直医疗卫生单位7家,分别为淮安医院、楚州中医院、妇幼保健院、皮防院、卫生监督所、疾病预防控制中心和区爱卫服务中心;乡镇卫生院26家,其中乡镇中心卫生院6家,分别是车桥、苏嘴、林集、席桥、钦工和溪河;民营医疗机构3家,分别是淮安曙光医院、新区医院和城中医院。2020年,区妇幼保健院成功创成"二级甲等"妇幼保健院,淮城卫生院、车桥中心卫生院成功创成二级综合医院,全区二级医院总数增至6所。全区卫生系统人员编制数为2751人,在职在编2302人;专业技术人员

4658人，拥有高级职称796人，中级职称975人，初级职称2683人；在职（在读）博士生学历14人，研究生学历90人，本科学历2249人，大专学历1971人，中专及以下学历1173人。

【淮安市淮安医院】 2020年，淮安医院年门急诊52.2万人次，较2019年减少6.74万人次，下降11.42%；出院3.73万人次，较上年减少5700人次，下降13.23%。全年总收入5.80亿元，较上年下降12.81%；医疗收入5.52亿元，较上年下降16.21%，其中，门急诊收入1.94亿元，较上年下降12.21%；住院收入3.58亿元，较上年下降18.28%。

疫情防控　2020年1月，淮安医院迅速成立疫情防控工作领导小组，下设“一办六组”，实行统一领导、统一行动。院党委按照“三分区两通道”的要求，在24小时内用集装箱搭建独立的发热小区。将27个临床科室整合成11个病区，紧急抽调出500余名医护人员直接参与隔离病区和集中医学观察点的疫情防控工作。患者零漏诊、零误诊、零死亡，医护人员零感染。院党委选派4名护士驰援武汉，选派2名护士和1名医生驰援市定点医院。

医疗服务　2020年，淮安医院一手抓疫情防控、一手抓复工复产。3月26日以后的几天时间内，门诊量即从最低的198人次上升到1528人次，住院病人数也从300多人上升到900多人，其他各项工作也都快速恢复到正常有序状态。为满足带PICC、输液港导管患者的需要，成立静疗门诊。依靠“互联网+”开设互联网发热门诊，提供新冠肺炎网上咨询、居家医学观察指导等服务。增加复诊配药、上门护理等服务功能。

2020年1月，淮安医院护理团队4名医护人员支援湖北
（淮安医院　供图）

医共体建设　2020年，淮安医院成立医共体建设领导小组，组建“三办十三中心”等组织机构。12月4日，召开医共体集团第一届理事会会议，通过选举产生理事长、副理事长、理事。多次调研走访了施河、顺河、马甸等12家成员单位，指导医疗技术、疫情防控等工作。

学科人才　2020年，淮安医院有12个科室被评为区级临床重点专科；介入科、内分泌科和普外科等3个科室顺利通过市级临床重点专科复评和评审；肿瘤科和检验科2个科室被评定为市级临床重点专科建设专科；内分泌科和介入科2个科室申报省级临床重点专科。2020年，淮安医院共引进博士5名，硕士5名，院内培养在读博士2名、在读硕士3名。截至2020年底，医院有博士15人，硕士89人。

著作论文　2020年，淮安医院开展新技术15项，获得省级新技术引进奖1项、市级新技术引进奖6项；取得国家实用新型专利52项；取得省级科研立项1项、市级科研立项6项。发表省级以上论文135篇，其中SCI论文14篇、中华3篇、统计源期刊7篇。介入疼痛科开展的三叉神经痛的介入治疗获全市十大先进操作法。

（刘　智）

表48　**2020年淮安医院获市级以上表彰一览表**

单位（姓名）	表彰内容	表彰单位
淮安医院	江苏省抗击新冠肺炎疫情先进集体	中国共产党江苏省委员会、江苏省人民政府
淮安医院	先进基层党组织	中国共产党淮安市委员会

续表48

单位(姓名)	表彰内容	表彰单位
骆兴东、陶光荣	江苏省抗击新冠疫情先进个人	中国共产党江苏省委员会、江苏省人民政府
孟芹	2020年江苏省岗位学雷锋标兵	中共江苏省委宣传部
孟芹、陈超、蒋敏	江苏省新冠肺炎疫情防控嘉奖	江苏省卫生健康委员会、江苏省人社厅
薛同庆	2020年度江苏省卫健委医学新技术引进二等奖	江苏省卫生健康委员会
孟芹、戴莹、蒋敏、朱平	淮安市三八红旗手	淮安市妇女联合会
孟芹、陈超、戴莹、蒋敏	淮安市援鄂战役先锋	淮安市新冠疫情联合指挥部
孟芹、陈超、戴莹、蒋敏	淮安市最美科技工作者	中共淮安市委组织部、宣传部、人社厅、科学技术协会
孟芹、陈超、戴莹、蒋敏、郭莎、顾佳琪	淮安市百佳护士	淮安市卫生健康委员会
孟芹、蒋敏	淮安市文明市民	中共淮安市委宣传部、淮安市精神文明建设指导委员会办公室

【楚州中医院】2020年，淮安市楚州中医院门急诊人次140 276人，住院人次13 984人，药占比27.45%，百元耗材占比19.49%，平均住院日8.59天，床位使用率71.88%。人员经费支出8014万元，人员经费支出占医疗成本支出38.6%。

疫情防控　2020年1月25日，楚州中医院进行发热门诊改造，利用10天左右建成基本规范的发热门诊，保证病人检查治疗都在发热门诊内完成。2月1日，隔离病房投入使用，累计收治疑似及可疑病人120人。楚州中医院承担集中医学隔离观察任务。自2月份起，先后抽调100余名医护工作人员驻守在格林豪泰酒店、卓创酒店以及全季酒店的集中医学观察隔离点对疑似、确诊病例密切接触者，疫情中高风险地区来淮人员实行集中医学观察任务。2020年下半年，投入约670万元将发热门诊进行扩建，购置疫情专用CT一台。投入200万元建成标准化临床基因扩增实验室，新冠病毒核酸检测日平均检测能力达180人份。

综合医改　2020年，楚州中医院开展医共体建设试点工作，与苏嘴中心卫生院、流均卫生院、复兴卫生院组成的中医院医共体集团，11月份正式挂牌启动。按照二级公立医院绩效考核要求，投入60万元购置绩效考核软件系统，探索建立一套以工作量、服务质量、技术难度、医改运行指标为依据的绩效考核方案。8月，完成2017—2019年的5.7万份病案首页上传工作，完成二级中医医院绩效考核试点工作。12月31日，完成2020年全年1.4万份病案首页上传工作。

医保管理　2020年，楚州中医院医保科每月联合医务科抽调多份病历，针对合理用药、合理检查、合理治疗、合理收费等项目进行检查，发现问题，及时进行归纳总结，督促整改。对多次违规的诊疗组进行经济处罚，确保诊疗行为逐步规范。楚州中医院研究制定医保管理规定及考核办法，下半年针对医保结算率较低的情况，研究对策并及时调整分值结算考核方案，适应医保结算方式改革的新要求。开展医保基金监管源头治理工作，楚州中医院召开医保基金监管源头治理工作部署会、推进会、汇报会，推进落实专项治理工作。各科室按照医保基金监管专项治理的具体要求，开展自查自纠，对查出的问题及时进行整改落实，确保医保基金在医院安全使用。

医疗质量　2020年，楚州中医院完善各项医疗管理制度。

按照三级中医医院创建要求，重新修订与医疗相关的工作制度和人员岗位职责。严抓十八项医疗质量安全核心制度的执行和落实，不定期对制度落实情况进行督查。细化指标、严格质量考核。质控办牵头，重新制定各科室的抗菌药物强度、使用率、基药占比等指标，每月开展病历质量、合理用药、合理检查等内容的检查考核工作，及时下发督查通报，追踪落实整改情况。强化医疗技术准入管理，对院内开展的医疗技术进行重新梳理，向市卫健委申请备案限制性医疗技术8种，四级手术125项。

护理管理 2020年，楚州中医院护理部严抓护理质量持续改进工作。以《中医医院中医护理工作指南》为指导，全年开展护士的"西学中"培训21学时，每个病区确定辨证施护病种3种以上，开展中医护理技能操作4种以上，全年共开展中医特色护理项目11项。年内公开选拔责任组长15名，选派6名护理骨干赴上级医院进修学习专科护理，选派43人次护理人员参加省、市举办的护理业务和管理培训，为医院注入了先进的护理管理理念。11月份，组织开展护理技能竞赛，15个护理单元共60名选手参加竞赛。

新技术运用 2020年，楚州中医院在上级专家的指导下开展DSA/B超引导下动静脉内瘘球囊扩张术40例，肾脏经皮穿刺病理活检术10例。胸腔镜下肺癌根治16例，全腔镜下食管癌根治术2例，前列腺电切术38例，经皮肾镜及输尿管镜钬激光碎石56例，4.5小时内急性脑梗死阿替辅酶静脉溶栓术4例。

重点专科 9月份，楚州中医院肿瘤科、脑病科、脾胃病科顺利被评为市级中医临床重点专科。11月份，骨伤科举办市级继续教育项目《脊柱微创手术学习班》，为淮安区及周边地区的专技人员搭建良好的学习交流平台。上半年，投资150余万元新建高标准的ICU病房，选送5名医护人员前往上级医院进修，学习重症医学专业。

中医药发展 2020年，楚州中医院为进一步传承和发展中医药事业，以中医医院医疗服务能力推荐标准为目标，要求各科开展中医诊疗技术项目，门诊中药饮片使用占比明显上升。全年中医非药物诊疗收入416万元，中药饮片收入652万元。"治未病"科开展中医体质辨识3300余人次，推出中药香囊、中药茶饮、中药足浴等多种中医健康服务。在中医药文化宣传工作方面，全年进社区、进机关、进学校开展中医药文化巡讲12场次，7月份和12月份分别举办冬病夏治和冬令膏方养生节活动。

科学化管理体系 2020年，楚州中医院以公立医院综合改革专项审计整改和经济管理年活动为抓手，切实加强医院经济管理。修订完善医药费定期通报公示制度、合同审签归档制度、零星工程管理办法、内部审计制度等，并严格按照所制定的制度规范开展各项工作；规范物资及设备采购管理工作。严格按照《政府采购法》《招投标法》等有关法律法规实施采购工作，所有政府集中采购目录产品全部委托区公共资源交易中心进行招标采购，所有工程基建项目均按规定进行政府预（结）算评审和招投标。楚州中医院累计投入约380万元，实施弱电系统改造、信息化机房改造及信息系统等级保护升级工程，加强全面实现智慧医院建设。

健康扶贫 2020年，楚州中医院加大健康扶贫政策宣传、培训，严格落实低收入人口"先诊疗、后付费"及"托底保障"政策，通过信息化手段精准识别低收入人口身份，确保符合条件的病人及时享受扶贫政策，切实解决困难群众看病难、看病贵的问题。

表49 2020年楚州中医院获市级以上表彰一览表

单位（姓名）	表彰内容	表彰单位
楚州中医院	节约型公共机构示范单位	国家机关事务管理局、国家发改委、财政部
楚州中医院	省级节水型单位	江苏省水利厅、江苏省机关事务管理局
楚州中医院护理部	三八红旗集体	淮安市妇女联合会
楚州中医院血透室	优秀感控小组	淮安市卫生健康委员会

续表49

单位（姓名）	表彰内容	表彰单位
楚州中医院六病区护理单元	优秀护理单元	淮安市卫生健康委员会
马士江	江苏省抗击新冠疫情先进个人	中国共产党江苏省委员会、江苏省人民政府
屈红军	淮安市劳动模范	中国共产党淮安市委员会、淮安市人民政府
邵扣凤	新时代淮安好人	淮安市精神文明建设指导委员会办公室
骆　玉	淮安市百佳护士	淮安市卫生健康委员会
曹　萍	2020年护理工作特别奉献奖	淮安市卫生健康委员会
袁　梦	2020影像科普演讲知识竞赛（三等奖）	淮安市医学会

【淮安区妇幼保健院】 淮安区妇幼保健院建筑面积1.56万平方米，设有床位150张，目前全院职工总数230人，卫技人员占82%，高级职称15人，中级职称40人，建成区级重点专科4个，分别为产科、妇科、儿童保健科和产后康复科。2020年，淮安区妇幼保健院医疗总收入5991万元，其中医疗服务收入4147万元，同比增长2%，门急诊177 025人次，住院2579人次，药占比14%，百元耗材占比7%，平均住院日5天，床位使用率35%。人员经费支出2870万元，同比增长2%，人员经费支出占医疗成本支出47%，同比增加2%。全区53所托幼机构，卫生保健合格率达98.11%。卫生保健老师119人，全部通过卫生保健培训并取得上岗证。全年首次签发《出生医学证明》3509份，未发现违规违纪行为。2020年12月，淮安区妇幼保健院通过市级评审，成功创成二级甲等妇幼保健院。

新技术运用　淮安区妇幼保健院是全区首家开展孕妇N-T检查的医院，N-T检查是对胎儿大排畸筛查的第一步，能排除早期胚胎发育的染色体疾病。同时，区妇幼保健院与中国妇女发展基金会合作，新开展导乐分娩项目、超早期宫颈癌筛查项目、互联网+远程母婴监护系统项目、妇科无创ATP治疗中心项目等4个项目。

健康指标　2020年，淮安区妇幼保健院未发生孕产妇死亡；婴儿和5岁以下儿童死亡率分别控制在5‰、8‰以下；出生缺陷发生率控制在5‰以下，严重多发致残的出生缺陷发生率逐步下降；低出生体重发生率控制在4%以下；妇女儿童常见病、多发病，以及艾滋病、梅毒等重大传染病得到控制。

服务管理指标　2020年，淮安区从事母婴保健技术服务的机构和人员持证执业率100%；爱婴医院合格率100%；托幼机构卫生保健合格率稳定在95%以上；孕产妇和7岁以下儿童保健管理率稳定在95%以上；孕产妇住院分娩率100%；免费孕前优生健康检查目标人群覆盖率100%；婚前医学检查率稳定在95%以上；新生儿三种疾病筛查率均达95%以上；6个月以内婴儿纯母乳喂养率达到50%以上；妇女常见病筛查率达到85%以上；妇女宫颈癌和乳腺癌的早诊早治率逐年提高；妇幼重大公共卫生服务项目任务完成率100%；孕产妇艾滋病、梅毒和乙肝检测率达98%以上，感染艾滋病和梅毒的孕产妇及所生儿童采取预防母婴传播干预措施比例均达到95%以上；避孕节育知情选择率和术后随访服务率达到90%以上，避孕药具不良反应监测全覆盖。

妇幼项目　2020年，淮安区举办国家妇幼基本和重大公共卫生服务项目培训18次，培训610人次，妇幼健康服务能力得到巩固提升，妇幼保健及孕产妇和儿童死亡风险控制措施落实到位，妇幼健康各项指标达到目标要求。

综合防治　2020年，淮安区产前筛查率98.30%；新生儿疾病筛查率99.96%；目标人群叶酸服用率98.58%；先天性心脏病筛查率99.4%，阳性转诊率98.45%。

【淮安区皮肤病防治院】 淮安

市淮安区皮肤病防治院是一所集医疗、教学、科研、预防保健、康复、社区为一体的皮肤病专科医院，是淮安区职工医保、居民医保、新型农村合作医疗定点医院。该院是以皮肤科为重点，内、外、妇、儿科协调发展的二级专科医院，是淮安区唯一的性病、艾滋病监测中心，是淮安市麻风病康复治疗中心。承担全区皮肤病、麻风病、性病、艾滋病等多种疾病的防治任务，是国家级性病哨点监测单位。开展1个省级项目即麻风病早发现一体化管理，2个国家级项目即全国性麻风畸残手术矫治、梅毒中期评估。

2020年7月，淮安区人社局联举办第一届职工职业技能大赛
（区人社局　供图）

2020年，淮安区皮防院在职职工116人。专业技术人员83人，其中，高级职称17人，中级职称18人。淮安区皮肤病防院是中国麻协畸残手术矫治唯一基地，被江苏省科学技术协会授予“省级麻风科技服务站”称号。

专科建设　2020年，淮安区皮防院按照国家标准新建制剂室600平方米并配套更新相关设备，累计投入近200万元，提升本院22个品种自制产品服务质量、服务能力。5月，组织开展黄褐斑治疗进展学术交流。10月，与市一院合作举办市级继续教育项目“光电在面部年轻化治疗中应用”培训。

教育培训　2020年，淮安区皮防院组织医务人员学习各项法律、法规及规章制度，定期组织学习《医疗质量管理办法》、医疗核心制度制。坚持“三基”学习、理论考试和操作考核。2020年开展护理核心制度学习20学时，医院组织院感培训10学时，参加卫健委组织的院感学习，组织护理质量管理，糖尿病人护理等学习10人次以上，选派人员外出学习皮肤病治疗术4人次。

传染病防治　2020年，淮安区皮防院负责全区性病、麻风病等传染病防治工作。全年报告传染病327例，报告率和报告及时率、完整率100%，在省市考核中得满分。落实医院感染管理制度和消毒技术操作规范，严格规范管理医疗“两废”。

安全生产　淮安区皮防院贯彻“管行业必须管安全，管业务必须管安全，管生产必须管安全”总体要求，以零容忍的态度建立长效的安全工作机制。实行党政一把手负总责，分管领导分工负责，全院职工各司其职，周查、月检、季汇报，层层落实安全生产责任。实行“党政同责、一岗双责、失职追责、渎职问责”管理机制；对照有关安全细则标准，积极做好科室自查、重点抽查、全院检查工作，加强水、电、气及毒麻药品、急救物资等管理；加强医疗质量管理，开展“三好一满意”活动；加强各项医疗制度建设和违规行为的惩处；加强科室之间的合作、工作责任心的建设，以及医患之间的沟通。全年实现零致伤、零致残、零致死良好医疗环境，医疗投诉减少。

社会保障

综　述

【概况】 2020年，淮安区人社部门紧紧围绕全区经济社会发展大局需求，坚持“人才优先、民生为本”的工作主线，牢固树立“严谨、勤奋、阳光、快乐”的工作理念，牢记使命担当，奋力砥砺前行，多项工作受到省市表彰，农村劳动力转移就业工作被评为国家级示范县区、农民创业工作被评为省级示范县区；城乡居保信息系统建设受到省人社厅通报表扬，新农保经办工作被省人社厅和省农保中心分别授予“江苏省新农保经办管理服务示范县区”和“全省农保经办系统先进经办机构”称号，在全市率先100%建好村级服务平台。

劳动就业

【就业创业工作】 2020年，淮安区城镇新增就业7000人，城镇登记失业率1.79%，城镇失业人员再就业10 676人，其中城镇困难群体再就业7783人。新增农村劳动力转移6576人，城乡劳动者就业技能培训8918人。全年为1422户企业发放稳岗返还资金4064.56万元，其中为21户困难企业发放稳岗返还资金1314.52万元，为276户企业发放应急稳岗返还资金1727.3万元，全年为246名创业者发放富民创业担保贷款5480.4万元，为60名创业者发放创业贴息125.42万元。

【人事人才服务】 2020年，淮安区围绕“人才强区”战略，加大招才引智的力度，提升人才服务的质量，构建好各类人才交流平台。目前招才引智工作进展顺利，已有3名博士，76名硕士，672名本科生来淮工作。现有国家级见习基地1个、省级见习基地3个、市级8个，全年提供见习岗位240多个，接收见习人员110多人，向上争取见习补助40多万元。同时培训工作循序渐进，今年，新增高技能人才2451人，职业技能鉴定取证人数3283人，企业职工岗位技能提升培训7560人。

【劳动关系处理】 2020年，淮安区组织劳动保障专职监察员日常巡查用人单位280户，受理群众举报投诉案件262件，办结235件，申请人民法院强制执行15件；仲裁委立案受理案件301件，已结案301件，结案率100%，案件结案率100%，其中调解方式结案187件，终局裁决35件，撤诉案件36件，仲裁案件终结率85.71%。仲裁管理信息系统按期运行率100%，劳动人事争议调解成功率66.13%；督促用人单位支付农民工工资800余万元，督促用人单位补缴社会保险金20万余元，切实维护了劳动者的合法权益。

淮安区医保局实行局领导班子服务窗口定期带班工作制度，推进医保公共服务专项治理（张善用　摄）

社会保险

【社会保障工作】 2020年，淮安区落实待遇，狠抓参保扩面，强化基金管理，优化经办服务，不断提升社会保障水平。2020年，全区企业职工养老保险参保人数达10.3万人，覆盖率达98%；城乡居民养老保险参保33.46万人，新增被征地农民参加社会保险参保率达到100%以上，养老金100%按时足额发放；失业保险参保7.1721万人，工伤保险参保人数达7.2253万人。

（高　兵）

表50　**淮安区人社系统基层单位名录**

单位名称	基层单位名称
淮安市淮安区人力资源和社会保障局	淮安区农村社会养老保险事业管理处
	淮安区劳动就业管理中心
	淮安区机关事业社会保险管理处
	淮安区社会劳动保险管理处
	淮安区劳动监察保障大队
	淮安区劳动争议仲裁院
	淮安区人才服务中心

医疗保障

【概况】 淮安市淮安区医疗保障局负责贯彻落实中央有关医疗保障工作的方针政策和省委、市委、区委的决策部署，承担全区基本医疗保险、大病保险、生育保险、药品和医疗服务价格管理、医疗救助、医保基金监管等职责。淮安区医保局行政编制12人，在编12人，其中本科学历10人，大专学历2人。

2020年，淮安区医保参保总人数102.68万人，其中城乡居民医保参保90.49万人，职工医保参保12.19万人。参保覆盖率达98.5%。医保定点医疗机构47家，其中定点医院34家，定点护理院1家，定点个体卫生所12家；医保定点零售药店159家。

【惠企政策】 2020年，淮安区医保局为支持企业复工复产，对全区2728家企业缴费部分实行5个月减半征收，减征职工医保费用3233.54万元。

【体制创新】 2020年，淮安区坚持“以收定支、收支平衡、略有结余”的基金管理基本原则，完善“总额控制、动态调整、按月核付、年终考评”的医保基金付费方式，创新性建立住院病种分值“按月上报、次月审核、隔月结算、逐月通报”的住院医保基金结算模式。逐步建立“医疗资源合理配置，医保基金良性运行，医疗机构规范经营”的医疗医保新秩序。

【医疗保障】 2020年，淮安区职工、居民住院基本医保政策内支付比例分别达85%和72%，大病保险基金报销比例达62%。10.65万名高血压糖尿病居民全部纳入门诊用药保障。

【价格管理】 2020年，淮安区组织定点医疗机构参加3批国家组织药品集中采购、3次省耗材联盟采购、2次宁淮泰三市耗材联盟采购。实际采购金额1678.93万元，医保基金支付1278.88万元，为患者减轻医药负担约1658万元，减轻医保基金支出2430万元。严格按照《淮安市医疗服务项目价格目录清单（2020版）》规定的医疗服务价格执行，实行目录清单式收费。

【扶贫救助】 2020年，淮安区财政安排代缴资金3645.3万元，为全区12.57万名困难群体全部办理城乡居民医保参保，确保建档立卡户等九类困难群众应保尽保；2020年对全区九类困难群体医疗救助4.5万人次，资金报销支出1712.33万元。实行建档立卡低收入人口住院医疗费用托底保障制度，建档立卡低收入人口在区域内住院个人自付费用，控制在政策范围内住院费用的10%以内，困难群体医保待遇实现“两降低两提高”。

【基金监管】 2020年，淮安区成立区医保基金监督委员会，完善政府主导、部门联动工作机制，开展部门联合监管执法，推动医保基金监管与行政处罚、党政纪问责和刑事司法追责相衔接；建立医保基金监管有奖举报制度，2020年兑付举报奖励8.6万多元；建立“2+8+X”医保基金日常稽核巡查和专项检查相结合监督工作模式，2020年共处理医保违规定点医药机构191家次，其中暂停定点零售药店19家，拒付和扣减医保基金869.5多万元；医保基金监管源头治理工作中，72家定点医药机构主动退还医保基金专户843.8万元。

【颜色预警机制】 2020年，淮安区制定《医保基金病种分值结算颜色预警管理办法》，从2020年5月份起，根据每月居民医保基金病种分值结算情况，设置“红、黄、蓝”颜色预警，将被预警机构列入医保基金监管重点单位。对红色预警单位，约谈主要负责人，组织病种分值计算现场解剖，制定整改方案；组织对被黄色预警单位典型病案，进行人工稽核和智能监控系统审核，剖析原因并进行线上远程指导。连续三个月被实施颜色预警的，根据预警程度不同，要求医疗机构加强医保管理规范的学习培训，对重点科室实行问责处理。其中将连续3个月被红色警示的区内医疗机构，向区纪检监察部门移交，追究相关责任人的党政纪责任。到2020年底，各定点医疗机构居民医保基金病种分值结算率提升明显。

【重点研判制度】 2020年，淮安区要求所有定点医疗机构按要求每日报送新住院病人病案首页信息，安排专人对其中信息进行研判，尤其是对特困供养人员等由政府财政托底保障的特殊人群入院指征、诊疗、检查、用药、收费等信息进行重点研判，分析医保基金使用风险点，适时反馈、及时防范风险。通过对新住院病人日报信息研判，共提示医疗机构处理不规范病案260例，减少医保基金支出50多万元。

【稽核巡查制度】 2020年，淮安区按照《医疗保障基金使用监督管理条例》、“两定机构医保管理暂行办法”和“两定机构医保服务协议”，认真组织医保基金日常稽核检查工作。参照“双随机、一公开”的检查方式，每周稽核检查定点医疗机构不少于2家、定点零售药店不少于8家、个体诊所或卫生室若干家，确保“两定机构”全年医保基金稽核巡查实现多轮回全覆盖。2020年共处罚46家医药机构，追回或拒付医保基金本金1548.47万元、违约金514.45万元。

【异地就医简化】 2020年，淮安区开通异地就医备案大厅办、网上办、掌上办三种渠道，规范异地就医办理流程，参保人员只需要提供身份证、异地居住证和社保卡，就能完成异地就医备案，简化需要参保群众提供的材料。同时增加办理方式，向全区的所有定点医院医保科赋权，增设办理无材料备案通道，将经办窗口延伸到居民的家门口，面对面办理，让群众少跑路。

【助力医药企业】 2020年，淮安区针对江苏融昱药业有限公司部分产品受疫情影响，销售状况不佳，企业发展受限，区医保局联系市直和区内有关医院，开展以“阳光招采助推发展、医企联动共创辉煌”为主题的医保服务走进融昱企业活动，帮助企业打开市场，主动为企业纾难解困。

【医邮e贷】 2020年，淮安区为急需资金谋求发展的医药企业事业单位贷款授信牵线搭桥。区内70多家医药企业代表参加签约授信仪式。邮储银行淮安区支行与楚州中医院、淮安天辉医药有限公司、淮安华泽医药有限公司、淮安济生医药有限公司等四家单位签订了贷款和授信意向书，现场发放贷款2700万元，授信3800万元。

（张善用）

住房公积金

【概况】 2020年，淮安区全年实现归集8.58亿元，同比增长19.83%；新增开户职工4527人；为1673户职工发放贷款6.22亿元，同比上升86.66%；个贷逾期率为零；实现增值收益3092.64万元；上交区政府廉租住房建设补充资金2305.02万元。

【公积金归集增长】 2020年，淮安区推进中聚焦“三抓”。抓基数调整，宣传市淮房委基数调整文件，归集增长点首次将没有纳入年度高质量跨越发展考核的事业单位每人奖金纳入基数调整。全年调整347个单位27588人，新增月缴存额742万元，实施面达70%。抓欠缴。全年电话催缴130次、下发催缴通知书15份，经督促18个单位补缴公积金1800万元。抓整改。对缴存基数不达标的单位下发整改通知书15份，经督促9个单位整改到位。

【公积金增人扩面】 2020年，淮安区推进中聚焦“调研、落实、联动”。通过辖区参保单位信息比对，确定重点催建单位21个3375人。落实“双随机一公开”制度。全年随机抽查8个单位，经执法检查全部整改到位。深化部门联动机制，完成新职工公积金缴存签入劳动合同1056份，协调民企列入集体合同5家。

【公积金发放管理】 2020年，淮安区落实市中心会议精神，对异地购房提取的，逐笔网上核查购房发票信息；对首次偿还商贷提取的，一律查询信用报告和购房情况核查；对提供虚假材料、提取后退房的，及时约谈当事人。全年发现违规提取7笔，当场阻止5笔69.05万元，追回2笔2.40万元，避免损失71.45万元。落实整改销号制度。对往年失信处理“回头看”，为3户未上黑名单人员补报手续。落实贷款政策的调整。全年办理51户单方缴存职工贷款的最高额度40万元、异地贷款92户2996万元、代际互助10户435万元。推行按揭贷款合作新规定。本次调整降低了准入条件、精简业务要件、取消履约保证金、增加组合贷款合作银行等特点。防范贷款风险。认真排查商转公贷款风险隐患，落实商转公贷款和按揭贷款合作管理情况专项审计问题的整改，全年向法院提起诉讼2起。

【服务模式】 2020年，淮安区拓展服务渠道。缴存单位经办人QQ群建立，有262个单位在公积金网上服务大厅申报汇缴；镇机关事业单位的缴存由财政局集中代扣并划拨给分中心账户；农村中小学教师缴存由教育局统一划拨到分中心账户；银行窗口负责核对资金到账情况，并汇缴入账。延伸服务窗口。在农行施河分理处设立“公积金业务代办点”，完善城区工行、建行网点的服务功能。大力宣传线上业务。推行“不见面、见一面”服务。全年受理线上提取业务1521笔，贷款抵押932笔、出具他项权证电子证明1673份。

【营商环境优化】 2020年，淮安区住房公积金管理处组织学习《优化营商环境条例》，在QQ和微信群、大厅电子显示屏等方式宣传。疫情期间为7家企业216名职工办理缓缴公积金87.12万元，受理线上提取250笔544.46万元，支持16名缴存职工通过提高租房费用提取公积金2.12万元。开展新业态人员建制。全年为8名自由职业者自愿缴存公积金办理缴存手续，月缴存额5518元。全年受理缴存投诉5起，均在规定时限内已办结；受理并办结信访案件1份，无行政诉讼“不作为”案件发生。回复各类电话政策咨询上千次，接收市（区）“12345政府热线”办理单83份，满意率达100%。

住房保障

【概况】2020年，淮安区进一步完善机制，确定住房保障标准，住房保障制度完善率达100%。住房保障管理服务网络健全率和信息化管理达标率达100%。全年，省、市两级下达的目标任务为新开工5000套，基本建成2000套。至12月底，棚户区改造住房实际完成5122套，完成率102.44%；基本建成实际完成2659套，完成率132.95%。公共租赁住房补贴发放288户，占全年目标任务的288%。

【安居工程】2020年，淮安区房管中心牵头建设（含2019年度结转）站前新村南区北区、西城花园二期、广州路二期、杜康桥一期二期等6个保障房（安置房）项目，均按序时进度有序推进，未发生一起工程质量和安全事故。

2020年，淮安区通过公租房补贴发放、实物配租增加52户，共有产权房增加8户，城镇住房保障覆盖率达到35.07%。

2020年，淮安区共争取保障性安居工程央补、省补资金1.41亿元，争资力度在淮安市各县区中连续多年名列前茅。

（陈　泉　谈晓新）

阳光扶贫

【概况】2020年，淮安区建档立卡低收入农户脱贫巩固率达100%。全区3.77万户11.52万名低收入人口人均收入为1.03万元，且教育、基本医疗、住房安全有保障，脱贫巩固率达100%。强化对易返贫户、边缘户动态监测，对2020年排查出的1659户、5672名“易返贫户”“边缘户”进行动态监测，及时落实兜底保障等帮扶措施，“两类人员”实现稳定脱贫。2020年，淮安区整合各类帮扶资金，推进产业化项目建设，助力低收入村集体经营性收入增长，确保低收入村集体经济收入稳定在18万元以上。高质量完成省、市下达的“十三五”脱贫攻坚各项目标任务，在全市脱贫攻坚高质量考核中获得第一名。

【组织创新】2020年，淮安区开展“五维评村”“百面红旗”考评，以量化指标为村级组织定好方向；组织“百名示范、千名领先”等类型优秀村书记设立工作室，植入后进帮扶、项目孵化、后备带教等功能，彰显脱贫攻坚示范带动作用。全区新建和改扩建100余个党群服务中心，深入推进“牌子乱象”清理，村级阵地不断巩固并形成专题报道《不负嘱托、砥砺前行，奋力夺取脱贫攻坚战全面胜利》。

【改革创新】2020年，淮安区开展按照“探索路径、扩面提质、集成振兴”的工作思路，自主开展“党建引领、集成振兴”农村综合改革，推动多个项目在同一个点上布局、资金在同一个点上使用、示范典型在同一个点上打造，取得了良好的经济和社会效益。2020年，结合省农村改革试验区工作任务，新增了15个改革示范村，实现全区涉农镇（街道）全覆盖，带动村集体和建档立卡低收入人口双增收。

5月24日，淮安区召开防返贫监测工作推进会

（区扶贫办　供图）

【产业带动】 2020年,淮安区投入1200万元实施百斯特农业蔬菜冷贮生产及初加工项目,辐射周边9个村集体增收72万元;统筹整合财政专项资金7110万元,在区智能装备产业园实施3.2万平方米达康厂房项目,该项目年租金450万元,年收益率6.33%,带动山阳、石塘、车桥等13个镇(街道)13个省市定经济薄弱村、51个低收入村和7178户建档立卡低收入户增收受益;统筹整合省财政成效考核奖励资金和脱贫攻坚成果巩固暨防返贫补助资金2100万元,购置淮安市星兴生态农业发展有限公司6733平方米玻璃钢架大棚,年收益126万元,年收益率6%,收益全部用于易返贫户和边缘户防返贫补助和壮大低收入村集体经济。

【政策兜底】 2020年,淮安区落实各项扶贫政策,大力实施"兜底救助""医疗救助""学困资助"等帮扶举措。建档立卡低收入农户医保个人缴费部分由财政兜底,补充合作医疗保险实现全覆盖,特困人员供养、残疾人补贴等全面提标。从2020年7月1日起,城乡低保标准统一增至每人每月645元,年低保标准超过省定脱贫线1740元;建档立卡低收入农户医保个人缴费部分由财政兜底、补充合作医疗保险实现全覆盖,健全完善医疗保险和医疗救助体系,落实了建档立卡低收入人口免费参加基本医疗保险和大病救助政策、医保待遇"两升两降"政策、30种大病专项救治政策、住院医疗个人自付费用不超过总费用10%的上限控制政策和一站式结算服务。结合农民群众住房条件改善和农村人居环境整治工作,围绕全区434户农村"四类人员"危房改造任务,采取新建、修缮和结合农房改善集中居住等方法,已全部完成。

【社会帮扶】 2020年,淮安区引导慈善总会和工商联等社会组织,发挥桥梁纽带作用,汇聚社会力量,补齐政府扶贫"短板"。始终保持淮安区"首慈区"品牌,营造"做慈善事业,促社会和谐"的良好氛围。2020年累计募集慈善款物1741.64万元,救助支出421.19万元,救助各类困难对象1606人次。其中,募集"疫情"防控善款善物532.45万元,并按规定全部拨付到户到人。同时积极开展贫困大学生资助和光彩助学活动,2020年累计资助大学生42名,切实解决了贫困家庭学生上大学难的问题。

表51　　2020年淮安区出列低收入村一览表

所在镇(街)	低收入村	所在镇(街)	低收入村
博里镇	王安村	顺河镇	崔周村
	三里荡村		何桥村
	高仇村		官路村
	陶舍村		延年村
	北涧村		顺东村
	新博居		徐荡村
	三元村	钦工镇	青莲岗村
	西岗村		后营村
	史桥村		大董庄村
	水晶村	石塘镇	盖桥村
	陶桥村		邱家村
漕运镇	渔民村		许王村
车桥镇	蒋桥居		乾益村
	陈桥村		祁大庄村
	沈巃村	苏嘴镇	章桥村
	车东村		章洼村
	桥头居		吴码村
	光华村		联合村
	车桥村		龚营村
	受河村		高荡村
	万寿村		东荡村
	高舍村	施河镇	侯庄村
	金城村		陆河居
	范六村		园区居
	桂卿村		戴西村
	泾东村		朱周村
	孙楼村		经堂村
流均镇	沿河村		杨桥村
朱桥镇	蒋庄村		三官居
	祁兴村	—	

公共管理

经济事务管理
社会事务管理
生态环境管理
应急管理

经济事务管理

经济发展改革

【概况】 2020年,淮安区的全员劳动生产率、服务业经济、市重大项目推进、社会信用体系建设、城乡居民人均可支配收入之比、全面建成小康社会综合实现程度等8项指标居全市第一,居民人均可支配收入、固定资产投资占全省比重及增速分列全市2、3名。全区向上争取资金到位实绩达44.65亿元,完成率123.45%。其中,发改委争取到位资金2.36亿元,完成年度目标任务294.7%。淮安区发改委连续五年荣获淮安市发改系统优秀单位,被江苏省发改委授予"十三五"先进单位。

【疫情防控】 疫情初期,淮安区发改委组织车辆20余次,赴外市、外省采购防疫物资,争取钱物捐赠69笔。累计发放口罩273.6万只,医用一次性口罩17.94万只,KN95口罩1.36万只,84消毒液106.7吨,额式测温仪350个、耳式测温仪163个等,为全区疫情防控提供充足的物资支持。指导、服务中兴医药、康乃馨织造列入省疫情防控重点保障企业名单,为企业争取到税收优惠、贴息贷款等政策支持。

【经济发展】 2020年,淮安区发改委牵头确定19个重点专项规划和6个平台载体规划编制任务,先后15次组织召开相关会议推进。全面落实区委《建议》要求,经过广泛调查研究、深入讨论座谈和多方征求意见,完成《淮安市淮安区国民经济和社会发展第十四个五年规划和二〇三五年远景目标纲要》审议稿,在区十七届人大五次会议上通过。按月跟踪经济形势和数据变化,加强各领域经济运行情况的分析监测,2020年上半年经济形势分析报告在省发改委《改革动态》专题刊发,年度国民经济和社会发展计划执行情况报告通过人大审议。

【项目建设】 2020年,淮安区实施28个市重大项目,计划总投资393.74亿元,年度计划投资119.75亿元,项目数量和年度投资计划均列全市第一。完成年度投资156.9 亿元、完成率达130%。淮安市2020年两次重大项目集中开工仪式都在淮安区举行。实施27个市服务业特色产业项目,年度计划投资98.2亿元(全市第一),完成年度投资128.68亿元,完成率达131.04%。新开工服务业项目19个,其中10亿元以上项目3个,竣工项目15个,其中英东养老、中通三期、建筑业总部经济园等项目投资规模超10亿元。制定服务业列统培育鼓励政策,新增个转企 31 个、申报小升规 25个,数量全市领先。淮安府署获批市级服务业标准化试点。为28个农房改善项目办理立项审批手续,预计可改善农户6065户。规模以上固定资产投资项目在库330个,完成投资231.2亿元,增幅高于全市12.8个百分点。

【转型升级】 2020年,淮安区发改委协助淮安电商园创成省电子商务与快递物流协同发展示范基地、省级生产性服务业集聚区,协助苏盐井神、康乃馨织造成功申报省级生产性服务业领军企业。施塔德电梯曳引式客梯项目成功申创市战略性新兴产业标准化试点;康乃馨织造成功创建省级工程研究中心;融昱药业2015年获批的省级战略性新兴产业专项资金项目通过省市专家组验收。

【优化营商环境】 2020年,淮安区发改委制定出台推动诚信建设16份文件,发布诚信红黑榜2批次,实现"双公示"等信用信息入库485462条,签订并公示各类信用承诺1180余份,审核并公示第三方信用报告658份。上报1146个联合奖惩对象名单,对其中842家诚信主体给予联合激励,对304个严重失信主体开展了联合惩戒。在全市率先组织200余家企业开展信用知道宣讲及信用修复培训,申报40家企业参与信用管理贯标,5家市级信用管理示范企业,助推苏盐井神股份有限公司成功获评省级信用管理示范企业。强化基层信用体系建设,推动各镇(街道)制定联合奖惩制度文件,在教育、政务服务等10余个领域签订信用承诺书。在法院失信预警下,推动3起党政机构失信治理,并主动推动重点领域政务诚信建设。全力开展国家城市信用监测工作,国家城市信用监测连续三个季度获得全市第一名。政务诚信考评位列全省第一梯队,全市第一名。

【民生发展】 2020年,淮安区编制《2020年淮安区基层基本公共服务功能配置工作要点》,细分为5大领域共21条,排出47类111项工作目标,梳理23项基层基本公共服务重点工程。协助指导博里镇蓝精灵网格服务

表52　2020年淮安区发改委获市级以上表彰一览表

单位	表彰内容	表彰单位
淮安区发改委	全省发展改革系统综合先进单位	江苏省发展和改革委员会
淮安区发改委	发展改革工作优秀单位 向上争取资金工作先进单位	淮安市发展和改革委员会

表53　淮安区发改委基层单位名录

单位名称	基层单位名称
淮安市淮安区发展和改革委员会	淮安市淮安区价格认证中心
	淮安市淮安区经济发展中心
	淮安市淮安区社会信用建设管理服务中心
	淮安市淮安区粮油管理服务中心

队创成全市唯一的市级社会事业标准化试点。编制《淮安区2020年富民增收工作要点》，细分为4部分共23项工作任务。建立涉企收费巡访规则，组织开展收费单位巡访1次，涉及8家收费单位，存在违规收费单位3家，首次编写“涉企收费巡访要情”。城乡低保对象、城乡特困供养对象以及孤儿发放166.65万元价格调节资金。落实一般工商业及其他电价，大工业电价的电力客户95%结算政策，累计惠及用户共6.6万户，优惠电费约1634.21万元。推动淮安自来水有限公司楚州分公司对2600户受疫情影响较大的经营企业缓收相关费用，免收违约金。助力五家定点医疗机构享受价格优惠及免收污水处理费，累计减免501 661.38元。开展涉案53件，金额171万元。商品房备案4批次，8.61万平方米，备案总价10.47亿元，物业收费备案6件。

【粮食安全】2020年，淮安区发改委粮食安全责任制落实工作获省通报激励，粮食流通监督检查工作全市排名第一，粮食收购资格年度核查受到市通报表扬，粮食库存检查的做法得到市级肯定并在全市推广。疫情期间，组织7个“淮安大米”核心企业复工复产。全年累计加工大米17.5万多吨，确定粮食应急供应网点33个、粮食应急加工骨干企业10个，粮食应急配送中心、粮食应急保障中心、地方粮食应急储运企业各1个。全年粮食购销总量174万吨，完成省、市、区三级原粮储备和市、区两级成品粮储备任务。国有粮食购销企业在库粮食40.2万吨，其中托市小麦34.4万吨。

（闫晓菲）

城市资产管理

【概况】2020年，淮安区城市资产管理服务中心、淮安市宏信国有资产投资管理有限公司、淮安区城市资产经营有限公司以国企转型改革发展为主线，聚焦主业，开拓创新、奋力拼搏，在城市经营、项目融资、重点工程、招商引资和改革发展等方面做出优秀的成绩。

【国资经营】2020年，淮安区城市停车场整合并安装停车收费系统，进行市场化运作，实际产生经营性收入共计41.36万元；完成韩侯祠等共计11处智慧旅游设备安装，实现门票、客流、财务统一化管理，实现四大景点门票总收入约452.42万元；完成原希尔盖、漕运广场园外苑、华祥新绿洲等约145处房产的对外出租，除目前在财政专户的租金外，实际到账各类资产出租经营收入1541万元。

【城市经营】2020年，淮安区共出让地块12宗，面积约594亩，全年土地经营收入目标30亿元，完成32.46亿元，占全年目标任务的108%；梳理储备地块5宗，面积约2261亩；全年启动拆迁地块3宗，面积约973亩。

【招商引资】2020年，淮安区城资中心外资到位资金目标任务为250万美元，完成1000万美元，占全年目标任务的400%；完成新签约项目2个，新开工亿元项目2个，新竣工亿元项目1个，报送有价值信息20条。

【工程建设】2020年，淮安区明通污水处理厂一期提标及扩建工程实现竣工投产，山阳大道改造工程竣工通车、萧湖三期安置房竣工交付，全年交付政府回购安置房1078套。智能装备产业园经十八路、统规代建农房项目配套共17个项目等重点工程有序推进；竣工车桥三庄、山阳高铁庄园、施河陆河社区、平桥平东社区、漕运沙口社区、复兴任南社区等六个农村住房改善项目,总建筑面积约34万平方米;朱桥、石塘、漕运三个镇30万平方米二期项目已开工建设;上河码头作业区正式开工建设。

【国企改革】 2020年,淮安区城资中心完善国有企业公司股权架构,优化资源配置,完成楚韵文旅集团注册事宜并推进运营,对整合后的文旅集团人员、薪酬、考核办法、制度建设等进行调研,并制定出相应方案报区政府批准,为文旅集团实体化、市场化运营奠定良好基础;完成楚韵教育公司注册事宜并推进运营;完成淮安市宏博置业有限公司注册事宜并推进运营,截至目前已与北京蓝镇城市规划设计有限公司签订12平方公里片区策划合同,327省道97户拆迁工作已全部完成,启动新宋苑安置小区规划工作,对接各大企业洽谈古淮河生态区合作投资事宜,目前已与中核中原签订建设框架协议;完成淮安市宏润资源开发有限公司、淮安市宏信港口运营有限公司注册事宜;完成淮安市淮安区华光路灯管理有限公司股权变更、淮安市淮安区漕运旅游景点服务有限公司法人变更事宜。

【重大项目】 2020年,淮安区城资中心有淮安港淮安港区上河作业区一期码头工程和萧湖旅游度假区项目两个重大项目。淮安港淮安港区上河作业区一期码头工程计划总投资约10亿元,建设内容主要包括:水工结构、码头土方工程、疏浚、道路堆场、设备购置及安装工程、供电照明、给排水、动力控制、消防、通信、环保、生产和辅助生产建筑物、疏港公路(约1.97千米)等。码头总长度1426米,设计通过能力655万吨/年,新建14个装卸泊位(1000吨级散货泊位5个,2000吨级散货泊位5个,1000吨级件杂货泊位4个);6个待泊泊位(4个1000吨级待泊泊位,2个2000吨级待泊泊位)。萧湖旅游度假区项目位于北门大街西侧,莲花路北侧,萧湖公园主湖面东北区域,占地面积约55亩,建筑总面积约4.8万平方米。主要项目有旅游度假酒店、会展中心等,集旅游度假、会务会议、美食、文化娱乐等为一体的旅游度假区。

【重要活动】 2020年5月,淮安区首个农房改善项目车桥镇三庄佳苑项目封顶,该项目由淮安市宏信国有资产投资管理有限公司承建,于2019年8月正式开工建设,占地面积约86.8亩,共37栋楼、332套房。6月30日,淮安市宏信国投公司出资5亿元,注册成立淮安楚韵文化旅游(集团)有限公司。12月1日,淮安市融发土地开发有限公司召开第三次股东会决议,会上同意股东淮安市交通控股有限公司将其所持20%的股权无偿转让给淮安市宏信国有资产投资管理有限公司。

(徐梦男)

国有资产监督管理

【概况】 2020年,淮安区纳入年度企业报表统计的国有企业有7户(淮安市宏信国有资产管理公司、淮安市淮安区城市资产经营有限公司、淮安市第二市政公司、淮安市名城资产经营有限公司、淮安市淮安区安保汽车综合性能检测站、江苏省淮安市客车运输公司、淮安市粮食购销公司等企业)。截至2020年末,企业资产总额349.82亿元,负债总额196.3亿元,其中流动负债86.67亿元,非流动负债109.68亿元,资产负债率达56.11%;国有资本及权益总额(净资产)153.47亿元。截至2020年末,营业总收入11.92亿元,营业总成本14.62亿元,其中营业成本7.94亿元,税金及附加0.22亿元,销售费用0.22亿元,管理费用0.84亿元,财务费用5.41亿元。截至2020年底,淮安区行政事业的单位资产总量为67.91亿元,其中行政单位资产22.88亿元,事业单位资产45.03亿元。总资产中,流动资产35.93亿元,占比52.92%;固定资产净值19.6亿元,占比28.87%;无形资产净值3531.06万元,占比0.52%;在建工程11.88亿元,占比17.49。固定资产中,账面房屋资产12.72亿元,占固定资产总额的64.88%;车辆资产4916.16万元,占固定资产总额的2.51%;账面50万元以上通用设备371.05万元,占资产总额的0.19%;账面100万元以上专用设备6466.08万元,占资产总额的3.30%。

2020年,淮安区行政事业单位国有资产收益合计达到600.03万元,其中资产有偿使用收益为490.46万元,占比81.74%,全部为出租房屋所得,资产处置收益为109.57万元,占比18.26%。

【国有企业资产监管】 2020年,淮安区继续按照《关于加强区属企业借出资金与提供担保管理有关问题的通知》(淮财发〔2018〕145号)和《区政府办公室关于印发淮安区区属企业国有资产监督管理暂行办法的通知》(淮政办发〔2018〕174号)两份文件要求进行企业资产监督管理,使企业财务风险得到有效防范,维护国有资本权益,保障淮安区国有企业持续健康发展;继续组织国有企业学习市国资委编制的国有企业管理文件汇编,为进一步强化国有企业的管理提供依据、夯实基础。2020年,进一步规范财务报表,保持对企业财务数据的动态监管。要求相关企业每月在国资委财务快报软件内上报财务数据,并附财务分析,主要是把本月数与上月数以及本年累计数与上年同期数进行比对,增减幅度超过30%的必须进行说明,分析报告中还要及时反映对企业月度财务状况、经营成果和现金流量产生影响的重大事项,以便于国资管理部门第一时间掌握企业的新问题、新情况。2020年,进一步严肃财经纪律,加强对国有企业闲置资产出租的监督管理。根据《区政府关于印发淮安区行政事业单位、国有企业闲置资产监督管理实施意见的通知(淮政发〔2015〕7号)》文件中的具体要求,加强对国有企业闲置资产租赁的管理,要求各企业的闲置资产在经区政府批准、国资部门审核后按照公开、公平、公正的原则进行公开拍卖,拍卖收入全部缴入财政专户,有效提高了国有企业资产使用效益,防范了国有资产流失,达到国有资产保值增值的效果。2020年,淮安区国有企业资产公开出租、出售产权交易数44笔,成交价总计674.02万元。2020年,稳步推进国有企业深化改革工作。

【行政事业单位管理】 2020年,淮安区规范行政事业单位国有资产管理工作。淮安区以政府办名义出台《区政府办公室关于印发〈淮安区行政事业单位国有资产管理暂行办法〉的通知》(淮政办发〔2020〕79号)。为进一步加强国有资产的合理配置,区财政局出台《关于印发〈淮安区区级行政事业单位通用办公设备和办公家具配置标准〉的通知》(淮财发〔2020〕179号),2020年,淮安区落实公有房屋租金减免政策,推动中小企业疫情期间经济稳定发展。根据《关于落实省市区应对新冠肺炎疫情影响推动经济发展若干政策措施实施细则》(淮政办发〔2020〕12号)中的要求,对承租行政事业单位和国有企业公有房屋的中小微企业和个体工商户共计减免2个月房租;根据《关于应对疫情进一步减免中小微企业租赁市级行政事业单位房产租金》(淮财资〔2020〕130号)中的相关要求,截至12月底,持续落实追加减免2020年上半年1个月租金减免政策,落实减免对象613户,减免承租户房租257.18万元。2020年,淮安区落实资产报表工作,加强对行政事业单位资产数据的动态监管。要求行政事业每月完成资产月报,此外,每年需完成年度行政事业单位资产统计报表,要求各单位附资产分析报告并对异常数据做出说明,以便于国资管理部门掌握上一年度各行政事业单位资产配置、使用、处置的情况。2020年,淮安区加强对闲置国有资产的处置监督,确保国有资产增值保值。根据《淮安区区政府关于印发淮安区行政事业单位、国有企业闲置资产监督管理实施意见的通知》(淮政发〔2015〕7号)等相关要求,对全区可经营资产、废旧物资,按照公开招租、招标等规范化程序进行经营盘活和资产处置。2020年度全区行政事业单位公开出租、出售产权交易数66笔,成交价总计885.9万元。

市场监督管理

【概况】 2020年,淮安区新增私营企业2427户,新增个体工商户5548户。完成企业年报14 184户,年报率91.8%;完成个体工商户年报42 888户,年报率90.9%;完成食品生产企业新申报6家,完成小作坊登记126家,发放食品经营许可证(销售类)1328份,发放餐饮服务类食品经营许可证702户。药品零售企业变更79家,筹建48家,验收45家,换证45家,注销53家。新办医疗器械经营企业5家,许可证变更企业4家,注销许可证企业3家,经营备案企业51家。

【食品安全监管】 2020年,淮安市淮安区市场监督管理局以“优化许可事项、缩短许可时限”为目标导向,试点推行“告知承诺制”,协调行政审批局上门核查发证,持续提升食品经营许可便利化。全面放宽小作坊准入范围,制定出台《淮安区禁止小作坊生产加工食品的“负面清单”》,明确除白酒、特殊膳食、保健食品、食品添加剂等14个类别51个品种列入负面清单外,其余类别的食品小作坊均可生产加工。坚持以整治培优保食品安全,制定出台《淮安区食品小作坊整治提优工程实施方案(2020—2022年)》,实现全区小作坊登记备案率100%,建成小作坊集中加工区1个、名特优小作坊3家。坚持以专项执法促监管到位,部署安排春节、国庆等重要节点专项检查,集中整治农家宴、校园及周边等重点领域食品安全。开展食品安全“进社区、进校园、进企业”系列活动，召开食品生产企业落实主体责任约谈会，开展“食品安全进校园、知识宣讲面对面”活动，营造竞争有序的发展环境和安全放心的消费环境。聚焦疫情防控冷链食品监管，及时调整新冠病毒抽检方案，依托信息化系统平台，识别冷链食品真伪、跟踪冷链食品流向、下架封存问题食品，共计摸底排查各类冷库318家，排查登记从业人员700余人，为常态化疫情防控和民众食品安全提供重要保障。

【药品药械监管】 2020年，淮安区市场监管局对一级以上（含一级）医院的药品（含中药饮片）及药械使用管理进行检查全覆盖，排查防范药品医疗器械使用风险隐患，年内完成药品不良反应1225份，医疗器械716份，化妆品199份。全年集中开展集采药品、GHB（中枢神经抑制剂）、救助托养机构药械使用、中药饮片、互联网药品、医疗器械清网、无菌植入、隐形眼镜与避孕套、器械零售等专项检查15次，联动医保部门检查医疗机构、药品零售企业32家，联合公安检查涉毒“减肥药”市场，均按要求完成监管覆盖率，跟踪督促整改到位。年内共计办理药械备案许可343件，做到疫苗配送与接种单位监管100%；检查特药经营单位144家、麻精药品使用单位31家、药品经营使用单位409家、医疗器械经营使用单位436家，持续保障全区用药用械良好安全态势。牵头组织药店行业向新冠疫情捐款活动，共计区内外232家门店、768名药店人员、3名药品监督人员参与捐资，捐款总额11.6万元。

【特种设备安全监管】 2020年，淮安区市场监管局以国务院江苏安全生产专项整治督导为契机，着力推进特种设备监管机制改革创新。在特种设备“3211”工作要求的基础上，探索建立“户籍”管理机制，率先提出“一企业一台账、一设备一档案”管理要求，核查全区近5400台特种设备基础信息，检查使用单位900家，检查设备1916台，精细化管理水平持续提升。聚焦重要风险领域，分层分类，靶向监管，与10家液化石油气站签订责任状，组织全区28家电梯维保单位拉网式检查所属设备3000余台，集中约谈指导涉化企业26家、工业管道使用单位23家，有效防范“深层次”重大安全隐患。依托全省“特设智慧监察”系统，围绕“数据赋能+智能筛查”，线上实施登记注册、报停注销、超期未检等动态管理，信息化监管改革持续深化。结合特种设备安全宣传“五进”活动，深入共创草坪、永安制药等7家企业进行安全知识宣讲，发放特种设备使用常识、电梯应急处置96333手册等宣传资料2000余份，企业安全生产主体意识不断增强。

【质量计量监管】 2020年，淮安区市场监管局深入贯彻落实质量强区战略，立足区情和产业特点，成立淮安区质量发展委员会，持续推进供给侧结构改革，质量工作成效显著。周恩来纪念馆国家级红色旅游服务标准化试点项目通过考核验收。江苏苏盐井神股份有限公司荣获2019年度省长质量奖，实现该奖项淮安市的零突破，并荣获“江苏精品”称号，为淮安市唯一获此殊荣单位。苏嘴现代产业园顺利通过省级农业示范园考核验收。共创草坪荣获淮安市质量奖，海螺水泥和康乃馨商旅荣获淮安市质量管理先进单位。深化企业质量信用发展工作，年内组织全区175名企业代表参加淮安市首席质量官培训，占全市比重43.7%；指导帮助71家企业申请江苏省质量信用A级，新申报数位列全市8县区第一。年内专项开展重点产品质量整治及儿童学生用品守护行动，共计抽检23类产品近120个批次，其中成品油43个批次、电动车6个批次、儿童玩具3个批次、儿童家具6个批次。

【市场监管执法】 2020年，淮安区市场监管局共查处一般程序性案件171件，其中食品案件95件，产品质量案件5件，知识产权案件7件，特种设备案件13件，违法广告案件8件，药品医疗器械案件18件，价格违法案件13件，认证认可案件2件，无证无照案件8件。扎实开展长江禁捕专项整治行动，检查水产经营户181户，餐饮经营户157户，组织约谈43户水产经营户。组织开展打击整治非法制售口罩等防护产品、打击野生动物违规交易等专项执法行动，深入开展涉企收费、民生价格检查。持续深化“双随机、一公开”监管，发挥“双随机、一公开”联席会议制度优势，完成本级“双随机”检查计划120项，任务261项，各级抽查市场主体3078户，组织区公安分局、住建局、教体局等18个成员部门完成20次跨部门联合“双随机”抽查任务，跨部门联合“双随机”抽查的频次及数量列各市各县（区）首位。

【消费者权益保护】2020年，淮安区市场监管局全年共接收处理各类投诉举报和网络舆情及突发事件5160件，其中通过市12315平台处理34件，12315全国互联网平台处理1677件，全省12315平台处理30件，12345市平台处理3183件，12345区平台处理124件，处理来人、来电、来函投诉举报85件，及时处置网络舆情26件，妥善处置应急事件1起，新增ODR企业4户，投诉举报处置组织体系、处理能力和治理效果建设持续强化。“3·15”活动期间，集中销毁假冒伪劣物资2396件。放心消费创建工作成效显著，万达广场楚州店等3家企业获“江苏省放心消费创建单位”荣誉称号，淮安康得乐食品等13家企业获“淮安市放心消费创建单位”荣誉称号。

【营商环境优化】2020年，淮安区市场监管局认真开展“证照分离”全覆盖试点推广工作，在利用政务服务“一张网”“全链通”平台、开办企业“综合窗口”、江苏市场监管App等现有手段的支撑下，实现市场主体登记、刻制公章、涉税事项办理、银行预约开户等企业开办事项的全链条通办，并实现可查询、可追溯，大幅提高了企业开办的服务效率，推广企业注销“一网”服务，提高注销便利化水平，真正做到“一网通办”“异地可办”“掌上可办”。

【冷链食品监管】2020年，淮安区市场监督管理局加强进口冷链食品监管，比对、梳理、汇总全区储存和使用冷链食品详细情况，全面摸排食品生产加工企业、批发市场、农贸市场、大型超市、餐饮企业的自建自备冷库以及提供冷冻冷藏储存服务业务的冷库共计318家，其中对外租赁第三方冷库3家，大型冷链1家，涉及肉类冷库288家，涉及进口冷链冻品的冷库63家。结合冷链排查，对全区所有涉及接

表54　2020年淮安市淮安区市场监督管理局获市级以上表彰一览表

姓名	表彰内容	表彰单位
祁正祥	全省市场监管系统先进工作者	江苏省人力资源保障厅、江苏省市场监督管理局

表55　淮安市淮安区市场监督管理局基层单位名录

单位名称	基层单位名称
淮安市淮安区市场监督管理局	淮安市淮安区市场监督管理局淮城分局
	淮安市淮安区市场监督管理局河下分局
	淮安市淮安区市场监督管理局经济开发区分局
	淮安市淮安区市场监督管理局钦工分局
	淮安市淮安区市场监督管理局苏嘴分局
	淮安市淮安区市场监督管理局车桥分局
	淮安市淮安区市场监督管理局施河分局
	淮安市淮安区市场监督管理局漕运分局
	淮安市淮安区市场监督管理局石塘分局
	淮安市淮安区市场监督稽查大队
	淮安市淮安区综合检验检测中心

2020年11月，淮安区市场监管局对冷库内冷链食品进行检查
（区市场监管局　供图）

触进口冷链食品的从业人员再次进行梳理汇总，共计排查登记从业人员700余人，并全部完成采样。

【文明创建工作】 2020年，淮安区市场监管局围绕文明城市创建大局，严格落实部门创建职责，参与创建志愿活动，配合做好创建工作。聚焦保障食品安全，扎实开展校园周边、集贸市场和餐饮行业等专项整治。将城区8个国测点农贸市场的整治提升纳入区政府2020年十大惠民工程内容，出台关于淮安区2020年城区农贸市场分类整治提升实施方案，主城区8个国测点完成改造。开展2020年度“两免费”计量惠民工作，年内完成27家乡镇卫生院，1家社会福利机构，160个村卫生室，共计960件医用计量器具；完成24家农贸市场938台电子秤检定。

（韩　刘）

价格管理

【价格监测】 2020年，淮安区启动突发公共卫生事件应急价格监测，加强市场巡查严格执行日报制度，全力保障疫情期间市场价格监测；认真做好价格监测预警预报分析工作，密切关注粮油肉蛋菜等重要农产品市场供应和价格变化；上报省直报各类价格监测报表400余份，对原粮、成品粮、农资、主副食品、生猪等价格进行重点监测，确保市场价格波动都在监测范围内；年初召开价格监测点业务培训会议，同时发放2019年各监测点监测误工补助。

【价格调控】 2020年，淮安区出台《2020年度淮安区价格调控目标责任制实施意见》，建立《淮安区价格调控联席会议制度》，确保价格异动情况出现时有异动的启动机制、部门协作配合。做好临时价格补贴政策执行跟踪调查工作。做好省拨价调资金的使用，加强对省价调基金相关管理办法的学习、研究，编制2020年度省级价格调节基金使用方案并组织实施，确保应用尽用。省级价格调节资金用于困难学生伙食补助。做好清费减负工作。继续落实好我省一般工商业及其他用电类别电价优惠政策，预计每年要减轻企业负担700万元；继续落实好区域供水农村饮水安全工程取水、制水、输水过程中生产性用电执行居民生活用电价格，为农村供水公司年减少300万元电费支出。清理规范转供电环节加价行为，会同区供电公司对主城区所涉十三家转供电主体，逐一上门宣传政策，要求各家填写承诺书及回执，确保国家多次降低一般工商业电价成果真正惠及终端用户。落实好《关于明确有关涉农行业用电价格政策的通知》（苏发改价格发〔2020〕360号）精神，落实农村建设保鲜仓储执行农业电价政策，截至2020年12月底，有11家企业享受政策，预计减少企业负担6.6万元。落实好大米加工、饲料生产用电生产价格政策，截至2020年12月底，有9家企业享受政策，预计减少企业负担12.4万元。

【收费管理】 2020年，淮安区发改委推进民办学校学费调整，规范民办学校代收费行为，强化民办学校收费公示公开工作；出台中小学课后服务收费政策；对城区和乡镇公办幼儿园保教费在成本监审的基础上予以适度上调，结合托管服务的新要求，制定幼儿托管收费标准；参与全区十二所非普惠性民办幼儿园认定工作，适时出台普惠性民办幼儿园收费标准。做好养老机构有关收费情况调查，规范养老机构服务收费管理；开展水资源费和国有产权交易服务收费情况调研，促进收费政策执行和政策制定。开展收费巡访工作，建立收费巡访程序。首次编写“涉企收费巡访要情”，对2020年度涉企收费巡访做好总结和案情移交市监部门。做好区级收费目录的动态调整工作，继编制、发布《政府定价的经营服务性收费目录》《执行政府定价的价格和收费减免与优惠政策清单》《行政事业性收费目录》。

【价格认定】 2020年，淮安区发改委价格认证中心围绕涉案财物认定、成本监审、房地产及物业备案等方面展开工作，全年共办理各类刑事案件财物价格认定164件，涉案金额1465万元，标的物涉及黄金、手表、白酒等；开展涉政府事务等价格认定工作，全年对涉及民间集资的“会头”资产认定共9件，主要是房产、厂房等，涉案金额1079万元。全年认定工作无差错、无重新认定和申请复核的情况，认定选用的核算方法基本无异议。全年办理商品房价格备案11批次件（含车位、储藏室），备案总面积33.38万平方米，备案总价格32.27余亿元，物业价格备案2件。对漕运博物馆门票收费成本监审，对全区公办幼儿园保教费调整进行成本监审，为定价提供依据。及时做好涉案价格认定信息的统计，按月在市中心、省认定局价格认定网络工作平台上报送，全年整理归档卷宗179件，其中价格认定卷宗168件、房地产价格备案11件。在涉案价格认定卷宗方面，按照《江苏省价格鉴证案卷评查方法》的通知要求，及时做好卷宗整理归档。

统 计

【概 况】 2020年，淮安区统计局负责贯彻落实中央关于统计工作方针政策和省委、市委、区委的决策部署，在履行职责过程中坚持和加强党对统计工作的集中统一领导。2020年，淮安区统计局被国务院第四次全国经济普查领导小组评为第四次全国经济普查国家级先进集体、被江苏省统计局评为县级统计基层基础规范化建设“十佳”单位。

【全国第七次人口普查】 2020年3~9月，淮安区组建区、镇、村各级普查机构，制定第七次全国人口普查方案和工作计划，进行普查试点，落实普查经费和物资，开展普查宣传，选聘培训普查指导员和普查员，普查区域划分和制图，进行户口整顿等工作；10~12月，完成普查员摸底调查，入户登记，进行比对复查，行、职业编码，开展事后质量抽查等工作，通过省级验收。

【高质量发展统计监测】 2020年，淮安区对照“六个高质量”各项考核监测指标，明确推动高质量发展的指标体系，形成推动高质量发展的统计体系，遵照联席会议制度，规范各部门数据采集和分析流程，与上级对口部门及区各指标承担部门联系对接，真实、准确、及时地反映全区每月高质量发展进程，提前谋划全年监测工作，提高月度、季度监测发展情况。提前预判部门指标，提醒指标承担部门，发挥统计作为经济发展“晴雨表”的重要作用。

【统计数据质量】 2020年，淮安区围绕贯彻落实习近平总书记关于防范和惩治统计造假、弄虚作假的重要讲话指示批示精神，扎实学习中央相关文件精神，坚持依法统计、依法治统，健全统计数据质量责任制，着力提高统计数据的真实性、准确性。逐步提高月度调查单位上报工作质量，严格按照“四上”企业中途申报条件，做好基础材料。对符合条件的项目实现早安排、早跟踪、早指导，确保按时上报；对培育的项目实现明确责任、人员、时间和要求，逐月跟进，逐步落实到位，确保质量过硬。

9月20日，淮安区开展第十一届“中国统计开放日”活动暨七人普宣传月启动仪式（区统计局 供图）

【小康社会统计监测】 2020年，淮安区按照《江苏高水平全面建成小康社会统计监测实施方案》和市局的统一要求部署，全力推进小康监测。制定小康监测实施方案，召开部门联席会议，进一步明确分工，压实责任，强化小康指标进程监测，紧盯薄弱环节和短板指标，制定提升计划，确保高水平小康社会全面实现。淮安区在市高质量跨越发展考核中，高水平全面建成小康社会工作获第一名。

【列统企业申报】 2020年，淮安区持续抓好基础统计工作，认真组织实施列统企业申报，动员镇街加大列统培植力度，全年新增列统企业170家，其中工业27家，建筑业10家，贸易69家，房地产业3家，服务业25家，投资36家。

【统计报表】 2020年，淮安区坚持以提高统计数据质量为核心，加强对基层统计业务培训与指导，完成综合、工业、能源、投资、贸易、服务业、房地产、建筑业、劳资、人口、科技、劳动力、规下抽样调查等各专业的2019年年报和2020年月报、季报工作，数据质量显著提高。

【专项调查】 2020年，淮安区组织开展农作物面积遥感调查、粮食产量实割实测调查、主要畜禽监测调查、城乡居民和低收入农户收支调查；圆满完成“省级生态文明示范区建设满意度和参与度专项调查”“全面从严治党群众满意度调查”“省级机关单位社会公众满意度评价调查”“农民工调查”“居民出游调查”等近10个专项调查任务。

审 计

【概况】 2020年，淮安区审计局共完成审计项目36个，查出各类违纪违规及管理不规范问题总额2.53亿元；信息稿件被省厅、市局和中国审计报、江苏审计、淮安日报等有关刊物采用64篇（次），领导批示5篇（次）；获得江苏省审计系统疫情防控先进集体、全市审计系统考核优秀单位（第二名）。

【财政同级审】 2020年，淮安区共审计和延伸调查18个部门单位（次），出具审计报告8份，查出违纪违规和管理不规范问题共42个。同级审工作报告中反映的2018年1月至2019年6月基层医疗机构财务收支情况审计调查中“基层卫生院资产负债率上升、亏损面较大”等有关问题，被列为淮安区人大2020年度专项督办事项。

【经济责任审计】 2020年，淮安区开展6个经济责任审计项目（任中3个，离任3个），经济审计中，以规范权力运行为出发点，着重了解和监督领导干部任期内重大决策事项，进一步区分了领导干部的直接责任和领导责任，着力为淮安区营造风清气正的政治生态。

【政府投资评审】 2020年，淮安区共完成政府投资评审项目1102个，送审金额40.29亿元，核减1.82亿元，综合核减率为4.5%，为政府节约可观的财政支出，提升公共工程投资绩效。围绕区委、区政府年初下达的城市建设重点项目投资任务，对重点工程进行跟踪评审，重点对黑臭水体整治工程、348省道建设工程、淮安医院新院项目等政府重点工程安排专人跟踪监督。

淮安区审计关注公立医院药品供应保障情况

（区审计局 供稿）

【审计服务】 2020年，淮安区开展对区客运总公司等10家区属国有企业资产负债审计；围绕粮食安全，全面开展区发改委（粮食和物资储备局）国有资产管理情况审计调查。在上报的全区国有粮食企业审计存在的主要问题及建议中，既列出了老旧仓库在粮食有效仓容中占比较大、储存5年以上小麦没有轮换、托市粮贴价销售损失较多等主要问题，又提出加快粮食仓储的建设、强化对现有资产的管理、加快推动粮食企业完善现代企业制度等建议，得到区领导和粮食企业主管部门的肯定和好评。

【审计信息】 2020年，淮安区审计局形成上报一份调研报告《新形势下强化全区镇和街道内部审计的思考与对策》，以及5期《审计要情》，相关调研报告和审计要情都得到区有关部门和领导的重视，推动有关问题的解决和相关部门建章立制规范管理。

【创建帮扶】 2020年，淮安区审计局组织干部职工赴漕运镇泾河村、苏嘴镇吴码村建设农家书屋，开展“审计情系农家书屋 送文化 传爱心”活动。认真开展阳光扶贫，先后多次组织全体机关人员赴南闸镇泾河村、姚庄村开展实地走访活动。重大节日上门慰问特困家庭和职工，累计各类帮扶慰问资金13.35万元。

【思想建设】 2020年，淮安区审计局全年开展党课学习10次，

表56　　2020年淮安区审计局获市级以上表彰一览表

单位	表彰内容	表彰单位
淮安区审计局	2020年度考核优秀单位	淮安市审计局
淮安区审计局	全省审计系统疫情防控先进集体	江苏省审计厅

表57　　淮安区审计局基层单位名录

单位名称	基层单位名称
淮安区审计局	淮安区政府投资评审中心

支委会学习4次，中心组学习4次，全体人员学习6次。严格落实意识形态工作责任制，印发《意识形态工作管理制度》。局党组两次召开班子会专题分析研判意识形态工作，四季度中心组围绕意识形态开展专题学习，班子成员先后两次给全局干部职工授意识形态专题党课。持续学习践行周恩来精神。利用毗邻周恩来纪念馆的“地利”优势，组织全体党员干部开展实境教育，与盐城市审计局在周恩来纪念馆开展党建共建活动，建立党员活动室，陈列各类周恩来总理的生平与研究著述。以“涓涓清溪”为创建品牌，以机关年轻同志为主体，争创全市“践行周恩来精神模范团队”及全省审计系统服务高质量发展先锋队。

【队伍建设】2020年，淮安区审计局全面提升队伍素质能力。持续狠抓审计业务培训，邀请南京审计大学陈希晖教授来局为全体干部职工开展为期两天的绩效审计专题培训。全年共有52人（次）参加审计署网络培训并全部取得考试合格证书，20人次参加省厅、市局各类业务培训。

（刘明迪）

金融监督管理

【概况】2020年，淮安区地方金融管理局负责贯彻落实中央关于金融工作的方针政策和省委、市委、区委决策部署，按照中央统一规则，履行地方金融监督管理职责，贯彻执行金融法律法规和方针政策，联系协调驻淮金融机构，配合驻淮中央金融管理部门规范发展全区上市公司，负责全区小额贷款公司、融资担保公司、典当行等金融属性的公司的监督管理，推动落实金融风险防范处置属地责任，会同有关部门依法防范查处非法金融机构及非法金融业务。2020年，淮安区金融监管局摸排并逐户上门推动全区金融机构缴税工作，实现金融机构缴税1.8亿元。督促银行保险业金融机构支持文明城市、慈善一日捐、脱贫攻坚、疫情防控等工作，共计捐赠100余万元。

【营商环境优化】2020年，淮安区地方金融管理局推进实施银行+互联网+不动产登记便民措施。在全区15家商业银行设立不动产便民服务点，只需在各不动产便民服务点提交一套资料，即可一次性完成不动产抵押贷款整套流程。不动产便民服务点一站式完成房产抵押和房产抵押注销业务办理，实现登记资料网上提交、网上审批，避免多地奔波，实现让“数据多跑路、群众少跑腿”“最多跑一次”的便民服务目标。在全市率先发布《金融纾困解危、助企复工复产线上银企对接活动公告》，支持企业254家，其中首贷33家，协调对接融资困难企业48家，实行线上对接与线下撮合有机结合。编印金融信贷政策产品在网上公开发布，对229户列统

12月17日，淮安区金融监管局现场拆除排查行动中发现的非法金融广告
（区金融监管局　供图）

企业逐一电话宣传。2020年，全区延期偿还小微企业贷款本金13.8亿元，新增中小企业贷款担保金额1.83亿元，降低担保费用168.46万元。

【企业上市】 2020年，淮安区地方金融管理局摸排调研专精特新企业，完善后备企业梯队建设。2020年，鼎丰米业、谷丰米业等4家企业四板挂牌材料提交江苏股交审核，兴隆米业、井神钻采等3家企业四板挂牌，3家企业列入市级后备企业库，润淮昱奕子基金顺利注册；共创草坪2020上交所首发上市，融资6.19亿元，为全市首家民营企业主板上市；股权融资累计达32.8亿元，位于全市第一。

【银企对接】 2020年，淮安区地方金融管理局成立小微企业金融服务中心，强化银企对接桥梁作用；组织银企“双拜访”对接会，引导银行拜访800多户企业，与40余家企业签订对接协议。建立金融机构服务镇街园区业务代表制度，协调对接拜访融资需求企业76家，成为全区经济网格化的有益补充。推广省综合金融服务平台，推动注册市场主体8500余户，为全区626户经济主体贷款授信34.6亿元；发挥受疫情影响小微企业融资绿色通道作用，共落实金额7.25亿元，支持企业217家，其中首贷32家，各项数据均排名全市第一。作为全市首家按照省级要求开展风险分担合作县区，进一步提标、扩面、降费，推荐更多符合要求的企业纳入合作模式，目前在保企业32户，在保金额1.2亿元。加快建立政府性融资担保体系，推荐誉信担保申报创建，加强指导对接、规范发展。

【金融机构引进】 2020年，淮安区共有16家银行、3家证券公司、30多家保险公司、14家地方金融从业组织，同时交通银行和广发银行完成落户、南京银行落户正在推进，金融集聚效应不断彰显。

【脱贫攻坚】 2020年，淮安区在全市率先试点“阳光扶贫贷”，累计发放贷款550万元。扎实开展“万企联万村、共走振兴路”活动，组织19家金融机构参与结对帮扶。加大支农支小力度，推动银行机构发放小额贷款1.91亿元，全市第一。

【文明城市创建】 2020年，淮安区全力做好金融机构领创工作，推动、督促各金融机构完成文明城市各项任务，出资楼东社区4万元用于文明城市维护宣传工作，取得领创项目第一3次，全区文明城市季度表彰2次，获得创建全国文明城市工作先进集体嘉奖，工作做法被市通报表扬。

【疫情防控工作】 2020年，淮安区金融管理局出台《疫情防控和企业复工复产金融服务通知》，做到疫情防控与复工复产两不误。疫情防控期间，推动各金融机构为疫情保供等各类企业新增授信4.3亿元，为受疫情影响企业累计办理续贷转贷48.3亿元。

【金融机构监管】 2020年，淮安区优化监管流程，完善监管办法，对于不同机构实行分类监管。以扫黑除恶行业长效化治理为目标，继续开展扫楼、扫街、扫单、扫网、扫校等“五扫”行动，在梳理排查的基础上将24户无金融许可的投资理财机构列入经营异常，实行重点关注；建立地方金融从业机构设立、变更协查机制，对地方金融从业机构有无涉黑涉恶、违法犯罪、违规经营、信用污点等问题进行查询、审核、把关；推进全区地方金融从业机构规范化建设，以规范化建设促守法合规经营；帮助小贷公司申报省财政普惠金融补助

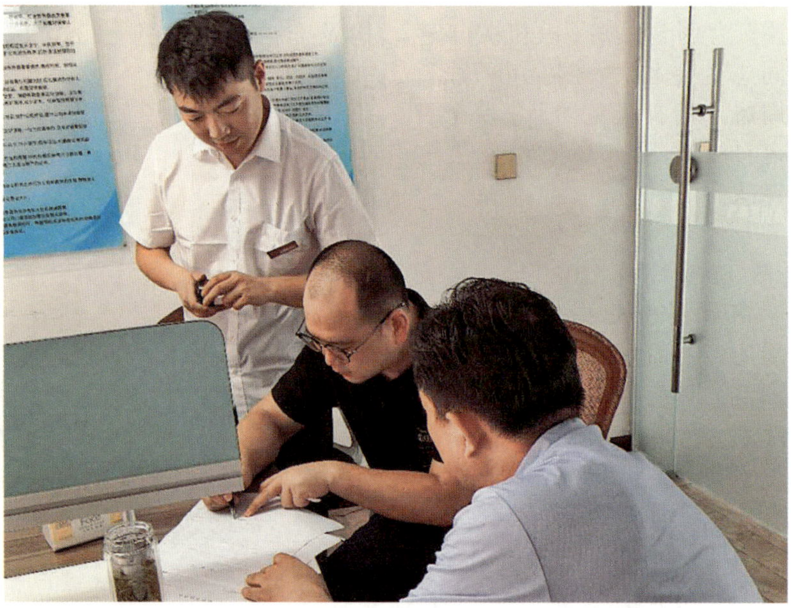

8月14日，区地方金融监管部门委托第三方进驻典当行进行审计
（区金融监管局　供图）

资金促其发展；及时约谈存在乱收费问题的小贷公司负责人，督促整改；对于典当行委托第三方进行审计，提高合规经营水平；对于商品交易场所进行“回头看”，督促加快整改进度；对于部分执行国家减费政策不到位的融资担保公司，及时督促整改到位；对于融资租赁公司实行月报制管理；对于农民资金互助社及时纳入省业务监管系统进行管理；全年开展地方金融从业机构“双随机”检查及现场检查100余次，做到扎牢监管“篱笆”，守住风险底线。

【金融宣传】 2020年，淮安区为增强社会公众风险防范意识，提高风险识别能力，围绕“守住钱袋子·护好幸福家”主题，大力开展内容丰富、形式多样的宣传教育活动。制作防范非法金融宣传手提袋、纸巾盒、肥皂等伴手礼，制作系列动漫小视频，制作LED智能感应处非海报，重点打造防范非法金融活动宣传示范街1个、小区3个，抓住国庆、元旦、春节等关键时间节点，进广场、进镇街、进社区、进校园，通过发放公开信、风险提示单、签订杜绝非法金融进校园承诺书等方式，利用电视台、报纸、自媒体、LED显示屏、微信公众号等途径，用“身边的事教育身边的人”，定向发送手机信息，加强养老旅游、健康咨询、虚拟货币、消费返利等热点风险提示，依托各银行机构和地方金融企业力量，大力开展处非宣传和扫黑除恶教育活动，集中宣传累计达30余场，制作宣传展板400余张，发放宣传单10余万份。

表58　2020年淮安区金融监管局获市级以上表彰一览表

姓名	表彰内容	表彰单位
孙兆峰	淮安市创建全国文明城市工作先进个人（嘉奖）	中国共产党淮安市委员会、淮安市人民政府

表59　淮安区金融监管局基层单位名录

单位名称	基层单位名称
淮安市淮安区地方金融监督管理局	淮安区小微企业金融服务中心

【金融风险处置】 2020年，淮安区坚持集中整治和常态化排查相结合，开展农民专业合作社风险排查、实质经营融资担保业务机构排查、省外金交所展业排查、投融资企业风险排查等专项排查活动，定期开展“扫楼扫街”排查整治，共拆除非法金融门店招牌3处，关停非法金融机构6家，列入经营异常24家。将防范化解金融风险纳入基层网格化管理范畴，发挥金融机构监测防控作用，充分利用互联网、大数据等技术手段加强对非法金融的监测预警。坚持和完善投融资服务企业商事注册登记会商工作机制，从源头上把控风险，通过会商共拒绝准入3户无金融许可的投融资企业。对于双雄公司非法集资陈案，坚持案件处置、资产盘活、兑付工作、维稳信访“四同步”，按照“一案一策一专班”的工作方式，创新、审慎制定处置方案，引入资金，加快恢复生产，稳妥推进以酒平仓。对于民间“打会”案件，坚持依法打击处理，及时立案侦查，及时抓捕“会头”，及时保全涉案资产，强力推动偿还资金，全力做好稳控工作。协助外省市做好非法集资案件处置工作。全年非法集资涉案人数、金额均比上年同期有所下降。

（刘　静）

社会事务管理

民政工作

【概况】 2020年，淮安区民政系统树立“以民为先、敢为人先、奋勇争先”工作理念，全面履行民政工作最底线的民生保障、最基本的社会服务、最基础的社会治理和专项行政管理职责，有力地推进民政事业高质量发展。2020年4月，淮安区被江苏省民政厅表彰为“第一批省级居家和社区养老服务创新示范地区”。

【城乡低保】 2020年，淮安区提高城乡低保标准。7月，城乡低保标准由610元/（人·月）提高到645元/（人·月），淮安区月人均补差419.99元，达低保标准的65%以上。截至2020年底，城乡共有低保对象15 205户、30 771人，累计发放低保金近1.6亿元。2020年城乡低保坚持动态管理，新增782户、1585人，退出833户、1453人。

【社会救助】 2020年，淮安区共救助流浪乞讨及过境受困人员420人次，救助金额178万元。淮安区临时救助贫困群众8340人次，救助金额618.25万元。2020年，淮安区构建由扶贫办、残联、卫健委、医保局、公安局、应急局等重点单位参与的“信息互通 救急难”和“主动发现”机制，主动发现因病自负超过3万元的低保家庭696户，全部给予及时救助，支出救助金228万元。

表60　　淮安区民政局基层单位名录

单位名称	基层单位名称
淮安市淮安区民政局	区社会福利院
	区福利彩票发行中心
	区救助管理站
	区紫藤园公墓管理所
	区殡仪馆
	区地名信息中心
	区社会福利厂

【养老服务】 2020年，淮安区新改建10家标准化居家养老服务中心。截至2020年底，淮安区建成城市社区居家养老服务中心（站）48家，覆盖率100%；农村社区居家养老服务中心（站）288家，覆盖率97.6%。为6.49万名老人购买居家养老服务，占老年人口总数比例26.76%，为305户特殊困难老年家庭实施适老化改造。淮安区拥有养老机构床位数4938张，护理型床位数3229张，护理型床位数占养老机构床位数比例为65.39%。

【五保供养】 2020年，淮安区共有特困供养人员5705人，从2019年7月1日起，城市标准从1.55万元/（年·人）提高到1.69万元/（年·人），农村分散供养金从8700元/（年·人）提高到9432元/（年·人），集中供养金从9540元/（年·人）提高到10 236元/（年·人），全年发放供养金5285.67万元。

【尊老金发放】 2020年，淮安区对80周岁以上老人发放长寿尊老金。全年淮安区城乡共有29 744人领取尊老金，共计发放1927.46万元。

【重残补贴】 2020年，淮安区符合残疾人两项补贴条件的有17 196人，累计发放重残补贴5865.64万元。

【留守儿童关爱】 2020年，淮安区开展农村留守儿童“合力监护、相伴成长”关爱保护专项行动。淮安区登记入档的农村留守儿童有6185人，全部明确监护责任、关爱举措和长效管理机制。

【社会组织管理】 2020年，淮安区新登记社会团体11家，民办非企业单位11家。截至2020年底，淮安区有社会团体686家，民办非企业单位782家。淮安区推进民间组织健康有序发展，促进社会组织在维护市场经济秩序，弥补政府社会管理和公共服务方面的不足。

【区划地名】 2020年，淮安区开展清理整治不规范地名工作，着力解决“大、洋、怪、重”等地名乱象。淮安区完善城乡地名标志体系，增设、更新门牌3000余块。淮安区做好历史地名保护工作，发掘、运用、传承历史地名文化，首批为7条街巷设立永久性老地名保护标志。

【婚姻登记】 2020年，淮安区民政局共办理婚姻登记1.1836万对，登记合格率100%。淮安区民政局在农历七夕举办“文明新婚俗，相伴你我行”主题活动，倡导婚俗改革，树立文明新风。

【殡葬改革】 2020年，淮安区在保持火化率100%的基础上，实施惠民殡葬，全年火化遗体8215具，减免基本殡葬费用约705.53万元。本着“依法行政、属地管理，移风易俗、文明办丧，节约用地、保护生态，统筹规划、规范管理”的原则，全区共计平迁坟墓14.48万座，建立卧式碑9.52万座。区财政共计投入1153万元对各镇街散坟整治工作以奖代补，相关镇街累计投入2200万元用于散坟整治工作。

【招商引资】 2020年，淮安区民政局招引的15亿元英东康复养老养护中心项目和1.5亿元老年人日间照料中心项目通过市级重大项目竣工验收。投资1.5亿元的旭正机械项目和3亿美元的乐享通房车项目顺利开工。

（陈震宇）

宗教民族事务管理

【概况】 2020年，淮安区共有

宗教场所122个，其中，佛教场所19个，基督教场所99个，道教场所3个，伊斯兰教场所1个，共有信徒2.1万人。少数民族共有39个，其中长住人口2684人，另有844个流动人口。2020年，淮安区依法加强宗教事务管理，引导宗教与社会主义社会相适应，保护合法，制止非法，抵御渗透，打击犯罪，切实维护全区民族宗教领域的和谐稳定，取得了阶段性成果。

【疫情防控】 2020年初，淮安区民宗局通过广泛宣传发动、建立日报制度、开展督查巡查等多种手段，有力地推动宗教场所疫情防控工作，全区实现信众零感染。与此同时，组织宗教界知名人士积极开展爱心捐赠活动，全区宗教界共向武汉红十字会、区红十字会捐赠善款50多万元。全市宗教场所有序开放专题会议后，区民宗局多次与防控办会商全区有序开放工作方案，召开专题会议对全区宗教场所恢复开放工作进行再部署，对区、镇相关单位的责任进行进一步明确。10月底，全区所有场所基本实现开放，成为全市宗教场所开放最早、最多的县区。

【场所安全整治】 2020年，淮安区民宗局召开5次安全整治工作推进会；开展“春风行动”安全生产集中宣讲活动12次，宣传安全相关知识。成立区宗教场所安全工作领导小组及专门工作班子，将安全工作挤进区委、区政府工作中心；压实乡镇属地管理责任，签订安全生产工作责任状；压实宗教团体监督管理，明确一位副主席（会长）主抓安全工作；压实宗教场所的主体责任，所有场所必须明确一名安全员。在要求各镇（街道）进行自我排查的基础上，重点委托第三方进行排查，全区共排查各类安全隐患548个，加上省排查12个，市排查80个，区安全督查组排查80个，合计720个。安排第三方完成对全区所有宗教场所既有建筑安全进行专业检测工作。建立两支督查班子重点督查镇、场所主体责任落实及场所隐患整改。2020年，以民宗办的名义下发交办单20多份，均得到落实。

【宗教专项治理】 2020年，淮安区顺利完成基督教专项治理任务。按期完成《淮安市淮安区宗教活动场所布局规划（2019—2035）》，依法依规完成46个场所登记证收集、报送及核销程序，明确教职人员及信众安置办法，明确撤并场所财产处置办法，淮安区基督教场所整合34%以上。全面推进佛道教去商业化工作。5月10日，召开全区佛道教去商业化专题会议，并下发具体工作方案。督促各镇（街道）根据文件要求，认真抓好排查工作，及时汇总，并在全市佛道教去商业化专题会议上作经验介绍。扎实抓好“扫黑除恶”工作，区民宗局会同公安、镇（街道）取缔淮城、朱桥、钦工的三个私设聚会点，配合公安局做好抵御境外基督教渗透工作。

【宗教场所】 2020年，淮安区民宗局下发《淮安区宗教团体、宗教活动场所重大事项请示报告制度》。要求各团体领导班子及场所负责人按规定向村、镇、区报告主要工作、重大事件、重要事项和重要活动等4个方面15项内容。颁布实施了《淮安区施洗办法》，进一步规范基督教施洗，杜绝施洗乱象。举办淮安区区级“和谐寺观教堂”评选工作，命名表彰27个先进集体。举办淮安区“三个十佳”评选，即十佳宗教教职人员、十佳好公民好信徒、十佳宗教场所负责人，有44位宗教界人士分别荣获“三个十佳”及提名。招募五支“宣讲志愿者”队伍，分别是安全生产、核心价值观、传统文化、法律法规、民族团结进步宣传志愿者。

【团体建设】 2020年，淮安区对基督教团体班子进行适当调整；加大对宗教教职人员教育培训力度，10月份，组织民族宗教界代表人士赴南湖、古田开展爱国主义教育实践活动，进一步加强新时代民族宗教界爱国主义教育。2020年10月份成立淮安区基督教财务管理中心，初步解决基督教领域的经济乱象。

【民族团结】 2020年，淮安区深化少数民族“五项关爱行动”。明确规定各镇（街道）全年为少数民族群众办实事不少于2个。开展“光彩助学”行动，帮助10名少数民族学生。此外，向少数民族流动人口发放爱心服务卡200份，为他们及时解决实际问题。在疫情防控期间，河下拉面馆少数民族老板与阿訇主动给社区及一线疫情防控工作人员义务送爱心餐。6月，淮安区率先成立少数民族法律援助中心，开通少数民族法律援助“绿色通道”。开展民族团结进步创建“七进”活动，着力营造民族团结进步的浓烈氛围。开展红石榴家园创建工作，在河下街道及山阳街道，分别建立红石榴家园创建示范点，为少数民族提供服务。

生态环境管理

土地资源管理

【规划管理工作】 2020年，淮安区率先编制国土空间规划和过渡期实施方案，形成初步规划成果；修改土地规划落实指标6085亩，通过“两规”衔接调整河西片区规划空间478亩；为恩来干部学院等23个重点项目调整控规17个；做好铁云路东侧、河西片区等城市设计，服务城市建设；开展历史文化名城保护规划修编，挂牌市级历史建筑物17处，名城保护工作受到住建部调研组好评。

【项目用地用林】 2020年，淮安区争取挂钩用地计划5300亩，编制9个批次方案保障百斯特中餐等重大项目43个、农房改善项目27个；全市率先启动征地成片开发方案编制，制定完成征地区片综合地价，组织用地报批18个批次；受理办结用地预审和选址意见67件、规划许可52件，审批规划设计方案80宗，核发工程许可证1285宗，核实规划67个，保证南宝碳纤维、井神盐穴储气等49个亿元以上项目顺利建设；服务9个地块32万平方米棚户区改造，核实拆迁户1230户，保障新建安置小区14个；完成创新路、327省道等7个项目使用林地许可，总面积924亩，采伐蓄积5517立方米；高标准完成国家森林资源督查，项目使用林地审批被国家林草局评价为“堪称典范”。

【节约集约用地】 2020年，淮安区深入开展批而未供土地清理消化工作，完成2009—2017年国家批次批而未供土地处置共计1700亩，完成率达212.52%，淮安区批而未供土地总量下降30%；处置低效用地12宗909.4亩；全年供应建设用地72宗，面积2801.04亩；挂牌出让土地40宗2506亩，获得土地出让金39.22亿元，清理追缴出让金6566.8万元，核减因疫情造成违约金2230.8万元；完成弹性出让供地任务。

【耕地保护】 2020年，淮安区开展干部选拔任用耕地保护责任审查，实施领导干部自然资源资产离任审计问题整改，保护责任进一步夯实。推进农村土地综合整治，全年实施城乡增减挂钩和工矿废弃地复垦项目251个，新增耕地3400亩；清理核查历年城乡挂钩和补充耕地项目，如期完成问题举证整改。支持设施农业发展，全年备案设施农用地15宗665.82亩。

【绿化造林工作】 2020年，淮安区成片造林6235亩，珍贵用材树种造林3500亩，新建和完善高标准农田林网3.72万亩，四旁植树83万株，苗圃种苗4665亩；新建省级绿美村庄13个、义务植树基地1个；林业有害生物防治投入经费70万元，完成重点林带防控面积10.3万余亩，无公害防治率达90%以上。

【生态修复工作】 2020年，淮安区实施高标准基本农田建设项目6个；强化自然湿地保护和修复，建成游园小湿地项目3个，新增湿地保护面积2159亩，湿地保护率提升3.82个百分点；开展“京杭大运河与江淮经济区交互带生态地质环境综合调查”，初步完成淮安盐盆下关、蒋南矿区生态地质环境调查与评价，创成国家级盐盆绿色矿业发展示范区。

【自然资源执法】 2020年，淮安区扎实开展农村乱占耕地建房专项整治、违法违规用地整治“三年行动”，坚决防止耕地“非农化”“非粮化”；完成国家土地例行督察、2019年度耕地保护专项督察和年度卫片执法工作。

【法治国土建设】 2020年，淮安区面向全区三级干部，开展法律法规集中培训，利用各类主题日开展普法宣传，全民自然资源法治意识显著提升；严格依法办理行政复议和诉讼案件，维持率、胜诉率达100%；双公示行政许可与行政处罚262件，处罚公示作用凸显；推动执法模范区、镇创建，淮安区被表彰为“全省2019年度土地执法先进区”；扫黑除恶专项斗争持续推进；自然资源领域信访问题比例明显下降。

【脱贫攻坚】 2020年，淮安区主动服务农房改善，编制“多规合一”实用性村庄规划14个，超前解决农房改善项目合规性问题；安排专项挂钩计划1937.33亩，创新落实用地审查手续，优先支持项目建设。争取挂钩节余指标1050亩进入省平台交易，筹集资金9.32亿元，创下新高。

【不动产统一登记】 2020年，淮安区“房地一体”农村不动产登记被省厅肯定；率先与法院建立不动产登记线上查封机制，不动产登记便民服务点在各商业银行全覆盖，全市首批实现“交房即发证”“交地即发证”“一码+”三维地籍建设试点在全省率先开展。问题楼盘清理任务如期完成，不动产窗口被命名为“市级示范性劳模创新工作室”。

表61 淮安市自然资源和规划局淮安分局获市级以上表彰一览表

单位（姓名）	表彰内容	表彰单位
淮安区不动产登记中心	市级示范性工作室	淮安市总工会
淮安区不动产登记中心	业务技能竞赛三等奖	淮安市自然资源和规划局
邵正淮（淮安区不动产登记中心）	最美政务人	淮安市政务服务管理办公室
尹小勇、朱克强（淮安市自然资源和规划局淮安分局林业科）	"江苏现代林业高质量发展"论文三等奖	江苏省林学会、江苏省林业局
林业科	"2020年绿化好新闻"优秀组织奖	淮安市绿委办
刘建（淮城中心所）	优秀共产党员	中共自然资源厅党组

表62 淮安市自然资源和规划局淮安分局基层单位名录

单位名称	基层单位名称	单位名称	基层单位名称
淮安市自然资源和规划局淮安分局	三堡中心所	淮安市自然资源和规划局淮安分局	席桥中心所
	溪河中心所		茭陵中心所
	朱桥中心所		淮城中心所
	车桥中心所		马甸中心所

【资源调查监测】 2020年，淮安区全面开展"国土三调"成果数据回头看，核实权属数据，完成外业举证图斑7062个，调查成果顺利通过省厅验收；全面扫尾农村不动产权籍调查，形成22.3万宗地块测量和调查成果数据。排查整修和完善省市管测量标志点84个。

环境保护

【概况】 2020年，淮安市淮安区坚持以改善生态环境质量为目标，以打好污染防治攻坚战为抓手，严格环境执法监管，统筹推动污染防治和疫情防控，突出精准治污、科学治污、依法治污，为全区高质量跨越发展提供有力支撑。

【污染防治】 2020年，淮安区生态环境局牵头制定《2020年淮安区水污染防治工作方案》《淮安区2020年度大气污染防治重点工作任务清单》《淮河入海水道北泓整治方案》等一系列文件方案。持续推进入水海道苏嘴断面消除劣Ⅴ类整治等水污染防治工作，至2020年底苏嘴断面水质稳定消除劣Ⅴ类，达Ⅲ类。里运河三堡水源地达标建设并通过省级验收。新建50座农村生活污水治理设施。扎实开展夏季臭氧整治、秋冬季大气污染综合治理攻坚等专项行动，全面完成21项大气重点工程项目，14个镇街空气自动监测站全部建成。

【执法监管】 2020年，淮安区生态环境局将"铁腕执法"作为改善环境质量、倒逼经济转型的重要手段，采取"双随机"抽查、执法专项行动、夜间和节假日突击检查等形式，加大检查频次和力度。对292家企业开展"双随机"执法检查。先后组织VOCs、危险废物、"百日会战"等专项执法行动，共计立案46件，罚款金额166.8万元。加强环境监测工作，全年获得监测数据80 168个，编制180多份监测报表、56份监测报告，编写完成《2019年度环境质量报告书》，定期开展重点排污单位监测和地表水、污染纠纷等监测工作。

【服务发展】 2020年，淮安区生态环境局先后为31个重点项目落实排污权事项，有力促进一批重大项目建设。对3家企业帮助开展信用修复，助力企业健康发展。牢固树立"审批就是服务"的理念，大力推行"一站式"服务，全年共受理办结报告书、报告表和登记备案类项目共236个，受理、核发1396家企业污染物排污登记表、42家企业污染物排污许可证。全年争取资金808万元，市级返还及奖励资金4072万元。

【环境宣传】2020年，淮安区生态环境局以“六五”环境日宣传为抓手，围绕“美丽中国，我是行动者”主题，先后走进环城社区、复兴镇渔滨居委会开展宣传活动，会同楚州实验小学开展主题征文活动，组织执法人员向重点企业宣传环保法律法规，提高社会各界环保意识。结合生物多样性和低碳日等重要节日，深入社区、乡村开展生物多样性和低碳日宣传。组织执法人员向企业发放《生态环境保护义务告知书》，提高企业守法意识。结合文明城市创建工作，向社区发放3万份宣传单。

园林绿化

【概况】2020年，淮安区共完成绿化投资约13 000万元，全区新增绿化面积约109.7万平方米，新增绿化覆盖面积约111.33万平方米，建成区绿化覆盖率如期增至41.11%，绿地面积达到1617.85万平方米，绿化覆盖面积达到1691.72万平方米。

【城市绿化】2020年，淮安区完成华西路市民广场、世纪佳苑南侧游园、承恩大道与经六路交叉口游园、承恩大道与楚州大道交叉口西南角、阳光现代城周边、海天路游园、西汪塘公园（黑臭水体整治）等重点公共绿地绿化工程建设，总投资约5100万元，新增公园绿地面积6.87万平方米。实施了经十路南延（关天培路至南巽路）等道路绿化工程以及经六路（山阳大道—承恩大道段）行道树栽植工程，全面打造“畅、洁、绿、美”的道路环境。

【绿化养护】2020年，淮安区坚持把精细化理念贯彻到绿化养护管理的全过程，全年城区循环绿化养护除草、修剪绿篱约3000万平方米；加强枯枝落叶、绿化草坪等区域清扫力度，加大清扫频数，垃圾日产日清，清理垃圾杂物约2800车；拉网式排查城区主次干道行道树枯死、游园绿化缺失等问题，及时对枯死缺株的苗木进行绿化补栽、修剪、浇水等，全年补植道路行道树约400株，绿化补植地被约6000平方米，抗旱浇水、绿化冲洗约100万平方米；开展日常巡查，重点监控及预防高发病虫害，发现问题及时处置。

【文明城市】2020年，淮安区对照《全国文明城市测评体系》相关指标，突出问题导向，从细节入手，狠抓创城任务落实。依据《淮安市市容管理条例》和《城市绿化管理条例》规定，在城区范围内开展“大执法带动大长效”重点整治行动，对车辆撞坏行道树及绿化带、违规占用绿地、绿化带内毁绿种菜、车辆乱停乱放等文明城市创建“顽疾”进行督查，共查处案件422起，其中处罚230起，处罚赔偿金7万余元，扣押物品30件，批评教育162起。同时在各公园景区景点、公共广场等运用多种形式对市民进行文明告知、文明提醒、文明规劝，确保公共场所无乱扔杂物、随地吐痰、损坏公共设施、不文明养宠、躺卧公共座椅等现象。

表63　淮安市淮安生态环境局基层单位名录

单位	基层单位
淮安市淮安生态环境局	淮安市淮安生态环境综合行政执法局
	淮安市淮安环境监测站

应急管理

安全生产监督管理

【概况】2020年，淮安区深入学习习近平总书记关于安全生产的重要论述和指示批示精神，以“安全第一、预防为主、综合治理”为工作方针，深化重点行业领域专项整治“一年小灶”，强化队伍建设，规范执法管理，严厉查处生产安全违法行为，有力压降一般生产安全事故起数和死亡人数，保障全区安全生产的持续稳定。2020年，全区共发生生产安全事故18起、死亡13人，同比下降69.0%、51.9%，未发生较大及以上生产安全事故。

【安全责任】2020年，淮安区出台《区委常委会成员、区政府领导班子成员2020年安全生产重点工作清单》《进一步加强安全生产工作的实施意见》和《淮安区区级部门及驻淮有关单位安全生产工作职责任务清单》等文件，完善领导带队检查、挂钩督查机制，区安委办实现实体化运行，发挥安全生产巡查、督导作用，推广企业安全生产主体责任清单，安全生产明责、履责、追责的一体化责任链条进一步强化。

【专项整治】2020年，淮安区出台根据“1+30”专项方案，聚焦安全生产重点区域、重点行业、重点领域，深入开展大排查、大整改行动，共检查2316个生产经营单位，查出隐患2927条，整改隐患2881条。对7个方面突出问题开展攻坚行动，区安委办、区委营商办对整改落实情况进行核查和推进。排查既有房屋4064个单位（场所），发现涉及违法违规重点问题单位6个，已完成整改。排查无证无照“小字头”违法违规小企业小作坊黑窝点等“五小”场所2343处，停产停业场所51家，其中9家存在安全隐患，已完成整改。

【交办问题】 2020年，国务院督导组交办的康马路针纺织园、欣明染整等9个问题，已全部完成整改；省市督导组交办76项问题，已全部完成整改。区督导组将上级交办问题整改情况作为督导工作重点，持续跟进问题整改进展情况。区纪委监委、区安委办、区委营商办组建联合督查组，定期开展“回头看”，确保真改实改彻底改。

【监管效能】 2020年，淮安区关闭3家化工企业，对化工产业项目实施“只减不增”，新建化工项目“一律不批”。全面梳理违法违规“小化工”，共排查单位（场所）11 679个，发现疑似违法违规“小化工”8个，确认5个，已全部取缔。重拳打击安全生产非法违法生产经营行为，有重大违法行为的单位纳入联合惩戒名单，典型案例在主流媒体公开曝光。

【保障防灾减灾救灾】 2020年，淮安区完善物资平台储备应急物资。2020年投入60万元采购应急物资入库，制定《救灾物资应急储备管理制度》。加强灾害信息员队伍建设，对全区384名灾害信息员开展业务培训。扎实开展防灾减灾宣传活动，举办防震减灾文艺节目、知识竞赛、讲座、应急演练等。推进朱桥镇新华村创建全国综合减灾示范社区，筹建周恩来防震减灾科普馆。

（叶　飞）

防震减灾

【概况】 2020年，淮安区防震减灾服务中心加强防震减灾社会管理、公共服务和基础能力建设，开展群众性防震减灾工作宣传。区防震减灾服务中心在2020年江苏省市县防震减灾工作年度综合考核中排名全省第三，并获得“全省防震减灾科普宣传工作先进单位(县级)”称号。2020年朱桥镇新华村创建全国综合减灾示范社区，已经通过市级验收。

【地震监测预报】 2020年，淮安区防震减灾中心高度重视地震台站建设工作，指定专人定期对台站进行巡逻、检查，并加大对台站的维护保养工作，举办了全区防震减灾“三网一员”业务知识培训会，根据《2020年度淮安区震情监视跟踪工作方案》做好震情监视跟踪工作。

【防震减灾宣传】 2020年，淮安区防震减灾中心利用“5·12”汶川地震、“7·28”唐山地震纪念日、国际减灾日等开展一系列防震减灾宣传活动，通过电视台、淮安区报、区政府网站、微信公众号、小区显示屏、灯箱，利用知识竞赛、讲座、广场宣传等方式广泛宣传防震减灾科普、自救互救相关知识。全年共举办防震减灾文艺节目1次，知识竞赛1次，讲座3次，广场宣传5次，应急演练4次。

（陈　婕）

表64　2020年淮安区防震减灾服务中心获市级以上表彰一览表

单位	表彰内容	表彰单位
淮安区防震减灾服务中心	全省防震减灾科普宣传工作先进单位（县级）	江苏省地震局

消防救援

【概况】 淮安区消防救援大队组建于1972年，原是公安武警消防，2018年10月9日正式改革专制为国家综合性消防救援队伍，2019年12月31日，淮安区消防救援大队和翔宇消防救援站正式挂牌。消防救援大队位于淮安区经六路1号，占地18亩，建筑面积8400平方米，在编指战员36名、消防文员14名，下辖淮城政府专职消防救援站、季桥政府专职消防救援站、施河政府专职消防救援站共30人，主要担负辖区1468平方公里的防火、灭火和应急救援任务。

【监督执法】 2020年，淮安区消防救援大队共检查单位1455家，整改火灾隐患或违法行为1734处，临时查封单位80家，罚款202.69万元，责令三停单位17家，拘留7人，3处重大（区域性）火灾隐患全部完成整改消案，规范社区微型消防站建设，12个社区对标建立微型消防站，建成率达100%。

【消防宣传】 2020年，淮安区消防救援大队组织消防志愿者、宣传员深入企业、农村、社区、学校、区域性火灾隐患单位等地开展消防安全知识宣传、培训工作，并邀请学校师生、企事业工作人员等到队参观，提升辖区群众的消防安全意识和公共消防安全水平。开展“百名消防指挥长宣讲消防安全”讲座，开展消防培训80余次。利用微信公众平台、抖音号、微信工作群、电视报刊、短信提醒等渠道及时发布火灾防范提醒注意事项。2020年，共发放各类宣传资料1.4万余张、发送短信提醒10万余条、利用宣传车宣传100余次。推动建设消防科普教育馆1处和微型消防体验点4处。3月7日，2020年第一期《中国人物传记》刊载淮安区消防救援大队翔宇消防救援站“3.21”响水爆炸事故处置纪实。11月18日，《中国应急管理报》以《陈新宽：执着追求终不悔》为题，刊发翔宇消防救援站站长助理陈新宽先进事迹。

【岗位练兵】 2020年，淮安市淮安区消防救援大队每季度举办大队自测、班组对抗活动，开展文员“每周一训”，确保全员参训。2020年，大队荣获全市消防救援队伍冬季岗位练兵工作总成绩第1名，“火焰蓝杯”比武竞赛团体第1名，11名同志代表支队参加全省各部门组织的比武竞赛取得优异成绩。组织开展大队级灭火演练10次，制定预案145份，中队开展实地六熟悉162次，实地演练96次。

5月20日，淮安区消防救援大队在漕运博物馆开展文化旅游行业消防安全培训及应急演练活动　　（倪支娅　摄）

【战勤保障】 2020年，淮安区消防救援大队探索打造“联防一体”的战勤保障新模式，借助“微消防”系统，督促火灾高危单位增加检查频次，开展隐患自查自改。2020年，全区共安装独立式感烟探测器400个，简易喷淋系统55套，电气火灾监控系统70套，电动车充电桩70套。争取地方政府经费政策支持，推动消防经费稳步增长，完善基础设施，先后投入320万元对大队营区、淮城、季桥和施河政府专职队站进行提档升级，投入30万元新建全区消防科普教育馆；装备器材逐步更新，先后投入320余万元采购了2辆消防车、无人机、水域救援等器材，投入3万元对装备器材库进行了提档升级，队站整体保障能力得到明显增强。

表65　　2020年淮安区消防救援大队获市级以上表彰一览表

单位（姓名）	表彰内容	表彰单位
翔宇消防救援站	2020年全国“敬老文明号”	国家卫生健康委员会、 全国老龄工作委员会办公室
淮安区消防救援大队	江苏省“十佳基层大队”	江苏省消防救援总队
翔宇消防救援站	江苏省“十佳消防救援站”	江苏省消防救援总队
翔宇消防救援站	集体二等功	江苏省消防救援总队
翔宇消防救援站	江苏省五四红旗团支部	江苏省消防救援总队
翔宇消防救援站	工人先锋号	淮安市总工会
陈新宽	中国好人	中央精神文明建设指导委员会办公室
陈新宽	第五届“全国119消防先进个人”	应急管理部
丁伟军	优秀党务工作者	江苏省消防救援总队
许伟鹏	优秀党务工作者	江苏省消防救援总队

法治　军事

法　治
军　事

法 治

政法综治

【概况】 2020年,淮安区委政法委以市域社会治理现代化试点建设为统揽,以"品质政法"建设为主线,为全区夺取疫情防控与经济社会发展双胜利贡献政法力量,提供政法保障。淮安区政法综合考核全市第二,扫黑除恶专项斗争蝉联全市第一。区委政法委被评为全市唯一全省政法系统先进集体。升级版技防城建设高标准通过省级验收。

【政法服务发展】 2020年,淮安区牵头城市社区防控组和社会防控组做好城市小区管理、交通管控和全民健康大排查工作,全区政法干警和网格员全员参战、冲锋在前,为全区疫情防控作出贡献。投入文明城市创建,坚持"四化三挂"工作机制改造老旧小区成效得到省领导的肯定。制定出台保护民营经济实施意见,畅通"执转破"渠道,受理凯华纸业、寅生化工等破产案件14件,4个典型案例被评为市优化法治化营商环境优秀案例。

【平安建设】 2020年,淮安区开展进京越级访大幅下降治理年活动,强化领导包案,持续攻坚积案,每月定期提请区领导按期接访,化解疑难复杂案件31件,进京访较2019年大幅下降。运用矛盾纠纷调解六步工作法、网上调解、"3+3"联动调解、"政法书记"下基层、"三官一律"进网格等方式方法,共排查化解各类矛盾纠纷5676件,解决企业难题465个。完成疫情防控、全国两会、十九届五中全会、上海进博会等特殊节点社会稳定任务。启动风险防控"四项机制"试点,首创重大社会风险事件"1+N"共评共议共处模式,建成使用全省前列、苏北一流的公安大数据中心。国家安全教育日专项活动被央视新闻、"学习强国"宣传推介。

【社会治理】 2020年,淮安区按照"1+3+3+N"标准全面建成镇级社会治理指挥中心,村级中心建成率达90%,河下、平桥、施河等镇街中心建设全市成样板。以"1+5+N"标准打造区级实战化社会治理指挥中心,推进"警网融合"提档升级,深化一体化平台与"苏格通"平台对接应用,形成社会治理"六化"建设规范体系,工作经验入选全省网格化社会治理专题片。"大数据+网格化+铁脚板"机制落地落实,有15名优秀专职网格员当选村居党总支书记,有121名进入村(社区)两委班子,网格员队伍已成为基层党组织坚强的后备力量,幸福河下App、朱桥镇"三事"会商引领群众参与基层社会治理、博里镇"蓝精灵"网格爱心服务队等创新做法影响广泛。推进26个示范点进入市级市域社会治理现代化建设项目库,培植20个"三治融合"示范村(社区),建成全市首家"网格学院",利用"网格+政务服务"平台在全市率先打造"一体式"综合服务新模式。校园周边环境"一书两联三区四岗"治理模式和"两校一园"风险预警系统在全市推广,新增7所淮安市平安校园建设示范点,铁路护路工作得到省护路办高度肯定,工作经验被市委政法委市域社会治理专刊宣传推广。

【扫黑除恶专项斗争】 2020年,淮安区全方位开展"六清"攻坚行动、固本强基行动、"六建"提升行动。全区共打掉黑社会组织3个、打掉恶势力犯罪集团10个、起诉恶势力集团案件数16件、一审判决恶势力犯罪集团案件数14件、查扣冻结资产数3.63亿元,建成苏北首家"驻所法庭","六无"社区创建入选全市优秀政法项目。

【法治惠民服务】 2020年,淮安区实施全区法治政府建设专项活动,建立随机抽查事项清单、执法人员名录库、检查对象名录库,开展行政执法"三项制度"及行政执法数据统计,做好规范性文件制定把关,发挥复议应诉监督作用,专项下发行政执法监督决定书5份。强化"谁执法谁普法"责任制落实,加强《民法典》宣传教育,开展"4·8司法日"等主题活动,普及各项基本法律以及电信诈骗、非法集资、套路贷等违法行为涉及的法律知识,"七五"普法通过省级验收。完成市政法惠民十件实事建设任务,实施了法治服务中心、"精神育警"强化工程等25个政法重点项目,共办理司法救助案件50件,发放司法救助资金120余万元。

【政法队伍建设】 2020年,淮安区召开政法系统贯彻《中国共产党政法工作条例》推进会,推进政法机关切实增强"四个意识"、坚定"四个自信"、做到"两个维护"。组织对590名政法干警进行政治体检,建立政治素质档案和廉政档案,开展"明纪律 守底线 知敬畏"党风廉政建设活动、执法监督"百百千"听评活动、执法司法监督评议活动;

表66　　2020年淮安区委政法委获市级以上表彰一览表

姓名	表彰内容	表彰单位
崔步银	全省抗击新冠肺炎疫情先进个人	中国共产党江苏省委员会、江苏省人民政府
高国慧	淮安市劳动模范	中国共产党淮安市委员会、淮安市人民政府
施义勇	淮安市创建全国文明城市工作先进个人（嘉奖）	中国共产党淮安市委员会、淮安市人民政府

表67　　淮安区委政法系统基层单位名录

单位名称	基层单位名称
中共淮安市淮安区委政法委员会	淮安区社会治理指挥中心

1个案例入选市政法系统执法司法“十大优秀案例”。开展“缅怀革命先烈 争做新时期模范共产党员”等15项系列主题教育活动，按月组织开展“红色大讲堂”活动，开展全区镇（街道）政法委员政治轮训暨业务培训。常态化开展向全区政法干警慰问活动，持续开展十佳政法干警、十佳政法干警贤内助评比活动。组织47名优秀政法干警开展疗休养活动，提升政法队伍的向心力、战斗力和凝聚力。

（赵奕然）

公　安

【概况】 2020年，淮安区公安分局融入市域社会治理现代化建设，聚焦打赢防范化解重大风险攻坚战，推进“四项改革创新”“五项重点任务”和“六大提升行动”，在护稳定、促发展、战疫情、保民安方面做大量的探索实践和改革创新，公安业务工作和队伍建设水平取得进步和提升。

【维护稳定】 2020年，淮安区公安分局深入推进合成维稳攻坚行动，完善涉稳预警、处置和责任机制，依法处置集访维权上访事件人员和打击挑头煽动滋事、非访人员，维护全国“两会”、十九届五中全会、进博会等重要活动期间和敏感节点的社会稳定，完成赵乐际同志及各级领导赴淮视察安保任务，全区未发生有影响的政治事件、规模群体性事件、上访事件和个人极端事件。

【疫情防控】 2020年，淮安区公安分局履行社会防控组工作职责，全警投入疫情防控工作。严守社区、通道、城际防线，严打涉疫违法犯罪活动，利用大数据精准服务人员核查、轨迹分析、病源查找，累计核查完善涉疫信息2.6万条。制定《服务保障企业复工复产十条措施》，推行“大数据+网格化+铁脚板”工作模式，为疫情防控阶段性胜利作出贡献。

【打击犯罪】 2020年，淮安区公安分局全面实施专业化打击犯罪提升行动，开展“净网”“云剑”“蓝剑”及打击侵财犯罪百日攻坚，全年破获各类刑事案件1335起，破案率同比上升7.95%，67起八类案件和3起现行命案全破。抓获刑事作案成员1306人，社会治安形势持续向好。深化扫黑除恶专项斗争，全年打掉黑社会性质犯罪组织2个、恶势力犯罪集团2个、涉恶犯罪团伙1个，抓获涉黑涉恶犯罪嫌疑人302名、破案169起。破获全国有影响的网络贩枪案件，先后被中央电视台、新华社等新闻媒体宣传报道，荣获公安部打击整治枪爆违法犯罪专项行动成绩突出集体。

【化解风险】 2020年，淮安区公

1月15日，淮安市公安局淮安分局举办“不忘初心、薪火相传”民警光荣退休仪式　　（区公安局　供图）

10月1日，淮安市公安局淮安分局举行“庆国庆 升国旗”仪式
（淮安分局 供图）

安分局推进公共安全六项整治和“防风险、除隐患、保平安”集中攻坚，开展矛盾纠纷大排查大化解专项行动，推动风险隐患见底销号。严格落实安全生产主体责任，认真抓好安全生产事故压降，2020年全区共发生涉及安全生产交通事故10起，死亡7人，同比分别下降79%和64%，道路交通安全形势持续向好。

【公安改革】 2020年，淮安区公安分局新建大数据指挥服务中心，提升警情、稳情、舆情的一体化处置能力；自主研发“两校一园”智慧安防平台，实现对校园风险的早预警、早防范、零发生；创新打造“雪亮技防”数据综合应用平台，服务支撑全区立体化、现代化社会治安防控体系建设；开展重点要害部位视频监控联网整合和实战化应用，通过升级版技防城省级验收评估。

【交通专项整治】 2020年，淮安区交警大队开展源头安全隐患清零行动。对“两客一危一货”、校车等重点车辆及驾驶人存在交通安全隐患的，通过抄告、移交等方式，对单位及个人实施联合惩戒。期间，约谈14家重点运输企业负责人，向企业下达整改通知书75份。全区500余辆客运车辆及危险品车辆检验率、报废率均达100%。先后两次完成全区450余名“两客一危”驾驶人背景审核。开展“两客一危”等重点车辆整治。会同区运管处分片开展联合执法行动。通过路面巡逻检查、电子监控等方式，排查和掌握辖区内存在的外省（外市）籍旅游大客车和“营转非”大客车。全年检查外省市籍车辆33辆，处罚18辆。开展货运车辆超载超限专项整治。针对违法超限超载运输严重的重点区域和重点路段，交警各中队统筹执法力量，开展集中整治行动，落实警力值守区超限检测站，与检查站人员开展联合执法。全年共查处货车超载598起。对被省、市治超办通报的辖区高频、严重超限超载运输企业，联合交通、应急部门进行警示约谈，督促整改。开展工程渣土车违法专项整治。成立渣土运输整治执法队，白天及晚上8点至12点深入辖区建筑工地周边、城乡接合部、农村道路开展夜查渣土车、工程车违法行动。制定《淮安区渣土运输10条措施》，从企业监管、通行证发放、违法惩戒等方面作出具体规定。2020年，淮安区查处混凝土搅拌车、渣土车等工程运输车辆违法15 813起。开展酒驾等重点交通违法整治。建立酒驾查处常态机制，除开展日常检查外，每月逢“5”、逢“10”开展集中清查行动。在城区围绕货运车辆闯禁区、涉牌涉证、酒驾毒驾等重点交通违法行为开展研判，实施精准打击。在农村围绕面包车超员、违法载人，无证驾驶等交通违法行为，在集镇道口等重点部位设点检查。2020年，查处酒驾醉驾327起，面包车、农用车违法3560起。

【交通秩序规范】 2020年，淮安区交警大队开展道路交通安全隐患排查整改。建立常态化隐患排查整改、重大交通事故分析及运输企业安全监管三项机制。全区省、市交办的32处道路安全隐患全部整改到位。针对233国道事故多发的情况，交警大队主动汇报，由政府牵头，投资550万元用于隐患整改。每月定期走访督查2家客运企业，2家危险品运输企业，14家重点货运企业，督促落实企业各项安全管理制度。按照《江苏省电动自行车管理条例》和《市政府关于驾乘电动自行车佩戴安全头盔实施时间和区域的通告》要求，加强对规范电动自行车上路行驶政策宣传教育，扎实开展亮尾行动，着力整治驾乘电动自行车不戴头盔、违法载人、未依法登记上牌等违法行为。

【交通基础设施建设】 2020年，淮安区交警大队实施“千灯万带”示范工程，共安装交通信号灯8处、减速带6处。在城区重点路口安装人脸识别系统21套，对行人、非机动车乱行乱闯行为进行人脸识别，比对，违法曝光，处罚。完成樱桃园路、沈坤路中段、城西南路、康马路北段共4000余米交通护栏安装，施划刷新路口标志线15 000平方米及部分停车泊位。完成关天培路交通护栏的增补、更换。

表68　　2020年淮安市公安局淮安分局获市级以上表彰一览表

单位（姓名）	表彰内容	表彰单位
淮安分局建淮派出所	新冠肺炎疫情防控工作第二批成绩突出集体（集体嘉奖）	淮安市公安局
淮安分局交警大队五中队	新冠肺炎疫情防控工作第二批成绩突出集体（集体嘉奖）	淮安市公安局
淮安分局技术大队	新中国成立70周年大庆安保维稳工作中成绩突出集体（集体三等功）	淮安市公安局
淮安分局河下派出所	新中国成立70周年大庆安保维稳工作中成绩突出集体（集体三等功）	淮安市公安局
淮安分局城东派出所	新中国成立70周年大庆安保维稳工作中成绩突出集体（集体三等功）	淮安市公安局
淮安分局苏嘴派出所	新中国成立70周年大庆安保维稳工作中成绩突出集体（集体嘉奖）	淮安市公安局
淮安分局警务督察大队	新中国成立70周年大庆安保维稳工作中成绩突出集体（集体嘉奖）	淮安市公安局
淮安区看守所	全市监管部门疫情防控工作成绩突出集体	淮安市公安局
淮安分局建淮派出所	疫情防控期间成绩突出集体（集体三等功）	淮安市公安局
淮安分局交警大队三中队	疫情防控期间成绩突出集体（集体三等功）	淮安市公安局
淮安分局出入境管理大队	疫情防控期间成绩突出集体（记功嘉奖）	淮安市公安局
淮安分局交警大队七中队	疫情防控期间成绩突出集体（记功嘉奖）	淮安市公安局
淮安分局林集派出所	疫情防控期间成绩突出集体（记功嘉奖）	淮安市公安局
席桥派出所	2019年度全市公安机关基础工作“优秀派出所”	淮安市公安局
鱼市派出所	2019年度全市公安机关创建“枫桥式公安派出所”示范先进单位	淮安市公安局
禁毒大队	2018—2020年全国青少年毒品预防教育数字化平台运用工作先进集体	淮安市禁毒委员会
刑警大队	打击整治枪爆违法犯罪专项行动成绩突出集体	打击整治枪支爆炸物品违法犯罪部际联席会议
蒋大为	全国抗击新冠肺炎疫情先进个人	中国共产党中央委员会、中华人民共和国国务院、中华人民共和国中央军事委员会
蒋大为	全国优秀共产党员	中国共产党中央委员会
蒋大为	入选2020年2—7月“中国好人榜”	中共中央宣传部、中央精神文明建设指导委员会办公室
蒋大为	江苏省优秀共产党员	中国共产党江苏省委员会

续表68

单位（姓名）	表彰内容	表彰单位
蒋大为	江苏最美基层共产党员	中共江苏省委宣传部
蒋大为	入选2020年3月“江苏好人榜”	江苏省精神文明建设指导委员会办公室
蒋大为	全省“双胜利”平安卫士（个人三等功）	中共江苏省委组织部、中共江苏省委政法委
蒋大为	全省政法系统参加新冠肺炎疫情防控工作成绩突出干警	中共江苏省委组织部、中共江苏省政法委员会
薛强	全省政法系统参加新冠肺炎疫情防控工作成绩突出干警	中共江苏省委组织部、中共江苏省政法委员会
龚旭东	个人三等功	江苏省公安厅
蒋大为	个人三等功	江苏省公安厅
杨学俊	二等功	江苏省公安厅
孙晓鸿	三等功	江苏省公安厅
杨志萍	关于给南京市公安局江北新区分局出入境管理大队等6个集体和赵苏等33名同志记功嘉奖	江苏省公安厅
蔡才康	全省公安机关优秀教师（教官）	江苏省公安厅
王波	个人二等功	江苏省公安厅
王加成	监管工作成绩突出个人	淮安市公安局
丁开成	新冠肺炎疫情防控工作第一批成绩突出辅警（嘉奖）	淮安市公安局
卢学仁、孟繁裕、杨勇、张顺琪、季崇峰、高树能	新冠肺炎疫情防控工作第二批成绩突出个人（个人嘉奖）	淮安市公安局
王加成、张新海、李冬冬	新冠肺炎疫情防控工作第二批成绩突出个人（通报表扬）	淮安市公安局
黄志立	新中国成立70周年大庆安保维稳工作中成绩突出个人（个人三等功）	淮安市公安局
胥军、郭江、李万爱	央视中秋晚会（淮安）安保任务工作中成绩突出个人（个人嘉奖）	淮安市公安局
王成伟、徐金洪	央视中秋晚会（淮安）安保任务工作中成绩突出个人（个人三等功）	淮安市公安局
崔永春、严洪坤	央视中秋晚会（淮安）安保任务工作中成绩突出个人（个人嘉奖）	淮安市公安局
成禹	新冠肺炎疫情防控工作第一批成绩突出个人（个人嘉奖）	淮安市公安局
蒋大为	淮安青年五四奖章	共青团淮安市委、淮安市青年联合会
蒋大为	淮安市劳动模范	中国共产党淮安市委、淮安市人民政府
董树青	通报表扬	淮安市公安局
史国伟、魏小从	全市监管部门疫情防控工作成绩突出个人（个人嘉奖）	淮安市公安局

续表68

单位（姓名）	表彰内容	表彰单位
赵二国、江发林、郭俊龙、董汝山	全市监管部门疫情防控工作成绩突出个人（通报表扬）	淮安市公安局
唐洪波、于曦东、赵二国、潘勇	疫情防控期间成绩突出个人（个人三等功）	淮安市公安局
叶文剑、施文林、赵晔	疫情防控期间成绩突出个人（嘉奖）	淮安市公安局
潘志清、王国波、李干生、陈明（三堡）、张德富、徐小勇、庄跃华、姜磊	2019年度全市公安机关基础工作“优秀社区民警”	淮安市公安局
姜磊	2019年度全市公安机关“李树干式派出所民警”	淮安市公安局
华洋	淮安最美辅警	淮安市公安局
陈军	2018—2020年全国青少年毒品预防教育数字化平台运用工作先进个人	淮安市禁毒委员会办公室
陈军（禁毒大队）	2017—2019年度全市禁毒工作先进个人	淮安市禁毒委员会办公室

检 察

【概况】 2020年，淮安区人民检察院依法履行刑事、民事、行政、公益诉讼“四大检察”职能，被表彰为“全国文明单位”，获评“全国先进基层检察院”“全省先进基层检察院”，以综合考评第一名的成绩连续第13年获评“全市先进基层检察院”。

【刑事检察】 2020年，淮安区人民检察院共批捕各类刑事犯罪嫌疑人138人，提起公诉923人。起诉故意杀人、故意伤害等严重暴力犯罪和诈骗、盗窃等多发性侵财犯罪227件314人。办理涉黑涉恶案件8件48人，率先在全市完成案件清零任务，被表彰为全市检察机关扫黑除恶先进集体。受理建筑工程、侵害退役军人权益等领域职务犯罪案件6件6人，提起公诉7件8人。重点打击严重危害群众生命健康的食品药品犯罪，起诉制售假保健品、有害卤菜制品等犯罪22件37人。依法开展羁押必要性审查，对审前、审中可不继续羁押的16人变更强制措施。全年决定不起诉115人，同比增长1.8倍。对980人适用认罪认罚从宽制度，认罪认罚适用率和确定刑量刑建议提出率、采纳率均超过90%，位居全市前列。

【民事检察】 2020年，淮安区人民检察院支持农民工讨薪，通过支持起诉、提起公诉等方式办理各类案件63件，为137名农民工追回工资358余万元。全年共收到群众来信155件，除无联系方式、匿名等原因无法回复外，均在7日内告知“收到了、谁在办”，3个月内办理过程或结果答复率100%。助力打赢脱贫攻坚战，全年共发放司法救助金31.7万元，同比上升44.1%。关注企业复工复产，携手法院快速为一民营企业解冻资金1300余万元，被最高检评为典型案例。

【行政公益诉讼检察】 2020年，淮安区人民检察院争取区人大常委会出台《关于加强和规范检察建议工作的决议》，支持和保障检察建议落实。共办理公益诉讼案件45件，发出行政公益诉讼诉前检察建议37份，提起刑事附带民事公益诉讼4件。通过办案督促清理违法堆放的固体废物、生活垃圾、建筑垃圾合计7461吨，治理河道5条，整治私采地下水的畜禽规模养殖场53家，督促挽回、复垦被非法占用的耕地2.2亩，追偿生态环境损害、修复等费用192万余元，督促追缴国有财产52.22万余元。全年共办理行政非诉执行监督案件4件，作出不支持监督申请决定1件，终结审查1件，提出纠正违法检察建议2件。

【诉讼监督】 2020年，淮安区人民检察院加强刑事诉讼监督，对刑事诉讼过程中的违法行为提出书面纠正意见64件次，监督立案13件、监督撤案53件、纠正漏捕14人，纠正漏诉18人。做好刑事执行监督，承担制定社区矫正巡回检察方案任务，派员参加对涟水、洪泽社区矫正巡回检察工作；开展禁止令执行专项检察，

9月2日，淮安区检察院赴淮安外国语学校讲授法治课。图为检察官课后与学生交流　　（张士海　摄）

对监管中存在的问题依法提出监督意见，推动司法行政机关对4名违反禁止令的社区矫正对象予以警告。深化民事行政诉讼监督，注重运用再审检察建议强化同级监督，加大对生效裁判、调解书的监督力度，共发出再审检察建议8份，均被采纳；与法院共同解决执行难题，发出民事执行监督检察建议12件，均被采纳。

【未成年人保护】 2020年，淮安区人民检察院起诉侵害未成年人权益犯罪6人，对涉罪未成年人犯罪情节较轻的，依法不批捕5人，不起诉28人。推进未成年人司法保护社会支持体系建设，建成300平方米专业化司法保护中心，为实体化开展联合保护奠定基础。淮安区人民检察院作为全国四个连线点之一，参与最高检“网上检察开放日”直播，向全国100多万网友全景展现淮安检察形象，被最高检表彰为法治进校园“表现突出单位”。原创预防校园欺凌MV《青春需要温暖》，先后3次被中央政法委、最高检评为“十佳微视频”，获“十大原创音乐奖”“最佳创意奖”等。

【检察队伍建设】 2020年，淮安区人民检察院打造“红·薪”党建品牌，以会客厅形式邀请援鄂英雄、全国人大代表、《天路淮军》作者等代表性人物开展对话分享，让干警在耳濡目染中感受红色文化、爱国情怀。发展党建“朋友圈”，全院3个党支部分别与企业、部队、社区结对共建。不断提升“领·道”讲堂质量，领导干部、业务骨干走上讲台30余次，1个课程入选最高检“民法典培训班”在线学习课程。开展素能专题训练营，常态化开展演讲、辩论、业务技能竞赛，涌现出“全国重罪检察人才”“全省案管业务能手”等先进典型。从严从实抓好党风廉政建设主体责任，常态化开展主题警示教育，认真落实防止过问、干预、插手案件的“三个规定”，及时防控廉政风险。

【检务公开】 2020年，淮安区人民检察院自觉接受人大监督、政协民主监督和社会各界监督，开展“护航民企发展”“宪法宣传”等检察开放日活动，全年共邀请人大代表、政协委员、特约检察员、社会各界代表等160余人次走进检察、了解检察。举办主题新闻发布会4次，通过微博、微信、淮安检察网加强与社会公众互动联络，在12309中国检察网上公开法律文书657份、重大案件信息90条。

表69　**2020年淮安区检察院获市级以上表彰一览表**

单位（姓名）	表彰内容	表彰单位
淮安区人民检察院	全国先进基层检察院	最高人民检察院
淮安区人民检察院	“法治进校园”全国巡讲活动表现突出单位	最高人民检察院
淮安区人民检察院	首届全国未成年人检察“三微”评选最佳创意奖	最高人民检察院
淮安区人民检察院	全国文明单位	中央精神文明建设指导委员会
淮安区人民检察院	第五届平安江苏“三微”比赛暨优秀政法文化作品征集评选活动微电影三等奖	中共江苏省委政法委员会
淮安区人民检察院	第五届平安江苏“三微”比赛暨优秀政法文化作品征集评选活动原创音乐MV三等奖	中共江苏省委政法委员会

续表69

单位（姓名）	表彰内容	表彰单位
淮安区人民检察院	全省先进基层检察院	江苏省人民检察院
杨加友	全国首批检察机关重罪检察人才	最高人民检察院
戚建友	三等功	中国共产党江苏省委组织部
张寿祥	三等功	江苏省人民检察院
姚 婕	全省案管业务竞赛能手	江苏省人民检察院
高 峰	江苏省法学会法律史学研究会优秀论文二等奖	江苏省法学会
李汇敏	全市扫黑除恶专项斗争先进个人	中共淮安市委政法委员会
朱 亮	全市政法宣传舆论工作先进个人	中共淮安市委政法委员会
孙欣宇	全市民法典知识竞赛团体三等奖	中共淮安市委宣传部
姚 婕	全市优秀流程监管员	淮安市人民检察院
王 娟	全市优秀电子卷宗制作员	淮安市人民检察院
姚 婕	三等功	淮安市人民检察院
高 翔	淮安市检察官、“两公”律师和社会律师辩论赛二等奖	淮安市检察官协会

法 院

【概况】 2020年，淮安区人民法院共受理各类案件12 399件（含旧存1651件），审（执）结10 900件，员额法官人均结案242件，办案质量和效果总体水平继续位居全市前列。

【服务大局】 2020年，淮安区人民法院践行“法治是最好的营商环境”理念，制定出台保护民营经济健康发展、优化法治化营商环境的实施意见，形成贯穿审执全过程的40项司法服务举措。落实“法润民企6+1”行动方案，不断增强民营企业运用法律手段防范风险、解决难题的意识和能力。破解中小企业“融资难融资贵”难题，通过党建共建形式，在金融单位和企业之间搭建桥梁，帮助20余家民营企业获得贷款4.8亿元。激发市场主体经营活力。健全以法治化为保障、以市场化为导向的破产审判理念，完善“府院联动”协作机制，受理破产案件18件，释放沉淀资产2.1亿元，安置职工1500余人，盘活土地120余亩，处置厂房4.1万平方米。1名干警被省高院表彰为全省“破产审判工作先进个人”。按照“司法+行政”的手段，配合区政府做好劣质低效企业的盘活置换工作，推进化工企业“关停并转”扫尾工作，参与污染防治攻坚战，通过诉前调解、强制执行、执转破等方式，服务高铁站附属设施建设、置信智造谷、建筑业总部经济产业园、“黑臭水体”综合治理、大运河沿线环境整治和白马湖水源达标等项目工程建设。做好疫情司法应对，坚持一手抓疫情防控、一手抓执法办案。先后组织160人次开赴一线挂钩小区21个、走访企业96家，助力联防联控、服务企业复工复产。充分发挥刑事审判职能，依法从重从快惩处涉疫情犯罪。利用江苏微解纷、无讼淮安等线上平台源头化解矛盾纠纷200余件。

【扫黑除恶工作】 2020年，淮安区人民法院强力推进“案件清结”攻坚，共审结涉黑恶案件14件107人，其中34人被判处五年以上有期徒刑。加大“打财断血”力度，充分运用判处罚金、没收违法所得、责令退赔等手段，强化对“黑财”的处置和执行力度，铲除黑恶势力经济基础。坚决做到“打伞破网”，严格落实“两个一律”和“一案三查”，审结涉“保护伞”案件3件3人。深入开展非法金融活动专项治理工作，健全完善“套路贷”虚假诉讼甄别和源头治理机制，建立疑似职业放贷人名录、关联案件强制检索和集中复查、审理制度，虚假诉讼高发的民间借贷案件同比下降71.9%，下降幅度全市第一，被表彰为全市“扫黑除恶专项斗争先进集体”。

【刑事审判】 2020年，淮安区人民法院共受理刑事案件783件，审结696件929人。严厉打击侵犯群众生命财产安全的犯罪，

8月26日，淮安区法院公开开庭审理一起22人恶势力犯罪集团案件（区法院 供图）

审结故意伤害、寻衅滋事、诈骗、盗窃等犯罪案件291件443人。其中审结王某因“套路贷”毒子案，以故意杀人、诈骗罪，判处其有期徒刑十五年零三个月。审结“吸烟被劝阻脚踹客车司机案”，以危险方法危害公共安全罪，判处其有期徒刑三年，宣示“权利有边界、自由有限度”。加强数据权利和个人信息安全保护，审结泄露、倒卖等侵犯公民个人信息犯罪案件5件15人，涉及个人信息120余万条。维护金融经济秩序，审结集资诈骗、非法吸收公众存款等涉众型经济犯罪案件7件27人，涉案标的8000余万元。守护“舌尖安全”，审结生产、销售“违禁保健品”“毒卤菜”“毒油条”等不符合安全标准、有毒有害的食品犯罪案件22件30人。依法惩处职务犯罪，审结贪污受贿等职务犯罪案件8件8人。

【民事审判】 2020年，淮安区人民法院审结各类民商事案件6218件，结案标的14.28亿元。依法保障民生权益，审结人身损害、劳动争议、房屋买卖等案件593件。防范金融风险，审结金融借款、民间借贷、票据等案件1112件。倡导良好社会风尚，对家庭暴力发出人身安全保护令，审结离婚、继承、赡养等案件1686件。服务保障乡村振兴战略，审结农村土地承包经营权流转、宅基地转让等案件140件。应对市场调控政策变化，审结房地产开发经营、建设工程承包等案件196件。运用府院联动机制，参与协调“问题楼盘”处置，推进学府一号、府前雅居、恒丰义乌城等群体矛盾化解工作。

【执行工作】 2020年，淮安区人民法院组织开展“秋风行动”“百日攻坚”等集中执行、专项执行活动32次，执结案件1448件，执行到位金额4.25亿元。加强执行规范化建设，推进执行指挥中心“854+无纸化”迭代升级，强化对执行流程节点监督管理，完善“大中心小团队”办案模式，防止消极执行、选择执行等不规范行为，执行考核指标总体位于全市前列。坚持用足用活用好信用惩戒、强制措施、“拒执入刑”等手段，1582人被纳入失信被执行人名单，限制高消费1861人次，拘传325人次，罚款265万元，掀起强大声势，彰显执行权威。创新执行工作模式，推行“拍卖评估集约化办理”，开展网拍158次，成交金额7678万元，为当事人节约佣金120万元。

【司法为民】 2020年，淮安区人民法院持续优化诉讼服务质效。推进“一站式”诉讼服务建设，打造全流程一体化在线诉讼服务平台，升级网上立案、跨域立案、远程阅卷等服务，上线网上扫码缴费功能，实现诉讼服务事项“线上可办、一网通办”。建成2个“24小时诉讼自助服务”点，提供自助立案、自助材料收转等服务，做到办事“全天候”、诉讼“不打烊”。全年网上立案6907件、占全院立案数的66.92%，每件案件由原有“柜台式”立案30分钟的平均用时缩短到8分钟以内。加大司法救助力度，为困难当事人发放救助金、缓减免诉讼费105万元。构建多元矛盾化解平台。坚持把非诉讼纠纷解决机制挺在前面，以“无讼淮安”创建为抓手，整合人民调解、行政调解、行业调解和司法调解资源，实现地域层级全覆盖、解纷主体全覆盖、解纷领域全覆盖，新收一审民商事案件同比下降22.46%，全区民事案件“万人成讼率”低于全市平均值万分之十二点六。推进“道交一体化平台”实质化运行，实现理赔、调解、诉讼等业务的信息共享和在线处理，累计化解各类交通事故纠纷316件，进入诉讼程序的案件同比下降25%。深化“审务进基层、法官进网格”工作，主动融入基层解纷网络建设。在全区16个镇、(街道)设立“审务工作站”，将

121名干警纳入全区332个村居综治网格，为基层自治组织解决纠纷提供培训指导。积极参与社会综合治理。以“法官六进”活动作为法律服务和法治宣传的载体，组织干警宣讲法律131场次，发放宣传资料1.6万份。大力弘扬正确社会价值取向，审理“变压器旁垂钓触电身亡案”，让自甘冒险者自负其责。审理“幼童溺亡河道索赔案”，认定父母履行监护职责不力、河道发包施工单位无责，坚决同“谁能闹谁有理”的“和稀泥”做法说不，被最高院作为典型案件予以公布。按照“谁执法、谁普法”工作要求，对赡养纠纷、相邻关系、土地流转等310件案件开展“巡回审判”，让“小案件”发挥出“大效应”、让“小法庭”变身为“大课堂”。拍摄《民法典》系列普法微视频，被学习强国、江苏政法等平台转载。开展全国文明城市创建工作，设立旅游巡回法庭，推动旅游纠纷就地调解、及时化解，服务“全域旅游”示范区建设。打造“春雨家园2.0”志愿服务品牌，举办首届中学生网络法律知识竞赛，联合区教体局，将“女童保护”防性侵课程逐渐覆盖全区小学。“春雨家园”工作室被评为全市“青少年法治自护教育和服务示范基地”。

【司法改革】 2020年，淮安区人民法院加快推进审判体系和审判能力现代化。深化司法体制改革，落实“让审理者裁判，由裁判者负责”工作要求，完善员额法官、合议庭办案制度，规范审判权运行机制。推进民事诉讼程序繁简分流改革，实现诉讼案件“简案快审、普案细审、繁案精审”。推进以审判为中心的刑事诉讼制度改革，落实完善庭审程序、严格庭审流程、推进庭审实质化运作三项工作机制，做到惩治犯罪和保障人权并重。健全法官惩戒制度，落实有权必有责、用权受监督、违法要追究的制度机制。坚持案件评查全覆盖，实行生效案件日常抽查、发改案件重点评查、信访案件全面评查，确保案件质效稳步提升。全年累计评查案件1200件，发布评查通报33期。一审案件服判息诉率、发改率、12个月以上未结案件数等指标进入全省法院“第一方阵”。推进智慧法院建设。以电子卷宗随案同步生成与深度应用为抓手，依托全流程无纸化网上办案系统，通过诉前调解、立案、审理、送达、归档等各个环节全程网上流转，提高案件办理效率。推行电子阅卷、简式文书制作、电子签章，实现办案与监督同步。在全市首创执行案件不动产线上查询查封全流程办理，改变过去“临门登柜”的办理模式，将事项办理时间从原有的一周时间缩短到10分钟，将原有的四个环节精简至一个环节，有效降低财产被转移的风险。按照警务装备设施信息化、智能化、规范化建设要求，完成“六专四室”改造工作，增强司法安全保障能力。全面推进司法公开。牢固树立“主动、依法、全面、实质”公开理念，自觉接受人大监督，向区人大常委会专题报告“一站式”诉讼服务建设情况。完善人大代表、政协委员联络机制，以开展“双千”活动为契机，通过邀请视察、案件评议、见证执行等形式，先后有120名人大代表参加32起典型案件的庭审评议，160名代表、委员见证涉民生案件执行活动42次，听取代表委员意见建议110人次。主动接受检察机关法律监督，依法及时回复检察建议。推进审判流程、执行信息、裁判文书和庭审网络直播四大公开平台建设，应公开的裁判文书、庭审，上网率、直播率均为100%。发扬司法民主，人民陪审员参审案件1705件。

【队伍建设】 2020年，淮安区人民法院开展“两个坚持”专题教育，贯彻《中国共产党政法工作条例》。把专业化建设摆到更加重要的位置，累计组织1200人次参加各类培训学习。多途径、多方式、系统性组织开展民法典培训学习活动，全面提升办案人员民事司法能力和业务水平。发挥老法官“传帮带”作用，法院被省高院确定为“全省法官助理分阶段培养改革试点法院”，构建合理的法官助理培养梯队。加强法官权益保障，“陈某侮辱诽谤法官被处罚案”入选全省法院第五批“维护司法权威、保障法官权益”典型案例。鼓励干警开展调查研究、学术交流，一篇论文荣获“全国法院系统第三十二届学术论文”三等奖，两篇论文分别获得省法学会生态法学研究会和审判理论研究会优秀论文一等奖。持之以恒正风肃纪。抓牢区委巡察整改，先后6次召开专题党组会研究推动整改工作。深入推进党风廉政建设和反腐败斗争，压紧压实“两个责任”，认真落实“一岗双责”，坚持与审执工作同部署、同落实。贯彻落实市中院全方位综合监管“1+10”制度体系，执行司法巡查、审务督察、防止干预过问案件“三个规定”等制度，深化“以案释德、以案释纪、以案释法”警示教育。在执行领域开展“突出问题专项集中整

表70　2020年淮安区人民法院获市级以上表彰一览表

姓名	表彰内容	表彰单位
衡永全	第二届商事法律论坛论文评选优秀奖	中国法学会
胡　瑞	第二届商事法律论坛论文评选优秀奖	中国法学会
陶文花	纪念中国农工民主党成立90周年先进个人	中国农工民主党
华　蓉	2019年度江苏省报纸好新闻一等奖	江苏省记者协会
王玉辉	2019年度全省法院破产审判工作先进个人	江苏省高级人民法院

治”,着力营造反腐倡廉浓厚氛围。深入开展廉政警示教育,组织参观警示教育基地、观看警示教育片等活动,不断增强干警廉洁自律意识。

司法行政

【概况】 2020年,淮安区司法局履行执法监督指导、法治宣传实践、公共法律服务、矛盾纠纷化解、刑事执行治理等司法行政职能。办理行政复议案件28件,承办行政诉讼案件48件,行政机关负责人出庭率100%。推动行政执法重心下移,将区8个部门的70项行政处罚权相对集中到镇(街道)行使。实行国家机关“谁执法谁普法”责任制,抓好党委(党组)中心组学法、任职法律考试和依法决策、依法履职等制度落实,实施“法治乡村建设三年行动计划”,全区省级民主法治示范村建成率达49.6%。办理各类公证2765件;办理法律援助案件1066件;律师办理各类案件5206件;基层法律服务代理诉讼和非诉讼案件2108件;办理法医临床类司法鉴定案件282件;全区各级调解组织调处各类民间纠纷15 012件,调处成功率99%;社区矫正年内接收社区矫正对象444人,解除社区矫正449人,接收刑满释放人员505人。

【法治建设】 2020年,淮安区司法局组织开展党政主要负责人履行推进法治建设第一责任人职责及法治政府建设督察,高标准推动全区法治建设开展;贯彻落实国务院《重大行政决策程序暂行条例》,推行重大行政决策流程监控、立卷归档和卷宗评查制度,建立重大行政决策合法性审查机制。强化行政复议应诉案件研判与办理,推进政府法律顾问、公职律师参与行政应诉、行政复议、行政裁决、行政调解等法律事务。加强行政规范性文件管理,做好行政规范性文件合法性审核、区政府行政合同协议法制审查等工作。全面实施行政执法公示、执法全过程记录、重大行政执法决定法制审核三项制度,实行行政执法人员持证上岗和资格管理制度,健全完善行政执法裁量权基准、法制审核、行政执法程序规范、行政执法保障、行政执法档案管理等配套制度,不断提升基层行政执法规范化水平。

【法治宣传教育】 2020年,淮安区司法局突出重点对象和重点人员普法,开展“法润淮安区·德法同行”“美好生活·德法相伴”“德法涵养文明·共建绿色生活”“以案说法基层行”等群众性主题活动。落实“谁执法谁普法”责任制,建立行政执法人员以案释法制度,紧扣执法对象,通过面对面宣讲、发放宣传资料等多种形式,向执法检查对象、经营企业单位负责人、行政执法相对人进行专业普法。推进基层民主法治建设,完善“三治融合”基层社会治理体系,实施“法治乡村建设三年行动计划”,选树村(居)“法律明白人”“遵纪守法户”。11月,淮安区“七五”普法工作通过省“七五”普法终期评估验收肯定。

【疫情防控】 2020年,淮安区司法局完成区政府出门必须佩戴口罩、提倡城乡居民居家休息等通告及合同的法制审核,扎实做好疫情防控巡查、宣传、管理等工作,宣传传染病防治法、突发公共卫生事件应急条例等法律法规。开展“律企共建”专项法律服务活动,出台服务企业复工复产10项举措,推出法律指引“一册一卡”、法治体检“一企一策”、法律服务“一事一议”、调解服务“一题一解”等法律服务产品,成立律师为主体的法律专业团队,编印《新冠肺炎疫情防控法律服务手册》,开展“防控疫情·法治同行”专题法治宣传活动,组织企业“法治体检”活动,汇编典型案例,以案释法,为企业高质量复工复产提供法律服务保障。深入企业100余家,举办培训讲座10多场次,帮助企业解决法律问题68个,提供法律意见建议53条。

【服务脱贫攻坚】 2020年,淮安区司法局着力新生贫困人口、返贫人员及贫困家庭，统筹律师、公证、人民调解、法律援助、社区矫正、安置帮教、司法鉴定、基层法律服务等法律服务力量，整合政策、场所、人力等可用资源，加大公共法律服务供给，建立新生贫困人口、返贫人员及贫困家庭基本信息台账和法律服务需求档案，“一户一策”“一案一策”制定法律服务和帮扶救济方案，开展专项法律服务。累计为37 915户贫困家庭配备法律顾问，摸排贫困人口法律需求1828件，办结率98.85%，完成28个扶贫开发项目的法律体检。

【服务生态文明建设】 2020年，淮安区司法局深化“倡导绿色出行”“打造绿色企业”“建设绿色村居”“共创绿色校园”四大行动实施，组织开展生态文明法治宣传教育和法治实践活动，通过微信微博、移动客户端等强化互动传播，扩大生态文明法治宣传社会影响。整合律师、公证、人民调解、法律援助等法律服务资源，精准服务环境治理涉法问题，为重大项目建设、重大环评决策等提供法律建议。加强生态环境保护行政执法监督工作，建立生态环境部门综合执法事项清单制度，做好涉及生态环境保护的行政复议、行政应诉工作。

【公共法律服务】 2020年，淮安区司法局在区级中心设立公证律师、法律咨询、法律援助、人民调解、法治宣传等“一体化”集成公共法律服务窗口。在镇（街道）综治中心设置公共法律服务窗口，在340余个村居（社区）建立司法惠民服务站。优化公共法律服务产品目录清单，利用住宅小区LED电子宣传屏开展“屏说普法”公益法治宣传活动，新建区级宪法宣传教育馆、萧湖民法典宣传主题公园、丽都花园小区“全生命周期”法治文化广场等特色法治文化阵地，推动公共法律服务精准服务社会群众。

【援法议事】 2020年，淮安区司法局组织开展“援法议事”活动，以基层干部、群众为主体，完善基层民主协商平台、制度和工作体系，依托村民（代表）会议、村民议事会、村民理事会、村集体经济组织成员议事会以及村民决策听证、民主评议、社情民意恳谈等各种平台，规范协商规则和流程，在社区村居建立“法润民生”微信群，让群众自己“说事、议事、主事”，彰显群众在基层治理中的主体地位，提升基层社会治理法治化水平。

【公证工作】 2020年，淮安区司法局延伸和拓展公证服务领域，开拓金融领域业务，为借款合同、信托、保险、金融衍生品交易等业务提供公证法律服务，在资产投资、转让、清收、处置等方面提供综合性、个性化专项公证服务。服务农村城镇化建设，开展大项目建设、工程招标、农田水利开发、土地流转等涉及“三农”发展公证事务，在“三权分置”改革中，服务确权登记。加强招投标服务，为建设工程招投标提供现场监督等公证服务。2020年办理各类公证事项2765件。

【法律援助】 2020年，淮安区司法局开展“法律援助惠民生”专项活动，坚持民生导向、需求导向，成立法律援助名优律师团，将涉及劳动保障、婚姻家庭、食品药品等事项纳入法律援助事项范围，推动受援人群由低保人群向低收入人群延伸，加大对农民工、老年人等特殊群体的援助力度。实施刑事法律援助全覆盖工程，在看守所、法院设立法律援助工作站，建立值班律师制度，承办“零口供”“不认罪”“无罪辩护”等疑难复杂刑事法援案件。全年办理各类法律援助案件1066件。

【人民调解】 2020年，淮安区司法局将矛盾纠纷排查化解与全区1291个网格管理深度融

12月4日，淮安区司法局组织开展“国家宪法日”系列活动
（区司法局　供图）

合,在村居司法惠民服务站设立矛盾纠纷调解室,对网格分流、源头发现、排查采集掌握的矛盾纠纷,第一时间进行调解。建成公安派出所派驻调解室、派驻法庭调解工作室,在环境污染、征地拆迁、物业消费、价格争议和规模企业等重点行业和领域,建成专业性、行业性调解工作室18个,把律师等专业法律服务资源纳入调解工作之中,建立接处分离、协同配合的矛盾纠纷“警民联调”新模式,分级分层分类进行联调联处。全区各级调解组织受理民间纠纷15 012件,调解成功率99%。

【社区矫正】 2020年,淮安区司法局成立区级社区矫正委员会,明确组成人员、主要职责和统筹协调机制。完善加强区社区矫正中心和车桥社区矫正分中心建设,充实社区矫正中心工作力量,组建社区矫正执法大队,推行特殊人群信息化管控平台应用,配备执法记录仪、手机矫务通等移动管控终端,全面推行风险评估制度,对社区服刑人员矫正风险与环境进行评估。全面推进损害修复工作,运用形象角色、认知心里、复归能力、沟通协调、受损补偿、规范价值等修复方法,教育矫正社区矫正对象,加强被害人(社区)保护和损害补偿修复,促进社会关系和秩序的整体修复。年内接收社区服刑人员444人,解除社区矫正449人。

【安置帮教】 2020年,淮安区司法局以前置化、社会化、协议制为重点,对刑满释放人员开展社会化管理、人性化矫治、经常化帮扶,依托安置帮教信息管理系统,提前做好预释人员

表71　　淮安区司法局基层单位名录

单位名称	基层单位名称
淮安市淮安区司法局	淮安市淮安区司法局平桥司法所
	淮安市淮安区司法局石塘司法所
	淮安市淮安区司法局施河司法所
	淮安市淮安区司法局车桥司法所
	淮安市淮安区司法局流均司法所
	淮安市淮安区司法局朱桥司法所
	淮安市淮安区司法局博里司法所
	淮安市淮安区司法局苏嘴司法所
	淮安市淮安区司法局顺河司法所
	淮安市淮安区司法局钦工司法所
	淮安市淮安区司法局复兴司法所
	淮安市淮安区司法局漕运司法所
	淮安市淮安区司法局山阳司法所
	淮安市淮安区司法局淮城司法所
	淮安市淮安区司法局河下司法所
	淮安市淮安区司法局范集司法所
	江苏省淮安市楚州公证处
	江苏山阳律师事务所
	江苏大业天平律师事务所
	江苏曙东律师事务所
	江苏普非特律师事务所
	江苏誉淮律师事务所
	江苏沁心律师事务所
	江苏淮瑞律师事务所
	江苏法德东恒(淮安)律师事务所
	淮安市淮安医院司法鉴定所
	淮安市淮安区白马湖法律服务所
	淮安市淮安区博里法律服务所
	淮安市淮安区车桥法律服务所
	淮安市淮安区城东法律服务所
	淮安市淮安区城中法律服务所
	淮安市淮安区仇桥法律服务所
	淮安市淮安区范集法律服务所
	淮安市淮安区复兴法律服务所
	淮安市淮安区淮城法律服务所
	淮安市淮安区季桥法律服务所
	淮安市淮安区建淮法律服务所
	淮安市淮安区茭陵法律服务所
	淮安市淮安区泾口法律服务所
	淮安市淮安区林集法律服务所

续表71

单位名称	基层单位名称
淮安市淮安区司法局	淮安市淮安区流均法律服务所
	淮安市淮安区马甸法律服务所
	淮安市淮安区南闸法律服务所
	淮安市淮安区平桥法律服务所
	淮安市淮安区钦工法律服务所
	淮安市淮安区三堡法律服务所
	淮安市淮安区上河法律服务所
	淮安市淮安区施河法律服务所
	淮安市淮安区顺河法律服务所
	淮安市淮安区宋集法律服务所
	淮安市淮安区苏嘴法律服务所
	淮安市淮安区溪河法律服务所
	淮安市淮安区席桥法律服务所
	淮安市淮安区朱桥法律服务所

表72 2020年淮安区司法局获市级以上表彰一览表

单位（姓名）	表彰内容	表彰单位
淮安区	全省法治政府建设示范县（市、区）	江苏省委全面依法治省委员会办公室
淮安区司法局	全省司法行政系统2020年度高质量发展先进司法局	江苏省司法厅
淮安区司法局	全省司法行政系统绩效考核优秀单位	江苏省司法厅
淮安区司法局	优秀司法局	淮安市司法局
许滨淮	江苏省政法宣传舆论工作先进个人	中共江苏省委政法委员会

衔接工作，对预释人员的基本信息进行研判，确保信息的真实性、准确性和完整性。建立健全安置帮教工作衔接，家访、帮教等工作制度，对下落不明、见档不见人人员通过数据库进行链接，加强刑释人员回归衔接，对有重新违法犯罪倾向等刑释人员严格实行“必接必送”，充分发挥社会力量，加强技能培训和就业指导，促使刑释人员顺利回归社会。全区接收刑满释放人员505人，帮教率100%。

【队伍建设】 2020年，淮安区司法局全力推进队伍革命化、正规化、专业化、职业化建设，扎实开展习近平新时代中国特色社会主义思想，党的十九大、十九届五中全会精神，区委全会精神等学习活动，巩固拓展“不忘初心、牢记使命”主题教育成果，在疫情防控中组织开展“我是党员我先上”活动，打牢队伍高举旗帜、忠诚使命的思想根基。严格落实意识形态工作责任制，突出思想理论宣传阵地管理，强化对社会焦点、理论热点的引导，主动讲好司法行政故事。

（许滨淮）

军 事

淮安区人民武装部

【概况】 2020年，淮安区人武部坚持以习近平新时代中国特色社会主义思想和强军思想为引领，抓备战谋打仗、抓基层打基础、抓重点求突破，武装工作在稳中发力、稳中求进、稳中向好中有序开展。淮安区人民武装工作在2020年度高质量跨越发展考核中荣列全市第一，区人武部被省军分区表彰为练兵备战先进单位和新闻宣传先进单位。

【思想政治建设】 2020年，淮安区人武部坚持用习近平强军思想铸魂育人，开展抗美援朝出国作战70周年系列活动，赓续红色血脉、传承红色基因。按照“支部建在连上”要求，在所有民兵营连预建党组织，充分发挥党组织战斗堡垒作用和党员先锋模范作用。7月，与区委宣传部在车桥战役纪念广场联合举办“寻访红色足迹 阅诵小康时代”国防教育知识全民阅读活动，区委宣传部、区人武部现场分别向诵读活动和农家书屋捐赠1万元的国防教育知识书籍。

【基层武装阵地建设】 2020年，淮安区人武部坚持把党管武装纳入对镇街党（工）委书记任职考核和各镇街、企事业单位年终高质量跨越发展目标考核；配齐建强专武干部，近两年每年从新招录公务员中遴选3~5名同志任专武干事，全区15个镇街平均每个单位2名，是全市专武干部配备最齐全的县区；优先保障人武部经费使用，2020年先后投入100余万元用于人武部办公楼和民兵训练基地整治建设。严格规范基层武装部和民兵营（连）机构编设，组织机关多次下基层具体指导帮建，定期召集专武干部集中办公，狠抓基层武装部库室和台账资料等规范化建设，确定把平桥镇武装部作为规范化建设星级样板进行打造，发挥以点带面的示范效应，全面推动淮安区基层规范化建设有效落实。

7月14日，淮安区"强兵兴业"乡村振兴人才培训班开班
（孙昌 摄）

【民兵队伍建设】 2020年，淮安区人武部持续开展国防动员演练。11月，人武部参加国防动员演习，组织道路工程抢修抢建、保障部队机动转运2个课题演练。组织民兵军事训练，新年开训即组织部机关带民兵应急分队完成集结机动、防敌空袭、通过染毒地段、武装奔袭等"一个过程"10余个课目实战化综合训练；组织区属民兵应急连、民兵应急排骨干、工程抢修分队集训，参加6个专业跨区联训，共9批500多名民兵参加训练。在军分区组织的全市群众性练兵比武活动中，荣获综合第一名优异成绩。把军事训练作为中心工作和主要突破口，推行军事训练"一票否决"和武装工作考评等机制，集中精力抓好战备训练工作末端落实，民兵军事训练任务保质保量完成。11月份，在军分区群众性练兵比武活动中取得综合第一，9个课目5个第一、3个第二、1个第三的优异成绩。常态化组织战备拉动演练，元旦、春节、"五一"节日战备前，均组织民兵战备值班分队战备拉动，开展防化救援、反恐维稳、森林灭火、抗洪抢险、扫雪除冰、抗震救灾、疫情防控等任务针对性训练。拍摄的《民兵应急分队战备拉动》录像片，被军委国防动员部评为军事职业教育三星课程，受到省军区首长的肯定和表扬。

【民兵调整改革】 2020年，淮安区人武部紧扣"数量规模精、合成程度高、编组方法活"标准，编建应急、专业、特殊等类分队，末端落实国防动员潜力数据核查。5月中旬，采取"逐个过"的方式，对15个镇（街道）和部分企事业单位民兵整组情况进行全面点验；5月下旬和6月中旬，高标准接受省军区和军分区组织的民兵组织整顿工作检查验收，其中，按照"统一领导、分级负责、人装结合"原则要求，将军民通用装备预征预储工作落到基层末端的做法得到省市两级的充分肯定。

【征兵宣传】 2020年，淮安区人武部持续开展征兵宣传进社区、进校园、进公交活动，在城区主要路段和公交车上张贴宣传海报，发放宣传手册，组织部机关、专武干部和民兵骨干，深入城镇社区、大中学校设点宣传，开展面对面的征兵政策咨询，营造浓厚的征兵宣传氛围，激发广大青年参军报国热情。组织2批预定新兵役前教育训练，全程滚动淘汰，实行封闭管理；严格落实廉洁征兵制度，没有任何违规违纪问题线索反映，完成了年度征兵任务。

【军民融合发展】 2020年，淮安区人武部协调地方互办实事，驻区部队与区属10个单位签订共建公约，军地互办实事20余件，累计投入资金近百万元，军政军地紧密配合协作，为淮安区争创省级"双拥模范城"八连冠作贡献。广大民兵主动投身农村环境整治、秸秆禁烧、防违治违等工作。在疫情防控中，淮安区人武部先后出动民兵6000余人次，赴一线、设卡点、助封控。

武警淮安支队执勤二中队

【概况】 2020年，中国人民武装警察部队淮安支队执勤二中队围绕"夯实基础强根基，稳中求进促团结，确保安全守底线，奋勇当先争四铁"的建队思路，圆满完成了以执勤处突为中心的各项任务，完成了营区搬迁的后续建设和完善工作。2020年，武警淮安支队执勤二中队多次夺得市支队季度按纲建队优胜红旗，5名同志被评为市武警支队争创“四有”先进个人、1名同志被武警支队评为2020年度十佳训练标兵、1名同志被武警支队评为2020年度执勤能手、1名同志荣立三等功、7名同志获嘉奖。

【思想政治建设】 2020年，武警淮安支队执勤二中队坚持通过党课、党小组会、党员大会加强党员和入党积极分子教育管理，树牢党员的先锋模范意识。在选配技术学兵、入党、考学、转改士官、评功评奖等热点敏感问题上，坚持标准、严格程序。以“每课教育谈体会、每月理论写心得”和“三个半小时”为载体，坚持读报和看新闻，不断提高官兵思辨能力，形成浓厚的自我学习氛围。发挥“两支队伍”作用，扎实做好一人一事思想工作，紧盯退伍老兵思想，5名义务兵安全顺利于9月份退伍。中队定期与战士家长沟通交流，利用“家长微信群”发挥家庭、部队共育优势。

【业余生活】 2020年，武警淮安支队执勤二中队坚持抓文化建设，按照“一队一品”要求，大力开展“强军风采”群众性文化活动，将卫士腰鼓队和哑剧表演作为中队特色文化，利用课余时间组织练习，培养官兵业余爱好；中队高度重视文化熏陶和理论学习，大力开展“军营读书”活动，协调淮安区图书馆赠送各类书籍1000余册，军营文化氛围更加浓厚；持续发挥两个群众性组织功能，在八一、老兵复退之际，举行演出、茶话会，进一步愉悦官兵身心，营造暖心氛围。

【武警队伍建设】 2020年，武警淮安支队执勤二中队贯彻执勤战备制度，狠抓执勤正规化建设，先后多次对哨兵执勤动作、“三班四哨”进行统一规范，进一步严明执勤纪律。结合人员调整，及时修订完善各类方案预案，每月组织方案演练和专勤专训考核，提高官兵战备意识。定期对各类战备物资检修调配，严格特殊时期部队管控，做到常态高度戒备，确保部队遇有情况能够“拉得出、打得赢”和高效有力有序处置，圆满完成了春节、“3·14”、“6·4”、“7·5”、全国“两会”等敏感时期的战备任务，7月6日协助市公安局成功处置一起暴力袭警事件。坚持练兵备战的鲜明导向，深入开展实战化军事训练，不断提高官兵体能和战术水平。始终把《武警部队军事训练大纲》作为标尺，科学制定军事训练计划，一招一式对照练，按照“先易后难、先简后繁、先分后合”的原则，突出基础课目训练。重点加强干部士官的能力素质训练，始终做到干部随队作业，树立以上率下鲜明导向，持续激发官兵参训热情和练兵动力。

【后勤建设】 2020年，武警淮安支队执勤二中队坚持把精细化管理作为后勤建设的重点，不断提高综合保障能力。在经费开支上严格执行财务管理有关规定，加强对经费的使用和管控，开支500元以上需经支委会研究讨论决定，杜绝乱开支现象。严格落实伙食管理五项制度，确保把每分伙食费花在改善官兵伙食上，确保营养均衡，让官兵吃好、吃饱、吃得舒心，为遂行执勤、训练任务打好身体基础。结合季节更替、天气转冷等实际，及时开展卫生防病教育，增强官兵防病意识。要求官兵每天对班宿舍通风换气、根据气温变化及时增减衣物、养成喝开水的好习惯。中队每月组织一次卫生常识教育，培养官兵良好卫生习惯。疫情期间中队建立完善疫情防控机制，督导卫生员坚持每日巡诊，检查官兵健康和卫生状况，坚持每日洗消杀以及疫情检查，确保疫情的“零传入”。

退役军人事务局

【概况】 淮安区退役军人事务局下设4个下属事业单位，分别为区退役军人服务中心、区军队离退休干部休养所、区烈士陵园和关天培祠，主要负责贯彻落实退役军人思想政治、管理保障、优抚安置及双拥工作各项政策法规并组织实施，褒扬彰显退役军人为党、国家和人民牺牲奉献的精神和价值导向。在2020年市跨越发展目标考核中位列第一方阵，部分退役军人社会保险接续工作被省厅表彰为全省先进单位。

【服务体系】 2020年，淮安区退役军人事务局按照全国示范标准，对全区各服务中心（站）进行全面提档升级。截至2020年底，全区各镇（街道）退役军人服务站（除范集镇外）按照“五有”标准，在硬件设施、内部布置、软件配备、台账整理及服务保障等方面全面提升，并全部顺利创成“全国示范型退役军人服务站”。创新举措，建立“3+N”退役军人服务模式，服务全区退役军人，“3”即镇街、村居服务站及志愿者各1人，“N”即某一片区多名退役军人；该服务模式将全区退役军人所在地划分网格，由工作人员及志愿者负责服务工作,实现全覆盖;完善全区退役军人、各类优抚对象、困难退役军人等数据库,形成底数清、归属明、信息准的全区退役军人基本信息库,进一步提升镇(街道)、村(社区)退役军人服务站服务能力,满足退役军人及其他优抚对象的获得感和幸福感。

【拥军褒扬】 2020年,淮安区退役军人事务局常态化开展春节、八一慰问退役军人、优抚对象工作;慰问驻区部队、赴武汉一线军人亲属、维和军人亲属和在中印边境对峙军人亲属;在“八一”前全部办结军地互办实事;举办淮安区首届“最美退役军人”推选;举办首届“最美退役军人”发布仪式;组织退役军人党员参加“微党课”竞赛活动;认真做好抗美援朝老战士摸排和走访慰问工作;坚持为部队立功人员送喜报上门,并慰问其父母;承办全市“9·30”烈士纪念日纪念活动;组织区委退役军人事务领导小组成员慰问全区抗美援朝老战士,颁发纪念章并送上慰问金;举行“致敬老兵”专场观影活动和“寻访抗美援朝老兵”全媒体新闻行动。

【打造品牌】 2020年,淮安区退役军人事务局契合国家退役军人事务局“思想政治建设年”工作要求,强化退役军人思想政治教育的党建引领,将退役军人思想政治教育纳入局党组党建工作内容,建立退役军人党支部,打造思想政治教育“党建+”品牌,对每年退出现役的党员退役军人开展轮训,组织退役军人参加主题教育活动。根据退役军人信息系统采集数据。针对2021年村(社区)“两委”换届对乡村振兴人才的实际需求,创新拓展退役军人就业途径,组织100名优秀退役军人在市委党校举办为期10天的“强兵兴业”退役军人乡村振兴人才培训班。截至2020年底,参加培训的100名退役军人全部进入村(社区)工作,实现“点对点”就业,助力村级组织建设,成效良好。

(金云祥)

表73　2020年淮安区退役军人事务局获市级以上表彰一览表

单位(姓名)	表彰内容	表彰单位
淮安区退役军人事务局	部分退役军人社会保险接续工作被省厅表彰为全省先进单位	江苏省退役军人事务厅
淮安区退役军人事务局(双拥公益短片《军民携手奋进 共筑百年梦想》)	江苏省二等奖	江苏省拥军优属拥政爱民工作领导小组
杨勇	淮安市退役军人党员“微党课”授课竞赛三等奖	淮安市退役军人事务局

表74　2020年淮安区籍军人荣获二等功(含)以上荣誉人员一览表

姓名	表彰内容	表彰单位
阚志华	个人二等功	中国人民解放军93367部队

表75　淮安区退役军人事务局基层单位名录

单位名称	基层单位名称
淮安区退役军人事务局	淮安区退役军人服务中心
	淮安市楚州烈士陵园管理所
	淮安区军队离退休干部休养所
	关天培祠管理所

表76　淮安区首届“最美退役军人”获奖名单及获提名奖名单

奖项	姓名	奖项	姓名
敬业奉献类	史才顺	提名奖	朱　飞
	杨　勇		杨　顺
	宗喜林		张　超
	徐树平		蔡从康
创业有成类	刘　伟		季宝山
	林　民		胡学平
	宗正志		骆国钊
热心公益类	李要道		贾庆举
	牛庆宝		张双龙
	张青林		高贵清

地方组织机构

中共淮安市淮安区委员会

淮安市淮安区人民代表大会

淮安市淮安区人民政府

政协淮安市淮安区委员会

中共淮安市淮安区纪律检查委员会

淮安区纪委监察委员会

民主党派　工商联

群众团体

中共淮安市淮安区委员会

重要会议

【区委“不忘初心、牢记使命”主题教育总结大会】 1月14日，淮安区召开“不忘初心、牢记使命”主题教育总结大会。市委主题教育第二指导组组长朱坚到会指导。区领导颜复、王锐、刘震生、吴洪刚、杨广、夏开封、韩仰超、仇庆国、彭凯、葛明、刘宏彬参加会议。颜复要求，必须把“不忘初心、牢记使命”作为加强党的建设的永恒课题和全体党员干部的终身课题，让初心和使命在广大党员干部内心深处铸牢，在思想深处扎根。要持之以恒深化理论武装，教育引导党员干部牢记总书记嘱托，弘扬恩来精神、继承革命传统，争做新时代合格的党员干部；要一以贯之落实问题整改，把“改”字贯穿始终，紧盯不放，拿出过硬措施持续整治，做到问题不解决不松劲、解决不彻底不放手、群众不认可不罢休；要持续深入抓好巩固深化，逐步建立健全切实管用、科学高效、便于落实的工作制度，常态化推进落实；要坚持不懈真抓实干担使命，真正让主题教育的实际成效，转化为推动实现高水平全面建成小康社会和打造苏北重要中心城市核心区“两大目标”的强大动能；要刀刃向内推进自我革命，认真贯彻党的十九届四中全会“完善和落实全面从严治党责任制度”的要求，进一步拧紧责任链条、层层传导压力，保持党的先进性纯洁性，把管党治党责任落到实处。

朱坚在讲话中指出，主题教育开展以来，淮安区委深入贯彻学习习近平总书记关于“不忘初心、牢记使命”主题教育的重要讲话和有关批示精神，认真落实中央和省委市委的总体部署和安排，切实履行主体责任，强化组织领导，紧密结合工作实际，扎实有序推进，示范引领有力度、理论学习有收获、整改落实有成效、基层支部建设有提升，主题教育取得重要成果。要深入学习新思想，加强理论武装；要增强群众获得感，推进整改整治；要践行初心使命，加强制度建设；要围绕改革发展，服务中心大局，为决胜高水平全面建成小康社会，纵深推进新时代全面从严治党，奋力推进淮安区高质量跨越发展不断取得新成果。

【全区党风廉政建设暨党员干部警示教育大会】 4月29日，全区党风廉政建设暨党员干部警示教育大会召开。区委书记张笑强调，全区各级党组织和广大党员干部要按照中央和省委、市委要求，在学懂弄通做实习近平总书记重要讲话精神上下功夫，不断增强全面从严治党的政治自觉。纪检监察机关和纪检监察干部要不折不扣地执行好监督执纪工作规则和监督执法工作规定，努力提升工作规范化、法治化水平，为持续巩固反腐败斗争压倒性胜利，奋力夺取疫情防控和经济社会发展“双胜利”提供坚强的纪律保障。蒋必海、崔步银、宋建国、王锐、刘震生、许国忠、吴洪刚、杨广、夏开封等区领导出席会议。

就全面从严治党工作，张笑指出，要增强政治自觉，确保学深悟透，深刻领会习近平总书记重要讲话精神实质。站稳政治立场，树牢“四个意识”，坚定“四个自信”，做到“两个维护”。把准前进方向，把全面从严治党作为协调推进“四个全面”的关键所在，扎实推动全面从严治党不断迈上新台阶。践行初心使命，推动“不忘初心、牢记使命”的制度落实落地，督促和引导广大党员、干部将初心和使命融入血脉、铸入灵魂、化为行动。勇于自我革命，把监督体系契合党的领导体制、融入市域治理体系，推动制度优势更好地转化为治理效能。

【全区党的建设工作会议】 4月30日，全区党的建设工作会议召开。区委书记张笑强调，全区各级党组织和广大党员干部要进一步增强责任意识和担当精神，开拓进取、务实奋进，不断开创党建工作新局面，为高水平全面建成小康社会、圆满收官“十三五”提供更加坚强的政治保证。将必海、关晓卫、崔步银、王锐、刘震生、许国忠、吴洪刚、杨广、夏开封等区领导参加会议。

张笑指出，要提高政治站位，始终把牢党建工作正确方向。全区各级党组织和广大党员要旗帜鲜明讲政治，始终坚守绝对忠诚的政治品格，牢固树立“四个意识”，坚定“四个自信”，落实“两个维护”。要围绕大局谋发展，坚持以党的建设高质量推动经济发展高质量，坚定不移加强党的建设，提高执政能力。始终坚持以人民为中心的发展思想，把人民群众对美好生活的向往作为矢志不渝的奋斗目标。

张笑强调，要聚焦主责主业，统筹抓好党建工作各项任务。宣传工作要始终紧扣中心、鼓劲造势，不断提振加快发展的精气神。巩固思想政治基础，把全区干群思想和行动统一到党中央和省市区委决策部署上来，把智慧和力量凝聚到推动高质量跨越发展目标上来。要营造氛围助力发展，动员和引导全区广大干群积极投身到决胜高水平全面建成小康社会、打赢疫情防控阻击战生动实践中。要守牢意识形态阵地，强化阵地意识，提升舆论管控水平，加快新时代文明实践中心建设。大力倡导文明风尚，聚焦决胜全国文明城市创建这一目标，深化社会主义核心价值观教育实践，加强群众性精神文明建设，在潜移默化中提升群众的思想觉悟和道德境界。组织工作要聚焦选贤任能、固本强基，全力打造干事创业的主心骨。严格把好选人用人关口，坚持把政治标准放在首位。切实提升基层党建层次，坚持以提升组织力为重点，深化基层党建示范创建工作，坚持以党建项目为抓手，打造更多具有淮安区特色的党建品牌。加快推动“双专”工程建设，扩大选人视野，把政治过硬、办事公道、善于做群众工作的人选进来、用起来；健全培训体系，不断提升村干部履职能力；强化待遇保障，让他们安心、安身、安业，更好履职奉献。更大力度推进招才引智，坚持人才优先发展战略，推动人才供需精准对接，加大对高层次创新创业人才（团队）资金扶持力度，营造良好人才服务环境，为淮安区经济社会发展提供充足的人才支持和智力支撑。统战工作要有效发挥优势、凝聚人心，全面奏响团结共进的新乐章。要把凝聚政治共识作为首要任务，加强沟通、求同存异，确保党外朋友与我们党思想上同心同德、目标上同心同向、行动上同心同行。要把服务发展大局作为应有担当，进一步推动统战工作向大局聚焦、与大局融合、为大局聚力，在招商引资、招才引智方面实现新突破，协助区委做好稳人心、暖人心、聚人心工作。要把做强民营经济作为核心内容，推动全区民营经济再上新台阶，促进“亲清”政商关系建设。把促进社会和谐作为底线责任，依法加强对宗教事务的管理。

张笑强调，要狠抓工作落实，坚决扛好党建工作千钧重担。全区各级党组织要严格履行抓党建的主体责任，牢固树立抓好党建是最大政绩的观念。宣传、组织、统战部门要进一步增强责任感和使命感，按照新时代党的建设新要求，不断开创宣传、组织、统战工作新局面。要不断提高能力本领，把提高本领作为开展一切工作的“先手棋”，大力实施能力提升工程。切实改进工作作风，大力弘扬真抓实干的作风，严格落实中央八项规定精神和省委、市委、区委作风建设要求，自觉筑牢“防火墙”。

【全区重特大项目建设推进会】 6月10日上午，区委、区政府召开全区重特大项目建设推进会。区委书记张笑动员全区上下始终坚持“项目为王”不动摇，只争朝夕抓进度，压住责任抓落实，强化服务抓保障，严肃督查抓见效，持之以恒抓招商，加快掀起招引大项目、建设大项目、服务大项目的热潮，为夺取疫情防控与经济社会发展“双胜利”提供有力支撑。区长颜复主持会议。区领导崔步银、王锐、吴洪刚、杨广、夏开封、谈效艳、杨宏、李晓旭、汪磊参加会议。

张笑指出，2020年以来，在全力打赢疫情防控阻击战的同时，全区上下扭住项目建设这个“牛鼻子”不松劲、不懈怠，聚焦落地、开工等关键环节，扎扎实实地推进，取得了积极进展。特别是4月份以来，项目开复工情况明显好转，投资进度不断加快，坚定了企业发展和客商投资的信心和决心。但重特大项目推进还存在进度不够快、投资不够多、支撑不够强等问题。各板块、各部门要切实增强抓项目的责任感和紧迫感，始终把项目建设作为“头版头条”，抢抓中央和省、市政策机遇，大抓项目、抓大项目，争分夺秒加快项目建设，推动经济社会高质量发展。

张笑强调，一要只争朝夕抓进度。牢固树立“今天再晚也是早，明天再早也是晚”的理念，在确保工程质量安全前提下，把计划尽量往前排，把时间尽量往前赶。所有项目都要对照年度目标，进一步细化分解任务，倒排计划、挂图作战，把时间点精确到周、到天。对尚未开工的项目，要围绕关键环节找准工作突破口，解决项目推进过程中的堵点和难点问题，积极创造条件尽快开工。二要压紧责任抓落实。每一个重特大项目的项目长一定要负起责任、担起使命，常态化地去推进和帮办，真正把项目时时刻刻放在心上、抓在手上。同时还要有“一岗双责”的意识，分管区领导要加强对自己分管条线项目建设的统筹调度，对应开工而未开工、建设进度欠序时的项目，要深入查找分析原因，加大协调会办力度。对政府与社会资本合作及社会资本独立投资项目，要加强履约监督，督促社会资本及时出资、加快建设。三要强化服务抓保障。要大力弘扬“店小二”精神，完善101%服务机制，各板块、各部门主要负责同志要深入项目一线，了解情况、会办问题，板块、部门层面解决不了的问题及时提请区级层面研究。要强化要素供给，完善多部门联动的重特大项目资源要素保障机制，根据项目性质和特点，制订个性化、具体化的服务保障方案。要提升审批效率，加强协调、通力合作，主动担责、履职尽责，齐心协力推动项目快上马、快建设。四要严肃督查抓见效。坚持“月初一通报、一月一会办、一季一点评、半年一观摩、全年一考核”的“五个一”督查推进机制，从项目招引到开工、从建设到竣工，都做到环环相扣、步步紧逼，推动板块、部门全面压实项目工作责任。要做到“标准要严、频次要高、问责要快”。五要持之以恒抓招商。在当前疫情常态化防控形势下，产业面临重新调整，招商面临新的挑战。各板块、各部门一定要紧紧结合目前的形势，立足“十四五”，从中央重点、重抓、重投入的方面来谋划项目、争取项目。要紧盯招商信息，主动出击，按照“引大、引新、引优、引强”要求，集中时间、集中精力走出去招商，扎扎实实推动招商引资提质增效。

【中共淮安市淮安区委十二届八次全体(扩大)会议召开】8月15日，中共淮安市淮安区委十二届八次全体(扩大)会议召开，深入学习贯彻习近平新时代中国特色社会主义思想，认真落实中央和省市委决策部署，立足长远谋发展，跨越争先当一流，动员全区上下以更加坚定的信心、更加昂扬的斗志、更加奋进的姿态，扎实抓好“六稳”“六保”工作，坚决夺取疫情防控和经济社会发展“双胜利”，确保高水平全面建成小康社会，奋力谱写淮安区高质量发展新篇章。张笑、颜复、崔步银、王元武、宋建国、王锐、刘震生、吴洪刚、杨广、夏开封等区委领导出席会议并在主席台就座。

全会由区委常委会主持。区委书记张笑代表区委常委会作题为《打赢小康决胜战 矢志奋斗铸辉煌 奋力谱写淮安区高质量发展新篇章》报告。

张笑指出，2020年以来，面对突如其来的新冠肺炎疫情和错综复杂的宏观发展环境双重压力，全区上下坚决按照中央和省市委统一部署安排，始终把人民群众生命安全和身体健康放在第一位，全面聚焦疫情防控和经济社会发展“两个战场”，坚持两手抓、两手硬，疫情防控取得阶段性成效，经济社会运行秩序加快恢复。各项防控措施精准精确落实，疫情阻击战取得圆满胜利。生产生活秩序有力有序恢复，千方百计稳住经济基本盘。经济运行质态加快加速向好，高质量发展基础更加扎实。民生保障水平稳定稳步提升，群众获得感幸福感持续增强。

张笑强调，2020年是“两个一百年”奋斗目标的历史交汇期，也是两个五年规划的转承期，加快经济发展是决胜全面建成小康社会、打赢脱贫攻坚战的重要基础，而突如其来的疫情干扰了正常的工作节奏，给加快经济发展增加了难度。淮安区作为全市疫情最重、管控时间最长的县区，面临的困难更多，挑战更大。在这种特殊背景下，更要保持政治定力，科学评估形势，正确看待问题，积极应对挑战，坚定必胜信心，牢牢掌控经济社会高质量发展主动权。要看到新冠肺炎疫情带来的冲击影响，更要看到淮安区经济发展长期向好的趋势没有改变；要看到宏观经济下行带来的严峻挑战，更要看到淮安区多重机遇叠加期已经来临；要看到重大节点任务带来的巨大压力，更要看到淮安区加快发展的基础条件已经增强。未来只要利用好这些发展基础，集中优势资源，加快培育新增长点，淮安区必将进入一个量质并举的快速发展期。

张笑指出，今后一段时期工作的总体思路是：以习近平新时代中国特色社会主义思想为指导，深入贯彻党的十九大和十九届二中、三中、四中全会精神，认真执行中央和省市委各项决策部署，紧扣高水平全面建成小康社会目标任务，坚持稳中求进工作总基调，坚定不移用新发展理念解放思想、统一思想，坚持以供给侧结构性改革为主线，坚持以改革开放为动力，紧紧围绕市委蔡书记对淮安区提出的“以更加强烈的使命意识建好周总理家乡、以走在前列的目标追求推进高质量发展、以当好表率的行动自觉打造高素质队伍”要求，全面落实“高起点、高标准、高质量”指示精神，扎实做好“六稳”“六保”工作，全力推动高质量发展全市走前列、全省争进位，确保和省市一道如期建成高水平全面小康社会。

具体路径就是，聚焦“1+5”发展格局：“1”，明确一个目标，围绕“中心城市核心区、江淮发展先行区、枢纽经济承载区、全域旅游示范区、宜居宜业幸福区”的目标定位，进一步拓展城市空间，完善城市功能，展现文化特色，提升保障能力，逐步形成主体功能明晰、发展导向明确、开发秩序规范的良性互动机制，全力构筑区域性综合交通枢纽，加快打造长三角北部重要中心城市核心区，努力把淮安区建设成为繁荣安康宜居文明美丽古城。“5”，大力实施“工业强区、文旅兴区、产业旺区、生态优先、创新驱动”发展战略。要以思想理念创新、制度创新为突破口，加快推进治理体系和治理能力现代化，全面激发全区上下昂扬向上的干事创业激情，切实让经济社会发展迸发出更强大的活力。

张笑强调，要坚定践行新理念，科学谋划新蓝图，全力以赴为“十四五”发展开好局起好步。既要统筹抓好疫情防控和经济社会发展，更要深刻把握习近平总书记反复强调的新发展理念，贯彻落实中央和省委强调的构建“双循环”新发展格局要求，按照市委提出的“绿色高地、枢纽新城”、建设“四个淮安”的目标，扎扎实实做好经济社会发展各项工作，圆满完成“十三五”收官之年的各项任务。要促进工业扩量提质，巩固强劲发展态势。精准高效招引“大项目”，集群发展培育“大产业”，多点支撑构筑“大平台”，集成创新驱动“大升级”。要推动文旅资源开发，培育发展新增长极。当好全域旅游发展“排头兵”，打好产业融合发展“组合拳”，下好服务业发展“先手棋”。要破解发展瓶颈制约，释放深化改革红利。按照“创新淮安”和“开放淮安”要求，以深化改革释放原动力，注重错位发展、以特取胜，更高标准创优发展环境，更大力度释放发展活力，更大范围对接重大战略和资源。要科学构建城市格局，彰显中心城区魅力。围绕“长三角北部重要中心城市核心区”定位，坚持把以人为本理念贯穿到城乡建设的全过程，以拓展空间、完善功能、提升形象为重点，进一步提升城乡建设质量和水平，力争成为长三角北部重要中心城市建设的主阵地、长三角北部腹地发展的战略支撑点。在展望未来中找准城市发展方向，在加快核心区建设中完善内通外联功能，在大力实施乡村振兴中不断提升镇村建设水平。要加快美丽乡村建设，打造先行示范样板。全面贯彻落实省委全会提出的“美丽江苏建设”重大战略任务，按照市委全会提出的“建设美丽淮安”新定位，围绕“布局之美、产业之美、宜居之美、风尚之美、治理之美、畅达之美、生态之美、田园之美”的“八美”目标，通过“美丽生态、美丽经济、美丽生活、美丽人文”“四美融合”，全力打造全市美丽乡村建设先行区、示范区，画出美丽乡村建设新画卷。要加大环境整治力度，打造美丽生态，坚持绿色发展理念，打造美丽经济，彰显特色田园风情，打造美丽生活，构建和谐美丽家园，打造美丽人文。要补齐民生事业短板，提升百姓幸福指数。以“幸福淮安”确立新定位、新要求，始终把人民对美好生活的向往作为工作的奋斗目标，切实解决好人民群众最关心、最直接、最现实的利益问题。坚持富民为本，多管齐下巩固脱贫成果。坚持惠民为先，多措并举促进群众就业创业。坚持利民为上，齐头并进提升公共服务水平。坚持安民为重，对标对表完善社会保障机制。要守住三条发展底线，构建绿色和谐环境。坚决守住稳定底线，牢牢守住安全生产底线，全面守住生态底线。

张笑指出，下半年，还要统筹抓好三项重点工作：一要认真谋划“十四五”发展，科学编制未来五年发展规划，为开启第二个百年奋斗目标新征程描绘蓝图。二要全力争创全国文明城市，对标测评体系标准，扎实打好“十大专项战役”，进一步补齐短板、做强弱项，确保顺利闯关夺牌。三要扎实推进市域社会治理现代化试点城市建设，坚持系统推进，突出关键环节，确保试点工作一年上一个新台阶、一年有一个新突破。

张笑强调，要勇挑职责担使命，积极主动展作为，把党的政治优势组织优势转化为推动发展的强大力量。要矢志不渝狠抓政治建设，坚持党的集中统一领导。全区广大党员干部特别是领导干部要牢记党员身份，以“周恩来精神”为镜，不断增强“四个意识”、坚定“四个自信”、做到“两个维护”，时刻把牢政治“风向标”，坚持把讲政治贯穿到思想、工作、作风的各方面，确保旗帜鲜明讲政治在头脑中深深扎根、在行动上自觉践行，真正成为政治上的明白人，确保中央和省市委各项决策在淮安区落地生根。要坚定不移狠抓组织建设，夯实建强基层战斗堡垒。始终把抓好基层组织建设作为党建工作的重中之重，抓紧补齐基层党组织领导基层治理的各种短板，按照全省基层党建“五聚焦五落实”三年行动计划，严格落实基层党建工作责任制，统筹推进各领域基层党组织全面进步、全面过硬。要驰而不息狠抓能力建设，提高干部履职担当水平。全区各级干部都要自觉对照，在工作中大力践行“马上就办、真抓实干”的作风，增强干事创业本领。落实“立即办”的工作要求，坚持“在一线”的工作方法，突出“求实效”的工作导向，以群众的幸福感和获得感来检验工作实效。要久久为功狠抓作风建设，营造干事创业良好环境。努力把干部积极性调动起来、创造性激发出来，推动形成干部放手干、基层放心干、上下放开干的生动局面，为决胜高水平全面建成小康社会、开启现代化建设新征程而不懈奋斗！

区委副书记、区长颜复在部署当前工作时指出，当前是全年工作处于承上启下的关键时刻，全区决胜高水平全面建成小康社会、完美收官“十三五”规划、谋划开启“十四五”规划的重要阶段。区委书记张笑在区委十二届八次全体(扩大)会议上的讲话，深入贯彻了中央决策部署和省委十三届八次全会、市委七届十一次全会精神，全面总结了2020年疫情防控和经济社会发展取得的阶段性成果，在深入分析当前形势的基础上，全面部署了“六稳”“六保”工作，强调了“聚焦‘1+5’发展格局”的总体思路，为践行新理念、谋划新蓝图、书写新篇章提供了重要遵循。全区上下要认真学习领会、贯彻落实本次全会要求，坚定信心，担当实干，奋力夺取疫情防控和经济社会发展“双胜利”。

颜复强调：重点做好七个方面工作，全力推进目标进位争先，全面小康要高水平，跨越发展要高质量，全年目标要高标准。全力推进经济稳健运行，进一步提升企业运行质态，释放消费市场潜力，推动外贸稳步回升。全力推进项目攻坚突破，重抓重特大项目建设，重抓项目谋划储备，重抓项目载体建设，重抓项目帮办服务。全力推进城乡协调发展，扎实推进中心城市建设，提速推进交通重点工程建设，全力推进人居环境改善。全力推进风险防范化解，防范金融债务风险，防范生态环境风险，防范安全稳定风险。全力推进民生更有保障，加快推进民生十件实事项目，着力补齐公共服务领域短板，全力抓好基本民生兜底保障。全力推进向上争取工作，持续加大专项债发行力度，持续加大“十四五”规划重大项目争取力度。

【区委常委(扩大)会议暨全区村(社区)“两委”换届工作领导小组会议】 10月8日上午，区委书记张笑主持召开区委常委(扩大)会议暨全区村(社区)“两委”换届工作领导小组会议，深入学习贯彻市委市政府关于村(社区)“两委”换届工作有关要求，审议淮安区换届工作实施方案，统一思想认识、部署重点工作、明确职责任务，高起点、高标准、高质量推进村(社区)“两委”换届工作。区领导蒋必海、关晓卫、崔步银、王锐、袁安宝、刘震生、吴洪刚、夏开封、彭凯、戴向峰参加会议。

张笑指出，要提高政治站位，充分认识村(社区)“两委”换届工作的重大意义。认清所肩负的责任和使命，以饱满的热情、良好的状态和强烈的政治意识、大局意识，集中精力、攻坚克难，高质量开展换届工作，确保基层换出好班子、选出好班长、形成好思路、建立好机制、巩固好局面。

张笑强调，要吃透上级精神，准确把握村(社区)“两委”换届工作的政策要求。准确把握选人用人标准、准确把握换届程序步骤、准确把握换届纪律要求、准确把握风险隐患动态。坚持德才兼备、以德为先和班子结构合理的原则，深化村(社区)干部专职化专业化建设，明确村(社区)“两委”成员任职资格条件，确保选出来的干部信念过硬、政治过硬、责任过硬、能力过硬、作风过硬，扎实推动村(社区)党组织书记、村(居)民委员会主任“一肩挑”。

张笑强调，要强化责任担当，切实加强村(社区)“两委”换届工作的组织领导。充分发挥换届工作指导组作用，加强对各镇街换届工作的业务指导和督促检查；区挂钩领导要带头落实“双联直挂”责任，全程联系、全面负责，在各镇街换届部署会议前，主动上门，传递上级部署要求，了解换届筹备情况，帮助分析解决问题，高效平稳推进换届工作。要明确分工，强化协作，完善各司其职、齐抓共管的工作机制。对照职责，把责任明确到职能科室、明确到具体人员，细化工作措施，抓好工作落实。要加强统筹，区委组织部、民政局要密切配合，一起统筹好党组织换届和村(居)民委员会换届，确保政策规定、时间步骤、人事安排、选举组织、工作力量等有序衔接；针对重要信息、突出矛盾、突发事件等，建立沟通会商机制，及时掌握工作动态，集思广益、出谋划策，握指成拳、形成合力。要统筹好换届工作与日常工作，做到“两不误、两促进”，把推进重点任务作为检验换届成效的试金石，更好地团结带领人民群众聚焦“1+5”发展格局、全力奋战“十四五”，开启基本实现现代化建设新征程。

【全区全国文明城市创建表彰暨常态长效管理工作推进大会】 12月21日下午，全区全国文明城市创建表彰暨常态长效管理工作推进大会召开。区委书记张笑强调，要深入学习贯彻党的十九届五中全会和中央经济工作会议精神，以习近平总书记对江苏提出的"两争一前列"发展定位为指引，以习近平总书记对淮安"把周总理的家乡建设好，很有象征意义"的殷殷嘱托为动力，将文明创建激发出来的斗志、凝聚起来的力量、汇聚而成的精神，作为激励全区人民乘势而上、奋发有为、担当尽责、干事创业的强大动力和宝贵财富，在奋进新征程的道路上争当表率、争做示范、走在前列，不断开创文明创建工作的新局面，为谱写淮安区高质量跨越发展的新篇章，开创更加美好的未来而不懈奋斗。区长颜复主持会议。蒋必海、关晓卫、崔步银、王锐、袁安宝、刘震生、吴洪刚、夏开封、彭凯、戴向峰、毛善德等区四套班子领导出席会议。

张笑指出，2020年11月20日，是一个载入淮安发展史册的重要日子。这一天，市委蔡丽新书记代表560万淮安人民赴京参加全国精神文明建设表彰大会，受到了习近平总书记的亲切接见，并捧回了当今中国城市荣誉中含金量最高、综合性最强、影响力最大的奖项——"全国文明城市"奖牌。淮安区作为淮安创建全国文明城市的"主战场""主力军"，勇挑重担，不辱使命，为淮安"高分高位夺牌"作出了重要贡献。这份来之不易的殊荣背后，承载着全区上下勠力同心、众志成城的奋斗与追求，凝聚着全区人民群策群力、风雨同舟的心血与汗水。

张笑说，文明创建是一场众志成城、齐心协力的攻坚之战，坚持上下同心、目标同向、干群同力，高位谋划布局，严管压实责任，重拳根治顽疾，以敢拼的勇气，善拼的智慧，能拼的韧劲，滚石上山，闯关夺隘。文明创建是一段崇德向善、厚植文明的创建之路，坚持用社会主义核心价值观引领文明城市创建，以文化自信激发精神动力，以最美人物树立精神标杆，以平台载体传播良好风尚，不断提升市民文明素质和城市文明程度。文明创建是一场创建为民、创建靠民的生动实践，坚持以人民为中心的创建理念，着力办实事，让群众舒心；聚焦补短板，让群众顺心；真诚集民智，让群众齐心，倾力提升一城品质，造福一城人民。

张笑指出，文明创建的生动实践，体现了锲而不舍、矢志不渝的执着追求，展示了积极进取、敢于争先的动人风采，锤炼了真抓实干、注重细节的务实作风，锻造了勇于担当、奋发进取的干部队伍。六年创建之路，收获的是良好的发展环境，彰显的是深厚的民生情怀，提升的是满满的幸福指数，锤炼的是过硬的干部作风，必将激励我们在新的征程中锐意进取、开拓前行，向着建设高水平全国文明城市进一步迈进。

张笑强调，一要以更大格局拓展文明领域。要始终坚持以人为本，推动市民素质持续提升，让根植于内心的修养、无须提醒的自觉、以约束为前提的自由、为别人着想的善良成为全区人民的共同遵循和行为自觉；要在巩固提升现有创建亮点、创建领域的同时，积极推动文明创建由精神文明领域向物质文明、政治文明、社会文明、生态文明领域拓展；要坚持用战略眼光来谋划、用系统思维来部署、用全局视野来推进，真正将创建成果转化为引领城市高质量发展的动力源泉。二要以更实举措创新城市治理。要聚焦智慧化，加强"互联网+"模式运用，推进公安、交通、环保等"数据云"互联互通；要聚焦法治化，加大城市管理立法力度，以法治思维解决城市病；要聚焦精细化，具体问题具体分析，逐项明确责任，逐个研究解决办法，解决一件销号一件；要聚焦协同化，深化城市执法体制改革，下功夫解决职责范围交叉、权限重叠、衔接不够的问题。三要以更精匠心建设幸福家园。要大力推进繁荣安康宜居文明美丽古城建设，着力满足人的生活需要、促进人的全面发展、体现人的精神价值；要合理布局城市空间，完善配套公共设施，增强综合服务功能，提升城市建设品质；要深入挖掘城市文化底蕴，立足特色文化资源，讲好城市文化故事；要统筹城乡文明创建，推动公共服务向农村延伸；要持续放大品牌效应，充分利用"全国文明城市"这块金字招牌，加大对外宣传推介力度，全面展示城市"硬环境""软实力"。四要以更优机制确保常态长效。要进一步加强对创建工作的组织领导，坚持"一把手"亲自抓、负总责，坚持党委统一领导、党政群齐抓共管、创建办组织协调、有关部门各负其责、全社会积极参与的领导体制和工作机制；要进一步完善目标管理责任制，研究制订文明城市创建三年新规划，层层明确任务，级级落实责任，环环紧扣，扎实推进；要严格落实常态长效机制，完善日常巡查督办、考评奖惩激励、资金保障等制度；要进一步加强文明创建机构和工作队伍建设，配强配精工作班子，选调业务精、干劲足的年轻干部到创建一线充实力量，锻炼才干。

颜复强调，要在提升文明素养上下功夫，持续宣传社会主义核心价值观，积极开展文明镇村、文明单位创建评比，常态化组织志愿者实践活动，弘扬主旋律、传播正能量；要在提升长效管理上下功夫，区创建办要牵头制定今后城市管理的目标、任务和举措，深化“大执法带动大长效”等行动，逐步让市民、店主、物业自主管理、自律管理成为行动自觉，推动城市管理向更高水平迈进；要在提升城市品质上下功夫，围绕“宜居宜业幸福区”目标，谋划实施一批打基础、利长远的惠民项目，不断加大老旧小区改造、交通路网建设、集镇面貌提升等力度，全力解决与群众生产生活密切相关的民生问题，切实做到“创建为民、创建惠民”。

会上，区委副书记崔步银宣读了区委、区政府表彰决定；区领导为受到表彰的先进集体、先进个人颁奖；区城管局、淮城街道、朱桥镇、区交警大队、河下街道螺蛳街村5家单位作交流发言；文明市民代表宣读了倡议书。

【中共淮安市淮安区委十二届九次全体（扩大）会议】 12月31日，中共淮安市淮安区委十二届九次全体（扩大）会议召开。会议以习近平新时代中国特色社会主义思想为指导，深入贯彻党的十九大和十九届二中、三中、四中、五中全会以及习近平总书记视察江苏重要讲话指示精神，认真落实中央和省市委决策部署，总结分析“十三五”以来的全区工作，全面把握新发展阶段的新任务新要求，明确淮安区“十四五”时期发展目标思路、2035年远景目标，部署2021年重点工作，动员全区上下进一步解放思想、振奋精神、团结奋斗，开启淮安区全面建设社会主义现代化新征程。

区委书记张笑代表区委常委会作了题为《谋划新蓝图 开启新征程 在新发展格局中实现淮安区更高质量发展》的工作报告，区委副书记、区长颜复部署当前工作。崔步银、王元武、王锐、袁安宝、吴洪刚、夏开封、彭凯、戴向峰、毛善德等区委领导在主席台就座。区委委员、候补委员出席会议。

回首“十三五”，张笑说，五年来，全区上下在以习近平同志为核心的党中央坚强领导下，深入学习贯彻习近平新时代中国特色社会主义思想，时刻牢记习近平总书记对淮安的嘱托要求，全面落实中央和省市委决策部署，开拓创新、锐意进取，决胜高水平全面建成小康社会取得决定性成就。综合实力明显增强，发展活力日趋显现，城乡形态不断优化，人民生活显著改善。即将过去的2020年，是全区经济社会发展史上极不平凡的一年。

张笑总结说：面对突如其来的新冠肺炎疫情严重冲击、宏观环境复杂多变、经济下行压力持续加大的严峻形势，始终以人民生命安全为根本立场，疫情阻击战取得全面胜利；始终以高质量发展为工作导向，产业发展实现提质增效；始终以深化改革为重要推动力，发展活力得到最大释放；始终以品质颜值为追求目标，城乡发展彰显崭新面貌；始终以改善民生为根本出发点，群众生活呈现幸福安康；始终以党的全面领导为根本保障，全区上下展现强大动力，各项工作取得超预期的好成绩，疫情防控和经济社会发展取得“双胜利”。

张笑在报告中提出，今后一段时期工作的总体思路是：深入学习贯彻习近平新时代中国特色社会主义思想和习近平总书记视察江苏重要讲话指示精神，全面贯彻落实中央和省市委决策部署，认真践行新发展理念，坚持稳中求进工作总基调，聚焦“绿色高地、枢纽新城”发展定位，以高质量发展为主题，以深化供给侧结构性改革为主线，以“四个淮安”建设为抓手，围绕“1+5”发展格局，全面落实市委蔡丽新书记“高起点、高标准、高质量”指示精神，扎实做好“六稳”“六保”工作，全力推动高质量发展全市走前列、全省争进位，努力以优异成绩庆祝建党100周年，充分展示建好周总理家乡的象征意义。

就做好2021年工作，张笑强调，全区上下要做到“强力开局起步，狠抓重点突破，加快跨越赶超，确保首战必胜”。一要加快培育现代产业新体系，夯实集群发展“地基”，强化平台支撑“骨架”，提升核心竞争力“内核”。二要加速释放深化改革新红利，在激发发展活力上出实招，在优化营商环境上下深功，在推进综合改革上求突破。三要全力增创开放发展新优势，高水平加强区域合作，高标准引进重大项目，高效益推进外经外贸。四要精致塑造城乡发展新形态，增强城市能级，提升城市品质，彰显乡村美丽。五要着力寻求民生改善新突破，重点实施“1233”民生事业发展计划。

张笑围绕起草过程、主要考虑和基本框架及需要说明的几个重点问题等方面，就《中共淮安市淮安区委关于制定淮安区国民经济和社会发展第十四个五年规划和二〇三五年远景目标的建议（草案）》作了说明。

颜复在部署当前工作时指出，一要立足强势开局，抓好首季“开门红”。坚持目标引领、项目至上，突出抓早、抓实，做到争主动、争首季，以月保季、争先创优，确保各项考核指标、重点项目在全市领先。抓好目标分解，抓好项目建设，抓好招商引资。二要坚守底线思维，抓好和谐稳定。重点守住疫情防控、安全生产、信访稳定、大气污染四条底线，保证2020年底全区各项工作顺利收官。要常态化抓好疫情防控，切实抓好安全生产工作，扎实抓好信访稳定工作，全力抓好大气污染治理。三要强化统筹协调，抓好要素保障。各镇街、各部门要进一步强化统筹兼顾，做好各项保障。强化资金保障，做好土地保障，改善人居条件，加快工程扫尾，营造节日氛围。

会议通过了《中国共产党淮安市淮安区第十二届委员会第九次全体（扩大）会议决议》和《中共淮安市淮安区委关于制定淮安区国民经济和社会发展第十四个五年规划和二〇三五年远景目标的建议》。

重要活动

【连续13年举办元旦慈善捐赠活动】 1月1日，淮安区在新安小学小好汉剧场举行2020年“送温暖·献爱心”慈善现场捐赠暨“感动淮安·慈善典型”表彰活动。这是淮安区连续第13年在新年第一天举行大规模的慈善捐赠活动，现场收到社会各界慈善捐款2689.6万元。市政协副主席范更生、市慈善总会会长陈洪玉、市民政局局长沈在宏，徐子佳、颜复、蒋必海、关晓卫等区四套班子领导参加了捐赠活动。江苏皇岗建设集团有限公司董事长周宪超捐款110万元，成为本次慈善捐赠的“首善爱心大使”。

2019年度，全区募集慈善捐款1801万元，救助支出1350万元，救助5432人次。“慈善冠名基金”扩面增效，资助资金达2000万元；区慈善总会创建全省首家慈善救助中心，“情暖淮安”“情暖童心”“阳光助医”“慈善扶贫”“慈善光明行”等活动造福城乡，一大批贫困家庭学子、重大疾病患者得到有效救助，“首善之区”的品牌更加凸显。

代区长颜复说，慈善是仁德与善行的统一。通过十几年来持续不断的慈善捐赠活动，淮安区形成了政府保障与社会救助互联、政府资源与社会资源互补、行政力量与社会力量互动的工作格局，使致富思源的企业家精神、关爱他人的人文精神、和谐互助的时代精神，在淮安区大地生生不息、代代相传。

颜复强调，要进一步宣传慈善典型事迹，在全区上下营造慈心为本、善举为民的社会氛围；要进一步弘扬“扶危济困、乐善好施”的传统美德，募集更多善款，践行更多善举，体现更多善义；要进一步扩大慈善事业覆盖面，打造更多知名慈善品牌，吸引更多资金投入慈善事业，更大范围地解决困难群体最需要、最迫切、最直接的现实问题。

颜复要求各镇街道、各部门单位切实扛起慈善事业的责任，在积极主动认捐的同时，组织好本地区本系统的慈善捐赠。要大力发展慈善志愿服务队伍，促进慈善志愿服务经常化、规范化和专业化。希望企业家能够继续更加主动地承担起社会责任，积极投身慈善事业，提升自身社会价值。区民政局、慈善总会要严格管理好、使用好善款，确保善款用得明白、用得规范，让捐赠者捐得放心，不断提高慈善组织的公信力和感召力。

活动现场颁发了最具爱心慈善人士奖、最具爱心慈善捐赠企业奖、最具活力慈善基层组织奖、最具影响力慈善项目奖和感动淮安慈善人物奖。

【“云签约”全市首个总投资5000万美元的台资项目】 2月21日，计划总投资5000万美元的台资项目南宝集团碳纤维项目通过淮安、昆山两地远程视频方式成功签约。副市长顾坤，区委书记张笑，区委常委、淮安经济开发区党工委书记吴洪刚等在淮安通过远程视频方式与在昆山的昆山市副市长宋德强和台湾南宝树脂集团大陆区董事长孙德聪等参加了签约活动。

区委书记张笑强调，自淮昆台资经济协同发展战略实施以来，淮安区抢抓战略机遇，不断深化与昆山的合作交流，致力于打造全市台资企业集聚新高地。南宝碳纤维零配件项目是淮昆合作产业园挂牌后，淮安和昆山两地政府共同推进落户的第一个项目，也是两地合作共赢迈出的关键一步，将有力提升淮安区高端装备制造产业水平。淮安区将始终秉持互利共赢、携手共进的合作理念，为企业发展提供最优的环境、最好的服务。希望南宝集团能够按照项目实施计划，加快筹备各项工作，确保项目早开工、早投产、早见效。

昆山市副市长宋德强表示,淮昆台资经济合作的蓝图正在徐徐展开,南宝集团碳纤维项目作为淮昆合作产业园首个签约项目,将进一步促进淮安、昆山合作,促进台资企业提质增效,淮安、昆山将进一步优势互补。

副市长顾坤指出,在全力抗击新冠肺炎疫情的特殊时期,南宝集团碳纤维项目的成功签约,为淮安台资集聚区建设增添了新的力量,对两岸台商来淮投资具有很强的引领作用和示范作用。希望双方齐心协力将该项目打造成先进制造业的标杆、淮昆台资经济协同发展的标杆、体现淮安101%服务理念的标杆,进一步增强台商台企投资淮安、融入淮安的信心和动力,吸引更多台商台企成为两岸交流合作的参与者、获益者。

【举行农民群众住房条件改善项目集中开工仪式】 3月28日上午,淮安区2020年上半年农民群众住房条件改善项目集中开工,打响了新一轮农房改善工作的"发令枪"。区委书记张笑要求全区上下迅速行动起来,抢抓春季施工黄金季节,加快农房项目建设进度,确保高质量完成全年各项目标任务。区领导蒋必海、关晓卫、崔步银、王锐、谈效艳、李晓旭参加活动。

2020年,全区共实施农房改善项目16个,用地面积1300亩,总建筑面积53万平方米,新建住房3920套,总投资9.6亿元。其中城镇类项目8个,乡村类项目4个,特色田园乡村4个。

参加上半年集中开工的5个项目,分别为车桥镇凤凰小区、平桥镇上河社区、苏嘴镇淮东首府、苏嘴镇红胡雅苑、博里镇农民画新村,全部采用"低层设计、统规代建"方式,探索出了"周期更短、风貌更佳、成本更低、更受群众欢迎"的农房改善工作新路径。

张笑强调,要提高站位、准确定位,在目标完成上做到"一户不少"。全区上下要站在巩固提升脱贫攻坚成果、如期高水平全面建成小康社会的政治高度,紧盯5580户省定目标任务,按照"一户不少"的要求,确保10个结转项目、10个新建项目2020年底全部竣工交付,确保省定目标顺利完成;要科学布局、精准布点,在系统规划上做到"一张蓝图"。各镇街要坚持以科学规划为引领,坚持"五个优先"原则,即入海水道以及大运河沿线优先、城市发展空间拓展需要优先、刚性需求优先、涉及宁淮高铁等重大工程优先、建档立卡低收入人口优先,按照集聚提升、融入城镇、特色保护、搬迁撤并的思路,合理明确乡村发展的空间载体。要突出把原址提升完善作为重要的切入点,充分彰显文化底蕴、生态基础、产业特色,同步配套基础设施和公共服务设施,不断打造一批留得住乡愁、彰显地方特色的示范村;要加快进度、提升速度,在项目建设上做到"一着不让"。各镇街必须抢抓农房改善政策机遇,继续发扬拼搏精神,保持战斗状态,确保列入2020年计划的16个项目在上半年全部启动建设。各相关部门要为农房项目建设开辟"绿色通道",主动服务、靠前服务、专人服务。各施工单位要按照"质量一流、速度一流、品质一流"要求,强化质量管理和安全保障,努力把每个项目都建成群众满意,经得起历史检验的样板工程、精品工程;要心中有责、勇于担责,在责任落实上做到"一抓到底"。各镇街、各部门要切实强化使命意识、责任意识和目标意识,把农房改善工作摆在全局工作的突出位置系统谋划、强力推进。区农房办要抓住项目建设这个"牛鼻子",充分发挥统筹调度、综合协调、督查考核、政策指导等职能,全力推进各项工作。

【举行首期党政企"亲清双月谈"座谈会】 4月7日下午,淮安区举行首期党政企"亲清双月谈"座谈会。区委书记张笑与民营企业家代表面对面座谈,倾听企业心声,汇聚发展力量。区领导王锐、夏开封参加座谈。

百斯特投资集团董事长王强众、康乃馨织造有限公司董事长周观林、区总商会会长张云明、新起点实业有限公司董事长管益武、杰翔羽绒有限公司董事长花建松等企业家敞开心扉、踊跃发言。大家围绕企业需要协调解决的困难与问题、疫情带来的影响、行业的发展趋势、战略调整与抢抓机遇以及涉企政策落地、人才引进、营商环境优化等方面提出了许多建议和意见。张笑边听边记,不时插话互动交流。

张笑表示,面对2020年突如其来的新冠肺炎疫情,广大企业积极响应中央和省市区委的号召,守土尽责、主动作为、乐善好施、守望相助,在配合疫情防控工作、防疫物资生产供应、捐款捐赠等方面做了大量工作,为推动疫情防控形势持续向好和经济社会发展大局稳定作出了重要贡献。他代表区委、区政府向全区企业和企业家、管理者、劳动者表示衷心的感谢。

张笑指出,举办党政企"亲清双月谈"活动,主要目的是搭建党政与企业开放、轻松交流的制度化平台，让大家把心里话说出来，真正达到问需于企、问计于企，推动民营经济高质量发展。同时，企业之间也可以加强沟通，互相学习，取长补短，抱团发展。

对于企业家们反映的问题，张笑表示，相关职能部门将会逐一梳理，形成清单，加快跟进，分专题研究解决。他强调，区各职能部门要关心企业冷暖，倾心全力服务，在服务中转变作风、主动作为。要精心打造高品质的政务环境，创新政务服务理念，夯实挂钩帮办制度，提升行政服务效能。要精准推动各项惠企政策落地见效，全力营造浓厚的创新创业氛围，构建更加“亲、清”的政商关系。

【举行“我助妇儿康·儿童伤残救助项目”启动仪式】 6月29日，由省民政厅、省妇女联合会、省残疾人联合会、省妇女儿童福利基金会主办，区委、区政府承办的“我助妇儿康·儿童伤残救助项目”（淮安区）启动仪式举行。省妇儿基金会理事长赵鹏，省妇儿基金会常务副理事长柏志英，省民政厅副厅长周恒新、省残联副理事长胡乃亮，市委副书记张国梁，区领导张笑、蒋必海、彭凯出席活动。

“我助妇儿康”系列项目共涵盖大病救助、母婴健康、妇儿安全、精神关爱和助力发展等五大类十个系列项目。通过整合社会各界力量，策划实施系列公益项目，计划用3~5年时间，累计投入3亿元左右，为我省妇女儿童全方位、全周期的健康成长和发展提供帮助。“儿童伤残救助”项目是“我助妇儿康”系列项目的一个子项目，实施对象为淮安区、淮阴区、涟水县的伤残儿童，通过与民政厅、残联部门及相关康复机构合作，对贫困家庭伤残儿童的治疗进行适当的资助。

区委书记张笑在致辞中说，近年来，淮安区高度重视改善民生，每年坚持把70%的新增财力用于民生事业，城乡低保应保尽保，标准年年提高。先后投入5000万元新建儿童福利院、未成年人保护中心和残疾儿童康复中心。全区镇街、社区全部建立留守儿童关爱之家，农村留守儿童全部建立关爱档案。连续12年开展元旦大型慈善捐赠活动，实施以助学、助医为重点的“明天计划”，困境儿童普遍享受到了政府和社会大家庭的温暖。

张笑强调，儿童是祖国的未来，是民族的希望。残疾儿童是特殊的社会群体，关心和帮助残疾儿童是社会文明进步的重要标志。全省“我助妇儿康·儿童伤残救助项目”是“我助妇儿康”十大系列项目之一，是贯彻落实习近平总书记“健康体魄、健康心理、健康生活、健康发展是新时代广大妇女儿童对美好生活的最大向往”重要讲话精神的具体行动。项目在淮安区正式启动，是帮助淮安区残疾儿童健康成长、融入社会的爱心工程，将有力助推淮安区妇女儿童事业迈上新台阶。

张笑表示，淮安区将以此次启动仪式为新的起点，进一步创新理念、完善政策、健全机制、强化保障，全面实施好残疾儿童康复项目，不断提高残疾儿童的康复质量和服务水平，让更多的残疾儿童成为现代康复医学科技的受益者，帮助更多的家庭摆脱残疾和病痛的阴影，为推动残疾人事业加快发展注入更多的活力和动力。

活动现场为区社会福利院、区康教幼儿园、市社会福利院、淮阴区彩虹雨儿童能力发展中心、涟水县社会福利院、涟水县康乐儿童康复中心进行授牌，设立“我助妇儿康·康康关爱驿站”，并向受助儿童家长代表发放慰问金及康康大礼包。六名爱心企业家向六家“我助妇儿康·康康关爱驿站”各捐赠5万元的教学配套设施。

【举行运河之都——魅力河下夜市嘉年华活动启动仪式】 8月23日晚，运河之都——魅力河下夜市嘉年华活动在千年古镇河下正式启动。市领导周毅、孙虎、王向红，区领导张笑、颜复、蒋必海、关晓卫、王锐、刘震生、夏开封、李晓旭参加启动仪式。

市委常委、宣传部部长周毅宣布“运河之都——魅力河下夜市嘉年华”活动启动。与会领导和嘉宾共同按下启动杆。

副市长王向红表示，2020年以来，受国际经济环境和新冠肺炎疫情影响，我们的发展和消费环境发生了深刻变化。聚力“六稳”“六保”，推动经济发展“双循环”，落实习近平总书记关于“制止餐饮浪费行为”的重要指示，都对我们转变消费理念、优化消费环境、丰富消费业态、提升消费体验提出了新的要求。市委、市政府高度重视促消费工作，出台了专门的促消费实施方案，提出了7个方面20条措施。市委蔡丽新书记亲自挂钩河下特色街区示范点打造，鼓励支持河下发展夜经济，拉动旅游多元化消费。淮安区依托本地资源禀赋，将河下文化与夜经济有机融合，打出了又一张光鲜耀眼的淮安夜经济特色牌,受到各界好评。

区委书记张笑强调,夜经济是城市新的经济增长点,带动城市相关产业发展,丰富城市居民精神生活,是城市形象的重要组成部分,正在成为现代化城市新的消费热点和推动城市社会、经济、文化发展的重要动力之一,也正在成为现代城市居民的生活习惯和消费习惯。作为大运河上的漕盐要津,明清时期的河下店铺林立、仕商云集,丝竹管弦,音乐之声,终日不绝于耳,呈现一派"市不以夜息"的繁盛景象,可以称得上是淮安夜市的"发源地"。近年来,淮安区按照"宜居宜业幸福区"的目标定位,积极响应省市发展"夜经济"的战略号召,依托区位和资源优势,坚持"政府主导"与"市场运作"并重、"彰显特色"与"综合配套"并举、"商业经营"与"文化旅游"互动的思路,从餐、住、游、购、娱等多方面入手,着力打造"夜经济"名片,形成了以河下古镇为中心、辐射全区、业态多元、开放活跃的"夜经济"体系。目前,河下已被列为全市重点打造的特色街区示范点,省级非遗特色小镇创建工作也在有序推进。

张笑表示,下一步,淮安区将继续着力做好政策扶持引导、设施配套完善、投入多元探索、宣传创新跟进"四篇文章",按照"人无我有、人有我优、人优我特"的思路,结合全市"水懂我心、自然淮安"全域旅游战略,合理布局、突出个性、凸显特色,加快构建错位发展格局,努力把河下特色街区打造成全市最具有影响力的品牌夜市。

启动仪式后,与会领导和嘉宾参观了河下夜市。

【"万企联万村 共走振兴路"淮安区—浦口区企村推介签约会】 11月23日下午,淮安区——浦口区"万企联万村、共走振兴路"行动企村推介签约会在宁举行,南京市40家企业与淮安区40个村居签订联建合作协议,总投资近4亿元。区领导张笑、崔步银、王元武、陈祖敏,浦口区副区长王礼文参加签约会。

"万企联万村、共走振兴路"行动是省委、省政府立足"三农"发展面临的新形势、新任务,着眼如期高水平全面建成小康社会、顺势而为开启基本实现农业农村现代化新征程的重大部署,也是全省应对疫情影响,着力推动工商资本投入乡村建设,盘活农村资源要素,促进乡村振兴作出的具体行动。根据省市"万企联万村、共走振兴路"行动部署,淮安区迅速落实,第一时间出台了"万企联万村、共走振兴路"行动实施方案,引导工商资本参与乡村振兴,推动村企供求互补、联合发展,形成多主体参与、多业态打造、多要素集聚、多种功能价值共同实现的城乡融合发展新格局。截至目前,全区已累计达成"万企联万村"意向合作项目295个,涵盖了产销合作型、综合开发型、公共服务型等多个方面。

区委书记张笑对当天成功结对的企村表示祝贺,对浦口区委、区政府对本次活动给予的大力支持,以及长期以来支持关心淮安区发展的社会各界人士表示感谢。他希望以本次企村推介签约会为契机,更多领域、更深层次、更高质量地与浦口区进行全面的对接合作,共谋事业、共创美好。希望南京社会各界继续对淮安区经济社会发展给予大力帮助和支持,推动宁淮挂钩取得更加丰硕的成果。

张笑表示,淮安区将始终坚持用一流的政策、一流的环境、一流的服务,让所有来淮投资者发展放心、工作安心、生活舒心。希望签约的企业能够按照协议约定事项,加快推进各项工作,确保所有项目早开工、早投产、早达效,为推动美丽乡村建设添砖加瓦。

会上,与会人员观看了淮安区农业招商宣传片。区委副书记崔步银作淮安区区情推介。苏嘴镇和博里镇分别作镇情推介。江苏省盐业集团有限责任公司作为合作企业代表发言。

组织工作

【概况】 截至2020年底,淮安区共有2726个基层党组织,党员49 737人,其中男性40 760人,女性8977人;30岁及以下4893人,31~40岁10 565人,41~50岁11 872人,51~60岁12 378人,61岁以上10 029人;在职职工党员23 712人、农牧渔民党员21 118人、离退休党员3300人。2020年新发展党员360名。有区管乡科级干部900人,区管企业领导干部23人。全年共开展专题轮训以及业务培训35次,培训全区各级干部3700余人次;全年共进行各类培训备案311次;参加网络在线学习14 000余人。有党员干部现代远程教育站点356个,实现镇街、村、社区全覆盖。坚持围绕发展抓人才、抓好人才促发展,推动人才工作与经济社会发展深度融合、同频共振。围绕紧缺人才需求,引进博士以上人才12人、硕士75人,其中中国工程院院士领衔创新团队1个。成功组建第十三批科技镇长团。2020年，淮安区在市高质量跨越发展考核中获二等奖。

【基层党组织】 截至2020年底，淮安区基层党组织共2726个，其中基层党委48个，党总支428个，党支部2250个。区委直属党（工）委49个，其中镇、街道党（工）委18个，区直部门党（工）委31个。城市街道党工委3个；城市社区党组织12个，其中党委1个，党总支3个，党支部8个；乡镇党委13个；建制村党组织297个，其中党总支283个，党支部14个。非公企业单独建立党组织88个，党委5个，党支部83个。非公企业联合建立党组织18个，覆盖企业71家。

【区管干部】 截至2020年底，区委管理的乡科级干部900人，其中乡科级领导干部636人（正科职145人，副科职491人），其他正副科级非领导职务264人。另有区管企业领导干部23人、按原职务层次管理及享受原职级待遇干部19人。乡科级领导干部中：女干部78人（正科14人，副科64人），占12.26%；非中共干部18人（正科2人，副科16人），占2.8%，其中民革3人，民盟4人，民建2人，民进4人，九三学社1人，无党派1人；大学学历的469人（正科103人，副科366人），占73.74%，研究生学历的45人（正科24人，副科21人），占7.1%；35岁以下34人（正科2人，副科32人），占5.3%；36~40岁59人（正科8人，副科51人），占9.28%；41~45岁139人（正科24人，副科115人），占21.86%；46~50岁192人（正科41人，副科151人），占30.19%；51岁以上212人（正科70人，副科142人），占33.33%。

【干部队伍建设】 2020年，中共淮安区委组织部与市委党校联合举办全区年轻干部能力素质提升培训班，共计140名乡科级年轻干部、90后优秀年轻干部参加；深化推动创新全区高质量发展讲坛，新时代干部素质能力提升工程专题课程等教育平台载体，累计参学600余人次；与区农业农村局、区委党校联合举办乡村振兴暨脱贫攻坚轮训班，采取“线上+线下”模式，实现2885名基层涉农干部参训全覆盖。坚持政治引领，注重在抗疫一线考察识别干部，采取“四不两直”方式深入卫生、公安及基层防控一线，考察了解干部在疫情防控斗争中的现实表现，择优提拔5名抗疫表现优秀干部。强化正向激励，充分释放职务与职级并行制度政策“红利”，坚持实绩导向，对在高质量跨越发展考核实绩突出及重点一线表现优秀干部优先晋升职级，有力提振全区干部干事创业精气神。着眼干部队伍梯次建设及换届需要，实施年轻干部“铸魂、青蓝、墩苗、荐才、赛马”五大行动，举办年轻干部专题培训班，通过专题授课、素质拓展、无领导小组讨论等方式，对135名乡科级干部及90后干部进行综合素质集训。修订《淮安区机关事业单位中层干部选拔任用工作办法（试行）》，进一步规范中层干部选拔任用，推动干部管理科学化。

【人才工作】 2020年，淮安区引进中国科学院等专家教授10人，成功组建第13批科技镇长团，对接国内知名高校院所完成技术服务46次，协助企业申报项目及专利19项，合作建立研发平台3个。围绕淮安区紧缺人才需求，引进博士以上人才12人、硕士75人，本科672人，其中中国工程院院士领衔的创新团队1个。加大青年人才招引力度，引进“名校优生”46人，招引数量在全市保持前列。推荐入选省“苏北计划”暨“淮上英才计划”急需人才10人，省“三带”乡土人才28人，市“淮上英才计划”领军人才5名、创新团队1个，乡土人才“三带”名人潘宇获评“全国先进工作者”。开展“朝夕缘”新老结对助才成长和“七夕”联谊活动，组织人才赴苏州、常州参加“爱国·奋斗”主题学习。启动人才安居工程，完善子女入学、体检疗养、走访慰问等服务，打造暖心人才集聚发展环境。

【目标考核管理】 2020年，淮安区坚持将平时考核和年终考核结合起来，省市考核办法出台前，参照市季度考核体系，对重点经济指标按月跟踪完成情况、按季开展模拟考核，及时查摆短板指标存在问题，并在全区范围内予以通报。省市考核办法出台后，第一时间对目标任务、责任单位、挂钩区领导进行明确，通过层层压实责任分解，确保考核压力传导到基层最末梢。围绕省市高质量跨越发展要求，结合区委工作会议精神和八大攻坚工作内容，对考核分组、指标设置和奖励激励进行修改和完善，印发2020年度区高质量跨越发展考核办法。建立常态化短板指标推进机制，每季度对省市高质量跨越发展指标进行梳理和盘点，深入分析研判考核形势，聚焦短板弱项，明确应对举措，并对相关落实情况开展跟踪督查。

表77　　2020年淮安区组织工作获市级以上表彰一览表

单位（姓名）	表彰内容	表彰单位
江苏施塔德电梯有限公司党支部	淮安市先进基层党组织	中国共产党淮安市委员会
潘宇（淮安区博里镇文化站农民画兼职辅导员、正研究员级馆员）	全国先进工作者	中国共产党中央委员会
杨勇（淮安区漕运镇中太村党总支书记、村委会主任）	淮安市优秀共产党员	中国共产党淮安市委员会
周观林（江苏康乃馨纺织集团党委书记、董事长兼总裁）	淮安市优秀共产党员	中国共产党淮安市委员会
张秋明（淮安市淮安区疾病预防控制中心副主任）	淮安市优秀共产党员	中国共产党淮安市委员会

【重特大产业项目建设】 2020年，淮安区全面落实全市重特大产业项目攻坚年活动，推动招商引资工作和重特大产业项目建设取得新突破。实施计划开工项目周报机制，每周五对项目本周工作完成情况、下周工作计划进行收集，实时跟踪项目建设进度。建立ABC分类管理制度，每月对计划开工项目手续办理情况、在建项目建设进度进行跟踪督查，对手续办理缓慢、建设进度滞后项目进行通报提醒，推动项目早开工、快建设。深化重特大产业项目“三单一报”督查措施，对督查跟踪发现问题，及时印发交办单、提醒单、督办单、制发督查通报，制定推进方案，分类集中会办解决，全力推动重特大产业项目稳步实施。2020年，全区重特大产业项目建设排全市第五名。

（李　凯）

巡察工作

【概况】 2020年，淮安区委巡察机构共开展3轮常规巡察、2轮回访督查和1轮“六保”专项巡察，完成对国有企业、经济发展平台、政法系统、宣传条线、文化旅游、财经单位、常委部门等行业系统共33个部门单位、17个村（社区）的巡察，发现“三个聚焦”方面问题551条，撰写专题报告12篇。推进“人民满意巡察”创建、“1+3”联动监督2个年度重点项目，中国纪检监察报头版先后2次介绍淮安区相关经验。截至2020年底，完成72家单位、274个村（社区）的巡察任务，完成一届任期内84家党委（党组）巡察全覆盖任务的86%、338个村（社区）巡察全覆盖总任务的81%。

【责任落实】 2020年，淮安区委巡察机构助力区委落实好主体责任。先后3次向区委常委会汇报巡察工作进展，提请常委会研究解决重点问题。4月27日，区委常委会传达学习习近平总书记在中央政治局审议《关于2019年中央巡视工作领导小组重点工作情况的报告》会上的讲话、省市巡视巡察工作会议等重要精神，对全年巡察工作进行整体安排。5月22日，区委常委会专题学习省委落实“六保”任务专项巡察工作动员部署会会议精神，就做好淮安区专项巡察工作进行部署。助力区委主要领导落实好第一责任人责任。牵头制定《市委提级巡察“回头看”施河镇、河下街道六个村（社区）整改落实方案》，推动成立由区委主要领导任组长的整改工作领导小组。将巡视巡察反馈问题整改纳入全区高质量发展目标考核，制定相关考核细则。市委提级巡察区公安分局反馈的42个问题整改40个，集中整改阶段整改率达92.9%，省委乡村振兴战略专项巡视反馈涉及淮安区4个问题全部整改完成，市委危房改造专项巡察、脱贫攻坚专项巡察、农房改善专项巡察、提级巡察经济开发区反馈问题整改率均达100%。制定《贯彻以人民为中心理念撰写巡察报告方法指引》，对巡察报告整体布局、问题表述、责任界定进行系统规范，将巡察移交线索“五方会审”时间提至领导小组会后2个工作日。助力区委巡察工作领导小组落实好组织实施责任。制定淮安区委《2020年度巡察工作要点》，规范召开领导小组会，领导小组成员对各组巡察报告逐一审议，提出修改建议。全年领导小组成员参加巡察反馈会、动员会60多人次，向分管或联系区领导反馈巡察意见40多份，推动相关区领导参加巡察反馈问题专题民主生活会、约谈被巡察单位负责人30多人次，传递工作压力，2020年巡察反馈的39家被巡察单位在集中整改阶段整改率达85%以上。加大共性和典型问题整改推进力度，专题汇报合作社财务管理失控、国有企业资产出租混乱等共性问题13个，形成将农村新型合作社财务纳入“阳光财务”监管平台等17个较大的整改成果。

【“人民满意巡察”创建】2020年，淮安区委巡察机构倡导面对面巡察，将实地考察、一线调研、交心访谈作为主要巡察方式，提升访谈调研质量。下发《关于建立巡察“数字化”民意采集端口的通知》，指导巡察组将选人用人等方面的意见采集需求，转化为“意见采集、问卷调查、满意度测评”二维码，将意见征集二维码附在巡察公告上，通过淮安区发布、单位工作交流群等网络载体平台，扩大意见征集范围。采取公开选聘与单位推荐相结合的办法，从民生记者、公益律师、网站版主等群体代表中，公开选聘317名“人民满意巡察”监督员，制定《“人民满意巡察”监督员反映问题建议管理规范》，让监督员正确认知巡察、会提意见。12月19日，邀请淮安名城网新闻版主高三柱、淮安区华瑞纸制品厂厂长谷宝林等11名监督员开展座谈。下发《关于依托智慧巡察系统建立问题来源数据库的通知》，在问题底稿中增加问题提出者、当事人信息栏。组织开展人民满意巡察整改项目和整改示范村“双十佳”评选，38个巡察整改项目累计有32.36万人（次）、16个整改示范村累计有26.53万人（次）参与项目评比。

【联动监督】2020年，淮安区委巡察机构将构建“1+3”联动监督协调机制项目与委机关“一体推进‘三不’机制攻坚行动”、区委作风攻坚行动有效衔接，常态化开展巡察移交满半年问题线索动态“清零”活动。开展回访督查，分两轮对水利局、交通局、工信局等25个巡察反馈满半年单位开展回访督查，整改群众好评率全部在98%以上。开展对村（社区）巡察整改质效提升行动，推动337件重点难点问题取得实质性整改进展，挽回经济损失120余万元。5个巡察组分片选取84个村（社区）开展整改述职评议，在述职会上对巡察指出的重难点问题整改情况现场进行群众满意度测评，群众满意度达95.79%。

【队伍建设】2020年，淮安区巡察机构共有在岗在职公务员24名，长期借用人员4名。出台《关于推进区委巡察办区委巡察组一体化建设合力提升巡察监督质效的实施办法（试行）》。建立“两个报告”撰写、“四位一体”目标考核、“人民满意巡察”创建、信息宣传、临时性突击任务五项办组协同任务清单。开展“巡察尖兵”评比活动和“讲巡察故事”“谈巡察经验”演讲竞赛，激发办组工作活力。与区委组织部联合下发《关于选派机关事业单位人员参加区委巡察工作的通知》，全年从54个单位抽调80名同志参与巡察。“六保”专项巡察期间，一周内完成队伍组建工作，县区当中第一家召开动员会。

【信息宣传】2020年，淮安区巡察机构共完成信息宣传任务34篇，其中中纪报2篇，中央纪委国家监委网站1篇，党的生活3篇，新华日报6篇，江苏纪检监察信息综合刊3篇。

（史秋园）

宣传工作

【概况】中共淮安区委宣传部是中共淮安区委主管意识形态的综合职能部门，负责指导全区理论研究、理论学习、理论宣传工作，配合区委组织部做好党员教育工作；负责引导社会舆论，指导、协调区内新闻单位工作；负责指导、监督和管理全区网络新闻宣传；负责从宏观上指导全区文化艺术工作和精神产品的生产；负责规划、部署全区性的思想政治工作，会同有关部门加强和改进基层宣传思想工作；负责指导、协调和组织全区社会宣传工作；负责全区精神文明建设工作的规划和组织实施；负责全区对外宣传工作的总体规划；受区委委托，与区委组织部共同负责考察、了解区宣传文化系统单位的领导干部；管理区宣传文化系统的中层干部；负责全区新闻和政工职称评审；负责宣传贯彻落实宣传思想文化事业发展的指导方针，并提出的具体贯彻意见。宣传部内设6个职能科室，共有干部职工19人。

【中心组学习】2020年，淮安区委宣传部印发《2020年全区党委（党组）理论学习中心组专题学习计划》《2020年度区委中心组学习方案》等制度文件。采用专家授课、交流研讨、观看警示教育片等形式，围绕开展《习近平谈治国理政》第三卷、脱贫攻坚全面小康、意识形态等内容组织区委理论学习中心组集中学习12次。代表淮安市在苏北片区座谈会上就理论学习中心组学习情况作交流发言。建立中心组巡学旁听制度,制发《淮安区党委(党组)理论学习中心组巡学旁听实施方案》,巡学旁听覆盖率达100%。创新打造终身学习品牌——“翔宇论坛”,每两个月举办一期,邀请涵盖经济、科技、文化、政治等各领域国内一流的专家学者授课,不断提高全区党员领导干部思想政治素质、理论知识素养、实际工作能力和个人品格修为。

【理论宣讲】 2020年,淮安区委宣传部组织开展2019—2020年度基层党员冬训工作,统筹做好党的十九届五中全会精神宣讲各项工作。深入开展“我身边的小康——习近平新时代中国特色社会主义思想基层行”主题宣讲活动。组织举办淮安区百姓名嘴“云宣讲”比赛。常态化完成“学习强国”学习平台下载率不低于80%、每日活跃度超过90%的目标,被“学习强国”江苏平台采用稿件198篇。代表淮安市在第七期“守正道创新局”县(市、区)委宣传部部长讲坛电视电话会议作“学习强国”推广使用经验交流。在“视听淮安”公众号和淮安区新闻网开设“理论宣讲”和“理论众读”两个专栏,在“文明淮安区”公众号开设“学习汇”理论专栏,上传理论文章180余篇。开展世界地球日、红十字博爱周、国家安全教育日、世界读书日等社科普及活动。结合“有机宣传认证周”在苏嘴生态园启动淮安区第十七届社科普及知识周活动,组织近5万余人次参与江苏省第十七届社科普及知识竞答活动。

【意识形态】 2020年,淮安区委宣传部开展年度基层党(工)委书记抓意识形态工作述职评议和镇(街道)、区直部门意识形态工作责任制考核。制发《淮安区委常委落实意识形态工作责任制责任清单》《2020年淮安区意识形态工作要点》《2020年度全区意识形态工作考评实施细则》《淮安区维护意识形态安全专项行动应急预案》等制度文件。开展维护意识形态安全专项行动,形成维护意识形态安全工作报告。制发《关于进一步加强对论坛、讲坛、讲座、年会、报告会、研讨会等阵地管理的实施意见》文件,开展2020年度淮安区讲座、论坛、报告会等意识形态阵地的报备工作。做好意识形态专项检查,针对巡察所指出的相关问题,对被巡察单位下发意识形态问题交办单,督促及时整改落实。

【新闻宣传】 2020年,淮安区委宣传部紧贴中心开展疫情防控和经济社会发展成果宣传。疫情防控期间,在中央、省、市媒体推出近300篇稿件,为全区疫情防控工作营造良好舆论氛围。“淮安区农村综合改革试点村分红”“‘致敬老兵’专场观影活动暨‘寻访抗美援朝老兵’全媒体新闻行动”等活动,被中国新闻社、《新华日报》等主流媒体报道,全年市级以上媒体用稿2000余篇。全市首家与江苏省广电总台新闻中心联合开展荔直播扶贫助农系列活动。注重典型宣传,用典型引路。中央广播电视总台3个频道4次报道“货车侧翻酒水散落石塘镇村民帮清理”事迹。坚持正确舆论导向,全年指导各有关单位举办新闻发布活动18场,位居全市前列。加强队伍建设,为新闻舆论工作提供人才支撑。加强融媒体中心建设,完成融媒体中心建设省级验收。

【舆情引导】 2020年,淮安区委宣传部在疫情期间稳妥处置网络舆情,第一时间启动新型冠状病毒舆情管控应急预案,建立健全反应灵敏、协调有序、运转高效的应急处置机制,实行24小时全天候值班值守,共收集有关疫情舆情1788条。联合公安分局网安大队处置有关疫情谣言8起,同时在属地网站及时发布辟谣信息。通过“淮安发布”公众号“防控问答”栏目,共受理回复1249个问题,及时处置反馈网民咨询的疫情防控期间出行及复工等民生问题。全年累计报送舆情直报点143条,获评全市2020年度网络舆情直报工作先进集体。组建50余人的网络举报工作志愿者巡查队伍,全年报送互联网违法和不良信息12000余条、政治类有害信息2161条、非法金融类有害信息2261条。共上报网评文章145篇,市办采用68篇,省办采用9篇;上报网宣文章180篇,市办采用120篇,省办采用6篇。开展“大道康庄——人民网全媒体调研行”活动,共宣传报道作品十余篇。举办“网络安全暨舆情素养”专题培训,提高各级党政领导干部网络安全及舆情素养工作水平,维护全区网络空间清朗。深入开展网络意识形态分析研判和网络生态治理以及“清朗2020”专项行动等工作。联合网安部门以及第三方监测机构,深入开展“网安2020”淮安区行动,共处置网络安全事件31起。召开新媒体人士座谈会,邀请全区互联网企业从业人员、网络大V、网络红人等23家网络新媒体，共同探讨共建共享风清气正的网络空间。网络安全宣传周期间在恩来社区开展"网络安全宣传进社区"活动。

【主题宣传教育】2020年，淮安区印发《淮安区贯彻落实〈新时代爱国主义教育实施纲要〉加强爱国主义教育行动方案》，扎实推进全区爱国主义教育。举办弘扬周恩来精神宣讲21场。组织文化科技卫生"三下乡"活动60余场。开展20余场践行社会主义核心价值观系列活动。在全区摸排3人获评省级以上先进典型，1人参加全省抗击新冠肺炎疫情先进事迹报告会，承办江苏"最美大学毕业生""最美基层共产党员"2场省级先进典型电视发布会录制工作。

【群众文化活动】2020年，淮安区作家于兆文、余滔创作的长篇报告文学《天路淮军》获得第四届江苏省报告文学奖金奖。成功举办淮安区首届作家春晚。创作《大胡庄·1941》《横沟暴动》等长篇小说。省委宣传部组织的第二批群众文化"百千万"工程推选认定和首批复核中，淮安区李顺来、王建明、方向东3人分获优秀群文骨干称号，首批优秀群文团队淮安区阳光艺术团和优秀群文骨干金矿、季玉通过了江苏省首批群众文化"百千万"工程复核，保留称号。开展"文明居家·'艺'起战'疫'"主题作品征集，共征集到各类作品552件，其中232件作品获奖，23件作品获一等奖。先后在江苏省"学习强国"平台推出淮安区文艺战"疫"作品专题报道5篇，博里农民画《疫情防控不误农时》在《人民日报》（海外版）刊登。组织农村电影放映3600余场，"幸福淮安"线上、线下惠民演出100余场，下基层文化文艺小分队活动50余场。

【文化事业产业】2020年，淮安区年度累计新增18家文化列统企业，淮安市玉兄刺绣文化服务有限公司参加中国（南京）文化科技融交会。寻求上级智力和资金支持，共创草坪、声屏传媒两家企业成功获得市文化产业引导资金。策应淮安市委市政府主办的著名作家"运河之都淮安行"采风活动，组织吴义勤、施战军、范小青等知名作家在淮采风。配合做好大运河形象标识导入系统相关工作，协助做好大运河文化主题视频拍摄及大运河文化采风调研。推进京杭运河绿色现代航运示范区（淮安区段）、竹巷西街改造、盘粮厅保护等重点工程项目建设。

【新闻出版】2020年，淮安区委宣传部开展淮安吴承恩读书节系列活动，包括"农民读书节暨全民阅读春风行动"、农家书屋"寻访红色足迹 阅诵小康时代"主题阅读、区级机关"践行恩来精神 牢记初心使命"主题阅读等各级各类阅读推广活动达750多场次，全民阅读指数大幅提升，处于全市第一方阵。在全市率先建成16个有声农家书屋，四星级农家书屋占比达20%。设立"扫黄打非"基层站点349个，深入开展"净网""秋风""护苗""清源""固边"五大行动，开展校园及周边文化市场专项集中检查8次。出版行业服务质量进入全市先进行列，江苏康乃馨织造公司获评省优秀版权作品产业转化重点培育项目。完成著作权作品登记1300余件。

（徐　晶）

统战工作

【概况】2020年，淮安区统一战线落实中央和省、市、区委关于新时代统战工作的决策部署，以统战工作"高质量提升年"为

表78　2020年淮安区委宣传部获市级以上表彰一览表

姓名	表彰内容	表彰单位
徐殿忠	淮安市创建全国文明城市工作先进个人（个人三等功）	中国共产党淮安市委员会、淮安市人民政府
亢金彪	淮安市创建全国文明城市工作先进个人（嘉奖）	中国共产党淮安市委员会、淮安市人民政府
孙　苏	淮安市创建全国文明城市工作先进个人（嘉奖）	中国共产党淮安市委员会、淮安市人民政府
刘建睿	淮安市创建全国文明城市工作文明市民	中国共产党淮安市委员会、淮安市人民政府

表79　淮安区委宣传部基层单位名录

单位名称	基层单位名称
中共淮安区委宣传部	淮安区互联网舆情中心

主题，着力打造“统战+”工作品牌，聚焦抗疫、服务、扶贫“三项重点”，发挥“统”的作用，增强“战”的意识，推动统战工作提质增效走前列，为全区高水平全面建成小康社会汇聚统战智慧和力量。

【思想政治引领】 2020年，淮安区委统战部引导区各民主党派、无党派人士常态化开展“不忘合作初心，继续携手前进”主题教育活动，组织统一战线成员参加党的十九届五中全会精神专题培训会，不断凝聚思想共识，切实增强“四个意识”，坚定“四个自信”，坚决做到“两个维护”。

【疫情防控】 2020年，淮安区委统战部带领全区统一战线以统“心”统“德”开展“抗疫说唱行”活动，制作“聚人心、同风雨、战疫情”抗疫宣传片三期，创作抗疫诗歌《守望春天》，制作《风雨同舟》抗疫MV，引导区广大统一战线成员累计捐赠抗疫资金413万元、口罩约4万只、消毒液4000斤、医用酒精1000斤、消毒用酒精凝胶50箱、含氯液体消毒剂80箱，50余名党外人士战斗在隔离病房、发热门诊、联防点位等疫情防控第一线。

【多党合作制度】 2020年，淮安区委统战部组织与各民主党派、无党派知联会座谈会、通报会和专项视察活动6场次，协商制定《淮安区民主党派、无党派知联会工作效能评价方案》，为支持区各民主党派、无党派知联会加强自身建设提供制度支持。对照工作序时，向区委、区政府有关部门就联系交友、对口联系、党外特约人员工作发出工作提醒函6次，推进全区多党合作工作规范化和具体化。

【民营经济统战工作】 2020年，淮安区委统战部牵头建立全区民营经济统战工作协调机制，具体实施政企沟通协商各项重要活动，研究部署跨部门协作的工作任务。搭建“亲清双月谈”座谈活动平台，畅通和拓宽党政企沟通渠道，全年组织活动4期，累计帮助企业解决各类困难76件，解决过桥资金4.2亿元，通过组织银企对接，共为企业提供新增授信4.3亿元、延期展期贷款7.6亿元、续贷转贷25.5亿元，为助推企业健康发展营造环境、保驾护航。开展异地商会交流工作，与上海市淮安商会、苏州市吴中区商会缔结友好商会，促进地区间经贸交流。开展“栋梁工程，光彩助学”“送清凉，光彩节”等活动，累计发放资助金52万元，惠及全区130余名学生。扎实推进“万企联万村，共走振兴路”行动，全区有274个涉农村(居)成功签约295个100万元以上村企联建项目，其中淮安本地民营企业参与联建项目187个。

9月14日，淮安区召开光彩事业促进会第三届理事会换届大会
(区委统战部　供图)

【民族宗教领域统战】 2020年，淮安区委统战部扎实开展民族团结进步工作，建立省级、市级红石榴家园各一个，市级深化少数民族“五项关爱行动”，帮助50人次少数民族家庭解决上学、就业等问题。全市首家挂牌少数民族法律援助工作站。强化宗教场所规范化管理，制定《淮安区宗教团体、宗教活动场所重大事项请示报告制度》，成立基督教财务管理中心。完成全区宗教场所布局规划，进一步织牢区、镇、村三级管理网络，深化基督教专项治理，完成46个场所撤并核销程序，依法取缔3个私设聚会点。全面启动佛道教去商业化工作，制定实施方案并专题部署，推进宗教场所规范化建设。开展“和谐寺观教堂”“十佳宗教教职人员，十佳好公民、好信徒，十佳场所负责人”评选活动，推动

表80　　2020年淮安区统战部获市级以上表彰一览表

姓名	表彰内容	表彰单位
王强翔（江苏共创人造草坪股份有限公司董事长）	2020淮安年度经济人物	中国共产党淮安市委员会、淮安市人民政府
周观林（江苏康乃馨纺织集团董事长）	2020淮安年度经济人物	中国共产党淮安市委员会、淮安市人民政府
孙德聪（南宝新材料（淮安）有限公司董事长）	2020淮安年度经济人物	中国共产党淮安市委员会、淮安市人民政府

宗教管理人员队伍素质不断提升。开展宗教领域扫黑除恶工作，区民族宗教局被授予“行业监管百日攻坚夺旗行动优胜单位”。夯实宗教安全工作，严格排查场所安全隐患，共销号安全隐患700多个。

【新的社会阶层人士统战】 2020年，淮安区委统战部着力强化新的社会阶层联合会组织建设，探索网络化、社会化的工作方法，加强线上沟通、线下联谊，不断创新组织活动和联谊交友形式，推进新的社会阶层人士统战工作实践基地建设增强工作实效。

【港澳台及海外统战工作】 2020年，淮安区委统战部积极参与和开展各项海外联谊活动，广泛联系港澳台地区的爱国人士，支持爱国力量发展壮大，筹划成立香港淮安区联谊会，深化在港淮安区籍人士的联谊交流。开展侨台情普查活动，夯实侨情基础数据。推进台资高地建设，成立区对台工作领导小组，践行101%服务理念，开展区内台资企业走访调研活动，核定区内正常经营29家。疫情期间主动作为，深入台企了解复工复产实际困难，共帮助企业解决困难27件。

（邱婷婷）

机构编制

【权责清单调整】 2020年，淮安区委编办梳理发改、住建等12个部门权力调整事项。新增的权力事项，同步编制了责任事项、依据、追责情形、免责情形等；划转的事项，明确了衔接工作。清单已对外公布。结合赋予镇街行使权力事项，对民政、卫健等7个部门13项权力事项进行动态调整。

【“三整合”改革推进】 2020年，淮安区在“一办五局一中心”基础上因地制宜增设1~2个职能机构，整合原有5个事业单位为1个事业单位，人员统筹使用。加强审批服务综合执法一体化平台建设，整合镇街各类信息化管理平台。推动资源下沉，区内调剂编制下沉至镇街行政编制20名、事业编制70名、人员16人，镇街用编计划不低于全区总指标的1/3。扎实制定镇街《权力清单和责任清单》，对法定权力部分91项和下放的审批类权限部分13项予以明确；完成镇街“三定”规定，制定镇街《属地管理事项主体责任和配合责任清单》。明确镇街权力行使主体，下放审批服务类事项19项。

【安全生产机构建设】 2020年，淮安区委编办落实区安委办机构设置。明确区安全生产委员会办公室设在区应急管理局，增设内设机构“区安委办综合协调和督查科”，承担区安委办的具体工作，核增相应领导职数，内部统筹调剂相应编制。增强开发区安全监管力量。明确开发区安全生产委员会办公室设在开发区综合行政执法局，核增相应领导职数，用于加强安全生产监管，明确配备专职工作人员。在15个重点部门设置“安全生产监督管理科”，46个单位增挂“安全管理科”牌子，编制54个单位174项安全生产职责清单。

【镇街卫生机构调整】 2020年，淮安区在乡镇优化布局后，将全区25家驻地镇医疗卫生机构相应调整，更名为“淮安市淮安区××镇（中心）卫生院”、非驻地镇医疗卫生机构更名为“淮安市淮安区××镇××卫生院”、驻地街道医疗卫生机构更名为“淮安市淮安区××社区卫生服务中心”、非驻地街道医疗卫生机构更名为“淮安市淮安区××街道××社区卫生服务中心”。成立淮城社区卫生服务中心，核定事业编制60名。

【事业单位编制调整】 2020年，淮安区调剂事业编制118名，用于民生领域和经济发展重点机构保障。成立农村产业融合发展示范园管理服务中心、婚姻登记服务中心、政府便民热线服务中心、社会信用建设管理服务中心、小微企业金融服务中心等事业单位。根据全区教育事业发展需要,区教体局申请对全区教职工编制重新调整,按照“师生比、班师比”相结合原则,从白马湖中心小学等36家生源减少且有空编学校调剂748名编制至红军小学、新安小学等20家生源增加、亟需补充教师的学校。

机关党建

【党员思想教育】 2020年,淮安区机关工委举办“党的十九届五中全会精神”主题宣讲4期,开展书记上党课、走进刘老庄实境课堂、知识竞赛等系列活动10余次;组织机关党员参与全省“学用新思想”竞赛活动,网上答题、线下对抗,累计答题逾千人次;向支部派发《党的十九届五中全会〈建议〉学习辅导百问》共计125本,向机关党员派发《习近平谈治国理政第三卷》共计1911本,实现广大机关党员学习新思想和十九届五中全会精神全覆盖;建立巡学旁听机制,加大对26家单位的学习督导,推动党组(党委)理论学习中心组学习规范化。工委直属各党组织开展形式多样的“新思想新精神”主题教育活动,强化意识形态工作,机关党员干部的“四个意识”普遍增强,“四个自信”更加坚定,“两个维护”行动坚决,思想政治建设取得明显成效。

【基层组织建设】 2020年,淮安区机关工委先后举办机关(城区)入党积极分子培训班、预备党员跟踪教育培训班和机关党务干部培训班,对近200名积极分子进行了为期3天的集中培训,择优发展党员24名,对60余名预备党员进行了跟踪培训,对区级机关党务干部56人开展了4期轮训,进一步提高党务干部履职尽责能力、管党治党能力、解决问题能力和服务群众能力。带头落实机关基层党组织工作条例,按时保质开展“三会一课”、民主生活会、民主评议党员、谈心谈话等党内组织生活;全面督促推动支部按期换届;开展建党99周年“七个一”系列活动;建立困难党员、老党员慰问制度;做好党费收缴、党员结转等工作;建立健全党内激励机制。组织开展支部工作季度互查和年度考核,开展区级机关“两优一先”评选,表彰优秀共产党员110名、优秀党务工作者20名、先进机关党委6个、先进党总支6个,先进党支部8个,营造崇尚先进、争当先进的良好氛围。

【服务大局】 2020年初,淮安区机关工委开展“抗疫先锋”行动,组织100多名机关党员深入疫情防控关键点开展抗疫工作,组织机关党员为抗疫捐款75.73万元。扎实开展“1+4”特色主题党日活动,其中在“党建绿色行”活动中义务为乡村植树1000余棵,“党建助特行”活动中认领帮扶淮安市第二特校聋哑儿童8名。全力助推全国文明城市创建,开展区级机关“创建文明城、党员做表率”行动,机关2千余名党员深入挂包路段、社区、商铺,积极开展爱国卫生义务劳动、文明大走访,工委负责督查推进区级单位助创工作,为创成全国文明城市贡献了力量。注重工作创新创优,牵头申报创新创优项目3个,获评一等奖1个、三等奖1个,有效推动党建工作与高质量跨越发展、营商环境优化、文明城市创建、脱贫攻坚等重点工作相融相促。

【正风肃纪】 2020年,淮安区机关工委推进廉政文化进机关,举办2期党纪党规专题培训,开设“党员干部要当好新时代全面从严治党的模范践行者”专题讲座,组织党员观看周恩来家风家规专题片《初心如磐》警示教育片等;组织千名机关党员在线学习党章党规知识,实现系统测试达标率100%;随机抽选200名党员参加“党章党规伴我行”线下知识竞赛,表彰42名优胜者;组织党员走进红色基地,引导党员干部自觉提升党性修养、保持作风纯洁。严格监督执纪问责,全年协助审理备案党员违纪案件3件,其中企业党员1名。抓好巡察反馈意见整改落实,持续纠治形式主义、官僚主义。开展激发机关党员“担当作为做表率”专项行动,把机关作风建设聚焦到服务发展大局上,把各方力量汇聚到狠抓工作落实上,形成求真务实、清正廉洁的新风正气。

【党建活动】 2020年,淮安区机关工委组织开展“学习伟人周恩来 践行‘五德’做表率”主题活动,引导全区机关广大党员干部学习总理当表率,立足岗位作奉献。深化“三优三满意文明机关”、恩来先锋岗(窗口)等创评活动,推进机关单位和“窗口”部门服务水平全面提质。举办2期“激情飞扬、活力机关”

掼蛋比赛，300多名机关干部参加了活动；关心干部职工身心健康，建成机关健身活动中心，创成市级“职工书屋”示范点。弘扬和践行社会主义核心价值观，持之以恒推进移风易俗，开展机关党员“崇尚勤俭节约、反对铺张浪费”专项行动，制发《关于在全区机关开展“制止餐饮浪费 机关先行”活动的通知》和“制止餐饮浪费 机关先行”倡议书，以良好机关作风引领社会风尚。

（谷　淼）

党校工作

【干部培训】 2020年，淮安区委党校联合区委组织部举办年轻干部能力素质提升专题班，联合区农业农村局举办3期乡村振兴两委干部培训班，举办区林业干部综合素质能力提升班。扎实做好冬训等送教辅导工作。在2019—2020年度基层党员冬训工作中，区委党校组织四名教员作为区委冬训宣讲团成员分赴各镇、街道、机关、企业、学校、军营，宣传习近平新时代中国特色社会主义思想、党的十九届四中全会精神，送教宣讲近20场次，受训的基层党员干部5000多人次。先后接待泰兴市、南京市六合区等党校培训班5期250人，在做好服务工作的同时，为他们开设周恩来精神党性教育专题讲座。组织教员开展教学新专题研究开发。2020年开发教学新专题3个，其中一个教学新专题在淮安区干部教育培训精品课程评选比赛中获二等奖。

【理论科研】 2020年，淮安区委党校参加省市党校系统科研课题研究，课题组按计划提交了调研报告。组织教员参加市委党校开展的学习党的十九届四中全会精神理论研讨会暨科研骨干能力培训班，通过系统学习，聆听专家教授专题辅导，同行相互交流切磋，开拓了参学老师视野，提升了科研水平。

（张天剑）

党史工作

【党史编研】 2020年，淮安区党史工委做好改革开放新时期党史专题材料编写工作。继续开展新时期淮安区党史研究和编撰工作，做好《改革开放纪实》专题编写工作，完成了《淮安区改革开放纪实》第三卷编写工作。参与江苏省第二届红色故事宣讲大赛，编写《党建引领的好支书杨勇》《小康路上的领头雁》《小康路上的圆梦使者颜正明》《“共创”辉煌——王强众》等故事作为参赛作品，讲好先进典型在逐梦伟大时代、共创美好生活的奋斗实践的故事，反映美好生活，讴歌新时代。参与省党史工办、省政府扶贫办联合举办的“扶贫路上 有我同行”征文活动。

【党史宣传】 2020年，淮安区党史工委以《全面小康话党史》为题，在《淮安区报》陆续刊载改革开放系列文章。在中国人民志愿军抗美援朝出战70年之际，在淮安党史研究刊物上发表《保家卫国　万众一心》纪念文章，铭记历史，传承爱国主义精神。收集淮安区代表性的红色资源资料，围绕新安旅行团、车桥战役等选题，策划拍摄《记忆100》纪录片。开展红色爱国主义教育基地排查，进一步做好基地利用和协调管理。

老干部工作

【老干部工作会议】 2020年，淮安区召开各类会议推进老干部工作。5月25日，区委书记张笑主持召开老干部座谈会，听取老干部对淮安区经济社会发展的意见和建议。6月29日，淮安区委老干部局党支部开展迎“七一”主题党日六项活动。12月25日，区委书记张笑主持召开“十四五”规划老干部座谈会，向老干部通报“十四五”规划编制情况，征求老干部意见建议。

【生活保障】 2020年，淮安区老干部局按照要求确保离休费、医药费保障机制和财政支持机制有效运行，确保老干部生活待遇得到全面落实，确保破产改制企业老干部管理服务到位。2020年，淮安区老干部局走访慰问老干部，本着“特事特办”的原则，及时向区委、区政府汇报，对生活困难、身患重病的老干部，予以特殊照顾。规范信访工作目标管理责任制的考核评比工作，使之经常化、制度化和科学化。站在维护大局稳定，构建和谐社会的高度，把老干部反映的“焦点、难点、疑点”问题纳入重要工作日程，增强老干部工作人员来信来访工作的紧迫感和责任感，真心实意地为老干部办实事。

【老干部活动】 2020年9月28日，淮安区老干部局在施河镇好人广场举行淮安区退休医疗专家“送医疗服务，助力健康惠民”活动启动仪式。通过组织淮安区资深医疗专家深入乡村、社区，围绕新冠肺炎疫情防控、常见疾病预诊等为广大农民群众提供义务诊疗、健康指导和咨询等服务。9月3日，淮安区委老干部局成立慰问组，走访慰问全区19名抗战老兵。10月22日，区委老干部局在老干部活动中心举办“庆重阳 话发展”老干部茶话会，送去区委区政府对老干部的节日问候。

（何 婷）

关心下一代工作

【“爱党爱国 立德立行”主题教育活动】 2020年，淮安区各级关工委运用微信、QQ等平台开展形式多样的线上教育。各镇街关工委组织“五老”进校园、进班级进行宣讲。在全区开展“颂时代楷模，赞中国精神”活动，在线上线下广泛开展讲抗疫故事活动。辅导站组织学生编写抗疫英雄故事，在班级进行宣讲交流。区关工委组织专人将援鄂护士孟芹抗疫事迹整理出来，在《薪火》杂志、《淮安区报》刊载，组织12场事迹报告会。在全区开展“颂时代楷模，赞中国精神”朗诵比赛，并选送选手参加市关工委组织的演讲比赛，获得特等奖。清明节组织网上祭奠英烈、网上发表纪念文等。教体局关工委组织青少年参加教育部关工委组织的“新时代好少年”主题教育读书活动，102名师生获得征文奖和指导奖，4所学校获活动示范学校称号。

【疫情防控】 2020年，淮安区关工委组织“五老”参与入户排查、卡扣值守、联防联控、宣传抗疫知识、捐款捐物，支持子女奔赴抗疫一线，为困境儿童送抗疫物资，为困境儿童解决网络及电脑问题，确保每个孩子都能正常上网课。

【青少年帮扶帮教】 2020年，淮安区关工委为全区105所中小学全部配齐法制副校长，开展法制教育。建立230多个“五老”帮教小组，帮教问题青少年。组织190多名“五老”开展网吧义务监督，杜绝未成年人进网吧。组织调研小组先后到区检察院、区法院、区公安分局进行调研，上门了解预防和减少青少年犯罪工作情况，实地察看。举办全区2020年“春雨润山阳，和谐满校园”中学生网络法律知识竞赛，27 761名中学生参与，有280名获得一、二、三等奖和优胜奖。法制报告员潘恒球全年讲法制故事52场。

【育人阵地建设】 2020年，淮安区关工委在疫情期间，采用小型或线上形式进行校外教育辅导。成立全区留守儿童、孤困儿童校外教育辅导工作领导小组，和教体局联合下发《关于进一步推进2020年暑期“留守儿童”教育辅导工作的意见》，对暑期辅导站工作提出明确任务和具体要求。落实暑期辅导站专项经费50万元，全区参加辅导的学生达7000多人。在省辅导站工作表彰中，淮安区2个优秀辅导站、4名优秀辅导员受到表彰。在省辅导站优秀活动视频展播中，淮安区拍摄的记录校外辅导站的暑期活动专题片《润物无声胜有声》获得特等奖。

【关爱弱势群体】 2020年，淮安区关工委在全区组织6000多名“五老”结对关爱5500多名留守儿童和孤困儿童，4000多名“五老”为留守儿童做代理家长。区关工委通过省市千人助学计划、“冰凌花”奖学金、市关心下一代基金等渠道资助留守儿童、困境儿童共250余人，资助金额计16万元。苏嘴镇关工委老同志组成的爱心团队，募集23万多元，资助36名大学生、100名中小学生。席桥镇关工委同上海量健集团联系，资助中心小学10万元，牵手孤困儿童40人，每人资助1200元，100名小学生每人发放一个大礼包。

【“党建带关建”工作】 2020年，淮安区关工委配齐配强基层关工委班子，充实调整关工委工作队伍，完善各项制度，强化工作保障。19个建立党委的机关单位建立关工委。全区民企关工委开展“外学江阴，内学康乃馨”活动。

表81　　2020年淮安区关工委获市级以上表彰一览表

姓名	表彰内容	表彰单位
王秀珍	全国关心下一代工作先进工作者	中国关心下一代工作委员会、中央精神文明建设指导委员会办公室
李长龙	优秀网吧监督员	江苏省关心下一代工作委员会、江苏省文化厅
张媛芳	优秀校外教育辅导员	江苏省关心下一代工作委员会、江苏省精神文明建设指导委员会办公室
高　毅	优秀校外教育辅导员	江苏省关心下一代工作委员会、江苏省精神文明建设指导委员会办公室

续表81

姓名	表彰内容	表彰单位
周正兵	优秀校外教育辅导员	江苏省关心下一代工作委员会、 江苏省精神文明建设指导委员会办公室
杨　派	优秀校外教育辅导员	江苏省关心下一代工作委员会、 江苏省精神文明建设指导委员会办公室

表82　　淮安区关工委基层单位名录

单位名称	基层单位名称	单位名称	基层单位名称
淮安区关工委	平桥镇关工委	淮安区关工委	区公安局关工委
	石塘镇关工委		区检察院关工委
	朱桥镇关工委		区法院关工委
	施河镇关工委		区人社局关工委
	车桥镇关工委		区财政局关工委
	流均镇关工委		区级机关工委关工委
	博里镇关工委		区发改委关工委
	复兴镇关工委		区教体局关工委
	苏嘴镇关工委		区民政局关工委
	钦工镇关工委		区住建局关工委
	顺河镇关工委		区城管局关工委
	漕运镇关工委		区交通局关工委
	范集镇关工委		区水利局关工委
	淮城街道关工委		区农业农村局关工委
	山阳街道关工委		区文广旅游局关工委
	河下街道关工委		区卫健委关工委
	新材料产业园关工委		区民营企业关工委
	白马湖农场关工委		淮安经济开发区关工委
	区政法委关工委		—

营商环境优化

【概况】 2020年5月，淮安区委编办对中共淮安市淮安区委营商环境优化办公室人员编制进行核减，调整为行政编制10名，事业编制8名。区委营商办统筹推进营商环境建设、作风效能建设及督查督办工作。2020年12月，淮安区再次被评为“2020年度中国营商环境百佳示范县市”，实现连续三年有进位。

【营商环境建设】 2020年，淮安区营商办开展营商环境提升“六大专项行动”，创新实施“政策通享”工程，落实经济网格化服务管理工作，推动行政审批更加便民高效、执法监管更加精准规范、涉企服务更加优质暖心。开展营商环境提升“六大专项行动”，印发《2020年度淮安区营商环境提升行动方案》，开展审批提速等六大专项行动，进一步压缩办理时间和审批流程。不动产登记发证环节实现1个小时领证，便民服务点覆盖全区所有商业银行，成功试点不动产登记“交房即发证”。实施“拿地即开工”审批制度改革，成功办结江苏省市辖区首例“拿地即开工”的工业项目。创新实施“政策通享”工程，依托区政府门户网站和区委营商办微信公众号，对各类涉企政策和项目申报信息进行实时发布、重点解读，将政策信息“一网打尽”，让政策信息“触手可及”。全年共发布各类涉企政策和项目申报信息471条，并对其中106条政策进行了针对性解读。扎实开展经济网格化服务管理，对全区6.9万个市场主体生产经营情况进行现场核实并采集信息，划分453个经济网格，任用978名网格帮办员。出台《淮安区经济网格化服务管理工作方案》，建立“服务前台+服务后台+调度总台”工作机制，探索开展监察员办公室护航监督经济网格化工作。

【作风效能建设】 2020年，淮安区营商办开展作风建设攻坚行动，持续提升干部队伍素质。开展“三查三治三提升”行动，对推动发展、服务基层、遵规守纪三个方面17类问题进行精准画像。建立“黄牌”警示工作机制，倒逼各单位、各部门实干争先。开展工作纪律督查，对全区各单位工作纪律情况开展明察暗访。建立“四位一体”综合投诉受理平台，在全区各窗口单位设置营商环境监督牌，全天候接

11月16日，经济网格帮办员走访了解企业生产经营情况
（陈志文　摄）

表83　　2020年淮安区委营商办获市级以上表彰一览表

姓名	表彰内容	表彰单位
桂文光	淮安市创建全国文明城市工作先进个人（嘉奖）	中国共产党淮安市委员会、淮安市人民政府

表84　　淮安区委营商办基层单位名录

单位名称	基层单位名称
中共淮安市淮安区委营商环境优化办公室	淮安区营商环境发展服务中心

受问题投诉。创办《聚焦政行风》电视问政节目，围绕群众关心的热点问题现场问政，各部门主要负责人当场回应。

【督查督办工作】 2020年，淮安区营商办重点围绕文明城市创建、疫情防控以及“八大攻坚”行动等区委区政府中心工作开展督查督办活动。建立“1+1”监督保障机制，对于重点工作，由区纪委监委、区委营商办全程嵌入督查推进，按照一事一策要求，制定督查保障计划，强化在过程中发现问题、解决问题。成立“八大攻坚”指挥部办公室，专职督查“八大攻坚”任务落实情况，全力保障攻坚行动取得实效。

精神文明建设

【全国文明城市创建】 2020年，淮安区文明办推进全国文明城市创建工作，“大拆违、大清除、大扫尾”“大执法带动大长效”和老旧小区改造等工作得到市委市政府主要领导和相关市领导的充分肯定。在全市月度测评中，淮安区取得四次第一、四次第二的成绩。淮安区实现了“全市争第一、全省走前列”的奋斗目标，区委区政府被市委市政府授予集体二等功，文明城市创建工作在全市年度高质量跨越发展考核排名第一。

【道德典型培育】 2020年，淮安区文明办常态化开展“身边好人”等推选活动，运用道德讲堂、故事分享会、专题展览等形式，组织开展先进典型宣讲活动。2020年，淮安区有两人当选“中国好人”，全市仅三人，其中蒋大为当选2~7月“中国好人”，陈新宽当选10月“中国好人”，有6人获评江苏好人，15人当选淮安好人。1个好人视频、2篇地方经验和1篇好人文章被中国文明网刊登。开展首届“楼道好人”评选活动，表彰123名“楼道好人”。全区共评选产生28名“新时代好少年”，其中王思懿当选省级“新时代好少年”，有4位同学当选市级“新时代好少年”。

【新时代文明实践】 2020年，淮安区文明办组织广大志愿者深入文明实践阵地，参与邻里守望、乡村振兴、扶危助困等多领域志愿服务。组织“防疫有我 爱卫同行”抗疫志愿服务集中行动，共有500余支志愿服务队伍、6000多名志愿者参加志愿服务活动，为抗疫捐赠善款达215万余元。举办淮安市“我们的节日·重阳”暨新时代文明实践“五个一”志愿服务、“乡村振兴 春风行动”等大型系列活动。鱼市社区获评2019年度全国最美志愿服务社区。张子谦、沈玉国2人当选江苏省疫情防控优秀志愿者。广泛开展文明村镇、文明单位、文明校园等创建活动，区人民检察院当选第六届全国文明单位，河下街道螺蛳街村当选第六届全国文明村。

（谢　阳）

淮安市淮安区人民代表大会

综　述

【概况】2020年，淮安区人大常委会高举习近平新时代中国特色社会主义思想伟大旗帜，深入贯彻习近平总书记关于坚持和完善人民代表大会制度的重要思想，依法履职尽责，圆满完成区十七届人大四次会议确定的各项任务。全年共召开常委会会议8次，听取和审议专项工作报告18个，组织执法检查和专题视察、调研22次，开展代表约见、专题询问和部门工作评议各1次，提出书面建议和意见281条。

【主要工作】2020年，淮安区人大依法作出决议决定12项，依法任免国家机关工作人员41人(次)。推动文明城市创建，形成问题清单398条，提出具体建议意见780条。依法批准2019年财政决算和2020年财政预算调整方案。制定出台《关于淮安区政府性债务监督实施细则》，规范政府重大项目投资行为。对22名政府工作部门负责人和46名法院、25名检察院被任命人员的履职情况报告进行审查，听取检察院副检察长履职工作情况报告并测评，实现届内"一府两院"副职履职监督全覆盖。推动348省道淮安区段竣工通车，镇淮楼东路等6条市政道路顺利建成，121.5千米农村道路、29座桥梁完成改造。区十七届人大四次会议上，代表提出的228件建议都得到较好办理，推动社区治理、食品安全、居家养老等一批问题解决，代表满意率为98.7%。

重要会议

【淮安区第十七届人大常委第二十二次会议】2020年1月2日，淮安市淮安区第十七届人大常委会第二十二次会议召开，区人大常委会领导蒋必海、颜廷飞、仇庆国、王金宽及区人大常委会其他组成人员共32人参加会议。列席本次会议的有区政府副区长李晓旭，区监察委委员葛志生，区法院副院长夏奕，区检察院检察长臧雪青，区委组织部副部长甘钧，区财政局局长王海兵，区人大常委会各委办负责人。会议由区人大常委会副主任仇庆国主持。

会议听取和审议了区政府关于2019年区级财政预算调整方案的报告；听取和审议区2019年财政预算执行情况和2020年财政预算(草案)初步方案；讨论通过区人大常委会关于加强和规范检察建议工作的决议（草案）；审议区十七届人民代表大会第四次会议建议日程（草案）；审议区十七届人民代表大会第四次会议列席人员范围的决定（草案）；审议区十七届人民代表大会第四次会议的主席团和秘书长、议案审查委员会等建议名单（草案）；初审区人大常委会工作报告；审议区人大常委会2020年主要工作安排；听取代表资格审查委员会关于区十七届人民代表大会代表资格的审查报告；审议市人大代表、区人大常委会委员辞职案，补选市人大代表。通过有关人事任免案。

【淮安区第十七届人大常委第二十三次会议】2020年3月20日，淮安市淮安区第十七届人大常委会第二十三次会议召开，区人大常委会领导蒋必海、韩仰超、颜廷飞及区人大常委会其他组成人员共31人参加会议。列席本次会议的有区委常委、常务副区长王锐，区监察委委员孔德吉，区法院副院长夏奕，区检察院检察长臧雪青，区医保局局长周志勇，区自然资源和规划分局局长姜川。会议由区人大常委会主任蒋必海主持。

会议听取和审议了区政府《关于全区基本医疗保障工作的报告》、区政府《关于城乡建设用地增减挂钩工作的报告》；确认了《关于授予张明南等13名同志"淮安区荣誉市民"称号的决定》；通过有关人事任免案；听取了区检察院副检察长履职情况报告并进行测评。

【淮安区第十七届人大常委第二十四次会议】2020年4月23日，淮安市淮安区第十七届人大常委会第二十四次会议召开，区人大常委会领导蒋必海、韩仰超、颜廷飞、仇庆国及区人大常委会其他组成人员共33人参加会议。列席本次会议的有区政府副区长、公安分局局长王成伟，区纪委常务副书记、监察委副主任谷昭，区委组织部副部长、党建办主任郭春生，区法院常务副院长夏奕，区检察院常务副检察长陈友东，区农业农村局副局长、扶贫开发中心主任赵建成，区教体局局长房乃发，区扫黑办常务副主任瞿洪波，区公安分局副局长王文红，区人大社会建设委员会委员王玉军、吴怀熊、胡孟军，车桥镇人大主席蒋兆银、漕运镇人大主席朱彩虹、苏嘴镇人大主席刘维伟以及人大代表韩春、陈桂方、梁建国。会议由区人大常委会副主任韩仰超主持。

会议听取和讨论了区政府关于扶贫工作的报告；听取讨论了区政府关于教育高质量发展情况的报告；听取并审议了区政府关于扫黑除恶专项斗争“打伞破网”“打财断血”工作开展情况的报告。

【淮安区第十七届人大常委第二十五次会议】 2020年6月17日，淮安市淮安区第十七届人大常委会第二十五次会议召开，区人大常委会领导蒋必海、韩仰超、孙学友及区人大常委会其它组成人员共29人参加会议。列席本次会议的有区政府副区长汪磊，区纪委常务副书记、监察委副主任谷昭，区法院副院长夏奕，区检察院副检察长张寿祥，区财政局局长王海兵，淮安生态环境局局长钱伟，区应急局副局长张群山，平桥镇人大主席朱海彦，博里镇人大主席丁凤翔，钦工镇人大主席贾华以及区人大代表张益军、沈斌、朱立伟。会议由区人大常委会主任蒋必海主持。

会议听取和审议了区人大常委会执法检查组关于《中华人民共和国土壤污染防治法》实施情况的执法检查报告，听取区政府关于该法实施情况的报告；听取和审议了区人大常委会执法检查组关于《中华人民共和国安全生产法》实施情况的执法检查报告，听取区政府关于该法实施情况的报告；听取和审议了区政府关于全区行政事业单位国有资产管理情况的报告；听取和审议了区政府关于2019财政决算情况的报告，审查和批准区政府2019年财政决算。

10月20日，淮安区第十七届人大常委第二十七次会议召开
（区人大办　供图）

【淮安区第十七届人大常委第二十六次会议】 2020年8月25日，淮安市淮安区第十七届人大常委会第二十六次会议召开，区人大常委会领导蒋必海、韩仰超、颜廷飞、孙学友及区人大常委会其他组成人员共29人参加会议。列席本次会议的有区政府副区长杨宏，区纪委常务副书记、监察委副主任谷昭，区法院院长张强，区检察院副检察长陈友东，区政府办副主任王金宝，区审计局局长孙剑，区发改委主任徐向阳，区财政局党委委员、工会主席王文生，淮安生态环境局局长钱伟，区人大财经委员会全体委员，石塘镇人大主席孙建明、复兴镇人大主席赵钧、流均镇人大主席韩志飞以及区人大代表江颖、王振洲、邱少楼。会议由区人大常委会副主任颜廷飞主持。

会议听取和审议了区政府关于区十七届人大四次会议代表建议办理情况的报告；听取和审议了区政府关于2019年度本级预算执行及其他财政收支审计工作的报告、区政府关于2020年上半年国民经济和社会发展计划执行情况的报告、区政府关于2020年上半年财政预算执行情况的报告、区政府关于2019年度环境质量和环境保护目标完成情况（含2018—2020年“突出环境问题清单”整改落实情况）的报告；作出对部分政府组成部门进行工作评议的决定；通过了有关人事任免案。

【淮安区第十七届人大常委第二十七次会议】 2020年10月20日，淮安市淮安区第十七届人大常委会第二十七次会议召开，区人大常委会领导蒋必海、韩仰超、仇庆国、孙学友及区人大常委会其他组成人员共29人参加会议。区政府副区长李晓旭，区纪委常务副书记、监察委副主任谷昭，区法院院长张强，区检察院检察长臧雪青，区工信局局长邵冰，区医疗保障局局长周智勇，区行政审批局局长陶正东，区审计局局长孙剑，区发改委主任徐向阳，5个工作评议组全体成员，应邀参加测评的区人大代表，区工信局、医疗保障局、行政审批局、审计局、发改委班子成员。会议由区人大常委会副主任仇庆国主持。

会议听取和审议了区工信局、医疗保障局、行政审批局、审计局、发改委5个部门工作报告和工作评议组调查报告，并进行测评；听取和审议了区人大常委会执法检查组关于《中华人民共和国税收征收管理法》实施情况的执法检查报告，听取区政府关于该法实施情况的报告；通过有关人事任免案。

【淮安区第十七届人大常委第二十八次会议】 2020年11月10日，淮安市淮安区第十七届人大常委会第二十八次会议召开，区人大常委会领导蒋必海、韩仰超、颜廷飞、孙学友及区人大常委会其他组成人员共31人参加会议。列席本次会议的有区委常委、常务副区长王锐，区纪委常务副书记、监察委副主任谷昭，区法院副院长夏奕，区检察院副检察长张寿祥，区委组织部副部长、编办主任丁建民。会议由区人大常委会主任蒋必海主持。

会议通过有关人事任免案。

【淮安区第十七届人大常委第二十九次会议】 2020年12月29日，淮安市淮安区第十七届人大常委会第二十九次会议召开，区人大常委会领导蒋必海、韩仰超、颜廷飞、仇庆国、孙学友及区人大常委会其他组成人员共30人参加会议。列席本次会议的有区委常委、常务副区长王锐，区纪委常委葛志生，区法院副院长夏奕，区检察院检察长臧雪青，区财政局局长王海兵，区审计局局长孙剑，区卫健委主任侯卫东，区发改委主任徐向阳。会议由区人大常委会副主任颜廷飞主持。

会议听取和审议了区政府关于淮安区2020年财政预算调整方案（草案）的报告；听取了区政府关于2019年度财政“同级审”发现问题整改情况的报告和区政府关于基层卫生院“资产负债率上升较快，亏损面较大”审计问题整改情况的报告；听取和审议区2020年财政预算执行情况和2021年财政预算（草案）初步方案的报告；听取区政府关于2021年政府重大投资项目编制情况的报告；审议召开区十七届人民代表大会第五次会议的决定（草案）、区十七届人民代表大会第五次会议建议日程（草案）、区十七届人民代表大会第五次会议列席人员范围的决定（草案）和区十七届人民代表大会第五次会议的主席团和秘书长、议案审查委员会等建议名单（草案）；通过有关人事任免案；初审区人大常委会工作报告；审议了区人大常委会2021年主要工作安排；听取了代表资格审查委员会关于区十七届人民代表大会代表资格的审查报告。

重要活动

【视察法院“两个一站式”建设工作】 5月20日，区人大常委会领导蒋必海、韩仰超、颜廷飞、孙学友带领常委会部分组成人员，视察淮安区法院一站式多元解纷机制和一站式诉讼服务中心（以下简称“两个一站式”）建设情况。视察组一行先后察看24小时自助法院、司法送达一体化服务平台、速裁无纸化办案中间库、诉讼（非诉讼）服务中心，听取区法院院长张强关于“两个一站式”建设情况汇报，并进行座谈评议和满意度测评。

视察组认为，区法院坚持把非诉讼纠纷解决机制挺在前面，把加强“两个一站式”建设置于区域治理体系和治理能力现代化的大局中谋划和推进。视察组同时指出，区法院在“两个一站式”建设工作中也存在一定的问题和困难：在社会多元矛盾纠纷化解机制构建过程中，部门之间、社会组织之间存在“冷热不均”现象；在“诉调对接平台”中，相关部门协作机制不健全和协作动能不足；人民调解员队伍年龄结构老化情况严重，在调解业务水平和信息化运用方面欠缺；“24小时自助法院”“智能云柜”等硬件设施建设完成时间较短，宣传力度不够，群众知晓率、使用率不高；群众“信访不信法”“信讼不信调”观念在一定范围内的存在，导致矛盾纠纷分流困难。视察组建议：要用辩证的理念来推进“两个一站式”建设；采用确切有实效的措施推动“两个一站式”建设；形成多方联动的工作机制来推进“两个一站式”建设。健全推进两个“一站式”建设的保障体系，真正实现顺应时代发展、回应群众关切。

【视察文明城市创建工作】 5月28日，区人大常委会领导蒋必海、韩仰超、颜廷飞、孙学友带领区人大常委会部分组成人员对淮安区文明城市创建工作进行视察，副区长李晓旭陪同。视察组一行先后实地察看盛世豪庭小区、瑞元经典菜场、河下农产品批发市场、蓝惠首府小区等点位现场，听取了区创建办主任徐殿忠受区政府委托所作的全区文明城市创建工作情况汇报，并进行座谈评议和满意度测评。

对宣传引导工作的评价，满意率为66.7%，基本满意率

33.3%。对城镇面貌的评价,满意率为73.3%,基本满意率20%,不满意率6.7%。对文明风尚的评价,满意率为73.3%,基本满意率26.7%。对市场监管的评价,满意率为66.6%,基本满意率26.7%,不满意率6.7%。对社区环境的评价,满意率为60%,基本满意率40%。对公共安全的评价,满意率为73.3%,基本满意率26.7%。对部门合力的评价,满意率为33.3%,基本满意率60%,不满意率6.7%。对公众参与(含志愿者服务)的评价,满意率为46.7%,基本满意率53.3%。对文明城市创建工作的总体评价,满意率为73.3%,基本满意率26.7%。

视察组认为,通过全区上下的共同努力,"3688"行动计划稳步实施,取得1月份月度考评全市五个区排名第一,3月份月度考评第二的历史性好成绩,相关工作得到市委市政府主要领导的肯定和认可,但也存在一些问题:群众主体意识不足;长效管理有所欠缺;基础设施比较薄弱;管理职责不够明确;处罚力度有待加强;群众满意度仍需提升。视察组建议,要明确重要性,注重齐抓共管,发挥统筹作用抓落实;要认识严峻性,强化督查考评,压实主体责任抓落实;要认清复杂性,严格对标对表,补齐短板弱项抓落实。

【视察工业大项目建设】 6月10日,区人大常委会领导蒋必海、韩仰超带领区人大常委会部分组成人员、区人大代表对淮安区工业大项目建设情况进行了视察,副区长汪磊陪同视察。视察组实地察看了施塔德电梯新厂区、百斯特食品智慧创享产业园、华磊建材、中核中原现代建筑工业化基地、苏纬纺织等项目,听取区工信局局长邵冰关于工业重大项目建设情况的汇报,并进行了座谈评议和满意度测评。

对工业大项目建设的总体评价,满意率为56.3%,基本满意率43.7%。对工业大项目质态的评价,满意率为62.5%,基本满意率37.5%。对工业大项目建设速度的评价,满意率为62.5%,基本满意率37.5%。对工业大项目建设服务的评价,满意率为56.3%,基本满意率37.5%,不满意率6.2%。

视察组认为,2019年以来,区政府面对严峻的经济形势和新冠肺炎疫情的影响,坚持把重特大项目建设作为推动高质量跨越发展的重要引擎和关键抓手,紧扣年度目标,集中优势资源,狠抓关键环节,聚集发展质态,不断强化重特大项目签约、开工、建设、竣工、投产达效的全流程管控,强势推进项目建设,全力在培育新的增长点上求突破,取得了一定的成效,但也存在一些问题:疫情持续蔓延,部分企业受损严重;项目整体进展缓慢;生产要素仍不能满足企业需求;服务环境有待改善。视察组建议,要进一步优化布局调整,保证招商平台要素资源供给;进一步加大考核力度,提高工业分值权重;进一步跟踪督办,提高项目建设速度;进一步发挥政策资金引导作用,推进企业做大做强。

【视察城市重点项目建设工作】 6月23日,区人大常委会领导颜廷飞、仇庆国、孙学友带领常委会部分组成人员,视察了城市重点项目建设情况,区政府副区长谈效艳陪同视察。视察组一行先后察看了站前新村安置房、珺悦花苑、建筑总部经济园、黑臭水体西汪塘整治等项目,听取了区城建办主任胡光宏受区政府委托所作的关于2020年以来淮安区城市重点项目建设情况汇报,并进行了座谈评议和满意度测评。

对城市重点项目建设工作的总体评价:满意率64.3%,基本满意率35.7%。对城市重点项目建设进度评价:满意率57.1%,基本满意率35.7%,不满意率7.2%。对城市重点项目建设服务评价:满意率64.3%,基本满意率35.7%。

视察组认为,2020年以来,在全区上下全面有效防控新冠肺炎疫情的同时,区委、区政府十分重视城市建设工作,始终坚持目标引领,突出民生保障,做优城市环境,提升城市品质,取得了明显成效,但也存在一些问题:新建项目进展较慢;项目资金兑付压力较大;安置房建设比较滞后。视察组建议,要进一步压实责任,促进项目建设快速推进;要进一步突出重点,强化项目建设要素保障;要进一步转变思路,加大安置房建设力度。

【视察农村饮用水安全工作】 7月14日,区人大常委会领导蒋必海、韩仰超、颜廷飞、仇庆国、孙学友带领部分常委会组成人员和人大代表对农村饮用水安全工作进行视察。区政府副区长李晓旭陪同视察。

视察组先后实地察看白马湖水厂的制水和化验检测流程,石塘镇的增压泵站和农村供水服务大厅,以及农村供水公司的一体化信息平台,听取区水利局局长胡华德受区政府委托所作的农村饮用水安全工作情况汇报，并进行了座谈评议和满意度测评。

对淮安区农村饮用水安全工作的总体评价，满意率为88.9%，基本满意率11.1%。对白马湖水厂供水运行情况的评价：满意率88.9%，基本满意率11.1%。对供水质量的评价：满意率88.9%，基本满意率11.1%。对各营业网点服务工作的评价：满意率94.4%，基本满意率5.6%。

视察组建议，要多环节施力，解决好水质保障的问题。尽快出台专门的文件，落实各相关部门的职责，加快取水口安全达标建设的进度。要多措并举，加强现有人员业务培训，拓展渠道引进高层次专业技术人才，切实提高城乡供水安全保障能力。区政府要尽快制定出台具体的农村供水管理办法，让违规事件和应急事件的处理有章可循。

【视察农房改善工作】 9月5日，淮安区人大常委会领导蒋必海、韩仰超、颜廷飞、仇庆国、孙学友带领部分常委会组成人员和区人大代表对农房改善工作进行了视察，副区长杨宏陪同视察。

视察组实地察看石塘镇张兴社区、漕运镇李庄新村、车桥镇三庄佳苑、博里镇博里画苑、苏嘴镇淮东首府、顺河镇滨河花园、钦工镇腾飞小区的施工现场，详细了解农房改善项目规划设计、建设进度、质量监管、手续办理、产业配套等工作情况。随后就这项工作召开了座谈会，各相关镇街和政府部门分管负责人参加会议。区农房办主任刘爱勇受区政府委托作了农房改善工作情况的汇报，并进行了座谈评议和满意度测评。

对淮安区农房改善工作的总体评价：满意率为45.8%，基本满意率54.2%。对农房改善规划设计的评价：满意率50%，基本满意率50%。对农房改善工程进度的评价：满意率29.2%，基本满意率70.8%。对职能部门配合服务工作的评价：满意率41.7%，基本满意率54.2%，不满意率4.1%。对农房改善工程质量的评价：满意率50%，基本满意率50%。

视察组建议，要加强组织领导，根据竣工的时间倒排工期，镇街和部门之间形成工作合力，快速高效推进工作，确保2020年的目标任务能按时完成。要提前谋划明年的工作，依照省市要求，从淮安区经济实力和群众接受程度出发，量力而行。对省市示范项目要精心打磨，其他项目要能彰显特色。在景观打造、文化挖掘、环境打造、配套设施等方面要落到细处。在进度和质量两者之间，将质量放在第一位。

【视察交通重点工程建设】 9月27日，区人大常委会领导蒋必海、韩仰超、颜廷飞、仇庆国、孙学友带领常委会部分组成人员，部分镇人大主席区人大代表，视察淮安区交通重点工程建设情况，区政府副区长谈效艳陪同视察。视察组一行先后察看了汇行广场、上河作业区、348省道建设工程、264省道建设工程。听取区交通局局长钟鑫同志受区政府委托所作的关于全区交通重点工程建设情况汇报，并进行了座谈评议和满意度测评。

对淮安区交通重点工程建设情况的总体评价：满意率38.1%，基本满意率61.9%。对区交通重点工程建设实施进度的评价：满意率28.6%，基本满意率61.9%，不满意率9.5%。

对区交通重点工程建设工程质量的评价：满意率61.9%，基本满意率38.1%。对区交通重点工程建设部门服务及要素保障的评价：满意率28.6%，基本满意率57.1%，不满意率14.3%。

视察组认为，"十三五"期间，淮安区大力推进交通重点工程建设，高铁相继通车，交通路网不断优化，有力促进了城市发展、乡村振兴发展，为经济社会发展提供了重要支撑，但也存在一些问题：土地储备与需求之间的矛盾突出，导致用地保障滞后，严重影响项目开工；项目实施过程中资金保障不足，导致后续项目开工难；思想认识不完全到位，导致齐心合力抓工程建设的生动局面尚未形成。视察组建议，在指导思想上，要有目标意识，增强工作紧迫性；在工作推进上，要能克难攻坚，增强工作的韧性；在组织领导上，要压实责任，增强工作的刚性。要坚持高质量高标准，严监管，抓好各项目工程技术指导和质量监督工作，保证项目质量安全，确保项目早日高质量建成发挥作用。

【视察区政府2020年度为民办实事工作】 9月29日，区人大常委会领导蒋必海、韩仰超、颜廷飞、仇庆国、孙学友带领区人大常委会部分组成人员，部分人大主席和人大代表视察区政府2020年度为民办实事工作情况，区委常委、统战部部长、副区长彭凯同志陪同视察。视察组一行实地查看清安圩泵站引河黑臭水体整治、月湖花园老旧小区改造、楚州中学新校区建设、站前新村安置房建设、楚州大道农贸市场整治提升等项目现场，听取区政府办副主任王金宝受区政府委托所作的关于2020年度为民办实事工作的汇报，并进行了座谈评议和满意度测评。

关于区政府2020年度为民办实事工作总体情况，满意12票占52.2%，基本满意11票占47.8%。关于区政府2020年度为民办实事项目选取，满意9票占39.1%，基本满意10票占43.5%，不满意4票占17.4%。关于区政府2020年度为民办实事工作进度，满意11票占47.8%，基本满意12票占52.2%。关于区政府2020年度为民办实事项目质量，满意10票占43.5%，基本满意13票占56.5%。

视察组认为，淮安区为民办实事工作进展总体顺利，但仍存在一些问题：部分项目推进缓慢；个别项目规划滞后；协调配合有待加强；实事更需办实办好。视察组建议，要提高认识，放大社会效益；要抢抓工期，确保序时进度；要强化督查，提升工程质量；要超前谋划，选好实事项目。

【视察区疾病预防控制工作】 11月19日，区人大常委会蒋必海等领导带领常委会部分组成人员、区人大代表，视察淮安区疾病预防控制工作，区委常委、统战部长、区政府党组成员彭凯陪同视察。视察组一行先后察看河下街道社区卫生服务中心、淮安医院新院、区疾病预防控制中心，听取区卫健委主任侯卫东关于淮安区疾病预防控制工作开展情况的报告，并进行座谈评议和满意度测评。

对淮安区疾病预防控制工作的总体评价：满意率53.3%，基本满意率46.7%，满意率和基本满意率100%。对疾病预防控制硬件建设及投入情况的评价：满意率80%，基本满意率20%。对疾病预防控制体系建设情况的评价：满意率46.7%，基本满意率53.3%。对疾病预防控制人才队伍建设的评价：满意率13.3%，基本满意率80%，不满意率6.7%对疾病预防控制能力建设的评价，满意率46.7%，基本满意率53.3%。

视察组认为，区政府及相关部门坚持预防为主，防控重大疾病，扎实开展各项疾控工作，取得了显著成效。同时指出，淮安区疾病预防控制工作与国家、省、市卫健系统要求相比，与淮安区的疫情防控和人民群众对疾病预防控制的期盼相比，还存在一些问题：公卫专业人才队伍建设还需加强；重大传染病的救治能力还需提升；疾病预防控制协作机制还需增强；疾病防控工作宣传还需加强。视察组建议：要进一步加大公卫专业人才引进力度；进一步强化重大传染病救治能力建设；进一步筑牢三级医疗卫生网网底；进一步提升公共卫生服务水平。

【突出环境问题清单整改落实情况专题询问会】 11月24日，区人大常委会召开全区2018—2020年度突出环境问题清单整改落实情况专题询问会。区人大常委会蒋必海等领导及常委会部分组成人员、区人大代表、环资城建咨询委员会成员，区政府常务副区长王锐，副区长汪磊，经济开发区、生态环境局、工信局、城管局、住建局、水利局、车桥镇主要负责人、分管负责人，农业农村局、交通局、石塘镇、施河镇、朱桥镇、博里镇、淮城街道、河下街道、山阳街道主要负责人参加会议。

会上副区长汪磊报告全区2018—2020年突出环境问题清单整改落实情况，并就清单中仍然存在的突出环境问题没有整改到位的原因及下一步打算作了说明。

委员和代表围绕原季桥化工区土壤修复、马甸钛白粉厂搬迁、车桥等镇芡实加工后水污染、城区黑臭水体长效治理、建筑垃圾处置不到位、堂子巷大桥以南河道内里运河船民生活垃圾污染等六方面问题进行询问，区经济开发区、工信局、车桥镇、住建局、城管局、水利局作详细答复。委员和代表的提问直面问题、突出重点，部门答复总体上实事求是、坦诚客观。随后，人大常委会组成人员和代表对部门的答复进行满意度测评。

会议建议，区政府要切实担负起生态文明建设和生态环境保护的政治责任，做到责任全覆盖、层层抓落实，主动发现问题，及时解决问题。要对全区2018—2020年突出环境问题清单回头看，进一步研究整改方案，提高整改的针对性和有效性。要采用多种监督形式，推动问题整改落实。

【视察检察院检察工作】 8月7日，区人大常委会领导蒋必海、韩仰超、颜廷飞、仇庆国、孙学友带领常委会部分组成人员、部分区人大代表，视察淮安区检察院检察工作。视察组一行先后察看了淮安检察机关青少年法治教育基地、检务指挥中心和检察办案中心，观看区检察院近年来创作的四部以案释法、检察履职主题微视频，听取了臧雪青检察长关于区检察院检察工作的情况汇报，并进行了座谈评议和满意度测评。

对淮安区刑事检察工作的评价，满意16票占94%，基本满意1票占6%；对区民事检察工作的评价，满意16票占94%，基本满意1票占6%；对区行政公益检察工作的评价，满意15票占88%，基本满意2票占12%；对检察品牌创新工作的评价，满意17票占100%；对检察工作的总体评价，满意17票占100%。

视察组认为，区检察院基础扎实，围绕四大检察业务工作到位、效果明显、亮点纷呈；同时指出，检察工作仍然存在一些突出问题。视察组建议，区检察院要全面履行法律监督职责，通过检察监督来体现司法公正、实现公正司法。依法强化对公安、法院等部门的检察监督，处理好监督和办案的关系；要围绕经济社会发展，平等保护各类市场主体，为重点企业搭建服务、保护、防控平台，维护各类市场主体的合法权益；要着力维护国家政治安全，对邪教组织、非法集资特别是套路贷犯罪进行严厉打击；要提升整体素质和能力，坚持科学强检，规范工作流程和办事程序，提高办事效率。

代表工作

【交流宣传】 2020年，淮安区人大常委会宣传人大特色工作，全年在《人民与权力》《新华日报》等省市人大核心刊物及主流媒体发表信息宣传稿件89篇，《25年前淮安市（县级）人大监督工作的一次尝试和突破》获评省人大纪念地方人大设立常委会40周年征文一等奖，《关于在县乡两级人大开展民生实事项目代表票决制的研究》获评省人大工作理论研究课题二等奖。

【代表队伍建设】 2020年，淮安区人大常委会组织代表开展集中轮训，引导代表敢发声、愿发声、会发声，增强履职底气，提高履职水平；邀请代表参与常委会的履职活动，全年共邀请45名代表列席区人大常委会会议，48名代表参加区人大常委会组织的视察调研、专题询问、执法检查等活动，103名代表列席市人大常委会、区委全会、政府常务会议、“一府两院”工作通报会等，切实保障代表的知情权、参与权和监督权。组织常委会组成人员、人大工作者和市人大代表赴扬州大学、苏州大学进行专题培训，提高业务水平，提升综合素质。完善组织架构，依法调整人大专门委员会设置，增设社会建设委员会，完成机关工会和党组织改选。

【代表作用发挥】 2020年，淮安区人大常委会健全代表建立全国人大代表工作联系群，发挥代表之家、代表联络站作用。落实《代表履职工单》，持续深化“双联”活动，坚持开展代表“回选区见选民”活动，组织全体代表参加“宪法日”接待群众活动。开展优秀代表、优秀代表建议评选活动，激励先进，激发活力，宣传代表事迹，讲述代表故事。省人大常委会李小敏常务副主任、曲福田副主任赴淮调研走访时，对淮安区代表工作给予充分肯定。

【代表建议办理】 2020年，淮安区人大常委会健全代表建议督办机制，采取常委会领导重点督办、各委办对口督办，开展代表建议办理情况专项视察，召开重点建议办理部门负责人与代表见面会，听取办理情况汇报，对办理效果进行满意度测评等方式，多措并举增强建议办理实效。区十七届人大四次会议上，代表提出的228件建议均得到较好办理，推动社区治理、食品安全、居家养老等一批问题解决，代表满意率为98.7%。

【基层指导联动】 2020年，淮安区人大常委会落实常委会领导分片联系、委办对口联系基层人大工作制度，建立分片工作例会制度，持续推进镇街人大规范化建设三年行动计划。出台部门人大工作考评办法和镇街人大工作考评办法，开展年底集中综合考评，交流心得、学习先进、整体推进。以试点为引领，全面推进为民办实事项目人大代表票决、听取环境质量和环境保护目标完成情况报告两项工作。围绕重要议题开展联动监督，密切工作协同，构建联动体系，形成监督闭环，实现叠加效应，提升人大工作整体水平。

淮安市淮安区人民政府

重要会议

【区政府十七届三十四次常务会议】 1月18日，区长颜复主持召开区政府第十七届三十四次常务会议，听取相关情况汇报，讨论研究有关事项。区领导王锐、谈效艳、彭凯、杨宏、李晓旭、汪磊参加会议。区人大常委会副主任仇庆国、区政协副主席马世良以及部分人大代表、政协委员列席会议。

区应急管理局汇报全区安

全生产专项整治工作情况。颜复要求,要坚决打赢安全隐患歼灭战。区相关分管领导牵头参与,区各相关单位负责,严格按照“党政同责、一岗双责”和“三管三必须”(管行业必须管安全、管业务必须管安全、管生产经营必须管安全)要求,对国务院督导组、省市安全生产巡查反馈的问题和自身排查出的问题,建立问题清单,实行销号管理,健全督办机制,确保高标准、高质量、高效率完成安全隐患消除任务。要坚决打赢平安春节保卫战。全区上下要树立“群众过节就是干部过关”的思想,在全面排查的基础上,聚焦交通运输等重点领域、工业集中区等重点区域、商场超市等重点场所,采取抽查、夜查、突击检查等方式,持续提升本质安全水平,确保全区百姓过一个欢乐祥和的新春佳节。要坚决打赢严格执法持久战。区应急管理局牵头,各相关单位参与,成立联合执法组,加大对企业安全生产责任制落实情况的执法力度,切实做到全覆盖、零容忍、严执法,推动安全防范责任和措施落地落实,确保全区安全生产形势稳定向好。

会议原则通过关于进一步落实安全生产监管职责强化机构编制保障等事项。颜复要求,区政府分管区长牵头配合,区委编办、区应急管理局等单位负责,严格落实会议要求,确保春节前全面完成各项任务,做到明确职责到位、落实责任到位、增强力量到位,为全区安全生产工作提供坚强的保障。会议原则通过《淮安区里运河三堡水源地突发环境事件应急预案》《淮安区农村供水突发事件应急预案》。

【区政府十七届三十五次常务会议】 3月16日,区长颜复主持召开区政府第十七届三十五次常务会议,传达省、市有关会议精神,研究讨论相关事项。区领导王锐、谈效艳、彭凯、杨宏、李晓旭、汪磊参加会议。区人大常委会副主任韩仰超,区政协副主席陈祖敏和部分区人大代表、区政协委员应邀列席会议。

区委常委、常务副区长王锐对《江苏省安全生产警示提示制度》等5项制度进行解读。区应急管理局传达省安全生产与消防工作电视电话会议、全市消防工作会议精神。颜复要求,要加强学习,真正把5项制度和省市会议精神内化于心、外化于行,成为自己的思想自觉和行动自觉。要持续压实部门监管责任、镇街属地责任和企业主体责任,扎实开展各行业各领域专项整治行动。要严把复工企业安全生产关,“一企一策”落实防范措施,坚决杜绝因赶工期、抢时间导致的安全生产事故。区应急管理局牵头,各责任单位负责,对国务院和省市督导组交办的事项,要明确责任单位、责任人员,整改标准、整改时限,并抓好督查督办,同时将整改情况第一时间向督导组汇报、反馈,确保高质高效完成交办任务。

区人社局汇报关于开展“抗疫先锋”典型及时性表彰的有关情况。颜复要求,相关单位要对拟表彰人员进行严格把关,履行公示程序无异议后以区政府名义发文。区委宣传部门要加大对表彰人员先进事迹的宣传,在全社会营造学习先进、崇尚先进、争当先进的浓厚氛围,为全区高质量跨越发展走前列提供强大的精神动力。

会议原则通过《淮安区城乡居民高血压糖尿病门诊用药保障机制实施意见》。颜复要求,区分管领导和相关部门要加强统筹协调,迅速组织实施,加快落实进度,确保城乡居民高血压糖尿病用药医保待遇。各相关部门要密切配合、通力协作,坚持预防为主、防治结合,共同做好高血压糖尿病的健康教育和健康管理,不断提高群众预防疾病的健康意识。区医保局要完善监督举报等方式,严厉打击欺诈骗保行为,及时研究政策执行过程中的新情况、新问题,在实践中不断完善机制。会议原则通过《淮安区建筑工地及渣土处置运输管理实施办法》。

颜复强调,要进一步加强对建筑工地及渣土处置运输的规范管理,严格审批程序,健全联动机制,加强现场监管,提高管理水平,确保实现“渣土运输市场规范有序、道路运输守法安全、渣土处置科学合理、道路环境明显改善”的目标。

【区政府十七届三十六次常务会议】 4月3日,区长颜复主持召开区政府十七届三十六次常务会议,专题听取全区安全生产专项整治工作情况汇报。市安全生产第二督导组组长王长根到会指导。区政府领导王锐、谈效艳、彭凯、杨宏、李晓旭、王成伟参加会议。区政协副主席马世良、区人大常委会党组成员孙学友列席会议。

会上,区委常委、常务副区长王锐汇报全区安全生产专项整治行动工作情况及牵头的行业专项整治情况。各分管副区长分别汇报牵头的行业专项整治情况。颜复指出,淮安区全面贯彻中央和省、市的决策部署，坚决扛起“促一方发展、保一方平安”的政治责任，加大源头监管、加快隐患整改、加强执法检查，全区安全生产形势平稳可控。

颜复要求，要绷紧“思想弦”。各镇街、部门单位要践行新发展理念，推动产业转型升级，筑牢安全生产的第一道防线；要坚守“发展决不能以牺牲人的生命为代价”这条红线，以高度的思想自觉抓好安全生产工作，持续增强人民群众的幸福感；以永远在路上的执着和韧劲，切实把安全生产工作抓实抓细抓到位。要织密“安全网”。深入开展交通运输、建筑工地、特种设备等30个重点领域专项整治，对各类安全生产违法违规生产经营行为，发现一起、重处一起。要夯实“基本盘”。深入开展安全生产宣传活动，充分发挥科技支撑作用，利用大数据、人工智能等手段，提高安全生产预警预测水平，真正把隐患处置在源头、遏制在萌芽。要铆紧“责任链”。按照“党政同责、一岗双责、齐抓共管、失职追责”和“三管三必须”的要求，夯实企业主体责任，压实部门监管责任，抓实镇街属地责任，做到守土有责、守土负责、守土尽责。

颜复强调，全区上下要切实提高政治站位，把接受督导的过程转化为发现问题、整改问题的过程，对督导组指出的问题，要即知即改、立行立改，做到事事有着落、件件有回音；要举一反三、建章立制，做到整改一个问题、完善一套制度、堵塞一批漏洞。

【区政府十七届三十七次常务会议】 5月11日，区长颜复主持召开区政府第十七届三十七次常务会议，听取疫情防控、全区安全生产专项整治及住建和市监行业专项整治、全区脱贫攻坚等工作情况汇报，研究讨论《进一步促进恢复生猪生产政策举措》等议题。区领导王锐、谈效艳、彭凯、杨宏、李晓旭、汪磊、王成伟参加会议。区人大常委会副主任颜廷飞、区政协副主席陈祖敏及部分人大代表、政协委员列席会议。

区应急管理局、住建局、市场监管局分别汇报全区安全生产专项整治及住建、市监行业专项整治情况。颜复要求，区分管领导牵头，区相关部门负责，抓好国务院和省、市安全生产督导组反馈问题和面上问题的整改、特种设备行业问题整改及建筑施工、城镇燃气、城市地下管网行业问题整改工作，做到发现一个、整治一批、解决一类，确保整改不留死角、不留漏洞、不留盲区。要强化应急保障。按照上级各项规定要求，结合牵头部门实际需要，统筹保障好人员、车辆、经费等事项，逐步提高全区应急管理水平。区30个安全生产重点行业领域牵头部门要敢于动真碰硬，紧盯重大风险隐患、关键点位环节、事故多发领域，开展明察暗访、联合执法、集中执法，始终保持零容忍、严执法、强震慑的高压态势。各镇街道、相关单位要高度重视杨絮火灾防范工作，利用各种方式宣传引导，提升群众防范意识，采取湿化后立即清扫等方式，防止杨絮堆积引发火灾。

区扶贫开发中心汇报全区脱贫攻坚工作情况。颜复强调，各镇街、相关部门要站在讲政治的高度，把思想和行动统一到上级关于脱贫攻坚的决策部署上来，持之以恒做好今年各项工作，坚持抓重点、补短板、强弱项，做到思想高度重视、行动迅速有力、作风务实高效。区分管领导牵头，区扶贫开发中心负责，严格把关《关于建立解决相对贫困长效机制的实施意见》内容，确保实施意见符合上级政策、切合区情实际，具有针对性和可操作性。各镇街、相关部门要全力推进实施意见中各项任务的落细落实，健全循环稳定长效脱贫机制，做好返贫人口、边缘人口的监测和帮扶，全力巩固脱贫成果。

区信访局汇报全区“一线三包”活动开展情况。颜复要求，各分管区长要把信访工作与业务工作同部署、同推进、同督查，坚持综合治理、分类施策，用创新的思路和办法把信访问题发现在萌芽、处置在基层。各镇街党政主要负责人要严格落实信访包案制，扛起“保一方稳定、促一方发展”的政治责任，主动深入群众，倾听群众呼声，回应群众关切，狠抓源头防增量、攻坚积案减存量、专项治理防变量，以扎实有效的工作成绩营造安定有序的社会环境。

会议原则通过了关于《进一步促进恢复生猪生产政策举措》方案。颜复要求，区分管领导牵头，区农业农村局负责，根据各镇街生猪养殖任务，实地开展技术指导，确保实现生猪存栏18.5万头，生猪出栏45万头的年度目标。要全面落实上级出台的生猪养殖奖补、农业保险等各项政策，充分调动生猪养殖户的积极性，重点推动中稳、众旺和温氏三大集团扩繁增养，着力推进生猪养殖规模化、特色化、集约化发展，努力提高生猪产业的质量和效益。

【区政府十七届三十八次常务会议】 7月1日，区长颜复主持召开区政府十七届三十八次常务会议，听取全区落实“六稳”“六保”工作、安全生产工作、全区农房改善工作、全区上半年污染防治工作、全区“大拆违、大清除、大扫尾”等情况汇报。讨论研究了《2020年淮安区基层基本公共服务功能配置工作要点》《2020年全区重特大产业项目攻坚实施方案》等方案。区领导王锐、谈效艳、彭凯、杨宏、李晓旭、汪磊、戴海龙参加会议。区人大常委会副主任颜廷飞、区政协领导吴雪瑞和部分人大代表、政协委员列席会议。

区人社局、民政局、财政局分别汇报全区落实“六稳”“六保”工作有关情况。颜复要求，由区政府分管领导牵头，区人社局、民政局、财政局等单位参与，成立专门工作组，发挥统筹协调作用，建立定期会商机制，加大对“六稳”“六保”工作的动态监测、分析和调度，以周保月、以月保季、以季保年，确保稳住经济基本盘。全区上下要积极落实稳岗就业各项政策，统筹抓好高校毕业生等重点群体就业，多措并举稳定就业形势；要精准及时落实帮扶措施，提高城乡低保等社会救助标准，保障困难群众基本生活；要全力推进市区惠民实事建设，重点加快楚州中学新校区、淮安医院新院等项目进度，增强人民群众的获得感；要帮助各类企业开拓国内市场，抢订单、抢市场、抢份额，稳定产业链供应链，助力企业渡过难关、提高效益；要刚性执行财政预算纪律，着力盘活存量财政资金，坚决守住基层运转底线。全区上下要牢记发展第一要务，坚定不移扩大有效投资，千方百计提振消费需求，抢抓政府发行专项债券政策“窗口期”，聚焦重大产业项目和政府投资类项目，在打基础、利长远、增后劲上下功夫，为全区“六稳”“六保”工作提供有力支撑。

区应急管理局、公安分局、交通局、消防救援大队分别汇报安全生产的有关情况。颜复要求，全区上下务必要高度重视，始终绷紧思想之弦，加强安全生产监管，提升安全水平，维护人民群众生命财产安全。区消防救援大队要对照年初消防工作责任状，按照既定的时间节点和任务要求，督促相关镇街按序时进度完成到位，持续提升基层消防应急救援能力；区交通运输局要按照上级要求，加大公路治超和车辆非法营运的执法力度，全力保障道路交通安全；区公安分局要常态化开展“群租房”等重点场所的安全检查，严厉打击超限超载、酒驾醉驾等违法行为。区应急管理局要牵头压实企业主体责任这个关键，督促企业落实“一必须五到位”责任，即必须依法生产经营、安全责任到位、安全投入到位、安全教育培训到位、安全管理到位、应急救援到位，坚决守住安全生产第一道防线。

会议原则通过《2020年全区重特大产业项目攻坚实施方案》。颜复要求，全区上下要围绕“新招引亿元以上项目60个以上”的目标，全员发动，全力以赴开展招商工作，围绕招商图谱，锁定重点企业，确定攻坚方向，着力招引投资强度大、科技含量高、生态效益好的项目，努力开创重特大项目招引攻坚突破新局面。全区上下要围绕“新开工亿元以上项目50个以上，新竣工亿元以上项目40个以上”的目标，做好月度、季度任务分解，明确时间表、路线图、责任状，确保项目早竣工、早投产、早达效。全区上下要按照项目长制的要求，落实重特大产业项目资源要素保障机制，根据项目性质和特点，制定个性化、具体化的服务方案，切实满足企业在用地、环境容量等方面的需求，全力保障重特大项目高效推进、顺利实施。

就全区农房改善工作，颜复强调，要坚持系统谋划。区分管领导牵头，区农房办负责，突出规划先行，统筹考虑资金、土地等事项，结合相关单位的意见和建议，对2021年农房改善项目进一步严格把关，确保项目建的好、群众能受益。要突出配套服务。各镇街道要深度思考产业配套、公共服务、就业创业等问题，因地制宜发展特色产业项目，让群众既安居又乐业，做好农房改善的“后半篇”文章。要着力打造特色。按照上级要求，结合区情实际，进一步细化优化示范带建设方案，并加大推进力度，真正把348省道沿线打造成具有淮安区特色的农房改善项目示范带。

【区政府十七届三十九次常务会议】 8月24日，区长颜复主持召开区政府第十七届三十九次常务会议，听取区政府工作报告任务落实、全区安全生产工作、全区大气污染防治工作等情况汇报，集中学习有关文件精神，研究关于全区2020年农村生活污水处理设施建设等有关事项，讨论并通过了《淮安市淮安区国民经济和社会发展“十四五”规划总体思路研究》等方案。区政府领导王锐、谈效艳、彭凯、杨宏、李晓旭、汪磊、王成伟参加会议。区人大常委会副主任仇庆国、区政协副主席陈祖敏列席会议。

会议听取区政府工作报告任务落实情况的汇报。颜复强调，要强化“一把手”责任。坚决贯彻中央各项决策部署，全面落实省委、市委、区委全会精神，坚决打好三大攻坚战，继续做好“六稳”“六保”工作，全力稳住经济发展基本盘，打赢“十三五”收官主动仗。要强化“一盘棋”推动。围绕各项任务，牵头单位统筹抓，责任单位主动抓，形成“相互补台、好戏连台”的工作格局，共同推动政府工作报告明确的任务落地生根、开花结果。要强化“一竿子”到底。各位分管副区长要带领相关部门深入企业、项目现场，找准未达序时任务的堵点、痛点、难点，主动想办法、找路径、求突破，确保各项任务达序时、超序时。

区应急管理局、工信局、铁路办分别汇报全区安全生产工作的有关情况。颜复强调，要全力开展“回头看”。杜绝漏查、漏排现象，做到无死角、无遗漏、无盲区。要全力按下“快进键”。尽快完善危化品车辆绕行方案，确保危险化学品运输安全；同时，要抓细抓实上级关于学生返校后疫情防控、安全管理等各项措施，确保开学工作平稳有序。要全力打好“组合拳”。协调好铁路建设单位、运营管理单位、属地镇街的安全生产责任，共同管理好铁路沿线的安全生产工作。

会议原则通过《淮安市淮安区国民经济和社会发展“十四五”规划总体思路研究》。颜复强调，要聚焦引领性。深度思考、深入研究“十四五”规划，科学研判发展机遇、理性分析困难挑战、务实谋划发展重点，确保以高水平的规划引领高质量的发展。要聚焦目标性。全区上下要按照区委十二届八次全会提出的“1+5”发展格局，谋划实施一批打基础、利长远的大项目、好项目，争取更多的项目进入国家和省的“大盘子”，确保完成全区“十四五”各项目标任务。要聚焦融合性。区相关部门要坚持“开门编规划”的理念，把社会期盼、群众智慧、专家意见、基层经验充分吸收到总体思路中来，推动“十四五”规划与国民经济规划、区域规划、国土空间规划相融合、相协调，为高标准高质量完成“十四五”规划编制奠定基础。

【区政府十七届四十次常务会议】 9月30日，区长颜复主持召开区政府第十七届四十次常务会议，听取全区安全生产、脱贫攻坚、疫情常态化防控、高质量跨越发展考核指标等情况汇报，研究项目建设过程中加强文物保护、交通重点工程建设等有关事项，部署安排重点工作。区领导王锐、彭凯、谈效艳、杨宏、李晓旭、汪磊、王成伟参加会议。区人大党组成员孙学友、区政协副主席张强列席会议。

就抓好全区安全生产工作，颜复要求，要突出重要时段。“双节”期间要扎实开展安全生产大检查、大督查，对各类隐患问题现场交办、专题会办、跟踪督办，确保隐患见底、措施到底、整改彻底。要突出问题导向。针对排查出的建筑、火灾隐患等问题，要采取依法监管、联合执法、诚信管理等措施，奔着问题去、盯着问题改，啃硬骨头、打攻坚战，确保问题限期整改到位。要突出履职尽责。全区上下要按照“党政同责、一岗双责、齐抓共管、失职追责”以及“三管三必须”的要求，落实部门监管责任、镇街属地责任以及企业主体责任，尤其要提高企业管控风险、防范事故能力，确保企业安全生产、群众幸福生活、社会稳定发展。

就抓好脱贫攻坚工作，颜复要求，要坚持挂图作战。按照《脱贫攻坚问题督查整改行动清单》明确的时间节点、整改要求，抽调精干力量、采取攻坚行动、实行销号管理，确保所有问题10月底整改到位。要坚持精准施策。进一步健全兜底保障机制，落实城乡低保、医疗救助、慈善助困等政策，确保易返贫户和边缘易致贫户稳定脱贫；要围绕省市定经济薄弱村和低收入村集体经济增收，继续盘活村集体资源、资金、资产，鼓励土地集中连片流转；要扎实开展扶贫项目质效提升行动，对项目的合同约定、产权归属、收益分配等进行规范管理。要坚持提升标杆。各镇街道、相关部门要提振精气神、展现硬担当，扎实抓好“党建引领、集成振兴”“阳光扶贫”等政策措施，确保脱贫攻坚效果更好、成色更足、质量更高。

会议原则通过在项目建设过程中加强文物保护的有关事项。颜复要求要加强宣传。进一步增强保护文物意识，营造全社会关心、支持、参与文物保护的良好氛围。要加强保护。把文物保护作为项目建设的前置条件，提高依法管理的能力和水平，真正把老祖宗留下的宝贵遗产保护好、管理好、利用好。要加强执法。严厉打击项目建设过程中破坏文物的犯罪行为，确保全区各类文物安全。

【区政府十七届四十一次常务会议】 11月27日，区长颜复主持召开区政府十七届四十一次常务会议，专题学习《民法典》，听取全区安全生产工作、全区农村乱占耕地建房集中整治工作、全区常态化疫情防控工作等情况汇报，研究《淮安市淮安区残疾人联合会改革实施方案》《淮安区河下古镇花巷、湖嘴大街业态招商办法》、分批实施淮安区城乡公交一体化、相关政府资金安排等事项。区领导王锐、彭凯、李晓旭、汪磊、王成伟、陈祖敏、印祺、戴海龙参加会议。区人大常委会副主任颜廷飞、区政协副主席张强和部分人大代表、政协委员列席会议。

会议邀请淮阴师范学院党委委员、法学院院长，法学博士季秀平教授围绕"贯彻实施民法典，推进依法行政"进行专题辅导。

颜复要求，全区行政系统要把《民法典》作为当前重要的学习内容，深刻领会《民法典》的基本理念、价值取向和制度框架。区依法治区办要把宣传《民法典》作为普法的重要内容，深入开展"六进"宣讲活动，提高全社会法治意识。全区上下要不断增强法治思维，自觉将《民法典》作为行政决策、行政管理、行政监督的法律依据，确保《民法典》得到全面有效执行。

区应急管理局、商务局、文广旅游局分别汇报安全生产工作情况。颜复强调，要以高度负责的态度，坚决守住验收期间不发生各类安全生产事故的底线，为全省安全稳定大局做贡献；要督促各责任单位按时完成省市督导交办问题整改，确保顺利通过上级验收。要提升服务意识，在常态化抓好成品油市场整治的同时，统筹考虑加油站点布局，最大限度满足群众正常生产生活用油需求。要规范旅游市场，统筹抓好景点景区、星级酒店、文保单位等场所的安全生产工作；同时落实好"苏康码"检测、景区分时预约等规定，坚决守住"外防输入"防线。

区自然资源和规划分局汇报全区农村乱占耕地建房集中整治工作情况。颜复要求，严格按照省农村乱占耕地建房问题专项整治督导组要求，通过行政执法和刑事司法相结合的方式，对新增违法违规用地行为依法处理，不断增强各镇街道、村组干部、用地单位和个人依法依规用地意识，以铁的手段遏制增量，坚决打赢农村乱占耕地建房攻坚战。

区卫健委汇报全区常态化疫情防控工作情况。颜复强调，绷紧思想之弦，清醒认识当前疫情防控的严峻形势，把常态化疫情防控作为重要政治任务抓细抓实抓到位。要落实防控之策，常态化做好中高风险地区来淮人员健康管理、发热门诊筛查、隔离场所规范管理、冷链食品全链条监管、"苏康码"核验等疫情防控措施，不断提高核酸检测能力、医疗救治能力、物资保障能力。要筑牢责任之堤，压实属地、部门、单位、家庭和个人"四方责任"，做到守土有责、守土负责、守土尽责，确保疫情不反弹，奋力夺取疫情防控和经济社会发展"双胜利"。

会议研究全区国有企业竞争性领域投资监管、《淮安市淮安区残疾人联合会改革实施方案》制定、《淮安区河下古镇花巷、湖嘴大街业态招商办法》制定、博里画苑和石塘张兴社区、卫东社区、砖桥社区村庄改造与环境提升项目、《关于深化改革加强食品安全工作的实施意见》制定、分批实施淮安区城乡公交一体化、京杭运河淮安区段绿色现代航运建设工作增加实施部分工程项目、淮安区X203苏车线（博仇线至流朱线段）道路大修工程等有关事项。

【区政府十七届四十二次常务会议】 12月30日，区长颜复主持召开区政府十七届四十二次常务会议，听取《2021年政府工作报告（审议稿）》起草情况、《淮安区2021年为民办十件实事（征求意见稿）》、安全生产工作、省生态环境厅第三督察组大气专项督察问题整改情况、淮安区2021年中心城市建设项目编制等情况汇报。讨论研究《淮安区国民经济和社会发展第十四个五年规划和二〇三五年远景目标》、淮安区2020年国民经济和社会发展计划执行情况与2021年国民经济和社会发展计划（草案）等方案。区领导王锐、彭凯、李晓旭、汪磊、王成伟、陈祖敏、印祺、钟马、项宏波参加会议。区人大常委会副主任仇庆国、区政协副主席马世良列席会议。

区应急管理局、住建局、市监局、财政局分别汇报安全生产工作的有关情况。颜复要求，要以理性思维真抓安全生产，各责任单位要针对本部门、本区域安全生产突出问题、薄弱环节和堵点痛点进一步梳理，为2021年工作做好谋划。要查短板做好提优补差工作，针对上级交办问题进一步回头看，对还没有整改到位的安全生产问题，要明确责任人员和整改时限，进行挂牌督办，确保动态清零，打牢安全生产基础。要做好春节前后安全生产常态长效，完善应急协调机制，畅通信息报送渠道，遇到突发事件或重要紧急情况要立即请示报告，并及时采取有效措施妥善应对和处置，确保过一个安定祥和的新春佳节。

区生态环境局汇报省生态环境厅第三督察组大气专项督察问题整改的有关情况。颜复要求，交办问题要再整改，针对上级交办问题，要逐项排查，逐项分析，逐项整改，逐项销号，确保问题不解决不松手、整改不到位不罢休，并定期向上反馈。要制定大气污染防治机制，科学有力的建立管控措施，持续排查国控点周边3公里范围内的大气污染问题，分类、分行业对机动车污染控制不到位、工地扬尘污染、工业企业挥发性污染等突出问题“零容忍”，坚决整改到位，对拒不配合的企业和个人加大处罚力度，以高压态势全面推动各项整治工作取得实效，确保全区空气质量稳定向好。

区发改委汇报《淮安区国民经济和社会发展第十四个五年规划和二〇三五年远景目标》编制的有关情况。颜复强调，要突出理念引领。区发改委牵头，各相关单位参与，把习近平总书记对江苏“两争一前列”指示精神、市委“绿色高地、枢纽新城”和区委“1+5”发展格局等要求融入到文件中，进一步修改完善，确保能够引领“十四五”时期以及今后更长时间的发展。要突出指标引领。相关单位要综合考虑未来发展条件、环境容量等因素，科学合理安排“十四五”规划各项目标，尤为GDP、一般公共预算收入、工业开票销售、入库税金等主要经济指标保持合理增速，确保全区高质量发展始终走在全市前列。要突出项目引领。全区上下要聚焦国家和省重大战略部署，抢抓高铁枢纽建成和淮昆台资合作等发展机遇，推动一批龙头型、旗舰型、引领型项目签约落户，开工建设、投产达效，为淮安区未来发展注入强劲动力。

区发改委汇报淮安区2020年国民经济和社会发展计划执行情况与2021年国民经济和社会发展计划（草案）的有关情况。颜复指出，2020年以来，在上级党委政府和区委的坚强领导下，全区上下积极应对疫情带来的不利影响，全面做好“六稳”工作、落实“六保”任务，项目建设持续突破，经济发展持续回升，民生福祉持续改善，完成了全年主要目标任务，成绩来之不易。各相关部门要再接再厉，提前谋划安排2021年工作，积极践行新发展理念，聚焦“1+5”发展格局，全力推动高质量发展，力争以优异的成绩向建党100周年献礼。

重要活动

【推进新冠肺炎疫情防控工作】 2月16日，淮安区召开新冠肺炎疫情防控督导工作会议。区领导颜复、宋建国、王锐、杨广、彭凯参加会议。

淮安区从纪委监委、区委组织部抽调人员组成16个督导组，分赴防疫一线督导各项工作落实。颜复要求，各督导组要重点检查各地防控工作责任和工作纪律是否落实、联防联控措施是否到位、确诊和疑似病例密切接触者是否摸排清楚、各类人员是否集中收治或隔离、“四包一”制度是否落实等情况。对督导情况进行分类梳理，坚持重细节、补短板、抓漏洞；坚持严落实、严督导、严问责。认真梳理工作中的突出问题和薄弱环节，建立台账，逐项明确整改目标、责任单位，发现问题及时上报，推进疫情防控工作有序开展。要认真听取基层意见和建议，强化疫情防控工作落地落实。要加强沟通协调、密切配合、形成合力，对因责任不落实、工作不到位造成严重后果的要严肃处理，确保防控措施落细落实，全力维护人民群众生命安全身体健康。

【推进疫情防控和医疗救治工作】 2月25日，区长颜复到淮安医院、区中医院、区疾控中心等地，实地督查新冠肺炎疫情防控和医疗救治等工作。

在淮安医院，颜复实地察看并询问医院发热门诊的基本情况，就其规划布局、流程处置以及每天就诊人数、筛查、留观和核酸检查等内容做了详细了解。颜复表示，当前已经到了疫情防控的关键时刻，淮安医院要适时根据疫情防控发展，进一步强化医院硬件软件建设，提升服务能力、加大管理力度，以承担起更多的社会责任。

在区中医院，颜复详细了解医院防控工作运行情况。他希望中医院下一步要积极应对疫情变化，努力做到科学、有序、规范地开展疫情防控工作，坚决遏制疫情蔓延，为全面打赢疫情防控阻击战发挥重要作用。同时医院也要进一步重视和加强对医护人员的防护，在把疫情防控工作做实做好的同时，保证正常门诊和发热门诊工作有序开展，确保让群众满意，让领导放心。

在区疾控中心，颜复与市、区医疗防疫专家进行座谈，认真听取关于进一步做好全区疫情防控工作的意见和建议。他指出,当前疫情形势依然严峻复杂,决不可掉以轻心,必须高度警惕麻痹思想、厌战情绪、侥幸心理、松劲心态,在思想上不能松懈,行动上不能迟疑,要保持不获全胜决不轻言成功的心态,在目前做好病例监测预警、疫情形势分析研判、现场流行病调查与处置、做好执勤值守等工作的同时,进一步完善加强相关疫情防控体系,把淮安区疫情防控工作做得更扎实、更长效。

【推进环境整治工作】 3月8日,区长颜复实地督查推进环境整治工作。副区长杨宏参加督查。

颜复一行先后来到入海水道北堤、污水处理厂入河排水口、新涧河、233大桥等地,对环境治理、违章建筑整治、绿化管理不到位等情况进行现场摸查,听取有关部门负责人的情况汇报,对相关问题进行现场会办交办。

针对入海水道北堤环境整治问题,颜复要求,所有违章建筑,一律按照"两违三乱"专项整治要求全部拆除;从公安、城管、市监、环保、水利、属地街道等部门抽调人员成立专班,联合执法;要明确责任主体,细化整治方案;要摸清违章建筑的底数,制定详细清单;要加大宣传力度,充分调动居民群众共同参与到环境整治提升工作中来,营造齐抓共管、全民共治的浓厚氛围。

颜复强调,各部门、各镇街要以创建全国文明城市为契机,提高工作标准,提升城市精细化管理水平。要坚持问题导向,着力攻克重点和难点,努力把环境整治工作推向深入,确保取得实效。

【推进水利重点工程建设和"两违三乱"专项整治工作】 4月20日,区长颜复带领区水利、城管、生态环境、营商办等部门负责人,督查推进水利重点工程建设和"两违三乱"专项整治工作。副区长谈效艳参加活动。

颜复先后来到城东供水增压泵站、里下河洼地治理、白马湖水厂二期等水利工程建设现场和平桥水源地保护达标建设、朱桥猪场、石塘镇大运河大众篷布厂等"两违三乱"专项整治现场,实地了解工程推进过程中的问题及治理措施,并就水利部交办的液化气治理和华辰商混公司问题进行会办交办。

在平桥水源地保护达标建设现场,颜复了解工程建设情况,要求扎实开展污染源排查和整治工作,加快水源地沿线清障拆迁工程进度,确保水源地的取水安全。

颜复强调,对于河道周边的"两违三乱"问题,各镇街、各部门要明确工作重点,强化责任落实,综合施策,形成合力,确保"两违三乱"专项整治取得实效。要牢固树立目标导向、问题意识、时效观念,推进项目快建设。严厉打击违规违法破坏水环境行为,严格管控各类污染源。强化督查推进,开展定期督查、通报整治情况。严格落实常态化管护机制,坚决杜绝问题反弹。

【推进大运河文化带和大运河国家文化公园建设工作】 5月16日,淮安区召开大运河文化带和大运河国家文化公园建设工作推进会。区领导颜复、王锐、刘震生、李晓旭参加会议。

区长颜复指出,淮安区是全国历史文明名城,运河遗产丰富,一定要珍惜历史的馈赠。大运河文化带建设工作上级有要求,发展有导向,必须稳步有序地向前推进,力求取得实实在在的成效。

颜复强调,要完善组织架构。区分管领导负责牵头统筹,相关部门积极参与,共同做好各项要素的保障;加快工作推进,打造特色亮点。交通局要优化规划,抓紧启动井神段的绿化景观示范段建设。文旅开发区要抓紧完成大师禅院地块挂牌和片区改造方案。住建局要抓紧完成萧湖东入口建设方案设计及地块整理,年内完成道路及广场景观绿化主体工程;重抓落实到位,通过将一个个的项目做成旅游精品,在全市走前列,全省得高分,向市委市政府和全区人民交上一份满意的成绩单。

会上,区委宣传部汇报今年大运河文化带重点项目建设情况,文广旅游局等单位围绕《2020年全市大运河文化带和国家文化公园建设目标责任状》汇报了重点项目建设进度情况。

【推进大气污染防治工作】 8月17日,淮安区召开会议专题部署大气污染防治工作。区长颜复,副区长谈效艳、汪磊参加会议。

颜复要求,要系统化部署,科技化治理。增加洒水车、喷雾降尘车等环保设备投入,加强对城区主次干道清扫保洁,增加重点区域的雾炮喷淋次数,推进道路深度保洁。要坚决取缔城区范围内建筑垃圾加工项目,严禁拆迁废料二次进入建筑市场,影响工程质量,污染大气环境。要加强施工场所监管,督促其按照标准化工地要求,采取湿法作业,及时覆盖裸土,控制扬尘污染。要加强对渣土运输全链条式执法检查和管制,严禁带泥上路、抛洒滴漏。要严格查处城区饭店、露天烧烤油烟外溢和污染问题,最大限度地减少油烟对城区空气环境的影响。要开展洗车行专项整治,集中整治无证经营、占道喷涂、污染大气等违法违规行为。

【推进全国文明城市创建工作】 9月1日,区长颜复带领相关部门街道负责人赴城区部分重要点位,督查推进文明城市创建工作。

颜复一行先后来到周恩来纪念馆和周恩来故居,对景区周边环境整治、基础设施配套、秩序管理以及氛围营造等创建工作情况进行现场督查,就督查中发现的公益广告布置不规范、路边违章停放车辆、非机动车乱停乱放、停车场路面破损等问题现场交办责任单位,要求限期整改落实到位。

颜复指出,创建全国文明城市工作事关淮安区城市形象和群众幸福指数。当前创建工作已进入冲刺阶段,时间紧、任务重、要求高。各级各部门要进一步增强责任感、紧迫感,认清当前形势,提升精细化管理水平,在细微处用心、在细节上用力,精益求精、精准发力,持之以恒把创建工作做得更细更实、不留死角。

颜复要求,要抓小抓细,确保到位。文明城市创建要从小处着眼,从细处着手,逐个环节摸排,真正把工作抓小抓细抓实,不断夯实城市文明根基,全方位提升城市形象。要对照创建标准和要求,聚焦短板差距,认真抓好落实,现场交办问题要在规定时限内保质保量整改到位。各相关部门、属地街道要切实履行责任,牢固树立"一盘棋"思想,有事一起上、有担一起挑,切实形成统筹协调、合作补位的工作格局。要建立健全长效管理机制,不断改善城市环境,用实际成果及时回应群众期待,全力推动创建工作常态化、长效化、制度化。

【推进农房改善工作】 11月10日,区长颜复带领区农房办、自然资源和规划分局、交通局等相关部门单位负责人,赴石塘、平桥、漕运等镇推进农房改善工作。区委副书记崔步银参加活动。

颜复一行先后来到石塘镇张兴、卫东,平桥岔溪,漕运李庄,车桥三庄、卢滩等项目现场,听取各点位项目建设进度、品质提升等情况汇报,对目前存在的村庄内部杆线入地、沿线环境提升、周边道路配套等问题进行现场会办、交办。

颜复要求,要强化时间意识,牢牢把握施工的黄金季节,掀起大干两个月的工作热潮,确保今年实施的农房改善项目年底前能够入住,高质量完成全年改善任务。要坚持问题导向,相关职能部门要强化担当意识,提高工作效率,加快工作节奏,强化协调配合,为项目建设提供各类要素保障。要强化精品意识,围绕示范点、示范带建设,从细节上下功夫,强化质量管理和安全保障,努力把每个项目都建成群众满意,经得起历史检验的样板工程、精品工程。要加快启动明年开工项目手续办理,具备条件的先行开工,进一步形成"加快建设一批、尽早竣工一批、储备开工一批"压茬推进的工作态势,为农房改善工作在全市乃至苏北走前列打下坚实基础。

【推进计划开竣工重特大产业项目】 11月11日,区长颜复带领区工信局、发改委、营商办主要负责人和自然资源和规划分局、考核办分管负责人,赴今年计划开竣工重特大产业项目现场,专题会办解决项目建设过程中涉及的相关问题。区领导夏开封、戴向峰、汪磊参加活动。

淮安区2020年计划开工的重大项目为乐享通房车生产基地、井神盐生产及综合利用、河西商业中心3个项目,计划竣工的重大项目为富春网营物联、中通快递三期、圆通三期、建设总部经济产业园、英东养老、光巨精密机械6个项目。每到一处,颜复都认真听取工程进度、工期安排等情况汇报,详细了解项目建设存在的问题,现场进行会办交办。

颜复指出,重特大产业项目的开竣工是淮安区可持续发展的重要保障,现在距年底只有一个多月的时间,时间紧,任务重,必须加快计划开竣工项目建设进度,确保百分百完成目标任务。

颜复强调,要强化时间意识。政府办要形成专门纪要,将推进中发现的问题清单发送给各个部门和相关领导,确保11月20日前各个项目具备开工和竣工的要求。要确保解决问题。营商办要根据纪要内容进行项目开竣工专门督办,每天向主要领导汇报进展情况;考核办要聚焦开竣工重特大产业项目的各项考核;相关部门负责人每周要召开例会,做到每两周查看一次项目现场。各部门、相关单位要将项目放在心上,把问题放在手上，为项目建设做好各项要素保障，确保重特大产业项目能够按计划如期开竣工，为淮安区高质量发展在全市走前列、争第一作出应有贡献。

【**推进交通重点工程建设**】12月10日，区长颜复带领区交通运输局、自然资源和规划分局、水利局等相关部门负责人，实地察看建设中的京沪高速扩建工程淮安区段、宁淮城际铁路淮安区段、327省道涟水城东至淮安宋集段、264省道淮安区段等交通重点工程，了解各工程推进情况、存在困难问题及下一步打算，并现场研究解决方案。副区长印祺参加活动。

颜复指出，2020年以来，经过全区上下共同努力，各交通重点工程整体上进展有序，也取得了阶段性成效。当前工作时间紧、任务重，各镇街、相关部门必须要有更加高远的站位、更加清醒的认识、更加务实的举措，进一步认清形势、把握大势，增强加快交通重点工程建设的使命感、责任感和紧迫感，高标准谋划、高效率落实、高质量推进，确保圆满完成交通建设各项任务，为"十四五"开好局、起好步打下坚实基础。

颜复要求，相关部门、镇街要落实好责任，密切配合，形成合力，按照时间节点，进一步加大拆迁清表力度，认真化解工作中的矛盾问题，及时落实相关政策和措施，为交通项目建设加快推进提供良好的条件和环境。项目施工方要保证施工力量，上足机械和人力，抢抓施工有利时机，确保按期保质保量完成建设任务。区营商办要加大跟进督查、跟踪问效力度，通过严格督查，层层压实责任、逐级传导压力，确保全区交通重点工程建设任务尽快全面完成。

行政审批

【**全面提升行政审批效能**】2020年，淮安区"3550"改革提速增效，常态化实现"1120"，全省市辖区首例工业项目"拿地即开工"成功试点。出台"放管服"改革工作要点，实施证照分离改革、一件事改革、财政奖补集成改革、拿地即开工改革，开展权力事项标准化编制，组织全区32个业务部门分两批次开展网上办事指南标准化编制工作，开展2次业务教学培训，完成全区13个部门178项公共服务事项梳理工作，确保办理流程统一、规范，高效开展。

【**公共资源交易"电子化"**】2020年，淮安区在全市率先建成"不见面交易"大厅，按照"互联网+公共资源交易"工作部署，打造电子化招投标平台、电子化保证金进退平台、公共资源"不见面"交易平台。截至12月底，施工类、监理、材料设备类、勘察设计类、EPC类项目电子招投标率均为100%。

【**区镇村政务服务一体化建设**】2020年，淮安区打造1个区级政务服务中心，15个镇街为民服务中心，333个村级便民服务中心组成的15分钟政务服务便民服务圈，推进政务服务标准化建设，将群众办理频次高的医保、社保等服务事项纳入镇村为民便民服务中心大厅一站式办理，提升群众办事便利度的同时，牵头做好镇街赋权事项承接培训工作，在15个镇街统一安装远程监控视频，强化对镇街为民服务中心监督管理。

表85　2020年淮安区行政审批局单位获市级以上表彰一览表

单位（姓名）	表彰内容	表彰单位
淮安市淮安区公共资源交易中心	2020年度全国优秀公共资源交易中心	2020年度全国公共资源交易奖项评选委员会
淮安区政务服务大厅	全市最美政务大厅	淮安市行政审批局
丁　政	全国优秀公共资源交易优秀业务能手	2020年度全国公共资源交易奖项评选委员会
邵正淮	全省"最美政务人"	江苏省政务办
邵正淮	全市"最美政务人"	淮安市行政审批局
杨志萍	全市"最美政务人"	淮安市行政审批局
孙　杰	淮安市政务服务业务能手	淮安市行政审批局

表86　淮安区行政审批局基层单位名录

单位名称	基层单位名称
淮安市淮安区行政审批局	淮安市淮安区公共资源交易中心
	政务服务中心
	便民热线服务中心
	不动产登记中心

【“12345”政府热线平台】 2020年7月，原区“12345”在线平台由区融媒体中心整建制划转至淮安区行政审批局，并成立区政府便民热线服务中心。划转后，该中心围绕“诉求办结率、群众满意率”双提升目标，以工单办理响应率、办结率、满意率“三率”指标为核心，高度关注民生诉求，建立健全管理机制，全力为市民排忧解难，促成“诉接速办”提效增质。2020年全年，区“12345”政府热线共受理各类诉求39975件，办结率为98.69%，满意率约为93.24%。

【投资建设项目代办服务】 2020年，淮安区制订出台《淮安区项目代办中心服务指南》《淮安区重大项目审批流程图》《淮安区项目审批流程说明》等代办工作标准，建立项目邀请、重点难点问题协调会办、问题交办督办工作制度，做到一般项目强化推进、重特大项目积极跟进、拟开工项目坚持请进，较好地提升了投资项目代办效能。全年共代办项目41个，其中重大项目18个，农房项目23个，代办完结22个。

信访工作

【概况】 2020年，淮安区信访总量稳中有降，信访形势平稳可控，信访工作在全市排名前列。全年共受理国家信访局网上转送交办334件，省信访局网上转送交办142件，市信访局交办转送786件，群众来信319件，党政领导信箱39件，绿色通道29件，在规定期限内全部优质办结。全区共发生越级上访1168批3150人次，其中初信初访化解率达90%以上。全年未发生任何有不良影响的信访事件，有力地维护社会和谐稳定。

【阳光信访】 2020年，淮安区信访局推进“阳光信访”信息系统建设，做好信访不稳定因素月排查和网络实时排查、上报工作；指导基层按照市局要求抓规范、抓服务，力求让信访群众满意；做好信访突出问题排查、包案工作。在接待窗口发放服务指南宣传单让更多的群众知晓“阳光信访”的网上投诉、短信信访、电话信访等多种便捷方式，有效减少走访。

【网上信访】 2020年，淮安区信访局完善《网上信访工作制度》，要求所有网上信访件必须按期回复，及时归档。2020年，共受理网上信访1262件，全部按期按要求给予回复。

【“大信访”格局】 2020年，淮安区信访局将社会综合治理功能与信访工作融合，建设“信访服务和社会治理联动中心”，实现社会矛盾化解一站式服务，初步构建起全区“大信访”格局。联动中心以“标准化、便民化、高效化、网格化”为要求，通过创立全口径排查、全天候上报、一站式交办、多部门联动、全方位化解、立体式督办“六步工作法”，实现矛盾纠纷一站式处理。

【源头预防】 2020年，淮安区信访局深化矛盾纠纷在线排查工作，抓实“日排日报”工作制度，每10日开展一次专项排查；强化源头隐患分析预判工作，信访稳定风险评估管理系统实现全覆盖；固化领导包案化解机制。2020年，淮安区围绕重要敏感节点和突出信访问题共开展拉网式专项排查4次，对排查出的182件不稳定因素和突出问题全部包案到区四套班子领导和乡镇、部门主要负责同志，实行定时滚动式督查，确保矛盾不上交，人员不上行。

【优化窗口服务】 2020年，淮安区信访局人民来访接待中心被区委评为“恩来先锋岗”，加快提升本区接待场所服务水平和工作质量，实现“让条件更新、让形象更佳、让服务更优、让窗口更亮、让环境更美”的总体目标。

5月9日，淮安区开展《信访条例》宣传解读活动

（朱敏　摄）

【领导接访】 2020年，淮安区信访局共开展领导接访137次，共接待来访78批96人次，交办领导批示件82件。其中，党政主要领导接访19次，接待群众22批，化解21件次。

【积案化解】 2020年，淮安区信访局开展信访积案“清零”、信访矛盾化解攻坚战以及持续深入百县千案活动，推动信访矛盾依法及时就地解决。对上级交办以及自排的重点人员、重点案件，逐案落实领导包案化解，集中时间、集中力量解决一批疑难信访问题，制定了“去库存、啃骨头”的化解方案，每日跟踪进程、每周汇总进度。通过积案化解活动，解决一大批“钉子户、硬骨头”。

【信访基层建设】 2020年，淮安区信访局落实信访工作督查常态化，坚持“突出重点、简化程序”原则，对照省市信访工作考核要求，完善出台《2020年度淮安区信访工作考核办法》，对部分重点指标和计分标准作出适当调整；坚持“摸清底数、问题导向、重在化解”的原则，完善信访工作例会制度，推动信访问题的解决，有效减少信访存量，控制增量；推进法治信访改革，深化访调对接融合，维护信访秩序，保障信访人合法权益。

【信访督查督办】 2020年初，淮安区党政主要领导签订《2020年度信访稳定工作责任状》，做到区对镇、镇对村、村对组全面覆盖，将信访工作责任分解到每一位党员干部身上。区委常委会定期专题听取区四套班子领导包案化解情况汇报，将包案化解情况晒一晒、亮一亮，对进度不快、访量较大的，当面提出批评意见、明确整改要求。

【信访宣传】 2020年，《淮海晚报》报道淮安区全面推进信访标准化、全力做好稳定工作等方面情况。《江苏法制报》刊载25篇，全面报道淮安区高标准建设信访服务中心、做细做实信访网格化、教育信访“五到位”等工作情况。省信访局官网登载淮安区加强和改进人民信访工作，2篇征文作品被采录。

（姚大林）

政协淮安市淮安区委员会

综　述

【概况】 截至2020年底，政协淮安市淮安区第十四届委员会共有委员342人，常委会组成人员58人。政协淮安区第十四届委员会全年召开全委会议1次，常委会议7次，主席（扩大）会议16次。全年收到社情民意信息432篇，采用编发95篇，全会期间共提交提案249件，经审查立案153件，并案处理后119件，全部办复完毕，提案人对提案办理评价满意率达100%。2020年底，首次使用“智慧政协”平台进行提案和社情民意提交、“有事好商量”信息录入等一系列工作，促进政协各项工作提质增效。

区政协充分发挥党派优势，引进或参与引进惠旭能源（江苏）、旭正机械、圆盛通、凡之晟等各类项目29个；9月份，开展“民生专题协商议事月”活动，针对“有事好商量”协商议事活动提炼42字“协商要诀”及“三必六问”调研法；全年举办“有事好商量”协商议事活动416场，参与规模突破5000人次，推动一批民生实事落地见效。《人民政协报》《江苏政协》《淮安日报》《淮安政协》等市级以上媒体宣传淮安区政协特色工作60次，8个“有事好商量”协商议事案例被省、市政协宣传推广；组织文史专家编写《淮安简史1911—1949》一书，立足淮扬菜、淮安非遗等资源编写4期《文史淮安》专刊。

重要会议

【淮安区政协十四届四次全体会议】 2020年1月4~6日，淮安

1月9日，区政协第十四届委员会第四次会议在淮安宾馆召开
（张成龙　摄）

区举行中国人民政治协商会议淮安市淮安区第十四届委员会第四次会议。区领导徐子佳、颜复、蒋必海、关晓卫、葛明、马世良、刘宏彬、陈祖敏、张强出席会议。会议通过关晓卫同志所作的政协十四届常委会工作报告和张强同志所作的提案工作情况报告。吴雪瑞、刘超、熊占林等3名同志当选区政协十四届委员会常务委员。

【淮安区政协十四届二十二至二十四次常委会议】 2020年1月5日上午，区政协召开十四届二十二次常委会议，区政协领导关晓卫、葛明、马世良、刘宏彬、陈祖敏、张强、吴雪瑞出席会议。政协常委、工作组长列席会议。区委常委、组织部部长杨广到会作关于提名区十四届政协常务委员候选人有关情况的说明。

1月5日下午，区政协召开十四届二十三次常委会议，区政协领导关晓卫、葛明、马世良、刘宏彬、陈祖敏、张强、吴雪瑞出席会议。政协常委、工作组长列席会议。会议通过候选人建议名单，决定选举工作人员名单，协商通过大会决议（草案），选举区政协主席关晓卫担任1月6日选举工作执行主席。

1月6日上午，区政协十四届四次会议胜利闭幕后，区政协召开十四届二十四次常委会议。区政协领导关晓卫、葛明、马世良、刘宏彬、陈祖敏、张强、吴雪瑞出席会议，政协常委、工作组长列席会议。

【淮安区政协十四届常委会第二十五次会议】 2020年4月24日下午，区政协召开十四届二十五次常委会议暨推动制造业高质量发展专题协商会议，区政协领导关晓卫、葛明、马世良、刘宏彬、陈祖敏、张强、吴雪瑞出席会议。12名政协常委、委员分别针对项目招引、产业布局、用地用工、金融支持、科技创新、营商环境等议题，从不同角度、不同领域、不同层次作协商发言。会后形成《常委会专报》报送区委区政府。

【淮安区政协十四届常委会第二十六次会议】 2020年7月31日下午，区政协召开十四届二十六次常委会议，区政协领导关晓卫、葛明、马世良、刘宏彬、陈祖敏、张强、吴雪瑞出席会议。围绕“办好人民满意的教育”进行专题协商，分别就淮安区学前教育优质普惠发展、义务教育均衡发展、高中教育发展、公民办教育均衡发展、教师队伍建设、“区管校聘”改革、引进高等院校等方面，作参政议政发言。

【淮安区政协十四届常委会第二十七次会议】 2020年10月28日，区政协召开十四届二十七次常委会议。区政协领导关晓卫、葛明、马世良、刘宏彬、陈祖敏、张强、吴雪瑞出席会议。9个民主监督组代表分别发言，区应急管理局、文广旅游局、农房办、卫健委等部门负责人作表态发言。各民主监督组、各位常委和委员将民主监督渗透到履行政治协商、参政议政等履职活动中，做到在参与中支持、在支持中服务、在服务中监督。

【淮安区政协十四届常委会第二十八次会议】 2020年12月30日上午，区政协召开十四届二十八次常委会议，区政协领导关晓卫、葛明、马世良、张强、汤荣平、吴雪瑞、胡凤荣出席会议。会议通过关于召开区政协十四届五次会议议程（草案）、日程（草案）；审议通过了区政协常委会工作报告、提案工作报告；协商通过有关人事安排及政协委员调整方案。

重要活动

【全力抗击疫情】 2020年初，区政协积极响应区委关于新冠肺炎疫情防控工作部署和要求，参与“党旗飘扬志愿防控队”建设，组建两支巡防队，到挂包小区开展防疫巡逻、宣传劝导、信息填报等工作。号召党派团体和广大委员服从指挥、快速行动，募集或捐助抗疫物资超千万元，凝聚起抗击疫情的政协力量。

【助推复工复产】 2020年3月16日下午，区政协领导班子带领部分工业界委员，先后到建工尼龙、旭正机械、康乃馨织造等企业，询问复工后生产、管理运行等情况以及存在的问题，联系区职能部门做好服务工作，协调帮助解决企业困难和问题，推进淮安区企业稳步有序地复工复产。

【招商引资】 2020年，区各民主党派团体、政协工作组和广大委员共开展各类招商活动32场次，提供106条有价值信息并引荐客商来淮考察，引进或参与引进各类项目29个。区政协机关招商小组赴江浙沪广等地开展招商活动，主动服务项目建设。投资2.35亿元（含600万美元）的旭正机械高端数控设备项目已开工建设；投资10.5亿元的圆盛通淮安快运项目部分竣工投产;投资4.8亿元的凡之晟远大住工PC工厂二期项目已签约。

【服务民营企业】 2020年9月,为缓解企业融资难题,举办区政协迎中秋银企座谈会,组织甜蜜食品、乔扬数控等12家企业与江苏银行现场签约。撰写《关于合理恢复"五一"期间全区宴会餐饮的建议》,呈报区政府领导并获批示,降低全区餐饮行业受疫情影响的损失。政协专委会专题调研园区企业方位及作息时间,撰写《关于优化经济开发区公交线路的建议》上报市政协。

【委员队伍建设】 2020年7月10日,淮安区政协举办"第十二期政协讲堂",邀请《人民政协报》江苏记者站江迪作"政协统战新闻报道的基础知识和几点思考"专题讲座。区政协机关全体工作人员、区各民主党派团体、区政协各工作组、各镇街"有事好商量"协商议事室负责人参加活动。进一步增强委员洞察新闻的敏锐度,更好地为宣传淮安区政协、推动淮安区经济社会发展助力。

【文明城市创建】 2020年,区政协机关发挥模范带头作用,对结合社区及挂包路段的卫生死角进行清理,协助社区对路面破损、线路混杂等问题进行整改。号召广大政协委员以工作组为"单位",通过志愿服务、文明劝导、报送社情民意信息等形式,参与全国文明城市创建,为淮安市全国文明城市创建贡献政协智慧和力量。

【文史资政育人】 2020年,区文史资料研究中心编写《淮安简史1911—1949》及《淮扬菜》《淮安非遗》《大运河文化遗产》《淮安府署》等4期专刊,先后赴市图书馆、区文广旅游局、周恩来红军小学、吴承恩小学、关天培小学、勺湖小学、关天培社区、环城社区、下关社区等单位,围绕周恩来精神、大运河文化带建设、淮安历代名人、名著知识等方面,讲授淮安文史知识,使机关干部、学生以及社会各界能够进一步了解淮安、熟悉淮安,激发他们建设好家乡的激情。

【助力脱贫攻坚】 2020年,区政协组织"工作组结对帮助薄弱村"活动,为经济薄弱村兴办实事32件,帮扶物资价值657万元。开展"百名困难学生助学行动",发动委员以捐款捐物、辅导学习等多种形式慰问高中阶段的贫困生,捐资助学累计22万元。各民主党派团体和广大委员参与各类公益慈善活动,共筹集公益募捐款230万元,进村入户开展扶贫慰问、技术支援、捐资助学等活动。

参政议政

【建言献策】 2020年,淮安区政协发挥专门协商机构作用,围绕优化产业布局、实施人才引进战略、制造业高质量发展、办好人民满意的教育、营商环境持续优化等方面建言献策,为党委政府科学决策提供了依据。10月30日,召开"营商环境政务服务优化"主席协商会,与自然资源、行政审批等部门现场协商,提出简化流程、减税降费、提高效率等建议;先后调研文渠先导段、西汪塘、清安圩泵站等黑臭水体整治现场,就常态长效管理开展协商,提出建管结合、探索"河长+信息化+志愿者"机制等建议;调研石塘张兴社区、车桥卢滩社区等农房改善示范项目,就做好"后半篇文章"共商良策。

【社情民意】 5月28日下午,淮安区政协召开反映社情民意信息工作会议。区政协副主席张强出席会议并讲话,提案和社情民意委主任熊占林通报《2019年至2020年4月份各单位社情民意信息报送情况和采用情况》。宣读《关于明确反映社情民意信息员和特邀信息员的通知》,3名信息员和特邀信息员代表分别作交流发言。《关于把握特定战略机遇窗口期积极作为的建议》等信息被省政协转报全国政协,《关于解决弘瑞冠邸小区外人行道损坏及消防通道堵塞问题的建议》等信息被报送区政府领导,获得区领导批示并办理。

表87 2020年政协淮安市淮安区委员会获市级以上表彰一览表

单位(姓名)	表彰内容	表彰单位
政协淮安市淮安区委员会	淮安市第十五届哲学社会科学优秀成果三等奖	淮安市人民政府
《文史淮安》	淮安市优秀连续性内部资料性出版物	淮安市新闻出版局
江玲玉	2020年度九三学社全省组织建设先进个人	九三学社江苏省委员会

【民主监督】2020年，淮安区政协部署9个党派团体锁定大运河文化带遗产保护、公共卫生应急管理体系建设、企业安全生产监管、乡镇留守儿童心理关爱、农房改善等9项重点工作，开展全程跟踪监督活动。四季度，组织监督性政协常委会议，各党派团体与相关部门现场协商，形成9份民主监督建议书呈送区领导及有关部门。15个政协工作组围绕文明城市创建，分别到挂钩路段进行宣传引导，向有关部门提出监督建议。

【协商议事】2020年，区政协各专委会围绕古城有机更新、农村环境整治等议题，分别与相关部门开展对口协商；15个政协工作组针对科技创新"十四五"规划、做优做强淮扬菜产业、老旧小区提标改造等议题开展界别协商；全区342名委员分别挂钩到村居"有事好商量"协商议事室，实现全区镇街、村居、园区协商网络全覆盖，顺河镇延年村改建西安桥、苏嘴镇衡河村建设文化大舞台、钦工镇红色文化遗址保护开发、山阳街道融合产业示范园提档升级等8个"有事好商量"协商议事案例被省、市政协宣传推广。

【良言开发计划】2020年，区政协实施"良言开发计划"3.0版。对立项课题实行项目化管理，灵活选配10名指导老师，于12月2日对立项的34项课题开展了结项评审工作，确定了《关于助推全区重特大项目攻坚的建议》等10篇为优秀等次，《我区文旅产品供给侧结构性调整的建议》等11篇为良好等次，《加强我区"老字号"保护传承利用的建议》等4篇为合格等次，调研报告质量较前两年有了较大的提升。以"良言开发计划"调研报告为基础，提交十四届四次会议的9篇大会发言材料，得到区委书记张笑同志的高度肯定，并批转有关部门办理。

（鞠怀乔、陈旭）

中共淮安市淮安区纪律检查委员会
淮安区纪委监察委员会

【概况】2020年，淮安区纪委监委履行协助职责和监督责任，坚定不移正风肃纪反腐，为全区打赢疫情防控硬仗、决战脱贫攻坚、决胜全面建成小康社会提供了坚强保障。协助区委制定建设"勤廉淮安区"推动高质量发展的实施意见、建立"四项机制"一体推进"三不"的实施办法，系统推进全面从严治党向纵深发展。全区党风廉政建设责任制考核、政治生态评价考核等位居全市前列。《人民日报》《中国纪检监察报》《新华日报》对淮安区纪检监察工作一系列新举措、新成效予以推介报道，省纪委信息专刊四次专题推介淮安区特色工作经验。

【政治监督】2020年，淮安区纪委监委将"两个维护"作为纪检监察机关的重大政治责任，以旗帜鲜明的政治态度，带头将党中央重大决策部署落实到实际行动上。面对新冠肺炎疫情，坚持点面结合、查改结合、惩教结合，开展"直插式""点穴式"督导，紧盯"六稳""六保"任务落实，推动减免国有房屋租金527万元、提供就业岗位4500余个、安排基层运转资金2.47亿元。打造全省普惠金融试点样板区，明确六大重点任务，建立5项保障机制，阳光扶贫贷合计发放483万元，实现阶段性收益180万元，相关低收入户户均增收1.3万元，普惠金融有力助推产业扶贫发展，省纪委王常松书记实地调研，给予充分肯定。紧盯落实"两个责任"不力问题，对落实主体责任存在突出问题的党组织予以通报批评，以刚性问

6月4日，江苏省委常委、省纪委书记、省监委代主任王常松调研淮安区产业扶贫情况（区纪委监委　供图）

责推动党员干部切实绷紧责任之弦。

【作风建设】 2020年，淮安区纪委监委着力推动党风政风进一步好转，坚持纠“四风”、树新风、强激励。紧盯重要节点，着力解决违规发放津补贴、违规公款吃喝、违规收送礼品礼金等问题。创新落实区级机关精简发文基层监测点工作，构建数据分析、基层反馈、延伸监测三项工作机制，进一步规范移动互联网应用程序使用，坚决纠治应用程序过多加重基层负担问题，推动整治“指尖上的形式主义”，切实为基层减负。开展“三查三治三提升”作风建设专项行动，在全区“八大攻坚”专项行动中建立“黄牌”警示工作机制，倒逼各单位积极履职、实干争先。坚持严管厚爱结合，激励约束并重，对11名党员干部予以容错纠错，对包括10名科级干部在内的45名受处分人员实施回访，为4名被反映失实的党员干部澄清正名，进一步激励党员干部担当作为。

【日常监督】 2020年，淮安区纪委监委强化监察员办公室“一线探头”作用，聚焦解决群众反映强烈的重点领域和突出问题，深入开展安全生产、小化工、问题楼盘、医保基金监管专项治理，以一个个“小切口”具体问题解决切实维护群众利益，着力提升基层监督能力和工作质效。淮安市广播电视台专题片《廉洁淮安：淮安区专项监督“惠民生”“促发展”》报道淮安区相关实践探索和工作做法。发挥派驻纪检监察组“派”的权威和“驻”的优势，紧盯被监督单位权力运行“关键点”、问题易发“风险点”和整改落实“疏漏点”，持续擦亮派驻监督“探头”，做深做实做细日常监督。

【巡察利剑】 2020年，淮安区纪委监委深入贯彻巡视巡察工作方针，精准落实政治巡察要求，推动有形覆盖和有效覆盖相统一。全年共开展3轮常规巡察、2轮回访督查和1轮“六保”专项巡察，完成对国企平台、宣传、政法等行业系统共33个部门单位、17个村（社区）巡察任务，实现了一届任期内84家单位常规巡察全覆盖。创新开展“人民满意巡察”活动，将人民满意理念融入巡察工作始终，构建“问题请群众提、整改请群众督、质效请群众评”三项机制，通过公开选聘317名监督员、梳理“5+2”群众关心问题清单、推广运用“数字化”民意采集端口、建立问题来源数据库等措施，拓宽民情民意采集的深度，组织人民满意巡察整改项目和整改示范村“双十佳”评选，累计58.89万人（次）参与网络投票。中纪报先后两次介绍淮安区相关经验，市纪委六次全会中明确提出在全市推广“人民满意巡察”工作做法。

【审查调查】 2020年，淮安区纪委监委建立反腐败协调小组联络员机制，提升反腐败工作协作联动质效，与区检察院、区公安分局联合行动，开创全省首例异地羁押留置先例。全力推进扫黑除恶“打伞破网”，各项工作均位列全市第一，获评全市“扫黑除恶”工作先进单位。深化以案促改、以案促治，坚持用“身边案”“身边事”教育“身边人”，拍摄制作警示教育片《初心如磐》，全区近百家单位、3400余名党员干部接受专题警示教育。持续推进纪法宣讲“千百万”行动，区委主要领导带头面向“关键少数”进行宣讲，全年共组织宣讲230余场次，进一步增强广大党员干部的党性意识和纪律观念。

【队伍建设】 2020年，淮安区纪委监委深入开展“学恩来精神、守初心使命”专题教育活动，发挥淮安区独有的资源优势和能动作用，配合省纪委举办学习周恩来精神专题研讨会，作为全省唯一县区交流发言，得到省纪委书记王常松同志的肯定。开展“素质能力大提升”专项行动，加大党纪法规和实践

4月29日，淮安区召开党风廉政建设暨党员干部警示教育大会
（区纪委监委　供图）

性业务培训力度，在监督、审查、巡察、派驻等一线培养纪法皆通的“实战人才”。

民主党派　工商联

中国国民党革命委员会淮安市淮安区总支部委员会

【概况】 中国国民党革命委员会淮安市淮安区总支部委员会，简称“民革淮安区总支”，隶属民革淮安市委。2019年6月换届，汪性国任主任委员，李刚、陈国红、姜洁（女）任副主任委员。截至2020年底，该总支部共有成员47人，下设3个支部，成员主要来自教育界、经济界和政府机关。

【参政议政】 2020年，民革淮安区总支党员中的政协委员共向淮安区政协提交提案17件，社情民意信息15篇。委员汪性国《关于我区文物保护利用的几点建议》被区政协表彰为2020年度优秀提案，委员瞿永兵《加强对流动加油车监管的建议》的社情民意信息被区政协表彰为2020年度优秀社情民意信息。汪性国、陈国红、瞿永兵被区政协表彰为2020年度优秀政协委员，陈国红、瞿永兵被区政协表彰为2020年度优秀民主监督员，韩兵、陈国红、瞿永兵、孙圆圆被区委表彰为2020年度统战工作先进个人。2020年，民革淮安区总支党员向民革市委报送社情民意信息23篇。成立专项调研课题组，就大运河文化遗产保护、劣质项目置换、公共卫生服务体系等课题开展调研。《加快劣质项目置换　促进工业经济提质增效》《完善公共卫生服务体系提升应对突发事件能力》两个调研课题入选2020年度区政协“良言开发计划”并顺利结项，均被评为优秀等次。

【党派活动】 新冠肺炎疫情期间，淮安区民革党员捐款助力抗疫，累计捐款1.78万元；医卫战线的潘鑫鑫、胡玉娟等多名民革党员取消休假，自愿报名参加防控疫情，进入隔离病房展开医疗救助工作；教育战线7名民革党员响应省市区“停课不停学”通告精神为学生提供辅导、答疑等线上教育教学活动；民革党员纪星名主动深入疫情防控一线，用镜头记录坚守疫情一线人员精彩瞬间，部分摄影作品被省市多家媒体采用。赴区城管局开展对口交流活动。开展大运河文化遗产保护民主监督工作，参与组织“大运河文化遗产保护调研座谈会”，视察调研大运河砖工堤遗址、永济河遗址等大运河淮安区段文化遗产保护工作，视察调研邗沟古末口遗址、施耐庵著书处旧址等处大运河文化遗产保护工作，召开“运河大文化遗产保护”民主监督协商座谈会。大运河文化遗产保护民主监督工作被人民政协报报道。11月，赴区统计局开展对口交流活动；赴恩来干部学院开展“追寻伟人足迹学习恩来精神”主题学习教育活动。

中国民主同盟淮安市淮安区基层委员会

【概况】 中国民主同盟淮安市淮安区基层委员会，隶属于民盟淮安市委，前身为成立于1994年6月28日的民盟淮安支部，于2013年12月升格为基层委员会。历任主任委员分别为雍树标、石全、涂永明。委员会下设六个支部，分别为：教育一支部、教育二支部、社会服务支部、周恩来支部、新城支部和医卫支部。截至2020年底，委员会共有盟员92人，主要是来自教育、医卫及政府机关的中高级知识分子。2020年，民盟淮安区委被民盟淮安市委表彰为“先进集体”。

【参政议政】 在2020年区政协全会期间，民盟淮安区委共向大会提交提案22篇、集体提案1篇、社情民意18篇。人大代表提交代表建议案3件。集体撰写的《关于高质量做好网格化社会治理工作的建议》，作为政协全会参政议政发言；组织盟员调研并提交《关于解决电动车野蛮充电问题的建议》《殡葬改革不能一平了之》《加强产学研合作促进中小企业快速发展》《严防疫情扩散恢复生产生活》等多篇反映社情民意的文章，谷璇撰写的《关于做好农贸市场疫情防控工作的几点建议》被区政协表彰为“2020年度优秀社情民意信息”；汤荣平、滕腾共同撰写的《关于老旧小区改造工作的现状及建议——以淮安市淮安区为例》，在第八届江苏城镇化建设研讨会上荣获优秀论文奖。组建监督小组对全区卫健委公共卫生应急管理体系建设工作进行专项民主监督，通过座谈交流和赴淮安医院、流均卫生院实地调研，最终形成民主监督报告，提出民主监督建议。

【党派活动】 2020年，民盟淮安区委参加2020年江苏省县（市、区）盟务工作研讨会，马琳以《倾听群众心声 凝聚发展力量》为题，作书面交流发言；房士鸿赴重庆收集整理周总理与民盟的相关史料，协助盟市委创建市周恩来爱国主义教育基地，宣传恩来精神，展示民盟风采。五四青年节赴新材料产业园观摩全区重点项目建设；儿童节针对部分宅家上网课的少年提供心理咨询服务；重阳节赴常州开展“追忆民盟先贤，传承爱国精神”主题活动，缅怀史良、李公朴等民盟先贤。组织淮安市承恩小学30名留守儿童赴盱眙举办“情牵留守 爱暖童心”科普夏令营；参加团委开展的圆梦“微心愿”活动，完成朱桥、流均两个镇23名小朋友的“微心愿”；携带价值两万余元慰问品，看望关爱朱桥敬老院老人。

【疫情防控】 2020年初，淮安区盟员两天内募得善款43 450元，全部用于为湖北医护人员购买防护物资。参加各级部门组织的捐赠活动，淮安区民盟累计捐款超20万元，其中韩乃兵捐款达10.2万元，张叶文捐款2万元，王钦捐款1万元。远在海外的盟员张柯，在当地防护用品极其稀缺的情况下，从印尼采购防护用品，寄回国内由盟区委转交给淮安区人民医院。贾峰、祁晔、张跃超、郭晓峰、吴腊梅等医卫战线的盟员们参加医疗保障工作。涂永明、汤荣平、谷璇、刘姝、马琳、朱向远、葛勇、冯刚等盟员立足岗位，做好疫情防控。

中国民主建国会淮安市淮安区委员会

【概况】 中国民主建国会淮安市淮安区委员会，隶属于民建淮安市委，下设3个支部。截至2020年底，民主淮安区委员会共有会员73人。民建淮安区楚州支部被民建市委评为“优秀基层组织”，13位会员被民建市委评为“优秀会员”，4位会员被民建市委评为40周年“先进个人”。11月13日，民建淮安区基层委员会换届大会在淮安区民主党派之家举行。会议选举产生民建淮安区新一届基层委员会，嵇栩当选主委，左建东、周善之、吉洪飞、沈敬、赵娟、刘远航当选副主委，刘标华、邵扣凤、邵海龙、谢国杰、陈永梅、徐岩、曹银莹当选委员。

【参政议政】 2020年，民建淮安区委员会共中标区政协调研题2个，结项2个。在区政协的常委会专题议政会上，民建会员共有6人次上台发言。在2020年“两会”上，民建会员有3人在政协全会发言，共提交提案、议案21件。全年共向民建市委报送社情民意信息48件，其中民建省委采用4件。

【抗疫活动】 2020年疫情期间，民建淮安区委会会员组织现场捐赠活动两场，组织企业家向区慈善总会捐款三十余万元，向区防控指挥部、人民医院、中医院、融媒体中心、城管局、公安局、政务中心、钦工镇等8家单位，捐赠口罩3.3万只，消毒水4000斤，方便面700箱，护目镜230副，酒精100斤。

【社会宣传】 2020年4月，民建淮安区委组织法律专家会员走进运东村参加法治宣传活动，并协助调解矛盾。6月走访9个乡镇非公企业，就安全文化、安全法制、安全责任、安全科技和安全投入等五个要素进行调研考察，共提出建议11个，协助排除隐患3个。

【社会活动】 2020年，民建淮安区委会组织帮扶贫困户18户；关爱未成年人，与福利院儿童共度国际儿童节；走进城、乡中小学和幼儿园，关注教育现状；慰问淮安区消防大队消防人员并学习消防知识；开展“思源救助行”行动，慰问精神障碍患者、特困家庭老人、低保家庭；到社区开展义务劳动等活动10余次。

7月31日，民建淮安区委慰问消防救援大队

（民建淮安区委 供图）

表88　2020年中国民主建国会淮安市淮安区委员会获市级以上表彰一览表

单位（姓名）	表彰内容	表彰单位
民建淮安区基层委员会	先进基层组织	中国民主建国会淮安市委员会
民建淮安区楚州支部	优秀基层组织	中国民主建国会淮安市委员会
民建淮安区三支部	先进基层组织	中国民主建国会淮安市委员会
邵扣凤	优秀会员	中国民主建国会淮安市委员会
刘远航	优秀会员	中国民主建国会淮安市委员会
张冬明	优秀会员	中国民主建国会淮安市委员会
周玥涛	优秀会员	中国民主建国会淮安市委员会
史成全	优秀会员	中国民主建国会淮安市委员会
伏　建	优秀会员	中国民主建国会淮安市委员会
刘标华	优秀会员	中国民主建国会淮安市委员会
陈永梅	优秀会员	中国民主建国会淮安市委员会
左建东	优秀会员	中国民主建国会淮安市委员会
高　巍	优秀会员	中国民主建国会淮安市委员会
朱卓雅	优秀会员	中国民主建国会淮安市委员会
谢国杰	优秀会员	中国民主建国会淮安市委员会
沈　敬	优秀会员	中国民主建国会淮安市委员会
刘标华	先进个人	中国民主建国会淮安市委员会
吉洪飞	先进个人	中国民主建国会淮安市委员会
沈　敬	先进个人	中国民主建国会淮安市委员会
赵　娟	先进个人	中国民主建国会淮安市委员会

【考察调研】 2020年，民建淮安区委会组织参观淮安公安分局、里运河文化长廊河下段；调研企业复工复产、区退役军人局高质量就业情况；考察淮安区建筑总部经济产业园、淮安东站“高铁新枢纽”、淮安医院建设工地进展等。

（周玥涛）

中国民主促进会淮安市淮安区委员会

【概况】 2020年，中国民主促进会淮安市淮安区委员会以“履职能力建设”为年度主题，围绕区委、区政府的中心工作，履行参政议政职能。截至2020年底，基层委员会共有会员93人，下设5个支部。

【参政议政】 2020年，中国民主促进会淮安市淮安区委员会围绕文明城市创建、小区管理、食品安全、教师区管校聘机制落实、文物保护、大运河水质保护等主题，组织会员先后走进区文旅局、自然资源和规划分局、生态环境局、水利局、教体局等5家单位，漕运小区等6个小区，楚州中学等8所学校进行调研，形成并提交民进市委宣传信息15篇，其中，被民进江苏省委网站采用3篇，被民进中央网站采用7篇，被江苏统一战线网站采用4篇；6月28日《民进淮安区委民主监督小组调研“大运河淮安区段水体保护与监管”工作》提交市、区两级提案和社情民意30多件，集体提案、社情民意3件。其中课题“关于淮安区大运河沿线生态建设的调研”和“关于在城市建设中加强文物保护的建议”被评为2020年度区政协良言开发计划立项课题。调研报告《关于尽快实施淮安区“区管校聘”管理的建议》《关于推动学前教育优质普惠发展的建议》在区政协十四届二十六次常委会暨“办好人民满意的教育”专题协商会上作为发言内容，《强化监管 改进运河水质》在区政协二十七次常委会上作为发言内容。5月22日，中国民主促进会淮安市淮安区委员会成立第一届“虚拟机关”，设立参政议政部、社会服务部、宣传部。

【社会服务】 2020年，副主委张朝阳利用车桥镇新农村建设的大好契机，提出试行新农村教育试验的设想，推动学校文化建设。民进淮安区委二支部在区委的组织安排下，由支部主委樊遐军牵头，组织支部8名教师会员赴车桥中心小学开展“阳光助学行动”。中国民主促进会淮安市淮安区委员会走进周恩来红军中学校园看望女足娃，为即将参加2020年江苏省青少年足球锦标赛（女子组14–15岁）的孩子们送上“小米智能手环”，会员乔翠红给孩子们做赛前心理辅导课。组织企业界会员开展新春慰问捐赠活动，包括“元旦慈善一日捐”、“民进公益林”捐植活动，慰问环卫工人、车桥敬老院老人，向武汉为中心的疫区捐款。2020年各项捐款近18万元。4月19日，中国民主促进会淮安市淮安区委员会组织开展“民进公益林”捐植活动。会员们共捐款5000元购买树苗，并亲手将树苗种植在白马湖湿地“向日葵故事”园区。

（陈智慧）

中国农工民主党淮安市淮安区基层委员会

【概况】 中国农工民主党淮安市淮安区基层委员会，隶属于农工党淮安市委，共下设4个支部，分别为人民医院支部、中医院支部、综合支部、教育支部。截至2020年底，农工民主党淮安区基层委员会共有党员63人。其中正高级职称5人，副高级职称21人，中级职称21人。2020年被农工党淮安市委表彰为优秀基层组织。

【参政议政】 在2020年初政协全会和人代会期间，农工党淮安区委向大会提交提案、建议案共计21件，社情民意5件。全年向农工党淮安市委提交搜集整理的社情民意10余条。牵头负责区政协食品安全民主监督工作，5月开展了“走进梁红玉菜场”民主监督活动；8月，食品安全民主监督小组以考察学习淮安区门户商业中心——淮安区万达广场为契机，全面开展监督工作。申报的区政协良言开发课题《传承“山阳医学”，推动中医药事业高质量发展》《补短板 强弱项 为乡村教育“强筋壮骨”》均获政协资金资助。

【党派活动】 2020年初，农工党淮安区委组织医卫界党员赴苏嘴镇开展“送健康进村居”活动。5月，组织党员赴淮安区车桥镇举行了以“健康进村居、博爱送万家”为主题的医疗帮扶慰问活动。8月，组织党员在淮城街道楼东社区开展“炎炎夏日送清凉　丝丝关怀沁人心”活动，看望慰问部分困难群众。5月，成立“淮安区农工党红十字志愿者服务队”，主要开展义诊咨询服务。

【疫情防控】 在抗击疫情的战斗中，农工党淮安区委10多名党员不畏风险，坚守发热门诊、隔离病房等疫情防控的最前沿。其中，农工党党员新安医院殷广文主任的抗疫故事——为400名病人筑起“防护墙”的事迹被淮海商报专刊登载。盛丽丽、屈红军等党员在各自的工作岗位上，都发挥了模范带头作用。全体党员通过捐款捐资等方式支持疫情防控工作。区委会助农销售滞销农产品。5月24日下午，为了解企业复工复产面临的困难与需求，区委会领导班子一行到淮安雅美佳口腔门诊部走访调研，为企业复工复产出谋划策。疫情防控工作信息被省委统战部、农工江苏省委、市委统战部网站相继报道和采用。

中国致公党淮安市总支委员会淮安区支部

【参政议政】 2020年，致公党淮安区支部开展“农村留守儿童心理关爱”民主监督工作，制订调研计划，与相关职能部门召开两次座谈会，对曙光双语学校、施河中心小学及校外辅导站、车桥中心小学进行两次走访。形成《关爱与发展并重》的调研报告，完成一份民主监督建议书。形成事迹材料《以“一党一题”民主监督工作助推“有事好商量”协商议事提质增效》报淮安市政协。对淮安区特困学生的相关情况进行调研，撰写报告《关于加大对我区特别困难学生实施资助的调查与思考》。组织调研后完成良言开发计划《关于我区城区消防安全的调研》。

【社会服务】 2020年，致公党淮安区支部联合心理协会连续举办21期“@父母・悦读共成长”沙龙活动，为学生家长、在校老师答疑解惑、做心理疏导。在团区委“微心愿”活动中，组织支部党员捐款，认领车桥镇儿童的“微心愿”。疫情期间，支部党员涂永生通过区慈善总会向武汉疫区捐款5000元，通过区新生代企业家商会向淮安区疫情防控指挥部捐款3000元，向淮安市公安局淮安分局捐赠医用口罩1000只、护目镜20只，累计近2万元。党员戴彦夏坚守奋战在抗疫一线，负责中医院防控应急预案的制定及具体诊疗流程的设计，组织全院医生新冠肺炎相关知识的更新培训，协调处理各种突发问题；组织支部党员为海外侨胞捐赠“致公爱心小包裹”。

九三学社淮安区委员会

【概况】 2020年，九三学社淮安区委员会围绕党委政府的重点工作，不断加强自身建设，努力开展社务活动，履行参政党职能，服务经济社会发展大局。

【参政议政】 2020年，九三学社淮安区委员会组织部分社员参加人社局组织的企业用工招聘活动，调研相关企业用工情况，撰写社情民意。组织部分社员深入全稳饲料项目现场和建工尼龙、威特彩印包装、飞翔高新包装、康乃馨织造等企业，通过听取汇报、现场察看等方式，详细了解项目、企业复工复产和疫情防控情况。组织部分社员实地察看新材料产业园中的中核中原项目、凡之晟远大，智能装备产业园中的施塔德电梯新厂区、百斯特二期、双环齿轮、捷群电子6个项目现场，撰写调研文章。申报并立项课题《淮安区乡村旅游情况调研》。组织部分社员参加有关农房改造情况的调研和关于脱贫攻坚任务情况的调研。组织部分社员视察黑臭水体整治工作，收集情况，撰写报告。九三学社淮安区委开展"化工企业安全生产工作"专项调研活动，先后视察淮安区鸿洋钛业和蓝鹏肥业两家化工企业，让一批新社员明确了党外人士参政议政的责任和义务，了解撰写提案和社情民意的方法和途径。完成九三学社承担的"良言开发计划"课题，围绕乡村旅游发展，对存在的问题及原因进行分析研究，提出相关切实可行的意见建议，形成调研报告。完成2020年的专项民主监督《关于淮安区居民运动场地建设的监督》，组织骨干社员赴苏州开展为期2天的"一党一题"专项民主监督调研考察活动，学习参观苏州吴中区居民运动场地的建设情况。组织20名骨干社员组建监督小组，对全区群众体育健身场地情况进行走访调研，集中到区教体局进行座谈了解全区面上情况，撰写监督过程性社情民意报淮安区政协，完成专项民主监督报告定稿，形成调研报告。

【学习活动】2020年，九三学社淮安区委员会组织部分社员参加政协举办的第十期"政协讲堂"，聚焦"奋力夺取疫情防控和实现经济社会发展目标双胜利"主题，开展"淮安区公共卫生应急管理体系建设"和"淮安区城市总体规划"专题讲座。组织部分骨干社员进行参政议政培训，就如何撰写提案和社情民意进行讨论学习，编写印制九三学社撰写知识手册，将学习资料发放给骨干社员，提升撰写水平。

【社会服务】2020年，九三学社淮安区委员会推动四个专家工作站的日常工作，将专家工作站的工作做细做实。工作重心在心理咨询专家工作站，全年共举办10次心理咨询活动。

淮安区工商业联合会

【概况】2020年，淮安区工商联以促进非公有制经济健康发展和非公有制经济人士健康成长为主线，发挥好桥梁、纽带和助手作用，助力全区夺取疫情防控和经济社会发展"双胜利"。至2020年底，淮安区累计依法注册成立基层（行业）商会17家。

【商会组织建设】2020年，淮安区工商联撤并整合镇（街道）商会，完成施河镇商会等10家镇（街道）基层商会依法注册登记。新成立淮安市淮安区机械行业商会和淮安市淮安区羽绒行业商会；新成立区女企业家商会、区经济开发区民营企业商会以及区现代农业产业商会功能型党组织。

【民营经济代表人士队伍建设】2020年，淮安区工商联组织十余名党员企业家代表开展"不忘初心 牢记使命"理想信念主题党日教育活动，赴周恩来纪念馆回顾总理故事，引导民营企业家爱国敬业、求真务实、守法经营、守正创新，牢固树立崇高的理想信念。12月，组织15名非公有制经济代表人士参加"桃花垠宣讲会"，深入领会十九届五中全会精神实质、丰富内涵和重大意义，打造高素质民营经济代表人士队伍。

【民营经济服务】2020年，淮安区工商联持续深化民营经济法律服务，联合区法院共同举办《民法典》进企业宣讲活动，为近40名企业法律工作者提供法律指导服务，并赠送民法典便携本。加强支持民营经济发展政策宣读解读，联合区税务局开展税务知识宣传，扩大税务相关政策性文件知晓率和普及度。联合区司法局开展"检察开放日"活动，在服务"六保""六稳"，护航民企发展中发挥积极作用。

【亲清双月谈】2020年，淮安区工商联协助区委区政府搭建党政企"亲清双月谈"常态化沟通平台，建立长效工作机制。区领导定期同重点行业企业代表面对面座谈，广泛听取企业诉求，对于企业需要协调解决的困难与问题实行清单式交办，销号式落实，建立线上意见直报通道。2020年开展"亲清双月谈"座谈活动4期，收集整理问题建议约60条，向有关职能单位部

表89　2020年淮安区工商联获市级以上表彰一览表

单位	表彰内容	表彰单位
淮安市淮安区工商业联合会	2020年度综合目标考评先进集体	淮安市工商业联合会、淮安市总商会

门交办约36条，均给予企业答复处理和反馈。

【万企联万村行动】2020年，淮安区工商联策应省、市工商联“万企联万村 共走振兴路”行动部署要求，宣传发动民营企业参与村企项目联建，通过全面排查会员企业意向，梳理出淮安供销E家电子商务有限公司、淮安鹏润粮业有限公司等11家重点意向企业。在市工商联项目签约会上，淮安区12个村企联建项目集中进行签约仪式。

【异地商会对接】2020年，淮安区工商联对接在外发展企业乡贤，发挥商会优势，力促“以商引商”，陆续赴上海、苏州、常州、杭州等地调研考察，与上海市奉贤区工商联等3家商会建立友好工商联(商会)关系，巩固与上海、浙江、苏州、徐州等地商会和民间社会组织间的密切联系，开展资源对接，助推区域经贸交往和产业转型升级。

【参政议政】2020年，淮安区工商联撰写《淮安区民营经济发展情况调研报告》及《关于完善企业复工复产基础保障的建议》等4篇提案建议；参与营商环境民主监督等课题调研，形成《吹响“淮味千年”集结号 推进新时期淮扬菜产业再上新台阶》《关于解决当前万丰小吃城营商环境短板的建议》等调研报告和社情民意信息，为淮安区民营经济高质量发展献策出力。

【公益活动】2020年，淮安区非公经济人士累计向抗疫一线捐款340余万元。1月，淮安区女企业家商会赴周恩来红军高级中学、钦工中学和淮安中学开展“春季光彩助学”活动，共捐助14.6万元。7月，淮安区新生代企业家商会、女企业家商会、餐饮商会等联合开展“送清凉光彩节”活动，为环卫工人、快递员、外卖小哥等一线户外工作者送上饮品、口罩、花露水等解暑降温品共计400余份。8月，淮安区工商联联合区委统战部开展“栋梁工程·光彩助学”行动，江苏飞翔科技集团、江苏杰翔羽绒、江苏润沃驰塑业等28家爱心企业累计捐款31.3万元，共资助77名学子。10月，区新生代企业家商会近40名爱心企业家赴博里镇敬老院开展“孝老敬亲 关爱久久”重阳慰问活动，为44名老人送去棉服、帽子、围巾、热水瓶等“节日礼物”和文娱节目表演。

（曹　越）

群众团体

淮安区总工会

【概况】淮安区总工会成立于1948年12月，前身分别为淮安县总工会、淮安市(县级市)总工会、楚州区总工会。2020年，淮安区有独立基层工会组织896家，工会会员92589人。其中，机关工会87家，事业单位工会140家，企业工会645家(其中非公企业工会536家)，村级工会18家，社区工会6家。

【工会组织建设】2020年，淮安区总工会在全区新建独立基层工会49家，新增工会会员7334人。其中，八大群体入会企业9家，入会会员近1000人。2020年全区基层工会换届11家，

8月4日，淮安区委书记张笑看望慰问坚守高温一线工作的干部职工　（区总工会　供图）

98家基层单位召开职代会。汤始建华建材（淮安）有限公司工会委员会被省总工会授予“省模范职工之家”，江苏康乃馨织造有限公司被省委组织部办公室、省总办公室共同表彰为“全省非公有制企业党建带工建‘三创争两提升’活动省级示范单位”。对镇（街道）工会进行改革，配备镇（街道、园区）社会化工会工作者17名，区总工会的“有用有为”考核机制激发社工活力工作经验被《工人日报》宣传推介。实行兼职工会主席岗位补贴考核发放制度，将试点单位扩大到42家，根据年终考核结果，37家企业工会主席领到了2400~3600元不等的岗位补贴。

【建设改革】 2020年，淮安区总工会落实区委《产改方案》，协调“产改”工作，重点选树20个试点单位围绕党工共建、职业技能提升、能级薪酬分配、产教融合、工匠培育等试点项目，进行多点突破。省委领导在全省产改推进会上对“康乃馨”公司的“产学研”一体化的做法点名进行了推介。淮安区产改被纳入全市三个产改全面试点县区之一。

【工会干部培训】 2020年，淮安区总工会在苏州大学举办全区新时代产业工人队伍建设改革培训班，全区新时代产业工人队伍建设改革联席会议成员、区总工会十一届全委会委员、各镇（街道）、新材料产业园、开发区工会和各系统工会主席、产改试点企业工会负责人参加培训，培训60人次。参加省、市举办和区总自办的宣教、财务、组织、女工等各类培训班8期，累计培训工会干部200人次。

7月14日，淮安区召开第一届职工职业技能大赛

（区总工会　供图）

【劳动技能竞赛】 2020年，淮安区总工会以“当好主人翁 建功新时代”为主题，广泛开展劳动职业技能竞赛活动和群众性经济技术创新活动。举办建筑行业钢筋工和砌筑工技能大赛、中式烹调师大赛、茶艺师大赛、育婴员大赛、美容师大赛、法院书记员大赛、金牌解说员大赛、税务干部技能大赛、首届中小学幼儿园全员“岗位大练兵·教学大比武”技能大赛等7场区级职工职业技能系列竞赛。万名职工参加各类竞事活动。各类科技创新成果、合理化建议、先进操作法给企业创造价值上千万元。31名优秀员工、技术能手、技能标兵获得国家和省市表彰。其中8名职工的3项发明专利获得市一线职工授权发明专利奖。

【文化体育活动】 2020年，淮安区总工会建成劳模创新工作室10家，建立劳模党支部4个。其中，邵正淮、卞开广劳模创新工作室被命名为市级示范性劳模创新工作室。电视《劳模风采录》宣传各类劳模先进人物和事迹25人期次。评选表彰“五一劳动奖章”获得者30名、区级文明职工20名。开展“坚定不移走中国道路，同心共筑中国梦”“我身边的小康”“中国梦·劳动美·幸福路——疫线担当·奋斗有我”等主题征文活动，收到各类征文323篇。参加全市第九届运动会职工部乒乓球、羽毛球和掼蛋比赛，其中乒乓球选手获得男单、女单和混双比赛全满贯。

【扶贫帮困救助】 2020年，淮安区总工会慰问帮扶各类职工群体6909人次，共计287.9293万元。其中，助困4000人，148.16万元；助学16人，2.88万元；助安2600人，44.61万元；助医293人，92.2793万元。

【保障职工权益】 2020年，淮安区总工会开展工资集体协商和“能级工资”“共享员工”与线上线下开展就业服务并举。签订“共同约定书”150份，覆盖职工4.1万多人。签订集体合同、工资集体合同各190份，覆盖职工近8万人。举办城镇专场招聘会6场次。康乃馨织造公司的“共享员工”和双环齿轮公司的“实训工厂”项目，被省总工会评为“全省工会促进就业创业优秀项目”。网上网下举办10场就业招聘会，给返乡农民工发放法律法规常识读本和宣传单600余册。优化维权服务网络，开展维权咨询等法律服务系列活动，发放宣传资料3500余份。创建6家“职工维权服务站”，覆盖191家企业工会18 677名工会会员。依法为190名职工追回近600万元拖欠工资和经济补偿款。组织“安康杯”竞赛活动。上万名职工参加安全承诺书签名、“安全隐患随手拍”和安全知识竞赛等活动。成功举办全区“安全生产月”暨“安康杯”安全生产和劳动保护知识竞赛，8个代表队24名选手参加决赛。万名干部职工学习安全生产知识和劳动保护法律法规知识。举办化工班组长培训班和劳动安康权益知识微讲堂，开展劳动保护合格工会评审等活动。在全市30幅“安全隐患随手拍”获奖作品中，淮安区有9幅作品获得一、二、三等奖，占比30%。

【劳模工作】 2020年，淮安区总工会通过电台、报刊、网站和微信等媒体宣传各类劳模先进人物事迹25期次。召开劳模座谈会，18名市劳模分享先进事迹。召开区五一表彰大会，评选表彰30名区“五一劳动奖章”获得者、区五一巾帼标兵岗10个和区五一巾帼标兵20名。深化劳模创新工作室创建和劳模党支部“1+4”工程建设，把劳模的示范作用与党员的先锋作用有机结合，进一步促进技术骨干的成长，引领和推动企业创新发展。全区建成劳模创新工作室10家，建立劳模党支部4个。

【爱心驿站建设】 2020年，淮安区新建4家“安康爱心驿站”，淮城街道穿运社区、河下街道下关社区“安康爱心驿站”被省总命名为五星级“安康爱心驿站”，获省总奖补资金4万元。新建淮城卫生院、大润发超市、不动产登记中心等3家爱心母婴室，配置冰箱、微波炉、消毒柜、空气净化器等物品。

【女职工工作】 2020年，淮安区总工会开展“书香三八”读书征文竞赛活动，收到读书征文98篇，其中11篇在市总评比中获奖。开展争先创优和评比表彰活动，激发女职工争先创优的主动性和积极性，评选表彰“五一巾帼标兵岗”10个、“五一巾帼标兵”20名。其中，区疾病预防控制中心检验科科长陈建琳被评为“省五一巾帼标兵”。以职工职业技能大赛为抓手，引导女职工学本领，强内功，练绝招。在纺织、卫生、教育、家政等行业百个单位、300名女职工中开展茶艺、美容、育婴等多种岗位技能大赛，进一步展示巾帼建功的成效和价值。

【财务经审】 2020年，淮安区总工会抓好委托财税部门代收、代扣工会经费工作，完成省总工会下达的工会经费收缴任务。筹集、拨付93.6万元专项资金助力全区疫情防控工作。加强与区税务、人行等部门协同配合，按照上级工会关于征返小微企业工会经费“快、简、准”的要求，返还企业工会经费48.8039万元，惠及271家小微企业。委托第三方（会计师事务所）对39家基层工会进行集中审计。坚持工会经费自审、互审、集中审“三审”制度，对基层工会经费“收、管、用”情况进行全面检查，及时发现问题并进行整改。

（徐媛媛）

表90 2020年淮安区“五一劳动奖章”获得者名单一览表

姓 名	职 务
马洪青	淮安区水产技术推广站副站长
王小文	淮安曙光双语学校初中部化学教师兼工会干事
王海霞	淮安市淮城镇鱼市小学教务副主任
刘 慧	淮安市楚州中学班主任教师
严宇翔	江苏苏盐井神股份有限公司机电工程分公司高级技师（主管）
李 娟	江苏康乃馨织造有限公司挡车工
李 梦	淮安市新安小学运东幼儿园副园长
邹月圆	淮安区人民检察院未检科员额检察官
沙朝建	江苏苏盐井神股份有限公司第三分公司重碱车间副主任
张万忠	淮安区山阳街道畜牧兽医服务站动物防疫员
张 井	淮安区人民法院书记员
张明根	淮安外国语学校副校长
张艳春	淮安市淮安医院妇产科医生
陆云梦	淮安市淮安医院重症医学科护师

续表90

姓　名	职　务
陈娇娇	淮安区妇幼保健院产房助产士
陈夏明	淮安市淮安医院急救中心驾驶员
邵传东	淮安市钦工镇中心卫生院防保所医生
周　茜	中国邮政集团有限公司淮安市淮安区分公司寄递事业部内勤主管
赵　云	淮安市新安小学德育处副主任
赵　炎	淮安市淮安医院心胸外科医生
姚　婕	淮安区人民检察院第六检察部检察官助理
钱　乾	淮安市钦工镇中心卫生院医疗组长执业医师
倪　军	江苏天天快仓储有限公司操作员
郭芷晓	淮安市鼎瑞家政服务有限公司培训师
黄　伟	淮安市楚州实验小学教师
黄海霞	淮安市关天培小学教科室主任
阎丽香	淮安融盛圆通速递有限公司操作员
董志成	淮安市淮安医院儿科医生
嵇青青	淮安市周恩来红军中学团委书记兼大队辅导员
颜廷飞	淮安市钦工镇中心小学教师

共青团淮安市淮安区委员会

【概况】2020年，共青团淮安区委依照共青团“凝聚青年、服务大局、当好桥梁、从严治团”四维工作格局，组织开展一系列有特色、有实效的活动，“希望工程”“微心愿”等品牌影响力持续深化，共青团工作的大局贡献度不断增强。

【基层组织建设】2020年，淮安区14至35岁青年共有295 806人，团员30 802人，其中学生团员10 312人，占比33.48%，基层团干部共2130人。严格按照“十步骤三公示六必须”要求发展团员，举办“双积双评推进会”，高标准严要求发展、教育、管理团员。进一步完善共青团工作激励考核机制，创新“红旗榜”模式，以大抓基层建设的成效推动共青团工作，全年共发布4次榜单。10月14日，举办2020年淮安区团干部培训班，培训覆盖300余人。建立团代表联络站，实行团青联络机制，淮安区团代表联络站共有98名团代表，其中省团代表2名，市团代表25名，区团代表94名（省、市、区级均有重叠），推动团干深入基层一线，让基层团组织纽带作用不断彰显。

【关爱帮扶慰问】2020年，共青团淮安区委深入推进“E同守护”计划，长期性做好“事实孤儿”摸排核实工作，及时更新信息库，做好资金、物资和长期关爱结对帮扶工作，为全区“事实孤儿”成长保驾护航。春季开学前为在库199名事实孤儿送去开学防护礼包；11月15日，组织20名事实孤儿参加“E同烘焙·童享幸福”烘焙体验活动。持续开展“希望工程”“微心愿”“暖冬行动”等传统关爱品牌，“希望工程·圆梦行动”自筹资金68.2万元，帮助140名贫困大学生圆梦大学，获评江苏省“希望工程圆梦行动”十五周年最佳组织奖、江苏省希望工程突出贡献奖；微心愿累计为212个留守儿童实现心愿；深入开展重点青少年群体“成长护航工程”“法护青春 西游课堂”等普法教育活动。全年开展关爱困境青少年活动总计18场，覆盖困境青少年约500人次，涉及资金75万余元。

【青年思想引领】2020年，共青团淮安区委强化青年理论武装，动员广大团员青年参与“青年大学习”，期均学习人次约达24 000人。将恩来精神与青年思想引领工作有机结合，在团员青年中开展“传承恩来精神，讲述逆行故事”“绽放战疫青春·坚定制度自信”等主题宣传教育活动，入团仪式、入团第一课、十八岁成人礼、主题团课等思想引领工作覆盖面进一步扩大。深入挖掘“优秀共青团干部”“优秀共青团员”“区十大杰出青年”等优秀典型，13名优秀青年获得省级及以上表彰。5月，举办纪念五四运动101周年青年座谈会暨2020年“十大杰出青年”颁奖仪式，4名优秀青年在会上进行交流发言。利用抖音、微信、微博等新媒体平台宣传党的政策、团的工作，平台粉丝数总计约2.25万，2020年累计发布文章约850篇，阅读量约102.5万。

表91　　2020年共青团淮安区委员会获市级以上表彰一览表

单位（姓名）	表彰内容	表彰单位
共青团淮安区委员会	2020年度全省团属报刊宣传工作先进单位	共青团江苏省委员会
共青团淮安区委员会	江苏省希望工程“圆梦行动”15周年优秀组织奖	共青团江苏省委员会、江苏省青少年发展基金会
共青团淮安区委员会	2020年度全市共青团工作先进单位	共青团淮安市委员会
冯冰蟾	2020年度全省团属报刊宣传工作先进个人	共青团江苏省委员会
吴佳睿	2020年度全市共青团工作先进个人	共青团淮安市委员会

【志愿服务行动】 2020年，共青团淮安区委广泛召集青年团员在春运期间开展“青春志愿行 温暖回家路”活动。组织53名志愿者在淮安汽车东站开展为期10天的志愿服务活动，免费发放春联等新春用品。开展“文明城市·青春力量”进社区助创文活动，招募100余名大学生志愿者参与其中，服务人次约150人，累计志愿服务时长达200小时。组织苏北计划志愿者成立“河小青”志愿服务队，在国际净滩日开展“河小青”净滩行动，为保护淮安区的生态环境贡献力量。2020年共青团淮安区委开展志愿公益活动40余场，人数达800余人，服务累计时长达2000多小时。

（陈　巍）

淮安区妇女联合会

【概况】 2020年，淮安区妇联认清新形势、找准新定位、把牢新方向，切实发挥好联系妇女、凝聚妇女、发动妇女的职能职责，团结带领全区妇女在疫情防控和服务发展两条战线努力拼搏、不懈奋斗，为淮安区全面建成小康社会贡献巾帼力量。

【妇女思想引领】 2020年，淮安区妇联围绕习近平新时代中国特色社会主义思想、党的十九届五中全会精神等重点内容开展“十百千巾帼大宣讲”线上线下系列宣讲活动。举办淮安区“‘学习强国’进家庭”知识竞赛，引导广大妇女群众听党话，跟党走。开展“花开淮安”等各级妇联微信公众号宣传推广，组织作品参加第二届江苏女性融媒体创意大赛。全区涌现1名省三八红旗手，24名市级三八红旗手和8个三八红旗集体。开展迎“三八·战疫情”系列活动。通过网络发布抗疫倡议书，为驰援湖北一线女医护人员送上“三八妇女节”节日祝福视频和书信。加强防疫宣传引导，利用网络阵地及时传达中央及省市区委关于新冠肺炎疫情防控工作相关精神，传达淮安区疫情防控工作要求，宣传新冠肺炎防护知识。

【服务发展大局】 2020年，淮安区妇联组织女企业家和妇联干部赴周恩来故居开展“学总理，思发展，争做小康路上妇女领头人”主题党日活动。创建省巾帼示范精品民宿1个，省巾帼示范来料加工脱贫基地2个，省巾帼示范电商服务站1个，共获扶持资金4万元。推进“苏垦慧创·苏北农村留守妇女创业就业行动计划”，制定实施方案，召开工作推进会，帮助企业积极争取项目。举办“春风送岗”线上招聘会和家政服务专场招聘会。为女性企业与商业银行牵线搭桥，推动妇女小额贷款工作，全年共发放贷款1697.8万元，扶持77名妇女创业。加强妇女家政服务技能培训，累计培训育婴员、母婴护理、养老护理662人，有346人获得三级育婴员职业资格证书，帮助484名家政服务人员就业。组织区妇联机关干部深入社区一线开展人员管控、风险摸排、公共场所消杀等疫情防控工作，号召全区妇女干群参加“传递淮安大爱，驰援武汉江苏，共同抗击疫魔”线上捐款公益活动，向区一线环卫工人捐赠防疫物资。发动全区女企业家为疫情防控工作募捐防控资金和物资，为全区企业复工创造条件。

【维护妇儿权益】 2020年，淮安区妇联开展三八维权周线上法律知识宣传活动，举办“春雨润山阳，和谐满校园”网络法律知识竞赛。参与全区群众安全感提升集中宣传活动。深化“守护花开”普法宣讲系列活动，开展“民法典”普法宣讲进社区活动等。介入未成年人伤害案件处理，保护未成年人合法权益，教育涉案未成年人遵纪守法。联合法院、教体局印发《关于进一步加强涉未成年人法治教育成效的联合举措》文件。深化“女童保护”公益行动，组织讲师录像考核10场次，开展“女童保护”儿童版、青春版课程104节。坚持妇联干部担任人民陪审员制度，直接参与未成年人犯罪和侵害妇女儿童权益案件审理。举办淮安区妇联维权干部培训班，为120多名妇联干部提供维权知识系统培训，安排专人在婚姻登记处、妇联阵地接待妇女来访和婚姻家庭纠纷调解工作，全年顺利调解15起纠纷。

【文明城市创建】 2020年，淮安区妇联常态化开展寻找最美家庭活动，涌现出市级以上五好家庭、最美家庭、书香家庭、绿色家庭等70户，创建1个市级家庭亲子阅读体验基地。开展“送荣誉到家”活动，为文明典范家庭上门送荣誉。召开“文明家庭创建、家教家风建设”宣传工作推进会。举办“幸福树”家庭教育公益课堂系列讲座，“传家训、立家规、扬家风”家庭教育专题讲座惠及3000多户家庭。向区政府争取10万元专项经费支持家长学校建设，量身定制家庭教育课程帮助社区家长学校开展活动。在楼东社区联合举办淮安区第二届公益传统文化夏令营活动。在恩来社区举办“和你在一起·萤火虫学堂”关爱儿童公益直播课，提升社区家长学校课程吸引力和影响力。

【妇儿民生实事】 2020年，淮安区妇联召开全区“十三五”妇女儿童发展规划重难点指标推进会，推动重难点指标落实；开展单亲特困母亲帮扶工作，向436名妇女发放43.6万元；举办女性健康知识系列讲座和“性别平等进校园”系列活动；组织开展因新冠肺炎疫情影响造成监护缺失儿童摸排工作，关爱家庭发生重大变故儿童。深化“脱贫攻坚建档立卡户少儿病残救助”项目；开展第四期中国妇女社会地位调研。深入开展“温暖多一度”“春蕾计划”“暖心关爱，情满‘六一’”等扶贫助学行动及春节慰问活动，累计为128名困境儿童发放助学金8.4万元。举办“花开淮安，温暖同行”99公益线上线下募捐活动，共募集善款4万多元。开展“一对一心愿”项目，为25名儿童送上价值6000多元的“微心愿”物品。深化“E万行动”——农村孤儿助养项目，为334名孤儿发放38.9万元；深化“春蕾班”项目，为198名困难学生发放14.8万元；继续实施“情牵留守，爱暖童心”等关爱留守儿童公益社工项目和家政服务员“社工+职校”支持服务等女性创业就业项目。

【妇联组织建设】 2020年，淮安区妇联开展镇村妇联队伍情况调查，社会组织中建立妇女组织和女性社会组织情况调查。在女性社会组织、行业协会及村民小组、社区网格中建立“妇女微家”43个。落实县级妇联改革活力提升计划，建立十届执委微信工作群，制定《淮安区妇联第十届常委、执委工作制度（试行）》，征集推荐优秀执委领办项目。举办淮安区妇联十届执委暨妇联干部培训班，提升妇联执委、干部履职能力。抓住村（社区）“两委”换届契机，推动“‘两委’班子中至少有1名女性成员”的要求纳入全区换届方案，促进基层妇女干部配齐配优配强。

淮安区科学技术协会

【概况】 2020年，淮安区科协围绕“四服务一加强”即坚持为科技工作者服务、为创新驱动发展服务、为提高全民科学素质服务、为党和政府科学决策服务的职责定位，加强科协自身建设。

【疫情防控】 2020年新冠肺炎疫情发生后，淮安区科协联合区电视台第一时间制作一期时长半小时的《科普新天地》电视节目，专题介绍防控新冠肺炎科普知识，从正月初四起在区电视台连续播放两周；利用微信等平台，及时转发相关疫情防控科普知识；向上争取50套疫情防控科普挂图分发到城区各小区进行张贴；动员机关同志主动申请到疫情最重的石塘镇参加志愿服务，挂包东方康桥小区进行疫情防控，机关全员参与，重点巡查、宣传疫情防控；做好逆行者宣传慰问，邀请区领导上门慰问逆行者代表，对被评为淮安市最美科技工作者的淮安医院4位赴武汉志愿者，举行集中授带颁奖仪式。

【慰问科技工作者】 5月30日，在第四个“全国科技工作者日”期间，淮安区科协通过层层选拔，挑选出10名杰出优秀科技工作者代表，由区四套班子主要领导逐一上门走访慰问，激发全区科技工作者的荣誉感、自豪感和获得感。

【优秀学术论文评选】 2020年，淮安区科协组织全区科技工作者优秀论文评选活动，共推荐5篇学术论文参加淮安市第十七届自然科学优秀学术论文评选，5篇学术论文均入围，并被评为三等奖。

表92　2020年淮安区科学技术协会获市级以上表彰一览表

单位	表彰内容	表彰单位
淮安区科学技术协会	江苏省“全国科普日”优秀组织单位	江苏省科学技术协会
案例《招引高新项目入驻》	全省科协系统“四服务一加强”单项工作创新案例	江苏省科学技术协会

【科普宣传】 2020年，淮安区科协根据新冠疫情防控需要，采取灵活的方式开展科普宣传，变过去集中宣传为区全民科学素质领导小组成员单位分散宣传。2020年科普宣传周、科技工作者日、全国科普日期间，将任务落实到各成员单位，由各成员单位根据自身的特点，采取广播、电视、微信公众号、网站等平台大力宣传科普知识，让居民群众在家也能学到科普知识。

【青少年科普活动】 2020年，淮安区科协实施重点人群科学素质提升行动，以科普活动为载体，开展科普大篷车进校园、青少年科技创新大赛和科技实践等特色科普教育活动。启动全区第七届青少年科技创新大赛，共评出优秀组织单位6个，优秀科技辅导员14名，优秀科技辅导员创新成果17项、论文31篇，优秀青少年科技创新成果11项、科技创意25个、科技实践活动4个、科学幻想绘画176篇。利用区青少年科学实践基地，组织中小学生有序开展为期3至7天封闭式科技体验教学活动，让学生体验科学的微妙与魅力，提升青少年的科学素养和追求科学的兴趣。

【科技兴农】 2020年，淮安区科协以科技兴农为抓手，积极开展科普示范基地培植、送科技下乡、新型实用技术培训等活动。2020年，培植完成科普示范点2个，组织农技专家下乡现场技术指导4次，举办科普讲座2次，向河下新路村等社区免费赠送科普书籍200余本、科普资料近1000份。

10月13日，区科协、区教体局联合举办“科普大篷车”进校园巡展活动。图为淮安市钦工镇中心小学活动现场照片

（区科协　供图）

【科普设施建设】 2020年1月，淮安区科协建成恩来社区科普体验馆。2020年5月启动淮城街道下关社区、河下街道穿运社区、山阳街道关天培社区科普体验馆建设。截至2020年12月底，三个社区科普馆完成科普设备安装任务。

【科协组织建设】 2020年，淮安区科协与区委组织部联合下发《关于进一步健全完善镇（街道）科协组织建设的通知》（淮组发〔2020〕13号），2020年4月26日召开全区镇街道科协组织规范化建设工作推进会，截至2020年12月底，全区共有12个镇、3个街道按照“4+1”即卫生院院长、中小学校长、农技推广部门负责人、科技型企业家和上级科协对下级科协的指导，组织架构全部建立科协组织，镇街科协主席、副主席、秘书长共有116个，其中“四长”即卫生院院长、中小学校长、农技推广部门负责人、科技型企业家兼职副主席86人，基本达到“四有”即有组织架构、有牌子、有办公场所、有工作规程的要求；推进“党建引领科建 助推社会治理”工作，区科协与区委组织部联合下发《关于印发〈淮安区党建引领科建助推社会治理工作的实施意见〉的通知》（淮科协〔2020〕16号）。实施“党建+科技志愿服务”行动，鼓励行业专家加入科技志愿服务队伍，壮大志愿者总量，细化服务类型，形成服务链条，把大数据、人工智能等现代科技与社会治理深度融合，通过现代科技推进社会沟通、改进管理服务，打造智能化治理新模式。2020年，全区共有333个村居、社区，新成立科技志愿服务队60个，新增注册科技志愿者达388人，累计达800人。

【项目帮办服务】2020年，淮安区科协与淮安经济开发区合作，成功招引2个亿元以上工业项目。其中一个是国内首家低温共烧LTCC高科技亿元电子项目入户。该项目由深圳飞特尔科技有限公司投资兴建，总投资1.4亿元，其中设备投入8000万元以上。截至2020年12月底，该项目完成厂房装饰设计。另一个是芯声微电子项目，该项目设备总投资6.5亿元，企业主要生产片式电容产品，使淮安区电阻、电容、电缆形成完整的产业链，产生集群效应。做好捷群电子项目复工复产帮办服务，2020年初疫情期间，区科协专门派一名副主席驻企两个月，帮助企业做好复工复产期间的疫情防控和外来员工隔离工作，2020年企业完成开票销售1.9亿元，上缴税金2100万元。

（陈国柱）

淮安区残疾人联合会

【社区康复示范点】2020年，淮安区残联根据省残联2020年的重点工作部署中提出的“高质量建设社区康复示范点，各建制县区建设不少于2个示范点”的要求。区残联于5月17日前在山阳街道干沟村和椿树村完成康复示范点选址，6月30日前完成了整体建设工作，9月份购置了康复设备，10月份投入使用，正常开展康复服务。

【残疾人居家服务项目】2020年，淮安区残联依托互联网手段，延伸托养中心、“残疾人之家”等基层公共服务平台网络，投入172万元为全区16个镇（街道）共计1040名低收入重度残疾人提供家政照料、康复医疗、志愿服务和其他个性化需求等居家照护服务。5月底前区残联已结合“三进三查”专项行动，对全区16个镇（街道）分三个片区进行精准入户。重度残疾人居家照护服务项目经费落实到位，6月29日确定了项目招标代理服务机构，由江苏国药兴康科技发展有限公司中标服务。7月10日开始筹建系统平台，年末，已完成系统平台建设。8月份签订服务协议，并按计划指导承接机构，完成调度系统平台建设和服务人员技能培训。从8月底开展线下服务，全年完成1044名贫困重度残疾人居家照料线上线下服务。

【残疾人之家】2020年，淮安区残联继续推进“残疾人之家”提质增效，将残疾人就业、康复、文体、维权、辅具适配等相关服务内容整合到“残疾人之家”，建立常态化监督管理机制，建成残疾人之家远程管理服务平台。在山阳街道小岗村、车桥镇吕舍村、施河镇条龙村，漕运镇戴湾村完成了2020年新建村（居）级“残疾人之家”的选址工作。提升托养机构和“残疾人之家”服务能力，全年完成全托和日托残疾人数不少于500人。

【“精准康复”服务】2020年，淮安区残联全面启用“互联网+精准康复”服务平台，做好数据录入、考勤记录、转介提醒和手机App使用指导等相关工作，加强对康复机构的监管。坚持“康教结合”，按月开展“送教上门”活动，加强对基层康复机构的业务指导。全年完成0~14岁儿童转介376名，发放辅助器具适配543户，为23名视力残疾人免费提供白内障手术服务。开展“家庭医生签约”工作，为3297名残疾人签约残疾人建立电子档案，实行动态更新管理。为残疾人用药管理、就医转诊、康复服务、医保报销等方面提供优惠和便利。

【残疾人家庭无障碍改造】2020年，区残联共承担400户低收入残疾人家庭无障碍改造任务。年初，成立了无障碍改造领导小组，制定了详细的实施方案，6月份完成招投标手续并签订标书，11月底完成了全年工作任务并组织验收。

【残疾人文体事业】2020年，淮安区残联以决战决胜脱贫攻坚和高水平全面建成小康社会为契机，围绕重要政策、重大活动、重大节日，加强残疾人事业宣传。加强残疾人文化服务平台建设，发展残疾人文化艺术，选送优秀节目参加第十届全省残疾人文艺汇演，结合“全国助残日”“残疾人文化周”等节点，开展形式多样的群众性残疾人文化活动。

【系统组织和队伍建设】2020年，淮安区残联推进区残联系统改革，9月份出台了《淮安区残疾人联合会改革实施方案》，11月27日经区政府常务会研究并通过审议，12月13日经区委常委会研究，同意将区残疾人劳动服务所更名为区残疾人就业服务中心,并将自收自支性质更改为全额拨款。健全残联组织和工作网络,加强各级专门协会的组织建设、能力建设,活跃协会工作,密切与残疾人联系,做好第六届全省自强模范暨助残先进评选推荐工作;加强基层专职委员队伍建设,精准把握专委改革核心内容,坚持因地制宜、实事求是、稳步推进。加强干部教育培训,提升素质能力。加快社会助残组织培育,充分发挥市场、民间力量、社会资源等作用,推动残疾人专门协会、公益助残组织、志愿助残服务队伍等为残疾人服务,扩大残疾人公共服务供给。

淮安区归国华侨联合会

【概况】 2020年,淮安区侨联深化侨联改革,转变工作作风,着力强化“两个服务”、加强文化联谊、参与社会建设,谋发展、求突破,为淮安区的经济社会发展做贡献。

【疫情防控】 淮安区侨联在疫情期间,成立淮安区侨界疫情动态网络群,加强侨眷侨属的健康监测,及时递送口罩、消毒液等防护用品,协调办理通行证。组织动员侨界企业家和爱心人士献爱心,共向抗疫一线的医院、防疫站点等捐赠防疫物品和物资4万余元。配合市侨联做好为淮安区籍海外留学生寄送“侨爱心包”等工作。做好出国人员统计和新冠疫苗接种登记。

【品牌建设】 2020年,淮安区侨联组织侨界人士开展走访慰问,通过节日慰问与平时走访相结合的方式,加强与侨界空巢老人的联系,让他们感到党的温暖。开展“爱心侨企·温暖寒冬”活动,春节前夕组织侨界企业家慰问苏嘴敬老院的老人们及流均镇的困难渔民共计40余人。服务侨企突破困境,坚持走访侨企淮安大东包装有限公司,该企业近年来陷入经营困境,区侨联帮助联系税务等有关部门,鼓励经营者转变思路,为侨资企业发展助力。

【侨情调查】 2020年,淮安区侨联在全区范围内开展侨情调查,完善侨情数据库。对重点单位进行业务指导,确保数据的真实性,做好对侨界困难群体的摸底。在《淮安日报》《华人时刊》等报纸杂志对知名侨领陈静进行宣传报道,提升她在本地的知名度,扩大影响力。加强与陈静女士的交流,鼓励她为中阿人文交流,为故乡文化宣传铺路架桥。

【组织建设】 2020年,淮安区侨联建立大侨务格局,以侨务工作进“三区”为突破口,以创建工作带动侨务工作新突破。指导恩来社区创建侨务工作示范单位,摸清侨情底数,梳理组织架构,物色相关人员,成立社区侨联组织,指导社区侨联组织积极开展工作。在恩来社区组织全市侨务工作进三区示范点现场会,提升恩来社区侨务工作在全市的影响力。加强领导班子自身建设,突出“引领”作用,以身作则、率先垂范,注重实践,凝心聚力。

淮安区文联

【文艺活动】 2020年1月13日,淮安区文联以“不忘初心,筑梦放歌”为主题,在楚州中学组织举办淮安区首届作家春晚,为全国文学界首创。晚会以作家们自创、自诵、自演的《天路淮军》《光之歌》《打竹板》等节目为主,蕴含着浓厚的淮安地域元素,富有浓郁的文化情怀。区作协主席于兆文创作的长篇报告文学《天路淮军》再版发行,获得第四届江苏省报告文学奖金奖。区文联有序推进长篇小说《大胡庄1941》《横沟暴动》等文艺创作重点项目。区文联主席傅振举和区书法家协会会员施平信

淮安区首届作家春晚“不忘初心,筑梦放歌”活动现场

(区文联　供图)

获得“第二届淮安市行草书法大赛”二等奖。

【文艺抗“疫”】 2020年3月初，区文联各文艺家协会参与由市文联和市广播电视台主办的“众志成城·同心战‘疫’”全市抗击疫情主题作品征集评选活动。区美协副主席刘鸿阳获得美术类全市唯一一等奖，另有文学、书法、摄影、美术类共14位文艺家协会会员获得全市优秀奖。区文联策划和宣传全区抗疫文艺工作，先后在江苏省“学习强国”平台媒体推出淮安区书画作品和博里农民画文艺战“疫”作品专题报道5篇，在《淮安区报》推出文学、摄影、书法、美术等反映抗疫题材的“文艺战疫”作品6个专版，以艺术形式对外宣传全区文学艺术工作者助力抗疫活动。

（丁　冬）

淮安区红十字会

【疫情联防联控】 2020年，淮安区红十字会组织动员工作人员、志愿者参加新冠肺炎疫情社区联防联控工作，协同社会各方面力量构筑疫情防控的人民防线。新冠肺炎疫情防控期间，接受社会捐赠款、物共计135.80万元，公示新型肺炎疫情防控接受社会捐赠款、物及使用情况。向市红会申请调配10顶救灾帐篷，搭建到防控卡口和相关医院，为奋战在防疫一线的工作人员送去温暖。利用微信公众号发动红十字志愿者进社区，为群众提供心理辅导、精神慰藉等心理健康服务和心理危机干预，疏导负面情绪，消除社区居民的忧虑和恐惧心理，增强打赢疫情防控人民战争的坚强意志和必胜信心。

【社会救助】 2020年，区红十字会在全区机关和企事业单位中开展“博爱在淮安，人道万人捐”捐赠活动，完成筹资72.36万元，增强红十字会救助实力。开展“健康进村居、博爱送万家”活动，与淮安区卫健委、区妇联、区贸易资产公司、农工民主党淮安区委等单位开展联合送温暖活动，共发放救助金34.46万元，慰问困难群众1217户、3330人。开展“博爱助医”行动，全年慰问大病患者等困难群众250人，救助金19.47万元。在车桥镇中心小学举行助学活动，为6个乡镇100名生活困难学生发放助学金共计10万元。

【应急救护培训】 2020年，区红十字会着重抓好初级救护员培训，根据疫情防控要求，采取做好防护、控制规模等方法，走进社区、企业、机关等开展培训活动，确保救护员培训取得实效。组织志愿者走进中小学和高校，为学生群体集中开展普及性培训。全年共完成群众性应急救护知识培训11 873人，其中初级救护员培训956人，普及性培训10 881人，完成全年培训任务。

【“三献”工作】 2020年，区红十字会参与并推进义务献血。利用“5·8”世界红十字纪念日、“学雷锋”活动日，特别是“6·14”世界献血者日等重大纪念日，广泛宣传“无偿献血光荣”、“献血有益健康”，普及无偿献血知识。开展遗体器官（组织）捐献宣传，在组织纪念日和活动日中，向群众宣传遗体器官（组织）捐献的目的、意义，实现遗体器官捐献工作新突破。做好造血干细胞捐赠。在区电视台和婚姻登记处播放造血干细胞捐献专题宣传片，进一步做好再动员。全年采集造血干细胞血样85人份，完成目标任务。

【红十字宣传】 2020年，区红十字会利用世界红十字日、全国防灾减灾日和世界急救日等重要纪念日，会同区卫健委、淮安医院、区疾控中心等单位以及红十字志愿者开展集中宣传、义诊、健康咨询等志愿服务，传播“人道、博爱、奉献”的红十字精神。利用淮安区红十字微信公众号宣传红十字知识、工作动态和办事流程，增进公众对红十字工作的了解。全年向省市红十字会网站报送新闻通讯91篇，市级主流媒体用稿19篇，国家级主流媒体用稿8篇，扩大红十字工作社会影响力。

【志愿者服务】 2020年，区红十字会根据志愿服务内容，整合红十字志愿者服务队，新增2支红十字志愿服务队。截至2020年底，共有10支红十字志愿者服务队，将所有志愿者进行注册登记，新增注册志愿者103人。召开全区红十字志愿者工作交流会，对志愿服务活动进行统一规划、统一管理。响应省政府号召，深入社区和敬老院进行养老照护志愿服务，开展照护知识技能培训。全年共组织养老知识培训562人，入户服务64户。

【应急救援】 2020年，区红十字会与区应急管理局签订《防灾减灾救灾联动工作机制合作协议》，以各自职能为基础，以数据共享、优势互补、密切配合、注重实效、稳步推进为原则，开展全面、深入、长期的战略合作，提高应急救援效率和应急管理水平。招募专业人员，调整充实淮安区红十字应急救援志愿者服务队。通过政府会办，在里运河东堤设置应急救援队训练基地，组织志愿者开展水上救援演练活动，提高队员的理论知识和操作技能。

【博爱家园建设】 2020年，区红十字会加强红十字博爱家园项目建设，在瞻岱社区、闸北社区、瑞康养老院新建3个博爱家园。会同农工民主党医疗专家，以博爱家园为阵地，为困难群众开展大病救助和义诊活动6次，共救助194人，义诊近300人，切实打通服务群众的“最后一公里”。

淮安区老区开发促进会

【概况】 2020年，淮安区老促会、扶贫开发协会围绕老区精神宣传、脱贫攻坚、调查研究、维护社会稳定、项目建设等方面开展工作，为全区高质量发展发挥拾遗补缺、老有所为的积极作用，各项工作取得较好成绩。

【《淮安区革命老区发展史》编纂发行】 根据中国老促会2017年全国老促会宣传工作会议的部署要求，《淮安市淮安区革命老区发展史》于2020年8月12日出版发行。全书共七章25万字，293页，其中彩页10页。

【宣传工作】 2020年，淮安区老促会充分发挥“百姓理论说唱团”“老年文艺宣传队”“党员理事宣讲员”三支队伍作用，宣传老区精神。全区46支老区老年文艺宣传队，28支老区“百姓理论说唱团”，68支业余宣讲队伍，创作文艺节目132个、宣讲178场次，演出509场次、总计受众20万人次。2020年，区老促会把“三个故事（红色故事、脱贫攻坚故事、老促会自身故事）”编写作为老区精神宣传的一项重要工作。全区编写故事92篇，其中在《淮安区报》发表15篇，在中国老区网发表10篇，在省以上杂志发表2篇。2020年，区两会系统在国家级刊物发表文章2篇，省级刊物发表各类宣传文章8篇、市级发表6篇、区级发表20篇。2020年，淮安区老促会获中国老区开发促进会宣传工作特等奖。

【调查研究】 2020年4月，淮安区老促会、扶贫协会成立“五老”维稳志愿者工作组情况开展调查研究，撰写完成《石塘镇发挥“五老”维稳志愿者队伍作用的调查与思考》的调研报告。8月，区“两会”在石塘镇召开全区“五老”维稳志愿者队伍建设现场会，在全区推广石塘镇的经验做法。2020年，全区“五老”维稳志愿者参与矛盾调处379起，参与志愿者659人，调解成功率达94%。全区16个镇、场、街道两会共完成19篇调研报告。

【扶贫工作】 2020年，区老促会、扶贫协会承接省、市、区扶贫开发示范项目10个，落实扶贫资金505万元。实现总产值（总经营收入）77 960万元，上缴税收1258万元，实现利润1145万元。项目企业新增就业岗位142人，人均月工资3680元，在扶贫助学，大病救助，帮扶特困户，慈善捐款等方面的资金达166.85万元。2020年，淮安区共有省三批滴水筑梦·扶贫助学受助学生300人，助学金总额70万元。区老促会和淮安市针织帽厂、江苏省杰翔羽绒公司、淮安工业中专联合举办三届“红星班”，在校学生90人，助学金额达12万元。2020年，区老促会、扶贫协会共联系17个村、28个企业、17个合作经济组织。2020年，全区老促会系统为联系村新上扶贫项目23个，投资7601万元，兴办实事68件，争取投资3800余万元建设社会事业，建卡户全部脱贫，新增村级集体经济162万元。2020年，全区“两会”系统联系企业实现产值7.6亿元，实现税收2058万元，安排劳动力就业1393人，脱贫人口648人。2020年，全区成立农机合作社11个、畜牧合作社8个、农业合作社43个，合作社社员1953人，经济效益达到2749万元。

【疫情捐赠】 2020年2月15日，省扶贫“三会”向全省扶贫“三会”系统发出“关于开展援助活动的倡议书”。积极响应，截至3月5日24时，淮安区“两会”累计新冠肺炎疫情防控专项捐款328.39万元，捐物7.89万元。其中，省扶贫“三会”专项捐赠平台上捐款40.6万元，向外省捐款6万元，捐物2万元，参与捐赠的人数达2132人次。

（王培龙）

街道 镇 农场

淮城街道
河下街道
山阳街道
平桥镇
石塘镇
朱桥镇
施河镇
车桥镇
流均镇
博里镇
复兴镇
苏嘴镇
钦工镇
顺河镇
漕运镇
范集镇
白马湖农场

淮城街道

【概况】 淮城街道，位于淮安区西北，西邻里运河，南邻苏北灌溉总渠，东与山阳街道交界，北与河下街道交界，身处地区两级主城区，区域面积23.3平方千米。街道下辖6个村委会，9个居委会，户籍人口14.77万人。明、清两代在此设有“总督漕运部院”，开国总理周恩来，出生在淮城驸马巷。

2020年，淮城街道完成一般公共预算收入及上划数2.88亿元，同比净增2000万元；列统工业企业开票销售收入9亿元，入库税金3500万元；2020年度106项高质量跨越发展考核指标中，淮城街道有46项指标位列全区第一，有58项指标位列全区前三，被区委、区政府评为高质量跨越发展目标考核先进集体二等奖。

表93　　2020年淮城街道概况一览表

村（居）委会名称	村组数/组	户数/户	人口/人	耕地面积/公顷
勺湖居	4	3447	10 194	0
瞻岱居	4	7820	21 618	0
闸口村	12	687	3729	13.27
城南村	12	1940	7283	3.3
六珠居	6	750	2360	0
鱼市居	5	2478	11 187	0
夹城居	0	1032	4603	0
环城居	2	3348	13 368	0
楼东居	5	3016	10 219	0
闸北村	11	647	3839	8
下关村	7	6308	22 078	1
运东村	10	680	3680	187.05
路东村	8	727	2771	10
城南居	4	678	2520	0.8
恩来居	0	7811	28 286	1.1

注：表中数据截至2020年12月31日

8月14日，淮城街道恩来社区承办学习强国进社区　文明创建促和谐—社区邻里消夏纳凉晚会　　（淮城街道　供图）

【疫情防控】 2020年新冠肺炎疫情期间，淮城街道对外来人员特别是湖北武汉等中高风险地区返淮人员、确诊患者（疑似病例）密切接触者等重点人员开展拉网式排查，对辖区约11万居民进行健康大体检，遏制疫情传播扩散态势。淮城街道被市委、市政府表彰为疫情防控先进集体。

【工业经济】 2020年，淮城街道新签约投资5亿元的得马智能装备制造生产项目、投资1.1亿元的飞翔总部产业园（技改）项目、投资1.1亿元的镇淮传媒产业基地项目、投资3500万元年产150万件柚美家具生产和年纳税3000万元的好活（淮安）网络科技有限公司总部经济等项目5个。投资10亿元的建筑产业基地总部经济园项目四栋大楼主体竣工；投资1.1亿元的飞翔高强度瓦楞纸生产项目和投资1.05亿元的达尔美冷冻食品包装项目通过市考核竣工验收；新开工镇淮传媒产业基地项目。新培植工业列统企业1家，完成国家高新企业培植2家、省级高新企业培植4家，完成服务业列统企业培植23家。2020年，淮城街道获评全区工业经济先进集体三等奖。

【全国文明城市创建】 2020年，

淮城街道坚持“创文明城”与“育文明人”并行，组织志愿者开展文明宣传200多场，使创建工作家喻户晓、深入人心。楼东、勺湖、环城三个社区承担的国测满意度测评均为100%。全面整治373条背街小巷、55个建制小区、203个无主商住楼和生活大院；开展示范社区、示范网格、示范小区、示范街巷等特色亮点创建活动，鱼市社区被中央宣传部等14个部门表彰为“全国最美志愿服务社区”，瞻岱社区被评为江苏省优秀志愿服务社区。淮城街道因文明城市创建工作成绩突出，被市委市政府记集体三等功，被评为创建全国文明城市示范文明街道，街道有10个村居和22名个人受到市委市政府或区委区政府表彰。

【城市建设】 2020年，淮城街道围绕全区“老城改造”“水体整治”和“路网通达”等城建项目，全面服务和保障中心城市建设。完成施耐庵著书处、酒厂周边、萧湖东入口、文渠及老涧河黑臭水体整治等地块近500户、5万余平方米房屋收购任务；启动实施滨河大道、恩来干部学院二期北侧润淮针纺织园共39户企业、15万平方米房屋收购工作；基本完成荷湖4、5号地约243 333平方米土地征收工作；完成8个村居、3105名被征地农民社会保障工作。按照区“大拆违、大清除、大扫尾”专项整治行动要求，完成规划一路、北阁楼等历史遗留地块拆迁扫尾“清零”任务；拆除樱桃园路、华西路、沈坤路等地块违法建筑86户11 248平方米，拆除围挡6417米，拆除广告招牌650平方米，解除违法用地约29 733平方米。2020年淮城街道获评全区中心城市建设先进集体。

【社会治理】 2020年，淮城街道综合运用培训教育、结对帮扶、就业创业、社会保障等方式，解决群众医疗住房教育等问题22个，进行教育资助13 750元。全年投入1000余万元，实施后街背巷改造、老旧小区升级等“十件实事”，改造铺设大柳巷、珠市街等后街背巷道路13条，改造升级月湖花园、新淮小区等老旧小区7个。整改落实元和包装危化品、东长街群租房等41个安全生产重点隐患，全年无安全生产责任事故发生，淮城街道被评为全市安全生产优秀基层单位。通过预约接访、带案下访和包案处访等方式，处理化解拆迁征地、企业改制、民生保障、涉法涉诉等信访问题80余件，其中老案积案12件，获评全区信访稳定特别贡献奖；标准化建设社会治理指挥中心平台，强化综合指挥平台与党建、审批服务、经济发展、网格管理、综合执法信息互联互通，全年共办结各类事项16 406件。

【党建工作】 2020年，淮城街道对15个村居174名村居干部实行“员额制”管理，完成村（居）“两委”换届工作。按照“一支部一特色”目标定位，新建下关村、路东村党群服务中心，提档升级瞻岱社区、楼东社区党群服务中心，打造恩来社区“党建引领·温暖治理”、下关村“崇仁重义·德馨下关”、瞻岱社区“千年漕运·文润瞻岱”等一批党建示范品牌。其中恩来社区和仁义下关两个党建品牌，成为区委书记抓党建的示范点，恩来社区党组织被推荐为全国先进基层党组织，仁义下关成为淮阴工学院商学院校地党建共建基地。正确运用监督执纪“四种形态”，突出用好“第一种形态”抓好党员干部教育管理。全年函询60人，主动约谈35人，提醒谈话60人；通报问责30人，诫勉谈话30人；立案查处违纪案件8件，给予党纪处分16人。

（蒋同凯）

表94 **2020年淮城街道获市级以上表彰一览表**

单位（姓名）	表彰内容	表彰单位
淮城街道	淮安市创建全国文明城市工作先进集体（三等功）	中国共产党淮安市委员会、淮安市人民政府
淮城街道司法所	淮安市优秀司法所	淮安市司法局
淮城街道人武部	2019年保障工作先进单位	江苏省淮安军分区
鱼市社区	最美志愿服务社区	中国共产党中央委员会宣传部、中央精神文明建设指导委员会办公室等14个部门
恩来社区	全国无障碍环境达标市县村镇	国家住房和城乡建设部
恩来社区	全市“十佳老兵调解室”	淮安市退役军人事务局

续表94

单位（姓名）	表彰内容	表彰单位
恩来社区新城小区	2019年度省级节水型载体	江苏省水利厅、江苏省发展与改革委员会
瞻岱社区	江苏省优秀志愿服务社区	江苏省民政厅
恩来社区	省级“连心家园——家庭健康行动”项目点	江苏省计划生育协会
恩来社区皇冠国际小区	全省党建引领物业管理服务工作示范点	江苏省住房和城乡建设厅
恩来社区	淮安市创建全国文明城市工作通报表扬单位	中国共产党淮安市委员会、淮安市人民政府
韩家宝	全省抗击新冠肺炎疫情先进个人	中国共产党江苏省委员会、江苏省人民政府
潘　婷	“淮安最美网格员”提名奖	中共江苏省委政法委员会
潘　婷	新冠疫情防控工作（通报表扬）	中共江苏省委政法委员会
蒋　敏	新冠肺炎疫情防控(嘉奖)	江苏省卫生健康委员会
李炳成	江苏省乡土人才“三带”新秀	江苏省委组织部、江苏省人才办、江苏省发改委、江苏省教育厅、江苏省工信厅、江苏省人社厅、江苏省住建厅、江苏省农业农村厅、江苏省文旅厅
宋　静	2020年江苏省“扫黄打非”先进个人	江苏省“扫黄打非”办公室
徐爱春	淮安市创建全国文明城市工作先进个人（嘉奖）	中国共产党淮安市委员会、淮安市人民政府
韩家宝	淮安市创建全国文明城市工作先进个人（嘉奖）	中国共产党淮安市委员会、淮安市人民政府
邱跃中	淮安市创建全国文明城市工作先进个人（嘉奖）	中国共产党淮安市委员会、淮安市人民政府
陆　亮	淮安市创建全国文明城市工作先进个人（嘉奖）	中国共产党淮安市委员会、淮安市人民政府
李正兵	淮安市创建全国文明城市工作先进个人（嘉奖）	中国共产党淮安市委员会、淮安市人民政府
张树良	淮安市创建全国文明城市工作先进个人（嘉奖）	中国共产党淮安市委员会、淮安市人民政府
李晓红	淮安市创建全国文明城市工作文明市民	中国共产党淮安市委员会、淮安市人民政府
杨秀兰	淮安市创建全国文明城市工作文明市民	中国共产党淮安市委员会、淮安市人民政府
陈　梅	淮安市创建全国文明城市工作文明市民	中国共产党淮安市委员会、淮安市人民政府
范钱阔亮	淮安市创建全国文明城市工作文明市民	中国共产党淮安市委员会、淮安市人民政府
赵志永	淮安市创建全国文明城市工作文明市民	中国共产党淮安市委员会、淮安市人民政府
贾庆举	淮安市创建全国文明城市工作文明市民	中国共产党淮安市委员会、淮安市人民政府
蒋　敏	淮安市创建全国文明城市工作文明市民	中国共产党淮安市委员会、淮安市人民政府
刘佩章	淮安市创建全国文明城市工作优秀志愿者	中国共产党淮安市委员会、淮安市人民政府
邱跃中	感动淮安十大社区人物	淮安市精神文明建设指导委员会办公室、淮安日报、中国邮政储蓄银行淮安分行

河下街道

【概况】 河下街道位于淮安区西北隅，毗邻淮安市新行政中心，紧邻高铁淮安东站，京杭大运河、里运河穿境而过，新长铁路和京沪、徐淮盐等高速公路在境内交会，是地区两级的古城区、主城区、核心区。街道总面积24.6平方千米，下辖2个居委会、11个村委会，共有54个党（总）支部，1371名党员。

2020年，河下街道完成一般公共预算收入2.44亿元，增幅35.24%；上划数2.33亿元，增幅55.23%，完成率位于全区各镇街第一名；实现规上应税开票销售13.32亿元，规上工业入库税金3980万元，工业总产值15.10亿元。

表95 2020年河下街道概况一览表

村（居）委会名称	村组数/组	户数/户	人口/人	耕地面积/公顷
城郊居	8	1871	4446	1.17
河下居	12	3126	12 957	0
河北村	13	953	3560	5.68
紫藤树村	4	367	1678	9.84
新路村	8	3893	7104	24.8
螺蛳街村	12	6362	22 268	3
镇海村	5	624	2462	3.2
公园村	12	656	2656	2.5
乌纱村	4	183	854	0
华亭村	8	4020	13 218	10
穿运村	9	556	3373	28.6
红桥村	17	1164	4692	46.9
站前新村	5	886	4224	32

注：表中数据截至2020年12月31日

【招商引资】 2020年，河下街道新签约项目6个，其中超10亿元项目2个，分别是总投资87亿元的河西公园社区项目和总投资20亿元的林安物流项目。开工项目2个，分别是总投资1.1亿元的淮安市宏信置业有限公司文景城天玺府商业广场项目和总投资1.1亿元的江苏申强特种设备有限公司压力容器生产项目。竣工项目1个，为总投资3000万元的淮安新轩宜家具有限公司家具生产项目。招引外资项目1个，为总投资3000万美元的淮安市港龙置业项目。

【文化建设】 2020年，河下街道组织社会主义核心价值观“六进”活动30余次，累计制作各类宣传版面1000余块，在各类宣传屏投放公益广告300条。深化公民道德建设，涌现出郭涛等“江苏好人”、魏秀迪等“新时代淮安好人”，在全市率先开展“楼道好人”评选。开展社会主义核心价值观诗词进村居、进机关、进企业宣传。2020年，在河下古镇估衣街设立河下诗词大院，并与苏州大学合作成为实践教学基地。结合大运河文化带建设要求，围绕淮安“五坝”文化，沿翔宇大道沿线建设5个地标性雕塑及小游园，介绍淮安建城史及淮安历史发展变革情况，“义字坝”“礼字坝”已竣工使用，成为淮安区新的地标。

【城市建设】 2020年，河下街道征收面积达10.4万平方米，征迁642户，为高品质建设新城提供有力保障。大力推进绿化美化亮化工程，康马路南首、海天路沿线、承恩大道等征收地块实现绿化美化全覆盖。全面开展市容环境整治行动，累计清除各类小广告6185条，清理河塘沟渠垃圾漂浮物1737.71吨；整治后街背巷乱堆乱放2336处，清理垃圾6792.4吨；新增垃圾分类容器40处；硬化道路21处，共1.19万平方米。开展“大拆违、大清除、大扫尾”专项整治行动，清拆各类违法建筑物158户，拆除面积约4.2万平方米，清除各类垃圾约3600吨，覆盖裸土约4200平方米。

【社会事业】 2020年，河下街道城乡居民基本养老保险续缴率99.40%，城乡居民基本医疗保险续缴率99.99%；做好被征地农民社会保障工作，全年保障10个村居、66个地块5413人被征地

7月30日，河下街道举办“有我，祖国请放心”庆祝八一建军节文艺汇演 （河下街道 供图）

农业人口，做到应保尽保；完成劳动力转移7122余人，劳动力培训82人，扶持创业21人，办理小额贷款480余万元，新增城镇就业538人；临时救助245人次，救助金额达38.23万元；成功申报省级示范“连心家园”项目1个，投入使用居家养老服务中心6家，为全街1264名80周岁以上户籍老人提供居家养老服务。

【社会治理】 2020年，河下街道部署推进“民有所呼、我必有应”工作，依托“幸福河下”综合服务平台，建立完善工作机制，快速回应群众诉求，“大数据+网格化+铁脚板”治理模式基本形成。打造运河文化示范社区，探索党建引领社区治理实践路径，提升社区治理科学化、精细化水平。开展扫黑除恶专项斗争。在村居“两委”换届工作中，严格对131名村干部候选人进行资格审查，坚决将涉黑、涉恶等人员拦在门外。借助“幸福河下”App应急服务板块开展安全生产常态化督查检查，全面落实安全生产长效管理机制，实现“横向到边、纵向到底”的安全生产监管防线。

【党建工作】 2020年，河下街道“幸福河下”党建联盟不断壮大，50余家辖区单位加入“幸福河下”党建联盟，6个专委会活动开展，便民服务日趋常态化、创新化。按照“四季有主题、每月有活动”的思路，聚焦群众需求，将无形资源转化为有形服务。通过项目化开展特色共建活动，将各类党建资源及时精准输送到群众身边，真正使联盟服务动起来、实起来、活起来。

（刘悦雯）

表96　2020年河下街道获市级以上表彰一览表

单位（姓名）	表彰内容	表彰单位
河下街道	2019年度全省基层党员冬训工作示范乡（镇、街道）	中共江苏省委组织部、中共江苏省委宣传部
河下街道	全省抗击新冠肺炎疫情先进集体	中国共产党江苏省委员会、江苏省人民政府
河下街道	第三批江苏省生态文明建设示范乡镇（街道）	江苏省生态环境厅
河下街道	第四次全国经济普查优秀集体	江苏省第四次全国经济普查领导小组
河下非遗小镇	第三批省级特色小镇创建名单	江苏省发展改革委员会
河下街道	2020年全省“连心家园——关爱失独家庭行动”优秀项目点	江苏省卫生健康委员会、江苏省计划生育协会
河下街道	2020年度消费者最青睐的江苏运河名镇	第二届大运河文化旅游博览会城市文旅消费论坛组委会
河下街道	淮安市创建全国文明城市先进单位	中国共产党淮安市委员会、淮安市人民政府
河下街道	2020年度全市宣传思想文化工作先进集体	中共淮安市委宣传部
河下街道螺蛳街村	第六届全国文明村镇	中央精神文明建设指导委员会
河下街道螺蛳街村	江苏省生态文明村	江苏省生态环境厅
河下街道螺蛳街村	淮安市践行周恩来精神模范团队	淮安市精神文明建设指导委员会
朱　赤	党管武装“好书记”	淮安军分区
颜　军	淮安市信访工作先进个人	淮安市信访联席会议
杨剑锋	淮安市创建全国文明城市工作先进个人（嘉奖）	中国共产党淮安市委员会、淮安市人民政府
郭　涛	“江苏好人”	江苏省精神文明建设指导委员会办公室
郭　涛	“平安卫士”	中共江苏省委政法委员会
伏媛媛	全省优秀调查员	国家统计局江苏调查总队
连会生	房屋征收行业优秀共产党员	淮安市房屋征收办公室

续表96

单位（姓名）	表彰内容	表彰单位
张志民	淮安市“强兵兴业”优秀学员	淮安市退役军人事务局
魏秀迪	新时代淮安好人	淮安市精神文明建设指导委员会办公室
胡国香	淮安市“第四次全国经济普查”先进个人	淮安市第四次全国经济普查领导小组

山阳街道

【概况】 山阳街道位于城区东侧，西接淮城街道、河下街道，淮安经济技术开发区徐杨街道、淮安高铁东站、生态文旅区高铁新城，北与钦工镇、淮安经济技术开发区南马厂街道接壤，东邻顺河镇，南隔苏北灌溉总渠与石塘镇、朱桥镇、博里镇相望；235省道、237省道、京沪高速、连淮扬镇高铁穿境而过；广州路、承恩大道、翔宇大道直接把街道与市区相接。街道总面积115.21平方千米，党工委下辖直属55个党（总）支部；办事处辖13个村，1个社区、2个居委会、1个国营原种场。2020年9月，江苏淮安经济开发区机制体制改革，街道15个村居区域管理、经济社会发展权限移交江苏淮安经济开发区管理。

2020年，山阳街道完成一般公共预算收入17 820.04万元，完成率121.6%；其中上划数15 429.04万元，完成率109.02%；一般公共预算收入、上划数均位居全区镇街前三名，综合排名第二名。2020年山阳街道实现列统工业企业开票8.6亿元，入库税金2100万元，新增开票过亿元企业1个（淮安欣明染整有限公司），进入全区税收前50强企业有2家：淮安井神钻采机具有限公司、淮安核瑞环保有限公司。

【项目建设】 2020年，山阳街道在项目建设上取得新突破。投资1.1亿元鑫泉户外项目整体竣工，建筑面积2.02万平方米，通过市亿元项目竣工验收。投资1.2亿元的达康高端智能机密机械产业园项目于12月竣工，新建6栋厂房，总面积3.6万平方米。新签约乔杨二期项目，计划投资1.1亿元，新建厂房、办公楼等建筑面积2.6万平方米，新上控制系统设备生产线等设备236台套。新签约中瀚健康创智园项目，计划投资100亿元，包括淮安健康科技城、淮安智能制造产业园及配套建设项目等。淮安健康科技城位于淮安区山阳街道，占地约333.3万平方米，其中建设用地约66.7万平方米，高效农业用地面积约266.7万平方米，总建筑面积约80万平方米，计划建设以医疗康养、农业科技、健康住区和现代高效农业为核心，集医疗科技、养老康养、农业科技、农业观光旅游、健康社区等为一体的产城融合项目。淮安智能制造产业园位于淮安区经济开发区，用地面积约40万平方米，总建筑面积约60万平方米，以“科技制造、科技创新、科技服务”三大产业为主导，构建汽车及零部件、高端智能装备制造、新一代信息技术、人工智能及物联网等高端智能制造产业体系，配套建设农房改善、安置小区以及市政基础设施、道路、水系及市民公园等。

【农业农村】 截至2020年底，山阳街道有农民专业合作社达106个，省级示范社6个，家庭农场40家，市级示范农场2家；创成省级绿色优质农产品基地，小岗村创成市级特色田园乡村。做好农村脱贫攻坚工作，现有建档立卡低收入农户1579户5303人，阳光扶贫结对1212户，3个市定经济薄弱村全部脱贫出列；脱贫监测户37户127人，边缘户18户48人，全部落实帮扶措施。9月4日，山阳街道核心区面积1241万平方米的淮安区国家农村产业融合发展示范园入选全国第二批国家农村产业融合发展示范园名单。

【农房改善】 2020年，山阳街道做好农房改善“后半篇”文章工作。由淮安城资中心出资、中江国际承建高铁庄园项目，解决国家级农业产业融合发展示范园、经十九路、经二十一路、经二十三路、昌盛路的拆迁安置需要。项目按照宜居宜业宜游的理念建设，占地面积27 967平方米，总建筑面积约6万平方米，共建有7栋11层住宅，提供建筑面积分别为75平方米、90平方米、105平方米、120平方米4种不同户型、合计405套住房。2020年项目主体工程竣工。

【环境治理】 2020年，山阳街道将全国文明城市创建、城市长效管理和人居环境整治等工作同步部署推进。投入资金26.5万元，在街道主要交通道口和集镇周边新建4个龙门架公益广告、200个道旗公益广告、80个公益广告宣传展板；投资190万元，提升改造2个中心农贸市场；开展“大执法带动大长效”行动，拆除违法建筑133户，依法清理相关村居违规种养面积约15 341平方米，清理楼道小广告8764处，清理杂物等356车，处罚非机动车乱停乱放、不文明养犬等行为1046起、金额41 440元；推进农村厕所革命，排查、改造户厕1521座，改新建公厕11座，4个村级污水处理设施建成运行；对境内高速、高铁沿线可视范围内的环境卫生进行整治，拆除违建房约650平方米，加固彩钢房约420平方米，迁移坟墓640座，清理积土约1750立方米，高铁两侧30米范围内栽植景观花木。

【疫情防控】 2020年新冠肺炎疫情期间，山阳街道采取“网格化包案制”对街道32个村、居、社区，11个重点小区进行全面包案。配备88辆流动宣传车辆，在辖区内巡回播放疫情防护知识；发动街道村居电子屏宣传20多处，悬挂宣传横幅860余条，入户宣传发放公告、通告等22.5万余份。下拨村居疫情防控专项经费16万元，多方采购1.8万只口罩、“枪式”体温计、消毒喷雾器，组织600多名街村干部全面参与疫情防控。

【党建工作】 2020年，山阳街道面向社会公开招录40名大学生，本、专科各20名，作为街道机关聘用人员和聘用村官，进一步加强人才建设，增强街道执法力量，优化村级干部队伍结构。以基层党建巩固提升年为抓手，在村(社区)“两委”换届工作中选派年轻大学毕业生充实村干部队伍，村干部平均年龄下降3岁以上。依托32个村居新时代文明实践站开展书记上党课、道德讲堂、“六进”宣讲等活动，共组织宣讲22场次，听众5000人次，组织文艺演出16场次，观众超过1万人。立足南湾村市级乡村振兴样板点，打造“党建引领，集成振兴”品牌，成为淮安市委常委勇当先锋抓示范党建引领项目；以关天培路社区为试点，坚持党建引领，传承红色基因，弘扬民族精神，打造“党建+爱国主义”新型主题社区。

(方　圆)

表97　　2020年山阳街道概况一览表

村(居)委会名称	村组数/组	户数/户	人口/人	耕地面积/公顷
南窑村	15	1935	6659	67
关天培社区	0	1117	3105	0
席桥居	8	745	3408	124
农中居	26	1248	5783	449
三里村	5	510	2320	74
王口村	8	620	2293	166
朱黄村	10	694	2332	154
谢荡村	5	498	1859	112
季桥村	8	786	2778	209
孔周村	15	592	2429	137
南湾村	8	437	1928	116
小湾村	11	611	2022	200
大湾村	10	705	2684	289
小岗村	9	430	1887	140
潘柳村	10	447	1985	262
周扬村	7	558	1962	156
原种场	4	228	1094	57

注：表中数据截至2020年12月31日

表98　　2020年山阳街道获市级以上表彰一览表

单位(姓名)	表彰内容	表彰单位
山阳街道	省级绿色优质农产品基地	江苏省农业农村厅
山阳街道	江苏省“味稻小镇”(培育)	江苏省农业技术推广协会
戚允升	江苏省最美高校毕业生	中共江苏省委宣传部
戚允升	全国优秀共青团干部	共青团中央委员会
王　驰	江苏省见义勇为先进个人	江苏省人民政府
张彩金	淮安市创建全国文明城市工作先进个人(嘉奖)	中国共产党淮安市委员会、淮安市人民政府
吉　皓	淮安市好青年	淮安市精神文明建设指导委员会办公室、共青团淮安市委员会

平桥镇

【概况】平桥镇位于淮安区最南部，素有淮安“南大门”之称。南连扬州市宝应县泾河镇，西傍京杭大运河，东邻施河镇，北接石塘镇，是京杭大运河沿线的重点镇之一。镇政府驻平桥居委会，距淮安城区13.5千米。京沪高速公路和233、348省道穿境而过。区域面积81平方千米，下辖23个村（居），人口6.1万人。

2020年，平桥镇完成一般公共预算收入8444万元，其中上划数3650万元；实现列统企业工业产值10.5亿元，开票销售8.41亿元，入库税收1845万元；完成制造业设备投入2500万元，工业固定资产投资8亿元，规模以上工业投资7.5亿元。新培植列统工业企业4个，分别是光巨精密工业（淮安）有限公司、江苏云润科技有限公司、淮安泽锦制刷厂、淮安市恒兴光伏铝制品有限公司；服务业企业3个，分别是淮安瑞鹏粮油有限公司、淮安跃豹供应链管理有限公司、淮安市淮安区兴平宾馆。

表99　　2020年平桥镇概况一览表

村（居）委会名称	村组数/组	户数/户	人口/人	耕地面积/公顷
杨柳村	13	529	1809	127
平桥居	20	2072	5435	80
沈庄村	9	526	1792	100
东风村	13	637	2200	163
镇中村	30	1107	3862	300
张庙村	15	559	2069	171
孟集村	19	685	2520	269
同兴村	17	520	1798	189
九洞村	15	542	1829	187
十洞村	16	674	2270	163
李前村	11	420	1312	115
王沟村	16	490	1709	202
兴福村	29	841	2905	273
陆桥村	19	644	2301	218
大后村	26	631	2816	211
上河居	26	1282	4292	248
运河村	23	1069	3916	212
谭庄村	20	730	2456	174
杨集村	16	547	1872	156
赵王村	26	1004	3440	75
岔溪村	18	978	3460	185
黄楼村	25	712	2491	210
前庄村	26	921	3153	211

注：表中数据截至2020年12月31日

【疫情防控】2020年新冠肺炎疫情期间，平桥镇23个村居分为92个网格，合理布控37个防控卡点，59名志愿者配合村卡点严控人员出入。采购口罩84 660个、体温检测仪20个、消毒液5250升，用于全镇的防疫防护工作，每天消毒点位近7000个，重点突出对农贸市场、超市、公厕等人员密集场所和公共场所的消毒灭源。疫情期间，全镇党员冲锋在一线，132名党员成立24个临时党支部，收到党员捐款271 636元。全镇无新冠肺炎确诊病例。

表100　　2020年平桥镇获市级以上表彰一览表

单位	表彰内容	表彰单位
平桥镇	第三批江苏省生态文明建设示范乡镇	江苏省生态环境厅
李前村	第三批江苏省生态文明建设示范村	江苏省生态环境厅
平桥镇人武部	先进基层武装部	淮安军分区
李前村	特色田园乡村	淮安市特色田园乡村建设工作领导小组

【项目建设】2020年，平桥镇新签约重大项目4个，分别是总投资10亿元的上河作业区项目，总投资1.6亿元的旭建环保建材项目，总投资3200万元的牛朗棉布加工项目，总投资3000万元的谷丰大米加工项目。新开工重大项目3个，包括

总投资10亿元的上河作业区项目,总投资3200万元的牛朗棉布加工项目,总投资3000万元的谷丰大米加工项目。竣工项目3个,分别是总投资2.5亿元的光巨高精密数控机床项目、总投资3200万元的牛朗棉布加工项目,总投资3000万元的谷丰大米加工项目。完成重特大项目实际投资2.8亿元,实现外资到账180万美元,其中开工项目到账160万美元。

【农业农村】 2020年,平桥镇完成春季绿化造林任务1100多亩及林业病虫害防治任务3次;农技技术培训场次达30场,培训人员1000人次;推广机插秧面积5万亩,良种推广使用率90%以上;决战全面脱贫工作,全镇23个行政村集体经济收入均达18万元以上,全镇2081户7171人低收入扶贫建档立卡户全面脱贫,完成扶贫小额贷款450笔共计1229.7万元;完成村级一事一议财政奖补项目招标工作,中标价为124.21万元,涉及十洞村、九洞村、陆桥村、岔溪村、杨集村、黄楼村6个村道路及路灯建设。

【人居环境整治】 2020年,平桥镇围绕高速、高铁国省干道两侧重点环境提升,共拆除猪圈180间、厕所367间、破旧房屋58户、违建36处,墙体出新22.3万平方米。采取"平坟头、降墓碑、去硬化、补绿化"等措施,共拆除水泥坟121座,豪华坟53座,平坟1万余座。对镇域范围内30户殡葬用品商户进行整治,取缔违规经营商户12家。2020年,平桥镇获评全市农村人居环境整治"示范镇",九洞村获评全市农村人居环境整治"示范村"。

【社会事业】 2020年,平桥镇强化社会治安综合治理工作,投入资金近100万元,新建面积960平方米的平桥镇社会治理指挥中心和为民服务中心。8月,平桥镇退役军人服务中心对外开放,服务中心涵盖退役登记、政策咨询、矛盾调解、书报阅览、休闲娱乐、体育健身、活动组织等多项功能,累计为600多名退役军人开展各类服务。向上争取建设资金5万元,完成平桥镇公共法律服务中心建设和司法所提档升级工作。2020年,平桥镇实施临时救助435人次,组织残疾人就业培训20余人次,增配残疾人生活用具200余件;征地保障工作中对涉及的12个村(居)1399人,落实土地换社保工作相关待遇。

【镇村建设】 2020年,平桥镇农村公交通车实现全镇循环。投入资金改建两个农贸市场,实施集镇个性化绿化、美化、亮化工程,改造15个公厕,文明城市创建工作获得区委区政府嘉奖。上河作业区是淮安市城市重点建设项目,涉及搬迁农户109户,拆除房屋面积1.87万平方米,征用土地面积约34万平方米。全镇抽调近60名工作人员进行搬迁动员工作,涉及房屋全部拆除。做好农房改善工作,重点农房建设项目平东社区17幢和上河社区一期46幢全部封顶。

【党建工作】 2020年,平桥镇加强党建阵地建设,新建村(居)党群服务中心3个,改扩建村(居)建党群服务中心5个,新建的大后村、运河村、同兴村党群服务中心主体竣工投入使用。完成村居"两委"换届工作,村居党组织书记、主任一肩挑比例达95%,所有村居干部纳人员额管理。落实中央八项规定整治"四风",全年函询谈话86人,问责35人,立案16件;全镇村(居)巡察反馈问题基本解决,整改完成率99.32%,群众满意度95%,打造九洞村、李前村人民满意巡察整改示范点。

(徐成越)

石塘镇

【概况】 石塘镇位于京杭大运河与苏北灌溉总渠交汇处,是淮安区主城区的南大门。全镇区域面积69平方千米,下辖2个居委会、18个村委会。

2020年,石塘镇完成一般公共预算收入8226.37万元,上划数8115.098万元;开票销售收入20.1亿元;列统工业入库税金6100万元;实现制造业企业设备投入8000万元;新培植列统工业企业2个;利用外资到账300万美元。2020年,石塘镇获评全区高质量跨越发展目标考核一等奖、全区招商引资先进集体、全区组织工作先进集体。

【项目建设】 2020年,石塘镇共签约农业3000万元项目1个,工业亿元以上项目4个,其中10亿元项目1个。竣工亿元以上项目3个,具体为:铝木复合型材项目、年产5000吨电线电缆项目、年产1.3亿块煤矸石节能保温砖项目。

【农业经济】 2020年,石塘镇农业招商、农业签约项目各1个,农业开工项目1个。大力培育新型农业经营主体,创建省级示范合作社3家、市级示范合作社6家。实施"党建引领、集成振兴"提质扩面,完成土地流转11 300亩，成立农村集体土地股份制合作社20家，推广卫东村“稻虾共作”300亩。争取中央财政资金2375万元，实施1.4万亩的高标准基本农田项目，争取970万元靖大庄居市级土地整理项目，完成国道233石塘镇段绿化形象提升工程，打造村级绿色长廊建设，新增绿化植物12万株。

【镇村建设】 2020年，石塘镇开展全国文明城市创建活动，打造全区一流的新时代文明实践所和新时代文明实践站。加强集镇综合整治，开展“大执法带动大长效”活动，迁移北集镇电力杆线，投资137万元建设南集镇农贸市场，完成建淮垃圾中转站接建和围墙工程。投入40万元新建马甸垃圾中转站和北集镇污水处理厂扩容工程，完成“十佳集镇路段”建设任务。做好“四好”农村路创建工作，实施小区归社区管理，做好乐享通房车项目征地拆迁，完成京沪扩容、江苏井神盐化储气库项目征地任务。做好宁淮高铁拆迁，保证重点工程顺利进行。

【农房改善】 2020年，石塘镇实施省级农房改善示范项目张兴社区和市级农房改善示范项目卫东社区，采取集聚建设和整体提升相结合的方式，其中张兴社区集聚新建55栋186套，占地48 667平方米，总建筑面积25.56万平方米，整体提升共改善212户；卫东社区新建居民住宅46栋142套，占地34 533平方米，总建筑面积18.3万平方米。张兴社区和卫东社区建设于2020年5月25日正式开工。截至12月底，张兴社区主体竣工，配套工程进入实施阶段；卫东社区主体封顶，进行室内装修。

表101　　2020年石塘镇概况一览表

村（居）委会名称	村组数/组	户数/户	人口/人	耕地面积/公顷
二堡村	32	1380	5149	272
马涵洞居	14	627	2283	129.47
发茂村	26	973	3516	190.87
乾益村	20	781	2933	141.3
卫东村	16	817	3118	205.22
祁大庄村	11	454	1750	121.89
郭湾村	20	812	3137	181.57
靖大庄居	31	1292	4816	263.27
十五里桥村	26	1029	3875	236.7
建淮村	25	1672	6360	149.34
邱家村	14	670	2617	114
十里村	19	778	3111	161.73
张兴村	12	493	1918	120
鹅钱村	24	1104	4379	230.6
渠南村	22	1202	4779	167
彭阳村	21	894	3429	182.73
砖桥村	23	895	3387	177.87
陈华村	11	531	2281	95.87
盖桥村	13	670	2753	101.95
许王村	24	889	3330	222.5

注：表中数据截至2020年12月31日。

表102　　2020年石塘镇获市级以上表彰一览表

单位（姓名）	表彰内容	表彰单位
石塘镇	2019年度全市宣传思想文化工作先进集体	中共淮安市委宣传部
村镇建设档案室	全省城建档案管理工作先进单位	江苏省住房和城乡建设厅
退休干部党支部	江苏省示范党支部	江苏省老干局
张兴社区	入选“江苏省农房改善示范项目”	江苏省农房办
王海浪	全省抗击新冠肺炎疫情先进个人	中国共产党江苏省委员会、江苏省人民政府
马志建	武委会好主任	淮安军分区
张建强	优秀民兵干部	淮安军分区
徐万牛	淮安市创建全国文明城市工作先进个人（嘉奖）	中国共产党淮安市委员会、淮安市人民政府
刘　艳	淮安市创建全国文明城市工作先进个人（记功）	中国共产党淮安市委员会、淮安市人民政府

淮安区石塘镇2020年农民群众住房条件改善工程奠基开工仪式在张兴村举行　　（石塘镇　供图）

【环境整治】 2020年，石塘镇开展高速高铁、国道233、淮施路沿线环境整治，共拆除破旧房屋287间，闲置畜禽舍1123个，临时搭建彩钢瓦394处，围挡56处，各类广告牌166处，清除草堆1506处，补植绿化16 000株，墙体刷新395 308平方米，改造标准户厕500座，新建公共厕所11座。农村环境整治步入常态化轨道。开展"两违三乱"专项整治，拆除加油站两座。深入推进环境污染整治，大气污染执法45次，取缔小化工厂3个。全面落实"河长制"，坚持"一河一策"。完成全国第二次污染源普查。开展移风易俗，共平迁坟墓18 558座，疏浚整理沟渠20多条，拓宽路肩30多公里，获评江苏省"生态文明示范乡镇"。

【社会事业】 2020年，石塘镇完善公共卫生服务体系，加快发展文化事业，打造"百姓理论说唱团"和"幸福艺术团"品牌。完善保障体系，实施土地换社保，全镇共4167人进入社会保障；开展低保核查工作，全年新增低保29户51人，取消低保28户40人，截至12月底，全镇共有低保729户1342人；开展临时救助，全年救助345户526人，累计救助金额29.9万元；开展慈善募捐，慈善基金超百万元；做好退役军人就业创业工作，28名退役军人实现再就业，悬挂"光荣之家"荣誉牌1595块；实施精准扶贫，完成小额扶贫贷款1320.5万元，建立健全防返贫监测机制，20个村（居）集体经济收入均超18万元。

【社会治理】 2020年，石塘镇坚持依法治访，规范信访秩序；开展普法活动，增强全民法律意识、守法意识；推进市域社会治理现代化建设，投入近百万元完善硬件建设，成立社会治理指挥中心和网格化服务管理中心，深入开展"扫黑除恶"专项斗争；统筹"一年小灶、三年大灶"工作任务，推进29项安全生产专项整治，消除南方花园浴场房顶水塔、朝阳路电线杆迁移省市挂牌督办隐患。

【疫情防控】 2020年新冠肺炎疫情期间，全市首例患者、全市前10例患者中有6例发生在石塘镇。石塘镇按照"外防输入、内防反弹"工作要求，围绕"排查底数清，隔离行动快，诊疗抢时间，保障跟得上"20字方针，严格执行"四包一"机制，严禁人员"三聚"。实行"四包一"管理共1865人，发热病人"二包一"管理共630人，送区集中隔离68人，累计排查4600多人，实现"零传染、零外延、零扩散"目标。

（纪效芳）

朱桥镇

【概况】 朱桥镇位于淮安区东11千米处，苏北灌溉总渠南岸，西临京沪高速公路，东与车桥、博里两镇接壤，南与施河镇交界，有六条国、省公路、水道和铁路（高铁）干线纵横境内或沿边。全镇总面积54平方千米，总户数10 830户，总人口近5.1万人。辖区共有12个行政村，1个居委会。

2020年，朱桥镇完成一般公共预算收入4656.68万元，其中上划数2529.68万元。2020年，朱桥镇创成"江苏省卫生镇"，全国文明城市创建工作被市委、市政府授予集体"三等功"，朱桥镇被区委、区政府表彰为财税工作、政法工作、安全生产（消防）工作先进单位，被区委、区政府表彰为信访稳定工作先进集体，被区委表彰为党风廉政建设工作先进集体，农业农村工作获评全区二等奖，农业项目建设获评全区三等奖。

【工业经济】 2020年，朱桥镇实现工业企业开票销售收入12.34亿元、利税6640万元，其中实现规上应税开票销售6.4亿元、列统企业入库税金2650万元。实现制造业设备投入6300万元，规上工业投资4亿元，新培植列统企业2个。结合乡村振兴和农房改善，对镇工业集中区进行规划修编，继续实施集中区功能提升工程，优化区内道路、绿化、下水道、电力和污水排放等配套设施。2020年，镇工业集中区共有工业企业65个，以“机械电子、农副产品加工、新型建材、纺织服装和盐化加工”五大主导产业为主。

【项目建设】 2020年，朱桥镇共引进、新上工业项目11个，签约项目8个，在建项目5个，新开工项目4个，在谈项目5个。其中3000万元以上项目4个，分别是由江苏苏盐井神股份有限公司投资2.7亿元的石塘盐矿项目，已签约并开工建设；由江苏松松科技公司投资1.3亿元的松松科技项目，已置换原快捷快递项目并部分运营；投资1.1亿元的鸿富瀚科技项目二期工程正式开工建设；投资3800万元的瑞晨羽绒项目竣工并顺利通过市区两级3000万元以上农业项目竣工考核验收。2020年，朱桥镇与顺丰集团正式签约投资10亿元顺丰产业园项目。

【农业农村】 2020年，朱桥镇利用自身优势和闲置资源，大力发展创业经济，全镇新上瑞晨羽绒和苏洁食品等各类创业项目11个。实施高效设施农业项目3个、农业加工项目3个。围绕高效农业发展思路，快速推动土地流转，全镇土地流转率达70%，形成“一带四园（淮流路沿线高效农业示范带、草莓园、西瓜园、葡萄园、蔬菜园）”和“一村一品”高效农业发展格局。推动村级集体经济快速增收，2020年省定经济薄弱村石塘、孙杨和新华等村村集体经济收入均超30万元，合兴、蒋庄、祁兴、桃园4个低收入村村集体经济收入均超过20万元。全镇春季绿化工程共植树1.7万株。农田水利共疏浚沟渠391条，完成土方73万立方米；新建桥涵闸等水利配套建筑物300余座。

【农村人居环境整治】 2020年，朱桥镇秉持绿色发展理念，结合全国文明城市创建和全省“263”行动计划，聚焦重点，精准施策，打造农村人居环境整治工作亮点。10月10日，全区农村人居环境整治工作推进会在朱桥镇召开。全镇共建成“五好示范村”2个，省级“绿化示范村”和“健康村”各1个。开展殡葬改革工作，全年平迁坟墓8848座，建成卧式碑8154座，栽植景观松树22 000株。

朱桥镇整治后的河道 （朱桥镇 供图）

【农房改善】 2020年，朱桥镇在全面建设康居雅苑一期安置小区项目的同时，开工建设康居雅苑二期安置小区项目。康居雅苑二期安置小区项目当年整体工程实现竣工并正式交付使用。全镇共摸排农房改善意向户392户，签约265户，通过公开摇号安置改善农户265户。

【城镇建设】 2020年，朱桥镇投资100万元实施集镇农贸市场改造工程，投资80万元实施农民街综合整治提升工程及集镇雨污管网疏浚工程，投资60万元实施集镇道路维修改造工程，投资40万元实施黑水河整治工程，上述工程全部竣工。实施整体形象提升工程，全面优化集镇道路、绿化和路灯等基础设施。开展淮流路沿线环境专项整治打造工程，围绕“拆、清、新、绿”要求，对65个整治任务点位进行综合整治，拆除沿线4个砂石场和4个废品收购站，更换12座桥梁栏杆，对淮流路沿线草堆杂物、杂草、鸡鸭圈、活动板房、猪圈厕所和破旧房屋进行全面清除，对沿线墙体外立面进行粉刷出新，回填土方2万余立方米，砍伐杂树710棵，拆除广告牌13块，实施集镇入口处等盆景打造，使朱桥镇淮流路沿线成为全区全域旅游一道“靓丽风景线”。实施集镇管理创新工程，调优配强集镇管理执法队伍，加大城镇管理执法装备完善配套。

【脱贫攻坚】2020年，朱桥镇积极实施党建扶贫和产业扶贫，利用省对市县的270万元农业产业富民资金和300万元的扶持村级集体经济项目资金，启动实施标准化厂房建设项目。全镇3个省定经济薄弱村集体经济收入超序时，所有村（居）按年收入20万元目标均超序时，“两类人员”人均收入均达序时，完成扶贫小额贷款730万元。朱桥镇顺利通过省市区扶贫工作考核验收。

【民生保障】2020年，朱桥镇中心幼儿园通过省优质园复检，镇中心小学获评全国足球特色学校；创成省示范卫生院1个和省示范卫生室7个；应急广播体系建设工程位列全市全区前列。全镇共落实低保户565户，其中当年新增42户，为全镇1180名80岁以上老人申报办理尊老金；全镇城乡居民基本医疗保险和城乡居民基本养老保险的参保率均达100%，700多万元惠民补助资金全部发放到位。

【党建工作】2020年，朱桥镇全面实施镇村干部优化工程，先后对全镇13个村（居）村级干部进行调整优化，新调整村级党组织书记9人，面向全市新公开招聘10名村官进入村级两委队伍，顺利完成村（居）“两委”换届选举。在全镇范围内开展“作风建设深化年”创建活动，全面打造为民、务实、担当的干部队伍，2020年全镇党员干部共为群众解决民生实事622件，兴办民生工程129个，慰问群众4380户。

（卢佳永）

表103　2020年朱桥镇概况一览表

村（居）委会名称	村组数/组	户数/户	人口/人	耕地面积/公顷
朱桥居	19	905	4525	202
桃园村	13	444	2203	182
新华村	22	847	3613	251
洼圩村	16	689	3317	262
小闸村	40	1521	6457	424
闸南村	40	1393	6403	424
五里村	36	1254	5581	358
祁兴村	14	455	2380	136
蒋庄村	12	400	2371	100
周庄村	17	666	3228	165
孙杨村	17	658	3149	199
石塘村	24	978	4435	227
合兴村	19	620	3129	172

注：表中数据截至2020年12月31日

表104　2020年朱桥镇获市级以上表彰一览表

单位	表彰内容	表彰单位
朱桥镇	2020年江苏省卫生镇	江苏省爱国卫生运动委员会
朱桥镇	省级绿色优质农产品（水稻）基地	江苏省农业农村厅
朱桥镇	淮安区创建全国文明城市工作先进集体（三等功）	中国共产党淮安市委员会、淮安市人民政府
朱桥镇统计办	乡镇（街道、园区）统计规范建设“百佳”单位	江苏省统计局
孙杨村	2020年江苏省卫生村	江苏省爱国卫生运动委员会
新华村	2020年江苏省卫生村	江苏省爱国卫生运动委员会
五里村	2020年江苏省卫生村	江苏省爱国卫生运动委员会
周庄村	2020年江苏省卫生村	江苏省爱国卫生运动委员会

施河镇

【概况】施河镇地处淮安、扬州、盐城三市交界处，位于淮安区东南部，镇域面积105.8平方千米，人口7.8万人，辖26个行政村、3个居委会，是全国知名的“教学具之乡”，特色羽绒产业蓬勃发展。先后取得“国家火炬高端装备特色产业基地”“中国产学研合作创新示范基地”“全国小城镇综合改革试点镇”“全国文明镇”“国家级卫生镇”“国家级生态镇”等荣誉称号。2020年，施河镇完成一般公共预算收入1.33亿元，其中上划数9540万元，完成全年任务的102%；开票销售收入26.26亿元；列统企业入库税金1.57亿元，逆势增长10.3%；实际利用外资330万美元。2020年，施河镇获评全区高质量跨越发展目标考核一等奖。

【疫情防控】 2020年，新冠肺炎疫情期间，施河镇全程帮办指导各企业强化疫情防控措施、加快复工复产步伐，在较短的时间内，全镇28家规上企业复工复产率达到100%，除因特殊原因未能复工的企业外，全镇87家规下企业基本实现复工复产。江苏共创公司被全国工商联表扬为抗击新冠肺炎疫情先进民营企业。“最美基层医务工作者”葛庄村卫生室室长李桂华坚守疫情一线，被《现代快报》报道。双溪村党总支书记徐庆杨在疫情期间为方便靠前指挥，将自己的面包车改装成流动指挥室，从1月26日起，徐庆杨坚守在“房车”防控点30多天，吃住都在车上，被村民称为“房车书记”。

【项目建设】 2020年，施河镇累计招引、签约、实施市重点项目10个。投资5亿元的高铁航空餐项目、4000万元的益教木材加工农业项目实现当年开竣工；投资5亿元的中餐工业化、1.1亿元的教体装备产业创新孵化中心、1.2亿元的文体综合服务中心等项目当年开工建设。推进现代教体装备产业转型升级，奇乐娃、新起点等企业积极引进智能化项目，引领教体装备产业向智能化、智慧化转型发展。杰翔羽绒等羽绒纺织产业加大科技投入，研发新产品，不断扩大知名度。2020年9月30日上午，江苏共创人造草坪股份有限公司在上海证券交易所主板成功上市，成为淮安第一家主板上市民营企业。

【民生实事】 2020年，施河镇投资130万元沿348省道架设路灯157盏，实现了348省道施河段12公里全线亮化；投资328万元新建贯穿经堂、朱周等6个村的东五支主干道路；投入300余万元改造搬迁敬老院；投入443万元新建涉及条龙、墩胡、戴孟、孙李等4个村的农村污水治理项目。推进全市垃圾分类处理试点示范镇创建，新增分类垃圾桶5300套、新建垃圾分类亭32座，实现镇村生活垃圾分类设施全覆盖。为江苏共创公司等本地企业吸纳群众就业，新增就业600余人。

【农房改善】 2020年，施河镇全力服务好容纳390户搬迁群众的陆河社区安置小区建设，鲁成社区建设区280户农房搬迁工作基本完成，完成改善608户群众住房条件的红庄佳苑社区规划设计工作。稳妥细致做好被征地农民社会保障工作，为全镇1907名失地农民办理社会保障。

【特色小镇】 2020年，施河镇坚持产镇融合+产业融合驱动，总投资2亿元的特色小镇重点项目开工建设，特色小镇创建通过省发改委中期验收，获得200万元奖补资金。

施河镇智教小镇 （纪星名 摄）

表105 2020年施河镇概况一览表

村（居）委会名称	村组数/组	户数/户	人口/人	耕地面积/公顷
王桥村	20	947	3463	304.53
葛庄村	15	528	1902	166.13
岔南村	11	815	3543	254.73
施庄村	12	811	2994	262.33
崔河村	8	551	2238	130

续表105

村(居)委会名称	村组数/组	户数/户	人口/人	耕地面积/公顷
万新村	12	791	3019	192.47
陆河居	10	771	3325	133.13
侯庄村	12	811	2994	262.33
大施河村	8	715	3072	239.13
郭庄村	10	501	1846	207.23
条龙村	10	661	2360	222.53
鲁赵村	22	813	3010	269.49
成灌村	10	608	2302	145.93
双溪村	22	618	2330	185.87
双福村	10	634	2537	143.6
园区居	0	687	1985	0
戴西村	15	518	2078	148.58
墩胡村	16	431	1903	118.4
大车村	12	418	1711	146.33
朱周村	15	416	1639	130
经堂村	25	840	3376	244.07
杨桥村	16	544	1990	175.33
土楼村	11	330	1175	90
高坝桥村	15	480	1648	183.07
孙李村	10	313	1184	80.47
单里村	27	783	3126	244
马北村	23	854	3411	212.53
戴孟村	22	703	2659	183.93
三官居	22	1120	3900	190

注:表中数据截至2020年12月31日

表106　　2020年施河镇获市级以上表彰一览表

单位(姓名)	表彰内容	表彰单位
施河镇	通过国家级卫生镇复审	全国爱国卫生运动委员会
施河镇	江苏省楹联文化镇	江苏省楹联研究会
施河镇	江苏省农村一二三产业融合发展先导区	江苏省农业农村厅
施河镇	淮安市2020年度网格化治理十佳镇	中共淮安市委政法委员会
邵庆春	淮安市创建全国文明城市工作先进个人(嘉奖)	中国共产党淮安市委员会、淮安市人民政府

【一二三产融合发展】 2020年,施河镇聚力一二三产业创新融合发展,成功入选全省11家农村一二三产融合发展先导区建设名单。沿348省道,对标建设国家现代农业产业园,编制完成占地22平方千米的现代农业产业园、占地1.23平方千米的现代食品工业园概念性规划文本,启动现代食品工业园首批项目建设。

【党建工作】 2020年,施河镇聚力村居领导班子建设,选派12名想干事、能干事的优秀人才担任村居党组织书记,公开招聘15名村官,充实村居领导班子力量。全年发展党员16名。投入200余万元,新建、扩建鲁赵村、墩胡村党群服务中心,完善党建服务功能。成灌村软弱涣散党组织顺利实现转化。发挥党建引领作用,深入推进脱贫攻坚,百斯特产业富民、标准化厂房等一批扶贫项目建成达效,为经济薄弱村增加数十万元集体收入,近千低收入户获益。

(陈　银)

车桥镇

【概况】 车桥镇位于淮安区渠南片的中心位置,西接朱桥镇,东连流均镇,北界博里镇,南临施河镇,东南与扬州市宝应县西安丰镇大桥相通。镇域面积122平方千米,耕地面积约63平方千米,镇域人口11.8万人,辖28个行政村、5个居委会。

2020年,车桥镇实现地区生产总值230 820万元,增长9%;一般公共预算收入7848万元,增长15.3%。2020年车桥镇获评淮安区高质量跨越发展目标考核三等奖。

【项目建设】2020年，车桥镇新开工亿元项目2个，即投资1.2亿元的梦想城邦新材料包装项目、投资1.1亿元的无纺布生产项目；续建亿元以上项目1个，即投资10亿元的华润风电项目，该项目在年内竣工并投产发电。新开工并竣工3000万元以上农业项目2个，分别为投资3300万元的神润羽绒二期、投资3200万元的清语食品加工项目，均通过市级考核验收。2020年，完成列统企业开票销售5亿元以上，新增列统企业3家，分别为梦想城邦、国亮金属、龙程塑胶。

【农业农村】2020年，车桥镇粮食种植面积6533万平方米，总产量突破2.3万吨，省级绿色优质农产品基地示范镇创建通过验收。积极实施高标准农田建设项目，共涉及泾东、姚河、泾口3个村居，总建设规模达333.3万平方米，新建农桥24座、涵闸3座、泵站3座，改建田间道路7.17千米，新改善灌溉面积333.3万平方米，总投资达875万元。推进“党建引领、集成振兴”农村综合改革，新增范六村、万寿村两个试点村，累计试点村达到6个。完成农村产权交易项目301笔，交易额2843万元，农村产权交易额在全区领先。“万企联万村”取得成效，已实施和已签约企村联建项目20个，实现企村联建全覆盖。农民收入持续增长，全镇12585户建档立卡低收入农户，丰年村、车南村、张陈村、大东村4个省定经济薄弱村，脱贫达标巩固率达100%，20个低收入村集体收入全部突破18万元。

表107　　2020年车桥镇概况一览表

村（居）委会名称	村组数/组	户数/户	人口/人	耕地面积/公顷
车桥居	4	482	1061	0
光明居	10	1168	4906	247
桥头居	10	826	3329	194.47
泾口居	11	872	3364	201.6
蒋桥居	11	874	3481	247
蛇峰村	6	632	2348	230
官渡村	25	1100	4580	355.53
泾东村	8	486	2089	160
姚河村	13	853	3587	265.4
桂卿村	10	884	3383	256.86
陈桥村	13	856	3856	251.66
花巷村	13	590	2569	157.66
高舍村	10	710	3122	144.4
宥城村	12	704	3014	204.13
光华村	21	816	3568	181.53
孙楼村	16	616	2600	154.47
万寿村	20	701	3168	238.66
车桥村	12	768	3268	63.53
车北村	5	867	4447	22.80
陈河村	13	537	2436	90
车南村	16	636	2868	172.80
三庄村	15	554	2210	233.33
车东村	20	774	3086	190
范六村	14	642	2892	189.87
丰年村	21	829	3786	217.66
张陈村	20	706	3168	199.66
吕舍村	12	786	3246	179.73
全城村	29	1046	5040	341.47
大兴村	16	652	2813	155.33
大东村	17	672	3016	186.07
受河村	18	650	3073	152.13
卢滩村	17	685	3360	170.67
沈艖村	28	901	4078	274.27

注：表中数据截至2020年12月31日

表108　　2020年车桥镇获市级以上表彰一览表

单位	表彰内容	表彰单位
车桥战役烈士陵园	第三批国家级抗战纪念设施	国务院
车桥镇团委	江苏省五四红旗团委	共青团江苏省委员会
车桥镇医院	首批农村区域性医疗卫生中心基本建成单位	江苏省卫生健康委员会
大兴村	2020年江苏省卫生村	江苏省爱国卫生运动委员会
卢滩村	2020年江苏省卫生村	江苏省爱国卫生运动委员会
姚河村	2020年江苏省卫生村	江苏省爱国卫生运动委员会
陈河村	2020年江苏省卫生村	江苏省爱国卫生运动委员会
车桥镇村镇建设档案室	全省城建档案管理工作先进单位	江苏省住房和城乡建设厅

卢滩村的特色农业——芡实　　（马骅　摄）

【民生事业】 2020年，车桥镇投入1000万元，新建镇区繁荣路、合心路4.1千米，完善农村公路拓宽37.82千米，“四好农村路”通过省级评估验收。投入572万元新建光华村、孙楼村、沈旐村、金城村、陈桥村5个生活污水处理设施及全镇管网项目，主管道总长度13 700米，接管农户729户，完工等待验收。完成区下达11座公厕新建、改造任务，农村生活垃圾集中收运率100%。围绕徐宿淮盐高铁，348、264省道及306县道车桥段、车施路、高速出入口连接线等主干道开展环境综合整治，共拆除破败房屋、猪圈、厕所、看护棚等2452座，清理沿线沟渠河塘土方约1.4万平方米。对306县道车桥段、车施路、高速出入口连接线实施绿化提升工程，沿线墙面立面出新约61万平方米。大兴村、大东村通过市级人居环境整治示范村验收；大兴村、卢滩村、姚河村、陈河村获评省级卫生村；车桥镇入选省美丽宜居小城镇试点镇。2020年，车桥镇新开工农房改善项目4个，分别为凤凰小区、光明锦苑、卢滩社区、官渡社区，总建筑面积约7.3万平方米，均基本建成，543户通过抓阄方式分房到户。2020年，车桥镇推进高速高铁沿线，省、市、县主干道沿线及镇村主干道沿线散埋乱葬问题集中整治，平迁坟墓17546座，改建卧碑11 771座。城乡低保政策落实全面从严，确保符合保障条件的一户不漏，不符合条件的全部退出，共核销低保户41户、新增66户。

【基层“三整合”改革】 2020年，车桥镇将原“七站八所”和镇机关部门职能机构缩减为“一办七局一中心”，并全部实体化运作。淮安日报、淮安区报对车桥镇该项工作进行了报道宣传。着力加强行政审批局、综合行政执法局、社会治理指挥中心三大阵地建设。行政审批局设置13个窗口，各个窗口办事指南、服务流程、审批服务事项清单等全部立排到位；综合行政执法局现有工作人员49人，5辆执法车辆标识统一，执法人员手机统一安装一体化平台执法App，条线派驻执法和镇域内综合执法联动机制正在建立完善；社会治理指挥中心设置一块

12平方米的大屏，座席卡6块，将党建引领、审批服务、综合执法、网格化管理、指标调度、经济发展等融入信息化平台，实现各职能机构间数据共享，互相配合联动，保证各类事件处置及时、高效。

【党建工作】2020年，车桥镇把握意识形态工作主动权，舆情管控机制不断完善，加强新闻外宣工作，先后在区级以上主流媒体刊登稿件700余篇。丰年村党总支书记卢攀峰荣获全国脱贫攻坚先进个人。全年新发展党员17名。完成村居两委换届工作，新一届村（居）两委成员平均年龄为41岁，大专以上学历人数占比53.2%，女性成员人数占比30.8%，村居党组织书记、主任一肩挑比例达97%。全面从严治党，精准运用监督执纪“四种形态”，全年问责43人次，诫勉谈话153人次；立案查处问题8起，给予党政纪处分20人。

（郑 倩）

流均镇

【概况】流均镇地处里下河地区，三市（淮安市、盐城市、扬州市）四县（淮安区、阜宁县、建湖县、宝应县）交界处，下辖18个行政村（居），共有196个村民小组，总人口7.1万人，镇域面积88.6平方千米，粮田面积30平方千米，水域面积43.34平方千米。水产养殖和长植等是流均镇农业经济支柱产业。2020年，流均镇完成一般公共预算收入9335万元，其中上划数2830万元；村级集体经济纯收入完成1846万元，农民人均纯收入达20 500元。

表109　　2020年流均镇概况一览表

村（居）委会名称	村组数/组	户数/户	人口/人	耕地面积/公顷
流均居	17	1002	5190	257.13
前哨居	10	640	2500	151.07
溪河村	13	906	3854	254.55
马铺村	15	931	3892	243.32
都梁村	14	875	3544	251.63
双河村	9	600	2383	150.25
黄荡村	10	879	3655	303.25
沿河村	9	671	3071	199.94
沿荡村	8	657	2580	196.30
二桥村	12	765	3001	174.51
中桥村	13	852	3440	167.43
严百村	9	602	2562	213.39
永兴村	10	600	2810	79.80
头桥村	15	871	3930	119.69
中心村	12	758	2553	152.67
溪南村	8	652	2855	145.55
合心村	9	600	2620	127.53
渔业村	3	140	490	3.8

注：表中数据截至2020年12月31日

表110　　2020年流均镇获市级以上表彰一览表

单位（姓名）	表彰内容	表彰单位
村镇建设档案室	全省城建档案管理工作先进单位	江苏省住房和城乡建设厅
朱　莉	淮安市创建全国文明城市工作先进个人（嘉奖）	中国共产党淮安市委员会、淮安市人民市政府
翟其飞	淮安市创建全国文明城市工作先进个人（嘉奖）	中国共产党淮安市委员会、淮安市人民市政府
翟其飞	2019—2020年度全市基层党员冬训工作先进个人	中共淮安市委组织部、中共淮安市委宣传部
刘孝耕	模范信息员	中国蔬菜协会
都梁村	江苏省第五批次特色田园乡村	江苏省特色田园乡村建设工作联席会议

【项目建设】2020年，流均镇把项目建设作为推动流均转型升级的总抓手。投资1.1亿元的嘉浩电子项目，竣工投产；投资3.2亿元的氢能源双极板项目，项目一期投资1.2亿元竣工投产达效；投资3200万元的荷乡源生态休闲农业项目，实现当年开

流均镇集镇面貌　　（高畅　摄）

工，当年竣工。全年新增高标准农田5.33平方千米、藕虾共作面积2.13平方千米、高效设施农业面积0.67平方千米、稻虾综合种养面积3.53平方千米，完成绿色蔬菜（荷藕）和优质水稻种植2个产业富民项目建设。农村一二三产业融合发展列入市级先导区名单。

【工业经济】 2020年，流均镇实现列统企业开票销售收入2.55亿元、入库税收702万元，完成制造业设备投入6600万元，列统工业完成产值37512.4万元，分别完成目标任务数的105.9%、116.2%、132%、112.5%。全年培育列统企业6个，其中工业列统企业1个，服务业列统企业2个，贸易业列统企业3个。

【镇村建设】 2020年，流均镇新建农村公路桥3座、农桥56座、涵闸4座、泵站3座；铺设农村公路10.3千米；建成600平方米的体育广场1个、6000平方米的人民广场1个，建设小微湿地项目1个和700平方米的居家养老服务中心2家；完成8户“四类人员”危房改造任务；建成村级污水处理设施3套，建成垃圾中转站1座，新增分类垃圾桶1000只；完成农村无害化卫生户厕建造1600座，建成农村公共厕所6座。推进移风易俗活动，平迁坟墓13 127座，建设公益性公墓1处。推进“两违三乱”整治工作，高质量完成省市区交办问题，整治率100%。深入开展污染防治攻坚战，长江禁捕退捕任务在全区率先完成。镇村品质颜值明显提升，都梁村创成淮安区首家省级特色田园乡村。

【民生事业】 2020年，流均镇坚持把稳就业作为重中之重，当年培训劳动力353人，建立创业孵化基地1个，扶持创业70人，自主创业带动就业人数253人。全力巩固脱贫攻坚成果，深入实施产业富民，整合各类扶贫资金122万元，建设高标准扶贫厂房1800平方米，发放扶贫收益30.08万元，完成小额扶贫贷款901.5万元。强化低保动态管理，实现应保尽保，全年共取消低保户39户59人，新增低保户75户124人。纵深推进扫黑除恶专项斗争，常态化开展巡防；全面落实安全生产责任制，加强食品药品安全监管，突出做好防汛减灾工作，全年未发生重大安全事故。深入开展“一线三包”专项治理，有效防范化解各类矛盾，信访形势平稳可控，公众安全感持续向好。

【全国文明城市创建】 2020年，流均镇全国文明城市创建工作位于全区前列，得到区委区政府“嘉奖”，年度考核排名全市第10名，重要单元达标工作获评“示范文明镇”；挖掘宣传先进典型，有5人当选“淮安区好人”、2人当选“新时代淮安好人”。

【党建工作】 2020年，流均镇充分发挥基层党组织战斗堡垒和党员先锋模范作用，广大干群踊跃捐款捐物抗击新冠肺炎疫情，共捐款60余万元、物资若干，组建19支镇村党员“战疫”志愿服务队，冲在新冠肺炎疫情防控前沿，让党旗高高飘扬在战“疫”一线。针对现有村“两委”干部年龄老化、学历偏低问题，先后招聘3批次村官28人到村锻炼；完成永兴村办公场所提升改造；对黄荡村软弱涣散基层党组织进行整顿销号；全面推行村（居）干部员额制管理和职业资格认证制度，圆满完成村居“两委”换届选举工作。

（张　波）

博里镇

【概况】 博里镇地处淮安区东南、位于苏北灌溉总渠南，距城区38千米。镇域面积146.65平方千米，人口9.3万人，辖27个行政村、4个居委会，其中集镇面积3.6平方千米，常住人口1.4万人。

2020年，博里镇完成一般公共预算收入5729万元，其中上划数2399万元；完成列统开票销售收入5.6亿元，列统工业入库税金1573万元，制造业设备投入4520万元,服务业税收2150万元,利用外资到账179.4万美元。2020年,博里镇获评区高质量跨越发展目标考核二等奖,创成江苏省卫生镇、江苏省楹联文化镇。

【项目建设】 2020年,博里镇签约亿元以上项目4个,其中工业项目1个,服务业项目1个,3000万元以上农业项目2个。新开工亿元以上项目3个,其中工业项目2个,3000万元以上农业项目1个。新竣工亿元以上项目4个,其中工业项目2个,3000万元以上农业项目2个。

【农业农村】 2020年,博里镇流转土地13.33平方千米,完成土地城乡挂钩项目0.32平方千米,带动村集体增收400万元。完成投资4500万元的高标准农田建设项目17.33平方千米和投资1000万元的土地治理项目4平方千米,惠及8个村居2万人。万企联万村工作成绩显著,实现31个村居村企联建全覆盖,在全市排名第一。"党建引领,集成振兴"项目成效明显,马桥村、王安村项目带动村集体稳定增收,惠及12户农户稳定脱贫,博里村、南头村烘干厂房主体建成。

【镇村建设】 2020年,博里镇完成爱国卫生户厕改造2400户,成功创成省级卫生镇,创成省级卫生村2个、市级卫生村4个。完成全年农房改善改造任务,建成省级示范点整治提升类博里画苑项目和三门社区、王庄社区。投资800多万元,建成北二支、三支农村四好公路7.71千米,打通村与村间主干道最后一公里。

表111　　2020年博里镇概况一览表

村(居)委会名称	村组数/组	户数/户	人口/人	耕地面积/公顷
汴塘村	27	1157	4155	4599.25
贺刘村	23	950	3431	4314.39
三里荡村	12	476	1698	2237.76
史桥村	23	949	3531	4124.72
长沙村	24	1009	3687	4531.71
倪桥村	12	428	1674	5294.7
高仇村	16	752	2912	6272.22
仇桥居	11	524	1869	2903.64
南徐村	15	692	2680	4696.51
三门居	8	490	2445	2063.43
晶墩村	10	624	2462	3327.65
三角墩村	18	958	3481	5168.82
水晶村	5	699	2617	3644.26
南涧村	24	1108	3902	5536.62
北涧村	22	942	3363	4064.32
马桥村	8	652	2507	3177.81
史荡村	20	958	3951	6383.18
前荡村	22	897	3533	5078.88
博里村	19	847	3202	4492.99
扁担城村	7	497	1992	3007.58
孙庄村	10	994	3686	4884.82
滨南村	13	536	2182	3404.81
三元村	14	1043	3712	5021.91
陶舍村	8	326	1252	1811.23
新民村	11	945	3525	5263.35
南头村	30	1004	3823	4983.05
西岗村	22	787	2963	4377.51
王安村	15	640	2361	3098.48
陶桥村	13	617	2441	2908.51
新博居	14	659	3439	2885.45
王庄居	20	1014	3775	3686.6

注:表中数据截至2020年12月31日

表112　　2020年博里镇获市级以上表彰一览表

单位(姓名)	表彰内容	表彰单位
博里镇	2020年江苏省卫生镇	江苏省爱国卫生运动委员会
博里镇	江苏省楹联文化镇	江苏省楹联研究会
博里镇	先进民兵分队	淮安军分区
李　明	优秀专武干部	淮安军分区

10月25日，博里镇携手淮安区新生代企业家商会在仇桥敬老院共同举办“孝亲敬老，关爱久久”重阳活动

（区融媒体中心　供图）

【社会事业】 2020年，博里镇巩固脱贫攻坚成果，建立返贫监测预警和动态帮扶机制，对脱贫监测户113户441人、边缘户32户113人，落实各项社会保障政策和帮扶措施。博里中学创成市级文化特色校园、博里中心小学创成市依法治校先进学校。仇桥中学被市教育局授予“淮安市四有好教师团队”，获得省初中课堂教学改革优秀成果奖。

【党建工作】 2020年，博里镇加强村（居）“两委”队伍建设，调整村（居）党组织书记17名，顺利完成村（居）“两委”换届。开展软弱后进村整顿转化工作，三角墩村整顿转化到位。加快村部建设，三元村村部建成投入使用，博里、王庄、三门村村部基本竣工。抓好意识形态工作，全年召开专题会议4次，联席会议2次，分析研判2次，开展专项督查2次，形成自查报告2篇。

（任　俊）

复兴镇

【概况】 复兴镇地处两市（淮安市、盐城市）两区县（淮安区、阜宁县）交界处，北倚苏北灌溉总渠和328省道，234省道和新长铁路穿境而过，南西邻博里镇，东邻盐城市阜宁县古河镇，是淮安区的东大门。昔因渔滨河两岸村民捐资架桥，取名复兴桥，明末清初兴集后，遂称复兴镇。1957年设复兴乡，1958年改公社，1983年复乡，2000年置镇。境内主要河流有渔滨河、窑头河、小泗河，镇域面积64平方千米，其中耕地37.34平方千米。共辖11个村居（9个行政村、2个居委会），4.5万人。境内有革命烈士陵园1处，省级文物保护单位1处（城头村遗址）。

2020年，复兴镇实现全社会固定资产投资4.5亿元；完成一般公共预算收入3760万元，占目标数3490万元的108%，其中上划数2100万元，占目标数2090万元的101%。

【工业经济】 2020年，复兴镇实现规模工业企业应税开票42 500万元，同比增长12%，工业入库税收1250万元，同比增长10%；服务业税收1600万元。培植列统工业企业2家，贸易业列统企业1家，服务业列统企业2家；投资3.5亿元的施塔德电梯项目、投资5亿元的国信风电项目，以及投资3000万元的大郭循环农业项目和投资3000万元的凯逡骏商业设备木制品加工项目通过竣工验收。

【农业农村】 2020年，复兴镇进一步规范农村集体“三资”和财务管理，全面完成清产核资工作，有序推进产权制度改革。完成产权交易32件，实现交易额550万元。完成总投资120万元的2019年跨年一事一议项目6个和总投资106万元2020年一事一议项目5个；完成渠南十期水利工程中的东城低压管道灌溉项目；开展省级农产品质量安全县创建工作，组织家庭农场主、种植大户等职业农民培训300余人次。新添置13台农业机械，组织5期近150人次的新机手和重点机械操作机手培训。新增家庭农场2家，培育市级以上示范家庭农场1家。

【脱贫攻坚】 2020年，复兴镇拓宽集体增收渠道，11个村居集体经济收入全面达标；完成扶贫小额贷款725万元，完成率100%。全面做好52户188人易返贫户和31户129人边缘户“两类人员”监测工作，全面落实帮扶措施。

【镇村建设】 2020年，复兴镇做好农房改善工作，实施银鑫社区和任南社区2个项目。及时修复街道和工业集中区破损路面，对集中区下水道进行联网。创建省级绿美乡村1个，申报国家级森林乡村1个，全民义务植树点1个，新建公益性公墓1处。

复兴镇新时代文明实践所　　　　（复兴镇　供图）

开展人居环境整治，打造示范村，新增3个村级小型污水处理设施，新增垃圾中转站1座。改造农村旱厕500座，新增公厕6座。11个村居安装55个应急广播。

【社会事业】 2020年，复兴镇落实政府创业政策，为7户个体工商户办理优惠创业贷款165万元，办理就业失业证29人，帮助109名就业困难人员申请社保补贴。做好被征地农民社会保障工作，落实上报181人。动态管理低保，低保提标扩面552户，共新增低保36户，退出低保19户，实施临时性生活救助441人次，49万元。加大教育投入，改善办学条件，硬件改造投入近150万元。创建义务教育标准化学校4所，省级社区教育中心1所，语言示范乡镇1个，依法治校1所、省级诗词校园1所，全镇城乡居民基本医疗保险参保率达98%以上。安排“百姓说唱团”深入村居演出20场，镇老体协开展文艺汇演1次，镇新时代文明实践所与省帮扶工作队、省长荣京剧院共同举办演出1次。

【科技环保】 2020年，复兴镇集中开展科普宣传2次，引进农业科技型人才1人，完成“省双创”和“淮上英才”项目申报；对接科技镇长团，推动政府科技管理工作重心下移。开展“散乱污”企业整治，落实河长制，推进样板河建设。推进秸秆“禁烧禁抛”工作，全年没着一把火，没污一条河。

【社会治理】 2020年，复兴镇开展不稳定因素排查工作，发挥人民调解重要作用，全年排查矛盾267件，全部调处完毕。落实刑释人员帮教工作；重点围绕《社区矫正法》《民法典》开展法律“五进”活动，普及宣传金融知识，提高群众防范非法集资意识；发挥技防城建设成果，开展扫黑除恶工作，推进综治保险；开展安全知识技能培训和安全生产大检查，接受市、区安全生产巡察。

【党建工作】 2020年，复兴镇开展11个村（居）一把手培训会议2次，推进村（居）党组织书记列席镇班子扩大会议制度，完成11个村（居）“两委”换届。加强廉政教育，强化执纪问责，全年函询、提醒谈话161人次，问责35人次，党内警告处分16人次，政务处分2人。

（李晓标）

表113　　2020年复兴镇概况一览表

村（居）委会名称	村组数/组	户数/户	人口/人	耕地面积/公顷
田桥村	16	925	3865	334
城头村	20	1323	5051	335
大郭村	13	627	2733	233
任桥村	21	1217	4693	393
朱庄村	16	1049	4476	277
裴联村	9	699	2892	208
南季村	14	1105	4302	258
渔滨居	16	1051	4153	247
复兴居	12	733	2808	223
陈杨村	17	850	3509	497
大李村	14	906	3982	517

注：表中数据截至2020年12月31日

表114　　2020年复兴镇获市级以上表彰一览表

单位	表彰内容	表彰单位
复兴镇	江苏省(第三批)生态文明建设示范镇	江苏省生态环境厅
复兴镇	淮安市文明城市创建示范镇	中国共产党淮安市委员会、淮安市人民政府

苏嘴镇

【概况】 苏嘴镇地处两市(盐城市、淮安市)、三县区(阜宁县、涟水县、淮安区)交界,是淮安市的东大门。234省道穿境而过,北接古淮河,南邻苏北灌溉总渠和淮河入海水道。全镇总面积103平方千米,其中耕地50平方千米,农业种植以水稻、小麦、玉米、大豆、油菜和花生为主。全镇人口7.79万人,辖区有21个行政村、1个居委会。苏嘴镇是省级现代农业园区江苏省淮安现代农业产业园所在地,是全国"气象为农"示范镇、全国乡村特色产业十亿元镇、江苏省省级卫生镇、江苏省生态文明建设示范镇和淮安市农村一二三产业融合发展先导区。

2020年,苏嘴镇完成一般公共预算收入4697万元,其中上划数2576万元;列统工业企业开票3.5亿元,入库税收670万元,服务业税收1797.8万元;实现外资到账190万美元;制造业设备投入7863万元;列统企业产值6.88亿元;培植列统企业3个。

【工业经济】 2020年,苏嘴镇新签约亿元以上项目4个,新开工亿元以上项目5个,新竣工亿元项目3个,新竣工3000万元农业二产项目1个,招商引资和项目建设位列全区第一名。综合提升工业集中区硬件设施,开工建设投资360万元的4000平方米标准化厂房,1800平方米的办公楼及附属工程规划待建。整合利用西片闲置办公楼,设立镇总部经济产业园,提供一站式服务和办公场所,已招引11家优质总部经济公司入驻。

【现代农业】 2020年,苏嘴镇充分发挥省级现代农业产业园试验、科研、孵化和示范融合等承载功能,坚持"党建引领、集成振兴",整合各类扶持资金1525万元,流转土地3.49平方千米,在沙吉、建仪、衡河、马逻等村实施"小西瓜+"项目,坚持一村一品、一村一特,实现规模集聚和错位发展。苏嘴小西瓜知名度、认可度和美誉度不断提升,在江苏"好西(甜)瓜"品鉴推介会上荣获"瓜王"称号,江苏广电荔直播走进苏嘴现场推介,成功举办苏嘴镇首届西瓜丰收文化节,现场签订12 800箱苏嘴小西瓜销售合同。投资580万元实施农业园区提档升级工程,园区基础设施更加完善。淮安区蓝水湾绿色果蔬创意农园被评为省级主题创意农园。

苏嘴镇农业园区现代果蔬大棚　　(刘元琪　摄)

【镇村建设】 2020年,苏嘴镇投资300万元对集镇主入口、道路、外立面、绿化进行改造升级,新修绿化带5.5公里,架设路灯628盏、拆除破败物体185座,实现234省道苏嘴段全线亮化、绿化、美化。投资2.5亿元,完成淮东社区和大胡庄社区2个农房项目建设,523户农户分得新房,超额完成省定农房改善任务。开展人居环境整治,高荡村、章集村、北季村3个村新铺设污水管网16 400米,惠及500户群众。抓好省道两侧和村居主干道沿线观感提升,完成1400户户厕改造收尾,新建公厕11个,创成区级美丽乡村5个。

【民生事业】 2020年,苏嘴镇全力巩固脱贫攻坚成果,4个省定经济薄弱村和9个低收入村集体经济收入均超18万元,其中沙吉村集体经济收入突破100万元。全镇3523户11821人建档立卡低收入人口全部脱贫。在邵葛、章集实施扶贫猪场项目，超额完成稳产保供任务，实现村集体和群众“双增收”。改造六支线、黄紫线2条路和陈龙桥、东高桥、大吉桥3座桥。新建衡河村、汤衡村文化体育广场。投资130万元，新建苏嘴镇爱心楼，解决12户孤寡老人和儿童等弱势群体的住房保障问题。新增低保户26户、退出164户，新增五保户25人，做到应保尽保、应退尽退。城乡居民基本医疗保险参保率达99%以上。总投资近5000万元的引黄灌溉系统工程开工建设。

【党建工作】 2020年，苏嘴镇在全镇开展“下基层提能力、听民意解难题”主题党日活动，将每月10日村居固定开展的“党员学习日”延伸为“政策宣传日”“工作汇报日”“开门纳谏日”和“干部下访日”，提高党员群众参加活动的积极性和主动性。全年累计开展线上分散学习活动22场次，集中学习220场次，参学人次达近万人次。累计培养乡村振兴“后备人才”51名，其中14名优秀“后备人才”走上村居干部岗位；选派的8名优秀退伍军人参加区委“强兵兴业”工程培训班，有1人担任村党总支书记，3人担任村党总支副书记。村（居）“两委”换届后，苏嘴镇村居党组织书记平均年龄46.4岁，比上届下降7岁；村居党组织书记、主任“一肩挑”比例达100%；纪检委员兼任村务监督委员会主任占比100%。加强党群服务中心阵地建设，新建大胡村、苏家嘴居委会党群服务中心，果园村村部修整扩建。

（刘元琪）

表115　　2020年苏嘴镇获市级以上表彰一览表

单位（姓名）	表彰内容	表彰单位
苏嘴镇	2020年全国乡村特色产业十亿元镇	农业农村部
淮安区蓝水湾绿色果蔬创意农园	江苏省主题创意农园	江苏省农业农村厅
苏嘴镇	一二三产业融合发展先导区	淮安市农业农村局
周志勇	江苏省委党校第8期团委书记进修班优秀学员	中共江苏省委党校
刘从登	淮安市创建全国文明城市工作先进个人（嘉奖）	中共淮安市委员会、淮安市人民政府
徐一醒	淮安市创建全国文明城市工作先进个人（个人三等功）	中国共产党淮安市委员会、淮安市人民政府

表116　　2020年苏嘴镇概况一览表

村（居）委会名称	村组数/组	户数/户	人口/人	耕地面积/公顷
苏家嘴居	13	1554	7623	333
大桥村	10	1020	4530	261.4
汤衡村	10	931	4441	332
衡河村	12	960	4780	437
沙吉村	7	708	3111	268
建仪村	7	756	3128	355
一心村	8	825	3333	163.2
马逻村	11	1073	4921	308.8
吴码村	5	440	1971	147.7
北季村	8	998	3933	273.7
龚营村	7	505	2157	162.6
茭陵村	8	768	4246	146.6
高荡村	10	820	3583	229.4
章洼村	5	401	1387	90
章集村	10	808	3875	256.6
邵葛村	10	623	3905	228.8
黄庄村	18	1065	4412	275.6
大胡村	9	1148	4322	243.2
果园村	11	538	2559	302.8
联合村	5	401	1571	133.6
东荡村	8	427	1752	131.6
章桥村	7	601	2442	184.4

注：表中数据截至2020年12月31日

钦工镇

【概况】钦工是7300多年前青莲岗文化的发祥地，因清康熙年间钦差大臣督工治水而得名。1927年秋，苏北最早党组织之一中共淮安特支(淮阴特委、淮安县委)在钦工镇横沟寺成立，1928年2月10日发动横沟寺农民革命武装暴动，打响党领导苏北群众反抗国民党反动统治第一枪。钦工镇位于淮安区渠北地区，西侧紧临淮安经济技术开发区，北隔古淮河与涟水相望，235省道南北穿镇而过。全镇总面积99.8平方千米，辖21个村(居)和1个场圃，1.87万户，7.56万人，耕地面积约51.48平方千米。钦工镇以历史古镇、红色名镇、美食小镇、区域重镇、产业新镇五大特色"标签"，跻身全国重点镇行列，是中华诗词之乡，省级生态文明建设示范镇、省卫生镇，镇工业集中区为省中小企业创业孵化示范基地。

2020年，钦工镇完成一般公共预算收入5595.97万元，增长7.15%；其中上划数3440万元，增长4.91%。2020年钦工镇获评全区高质量跨越发展目标考核三等奖，工业经济、招商引资、农业农村乡村振兴工作三等奖，扶贫工作、农房改善工作先进集体。

【项目建设】2020年，钦工镇新签约3000万~5000万元项目4个，亿元以上项目3个；开工3000万~5000万元项目3个，亿元以上项目2个，即投资1.1亿元伊格新材料和投资1.18亿元锦特力金属容器；竣工3000万~5000万元项目5个，10亿元项目1个，亿元项目1个。投资1.2亿元金泰胜金属制品、投资10亿元中恒风电、投资3000万元长瑞农业等3个项目通过市重大项目竣工验收。抓大不放小，按照4个"1"即用工100人左右、税金100万元以上、亩均税收10万元以上、设备投入1000万元以上标准，持续培育一批中小企业。全年新增列统工业企业3个，列统工业开票销售近8亿元，增长19.8%；列统工业入库税金1322.49万元，增长4.8%。

表117　2020年钦工镇概况一览表

村(居)委会名称	村组数/组	户数/户	人口/人	耕地面积/公顷
马堡村	16	751	3196	250
东支村	9	739	3142	255
士銮村	25	1298	5433	395
紫徐村	9	528	2265	256
韩赵村	14	944	3970	235
镇西村	17	987	3936	195
贾庄村	9	436	2019	185
横沟村	12	689	2894	230
钦工居	10	1313	4343	132
五里庄村	5	311	1157	79
李码村	18	773	3039	250
高陈村	7	833	3196	245
宋集村	9	1070	3764	280
谷尹村	25	1384	5440	382
冯王村	12	875	3513	210
条沿村	14	1022	4151	290
甘姜村	9	569	2399	120
青莲岗村	29	1383	5650	360
三里墩村	15	555	2329	23
大董庄村	15	861	3373	310
后营村	9	631	2452	210
园艺场	6	791	3948	256

注：表中数据截至2020年12月31日

表118　2020年钦工镇获市级以上表彰一览表

单位(姓名)	表彰内容	表彰单位
钦工镇	2020年度社会治安综合保险推广工作先进集体	中共淮安市委政法委员会
钦工镇村镇建设档案室	全省城建档案管理工作先进单位	江苏省住房和城乡建设厅

续表118

单位（姓名）	表彰内容	表彰单位
淮安市淮安区金玉土地股份专业合作社	2020年省级农民合作社示范社	江苏省农业农村厅
青莲岗村	2020年江苏省卫生村	江苏省爱国卫生运动委员会
甘姜村	2020年江苏省卫生村	江苏省爱国卫生运动委员会
李码村	2020年江苏省卫生村	江苏省爱国卫生运动委员会
姜春红	“百千万”工程“千名领先”	中共江苏省委组织部
支中海	“百千万”工程“千名领先”	中共江苏省委组织部
谷　洲	“百千万”工程“万名骨干”	中共江苏省委组织部

【农业农村】 2020年，钦工镇招引新上亿元以上农业项目1个（淮安钦工粮食仓储物流产业园）、3000万~4000万元农业二产项目3个（淮安区金玉土地股份合作社粮食烘干项目、淮安市宏瑞米业有限公司技改项目、江苏长瑞农业有限公司粮食加工项目）。宋集村金玉土地股份合作社由小变大、由弱变强，成为全区“党建引领、集成振兴”示范项目，在该项目的示范带动下，全镇共成立合作社22个，流转土地9680亩。强化镇级资产交易平台运行管理，对村居集体资产、资源实行统一管理与发包经营，全年资产交易平台完成交易额突破4000万元。开展“万企联万村，共走振兴路”活动，全镇21个村居与21个企业完成对接。

【重点工作】 2020年，钦工镇推动实施市委书记挂钩联系青莲岗村乡村振兴示范点建设，完成投资800万元的宋青线黑色化改造、投资30多万元的党群服务中心提升，成立三棵松土地股份专业合作社，流转土地80万平方米，配合完成文物保护专项初步规划，委托江苏省规划设计集团江苏省城市规划设计院有限公司编制省特色田园乡村规划，编制总投资16亿元的青莲岗文化保护开发项目纳入市、区“十四五”规划重点项目。全面完成327省道近100户、约26.7万平方米的征地拆迁任务。实施投资近2000万元的横沟暴动纪念地及周边环境改造提升工程。

【民生事业】 2020年，钦工镇启动并完成东支社区和腾飞社区一期项目建设，累计农房改善759户，其中危房改造45户。腾飞一期占地约230亩，新建农房114幢466套及配套设施，被评为全区2020年度农房改善优秀项目。投资1500万元铺设集镇道路约4500米，为园艺场争取200万元铺设道路，解决群众出行难问题。通过向上争取，镇级配套，投资3000余万元实施农村公路提档升级近40千米，解决“最后一公里”及道路拓宽问题（全镇公路总里程达210千米），投资1000余万元新建及改造农桥7座。争取2100万元完成钦工镇黄河故道后续工程宋集境内防汛道路10千米建设及黄河故道后续工程咸岔河疏浚及沿线配套水利工程；投入1450万元，建设高标准农田士銮、青莲岗、马堡项目；投资1674万元，开工建设近9000平方米的镇便民服务中心，建成后除行政服务外将整合进电力、燃气、自来水、通信等多个服务单位，为群众提供一站式便民服务。做好农村人居环境整治工作，户厕改造完成4700余座，公厕改造及新建21座，代表市、区接受国务院验收。2020年，钦工镇建成镇西、甘姜人居环境示范村，3个省级卫生村、2个省级健康村。

【脱贫攻坚】 2020年，钦工镇坚持精准“扶贫”和防范“返贫”双管齐下，巩固“两不愁、三保障”脱贫标准，完善脱贫长效机制，一户一策，精准施策。截至2020年底，全镇已脱贫的2965户9191人低收入农户无一户返贫，无一户新增致贫农户，巩固率100%；四个已脱贫的省、市定经济薄弱村（条沿、宋集、贾庄、韩赵村）收入均超18万元，并达“新八有”标准，五个低收入村（冯王、后营、大董、青莲岗、马堡村）收入均达18万元以上。

【三大攻坚】 2020年，钦工镇全力推进安全生产、生态环保、信访稳定三大攻坚。坚持以人为本、安全发展理念，自查自纠基础上强化隐患整改，取缔非法加油点3个，对省、市、区安全生产督导反馈问题，第一时间整改到位，全年没有发生一起有人员死亡的较大以上安全生产责任事故。贯彻落实生态优先的发展理念，以全国文明城市创建为统领，全面推进农村环境综合整治、人居环境整治和美丽乡村建设。推动河长制落实，先后完成涟水取水口谷尹村坟墓迁移

(444座),古淮河、茭陵一站引河、咸岔河等境内流域性河生态环保问题整改落实;投入200万元铺设集镇雨污管网2000米;向上争取,投入150万元对镇污水处理厂进行扩容,投入163万元对茭陵一站引河、咸岔河损坏污水管网进行修复,投资1600万元对茭陵一站引河段进行生态护砌,投入505.89万元新建甘姜村、紫徐村、士鍪村三个污水处理设施;投入135万元对3个垃圾中转站进行改造,投入130万元开展省垃圾分类试点创建;推动实施235省道、234省道等国省道干线环境综合整治,重点打击和取缔关停造成生态环境污染的小企业、小作坊、小商户,取缔条沿村荣威石材厂、免烧砖厂、谷尹小炼油作坊。推进社会治理网格化、现代化,深化信访矛盾排查调处和扫黑除恶专项斗争。以完善信访值班、领导接访、领导包案等机制措施,妥善处理新矛盾、钝化积案,全年化解信访积案8件。2020年钦工镇被淮安市信访工作联席会议表彰为信访稳定工作先进乡镇。

(周　建)

顺河镇

【概况】 顺河镇位于淮安区渠北片地区中心,东与苏嘴镇接壤,西与山阳街道毗邻,南傍淮河入海道、苏北灌溉总渠,北靠钦工镇。全镇总面积77.8平方千米,社会人口近5万人,下辖15个行政村、1个居委会,共有211个村(居)民小组。2020年,顺河镇完成一般公共预算收入1819.21万元,完成率108.93%;完成上划数1523.21万元,完成率104.33%。2020年,顺河镇获评淮安区高质量跨越发展目标考核三等奖。

【项目建设】 2020年,顺河镇新签约项目6个,分别是投资3200万元的堡振稻米项目、3300万元的温氏生猪养殖项目、投资3200万元的润牧生猪养殖项目、投资1.1亿元的众旺生猪养殖三期项目、投资1.2亿元的古顺河白酒生产项目、投资2.69亿元的稳宝生猪养殖项目、投资4500万欧元的铭远高铁刹车片项目(该项目入选淮安市“十四五规划重大项目”)。竣工项目中,投资3200万元的堡振稻米项目于9月份通过市考核验收,投资1.2亿元的古顺河白酒生产项目、投资10亿元的润农风电一期项目和投资5亿元的网营物联智能供应链项目于12月份通过市考核验收。

【农业农村】 2020年,顺河镇总投资2200万元的崔周土地整理项目顺利完成,项目总建设规模达453.4万平方米,新建农桥7座、涵洞(涵闸)100座、泵站9座,改建田间道路15千米、改善新增灌溉面积333.3万平方米。2020年,在现有5个生猪养殖项目基础上,开工建设瑞源、温氏、富茂、全稳4个生猪养殖项目,全年完成生猪存栏5.34万头、出栏8.5万头,分别占年度任务的240%和152%;实施三堡、双井高效设施大棚两个“产业富民”项目,占地28.7万平方米,主要发展蔬菜种植产业,复种指数达71.7万平方米,年均提供瓜果蔬菜3000余吨;创建省级绿色优质农产品(水稻)基地3800万平方米,当年通过省级验收;进一步扩大“党建引领、集成振兴”项目实施范围,在三堡村成功试点的基础上成立顺东村土地股份合作社,投资3200万元的三堡优质稻米种植加工项目,流转土地53.4万平方米,新建机库及购置各类农业机械20余台,全年生产优质水稻450吨,实现分红外盈利20余万元。

【民生工程】 2020年,顺河镇总计投入500余万元修建0.91千米顺三线、1.75千米席顺路及延年村西安桥,8月份通过竣工验收,并同步完成路桥两侧(总计5.32千米)的绿化,防护栏、围挡的建设。“两桥一路”的完工打通了顺河镇连接市、区交通“主动脉”,基本建成畅通内外、便捷高效的交通网络。开展

顺河镇三堡堡振土地股份合作社育秧流水线现场

(顺河镇　供图)

农村人居环境整治突击攻坚，全镇实施墙体刷白32 685平方米，拆除房屋、猪圈、看护棚7745平方米；投入280万元建成何桥、官路生活污水处理设施并投入运行；实施新改公厕任务6座，实施户厕建设任务599座，合格率达100%。2020年，顺河镇实施的农房改善项目滨河花苑一期占地5.97万平方米，建筑面积2.98万平方米，共计建设住宅58栋212套、公建楼1栋，惠及搬迁农户800余人。小区于5月底开工，10月20日在全区率先实现主体竣工交付。

【扶贫工作】 2020年，顺河镇通过摸排，排查出返贫和致贫风险“两类”人员共91户343人。针对上述“两类”人员，有针对性地落实帮扶措施。全年发放扶贫小额贷款345笔950.5万元，扶贫项目收益88.99万元，全部分配到村、到户，全镇1724户建档立卡户，年人均收入均达6500元以上，脱贫巩固率达100%；省定经济薄弱村顺西村、艾口村集体经济收入均达20万元以上。

【全国文明城市创建】 2020年，顺河镇立足市级村庄环境长效管护示范镇创建经验，加强各村居环境整治工作统筹力度，先后开展25次环境卫生集中整治，在全镇范围内持续加强户厕公厕、破败景观、黑臭水体的整治力度，着重清运淮茭路、席顺路沿线住户门前屋后碎石草堆、破败房屋，修建主要道路沿线绿化带、文化墙，推动全镇村域环境大幅提升。多次在市、区月度测评中排在前列，获区级文明城市创建集体三等功、市级示范文明乡镇称号。

【社会事业】 2020年，顺河镇成立低保核查小组对全镇低保对象进行核查，共核销低保户11户14人次，新增60户101人次，续保516户978人次，共发放低保金565万元；保障全镇263户五保老人住有所居、病有所医、老有所管，共发放保障金205万元；重视医疗救助、临时救助工作，及时救助突发、临时陷入生活困难的群体，全年共救助376人，共发放救助金197万元。

【党建工作】 2020年，顺河镇紧扣基层党委主责主业，持续加强组织建设保障，消除党员发展“空白村”，年内新发展党员9名。依托党建项目“乡村后备干部‘常青树’工程”，建立人才储备库，按序时进度对标实施村（居）“两委”换届工作，实现村（居）两委平均年龄39岁，较上届下降14岁，其中35岁以下干部、女性干部均实现村（居）“全覆盖”，调整村级党组织书记7名，村（居）党组织书记、主任一肩挑比例达100%。

（韩义宇）

表119 2020年顺河镇概况一览表

村（居）委会名称	村组数/组	户数/户	人口/人	耕地面积/公顷
顺河居	6	335	1686	72.11
三堡村	11	580	2589	240.68
艾口村	9	484	2157	180.03
顺西村	12	684	3079	250.37
双墩村	12	564	2668	387.88
骆荡村	9	400	2195	201.08
崔周村	14	828	4022	398.32
何桥村	13	610	2586	181.37
官路村	26	1188	5760	389.04
顺东村	18	593	2680	176.55
延年村	13	530	2340	158.89
三合村	13	585	2663	187.78
双井村	14	637	3099	200.3
大吉村	13	499	2295	125.84
大蒋村	12	627	3689	204.84
徐荡村	16	866	3750	292.87

注：表中数据截至2020年12月31日

表120 2020年顺河镇获市级以上表彰一览表

单位	表彰内容	表彰单位
顺河镇	示范文明乡镇	中国共产党淮安市委员会、淮安市人民政府
高文学	淮安市创建全国文明城市工作先进个人（嘉奖）	中国共产党淮安市委员会、淮安市人民政府

漕运镇

【概况】漕运镇位于淮安区西南，东依京杭大运河，南濒白马湖，西与省属白马湖农场接壤，北隔苏北灌溉总渠与淮安城区相望。南水北调工程新河和农业灌溉重要河道温山河穿镇而过。镇政府坐落在谢庄居委会境内。全镇辖区总面积138.74平方千米，其中耕地面积73.34平方千米。区域内辖有行政村32个，居委会3个，户籍户数20 833户，总人口8.88万人，常住人口34271人。

2020年，漕运镇完成一般公共预算收入6920万元，其中上划数3185万元，列统企业开票销售收入4.62亿元，入库税金1430万元，制造业设备投入3000万元，服务业税收4200万元，培植列统企业5个，利用外资800万美元。

【疫情防控】2020年，漕运镇共发生新型冠状病毒感染确诊病例1人，实施“四包一”隔离医学观察对象298人，实施“二包一”隔离观察对象290人，送区集中隔离点隔离103人，无一例新冠肺炎死亡病例。通过抓居家休息、抓重点人头排查、抓镇村交通卡口管控、抓公共场所杀菌消毒、抓党员志愿者服务等综合措施，疫情防控工作取得阶段性胜利。

【全国文明城市创建】2020年，漕运镇全国文明城市创建工作月度考核连续3次进入全市前十，重要单元达标验收获评示范镇，获评区创建全国文明城市嘉奖单位，多人次获上级记功和嘉奖。

表121　　2020年漕运镇概况一览表

村（居）委会名称	村组数/组	户数/户	人口/人	耕地面积/公顷
严星村	10	882	3436	177.47
祁庄村	19	798	3122	257
陈庄村	8	628	2702	176.66
花元村	12	523	2080	129.8
新庄村	10	355	1340	118
盛庄村	9	737	2870	143.3
沙庄村	11	526	2276	80
沙口村	7	749	3555	71
韩码村	5	402	1773	92
西合兴村	10	776	3348	184.2
周湾村	8	402	1864	80
大陶村	9	754	2978	191.6
沙滩村	13	562	2435	144.76
柏庄村	9	425	1786	281.5
新河头居	22	854	4856	400.35
中太村	25	903	3840	340
新太村	25	805	3794	280
林南村	22	810	3280	290
戴湾村	23	847	3278	363.6
泾河村	22	868	3850	330
戴庄村	12	424	1806	168.99
新兴村	27	846	3348	436
姚庄村	23	763	3072	289
渔民村	3	174	522	0
平河村	10	435	1849	202.47
袁庄村	6	402	1728	198.2
后管圩村	6	402	1730	158.7
联盟村	14	365	1668	157.7
双沟村	14	376	1673	154.8
利民村	22	633	2321	245
跃进村	14	410	1810	260
小李庄村	8	543	2133	251.033
滕码村	12	420	1980	267.8
林集居	8	546	2480	202.7
谢庄居	6	488	2297	210

注：表中数据截至2020年12月31日

表122　　2020年度漕运镇获市级以上表彰一览表

单位（姓名）	表彰内容	表彰单位
平河村	2020年江苏省卫生村	江苏省爱国卫生运动委员会
泾河村	2020年江苏省卫生村	江苏省爱国卫生运动委员会
新河头居	2020年江苏省卫生村	江苏省爱国卫生运动委员会
平河村	第三批江苏省生态文明建设示范村（社区）	江苏省生态环境厅
问亚铨	新时代淮安好人	淮安市精神文明建设指导委员会办公室
刘兰芳	淮安市创建全国文明城市工作优秀志愿者	中国共产党淮安市委员会、淮安市人民政府

【高效农业】 2020年，漕运镇发展稻虾综合种养基地2个，实施稻虾混养120万平方米，实施高标准农田建设项目266.7万平方米，实施标准化池塘改造133.3万平方米，投入200余万元对南闸精品渔业园提档升级，引进牛蛙特种养殖项目。全程机械化示范镇创建通过省市区三级验收，建成村级益农信息社35个，覆盖率100%。

【民生工程】 2020年，漕运镇推进民生基础设施建设，投入200万元铺设兴业路，投入138万元对208县道进行改造，投入118万元铺设跃进路东段，投入30万元改造建设双沟中心路；投入43万元铺设镇政府至敬老院东段沥青路面，投入11万元维修新太村破损农路，投入10万元对南片集镇道路、农贸市场等进行维修，架设10座桥梁，有效改善群众出行环境。投入1100余万元开工建设平林和陈庄2个电排站。全力改善乡村面貌，人居环境持续改善。投入1000余万元对运河西堤、温山河东堤、集镇地段绿化进行提档升级，种植香樟、桂花等各类树木2万余棵，新建和完善农田林网132万平方米，森林抚育面积66.7万平方米，创建国家森林乡村1个、省级绿美村庄1个，"三化"示范村1个。完成徐宿淮盐高速和348省道沿线整治工作，共搬迁91户，搬迁面积9247平方米；拆除违建6户、猪圈64个、厕所62个，清除乱堆乱放89处，房屋立面出新816户计18.3万平方米，平迁坟墓3160座。

【农房改善】 2020年，漕运镇新开工谢庄、李庄2个农民集中居住小区，续建沙口农民集中居住小区，李庄新村入选省级示范项目，全年拆除777户破败房屋。

【脱贫攻坚】 2020年，漕运镇大力实施低收入村增收计划，通过盘活集体资源、项目培植等多种方式促增收，全镇16个低收入村集体经济收入均稳定达到18万元。对贫困人口实行精准救助，共发放各类救助资金70多万元，完成小额扶贫贷款2200余万元，巩固全镇3159户9976人脱贫成果。

【综合治理】 2020年，漕运镇加大平安创建力度，全面巩固扫黑除恶专项斗争成果，推进网格化管理，全年未发生较大以上治安案件。强化信访问题源头化解，销号信访积案6个，全年未发生去省赴京越级访，信访形势平稳可控。高效推进社会治理，累计投入50余万元新建50平方米的社会治理综合指挥中心大厅，完善审批服务综合执法一体化平台，实现全镇"指挥调度一中心"工作目标。

【党建工作】 2020年，漕运镇全面推行村级干部员额制管理和职业资格认证制度，稳妥做好村居两委换届工作，调整年龄达55岁以上的村级支部书记16名，对不能进行提名的200多人进行合理分流，公开招录60名村居干部，实现95%的村（居）党组织书记、主任"一肩挑"。新发展党员23名，涌现多个党建特色项目，如中太村的"禾泽土地股份合作社"项目、泾河村的"党建引领、集成振兴"项目等。在淮安区百面红旗竞赛中，平河、中太、泾河、韩码、陈庄、严星、柏庄、林集8个村居夺得18面红旗，其中泾河村夺得5面红旗。开展"学习恩来精神"等主题教育活动，受教育党员干部达1万多人次。投资80多万元，新建1000多平方米中太党群服务中心。南闸民歌被列入第五批国家级非物质文化遗产代表性项目名录推荐项目。

（李舒龙）

范集镇

【概况】 范集镇2014年7月整建制（实联大道以北三个行政村除外）划入淮安盐化新材料产业园区（后更名为江苏省苏淮高新技术产业园区），2020年

2月随苏淮高新技术产业园区转隶淮安工业园区，2020年10月重新划归淮安区管辖。全镇现有区域面积44平方千米，北起实联大道，南至白马湖，东与省属国营白马湖农场相邻，西和淮安工业园区张码办事处接壤，共辖3个行政村、1个居委会，户籍人口1.19万人，集镇居住人口约1.2万人（张码办事处、腾飞路办事处近60%人口在该镇集镇居住），耕地面积17.96平方千米。全镇共有4个党总支、30个党支部，共有党员746名。

2020年，范集镇实现财政收入508.29万元，村级集体经济收入263.14万元，农民人均纯收入1.89万元。

【招商引资】 2020年，范集镇洽谈各类项目11个，达成投资意向3个，其中总投资1.2亿元的生猪养殖项目，计划用地24万平方米，投产后年出栏成猪15万头；总投资6亿元的智能制造装备产业园项目，用地约13.3万平方米，投产后年创利税1亿元以上；总投资3300万元秸秆饲料及其配套项目，成功签约。推进2个总部经济项目，开票后可年上缴税收300万元。

【三农工作】 2020年，范集镇加强基础设施建设，投入近4000万元资金，先后实施“普通国省道十佳集镇段”综合整治工程、自来水三级管网村居改造延伸工程、新风河综合整治和景观建设工程以及电力杆线入地工程等。改善农业生产条件，新建泵站4座、农桥3座，维修涵闸、渠首100余处。积极创建农村人居环境长效管护示范乡镇，围绕“三清一治一改”目标，制定清洁水源、清洁田园、清洁家园和农村环境整治长效管护机制，村庄面貌焕然一新。做好秸秆禁烧工作，全镇夏秋两季没有出现一处着火点。扶持发展三产服务业，全镇工商经营户累计达813户，年创营收2亿元以上。策应园区用工需求和白马湖生态旅游开发，由村居牵头组建劳务公司，组织富余劳力就近就地务工就业，常年务工人数保持在1200人左右，人均年收入近6万元。

【民生保障】 2020年，范集镇全面落实惠农政策，发放各类农业政策补贴450多万元，争取一事一议奖补资金79.74万元。对低保家庭实行动态管理，做到“应保尽保、应退尽退”，及时足额发放各项补助资金。对建档立卡低收入户，由机关干部包干帮扶，每月至少上门走访1次，主动在项目、资金、信息、技能等方面给予帮助和指导，保证低收入户顺利脱贫。

【社会事业】 2020年，范集镇优先发展教育事业，大力整治校园周边环境，通过政府联合办学等方法，让农民子女共享市区优质教育资源，范集中学2020年高考本科达线率达42%，创历史新高。不断提升医疗保障条件，投资420万元新建镇卫生院防保大楼，占地面积800平方米，建筑面积近4000平方米，保证人民群众就医需求。大力发展农村文化体育事业，新建范集镇新时代文明实践所和文化综合服务中心，各村居新建新时代文明实践站和文化综合服务室，新增各类书籍6000余册，新建农民健身广场1500平方米，组建1个新时代理论说唱团，培养10支广场舞表演队，常年演出保持在50场以上。

【文明城市创建】 2020年，范集镇全力做好全国文明城市创建工作，共清理各类垃圾、杂草近1.7万吨，小广告2万余处，破损广告、道旗131处，违章建筑近300平方米。整治流动摊点156户、占道经营160余户、车辆乱停乱放1500余人次，清理“僵尸车”200余辆，取缔非法加水点3处。投放垃圾桶1600余只，维修破损窨井200余处，疏通下水道11000余米。在腾飞小区、大问小区、金陵华府安装垃圾分类防雨棚各1座、晾衣架40余处，按“新亮工程”要求，对外墙和楼道进行了维修粉刷。发放全国文明城市创建宣传资料1万余份，调查问卷7000余份，走访覆盖率、群众知晓率、意见反馈率均达98%以上。

表123　**2020年范集镇概况一览表**

村（居）委会名称	村组数/组	户数/户	人口/人	耕地面积/公顷
闸西村	28	631	2969	474
永陆村	34	760	2623	536
大问村	17	401	1675	324
范集居	30	1581	4669	462

注：表中数据截至2020年12月31日

【党建工作】 2020年，范集镇实施党建引领工程，根据镇情、村情，科学编报书记党建项目，镇党委以大间小区为试点，尝试农民集中居住小区“四位一体”综合治理项目。通过在农民集中居住小区建立党支部、按楼幢成立党小组等方法，加强对农民集中居住小区的领导和管理，引导群众积极参与小区的党建工作和物业、治安、环境管理。村居党组织积极牵头组建劳务服务公司，主动帮助农村富余劳动力寻找就业门路，既增加了农民收入，又增强了党支部的凝聚力和号召力。深入挖掘“盐南烽火”红色本土文化的深刻内涵，成立“范集镇盐南烽火读书会”，组织全镇党员干部重走烽火路，传承红色基因，坚定初心使命。加强村级后备干部队伍建设，公开选聘一批学历高、能力强、品德好的年轻同志进行重点培养，确保村居干部队伍后继有人。

（周君　吴敏）

白马湖农场

【概况】 白马湖农场地处淮安市淮安区西南郊，是以发展农业为主的国有二级独立核算企业。全场土地总面积6666.7万平方米，其中耕地面积3333.3万平方米，下辖11个农业生产单位（含外拓基地）、2个二三产单位（畜水中心、林业站）、1个社区管理委员会、1个敬老院。总人口15 660人，其中职工7718人。

2020年，白马湖农场实现社会总产值13.68亿元，同比增加6600万元，增长5.07%；国内生产总值5.05亿元，同比增加2300万元，增长4.77%；国有及国有控股企业实现营业收入1.68亿元，固定资产投资完成2671.80万元（其中江苏省白马湖农场有限公司完成2308.30万元、苏垦农发白马湖分公司完成363.50万元）；职工年均收入5.35万元，人均年收入2.95万元。

【农业生产】 2020年，白马湖农场持续改善农业基础设施，完成投资412万元，疏浚农田间灌排渠473条，平整土地380余万平方米，新建各类进水涵闸157座、排水涵闸155座、平板机桥2座、灌溉泵站11座，维护保养各类灌排站56座、节制闸等各类小型水利项目41处。全面推广小麦反旋带状加北斗导航播种、GPS双圆盘开沟、网格化整地等技术。2020年，粮食总产实现1.09亿斤（含外拓基地），小麦单产1066.16斤、水稻单产1093.66斤，实现小麦单总产超历史。全年共向大华种业提供优质种子7839.96万斤，种子转化率达80%以上，保种质效继续领跑垦区。

【林业养殖业】 2020年，白马湖农场稳步推动林苗一体化发展，依靠南京林业大学和省林科院技术支撑，加快涉林苗木培植、管护和经营效益提档升级。累计栽植重阳木、速生楸树、香樟等各类三化苗木3.3万株；落实二渔场旱地林苗一体项目面积66 666.7平方米、雄性杨树繁育面积64 000平方米，繁育各种苗木花卉40余万株；加快存量苗木销售力度，全年销售各类绿化苗木1.33万株，实现销售收入33.58万元。探索推进林业体制机制转型，落实职工林苗三年周期管护向工厂化管理模式转变，管护费用支出较上年同期减少14.7万元。持续改善养殖生态条件，对一渔场和三渔场生产条件进行升级改善，提高养殖效益，探索试养鱼种套养太湖1号青虾、成鱼套养甲鱼和主养黄颡鱼。

【环境整治】 2020年，白马湖农场公司持续开展环境专项治理。投入10.46万元重点清理十八条大沟、中干河等92.92千米主河道的水花生、岸坡杂树等，实现水环境明显改观。常态化管理场域16.1千米省道、83.18千米县道乡道沿线环境，

白马湖农场无人飞机喷洒农药　　（白马湖农场　供图）

"五乱"现象得到有效控制，其中350省道通过国务院组织的国省道验收，328省道沿线通过淮安市组织的"五项行动"验收；进一步完善"居保洁、场收集、区转运"三级环卫工作机制，与70名保洁员签订工作责任状，2020年累计处理生活垃圾2190吨，实现了保洁长效化、制度化。推进散埋乱葬治理，对全场328省道、211县道以及场域主干道沿线的散埋乱葬现象进行集中治理，历时8个月共整治干道沿线散埋乱葬坟墓1186座，其中平整1119座，迁坟入园67座，累计投入整治费用42.1万元。

【社区管理】 2020年，白马湖农场健全基层综合服务管理平台，加强网格员队伍建设，提升网格服务居民群众的能力和水平。开展"扫黑除恶""公众安全感提升"等巡查走访及宣传工作；按时上报社区民情、城镇管理、矛盾纠纷等各类信息，全年共上报淮安区信息2720多条。开展第七次人口普查，在全区率先完成各阶段工作任务，实现普查信息核查纠错最少，得到区人普办充分认可。

【民生工作】 2020年，白马湖农场累计争取淮安区政府社会事业资金216.67万元，其中农村公共服务运行维护经费30万元、公共设施维护经费30万元、动物防疫经费20万元、农路养护资金4.47万元、殡葬墓地整治奖补资金6.64万元。全年发放低保金340.5万元，残疾人两项补贴41.01万元，80岁以上老人尊老金39.59万元；发放各类计划生育惠民政策资金196.81万元。建立并完善扶贫帮困长效管理机制，全年对重度困难家庭130户进行专项资金帮扶70万元，利用互助基金救助患有大病等困难职工群众340人计52.7万元，临时救助各类困难职工群众121人计10.3万元。"三供一业"（供水、供电 、供气、物业）全面分离移交地方，235.81千米二、三级供水管网改造顺利完成并移交地方，累计改造低压供电接户线5369户。

【党建工作】 2020年，白马湖农场对8家基层党建活动阵地进行升级改造，组织召开七一庆祝大会等系列活动，对10个先进基层党组织和30名优秀共产党员进行表彰；根据干部年度考察情况，提拔和调整33名管理人员；组织专题警示教育党课，开好专题组织生活会，推动全面从严治党向纵深发展。

（朱　洁）

表124　2020年白马湖农场概况一览表

村（居）委会名称	村组数/组	户数/户	人口/人
王庄居	8	495	1957
于庄居	4	140	482
滕庄居	3	246	926
邵集居	4	249	775
三庄居	5	464	1646
前进居	5	584	2132
林西居	4	209	758
张徐居	5	158	556
六支居	6	200	750
孙谢居	5	195	670
健康居	4	668	2323
裕源居	4	726	2685

注：表中数据截至2020年12月31日

表125　2020年度白马湖农场获市级以上表彰情况一览表

单位（姓名）	表彰内容	表彰单位
白马湖农场有限公司	财务管理先进单位	江苏省农垦集团有限公司
白马湖农场社区管理委员会	江苏农垦社区管理先进单位	江苏省农垦集团有限公司
白马湖农场健康居委会	模范职工小家	江苏省农垦集团有限公司工会委员会
衡爱军	淮安市抗击新冠肺炎疫情先进个人	淮安市抗击新冠肺炎疫情评选表彰工作领导小组办公室
吕治顺	江苏省农垦系统第五届劳动模范	中国共产党江苏省农垦集团有限公司委员会

领导干部名录

（2020年1~12月）

中共淮安区委员会工作部门及直属单位

中共淮安区委员会
书　　记　张　笑
副书记　颜　复　崔步银
　　　　张明南（挂职，4月止）
　　　　王元武（挂职，4月任）
常　　委　宋建国（9月止）　王　锐
　　　　刘震生（12月止）
　　　　许国忠（9月止）　吴洪刚
　　　　杨　广（8月止）　夏开封
　　　　祁素娟（12月任）
　　　　袁安宝（9月任）
　　　　彭　凯（8月任）
　　　　戴向峰（8月任）
　　　　毛善德（9月任）

区委办公室
主　　任　夏开封（8月任）
副主任　蒋雪峰　吴　冬（8月止）
　　　　韩忠宝　张振宇（8月任）
区外事接待服务中心主任　陆丽萍
区委深改办副主任　陆昊伟
区委机要局副局长　邱祥俊
区国家保密局副局长　韦月红
区委研究室副主任　张振宇（8月止）
　　　　　　　　　陶　陶（8月任）

区委组织部
部　　长　夏开封（8月任）　杨　广（8月止）
副部长　丁建民　郭春生　周耀武　甘　钧

区委非公有制企业和社会组织工作委员会
副书记　祁高峰

区委党建工作领导小组办公室
主　　任　郭春生
副主任　姚　剑

区考核工作委员会办公室
副主任　李　军

区人才发展中心
主　　任　甘　钧
副主任　汪国进

区委党员教育中心（原区委党员电化教育中心，7月更名）
主　　任　陈在昌

区委宣传部
部　　长　祁素娟（12月任）
　　　　　刘震生（12月止）
副部长　郝达峰　孙克勤　徐殿忠　傅振举
四级调研员　王怀扣

区精神文明建设指导委员会办公室
主　　任　徐殿忠
副主任　亢金彪

区新闻出版局（区版权局）
局　　长　孙克勤

区社科联
副主席　孙　苏

区委网信办
副主任　赵　琪

区委统一战线工作部
部　　长　彭　凯（8月任）　夏开封（8月止）
副部长　孔令明（8月止）　陈志凯　张丙龙

吴　冬(8月任)

区民族宗教事务局

局　　长　陈志凯
副 局 长　郝志春

区委政法委

书　　记　崔步银(8月止)　吴洪刚(8月任)
常务副书记　瞿洪波
副 书 记　宗喜林　朱继业
综治中心主任　朱继业
综治中心副主任　施义勇
国安办主任　宗喜林
政治处主任　魏正丽
四级主任科员　周义春

区委机构编制委员会办公室

主　　任　丁建民
副 主 任　徐晓丰

区委区级机关工作委员会

书　　记　赵　彩
副 书 记　魏党生(2月止)
　　　　　高　峰　鲁卫东
纪工委书记　徐　翠

区委老干部局

局　　长　周耀武
副 局 长　董万宝　刘　航　徐文喜

区委营商环境优化办公室

主　任　孙晓建
副主任　高仲民
　　　　桂文光

区关心下一代工作委员会

主　　任　王秀珍
副 主 任　李寿琦
秘 书 长　卞书樵
办公室主任　李长龙
办公室副主任　高寿海

区档案馆

馆　　长　肖如军
副 馆 长　攸海侠　宗永明

区委党史工委

主　　任　徐艳华

中共淮安市淮安区委党校

校　　长　夏开封(8月任)　杨　广(8月止)
常务副校长、党总支书记　赵大龙
副 校 长　张天剑

区融媒体中心

主　　任　魏金良
总 编 辑　朱天羽
副 主 任　陆向东　陈　姝　谈　天
副总编辑　季　文　龚　昕

区人大常委会工作机构

淮安区人大常委会

主　　任　蒋必海
副 主 任　韩仰超　颜廷飞
　　　　　仇庆国
　　　　　谈效艳(10月任)
　　　　　刘宏彬(12月任)

淮安区人大监察和司法委员会(原淮安区人大法制委员会,1月更名)

主任委员　颜廷飞(1月任)
副主任委员　舒　涛(1月任)

淮安区人大财政经济委员会

主任委员　孙学友
副主任委员　夏海华(1月任)

淮安区人大社会建设委员会(1月设立)

主任委员　韩仰超(1月任)
副主任委员　陈爱军(1月任)

区人大常委会办公室

主　　任　王建法
副 主 任　郭立鹏　徐　溪
　　　　　徐晓清(10月止)

区人大常委会人事代表联络工作委员会

主　任　王永红

区人大常委会财政经济工作委员会

主　　任　夏海华
副 主 任　孙厚有

区人大常委会法制工作委员会

主　　任　舒　涛
副 主 任　戴　薇

区人大常委会环境资源城乡建设工作委员会

主　　任　张　权
副 主 任　吉鸿儒

区人大常委会教育科学文化卫生工作委员会

主　　任　陈爱军
副 主 任　毛建中

区人大常委会农村经济工作委员会

主　　任　贺马扣
副 主 任　高　雅

区人民政府工作部门及直属单位

淮安区人民政府

区　长、党组书记　颜　复
常务副区长、党组副书记　王　锐
副 区 长　谈效艳（10月止）　彭　凯（8月止）
　黄沛江（1月起援疆）
　杨　宏（10月止）　李晓旭　汪　磊
　王成伟（2月任）　陈祖敏（10月任）
　戴海龙（挂职）　高海军（挂职）
　印　祺（10月任）　钟　马（12月任）
党组成员　彭　凯　黄沛江（1月起援疆）
　李晓旭　汪　磊
　王成伟　项宏波（挂职，11月任）

区政府办公室

主　任、党组书记　沈涵哲
副 主 任　王金宝　孙兆峰　汤荣平　雷　军
　李　杰
党组成员　王金宝　孙兆峰　雷　军　李　杰
　刘长建

区政府研究室主任　沈涵哲（10月任）
区大数据管理局局长　沈涵哲（10月任）
区委外事办、区政府外事办主任　沈涵哲（10月任）
区委外事办副主任　刘长建

区机关事务管理服务中心

主　　任　王金宝
副 主 任　周　鹏　吉金宝

江苏淮安经济开发区

党工委书记　吴洪刚（8月止）　戴向峰（8月任）
党工委副书记、管委会主任　高　超
党工委副书记　陆恒青
党工委委员、管委会副主任　李　海　马建芳
　骆东华（8月止）
党工委委员、纪工委书记　王少成
区外资招商服务中心主任　徐　丽
区外资招商服务中心副主任　张文武
党政办公室主任　徐大永
财经局局长　戴洪群
规划建设局局长　李　刚
党群工作部部长　贾智慧
综合行政执法局局长　蒋定闯
项目服务中心主任　常　伟

江苏省国信集团淮安工业园管理服务中心

主　　任　刘旭先
副 主 任　王晓平　李志忠
八级职员　郭　谦

淮安电子商务现代物流园发展服务中心

负 责 人　伏海龙
副 主 任　赵广文

淮安市公安局淮安分局

党委书记、局长　王成伟
政　　委　王志勇（8月止）
副 局 长　童云飞　王文红　潘如标
　庄宝成（12月止）　贾金铭
　王　萍（10月止）　王学志（2月起）
党委委员、驻局纪检组组长　王海鸿
党委委员、治安警察大队大队长　刘　斌
政治处主任　宋　超
巡特警大队大队长　王学志
交通警察大队大队长　李林峰

区发展和改革委员会(区粮食和物资储备局)

党委书记、主　任　徐向阳
副 主 任　徐技军　时彦军　张丽霞　秦阿男

区教育体育局

区委教工委书记,局党委书记、局长　房乃发
区委教工委副书记　王永明
副 局 长　相　华
副 局 长、区教师发展中心主任　高云海
党委委员　张　红
党委委员、区教体系统工会主席、市青少年综合实践基地管理中心副主任　孙　青
党委委员、区教师发展中心副主任　王懿明
党委委员、市青少年综合实践基地管理中心主任　王其明
党委委员、新安小学校长　张大冬
党委委员、区中小学体育技能培训中心主任、周恩来红军小学校长　管晓蓉
党委委员、区教体系统关工委常务副主任　武龙宝

区科学技术局

局长、党组书记　黄道剑
副 局 长、党组成员　王俊龙　汪桂根　王　玲　单　峰
党组成员　戴洪树(8月止)

区工业和信息化局

局长、党组书记　邵　冰
副局长、党组成员　黄兆平　张康　葛　颖
党组成员、区工业项目管理服务中心主任　郑文峰

区招商服务中心

主　　任　牛依凡
党支部书记　沈龙生
副 主 任　杜苏仁　严兆凯

区民政局

党委书记、局长　骆发明(8月止)
　　　　　　　　宋　炜(8月任)
党委委员、副局长　徐贵龙　花　翔　杨卫方
党委委员　严秀峰　霍　超

区司法局

局　　长　施淮中
副 局 长　杨　灏　夏　文　张乃军　支伯祥
政治处主任　张宏伟
区委全面依法治区委员会办公室副主任　刘长建

区财政局

党委书记、局长　王海兵
党委委员、副局长　胡忠权
副 局 长　陈　波(12月,开除公职)
　　　　　丁　琦　刘　镇(挂职,8月任)
党委委员、区非税收入管理服务中心主任　王金铸
党委委员、区财政国库支付中心主任　张银发
党委委员、工会主席　王文生

区人力资源和社会保障局

党委书记、局　长　胡　彦
副 局 长　王　冰　周玉秀　陈　诚
就业处主任　雍鹏飞

区住房和城乡建设局

党委书记、局长　王友胜
副 局 长　张　勇　徐承虎　骆康平　陈联国　徐天亮
副局长、系统工会主席　王卫东
总工程师　朱士超
区住房保障和房产管理中心主任　陈国涛
区住房保障和房产管理中心副主任　彭志军
区房屋综合服务中心主任　成新军
区房屋征收服务中心主任　李　峰
区建筑工程发展服务中心主任　涂永明
区建筑工程发展服务中心党支部书记　庄　重
区市政公用事业服务中心主任　邱文彬

区城市管理局(区综合行政执法局)

党委书记、局长　何德飞
副 局 长　李智勇　王建民　董铁元

区城管办(6月,撤销)

主　任　何德飞

区交通运输局

党委书记、局长、区交战服务中心主任　钟　鑫
党委委员、副局长　张景东　颜　飞　朱春浪
党委委员、区运管处处长　梁　军
党委委员、区航道站站长、区港口局局长
　　　　　　　　　　杨　春(8月止)
党委委员、区交战服务中心副主任　尹兆策

区水利局

党委书记、局长　胡华德
副局长　孙小军　朱炳虎　潘海平　吉玉猛

区农业农村局

党委书记、局长　嵇　勇
副局长　赵建成（10月止）　张　艳　夏东祥
区委农办副主任　殷宏阳
区政府扶贫办副主任　管其兵
总农艺师　陈伏耕
区农业技术推广中心主任　朱庚华
区农业技术推广中心副主任　李洪卫　陈普恩　葛东红
区农机化推广中心主任　谢腊英（10月止）
区扶贫开发服务中心主任　赵建成（10月止）
区扶贫开发服务中心副主任　高永宁　陈海龙

区商务局

局　长、党组书记　衡爱国
副局长、党组成员　施建伟　阮如亮　张士猛（8月任）
党组成员　潘爱芹

区文化广电和旅游局

党委书记、局　长　徐洪亮
副局长　刘红兵　刘　健　陶　杨　张苏永　倪树军
区文化馆馆长、党支部书记　吉凤山
淮安市楚州博物馆馆长、党支部书记　汪家宝
区文物保护所所长　金　媚

区卫生健康委员会

党委书记、主任　胡凤荣（2月止）　崔步银（2月任，8月止）　侯卫东（8月任）
副主任　徐　波　纪学中　严德芦
区爱国卫生服务中心主任　唐　晔
区卫生监督所所长、党支部书记　范伟峰
区疾病预防控制中心主任、党支部书记　朱素芳
区血地防领导小组办公室主任　纪学中

区退役军人局

局　长、党组书记　高尚文
副局长、党组成员　费炳浩　张玉元　卞春秋
党组成员　张正功

区应急管理局（12月，局党组改为局党委）

局长、党组书记　韦立阳
副局长、党组成员　张群山　李海青　陈华昌　史国坚（8月任）

区审计局

局　长　党组书记　孙　剑
副局长　党组成员　王　祥（9月止）　何善海（9月止）　刘金涛
总审计师　李　强
四级主任科员　王　群
四级主任科员　钱玉芹
区政府投资评审中心主任　许　军

区行政审批局（区政务服务管理办公室）

局　长　党组书记　陶正东
副局长　党组成员　马俊彪　朱丽菁　李　剑（8月任）

区市场监督管理局

党委书记、局长　杨秀俊
党委委员、副局长　王　军　张启明　肖祥富　杨玉林　王达宏
党委委员、食品药品安全总监　胡云年
经济开发区分局局长　陈建雄
钦工分局局长　程　亮
苏嘴分局局长　左飞俊
施河分局局长　江小平
车桥分局局长　季建峰
河下分局局长　王正俊
漕运分局局长　高永年
石塘分局局长　张　皓
区综合检验检测中心主任　吕惠年
区市场监督稽查大队大队长　沈联法

区统计局

局　长、党组书记　潘　伟
副局长、党组成员　孟庆成　曹　阳（8月止）　卞小芳
党组成员、江苏省统计局淮安区调查局局长　蒋爱生
党组成员　郑国海
区统计调查队队长　李　明

区医疗保障局

局长、党组书记　周智勇

副局长、党组成员　邵来堂　杨佩剑　朱红伟

区信访局

局　　长　汤荣平
党组书记　孙步鼎
副 局 长、党组成员　周艾青　郑红芳
党组成员、督查专员　陶昌纬

区地方金融监督管理局

局长、党组书记　孙兆峰
副局长、党组成员　张　宇
　　　　　　　　　杨德娟(8月任)

区志编纂委员会办公室

主　　任　王建志(8月止)
副 主 任　陈国红　杨金城

区防震减灾服务中心

主　　任　王春生
副 主 任　潘磊磊

区文化旅游开发中心

主　　任　胥　骏
副 主 任　陈克宏
文旅公司总经理(挂职)　李向东
文旅公司副总经理(挂职)　陈同海
　　　　　　　　　　　　刘志祥
　　　　　　　　　　　　陈广洲
七级职员　孙　兵

区城市建设发展服务中心(原区城市建设指挥部办公室,5月更名)

主　　任　胡光宏
副 主 任　高端山　赵定刚　房德才

区城市资产管理服务中心

主　　任　陈　波
副 主 任　岳云俊　吴志勇

区城市资产经营有限公司

总 经 理　岳云俊
副总经理　王开阳(挂职)

淮安市宏运市政有限公司

副总经理　王学民

淮安市宏信国有资产投资管理有限公司

副总经理　徐　江

区轻工资产管理公司

党委书记　周　勋
副总经理　傅淮安　施志峰　付黎明
纪委书记　周晓婷

区物资资产管理公司

党委书记、总经理　金宝才

区贸易资产管理公司

党委书记　童达康(8月止)
党委副书记　副总经理　宗洪亮(8月起,主持工作)
副总经理　蒋继荣　刘　斌
工会主席　钱　静

区机电化资产管理公司

党委书记、总经理　吴建农
副总经理　张　筠

区纺织资产经营有限公司

党委书记、总经理　李德成(8月止)
党委委员、副总经理　高建超(8月起,主持工作)

区供销合作总社

党委书记、理事会主任　田学高
理事会副主任　葛长永　曹洪宝(8月止)
监事会主任　章彦春

区政协工作机构

政协淮安区委员会

主席、党组书记　关晓卫
副 主 席　葛　明　马世良　刘宏彬(12月止)
　　　　　陈祖敏(11月止)　张　强
　　　　　汤荣平(12月任)
党组副书记　葛　明
四级调研员　吴雪瑞

政协办公室

主　　任　马仁俊(8月止)　胡凤荣(8月任)
副 主 任　朱跃兵　叶占鳌　胡子静

提案和社情民意委

主　　任　熊占林
副 主 任　刘玉荣

经济科技和农业农村委

主　任　黄迎明
副 主 任　江玲玉

文教卫体和人资环委

主　　任　丁小松
副 主 任　张森林

学习和社会法制委

主　　任　葛加顺
副 主 任　邵旭东

港澳台侨和民族宗教委

主　　任　杨殿如
副 主 任　赵德美

区文史资料研究中心（原区文史资料办公室，5月更名）

主　　任　马仁俊（8月任）
副 主 任　叶占鳌（8月任）

中共淮安市淮安区纪律检查委员会 淮安市淮安区监察委员会

中共淮安市淮安区纪律检查委员会

书　　记　袁安宝（9月任）
　　　　　宋建国（9月止）
副 书 记　谷　昭　王桂民
常　　委　刘　超　孔得吉
　　　　　李志浩　葛志生

淮安市淮安区监察委员会

主　　任　袁安宝（10月任）
　　　　　宋建国（9月止）
副 主 任　谷　昭　王桂民
委　　员　刘　超　孔得吉
　　　　　吉耀春　张　磊

中共淮安市淮安区委巡察工作办公室

主　　任　刘　超
副 主 任　陆　星　韩　笑
区委巡察组组长　蒋晓明　潘安民　杨裕森
　　　　　　　　杨凤楼　贾　苑
区委巡察组副组长　潘伟刚　李欣蓉　周艾咏
　　　　　　　　　刘晓燕　周　伟　陈德永
　　　　　　　　　冯　浩　李　卉　沈　宇

区人民法院

院长、党组书记　张　强（12月止）
党组书记、代院长　段庆丽（12月任）
党组副书记　夏　奕
常务副院长　夏　奕
副院长、党组成员、政治部主任、机关党委书记　徐庆余
副院长、党组成员　庞志毅
党组成员　王加庚　孔　婕
审判委员会专职委员　梁春林
审判委员会专职委员、执行局局长　汪性国
纪检组长　孔　婕

区人民检察院

检察长、党组书记　臧雪青
常务副检察长、党组副书记　陈友东
副检察长、党组成员　张寿祥　许海沭
党组成员、检委会专职委员　潘在伏
检委会专职委员　张　旺
党组成员、政治部主任　周玉萍
党组成员　王永刚

中国人民解放军 淮安区人民武装部

政　　委　许国忠（7月止）　毛善德（7月任）
部　　长　毛善德（7月止）　王　峰（7月任）
副 部 长　王　峰（7月止）　潘　勇（7月任）

武警淮安支队执勤二中队

中 队 长　鲍志威(4月任)
副中队长　鲍志威(4月止)
指导员、中队党支部书记　丁文祥
排　　长　殷　睿

淮安市淮安区消防救援大队

大 队 长　谢观鑫
政治教导员　丁伟军
专业技术一级指挥员　朱禾(3月任)
翔宇消防救援站政治指导员　许伟鹏(1月任)
翔宇消防救援站站长　熊细宾(3月任)

群团组织

区总工会
主　席　夏开封(8月任)　杨　广(8月止)
党组书记、副主席　高　辉
副主席、党组成员　高巧珍　徐列义
兼任副主席　钟百超　朱继业　蒋亦卿

区科学技术协会
主席、党组书记　胡从喜
副 主 席　赵建兵(8月止)　马　琳

区妇女联合会
主　席　高淮荫
副 主 席　杨　娟
四级主任科员　潘艾娣

共青团淮安市淮安区委员会
书　　记　周志勇(10月止)
副 书 记　郑　珊　徐礼航

区残疾人联合会
理 事 长　侯卫东(8月止)
副理事长　王友进(8月起主持工作)
四级主任科员　李　芳

区文学艺术界联合会
主　　席　傅振举
副 主 席　范晓梅(9月止)

区工商业联合会
主　　席　嵇　栩
党组书记　张丙龙

区老区开发促进会、扶贫开发协会
会　长　殷长干
副 会 长　田文秀　徐学春　钟士和

区归国华侨联合会
副 主 席　张　磊

区红十字会
常务副会长　张立松

省、市垂管驻淮单位

周恩来纪念馆
馆　　长　孙晓燕(12月止)　刘震生(12月任)
副 馆 长　顾永丰　施春生　谭建华

周恩来故居管理处
主　　任　庞廷娅
副 主 任　李子权　王国胜

江苏省灌溉总渠管理处、江苏省淮河入海水道工程管理处
党委书记、主任　韩成银
副 主 任　戴启璠　何光叶　华学坤(11月止)
　　　　　曹　瑛(挂职)　董兆华(11月任)
　　　　　盛维高(12月任)
纪委书记　董兆华(11月止)　邱大鹏(12月任)

江苏省农垦集团白马湖农场
农场公司党委书记、董事长、总经理(1月止)、社区管理委员会主任　姚春华
农场公司党委副书记、苏垦农发白马湖分公司总经理　韩正光

农场公司党委委员、副总经理（1月起，主持经营层工作）、社区管理委员会副主任　王　林
农场公司党委委员、纪委书记　韩跃武
农场公司党委委员、苏垦农发白马湖分公司副总经理　沈会生（11月止）
农场公司总经理助理　何善栋（1月任）
农场公司工会主席　王　林（3月止）
农场公司工会副主席（3月任，主持工作，11月止）
农场公司党委委员、工会主席　何善栋（11月任）

国家税务总局淮安市淮安区税务局

党委书记、局　长　吴　昊
党委副书记、副局长　王　军
党委委员、副局长　赵玉洪（9月止）　翟长扬　周其光（11月止）　雍润生　徐　萌　蔡益兵　沈正一
党委委员、纪检组长　满再东

淮安市淮安生态环境局

局长、分党组书记　钱　伟
副 局 长、分党组成员　房晓华　周向阳　范厚洪
分党组副书记　蒋继成
分党组成员　王　亮　成太新

淮安市自然资源和规划局淮安分局

局长、党总支书记　姜　川
副 局 长　张韶骏　颜士清　周　伟　苏志红　刘　斌　左昊川　章　耀
三堡中心所所长　苗大兵
溪河中心所所长　陈轶东
朱桥中心所所长　潘贵成
车桥中心所所长　张　军
席桥中心所所长　邵　俊
茭陵中心所所长　徐　梁
淮城中心所所长　朱劲飞
马甸中心所所长　刘　斌（1月任）

江苏省淮安市淮安区烟草专卖局、江苏省淮安市烟草公司淮安分公司

局长、经理　黄　标
副局长、副经理　杨　光（3月止）
副局长　沈洪亮（11月止）　徐加东（11月任）
副经理　仇　榕（3月任）

淮安市淮安区盐业有限公司

经理、党支部书记　张亚军
副 经 理　韩　琉

淮安市淮安区气象局

局　　长、党组书记　施仕国
副 局 长、党组成员　何　悦（5月止）
纪检组长、党组成员　郑　陶

中国邮政集团有限公司淮安市淮安区分公司（原中国邮政集团公司淮安市淮安区分公司，4月更名）

党委书记、总经理　黄少多（9月止）　伏　石（9月任）
副总经理、党委委员、纪委书记　王万成
副总经理、党委委员、工会主席　陈金云
副总经理、党委委员　赵　斌

中国电信股份有限公司淮安市淮安区分公司

党委书记、总经理　赵怀相
副总经理、纪委书记　杨玉国（7月止）　吴海山（7月任）
副总经理、工会主席　杜　宁（7月止）
副总经理、党委委员　范爱芹
工会主席　范爱芹（7月任）

中国移动通信集团江苏有限公司淮安区分公司

经　　理　王　挺
副 经 理　吴　晟　王　卫

中国联合网络通信有限公司淮安市淮安区分公司

总 经 理　林　云
副总经理　张绍朋　王　珏（3月任）

中国人民银行淮安支行

行　长、党组书记　任亚军
副行长、党组成员　何其伟　吕文泽（3月止）　胡爱军（3月任）

中国工商银行股份有限公司淮安楚州支行

行　　长　孙风雷
副 行 长　杨望舒　翟凡康

中国农业银行股份有限公司淮安楚州支行

党委书记、行　长　王雪海

党委委员、副行长　邵志勇　纪军民(1月止)
沈大凯　嵇　飞(1月任)
党委委员、纪委书记　朱同献

中国建设银行股份有限公司淮安楚州支行

行　　长　李　俊(11月止)
李海洋(11月任)
副 行 长　黄永生　仇长林(10月止)
徐长武(10月任)

中国农业发展银行淮安市淮安区支行

行　长　严成镰
副行长　王　霞　周　菲(8月任)

中国银行股份有限公司淮安楚州支行

行　　长　周　军
副 行 长　马薇薇　刘维忠　牛　勋
刘爱珠(见习,12月止)

中国人民财产保险股份有限公司淮安市淮安支公司

经　　理　张玉薪
副 经 理　徐　波　王炜旭

中国人寿保险股份有限公司淮安市淮安区支公司

经　　理　宋青
副 经 理　翟艾平(7月止)　吴　霞　杨雨泽
郑兆盛(7月任)

淮安供电公司淮安供电营业部

总 经 理　王　翔
党委书记　王　莉(4月止)
毛晓波(4月任)
副总经理　汪红露　徐顺刚　王成林(7月止)
臧宝国(7月任)
纪委书记　蒋　涛(7月任)

淮安自来水有限公司楚州分公司

总 经 理、党总支书记　张　越
副总经路　杨才生　李红梅
总经理助理　匡爱民
工会主席　赵文宝

淮安市住房公积金管理中心淮安分中心

主　　任　赵大旗
副 主 任　刘永峰

医院学校

淮安市淮安医院

党委书记、院长　刘维太
副 院 长　葛东方　胡金红(9月止)
骆兴东　杨兆东　吴新华(3月任)
党委副书记、工会主席　侯红明
纪委书记　杨晓晴(9月止)　吉文龙(9月任)

淮安市楚州中医院

院长、党总支书记　李　强

淮安区皮肤病防治院

院长、党支部书记　杨秀冬

淮安区妇幼保健院

院长、党支部书记　周兴春

淮安区开放大学

校长、党总支书记　贾朝东

江苏省淮安工业中等专业学校

校　　长　刘正发

淮安生物工程高等职业学校

党委书记、校长　董　峰(12月止)
党委副书记　石国安
纪委书记　王　坚
副 校 长　周其林　赵守东　禹立馨　李　慧

淮安市新安小学

校　长　张大冬

淮安市楚州实验小学

校　　长　陈国永(8月任)
副 校 长　陈国永(主持工作,8月止)

江苏省淮安中学

校　　长　于　敏
党总支书记　余　滔
党总支副书记　李　斌
副 校 长　成向前　周淑琴(8月止)
王　勤(8月止)　沈成银　葛金雷

徐维民（8月任）
校长助理　王新南（8月任）
工会主席　马　骏

淮安外国语学校

校长、党支部书记　朱建文
常务校长　曹国柱
副 校 长　王奎生　陆怀珍　张明根　张知双
党支部副书记　吴寿健
校长助理　张三平

淮安市楚州中学

校　长　张乃宝
副 校 长　金步兵　朱傲雪
朱互爱（10月任）　陶月高（10月任）

淮安区老年大学

校　长　朱国仁
常务副校长　王颍淮
副 校 长　戴俊鹏　秦福灿 舒永干

街道、镇、园区

淮城街道

党工委书记　钟　马（8月止）　骆东华（8月任）
党工委副书记、办事处主任　徐爱春
人大工委主任　马国斌（8月止）
党工委副书记　贾武强　张　勇
纪工委书记　陶建如
组织委员、宣传统战委员　刘美林
人武部长　张志君
政法委员　贺　啸
办事处副主任　牛延华　马飞虎　贾健　王　海
四级主任科员　吕二兵

河下街道

党工委书记　朱　赤
党工委副书记、办事处主任　张国风
人大工委主任　刘　君
党工委副书记　颜　军
纪工委书记　周小兵
人武部长　路兆春
组织、宣传统战委员　杨剑锋
政法委员　卢　静
办事处副主任　许振华　谷璇　屠宝刚　陈尚飞
刘文峰

山阳街道

党工委书记　胡长荣
党工委副书记、办事处主任　张　卓
人大工委主任　葛爱军
人大工委副主任　邱洪亚
党工委副书记　韩红梅　颜廷浪
宣传统战委员　李洪涛
人武部长　孙　耀
纪工委书记　刘月芹
政法委员　管建新
组织委员　周夕雷
办事处副主任　马德辉　严　锋　吉东升　王金凤
徐成林

平桥镇

党委书记　罗剑峰
党委副书记、镇长　朱剑春
人大主席　朱海彦
党委副书记　董爱超
纪委书记　王　晨
人武部长　韩学旺
宣传统战委员　汪振扬
组织委员　骆　健
政法委员　陈　群
副 镇 长　戴洪祥　张德元　靖小锋　秦晓莉

石塘镇

党委书记　王海浪
党委副书记、镇　长　马志建
人大主席　孙建明
党委副书记　杨　光
纪委书记　刘士玉
副 镇 长　刘海龙　刘建华　吴龙其　孙夕联
宣传统战委员　徐万牛
组织委员　杨明翠
人武部长　张建强
政法委员　蒋大为

朱桥镇

党委书记　孙爱忠
党委副书记、镇　长　夏　征

人大主席　倪明远
党委副书记　肖　享(8月止)
副 镇 长　夏顶年　盛红军　周　建　陆　兵
纪委书记　樊建峰
组织委员　王　翔
宣传统战委员　许二兵
政法委员　王　进
人武部长、工会主席　徐正雨

施河镇

党委书记　宋　炜(2月止)
　　　　　仇庆国(2月任,8月止)
　　　　　钟　马(8月任)
人大主席　夏海平
党委副书记　戚　勇
党委副书记、工会主席　邵庆春
纪委书记　邵光华
政法委员　单复智
副 镇 长　成建新　杨东朋　徐德洲　张洪海
组织委员　刘国臣
宣传统战委员　张玉叶
人武部长　高　卫

淮安施河现代教育装备产业园管理服务中心

主任、党组书记　张玉叶
副主任、党组成员　金卫国　侯永顺

车桥镇

党委书记　印　祺
党委副书记、镇长　许云波
人大主席　蒋兆银
党委副书记　吕　毅　陈永春
纪委书记　吴叶军
人武部长　李　磊
副 镇 长　吉　祥　朱文芹　乐龙云　庞庭中
组织委员、宣传统战委员　宗宝昌
政法委员、车桥派出所所长　赵　骏

流均镇

党委书记　孙一卫
党委副书记、镇　长　鲍　巍
人大主席　韩志飞
党委副书记　王　勇
政法委员　杨金浪
副 镇 长　杜春元　朱　莉　陈金旭
组织委员　姚　俊
宣传统战委员　翟其飞
人武部长　杜春元

博里镇

党委书记　周建华
党委副书记、镇　长　黄厚高
人大主席　丁凤翔
人大副主席　李砖仁
党委副书记　张　兵　汤米昌
副 镇 长　姜正云　汤玉春　葛从玉　仇群珍
政法委员　薛　强
组织委员　张明明
宣传统战委员　陈健杰
人武部长　李　明

复兴镇

党委书记　成小星
党委副书记、镇长　赵立国
人大主席　赵　钧
纪委书记　刘尚劲
人武部长　班山顶
副 镇 长　李发全　韩宝渊　陈彦飞
政法委员　武寿亮
组织、宣传统战委员　方　瑀

苏嘴镇

党委书记　郭秋香(8月任)
党委副书记、镇长　郭秋香(8月止)
　　　　　　　　　周志勇(8月任)
人大主席　刘维伟
党委副书记　刘从登
纪委书记　任庆模
纪委负责人　孙正寅(8月止)
　　　　　　黄士发(11月任)
副 镇 长　陆春青　纪如红　徐　峰　胡　浩
人武部长　徐四林
组织委员　李　建
宣传统战委员　徐一醒
政法委员　张传亿
工会主席　马宝华

钦工镇

党委书记　武　志
党委副书记、镇　长　孙戬郇

人大主席　贾　华
党委副书记　邵　可　刘海霞
副 镇 长　韦　勇　宋柏林　袁　峰　张　锋
　　　　　丁　伟
宣传统战委员　刘安阳
人武部长　刘小正
政法委员　朱楠楠

顺河镇

党委书记　刘从淮
党委副书记、镇　长　倪玥华(11月止)
人大主席　李兆青(10月止)
党委副书记　王宝佳
纪委书记　谷亚忠
纪委副书记　刘东付(11月任)
副 镇 长　骆高山　韩　光　端传华
组织委员　李金兵
宣传统战委员、人武部长　邱雪松
政法委员　闵永海

漕运镇

党委书记　汤昌波
党委副书记、镇长　张洪永
人大主席　朱彩虹
副 镇 长　邹　军　袁　松　刘兆国　周雷芳
党委副书记　谢仕海
纪委书记　孙建兵
人武部长　孙夕兵
组织委员　张翔燕
政法委员　武顺洋
宣传统战委员　杨玉莲
人大副主席　戴启山

范集镇

党委书记　戴红星(1月止)
　　　　　邵在千(1月任,10月止)
党委副书记、镇长　王玉湘
人大主席　蔡国峰
人大副主席　刘朝阳(10月止)
人武部长　田庆丰
党委副书记、副镇长、工会主席　韩　斌
纪委书记　高　峰
政法委员　薛　峰
宣传统战委员　嵇道武
副镇长　刘士榕　韩　夏　李建飞

淮安新材料产业园

党工委书记、管理服务中心主任　骆东华(8月止)
负 责 人　马建芳(8月起,主持工作)
党工委委员、管理服务中心副主任　田　力
　　　　　　　　　　　　　　　　杨青华

表126

2020年淮安区社会经济主要指标

指标名称	计量单位	2020年	2019年	同比±%
一、行政区划、人口及劳动力情况				
年末户籍总户数	万户	32.35	32.42	−0.2
年末户籍总人口	万人	113.18	114.24	−0.9
年末常住人口	万人	79.70	81.18	−1.8
城镇人口	万人	43.65	43.84	−0.4
农村人口	万人	36.05	37.34	−3.5
全区土地总面积	平方公里	1452	1452	
乡镇数	个	16	15	
镇	个	13	12	
街道	个	3	3	
园区数	个	2	2	
村居数	个	344	340	
村民委员会	个	272	269	
居民委员会	个	72	71	
二、经济总量				
地区生产总值	亿元	616.10	588.47	3.4
第一产业	亿元	83.14	78.04	2.0
第二产业	亿元	252.40	250.67	3.2
工业	亿元	180.25	185.08	2.9
第三产业	亿元	280.56	259.76	4.1
人均地区生产总值	元	76591	71830	6.6
三、农村经济				
耕地面积	万亩	129.31	128.91	0.3
农作物种植面积	万亩	214.31	209.41	2.3
粮食产量	万吨	96.72	95.99	0.8
油料产量	万吨	0.56	0.39	41.6
生猪出栏量	万头	45.01	26.45	70.2

续表126

指标名称	计量单位	2020年	2019年	同比±%
家禽出栏量	万只	614.63	586.56	4.8
禽蛋产量	万吨	1.79	1.77	1.3
水产品产量	万吨	4.30	4.13	4.1
肉类总产量	万吨	4.23	3.03	39.4
农林牧渔业总产值	亿元	128.69	120.64	6.7
四、工业经济				
规模以上工业企业数量	个	219	246	−11.0
规模以上工业营业收入	亿元	264.80	271.70	−2.5
规模以上工业营业利润	亿元	10.02	15.37	−34.8
全社会用电量	亿千瓦时	25.05	23.71	5.7
#工业用电量	亿千瓦时	13.18	11.94	10.4
五、固定资产投资				
规模上固定资产投资额	亿元	231.24	279.27	−17.2
六、贸易、对外经济				
社会消费品零售总额	亿元	232.99	241.69	−3.6
进出口总额	亿美元	3.53	3.84	−9.6
注册外资实际到帐额	亿美元	1.28	1.25	2.7
七、财政、金融				
财政总收入	亿元	40.88	40.80	0.2
#公共财政预算收入	亿元	26.66	25.19	5.8
公共财政预算支出	亿元	85.72	79.87	7.3
金融机构年末存款余额	亿元	601.53	520.04	15.7
#城乡居民储蓄存款余额	亿元	370.61	325.83	13.7
金融机构年末贷款余额	亿元	491.18	425.51	15.4
八、教育、科技、文化、卫生				
普通中学在校学生数	万人	4.65	4.64	0.2
普通小学在校学生数	万人	5.81	5.79	0.3
公共图书馆藏书量	万册	36.8	35.8	2.8
卫生机构数	个	36	36	
#医院、卫生院	个	32	32	
九、人民生活				
全体居民人均可支配收入	元	27395	26057	5.1
城镇居民人均可支配收入	元	34889	33677	3.6
农村居民人均可支配收入	元	20025	18856	6.2

表127　　2020年淮安区户籍人口及其变动情况统计年报表

镇街	年末总户数(户)	年末总人口(人)			本年度人口变动(人)					
		合计	性别		出生			死亡		
			男	女	合计	男	女	合计	男	女
淮城街道	46 818	121 726	61 081	60 645	629	318	311	663	348	315
河下街道	22 244	59 210	30 457	28 753	527	271	256	449	260	189
山阳街道	13 531	50 068	25 087	24981	386	199	187	366	191	175
平桥镇	18 121	61 045	31 848	29 197	344	176	168	531	296	235
石塘镇	17 954	68 891	35 644	33 247	493	257	236	553	321	232
朱桥镇	11 992	45 471	24 028	21 443	327	151	176	424	221	203
施河镇	19 361	71 377	37 275	34 102	483	250	233	696	367	329
车桥镇	27 594	104 879	54 912	49 967	600	326	274	710	397	313
流均镇	16 622	58 601	30 906	27 695	354	176	178	479	262	217
博里镇	25 040	90 718	47 952	42 766	578	260	318	667	357	310
复兴镇	10 489	39 485	20 978	18 507	310	169	141	310	149	161
苏嘴镇	19 500	77 191	41 593	35 598	641	331	310	586	295	291
钦工镇	18 795	74 292	39 588	34 704	652	331	321	514	307	207
顺河镇	11 862	46 401	24 668	21 733	364	172	192	340	197	143
漕运镇	22 353	86 204	44 752	41 452	542	262	280	887	579	308
白马湖农场	5334	15 086	7597	7489	87	45	42	134	68	66
经济开发区	14 028	53 587	27 115	26 472	413	220	193	392	204	188
新材料产业园	1874	7610	3747	3863	61	28	33	35	15	20
合计	323 512	1 131 842	589 228	542 614	7791	3942	3849	8736	4834	3902

注：范集镇2020年末未纳入淮安区公安户籍年报

表128　　2020年淮安区全体居民家庭基本情况一览表

项目名称	计量单位	2020年	2019年	同比±%
一、住房情况				
1.家庭居住人口	人/户	3.61	3.61	
2.现住房总建筑面积	平方米/人	49.95	47.17	5.9
二、用水情况				
独用自来水	%	100.00	100.00	
三、卫生设备				

续表128

项目名称	计量单位	2020年	2019年	同比±%
有厕所浴室	%	97.37	96.86	0.5
四、取暖设备				
1.无取暖设备	%	5.72	5.92	−3.5
2.空调设备	%	94.30	94.18	0.1
五、炊用燃料使用情况		0.00		
罐装液化石油气	%	81.06	81.33	−0.3
管道天然气	%	13.54	12.92	4.7
其他燃料	%	6.21	7.05	−12.0
六、耐用消费品				
1.家用汽车	辆/百户	28.46	22.25	27.9
2.摩托车	辆/百户	8.34	8.43	−1.1
3.助力车	辆/百户	136.43	136.12	0.2
4.洗衣机	台/百户	103.98	103.65	0.3
5.电冰箱（柜）	台/百户	106.12	105.87	0.2
6.微波炉	台/百户	80.97	80.52	0.6
7.彩色电视机	台/百户	184.55	186.96	−1.3
#接入有线电视	台/百户	174.26	173.59	0.4
8.空调	台/百户	160.50	155.57	3.2
9.热水器	台/百户	103.93	102.63	1.3
#太阳能热水器	台/百户	89.03	89.30	−0.3
10.消毒碗柜	台/百户	0.92	0.89	3.2
11.排油烟机	台/百户	40.32	38.68	4.2
12.固定电话	部/百户	61.93	62.16	−0.4
13.移动电话	部/百户	280.43	278.76	0.6
#接入互联网	部/百户	246.23	244.43	0.7
14.计算机	台/百户	69.42	72.88	−4.7
#接入互联网	台/百户	65.52	66.43	−1.4
15.摄像机	部/百户	0.91	0.89	2.1
16.照相机	部/百户	13.22	13.12	0.8
17.中高档乐器	套/百户	1.62	1.60	1.1
18.健身器材	套/百户	1.82	1.77	2.6
19.组合音响	套/百户	4.62	4.64	−0.4

表129　　2020年淮安区全体居民家庭收入情况一览表

计量单位:元/人

项目名称	2020年	2019年	同比±%
家庭总收入	29 830.35	28 209.22	5.7
#可支配收入	27 395.17	26 056.59	5.1
一、工资性收入	17 069.11	16 292.66	4.8
1.工资	15 614.55	14 882.50	4.9
2.实物福利	702.25	700.18	0.3
3.其他	752.31	709.98	6.0
二、经营性收入	5892.38	5665.11	4.0
1.第一产业经营净收入	2096.06	2061.37	1.7
2.第二产业经营净收入	312.73	293.36	6.6
3.第三产业经营净收入	3483.59	3310.38	5.2
三、财产性收入	1365.76	1272.04	7.4
1.利息净收入	72.98	66.53	9.7
2.红利收入	7.21	6.62	8.9
3.转让承包土地经营权租金净收入	142.36	123.63	15.1
4.出租房屋财产性收入	591.20	553.84	6.7
5.房屋虚拟租金	552.02	521.41	5.9
四、转移性净收入	3067.92	2826.78	8.5

表130　　2020年淮安区全体居民家庭支出情况一览表

计量单位:元/人

项目名称	2020年	2019年	同比±%
家庭总支出	25 657.55	25 714.36	−0.2
一、消费支出	15 478.14	15 762.33	−1.8
1.食品烟酒	4892.51	4718.00	3.7
2.衣着	990.26	1072.04	−7.6
3.居住	3327.98	3123.99	6.5
4.生活用品及服务	1350.25	1281.18	5.4
5.交通通信	1413.92	1345.78	5.1
6.教育文化娱乐	2251.49	2940.38	−23.4
7.医疗保健	865.53	863.19	0.3
8.其他用品和服务	386.21	417.77	−7.6

续表130

项目名称	2020年	2019年	同比±%
二、生产经营费用支出	1300.87	1253.37	3.8
1.第一产业经营费用支出	1004.06	974.61	3.0
2.第二产业经营费用支出	276.77	260.31	6.3
3.第三产业经营费用支出	20.03	18.45	8.6
三、财产性支出	118.70	115.05	3.2
四、转移性支出	631.28	608.12	3.8
1.个人所得税	6.21	6.11	1.6
2.社会保障支出	421.19	405.03	4.0
3.赡养支出	131.24	126.38	3.8
4.其他转移性支出	72.64	70.59	2.9
五、部分商业保险支出	40.44	37.09	9.0
六、购置资产及非经常性转移支出	2918.81	2751.75	6.1
七、借贷性支出	5169.31	5186.65	−0.3

表131　2020年淮安区全体居民家庭人均食品消费量一览表

计量单位：公斤

项目名称	2020年	2019年	同比±%
一、粮食消费量	167.16	166.10	0.6
（一）谷物消费量	153.16	152.62	0.4
#1.小麦	21.91	21.39	2.4
2.稻谷	127.68	126.04	1.3
（二）薯类消费量	0.49	0.48	3.9
#红薯	0.17	0.16	6.1
（三）豆类消费量	13.50	13.00	3.9
1.大豆	1.08	1.02	5.4
2.其他豆类	12.42	11.98	3.7
二、油脂类消费量	14.45	14.33	0.8
（一）植物油	13.38	13.29	0.7
（二）动物油	1.07	1.04	3.0
三、蔬菜及菜制品消费量	128.94	125.02	3.1
（一）鲜菜	124.97	121.26	3.1
（二）干菜及菜制品	1.29	1.23	4.8

续表131

项目名称	2020年	2019年	同比±%
（三）鲜菌	2.53	2.39	5.9
（四）干菌及菌制品	0.14	0.13	4.5
四、肉类	35.74	34.86	2.5
（一）猪肉	27.84	27.55	1.1
（二）牛肉	2.38	2.17	9.4
（三）羊肉	0.82	0.77	6.2
（四）其他肉类及制品	4.70	4.37	7.7
五、禽类	9.00	8.67	3.8
六、水产品	12.20	11.59	5.3
七、蛋类及蛋制品	10.52	10.37	1.4
八、奶和奶制品	15.27	15.07	1.3
九、干鲜瓜果类	28.41	28.07	1.2
十、糖果糕点类	5.91	5.82	1.6
十一、饮料	0.20	0.19	6.7
十二、烟叶消费量	36.11	35.68	1.2
十三、酒	10.56	10.21	3.4
（一）白酒	4.77	4.51	5.7
（二）啤酒	5.75	5.66	1.5
（三）果酒	0.05	0.05	1.8

说　明

一、本索引采用分析索引方法，按汉字拼音字母（同音字按声调）顺序排列。部分首字符特殊字符或符号的，未按音序排列，而是单独置于前面。

二、索引名称后的阿拉伯数字表示内容所在的页码，数字后的字母a、b、c表示该页码的左、中、右版面区域。

"12345"政府热线平台　207a
"爱党爱国　立德立行"主题教育活动　188a
"大信访"格局　207b
"党建带关建"工作　188c
"精准康复"服务　225b
"人民满意巡察"创建　181a
"三献"工作　227b
"三整合"改革推进　185b
"万企联万村　共走振兴路"淮安区—浦口区企村推介签约会　178b
"云签约"全市首个总投资5000万美元的台资项目　175c
《淮安区革命老区发展史》编纂发行　228a
2020年淮安区户籍人口及其变动情况统计年报表　278
2020年淮安区全体居民家庭基本情况一览表　278
2020年淮安区全体居民家庭人均食品消费量一览表　281
2020年淮安区全体居民家庭收入情况一览表　280
2020年淮安区全体居民家庭支出情况一览表　280
2020年淮安区社会经济主要指标　276

A

爱国卫生运动　117a
爱心驿站建设　220b
安居工程　127a
安全工作　53c
安全管理　76c
安全管理　85c
安全生产　56a
安全生产机构建设　185c
安全生产监督管理　146c
安全稳定　95a
安全责任　146c
安置帮教　162a

B

白马湖农场　261a
保供电工作　84b
保险业　68c

保障防灾减灾救灾　147a
保障职工权益　219c
殡葬改革　142c
病媒生物防制　118a
病死畜禽无害化收集　46a
博爱家园建设　228a
博里镇　248c
不动产统一登记　144c

C

财务经审　220c
财政　59b
财政改革　61a
财政管理　60b
财政及金融　34b
财政同级审　138a
财政征收　59b
财政支出　59c
参政议政　210b
残疾人家庭无障碍改造　225c
残疾人居家服务项目　225b
残疾人文体事业　225c
残疾人之家　225b
漕运博物馆　28b
漕运镇　258a
产学研合作　98c
产业带动　128a
产业发展　50a
产业建设　73c
产业政策　50b
场所安全整治　143a
车桥朝牌　32a
车桥馄饨　30b
车桥镇　244c
承保京沪高速建工险　69b
城区环境卫生管理　81c
城区农贸市场管理　82a
城市管理　80a
城市建设　78a
城市经营　131c
城市绿化　146a
城市违法建设整治　81b
城市资产管理　131b
城乡低保　141c
城乡建设　76a
城乡水利　86c
城乡水利建设　86c
楚州中医院　120a
畜牧养殖监管　46a
畜牧养殖污染专项整治　46a
畜牧业　45c
传统美食　29c
创建帮扶　138c
村镇建设　79b
存款业务　67b

D

打击犯罪　151c
打造品牌　166a
大事记　35b
代表队伍建设　197b
代表工作　197a
代表建议办理　197b
代表作用发挥　197b
贷款业务　65a
党建工作　116b
党建活动　186c
党建及精神文明建设　89b
党派活动　213b
党史编研　187b
党史工作　187b
党史宣传　187b
党校工作　187a
党员思想教育　186a

档案　113b
档案安全建设　114a
档案服务　114b
档案建设　114b
档案试点　114b
档案数字化　113c
档案宣传　114a
档案展览　114a
档案指导　114b
档案资源建设　113c
道德典型培育　190c
稻米基地建设　57b
稻田综合种养　46c
地方经济和社会发展　33a
地方特产　30c
地方志　114c
地方组织机构　167
地震监测预报　147b
电网建设　82c
电子商务发展　55c
调查研究　228b
动物疫病防控　45c
督查督办工作　190a
队伍建设　139a
多党合作制度　184b

F

法律援助　161c
法院　157a
法治　150a
法治国土建设　144c
法治惠民服务　150c
法治建设　160b
法治宣传教育　160b
范集镇　259c
方志编修　114c
防雷安全　99b
防汛防旱　87a
防震减灾　147b
防震简灾宣传　147b
风险管控　65b
风险管理　70a
风险合规　67b
扶贫帮困救助　219c
扶贫工作　228b
扶贫救助　125b
服务大局　157a
服务发展　145c
服务发展大局　222b
服务工作　92c
服务举措　69a
服务民生　70a
服务民营企业　210a
服务模式　126c
服务生态文明建设　161a
服务体系　165c
服务脱贫攻坚　160c
服务营销　67c
服务质量管理　91b
服务质量提升　55a
妇儿民生实事　223a
妇联组织建设　223b
妇女思想引领　222a
妇幼健康服务　115c
附录　276
复兴镇　250a

G

改革创新　127c
杆线迁移　84a
干部队伍建设　179b
干部培训　187a
岗位练兵　148b
港澳台及海外统战工作　185a

高企培育　98c
高效绿色技术推广　46c
高效农业　259a
高质量发展统计监测　137b
高中教育　106a
耕地保护　144b
工程管理　88a
工程建设　131c
工会干部培训　219a
工会组织建设　218c
工商联　213a
工业　50
工业和建筑业　33b
工业经济　230c
工业科技　98b
工业企业高质量发展　50c
公安　151a
公安改革　152a
公共法律服务　161a
公共服务　97
公共管理　129
公共卫生服务　115c
公共资源交易“电子化”206b
公积金发放管理　126b
公积金归集增长　126b
公积金增人扩面　126b
公路　95a
公益活动　218b
公用事业　82c
公证工作　161b
供电　82c
供气　84c
供水　85a
供销合作　55b
共青团淮安市淮安区委员会　221a
古拈花寺　29a
固定资产投资　33c
关爱帮扶慰问　221b
关爱弱势群体　188c
关心下一代工作　188a
管理服务　72a
管网普查　79b
管网维修　85a
规划管理工作　144a
国内贸易和开放型经济　33c
国企改革　132a
国有企业资产监管　132c
国有资产监督管理　132b
国资经营　131c

H

航道港口　95c
航道管理　95c
河下街道　232a
河长制工作　86a
红十字宣传　227c
后勤建设　165b
化解风险　151c
淮安荸荠　31b
淮安蚕豆粉丝　32a
淮安茶干　32b
淮安茶馓　30c
淮安莼菜　31b
淮安慈姑　31a
淮安府署　28a
淮安荷藕　31a
淮安虎头鲨　32c
淮安茭白　31a
淮安菱角　31a
淮安皮肚　32b
淮安芡实　30c
淮安青萝卜　31c
淮安区残疾人联合会　225a
淮安区第十七届人大常委第二十八次会议　193a

淮安区第十七届人大常委第二十二次会议　191b
淮安区第十七届人大常委第二十九次会议　193a
淮安区第十七届人大常委第二十六次会议　192b
淮安区第十七届人大常委第二十七次会议　192c
淮安区第十七届人大常委第二十三次会议　191c
淮安区第十七届人大常委第二十四次会议　191c
淮安区第十七届人大常委第二十五次会议　192a
淮安区妇女联合会　222a
淮安区妇幼保健院　122a
淮安区工商业联合会　217b
淮安区归国华侨联合会　226a
淮安区红十字会　227a
淮安区纪委监察委员会　211b
淮安区开放大学　107b
淮安区科学技术协会　223c
淮安区老年大学　109a
淮安区老区开发促进会　228a
淮安区皮肤病防治院　122c
淮安区人民武装部　163c
淮安区文联　226c
淮安区政协十四届常委会第二十八次会议　209b
淮安区政协十四届常委会第二十六次会议　209b
淮安区政协十四届常委会第二十七次会议　209b
淮安区政协十四届常委会第二十五次会议　209a
淮安区政协十四届二十二至二十四次常委会议　209a
淮安区政协十四届四次全体会议　208c
淮安区总工会　218c
淮安生物工程高等职业学校　108a
淮安施河现代教育装备产业园　73b
淮安市楚州中学　106b
淮安市淮安区监察委员会　269
淮安市淮安区人民代表大会　191a
淮安市淮安区人民政府　197c
淮安市淮安区消防救援大队　270
淮安市淮安医院　119a
淮安水芹　31c
淮安外国语学校　104a
淮安新材料产业园　74a
淮安阳春面　30b
淮安猪头肉　32c
淮城街道　230a
环境保护　145a
环境宣传　146a
环境整治　240a
环境治理　235c
惠企政策　125a
婚姻登记　142b

J

机构编制　185b
机关党建　186a
机械电子产业　51b
积案化解　208a
基层“三整合”改革　246c
基层党组织　179a
基层社建设改造　55b
基层武装阵地建设　163c
基层指导联动　197c
基层组织建设　186a
基础管理　92c
基础建设　89a
基础设施　75
基础设施建设 71c
基金监管　125b
稽核巡查制度　125c
疾病预防控制　118c
计生服务　116c

纪念活动 54a
寄递业务 91b
价格调控 136a
价格管理 125b
价格监测 136a
价格认定 136c
监督执法 147c
监管效能 147a
检察 155a
检察队伍建设 156b
检务公开 156c
建设改革 219a
建言献策 210b
建置沿革 26a
建筑产业现代化 52b
建筑市场管理 52b
建筑业 52a
建筑业管理 76c
建筑业协会 52a
健康扶贫 115a
健康教育 118a
江苏淮安光大村镇银行 68b
江苏淮安经济开发区 71b
江苏省灌溉总渠管理处 88a
江苏省国信集团淮安工业园 73a
江苏省淮安工业中等专业学校 107b
江苏省淮安中学 106a
交办问题 147a
交流宣传 197a
交通基础设施建设 153a
交通路网建设 77c
交通运输 34a
交通运输 94b
交通运输保障 94c
交通治理 95a
交通秩序规范 152c
交通专项整治 152a
教体装备产业 51b
教育体育 99c
教育宣传 100c
节约集约用地 144a
金融风险处置 141a
金融服务 63a
金融机构监管 140c
金融机构引进 140b
金融监督管理 139b
金融监管 63b
金融宣传 141a
经济发展 130a
经济发展改革 130a
经济事务管理 130a
经济责任审计 138b
经营创收 113b
经营发展 92b
经营管理 57c
精神文明建设 190b
精准服务 98b
景区提升 53a
九三学社淮安区委员会 216c
就业创业工作 124a
举行“我助妇儿康·儿童伤残救助项目”启动仪式 177a
举行农民群众住房条件改善项目集中开工仪式 176a
举行首期党政企“亲清双月谈”座谈会 176b
举行运河之都——魅力河下夜市嘉年华活动启动仪式 177c
军民融合发展 164c
军事 149

K

开发园区 71b
开放与合作 70b
抗疫活动 214b
考察调研 215a

科技扶贫　99a
科技环保　251b
科技兴农　224b
科技拥军　98c
科普设施建设　224c
科普宣传　224a
科协组织建设　224c
科学技术　98a
客户拓展　64b
控烟工作　118a

L

垃圾分类管理　81a
劳动关系处理　124a
劳动技能竞赛　219b
劳动就业　124a
劳模工作　220a
老干部工作　187c
老干部工作会议　187c
老干部活动　187c
老旧小区改造　79a
老龄健康管理　116a
冷链食品监管　135a
理论科研　187a
理论宣讲　182a
连续13年举办元旦慈善捐赠活动　175a
联动监督　181b
良言开发计划　211a
粮食安全　131a
粮食产业发展　57b
粮食购销　57a
粮食流通　57a
粮食生产　45a
列统企业申报　137c
林业养殖业　261b
领导干部名录　263
领导接访　208a
留守儿童关爱　142b
流均镇　247a
六稳六保　62c
漏损排查　85a
旅游管理　53a
旅游规划　52c
旅游开发　52c
旅游业　34a
旅游资源　27a
绿化养护　146b
绿化造林工作　144b
绿色建材产业　51a
绿色增产技术推广　45c

M

美丽宜居乡村建设　79c
民兵调整改革　164b
民兵队伍建设　164a
民革淮安区委员会　213a
民建淮安区委员会　214a
民盟淮安区委员会　213b
民生保障　242a
民生发展　130c
民生服务　112c
民生工程　74c
民生实事　243b
民生实事项目　82b
民事检察　155b
民事审判　158a
民营经济代表人士队伍建设　217c
民营经济服务　217c
民营经济统战工作　184b
民政工作　141c
民主党派　213a
民主监督　211a
民族　26b
民族团结　143c

民族宗教领域统战　184c
目标考核管理　179c

N

内部管理　64c
能力建设　92b
年鉴编纂　114c
农产品质量监管　44b
农村产权交易　47c
农村改厕　117c
农村改革试点　47c
农村集体产权制度改革　47c
农村人居环境整治　241b
农村三资管理　47b
农村水资源管理　87a
农村土地确权登记颁证成果运用　47b
农村危房改造　79b
农村一事一议奖补项目　47a
农房改善　235c
农房工程　84a
农机管理服务　48b
农机技术示范推广　48b
农林牧渔业　33a
农田基础设施建设　44b
农业　44a
农业保险创新机制　48a
农业机械　48a
农业机械安全生产　48c
农业机械购置补贴　48c
农业经济　238c
农业科技　99a
农业农村　235b
农业全程化服务中心建设　55c
农业生产　261b
农业示范主体培育　47a
农业现代化　44a
农业招商项目　44b
女职工工作　220b

P

培育工程　100a
品牌建设　226a
平安建设　150a
平桥豆腐　29c
平桥镇　237a
平台建设　98b
平台招商　71a

Q

企业上市　140a
气候　26c
气象服务　99a
签订海关合作备忘录　71a
墙改与绿色建筑　76c
侨情调查　226b
钦工肉圆　30a
钦工镇　254a
亲清双月谈　217c
青年思想引领　221c
青少年帮扶帮教　188b
青少年科普活动　224a
区管干部　179a
区划地名　142b
区划人口　26b
区人大常委会工作机构　264
区人民法院　269
区人民检察院　269
区人民政府工作部门及直属单位　265
区委“不忘初心、牢记使命”主题教育总结大会　168a
区委常委(扩大)会议暨全区村(社区)“两委”换届工作领导小组会议　172b
区镇村政务服务一体化建设　206c

区政府十七届三十八次常务会议　200a
区政府十七届三十九次常务会议　200c
区政府十七届三十六次常务会议　198c
区政府十七届三十七次常务会议　199a
区政府十七届三十四次常务会议　197c
区政府十七届三十五次常务会议　198b
区政府十七届四十次常务会议　201b
区政府十七届四十二次常务会议　202c
区政府十七届四十一次常务会议　202a
区政协工作机构　268
渠道平台　91a
权责清单调整　185b
全国第七次人口普查　137a
全国文明城市创建　190b
全国文明城市创建　230c
全力抗击疫情　209c
全面提升行政审批效能　206b
全区党的建设工作会议　168c
全区党风廉政建设暨党员干部警示教育大会　168b
全区全国文明城市创建表彰暨常态长效管理工作推进大会　172c
全区重特大项目建设推进会　169b
群团组织 270
群众体育　110a
群众团体　218c
群众文化　111a
群众文化活动　183a

R

燃气管理　79b
人才工作　179b
人才培养　113a
人居环境整治　238a
人民调解　161c
人民防空　77a
人民生活　35a
人事人才服务　124a
日常监督　212a
融媒体中心　112a
融媒宣传　112b
软兜长鱼　30a

S

三大攻坚　255c
三农工作　260a
散装水泥管理　77a
扫黑除恶工作　157c
扫黑除恶专项斗争　150c
山阳街道　235a
商会组织建设　217b
商贸流通　55b
勺湖　28c
社会帮扶　128b
社会保险　124b
社会保障　123c
社会保障工作　124b
社会服务　217b
社会活动　214c
社会教育　109a
社会救助　141c
社会事务管理　141c
社会事业　233c
社会宣传　214c
社会治理　150b
社会组织管理　142b
社情民意　210c
社区管理　262a
社区矫正　162a
社区康复示范点　225a
沈坤状元府　29b
审查调查　212c
审计　138a
审计服务　138c

审计信息 138c
生活保障 187
生态环境管理 144a
生态健康养殖 47a
生态修复工作 144b
施河镇 242b
石塘镇 238c
食品安全监管 133c
食品加工产业 51c
食盐市场监管 59a
食盐营销 59a
食盐专营 59a
市场监督管理 133c
市场监管 58a
市场监管执法 134c
市容秩序管理 80c
市政工程 78a
事业单位编制调整 185c
视察城市重点项目建设工作 194b
视察法院“两个一站式”建设工作 193b
视察工业大项目建设 194a
视察检察院检察工作 196c
视察交通重点工程建设 195b
视察农村饮用水安全工作 194c
视察农房改善工作 195a
视察区疾病预防控制工作 196a
视察区政府2020年度为民办实事工作 195c
视察文明城市创建工作 193c
收费管理 136b
蔬菜生产 45b
水表管理 85b
水利 86a
水生动物疫病防控 46b
水文化建设 89c
水政水资源 88c
水资源管理 86b
税收营商环境 62a
税务 61a
顺河百页 32b
顺河镇 256a
司法改革 159a
司法为民 158c
司法行政 160a
思想建设 138c
思想政治建设 163c
思想政治引领 184a
苏嘴西瓜 31c
苏嘴镇 252a
诉讼监督 155c
素质教育 100b

T

特色田园乡村建设 79c
特色小镇 243c
特载 1
特种设备安全监管 134b
体教融合 109c
体育 109c
体育产业 110b
体育竞赛 110a
体制创新 125a
统计 137a
统计报表 137c
统计数据质量 137b
统战工作 183c
投资建设项目代办服务 207a
突出环境问题清单整改落实情况专题询问会 196b
土地资源管理 144a
团体建设 143c
推进大气污染防治工作 204c
推进大运河文化带和大运河国家文化公园建设工作 204b
推进环境整治工作 204a
推进计划开竣工重特大产业项目 205c

推进交通重点工程建设　206a
推进农房改善工作　205b
推进全国文明城市创建工作　205a
推进水利重点工程建设和“两违三乱”专项整治工作　204b
推进新冠肺炎疫情防控工作　203b
推进疫情防控和医疗救治工作　203c
退役军人事务局　165c
脱贫攻坚　140b

W

外埠市场发展　52a
外汇服务　63c
外经外贸　71a
万企联万村行动　218a
网络保障　93c
网上信访　207b
维护妇儿权益　222c
维护稳定　151a
伟人故里　25
委员队伍建设　210a
卫生计生　115a
卫生监督　118b
未成年人保护　156a
位置面积　26a
慰问科技工作者　223c
文化　110c
文化传媒　91a
文化惠民工程　111b
文化惠民活动　111a
文化建设　233a
文化市场监管　111c
文化事业产业　183b
文化体育活动　219b
文化遗产保护　111c
文楼汤包　30b
文旅推介　53a
文明城市　146b
文明城市创建　140b　210a
文明创建工作　136a
文史资政育人　210a
文艺活动　226c
文艺抗“疫”227a
污染防治　145a
污水处理　78b
吴承恩故居　28c
五保供养　142a
武警队伍建设　165a
武警淮安支队执勤二中队　164c

X

系统组织和队伍建设　225c
现代农业　252b
现代终端建设　58c
乡村旅游　53a
项目帮办服务　225a
项目编制　54b
项目建设　130b　74b
项目签约　73a
项目用地用林　144a
项目招引　73b
消防救援　147c
消防宣传　147c
消费者权益保护　135a
萧湖　29a
小康社会统计监测　137c
校园安全　100c
协商议事　211a
新安教育集团　102b
新安旅行团历史纪念馆　29a
新的社会阶层人士统战　185a
新冠肺炎疫情防控　115a
新时代文明实践　190c
新闻出版　183b

新闻宣传　182b
新型农业经营　47a
信贷业务　66a
信访督查督办　208a
信访工作　207a
信访基层建设　208a
信访宣传　208b
信息化服务　93c
信息化建设　116a
信息宣传　181b
刑事检察　155a
刑事审判　157c
行政公益诉讼检察　155b
行政审批　206b
行政事业单位管理　133a
宣传工作　181c
宣教工作　54a
宣研工作　54c
学前教育　102a
学习活动　217b
巡察工作　180a
巡察利剑　212b

Y

烟草专营　57c
盐化工产业　51a
颜色预警机制　125c
演艺进景区　111b
阳光扶贫　127b
阳光信访　207b
养老服务　142a
药品药械监管　134a
业务发展　94a
业余生活　165a
一二三产融合发展　244c
医疗保障　125a
医疗机构　118c
医疗卫生服务　115b
医药卫生体制　115b
医邮e贷　126a
医院学校　272
依法治税　61b
义务教育　102a
异地就医简化　126a
异地商会对接　218a
疫情防控　130a
疫情防控工作　140c
疫情捐赠　228c
疫情联防联控　227a
意识形态　182b
银企对接　140a
银企合作　63b
银行业　62
应急保供　57a
应急管理　146c
应急救护培训　227b
应急救援　227c
营商环境建设　189b
营商环境优化　126c
营销业务　83c
拥军褒扬　166a
优化窗口服务　207c
优化服务　65b
优化营商环境　130c
优化资源配置　68b
优良品种推广　45c
优秀学术论文评选　223c
优质服务　84b
优质均衡　100b
邮政通讯　91a
渔业　46a
舆情引导　182c
羽绒纺织产业　51c
育人阵地建设　188b
园林绿化　146a

园林绿化　78c
园区建设　73a
援法议事　161b
源头预防　207c
月湖　29a

Z

灾害防御　99a
责任落实　180b
渣土运输管理　82b
战略业务　67a
战勤保障　148c
招商方式　70b
招商氛围　70c
招商引资　110c
阵地建设　113a
镇村建设　239a
镇淮楼　28c
镇街卫生机构调整　185c
争取资金　98a
征兵宣传　164b
征管质效　61c
征收安置　78c
正风肃纪　186c
政策兜底　128a
政策宣传　98a
政法队伍建设　150c
政法服务发展　150a
政法综治　150a
政府投资评审　138b
政协淮安市淮安区委员会　208b
政治监督　211c
执法监管　145b
执行工作　158b
职业教育　107a
志愿服务行动　222a
志愿者服务　227c
制度创新　98a
质量计量监管　134c
质量监督　76a
中共淮安区委员会工作部门及直属单位　263
中共淮安市淮安区纪律检查委员会　211b
中共淮安市淮安区纪律检查委员会　269
中共淮安市淮安区委十二届八次全体（扩大）会议召开　170a
中共淮安市淮安区委十二届九次全体（扩大）会议　174a
中共淮安市淮安区委员会　168a
中国电信淮安区分公司　92a
中国工商银行楚州支行　64a
中国建设银行楚州支行　67a
中国联通淮安分公司　94a
中国民主促进会淮安市淮安区委员会　215a
中国农工民主党淮安市淮安区基层委员会　216a
中国农业发展银行淮安区支行　65c
中国农业银行楚州支行　64c
中国人民财产保险淮安支公司　68c
中国人民解放军淮安区人民武装部　269
中国人寿保险淮安区支公司　69b
中国移动淮安区分公司　93c
中国银行楚州支行　67b
中国邮政储蓄银行淮安区支行　68a
中国邮政集团淮安区分公司　91a
中国致公党淮安市总支委员会淮安区支部　216b
中心组学习　181c
中医药特色服务　116a
种植业　44c
重残补贴　142a
重大活动　86c
重大项目　132a
重点工程　76b
重点工作　255a
重点研判制度　125c
重特大产业项目建设　180a

重要会议 197c
重要活动　100c
周恩来故居　53c
周恩来故里旅游景区　27a
周恩来纪念馆　54c
朱桥甲鱼羹　30a
朱桥镇　240c
主题教育活动　100a
主题宣传教育　183a
主要工作　191a
助力脱贫攻坚　210b
助力医药企业　126a
助推复工复产　209c
住房保障　127a
住房公积金　126b
专项调查　137c
专项整治　146c
转型升级　130b
资产管理　56a
资产业务　67a
资源调查监测　145a
自然资源　26b
自然资源执法　144c
宗教场所　143b
宗教民族事务管理　142c
宗教专项治理　143b
综合经营　88b
综合治理　259b
组织创新　127c
组织工作　178c
组织建设　226b
尊老金发放　142a
作风建设　212a
作风效能建设　189c